鄂尔多斯年鉴

（2021）

鄂尔多斯市地方志编纂委员会　编

方志出版社
Publishing House of Local Records

图书在版编目（CIP）数据

鄂尔多斯年鉴．2021 / 鄂尔多斯市地方志编纂委员会编．— 北京：方志出版社，2022.9
ISBN 978-7-5144-5308-9

Ⅰ．①鄂… Ⅱ．①鄂… Ⅲ．①鄂尔多斯市－2021－年鉴 Ⅳ．① Z522.63

中国版本图书馆 CIP 数据核字（2022）第 226200 号

责任编辑：王娜
责任校对：刘玉霞
责任印制：梅中英
出 版 者：方志出版社
地　　址：北京市朝阳区潘家园东里 9 号（国家方志馆 4 层）
邮　　编：100021
网　　址：http://www.zgfzcb.cn
发　　行：方志出版社图书营销中心（010-67110500）
印　　刷：内蒙古掌印文化科技有限公司
开　　本：889 毫米 ×1194 毫米 1/16
印　　张：30.25
字　　数：756 千字
版　　次：2022 年 9 月第 1 版
印　　次：2022 年 9 月第 1 次印刷
定　　价：200.00 元

《鄂尔多斯年鉴（2021）》编辑部

主　编：王冠中

副主编：贾永强　阿拉木斯

编　辑：苏伦高娃

编 辑 说 明

一、《鄂尔多斯年鉴（2021）》（以下简称“本年鉴”）以马克思列宁主义、毛泽东思想、邓小平理论、“三个代表”重要思想、科学发展观、习近平新时代中国特色社会主义思想为指导，坚持辩证唯物主义和历史唯物主义的立场、观点和方法，全面、系统地记载2020年鄂尔多斯市政治、经济、文化、社会发展的重大事项和基本情况，为社会各界人士认识、了解和研究鄂尔多斯提供基本信息资料。

二、本年鉴采用分类编辑法，由类目、分目、条目组成，以条目为基本结构。

三、本年鉴记述时间为2020年1月1日至2020年12月31日，原则上没有跨越规定时段，个别条目为说明因果关系、背景及沿革等情况适当上溯或下延。

四、本年鉴中的资料与数据均由各相关单位提供，凡涉及全市国民经济与社会发展全局的数据均以鄂尔多斯市统计局统计数据为准，市统计局未予提供的则以各撰稿单位提供的数据为准。

五、本年鉴“卷首彩图”以图片彩页的形式，形象反映鄂尔多斯市“五位一体”建设以及智慧城市建设等方面取得的显著成就和发生的变化。

六、本年鉴行文所使用的标点符号、数字用法、计量单位均遵循国家相关规定。考虑到社会使用习惯，全书中“亩”不统一换算。

七、本年鉴中出现的“自治区”指“内蒙古自治区”，“市”指“鄂尔多斯市”，“市委”指“中国共产党鄂尔多斯市委员会”，“市人民政府”指“鄂尔多斯市人民政府”。

鄂尔多斯城市名片

2021

- 全国文明城市
- 全国卫生城市
- “全国双拥模范城”
- 全国民族团结进步示范市
- 国家文化和旅游消费示范城市
- “2020 中国最具生态竞争力城市”
- 国家全域旅游示范区（康巴什区）
- “2020 中国最具幸福感城市·幸福宜居之城”（康巴什区）
- 2018 年度“中国天气·蓝天之城”
- 十大最具活力休闲城市
- 中国外贸百强城市
- 全国绿化模范城市
- 中国优秀旅游城市
- 国家园林城市
- 国家森林城市

全国劳动模范和先进工作者

一、全国劳动模范

魏建雄　神华准格能源有限责任公司设备维修中心首席技能大师、高级工

苏刚刚　内蒙古伊泰煤制油有限责任公司维保中心电气装置油气组岗长、电气工程师、高级工

苏雅拉达来　乌审旗文梅农牧业开发有限公司总经理

张　钧　内蒙古真金种业科技有限公司总经理、高级推广研究员、高级农艺师

郑桂杰　北方联合电力有限责任公司达拉特发电厂电气二次专工、正高级工程师、高级技师

二、全国先进工作者

苏玉平　达拉特旗公安局主任科员

2020“中国非遗年度人物”提名候选人

曹纳木 国家级非物质文化遗产代表性项目鄂尔多斯婚礼国家级代表性传承人

第七届全区道德模范及提名奖名单

一、第七届全区道德模范

1. 助人为乐类

沈　波　神华铁路装备公司准格尔维修分公司职工

董永宏　鄂尔多斯市第一中学教师

2. 敬业奉献类

克　斯（蒙古族）　鄂尔多斯市公安局治安支队特行与行动大队大队长

3. 诚实守信类

斯庆巴特尔（蒙古族）　鄂尔多斯市鄂托克旗苏米图苏木马什亥嘎查牧民

4. 见义勇为类

郝飞龙　鄂尔多斯市伊金霍洛旗公安局札萨克派出所副所长

二、第七届全区道德模范提名奖

孝老爱亲类

白秀珍（女）　鄂尔多斯市东胜区富兴街道阳光社区居民

2020 年，鄂尔多斯智慧能源平台　　（市能源局　提供）

2020 年，“5G+ 智慧煤矿”——麻地梁井下无轨胶轮车　　（移动分公司 提供）

2020 年，5G 无人驾驶公交车　　（移动分公司　提供）

2020 年，鄂尔多斯市首个 5G 智慧社区达拉特旗智慧社区项目“惠邻 5G 驿站”

（移动分公司　提供）

2020 年，5G 智慧社区智慧大数据中心　　（移动分公司　提供）

2020 年 8 月 8 日，超大采高综采工作面创日生产新纪录　　（市能源局　提供）

2020 年，S-MTO（甲醇制烯烃）装置——采用获得国家科技发明一等奖的中国石化 180 万吨年 S-MTO 成套工艺技术　　（市能源局 提供）

2020 年，万家寨水电站　　（市能源局　提供）

2020 年，中国石油苏里格第二处理厂高架管网　　（市能源局　提供）

2020 年，水煤浆气化装置——采用美国 GE 公司每日 1500 吨水煤浆气化技术　（市能源局　提供）

2020 年，全国一流的环保型万吨列装车基地——呼铁伊东万吨列装车基地　（市能源局　提供）

2020 年，选煤厂球形煤仓——国内首次采用美国专利技术穹顶气模球形煤仓　（市能源局　提供）

2020 年，汇能集团蒙南电厂　　（市能源局　提供）

2020 年，乌吉尔风电场　　（市能源局　提供）

2020 年，达拉特光伏领跑基地 （市能源局　提供）

2020 年，新锦伊和乌素风电厂（市能源局　提供）

2020 年，污废水装置——采用污水综合治理及近零排放技术 （市能源局　提供）

2020 年，蒙西至天津南 1000 千伏特高压交流输变电工程换流站 （市能源局　提供）

2020 年，神东集团安全高效煤炭生产外运系统　（市能源局　提供）

2020 年，葫芦素煤矿主井、副井
（市能源局　提供）

2020 年，国电建投——布连电厂
（市能源局　提供）

2020 年，草原旅游——成吉思汗陵
（市文化和旅游　提供）

2020 年，伊金霍洛镇入选全国乡村旅游重点镇
（市文化和旅游　提供）

2020 年，乡村旅游——巴润哈岱村
（市文化和旅游　提供）

2020 年，乡村旅游——哈沙图村
（市文化和旅游局　提供）

2020 年，乡村旅游——灶火壕村
（市文化和旅游局　提供）

2020 年，红色旅游——三段地革命历史纪念馆
（市文化和旅游局　提供）

2020 年，红色旅游——延安民族学院城川纪念馆　　（市文化和旅游局　提供）

2020 年，红色旅游——阳早寒春三边牧场陈列馆　　（市文化和旅游局　提供）

2020 年，草原旅游——鄂尔多斯草原旅游区 （市文化和旅游局　提供）

2020 年，沙漠旅游 ——响沙湾 （市文化和旅游局　提供）

2020 年，沙漠旅游——七星湖 （孟瑞林　摄）

2020 年，生态观光旅游——小滩子稻鱼空间　　（市文化和旅游局　提供）

重要活动

2020 年 4 月 20 日至 23 日，中国人民政治协商会议鄂尔多斯市第四届委员会第三次会议在康巴什区举行。图为开幕式 （市政协　提供）

2020 年 8 月 9 日，庆祝中国农工民主党成立 90 周年纪念大会在康巴什区举行 （市农工党　提供）

2020 年 6 月 30 日，“天骄 e 购 品质鄂尔多斯”暨鄂尔多斯市人民政府与拼多多战略合作协议签约仪式举行

（市电子商务局　提供）

2020 年 9 月 25 日至 27 日，第三届中国（鄂尔多斯）国际羊绒羊毛展览会在东胜区举行。图为开幕式现场

（鄂尔多斯集团　提供）

非物质文化遗产

2020 年 12 月，鄂尔多斯市鄂托克前旗六十棵榆树祭入选第五批国家级非物质文化遗产代表性项目名录

（市文化和旅游局　提供）

2020 年 3 月，鄂尔多斯传统沙画被列为鄂尔多斯市第六批市级非物质文化遗产代表性项目。图为传统沙画作品　（市文化和旅游局　提供）

2020 年 12 月，乌审旗走马入选第五批国家级非物质文化遗产代表性项目名录　（市文化和旅游局　提供）

2020 年 3 月，鄂尔多斯蒙古族沙嘎游戏被列为鄂尔多斯市第六批市级非物质文化遗产代表性项目。图为幼儿园家长与孩子们互动玩沙嘎游戏　（市文化和旅游局　提供）

2020 年，全长 77 公里的 G65 包茂高速公路包头至东胜（康巴什）段改扩建工程主线贯通

（王宏　摄）

2020 年，G65 包茂高速包头至东胜段

（王宏　摄）

2020 年 5 月 5 日，全国第五条、自治区首条音乐公路在伊金霍洛旗札萨克镇查干柴达木村建设完成

（次宇飞　摄）

疫情防控

2020 年 2 月 14 日，市委书记牛俊雁（左前三）到市疾病预防控制中心，看望慰问疫情防控一线工作人员

（市卫生健康委员会　提供）

2020 年 2 月 16 日，第三批内蒙古援汉医疗队驰援湖北

（市卫生健康委员会　提供）

2020 年 3 月 5 日，鄂尔多斯市公路管理局乌兰陶勒亥超限检测站党员志愿者联合巴音高勒嘎查工作人员，在进入巴音高勒嘎查主要路口的疫情防控卡点，对复工人员进行体温检测及身份信息核实登记，进一步充实嘎查疫情防控力量，让党旗在疫情防控一线高高飘扬　　　（市公路管理局　提供）

2020 年，内蒙古自治区援助湖北医疗队返程运输保障任务完成　　　（杨亚夫　摄）

生态文明建设

2020年，补连塔煤矿综合治理全景图 （市能源局　提供）

2020年，黑岱沟露天煤矿北排土场回建的万亩绿化灌木 （市环境保护局　提供）

2020 年，生态治理后的绿色矿区　　（市能源局　提供）

2020 年，脱硝改造后的达拉特发电厂　　（市环境保护局　提供）

2020 年，展旦召苏木网格化固沙　　（市环境保护局　提供）

2020 年，神东生态示范基地

（市能源局　提供）

2020 年，鄂尔多斯市启动航空护林防火工作。图为航空护林首航仪式

（市林草局　提供）

2020 年，鄂尔多斯市首次启用直升机执行森林草原防火任务

（市林草局　提供）

2020 年 5 月 17 日，鄂尔多斯市草原知青博物馆开馆。图为鄂尔多斯市草原知青博物馆门面照片

（市文化和旅游局　提供）

2020年，纳林塔战国秦长城被纳入国家首批长城重要点段名录。图为纳林塔战国秦长城遗址远景

（市文化和旅游局　提供）

2020年，重点文物保护工程——阿尔寨石窟正面远景图

（市文化和旅游局　提供）

2020年，重点文物保护工程——十二连城城址城墙一角
（市文化和旅游局 提供）

2020年5月20日，“中国旅游日”暨第九届鄂尔多斯牡丹文化旅游宣传月活动开幕
（刘奇 摄）

2020年6月13日，鄂尔多斯市乌兰牧骑在康镇进行“文化进景区”演出活动
（市文化和旅游局 提供）

2020 年 8 月 8 日，第十七届中国 · 内蒙古草原文化节暨“乐享鄂尔多斯”草原音乐美食季集中活动在草原丝路小镇——康镇举行　　（市文化和旅游局　提供）

2020 年 9 月 11 日，第三届内蒙古地方戏优秀剧目暨沿黄省区地方戏展演开幕　　（刘奇　摄）

2020 年 9 月 19 日，鄂尔多斯市 2020 中国农民丰收节暨全市消费扶贫月活动在东胜区举行

（市农牧局　提供）

2020 年 9 月 19 日，鄂尔多斯市 2020 中国农民丰收节暨全市消费扶贫月活动在东胜区举行

（市农牧局　提供）

目　录

中国共产党鄂尔多斯市委员会

鄂尔多斯市人民代表大会

概　述

重要会议

鄂尔多斯市人民政府

概　述

市人民政府办公室

驻京联络处

驻沪联络处

信访工作

行政审批与政务服务

政府投资项目代建

铁路民航

海　关

退役军人服务保障

成吉思汗陵管理

应急管理

中国人民政治协商会议鄂尔多斯市委员会

概　述

重要会议

中共鄂尔多斯市纪律监察委员会

概　述

党风廉政建设

民主党派

群众团体

检 察

法 院

司法行政

军 事

鄂尔多斯军分区

财政 税务

财 政

税 务

经济管理

发展和改革

商务管理

对外贸易

电子商务

大数据发展

公共资源交易管理服务

自然资源　城市管理

自然资源

城市管理

工业 能源

工 业

能源资源

电力供应

审计 统计 市场监督管理

审 计

统 计

统计调查

市场监督管理

城乡建设　环境保护

住房和城乡建设

环境保护

交通运输

供销　盐务　烟草

供销合作

鄂尔多斯职业学院

民族幼儿师范高等专科学校

文化　旅游　卫生　新闻

文化与旅游

卫生　健康

广播电视

开发区

鄂尔多斯市鄂能投资集团有限公司

鄂尔多斯市文旅集团

鄂尔多斯市转型发展投资有限责任公司

中国石油内蒙古鄂尔多斯市销售分公司

鄂尔多斯集团

伊泰集团

旗 区

东胜区

达拉特旗

杭锦旗

鄂托克旗

鄂托克前旗

康巴什区

附 录

特　载

政府工作报告

——2021 年 3 月 3 日在鄂尔多斯市第四届人民代表大会第四次会议上

市长　李理

一、2020 年及“十三五”时期经济社会发展回顾

2020 年是鄂尔多斯发展历程中极不寻常、极为不易、极具挑战的一年。面对复杂多变的经济形势和多重矛盾问题交织的严峻考验，特别是新冠肺炎疫情的严重冲击，我们认真贯彻落实中央、自治区决策部署，在市委坚强领导下，坚定信心决心，奋力攻坚克难，统筹疫情防控和经济社会发展，扎实做好“六稳”工作，全面落实“六保”任务，经济运行总体平稳，社会大局和谐稳定。完成地区生产总值 3533.7 亿元、一般公共预算收入 464.9 亿元，固定资产投资增长 6%，城乡居民人均可支配收入分别增长 1.1% 和 7.5%。

*一是疫情防控有力有效。*坚持人民至上、生命至上，全力以赴抗击疫情。及时建立疫情防控指挥体系，严格落实“四早”要求，联防联控、群防群控，迅速阻断疫情扩散蔓延，42 天实现确诊病例清零。派出 5 批次 50 人医疗队驰援湖北，圆满完成全区援鄂医疗队返回休整服务保障任务。坚持“外防输入、内防反弹”，扎实做好常态化疫情防控，加强监测预警、应急演练，提升核酸检测能力，开展重点人群疫苗接种，安全有序推进复工复产、复市复学。在疫情防控中，广大医务工作者义无反顾挽救生命，社区工作者、基层干部、公安干警、新闻工作者、志愿者不辞劳苦、坚守奋战一线，全市上下、各族各界同舟共济、众志成城，共同构筑起疫情防控的坚固防线，充分彰显了伟大的抗疫精神！

*二是稳增长保就业成效显著。*全面落实中央、自治区惠企纾困政策，出台支持中小微企业复工复产健康发展 14 条措施，协调延期还本付息 127 亿元、展期续贷 153 亿元，新增减税降费 82.9 亿元，贷款余额净增 148 亿元，促进企业复工复产和达产达效。制定稳就业增活力促进餐饮业健康发展意见，采取直补、发放消费券等措施减轻小微企业经营负担，激发消费活力。建立重点项目联动机制，协调办理项目手续 400 多项，亿元以上重点项目开复工率 94%，民间投资增长 3.8%，三产投资增长 36.8%。招商引资到位资金 289 亿元，总额全区首位。实施煤炭保供专项行动，全年煤炭销量达 6.7 亿吨，有力保障能源供给。加强重点行业、重点群体就业帮扶，发放援企稳岗补贴 2.8 亿元，减免社保费 20.9 亿元，惠及企业 2180 家、职工 30.8 万人，城镇登记失业

率控制在 3.02% 以内。

三是产业转型升级步伐加快。大力发展现代能源经济，18 座煤矿建成智能化工作面，蒙西至晋中 1000 千伏特高压交流工程启动送电，山能盛鲁电厂、达拉特光伏发电应用基地二期建成。宝丰一期 260 万吨煤制烯烃项目获批，建元己内酰胺等项目落地开工。加快培育新兴产业，生产液晶显示器件 6559 万片、汽车近 3 万辆，株洲时代风电叶片二期、久科康瑞节能环保产业园等项目投产。财政科技投入 7.2 亿元，增长 45.6%，新增高新技术企业 27 家、企业研发中心 22 家，高新技术产业增加值增长 5.5%。现代服务业加快发展，鄂尔多斯市成为全区唯一的国家文化和旅游消费示范城市，康巴什区获评国家全域旅游示范区。

四是生态环境持续改善。编制黄河流域生态保护和高质量发展规划，出台绿色矿山建设条例。制定矿山地质环境治理恢复基金管理办法，计提基金 54.7 亿元，完成治理面积 27.8 平方公里。完成露天煤矿临时用地复垦 11636 公顷、还地 8867 公顷，复垦率、还地率分别达到 88.4% 和 67.4%。大力推进重点生态工程建设，先行先试杭锦旗“山水林田湖草沙”等 7 个综合治理示范项目，完成各类生态建设 615 万亩。国家可持续发展议程创新示范区申报通过评审，鄂尔多斯市荣获中国最具生态竞争力城市称号。

五是三大攻坚战取得决定性成效。投入扶贫资金 3.9 亿元，巩固脱贫成果，全面补齐“两不愁三保障”和安全饮水短板。健全完善扶贫资产“三本台账”，形成扶贫资产 16.1 亿元。大力推进易地扶贫搬迁后续产业扶持，1587 户 3959 名集中搬迁贫困人口稳定增收。脱贫攻坚各类督查检查发现问题整改全部清仓见底，鄂托克旗通过国家脱贫攻坚普查验收。化解政府隐性债务 168.3 亿元，完成全年目标的 116%，清偿拖欠民营企业中小企业账款 65.1 亿元，无分歧账款全部清偿到位，争取新增地方政府债券 116.8 亿元，鄂尔多斯市退出债务红色预警地区。有效处置部分企业债券违约和地方金融机构经营风险，银行不良贷款率低于全区平均水平。开展污染防治攻坚战十大行动，实施新一轮棋盘井蒙西地区生态环境综合治理百日攻坚行动，完成 1283 项攻坚任务，中央环保督察及“回头看”反馈问题全部整改到位，新一轮自治区生态环保督察群众反映的 216 个问题基本解决。

六是深化改革激发市场活力。“三集中三到位”改革走在全区前列，“一网”通办率、“一窗”受理率均达到 80% 以上，11408 项政务服务事项实现“最多跑一次”。企业开办时间、不动产抵押登记时间分别压减至 1 个和 3 个工作日内，企业投资类工程建设项目审批时限压减至 75 个工作日内。建成全区首家智慧办税大厅。完成存量国有资产整合。成立全区首家金融服务企业开复工办公室，促成融资 49.7 亿元。全市存贷款余额均实现正增长，分别达到 4020 亿元和 3399 亿元。新增 5 家企业进入自治区电力多边交易市场，节约用电成本 15.6 亿元。制定出台进一步优化营商环境 22 条措施，着力推进自治区优化营商环境专项巡视反馈问题整改，鄂尔多斯市在全国城市营商环境排行榜中位居第 56 位，成为全区唯一一个进入百强的盟市。

七是乡村振兴战略深入推进。深化农牧业供给侧结构性改革，稳粮优经，扩绒增肉兴奶，粮食产量 39.3 亿斤，增产 1.3 亿斤，肉类产量突破 19 万吨，增长 10%。乡村产业基金累计向各类经营主体投放贷款 10.7 亿元，支持项目 754 个。实施农牧业产业提质增效行动，杭锦旗向日葵产业纳入国家产业集群，鄂托克旗现代农牧业产业园入选自治区首批现代农牧业产业园。加强品牌建设，6 家企业、17 个产品通过绿色食品认证。成功举办第三届国际羊绒羊毛展览会，成交额 2.4 亿元。完成农村牧区人居环境整治三年行动任务，卫生厕所普及率67%，行政村生活垃圾收运处置覆盖率91.3%。

八是民生得到有力保障。在收支矛盾突出的情况下，财政用于民生支出329.4亿元、增长2.7%，下达转移支付177.1亿元，增长6.6%。发放社会救助金2.25亿元，城乡低保标准分别提高17%和8.9%，城乡特困人员基本生活标准分别提高31.1%和3.1%。出台《鄂尔多斯市养老服务条例》，城镇职工养老金月人均提高160元。新晋三甲中医蒙医医院2所，三级专科医院1所。制定《鄂尔多斯市中小学校幼儿园规划建设条例》，新建、改扩建中小学、幼儿园27所。加强国家通用语言文字教育，双语教学改革扎实推进。实施交通、市政项目157项，大饭铺至龙口高速、包茂高速包头至东胜段改扩建工程建成，鄂榆高铁完成可研报告评审，乌兰木伦河三号桥主体完工，中心城区实现5G网络全覆盖。启动安全生产专项整治三年行动，安全生产事故总量继续下降。扎实推进“解决信访问题年”专项行动，集中化解一批中央巡视组移交信访事项。完成“六清”行动目标任务，扫黑除恶专项斗争取得全面胜利。鄂尔多斯市连续四届荣获全国文明城市称号，连续五届荣获“全国双拥模范城”称号，杭锦旗成功创建全国县级文明城市，鄂托克前旗、准格尔旗蝉联全国县级文明城市，康巴什区入围中国最具幸福感城市。

党的民族宗教政策全面落实，国防动员、人民防空、统计调查、地震气象、社会科学、档案史志、外事侨务等工作得到进一步加强。工会、共青团、妇联、科协、残联、红十字等事业取得新进步。第七次全国人口普查任务全面完成。

我们持续加强政府自身建设。大力推进煤炭资源领域违规违法问题专项整治和人防系统腐败问题专项治理。修订重大事项向市人大及其常委会报告制度，提请市人大常委会审议地方性法规3件，办理人大代表建议、政协委员提案264件。修订“三重一大”集体决策制度工作细则，提升决策科学化水平。坚持政务公开，召开新闻发布会44场，及时回应社会关切。全面落实中央八项规定精神和自治区党委、市委配套办法，压减一般性支出13.7%。

各位代表！2020年是“十三五”规划的收官之年。经过全市上下五年来不懈奋斗，我们化解了诸多风险和隐患，解决了不少困难和问题，经受住了严峻挑战和考验，“十三五”规划顺利收官，全面建成小康社会取得决定性成就，为全面推进现代化建设奠定重要基础。

这五年，经济发展质量实现新提升。坚决纠正部分经济数据不实问题，地区生产总值年均增长3.7%，人均生产总值2.6万美元，财政收入质量明显提高。产业结构持续优化，去产能任务超额完成，新增电力装机670万千瓦、煤化工产能527万吨，高端装备制造、电子信息、现代金融、现代物流等新产业不断壮大，年旅游人数、旅游综合收入突破1700万人次和500亿元，综合保税区封关运营。

这五年，生态文明建设迈上新台阶。完成污染防治任务近3000项，空气质量优良率稳定在90%以上，国控地表水断面全部达标。实施各类生态建设7800多万亩，建成自治区级以上绿色矿山99座，森林覆盖率达到27.3%，植被盖度稳定在70%以上。习近平总书记分别向联合国防治荒漠化公约第十三次缔约方大会和第六届、第七届库布其国际沙漠论坛致贺信，充分肯定鄂尔多斯市荒漠化防治成效。

这五年，城乡统筹建设开创新局面。农牧业规模化、产业化、品牌化水平不断提升，农村牧区人居环境显著改善。城镇化率提高2个百分点，达到75%。新增铁路营运里程753公里、高速公路里程174公里，新建“四好农村路”5600公里，建成5G基站918个，呼准鄂、浩吉铁路等重大基础设施建成投用，鄂尔多斯机场迈入全国中型机场行列，航空口岸实现开放，空港物流园区获评全国优秀物流园区。

这五年，社会事业发展取得新成效。普惠性幼儿园覆盖率86%，义务教育巩固率93%，高中毛入学率98%，“大班额”全部消除，“一本三专”办学水平不断提升。公立医院床位、执业医师、注册护士数量分别增长19.7%、30.2%、29.9%，国家卫生县城实现全覆盖。基层综合文化服务中心覆盖率100%，《黑缎子坎肩》获中国舞蹈“荷花奖”金奖，城川民族干部学院、桃力民红色文化教育基地影响力不断扩大。

这五年，人民生活水平得到新提高。财政用于民生支出1498亿元，累计新增城镇就业13.6万人，城乡居民人均可支配收入分别达到50306元和21576元。累计减贫1.61万人，21个自治区级贫困嘎查村全部退出，1个自治区级贫困旗摘帽，贫困发生率实现动态清零。城乡低保、社保、医保等报销标准逐年提高，覆盖城乡的社会保障体系基本建成。

各位代表！回首过去五年的工作，我们在应对挑战中主动作为，在爬坡过坎中克难奋进，深感来之不易、成之维艰。这是习近平新时代中国特色社会主义思想科学指引、生动实践的结果，是自治区党委、政府坚强领导、亲切关怀的结果，是市委团结带领全市各族人民勠力同心、拼搏进取的结果，是市人大及其常委会、市政协和社会各界有力监督、大力支持的结果。在此，我代表市人民政府，向全市各族人民，向为鄂尔多斯改革发展作出贡献的同志们，向所有关心支持鄂尔多斯发展的朋友们，表示衷心的感谢和崇高的敬意！

我们也清醒认识到，鄂尔多斯市经济社会发展还面临许多困难和问题。疫情变化和外部环境存在诸多不确定性，经济恢复和正常运行基础尚不牢固；能耗“双控”大幅超出控制目标，产业转型升级和高质量发展任务十分艰巨；科技创新机制不活、投入不足和人才短缺问题日趋突出；“放管服”改革成效不够明显，营商环境仍有不少难点、堵点、痛点，市场主体获得感不强、活力不足；部分旗区财政收支矛盾仍然突出，社会民生领域存在一些短板和薄弱环节；政府及部门形式主义、官僚主义问题不同程度存在。以上问题，我们将采取有力措施，切实加以解决。

二、“十四五”时期经济社会发展

主要任务和基本原则

根据市委《关于制定国民经济和社会发展第十四个五年规划和二〇三五年远景目标的建议》，我们编制了《鄂尔多斯市国民经济和社会发展第十四个五年规划和二〇三五年远景目标纲要（草案）》，明确了“十四五”时期经济社会发展主要目标，提出了一系列重点任务和政策措施，提交本次大会审议。

“十四五”时期是开启全面建设社会主义现代化国家新征程的第一个五年。当前，鄂尔多斯的发展已进入新阶段，我们既面临新一轮西部大开发、黄河流域生态保护和高质量发展等国家战略所蕴含的重大契机，也面临碳达峰、碳中和目标和能耗“双控”倒逼发展方式转变、产业转型升级的紧迫任务。要准确把握新发展阶段，深入贯彻新发展理念，加快融入新发展格局，聚焦“两个屏障”“两个基地”“一个桥头堡”战略定位，找准位置，体现特色，发挥优势，全力打造探索以生态优先、绿色发展为导向的高质量发展新路子先行区。

坚持以人民为中心的发展思想。始终把增进人民福祉、推动共同富裕作为发展的出发点、落脚点，扎实办好民生实事，着力补齐民生短板，提升公共服务质量，改善人民生活品质，不断增强人民群众的获得感、幸福感、安全感。

坚持新发展理念。从根本宗旨、问题导向、忧患意识上把握新发展理念，完整、准确、全面贯彻新发展理念，始终保持生态优先、绿色发展战略定力。深化供给侧结构性改革，推进国家可持续发展议程创新示范区建设，加快发展方式转变、产业转型升级，实现美丽与发展双赢。

坚持深化改革创新。健全完善科技创新体制机制，围绕产业链部署创新链、围绕创新链布局产业链，强化科技攻关和成果转化，全面提升科技创新能力，推动发展由要素驱动向创新驱动转变。加快构建国土空间开发保护新格局，统筹城乡区域协调发展，解决好发展不平衡不充分问题。深度参与国家、自治区区域协同发展战略，更好融入发展新格局，实现更高水平对外开放。

坚持系统观念。统筹能源安全、粮食安全、产业安全、生态安全，强化底线思维，增强忧患意识，加强前瞻性思考、全局性谋划、战略性布局、整体性推进，下更大功夫破解要素制约和短板问题，有效防范和化解各类风险隐患，实现发展质量、结构、规模、速度、效益、安全相统一。

各位代表！凡是过往，皆为序章。鄂尔多斯的发展前后相续，今天的奋斗将成就明天的荣光。到2025年，我们的城市将成为一座产业高端的实力之城、创新创智的活力之城、蓝绿辉映的生态之城、安定和谐的幸福之城。到2035年，我们将同全国、全区一道基本实现社会主义现代化。面向未来，我们充满信心，我们坚信，鄂尔多斯的明天一定会更加美好！

三、2021年主要工作安排

今年是中国共产党成立100周年，是“十四五”规划开局之年。做好政府工作，要坚持以习近平新时代中国特色社会主义思想为指导，全面贯彻党的十九大和十九届二中、三中、四中、五中全会精神，深入落实自治区党委十届十三次全会和市委四届十二次全会精神，坚持稳中求进工作总基调，立足新发展阶段，贯彻新发展理念，构建新发展格局，以推动高质量发展为主题，以深化供给侧结构性改革为主线，以改革创新为根本动力，以满足人民日益增长的美好生活需要为根本目的，坚持系统观念，巩固拓展疫情防控和经济社会发展成果，扎实做好“六稳”工作、全面落实“六保”任务，深化创新驱动发展，扩大高水平对外开放，努力保持经济运行在合理区间，确保“十四五”开好局，以优异成绩庆祝建党100周年。

全市经济社会发展的主要预期目标是：地区生产总值增长6%左右，固定资产投资增长6%左右，城镇登记失业率控制在4.5%以内，居民收入稳步增长，单位GDP能耗完成自治区下达任务，主要污染物排放量继续下降。重点做好以下工作：

（一）全力稳定经济增长

努力扩大有效投资。强化抓项目就是抓发展、稳增长必须稳投资的理念，投量投向投效并重，建设管理运营齐抓，确保投资平稳运行。高效率建设项目，统筹联动、限时倒逼、督办问效，全力跑出项目建设加速度，确保318个重点项目完成投资550亿元左右。高水平谋划项目，紧盯国家政策取向，结合“十四五”规划实施，围绕重点领域谋划实施一批项目，形成梯次推进、接续跟进的项目建设局面，确保持续投资有抓手、长远发展有后劲。高质量招引项目，支持旗区立足优势特色高效招商，鼓励园区围绕集群发展精准招商，引导企业依托产业链配套招商，强化部门服务保障职能，吸引更多优质项目落地。

推动消费扩容提质。顺应消费升级趋势，大力发展现代物流、现代金融、信息服务等生产性服务业和医疗健康、养老托育、文化体育等生活性服务业，带动服务业发展提速、比重提高、质效提升。改造提升城市商圈，申请建设自治区级商业步行街提升改造示范项目。支持发展云购物、直播带货等线上线下融合消费，积极发展夜间经济、假日经济、绿色消费等消费模式。完善城乡冷链建设、配送体系，挖掘农村牧区消费潜力。

稳定企业生产经营。巩固落实减税降费政策，扩大电力多边交易规模，加强天然气产供储销体系建设，进一步降低企业用电、用气、物流等成本。强化政银企协同联动，扩大征信机构覆盖面，建立市本级融资担保风险补偿机制，设立中小微企业纾困基金，推动久泰、双欣、东源等企业上市，进一步缓解企业融资难、融资贵。紧盯煤电油气等重点保供领域和规上停产减产企业，加强运行监测预警和要素保障，尽最大可能帮助他们纾难解困、提振信心、加快发展。

（二）全面提升科技创新能力

实施研发投入攻坚行动。建立政府投入刚性增长机制和社会多渠道投入激励机制，优化财政预算结构，把可用财力重点用于科技创新，确保财政科技投入持续稳定增长。设立科技创新基金，支持和引导金融资本、民间资本更多地进入创新领域，形成多元化投资、持续增长的良性发展机制。今年市级安排科技经费 11 亿元以上，带动全社会研发经费支出占 GDP 比重 1.2% 以上。

加强创新平台建设和人才引进。推动呼（和浩特）包（头）鄂（尔多斯）国家自主创新示范区建设，推进鄂尔多斯产业技术研究院、现代能源经济研究院、荒漠化治理技术创新中心建设，打造高水平科研及成果转移转化平台，提高协同创新能力。推动科技企业孵化器、众创空间高质量发展，鼓励引导各类创新平台开放共享。编制年度人才需求目录，加大柔性引才力度，建立全生命周期人才创新创业服务体系，确保各类人才引得进、干得好、留得住。

健全以企业为主体的技术创新体系。落实和完善鼓励企业技术创新政策，深入实施高新技术企业培育行动，争取新认定高新技术企业 25 家。支持企业建设创新平台，承担各类科技重大专项，积极推进能源、化工、装备制造、绒纺等重点行业领域关键技术创新和成果推广应用。发挥龙头企业和高校作用，促进政产学研深度融合，打造一批高质量创新创业共同体。

各位代表！科技创新是高质量发展的核心驱动力。我们要坚持科技创新在现代化建设全局中的核心位置，认真落实“科技兴蒙”行动，全面提升科技创新能力，为全方位推动高质量发展插上科技创新的翅膀！

（三）着力提升产业链价值链水平

扎实做好现代能源经济这篇文章。推进能源产业绿色转型、数字转型、创新转型，努力构建清洁低碳、安全高效的能源体系。力争纳林才登矿区总体规划及环评获批，推进露天煤矿临时用地政策延续争取，加快煤矿竣工验收手续办理、产能置换。积极推动电力外送通道建设和配套坑口电源点建设，开工建设上海庙至山东电力外送通道配套新能源基地，建成汇能长滩、珠江朱家坪电厂。深化煤化工延链补链强链，确保宝丰煤制烯烃等项目开工建设，推动荣信化工煤制二甲醚、默锐高端化学等项目建成投产。实施新能源倍增工程，坚持煤电油气风光氢储多能协同发展、综合利用，打造千万千瓦级新能源基地和风光氢储产业集群。

大力培育新产业新动能。积极布局 5G 通信应用和大数据、区块链、人工智能等产业。提升云计算产业园建设水平，推进北斗智慧工程创新产业园、中国长城信息技术创新发展基地、腾讯数字经济产业等项目实施，打造国家数据灾备基地和西北大数据中心基地。布局发展新型碳材料、光电材料、储能材料、高端铝合金等新材料产业，加快锂电池、石墨电极产业化应用，建设远景现代能源装备产业园。加快推进中国商飞、天骄航空产业项目。大力发展 5G+ 工业互联网，推动传统产业高端化、智能化、绿色化改造升级。推进数字经济发展，加快数字社会、数字政府建设，推动经济社会各行业领域数字化转型。

加快工业园区高质量发展。完善园区基础设施，新建一批仓储服务中心、标准化厂房、公共管廊和气化岛项目。实施园区主导产业培育提升行动，从产业发展基金中安排一定资金，以市场化方式支持园区重点项目建设，每个园区重点打造1至2个主导产业，产值占比逐步达70%以上。创新园区开发模式，支持园区引入战略投资者、专业化园区运营商开展合作，鼓励与发达地区、周边地区合作共建园中园、飞地园。

（四）扎实推动黄河流域生态保护治理

巩固提升污染防治成效。抓好大气污染综合治理，加强棋盘井蒙西地区生态环境综合整治，推进化工行业挥发性有机物整治，完成重点行业超低排放改造任务。探索推广新能源重（矿）卡+皮带等清洁运输模式，提升矿区扬尘污染和移动源污染治理成效。抓好黄河河道乱占乱建整治，深入实施黄河支流综合治理工程，加快红碱淖、无定河水生态综合治理，推进智慧河湖建设。实施矿井疏干水、再生水跨区域平衡利用工程，提高再生水资源利用率。出台支持工业固废综合利用政策，固废综合利用率55%以上、规范化贮存和处置率达到100%。

加强生态保护修复。扎实开展国土绿化行动，推进京津风沙源治理、草原生态修复、黄河支流沙棘生态减沙等重点生态建设工程，提升生态系统碳汇能力。全面推行林长制、草长制，开展破坏草原林地违规违法行为专项整治行动。推进矿山生态修复治理，新建绿色矿山50座。做好井工矿采空区矸石回填，加强煤层和煤矸石自燃治理，推进历史遗留矿山、无主矿山地质环境恢复治理。

严控能耗总量和能耗强度。加强重点领域节能降耗和高耗能项目节能审查，新建项目单位产品能耗必须达到国家先进标准，化工、冶金、建材等行业限期达到国家能耗先进标准。逐步压减高耗能行业用电负荷。全面推行用能预算管理和重点用能单位能耗在线监测，推动用能权、排污权等交易改革。

（五）全面推进乡村振兴

提高农牧业质量效益。加快培育新型经营主体，推进多种适度规模经营，发展健康功能农牧业，提升农牧业组织化、良种化、品牌化水平。启动数字农业、智慧牧场试点建设，实施高标准农田建设32.8万亩，建设现代农牧业产业园4个。强化耕地保护主体责任，严格落实耕地占补平衡制度。开展粮食节约行动。实施农畜产品公用品牌建设三年行动，让更多优质农畜产品走出鄂尔多斯、卖出好价钱。

实施乡村建设行动。加快“多规合一”实用性村庄规划试点工作，基本完成全市村庄规划编制。持续推进“厕所革命”，完善市城投、水投集团主导农村牧区垃圾、污水治理建管新模式，巩固提升人居环境整治成效。全面开展农村牧区房屋安全隐患排查整治工作，统筹抓好水、电、路、气、物流等建设，加强综合文化服务中心、标准化村卫生室等公共设施建设。持续开展“四控”行动，着力解决农业面源污染问题。

巩固拓展脱贫攻坚成果。严格落实“四个不摘”要求，保持现有帮扶政策、资金支持、帮扶力量总体稳定。健全防止返贫监测帮扶机制，持续跟踪脱贫人口收入变化和“两不愁三保障”巩固情况，定期核查，及时帮扶，动态清零。强化易地搬迁后续扶持，完善集中安置区配套设施和公共服务，因地制宜发展帮扶产业，确保搬迁群众稳得住、有就业、能致富。

各位代表！脱贫摘帽不是终点，而是新生活、新奋斗的起点。我们要持续巩固脱贫攻坚成果，接续推进全面脱贫与乡村振兴有效衔接，加快实现农牧业高质高效、农村牧区宜居宜业、农牧民富裕富足！

（六）深化文化旅游融合发展

构建全域文旅新格局。优化“四带一区”发

展布局，深入实施A级景区质量提升工程，建成市文化旅游服务中心，完善旅游交通及配套设施。建立重点文旅项目库，推进阿尔寨石窟保护、萨拉乌苏国家考古遗址公园、海洋馆三期等重点项目建设，创建七星湖国家AAAAA级景区，支持有条件旗区创建自治区级和国家全域旅游示范区。推进智慧旅游城市和智慧旅游景区建设，做到“一部手机游鄂尔多斯”。

推动文旅深度融合。实施黄河文化遗产系统保护工程，完成鄂尔多斯市非物质文化遗产展览馆改造提升，加快创建国家级文化生态保护实验区。大力发展文化产业，加强文创产品开发，打造高品质文旅“产品包”。深入推进国家公共文化服务体系示范区创新发展，组织好文艺精品创作，繁荣发展乌兰牧骑事业。加强与陕甘宁等地红色旅游融合互动发展，打造红色旅游品牌。推进“文化+”“旅游+”，培育壮大乡村游、研学游、康养游、工业游、自驾房车游等新业态，推动文旅产品融合、业态融合。

激发文旅消费潜力。大力推进国家文化和旅游消费示范城市建设，实施分时分级分类差异化支持文旅消费措施，培育壮大文旅消费新业态新模式，全面提升文旅消费质量水平。办好草原丝路文化旅游节、冰雪那达慕等重点活动，统筹实施一批文旅惠民项目，有效带动文旅消费。开展品牌建设年活动，瞄准目标市场开展精准营销，打造一批网红打卡地、旅游新IP。

（七）着力打造全国营商环境优秀城市

提升政务服务效能。全面推行“一网办”“掌上办”“一次办”“帮您办”，着力解决部分领域审批手续烦琐、办理时间过长、效率偏低等问题。深化政务服务流程再造、数据共享，90%以上政务服务事项实现“一网通办”；加大公共服务应用整合力度，50项高频事项接入“蒙速办”移动端；优化并联审批、容缺受理审批、告知承诺审批，努力实现“一件事一次办”；全面推行投资项目帮办代办制，实现由“企业跑”变“政府跑”。提升工程建设项目审批效率，工业园区低风险小型项目30个工作日内完成审批。优化获得电力便利度，低压非居民用户、普通高压用户供电办理时限分别不超过3个和12个工作日。提高环评审批效率，将鄂尔多斯市审批的环境影响报告书由60日压缩至30日、环境影响报告表由30日压缩至15日。完善政务服务“好差评”制度，建立营商环境评价常态化、长效化机制。

深化重点领域改革。推进事业单位改革。健全一体化综合执法机制，提高执法效率。推进财政事权和支出责任划分改革，加强行政事业单位国有资产管理。深入实施国企改革三年行动，提升国资国企运行质量和效益。用足用活国家货币政策，完善金融支持实体经济有效机制，发展普惠金融、绿色金融。创新金融风险防范机制，守住不发生系统性金融风险底线。规范失信约束制度，健全信用修复机制，对符合修复条件的失信主体，及时修复并移出失信名单。落实《保障中小企业款项支付条例》，建立预防和化解拖欠中小企业账款问题长效机制。

扩大对外交流合作。全面落实黄河流域生态保护和高质量发展战略，积极对接长江经济带发展战略，加强与京津冀、粤港澳大湾区等经济圈联系交流，推动呼（和浩特）包（头）鄂（尔多斯）乌协同发展、呼（和浩特）包（头）鄂（尔多斯）榆城市群等协议落地落实。支持综合保税区发展，提升航空口岸开放水平，促进外向型经济发展。

各位代表！营商环境是高质量发展的生命线。我们要深入贯彻全区优化营商环境大会精神，以更大力度和过硬举措扫除营商环境乱象、破除思想观念障碍、革除作风顽疾，坚决打好优化营商环境整体攻坚战，加快打造市场化、法治化、国际化营商环境。

（八）提升城乡规划建设管理水平

全面推进市、旗两级国土空间规划编制。实施城市更新行动，推进海绵城市建设，完善水、电、路、信、热、气和地下管网等市政基础设施建设，加快中心城区供水一体化。改造老旧小区72个，新开工棚户区改造1299套，推动新建商品房项目配建公租房，积极发展政策性租赁房，持续解决好“入住难”“回迁难”“办证难”等房地产领域遗留问题。推进完整居住社区补短板和绿色社区创建行动，推行个性化、差异化物业服务。倡导绿色低碳生活，推进生活垃圾分类管理。加强城市慢行系统建设，改造提升城市绿色空间。启动城市综合指挥中心建设，深入开展城镇违法建设、违规审批专项清查。推进强镇带村，着力打造一批工业强镇、旅游名镇、商贸重镇、特色小镇。

加快布局新基建项目，建设5G基站1000个以上。推动鄂榆高铁开工建设，加快包鄂高铁、呼鄂城际铁路等前期工作，建设鄂托克前旗至上海庙等一批干线铁路。启动建设纳日松至龙口高速，建成添漫梁至越家壕一级、公其日嘎至乌兰镇二级等公路。开工建设鄂托克旗、乌审旗等通用机场。实施黄河拦沙等重点水利工程，保障黄河安澜。

（九）切实保障和改善民生

千方百计稳定和扩大就业。深入开展职业技能提升行动，加大高校毕业生、农民工、退役军人等重点群体就业创业帮扶力度，新增城镇就业2万人以上。继续实施阶段性降低失业保险和工伤保险费率、失业保险稳岗返还、职工在岗培训补贴政策。深化校企合作，开展订单式、定向式、定岗式培训，促进城乡居民转移就业。

建设高质量教育体系。全面贯彻党的教育方针，坚持立德树人，加强师德师风建设。统筹推进基础教育和“一本三专”校园校舍维修提升工程、35所中小学幼儿园新建改扩建工程。扎实做好民族语言授课学校推行使用三科统编教材工作，全面加强国家通用语言文字教育教学。深化义务教育教师“县管校聘”改革，加快学前教育普及普惠，提高普通高中教学质量，办好特殊教育，促进各类教育协调发展。编制实施《鄂尔多斯市职业教育改革发展规划》。推动鄂尔多斯应用技术学院本科教学合格评估工作。坚持“五育”并举培养体系，深化教育评价改革，让孩子们阳光快乐健康成长。

提高医疗服务和社会保障水平。完善疾病预防控制体系，深入开展爱国卫生运动。推进“三医联动”，开展“优质服务基层行”活动。推动公立医院高质量发展，促进蒙医中医健康发展，实施市二医院改扩建、市中心医院东胜部医疗综合楼改扩建、市疾控中心实验室扩建、市四医院发热门诊楼新建等项目。做好医保基金市级统收统支工作，加强医保基金监管。深化医疗服务价格改革和医保支付方式改革，全面实施药品和医用耗材集中带量采购。深入实施全民参保计划，发展普惠型养老服务和互助性养老。健全退役军人工作体系和保障制度，做好双拥共建工作。

加强和创新社会治理。扎实开展安全生产专项整治三年行动，强化道路交通、煤矿、危险化学品等重点行业领域安全风险防控，确保安全生产形势总体平稳。健全应急管理体系，加强应急设施装备建设，提高防灾减灾救灾能力。严格食品药品监管，确保安全。加强“北疆云·智慧公安”建设，健全社会治安防控体系，持续推进扫黑除恶专项斗争，努力实现“长效常治”。坚持和发展新时代“枫桥经验”，开展集中治理重复信访、化解信访积案三年行动，加强网格化管理服务，争创全国市域社会治理现代化试点优秀城市，打造市域社会治理鄂尔多斯新样板。

加强和改进民族工作。民族团结是发展进步的基石，是各族人民的生命线。我们要全面贯彻党的民族政策，坚决贯彻习近平总书记关于民族工作的重要论述，教育引导各族干部群众树立正确的国家观、民族观、历史观、文化观、宗教观，构建各民族共有精神家园。巩固提升全国民族团结进步示范市创建成果，铸牢中华民族共同体意识，让“三个离不开”“五个认同”思想融入各族群众血脉，促进各民族像石榴籽一样紧紧抱在一起，共同团结奋斗，共同繁荣发展。

四、全面加强政府自身建设

各位代表！置身“两个一百年”奋斗目标的历史交汇期，面对新形势、新任务、新挑战，我们一定不辱使命、不负重托，全面提升政府治理能力现代化水平。

旗帜鲜明讲政治。学深悟透做实习近平新时代中国特色社会主义思想，认真落实习近平总书记重要讲话重要指示批示精神，增强“四个意识”、坚定“四个自信”、做到“两个维护”。始终胸怀“国之大者”，善于从政治上思考、研究、处理问题，提高政治判断力、政治领悟力、政治执行力。扎实开展党史学习教育。严格落实全面从严治党主体责任，加强意识形态工作，严明政治纪律、政治规矩，自觉用初心使命锤炼忠诚干净担当的政治品格。

加强法治政府建设。坚决贯彻习近平法治思想，坚持法律至上，忠实履职尽责，全面提高政府工作人员依法行政能力。认真执行市人大及其常委会的决议决定，依法接受人大的法律监督和工作监督，自觉接受政协民主监督，主动接受社会舆论监督，让政府工作更加阳光透明。持续抓好煤炭资源领域违规违法问题专项整治，进一步净化政治生态、规范市场秩序、优化发展环境。

加强高效政府建设。强化整体政府意识，理顺市与旗区、部门与旗区关系，建立权责明晰、执行有力、协同高效的行政管理体系。坚持问题导向、目标导向、结果导向，坚持工作项目化、项目清单化、清单责任化，强化政府执行力，全力破解经济发展、项目建设、民生保障中的问题短板。严格落实岗位责任制、督查问效制、责任追究制，该办的事干脆利落办，今天能办的事绝不等到明天办，确保人人钉钉子、事事马上办、件件有着落。

加强廉洁政府建设。严格落实中央八项规定精神，持之以恒纠正“四风”问题。强化行政监督和行政执法监督，加强重点领域和关键环节监管，坚决惩治各类腐败行为。完善预算绩效管理体系，做到花钱必问效、无效即问责，努力把更多资金用于民生改善。各级政府都要艰苦奋斗、勤俭节约，不该花的、不必要花的和暂时可以不花的钱坚决不花，以政府的“紧日子”换取人民群众的“好日子”。

关于深化事业单位改革试点工作的实施意见

为贯彻落实党中央和自治区党委关于深化事业单位改革的决策部署，根据《中共中央办公厅、国务院办公厅印发〈关于深化事业单位改革试点工作的指导意见〉的通知》（中办发〔2020〕13号）、《内蒙古自治区党委办公厅、自治区人民政府办公厅印发〈关于深化事业单位改革试点工作的实施意见〉的通知》（内党办发〔2020〕10号）和《内蒙古自治区党委编委关于〈鄂尔多斯市深化事业单位改革试点实施方案〉的批复》（内机编委发〔2020〕22号）精神，现就深化事业单位改革试点工作提出如下实施意见。

一、总体要求

以习近平新时代中国特色社会主义思想为指导，全面贯彻党的十九大和十九届二中、三中、四中、五中全会精神，深入贯彻习近平总书记关于内蒙古工作重要讲话重要指示精神，增强“四个意识”、坚定“四个自信”、做到“两个维护”，按照坚持党的全面领导、坚持以人民为中心、坚持优化协同高效、坚持稳步扎实推进的原则，在市本级和旗区全面推开事业单位改革试点工作，着力优化布局结构、完善制度机制、强化公益属性、提升治理效能，深入推进政事分开、事企分开、管办分离，逐步建立功能明确、治理完善、运行高效、监管有力的事业单位管理体制和运行机制，加快形成基本服务优先、供给水平适度、布局结构合理、服务公平公正的公益服务体系，促进新时代公益事业平衡充分高质量发展，奋力开启鄂尔多斯现代化建设新征程，为建设亮丽内蒙古、共圆伟大中国梦提供坚实保障。

二、坚持和加强党对事业单位的全面领导

（一）坚持以党的政治建设引领事业发展。坚持党建工作与事业单位改革同步谋划、同步部署、同步推进。把握事业单位党建工作特点和规律，提高针对性和实效性。严格执行《党委（党组）落实全面从严治党主体责任规定》，把党的政治建设摆在首位，提高政治站位，突出政治功能，强化政治引领，增强政治能力，始终在政治立场、政治方向、政治原则、政治道路上同党中央保持高度一致。推进“两学一做”学习教育常态化制度化，巩固深化“不忘初心、牢记使命”主题教育成果，促进党建与业务深度融合、创新发展。根据改革部署要求，同步设置或调整党的组织，理顺党组织隶属关系，转移党员组织关系，确保党的工作不间断、党组织作用不削弱、党员先锋模范作用得到充分发挥。

（二）落实坚持和加强党对重大工作领导的要求。根据健全党对重大工作领导体制、加强党政机构职能统筹的要求，对党委职能部门及其统一归口领导管理部门所属相关事业单位进行系统优化，原则上同类机构要综合设置。对涉及纪检监察、巡察、意识形态、统一战线、国家安全等具有政治管理性质的事业单位，在改革中不能削弱其职能。

（三）完善事业单位党组织发挥领导作用的制度机制。实行党委领导下的行政领导人负责制的事业单位，党组织发挥把方向、管大局、作决策、促改革、保落实的领导作用，支持行政主要领导人依法依规独立负责地行使职权，确保党中

央、自治区党委和上级党组织决策部署在本单位贯彻落实。实行行政领导人负责制的事业单位，党组织要强化政治功能，加强对重大问题、重要事项的政治把关，按照参与决策、推动发展、监督保障的要求，与行政领导班子共同做好本单位工作，充分发挥战斗堡垒作用，保证本单位工作坚持正确政治方向、取得良好政治效果。

（四）选好配强事业单位领导班子。把事业单位改革放在党管干部、党管人才、党管机构编制的全流程中统筹谋划推进。落实事业单位领导人员管理相关政策规定，规范领导职数管理和岗位管理，根据不同行业、不同类型事业单位特点和改革发展要求，选好配强事业单位领导班子特别是主要负责同志，优化班子结构，增强整体功能。

三、优化布局结构

（一）优化重组处级事业单位

紧紧围绕统筹推进“五位一体”总体布局和协调推进“四个全面”战略布局，优化重组处级事业单位，着力抓重点、补短板、强弱项，为做强做大公益事业提供组织保障。改革后，除学校、医院外，全市处级事业单位由45个调整为44个，减少正处级事业单位1个。

1.加强市委党校职责。加强和改进新形势下党校工作，将市直属机关工委党校培训职能并入，加挂市行政学院、市社会主义学院牌子，为市委直属事业单位，机构规格正处级。承担集中培养培训党员领导干部、民主党派和无党派人士、统一战线其他领域代表人士，培养党的理论队伍、统一战线理论研究人才等职能。

2.组建市档案史志馆。为进一步优化资源配置，提升全市档案管理、党史研究、地方志编纂水平，整合市档案馆（正处级）、市委党史研究室（副处级）和市地方志编纂委员会办公室3个事业单位，组建市档案史志馆，为市委直属事业单位，业务由市委办公室管理，机构规格正处级，承担全市档案、党史、地方志有关工作职能。

3.组建市大数据中心。为统筹数字鄂尔多斯总体建设，推动数字经济、数字政府、数字社会发展，整合市大数据发展局（正处级）、市人民政府电子政务中心、市发改委信息中心、市社会信用管理中心、市信息资源中心、市电化教育馆、市科技信息研究所、市财政信息网络管理中心、市人力资源和社会保障信息中心、市城市地理信息中心、市房产信息管理中心、市建筑科技教育中心、市污染物在线监控中心、市农牧业信息中心、市林业信息中心、市旅游信息中心、市大数据审计技术服务中心、市统计局数据管理中心、市煤炭信息中心、市扶贫信息管理中心、市信访信息中心、市国有资产监督管理信息中心、市卫生统计与信息管理中心、市数字化城市管理指挥中心、市药品医疗器械不良反应监测中心、市工商行政管理信息中心、市政务服务中心、市公共资源交易综合管理办公室及其所属事业单位等28个事业单位相关职能和部分人员编制，组建市大数据中心，为市人民政府直属事业单位，业务由市人民政府办公室管理，机构规格正处级，承担非涉密政务网络与政务云等政务信息基础设施、共性技术和业务协同应用的建设运维，统筹基础信息资源库及数据资源管理等职能。

4.组建市公共资源交易中心。为推进公共资源交易服务、管理与监督职能相分离，落实国家整合建立统一的公共资源交易平台要求，整合市公共资源交易综合管理办公室（正处级）及其所属13个事业单位，组建市公共资源交易中心，为市人民政府直属事业单位，机构规格正处级，承担全市公共资源交易和政府采购等职能。其中，8个旗区分中心设置为市公共资源交易中心的分支机构。

5.组建市干部人事档案中心。为进一步加强干部人事档案管理工作，整合市委组织部干部人事档案管理中心、市人社局机关事业单位档案管理中心、市卫健委干部人事档案管理中心等3个事业单位相关职能和人员编制，并划入市教育体育局干部人事档案管理职能及相应人员编制，组建市干部人事档案中心，为市委组织部所属事业单位，机构规格副处级，统一承担市本级干部人事档案管理工作。

6. 组建市工业发展促进中心。为加快推动产业结构调整、发展动能转换、质量效益提升，增强经济高质量发展动力，提升对中小企业的服务水平，整合市经济信息情报所、市经济和信息化委员会离退休干部服务中心、市承接先进产业转移工作办公室、市信息资源中心等4个事业单位相关职能和人员编制，组建市工业发展促进中心，加挂市中小企业服务中心牌子，为市工业和信息化局所属事业单位，机构规格副处级，承担全市工业经济发展分析研究、工业化和信息化融合、工业互联网体系建设、中小企业服务等职能。

7. 组建市就业服务中心。为落实“六稳”“六保”要求，做好稳就业、保就业各项工作，整合市就业服务局（副处级）、市就业小额贷款担保中心、市就业训练中心、市职业技能鉴定指导中心等4个事业单位相关职能和人员编制，组建市就业服务中心，为市人力资源和社会保障局所属事业单位，机构规格副处级，承担全市就业综合服务保障等职能。

8. 组建市交通运输服务中心。为强化交通运输公共服务职能，优化资源配置，整合市道路运输管理局、市地方海事局等事业单位服务职能和人员编制，组建市交通运输服务中心，为市交通运输局所属事业单位，机构规格副处级，承担全市交通运输系统面向社会提供的公益服务等职能。

9. 组建市水利事业发展中心。为推动水利工程和水土保持基础设施建设，整合市水土保持世行贷款项目服务中心（副处级）、市水利勘测设计院、市水土保持淤地坝工程项目办公室、市水土保持监测总站、市水土保持工作站、市沙棘开发管理办公室、市水库移民安置工作办公室、市水旱灾害防御中心等8个事业单位相关职能和人员编制，组建市水利事业发展中心，为市水利局所属事业单位，机构规格副处级，承担水利工程和水土保持建设服务、项目技术审查等职能。

10. 组建市农牧技术推广中心。为加强农牧科技创新能力建设，推动农牧业高质量发展，整合市农业技术推广站、市植保植检站、市经济作物工作站、市土壤肥料和节水农业工作站、市种子管理站、市饲料草种监督检验站、市水产管理站、市畜牧工作站、市农牧业经营管理站、市农牧场管理站、市农牧业机械化研究推广站等10个事业单位相关职能和人员编制，组建市农牧技术推广中心，为市农牧局所属事业单位，机构规格副处级，承担农牧业技术推广、植保植检、土壤肥料测试、农牧业体系建设等职能。

11. 组建市检验检测中心。为优化整合检验检测机构职能，科学界定检验检测机构功能定位，整合市产品质量计量检测所（副处级）、市药品医疗器械检验研究中心、市食品检验检测中心、市药品医疗器械不良反应监测中心、市粮油质检中心等5个事业单位相关职能和人员编制，组建市检验检测中心，为市市场监督管理局所属事业单位，机构规格正处级，承担食品、药品、化妆品、医疗器械、粮油质量等方面的公益性检验检测及相关技术保障等职能。

12. 组建市林业和草原事业发展中心。为加强森林、林地、草原、湿地、自然保护地等领域的建设与保护工作，提升荒漠化治理水平，整合鄂尔多斯遗鸥国家级自然保护区管理局（副处级）、市林业种苗站、市防沙治沙工程管理中心、市野生动植物保护管理站、市国有林场和森林公园管理局、市草原工作站、市森林草原防火办公室、市森林病虫害防治检疫站等8个事业单位相关职能和人员编制，组建市林业和草原事业发展中心，加挂鄂尔多斯遗鸥国家级自然保护区管理局牌子，为市林业和草原局所属事业单位，机构规格副处级，承担森林、草原、湿地、野生动植物、种苗、防灾减灾等林草资源建设与保护等职能。

13. 重新组建市政务服务中心。为深化“放管服”改革、优化营商环境，提升政务服务水平，结合开展行政审批制度改革试点工作，在市政务服务中心基础上，整合相关职能，重新组建市政务服务中心，为市政务服务局所属事业单位，机构规格副处级，承担政务服务大厅日常运行保障，各部门进驻审批和服务事项的对接协调、辅助服务，市长热线受理、转办、反馈、上报等职能。

14. 组建鄂尔多斯民族文化产业发展中心。为进一步促进民族文化产业发展，整合鄂尔多斯蒙古源流文化产业园区管理委员会及其所属事业单位，组建鄂尔多斯民族文化产业发展中心，为伊金霍洛旗人民政府直属事业单位，机构规格副处级，承担民族历史文化研究、传承、展示、保护、创新等职能。

15. 重新组建西鄂尔多斯国家级自然保护区管理局（挂鄂托克恐龙遗迹化石自然保护区管理局牌子）。整合西鄂尔多斯国家级自然保护区管理局（副处级）、鄂托克恐龙遗迹化石自然保护区管理局（副处级），组建西鄂尔多斯国家级自然保护区管理局，加挂鄂托克恐龙遗迹化石自然保护区管理局牌子，为鄂托克旗人民政府直属事业单位，机构规格副处级。

16. 撤销一批特定工作任务已完成或职能已归并的处级事业单位。撤销市委党史研究室（副处级）、市委机关事务服务中心（副处级）、市机关事务管理局（副处级）、市人民政府驻呼和浩特办事处（副处级）、市卫生学校（正处级）、市爱国卫生运动委员会办公室（副处级）等6个事业单位。

17. 取消各中小学、中职学校和公立医院机构规格。取消市第一中学、市第二中学、市第三中学、市蒙古族中学、市蒙古族学校、市特殊教育学校、市职业中等专业学校、鄂尔多斯理工学校、市妇幼保健计划生育服务中心（挂市妇幼保健院、市家庭健康指导中心牌子）、市中心医院（挂内蒙古自治区超声影像研究所牌子）、市中医医院、市第二人民医院（挂市美沙酮药物维持治疗中心牌子）、市蒙医医院（挂市蒙医研究所牌子）、市第三人民医院、市第四人民医院（挂市精神卫生中心牌子）机构规格。

18. 理顺管理体制。鄂尔多斯日报社（正处级）调整为市委直属事业单位；市广播电视台（正处级）调整为市人民政府直属事业单位，归口市委宣传部领导；市铁路民航中心（正处级）调整为市人民政府直属事业单位，业务由市发展和改革委员会管理；市投资促进中心（正处级）为市人民政府直属事业单位，业务由市发展和改革委员会管理；市电子商务服务中心（正处级）为市人民政府直属事业单位，业务由市商务局管理；市地震局（副处级）调整为市应急管理局所属事业单位。市恩格贝生态示范区管理委员会为市人民政府直属事业单位，机构规格正处级，原使用达拉特旗事业编制的人员根据工作需要上划市本级管理，所需编制由市、旗两级共同调剂解决。

19. 规范处级事业单位名称和设置。除个别已明确保留名称的事业单位外，事业单位名称原则上不再使用“委、办、局、处”字样，严格控制加挂牌子数量。市接待办公室（挂市对外合作交流办公室牌子）更名为市合作交流中心（正处级）；市纪委监委机关廉政教育中心更名为市廉政教育中心（副处级）；市社会保险事业管理局更名为市社会保险事业服务中心（副处级）；市住房公积金管理中心更名为市住房公积金中心（副处级）；市公路管理局更名为市道路养护服务中心（副处级）。

20.保留以下处级事业单位。保留城川民族干部学院（正处级）、市供销合作社联合社（正处级）、市政府投资项目代建中心（正处级）、市恩格贝生态示范区管理委员会（正处级）、市专用通信局（副处级）、市人民政府驻北京联络处（正处级）、市人民政府驻上海联络处（正处级）、市交通运输综合行政执法支队（副处级）、市造林总场（正处级）。

（二）整合规范部门所属事业单位

1.优化部门所属事业单位结构。按照功能定位，优化整合部门所属事业单位，撤并规模过小、功能弱化、分散重复设置的事业单位。市本级原则上不设股级规格和8名及以下编制的事业单位。

2.精干设置为机关提供支持保障的事业单位。按照综合设置、优化职责、集成服务、协同高效的原则，将为机关提供技术支持和业务辅助等支持保障的事业单位整合为1个机构，探索同机关统筹管理。整合后，相关事业单位的编制规模原则上不得超过主管部门行政编制数，腾出的编制资源用于加强面向社会提供公益服务的事业单位。

3.归类设置面向社会提供公益服务的事业单位。对职责任务相同或相近的事业单位进行优化整合（学校、医院除外）。对同一部门所属的面向社会提供公益服务的事业单位，根据职责任务、服务对象和资源配置方式等情况归类设置为1—2个。

4.保留不宜整合的事业单位。对学校、医院、疾病预防控制机构以及承担质量、安全等重大专项责任，中央党内法规、国家法律法规、机构改革方案等明确单独设置的事业单位，予以保留。

5.探索设置分支机构。打破事业单位管理层级、地域分布壁垒，探索一个机构设置多个分支机构的模式，加强人员编制资源统筹，提高机构编制资源使用效率，推进公益服务载体创新。市本级在交通运输、生态环境、公共资源交易、住房公积金等领域探索设置分支机构。除分支机构外，事业单位原则上不再下设事业单位。

（三）科学配置事业编制资源

1.合理确定事业单位编制规模。原则上，除学校、医院外，市本级系统内未超过15名（含15名）的空编予以保留；超过15名的空编按照50%比例精简收回。适当降低重点领域、关键环节和涉及专项改革的事业单位编制收回比例。旗区可结合实际确定精简收回空编的比例。精简收回的编制数作为各级编制基数保留，统筹调剂使用。

2.盘活用好编制资源。健全事业编制统筹使用机制，扩大人才专项周转编制规模，重点保障义务教育、基本医疗、基础科研、公共文化等重点领域和关键环节的基本公共服务用编需求。统筹调剂使用现有在编人员，将超出实际需要的现有占编人员调整到亟须人员的其他事业单位。总结借鉴县管校聘、县管乡用等管理创新办法，引导人员和编制资源精准服务基层和群众。

3.调整事业单位使用的政法专项编制。通过调整的方式，收回市法律援助中心使用的司法专项编制，收回的司法专项编制由机构编制部门统筹分配。

4.按重大专项对相关事业单位进行功能再造。根据打赢三大攻坚战、应对各种风险挑战等工作需求，推进相关事业单位优化设置和结构布局调整，实现功能有序衔接、再造和职能配置转型，提升服务保障效能。

（四）统筹推进相关专项改革

1.巩固承担行政职能事业单位改革成果。全面清理事业单位承担的行政职能，实现政事分开，不再保留或新设承担行政职能的事业单位。不得将应由机关承担的行政事务性工作交由事业单位承担。

2.全面完成经营类事业单位改革。2020年年底前，采取转企改制、撤销、转为公益服务机构、剥离经营职能与其他单位整合等方式，完成经营类事业单位改革，实现事企分开。

3.深化综合行政执法改革。继续深化综合行政执法改革，规范执法队伍，下沉执法力量。市本级在文化市场、农牧、交通运输、卫生健康、城市管理、生态环境、人力资源和社会保障、自然资源、水利、应急管理、能源管理、林业和草原、工业和信息化等13个领域设置执法队伍。应急管理、能源管理、卫生健康、城市管理等4个领域保留市和市辖区两级执法队伍。市辖区文化市场、农牧、交通运输、生态环境、自然资源、林业和草原、水利、人力资源和社会保障、工业和信息化等9个领域执法职能及相关人员编制上划市本级。市本级不再设置市场监管、民族宗教、商务粮食等领域执法机构。

组建市生态环境综合行政执法支队。为贯彻落实“生态优先、绿色发展”的高质量发展理念，进一步加强污染防治、生态保护等方面的执法职能，整合市环境监察支队及各旗区环境监察大队等10个事业单位，组建市生态环境综合行政执法支队，隶属于市生态环境局，机构规格副处级，承担全市生态环境行政执法等职能。

市农牧业综合行政执法支队由正处级调整为副处级；市文化市场综合行政执法局由正处级调整为副处级；市卫生计生综合监督执法局更名为市卫生健康综合行政执法支队；市城市管理综合执法支队更名为市城市管理综合行政执法支队。

4.深化培训疗养机构改革。坚持市场化、社会化改革方向，加快转变培训疗养服务供给方式，对事业单位性质的培训疗养机构，通过撤销、整合、保留、脱钩、转型等方式，推动实现事企分开、管办分开、主辅分开。撤销市法学教育培训中心、市妇女儿童培训中心、市审计干部教育培训中心、市特种设备安全技术培训中心，相关培训职能交由各级党校、相关高校及社会培训机构承担。

5.深化机关后勤体制改革。组建综合性机关事务机构，承担市委、人大、政府、政协、纪委监委机关事务服务工作。坚持后勤管理与后勤服务分开，后勤服务通过市场购买方式提供。整合市委机关事务服务中心、市机关事务管理局、市人大常委会机关事务服务中心、市政协机关事务服务中心、市纪律检查委员会监察委员会机关事务服务中心等5个事业单位及相关职能和人员编制，组建市机关事务服务中心，为市委直属事业单位，机构规格正处级，承担市直机关事务工作。

6.统筹推进行业协会与行政机关脱钩改革，群团机构退出事业单位序列。促进行业协会规范发展，反邪教协会、个体劳动者协会、消费者协会退出事业单位序列，撤销市反邪教协会办公室、市个体私营经济发展服务中心、市消费者协会办公室。市计生协会、市贸易促进会等机构退出事业单位序列，按照群团管理。撤销市法学会办公室。

（五）因地制宜明确相关改革举措

1.围绕深入实施“科技兴蒙”行动，优化科技资源配置。将分散在各事业单位的相关研究职能和人员编制进行整合，推进农牧、林业等科研机构做强做大，为实施创新驱动发展战略、建设现代化产业体系、推动经济高质量发展提供服务支持。

2.围绕坚持教育优先发展战略，优化教育资源配置。科学合理核定中小学教职工专项事业编制，加大对人口集中流入旗区的编制统筹调剂力度，强化基础教育保障，促进教育公平发展和教育质量提升。探索开展高校人员总量管理试点。为进一步推动全市教育事业高质量发展，整合市勤工俭学管理中心、市学生资助管理中心、市托幼工作管理办公室、市高等学校工作指导办公室、市婴幼儿早期发展管理中心、市教育工会等6个事业单位及相关职能和人员编制，组建市教育事业发展中心，为市教育体育局所属事业单位，机构规格副处级，承担学生资助和未成年人心理健康、幼教、婴幼儿早期教育指导等职能。市考试中心机构规格由副处级调整为正科级。

3. 围绕完善公共文化服务体系，改善基本公共文化服务供给结构。深化国有文艺院团改革，坚持分类指导，激发生机活力。深入拓展新时代文明实践中心试点工作，推进与学习强国等服务平台对接融合。发挥旗区主流舆论阵地、综合服务平台和社区信息枢纽作用，加强旗区融媒体中心服务功能，推动媒体融合向纵深发展。落实《内蒙古自治区乌兰牧骑条例》，优化设置各级乌兰牧骑。鄂尔多斯民族歌舞剧院（副处级）更名为鄂尔多斯市乌兰牧骑。积极推动各类文化场馆资源整合工作。

4. 围绕推进健康鄂尔多斯建设，完善医疗公共卫生服务体系。完善重大疾病防控、突发公共卫生事件应急体系。深化医疗保障制度改革，完善医保基金监管体系。支持蒙医中医医院综合能力提升和人才队伍建设。加强疾病预防控制机构建设，市疾病预防控制中心机构规格由副处级调整为正处级，所需人员编制按标准保障到位。

四、建立健全制度机制

（一）逐步建立政事权限清单。市本级在市住房公积金中心、市大数据中心等单位开展建立政事权限清单制度试点，旗区选择部分面向社会提供公益服务的事业单位开展试点，条件成熟后逐步推开。合理划分政府作为出资人的举办监督职责和事业单位自主运营管理权，以清单方式逐项明确两者在干部人事、收入分配、财务资产、业务运行等方面的权限，按照权责一致原则准确界定相应责任，推进政事分开、管办分离。事业单位主管部门要把工作重心从“办事业”向“管行业”转变，强化制定政策、行业规划、行业规范及监督指导等职责，减少微观管理和直接干预，赋予事业单位更大自主权。深化“双随机、一公开”监管，加强事中事后管理。建立政事权限清单的具体方案由事业单位主管部门牵头制定。

（二）探索实行机构职能编制规定。逐项明确事业单位为机关提供支持保障的职能和面向社会提供公益服务的职能。厘清职责边界，为机关提供支持保障的事业单位不得承担行政职能，不得以机关名义向社会实施管理，不得以机关影响力参与或干预市场竞争。面向社会提供公益服务的事业单位要突出主责主业，破除逐利机制，从事与主业相关活动取得的收入按照国家有关规定使用和监管。根据事业单位服务性、专业性特点，科学设置内设机构，合理配置人员编制，精干设置行政、财务等综合管理机构。事业单位“三定”规定按照自治区有关要求制定。

（三）完善章程管理。市图书馆、市中心医院等已经制定章程的事业单位，结合章程管理制度试点工作要求进一步修改完善。市中医医院、市蒙医医院等事业单位，按照章程范本和相关规定起草章程。旗区选择部分面向社会提供公益服务的事业单位开展试点。加强分类指导，按照加强党的全面领导、科学民主管理与依法依规运行有机统一的要求，结合行业特点分行业统一制定章程范本，明确外部及内部权利义务关系，理顺领导体制和组织结构，健全决策议事、民主管理和监督机制，形成运行顺畅、协同高效、充满活力的现代治理机制，更好保障公益目标实现。制定章程要符合事业单位登记管理机关相关规定。章程备案、执行等办法和相关配套制度由各地区各部门结合实际制定。

五、推进旗区事业单位改革试点工作

各旗区要结合本地区实际，统筹推进事业单位改革试点工作，切实做好优化布局结构、建立健全制度机制、完善支持保障政策、加强党对事业单位的全面领导等工作。

（一）严控事业单位总量规模。以现有事业单位机构数为基数，优化整合旗区事业单位（学校、医院、苏木乡镇街道所属事业单位除外）。达拉特旗、准格尔旗、伊金霍洛旗、乌审旗、杭锦旗、鄂托克旗本级事业单位不超过120个；东胜区、鄂托克前旗本级事业单位不超过110个；康巴什区本级事业单位不超过100个。今后新设机构原则上在总量规模内调剂解决。

（二）严控旗区事业单位机构规格和领导职数。综合考虑人口、面积、经济社会发展水平、民生事业需求等因素，进一步规范和减少旗区所属科级事业单位，为逐步实现总量控制创造条件。旗区原则上不设5名及以下编制的事业单位。东胜区、达拉特旗、准格尔旗、伊金霍洛旗、乌审旗、杭锦旗、鄂托克旗本级科级事业单位数量不超过52个（正科级不超过22个）；鄂托克前旗本级科级事业单位数量不超过51个（正科级不超过21个）；康巴什区本级科级事业单位数量不超过50个（正科级不超过20个）。各开发区（园区）管理机构所属事业单位不超过2个，机构规格不超过管理机构内设机构级别。

（三）完善体现不同层级特点的事业单位框架体系。市本级要推动直接面向群众、由基层提供更为便捷有效的公益服务事项和相关事业单位下沉。各旗区要积极探索符合基层特点的公益服务提供方式，保障公益服务力量。着力整合苏木乡镇审批服务执法力量，加快推动资源和服务管理下沉，全面实现网格化服务管理。

六、完善支持保障政策

（一）完善财政支持方式。按照国家政策和以事定费原则，继续完善财政支持政策，明确各类别事业单位的经费保障方式和标准。由不同类别事业单位整合组建的事业单位，按整合后重新确定的类别做好相关配套保障。

（二）完善人事管理配套办法。立足搞活用人机制、实行有效激励、促进人才合理有序流动，落实和完善干部人事管理、收入分配、社会保险等政策措施。探索建立符合事业单位行业特点的收入分配制度，体现岗位职责、工作业绩、实际贡献等因素，对事业单位管理人员的工资福利等相关待遇与公务员统筹考虑。推进高等学校、科研院所薪酬制度改革，结合实际研究制定具体措施。

（三）做好相关人员调配安置工作。改革过程中，对相关人员的调配安置，原则上按照国家和自治区现行事业单位改革有关政策执行，不搞“断崖式”精简分流。因改革中机构调整出现编制内超职数配备领导人员、超岗位聘用人员等情况的，给予3—5年的过渡期逐步消化。整建制划转的事业单位，由原事业单位主管部门配合转隶后的部门，统筹做好原单位在编和离退休人员工资（养老金）及社会保险关系转移接续、日常管理、服务保障等相关工作。

（四）做好参照公务员法管理工作人员的调整安排。参照公务员法管理工作人员调整到其他事业单位的，执行相应的人事管理制度。对拟聘用到管理岗位的人员，根据原任职务职级和现岗位条件要求，综合考虑资历、专业等条件确定岗位；对拟聘用到专业技术岗位的人员，可比照本行业相关单位同等条件人员评定职称。因保留改革前岗位等级（职级）超出事业单位新核定岗位数量的，要逐步消化。对情况特殊的，给予3—5年的过渡期，过渡期内保持工资待遇水平不降低，参照公务员法管理工作人员与党政机关干部交流政策保持不变，可择优交流、遴选到其他党政机关或者参照公务员法管理机关（单位）。

七、组织实施

（一）加强组织领导

全市深化事业单位改革试点工作在党中央集中统一领导下，在自治区党委统一安排部署下，由市委、各旗区党委组织落实。党委要切实加强对试点工作的组织领导，周密部署，统筹安排，压茬推进。各级深化机构改革领导小组要发挥统筹协调、整体推进、督促落实作用，机构改革协调小组要做好推进落实具体工作。各有关部门要根据职责加强指导、完善政策，及时研究解决改革中遇到的问题。各部门党组（党委）承担本部门所属事业单位改革主体责任，主要负责人要认真履行第一责任人责任，组织落实事业单位改革试点具体工作。跨部门新组建的事业单位筹备组和牵头部门要加强组织协调，抓好组织实施，确保新组建单位尽快有序运转。中央、自治区和市委、市政府明确的行业改革、专项改革和重点领域改革牵头部门，要继续落实牵头责任，按照已明确的改革方向积极推进相关改革。

（二）跨部门整合组建事业单位任务分工

1. 组建市档案史志馆

责任领导：市委秘书长

责任部门：市委办公室、市人民政府办公室、市委组织部、市委机构编制委员会办公室、市财政局、市人力资源和社会保障局、市审计局、原市委党史研究室、原市机关事务管理局（排序第一位的部门为牵头部门，下同）。

2. 组建市机关事务服务中心

责任领导：市委秘书长

责任部门：市委办公室、市人民政府办公室、市人大办公室、市政协办公室、市纪委监委机关、市委组织部、市委机构编制委员会办公室、市财政局、市人力资源和社会保障局、市审计局、原市机关事务管理局。

3. 组建市大数据中心

责任领导：分管市大数据管理局的市政府副市长

责任部门：原市大数据发展局、市人民政府办公室、市委组织部、市委机构编制委员会办公室、市财政局、市人力资源和社会保障局、市审计局、原市机关事务管理局、其他涉改部门。

4. 组建市干部人事档案中心

责任领导：市委组织部部长

责任部门：市委组织部、市委机构编制委员会办公室、市人力资源和社会保障局、市卫生健康委员会、市教育体育局、市财政局、市审计局、原市机关事务管理局。

5. 组建市检验检测中心

责任领导：分管市市场监督管理局的市政府副市长

责任部门：市市场监督管理局、市发展和改革委员会、市委机构编制委员会办公室、市人力资源和社会保障局、市财政局、市审计局、原市机关事务管理局。

6. 组建西鄂尔多斯国家级自然保护区管理局（挂鄂托克恐龙遗迹化石自然保护区管理局牌子）

责任领导：鄂托克旗委书记、鄂托克旗人民政府旗长

责任部门：中共鄂托克旗委员会、鄂托克旗人民政府、市委组织部、市委机构编制委员会办公室、鄂托克旗委组织部、鄂托克旗委机构编制委员会办公室、鄂托克旗财政局、鄂托克旗人力资源和社会保障局、鄂托克旗审计局。

（三）进度要求

各旗区改革试点实施方案要于2020年12月底前报市委编委审批，经批准后组织实施，并报自治区党委编办备案。市本级改革任务于2021年2月底前基本完成，旗区改革任务要于2021年3月底前基本完成。市机构改革协调小组适时对各旗区各部门事业单位改革试点实施情况进行检查验收总结。

（四）相关部门职责分工

市、旗区机构改革协调小组成员单位要按照分工做好改革相关工作，各有关部门要配合做好本级深化事业单位改革试点工作。机构编制部门负责做好调整机构编制事项、变更法人登记以及机构编制、干部人事、财政支持等政策衔接工作。组织部门负责做好加强事业单位党的建设、参照公务员法管理事业单位调整、市委管理领导干部调整配备等工作。审计部门负责做好按规定对涉改单位审计等工作。财政部门负责做好事业单位整合后财政经费保障、国有资产监管等工作。人力资源和社会保障部门负责做好事业单位整合后人员安置、社会保险关系衔接、职称评定、岗位调整等工作。档案部门负责做好涉改单位档案移交存档工作。保密机要部门负责做好改革期间相关保密工作。机关事务管理部门负责做好涉改单位办公用房调整、公务用车调配、机构挂牌、其他资产调整分配等工作。纪委监委机关负责对改革全过程进行监督。

（五）工作纪律

严格执行政治纪律、组织纪律、机构编制纪律、干部人事纪律、财经纪律、保密纪律，严肃查处违规违纪行为。涉改单位要服从大局，确保机构、职责、人员等按时调整到位。深入细致做好思想政治工作，密切关注干部职工思想动态，加强风险研判，制定应急预案，确保队伍稳定、工作接续。严禁“条条干预”，上级部门不得干预下级事业单位机构设置、职能配置和编制配备。将事业单位改革实施情况纳入督查任务和巡察范围，强化督促检查。

附件：事业单位“三定”规定拟制原则和要求

事业单位“三定”规定拟制原则和要求

事业单位机构设置、职能配置和人员编制规定（简称“三定”规定）具有法律效力，是事业单位运行和依法履职、提供公益服务的基本依据。

一、拟制“三定”规定的基本原则

拟制事业单位“三定”规定，要以习近平新时代中国特色社会主义思想为指导，贯彻落实中央、自治区和鄂尔多斯市关于深化事业单位改革的各项要求，坚持和加强党对事业单位的全面领导，坚持优化协同高效原则，优化事业单位布局，科学配置职能任务，精干设置内设机构，从严控制人员编制和领导职数。

二、“三定”规定主要内容

（一）关于事业单位主要职能

1. 按照政事分开、事企分开要求，除行政执法类机构外，事业单位不得承担行政职能。公益一类事业单位不得承担生产经营活动职能，公益二类事业单位不得承担与主业无关的生产经营活动职能。

2. 事业单位的职能任务不得突破其主管部门的业务范围，内设机构不得派生新的职能。事业单位的主要职能应为长期稳定的工作任务，临时性事项、阶段性任务不得作为确定主要职能的依据。坚持权责一致原则，对确需由多个事业单位共同承担的职能，要理顺关系、划清界限、明确分工。

3. 事业单位职能的表述要突出公益属性，能够准确清晰地体现事业单位所承担的主要任务、所具有的权限和社会功能定位。

（二）关于事业单位机构设置

1. 事业单位的机构名称、隶属关系、机构规格、单位类别、内设机构等，应当符合《内蒙古自治区事业单位机构编制管理办法》（内党办发〔2018〕3号）等有关规定。

2. 事业单位因工作需要确需加挂牌子的，应当从严控制、严格管理，不得变相设置为实体机构，不得单独核定编制。

3. 事业单位内设机构应当按照精干和综合的原则设置，名称要规范、简洁、明晰，其排序应与事业单位的主要职责表述顺序基本对应。

（三）关于人员编制和领导职数

1. 事业编制原则上按照国家和自治区有关标准核定。暂无编制标准的，按照职责任务和发展规模等核定，并与本地区经济社会发展和财政保障能力相适应。

2. 事业编制要坚持严控总量、统筹使用，新增职责时首先考虑通过事业单位内部挖潜解决人员编制，职责划转时按“编随事走、人随编走”的原则调整人员编制。

3. 事业单位领导职数的核定要符合规定标准。单位正职领导职数要与事业单位的机构规格对应。明确事业单位领导职数、内设机构领导职数数额，挂牌机构不单独核定领导职数。经批准可以设立的专业技术性领导职数、机关专职党务及纪检监察领导职数等，要明确相关领导职务的名称。

“三定”规定的审定和发布，严格按照中央、自治区党委有关要求执行。

健康鄂尔多斯行动实施方案

为认真贯彻落实《国务院关于实施健康中国行动的意见》（国发〔2019〕13号）和《内蒙古自治区人民政府关于印发健康内蒙古行动实施方案的通知》（内政发〔2019〕11号）精神，深入推进健康鄂尔多斯行动，全面提升全民健康水平，结合鄂尔多斯市实际，制定本方案。

一、工作原则

（一）普及健康知识、提升健康素养。大力普及健康基本知识与技能，让健康知识、行为和技能成为全民普遍具备的素质和能力。增强宣传的针对性，根据不同人群特点，有针对性地加强健康教育，实现健康知识人人知、健康素养人人有。

（二）加强自我管理、享受健康生活。积极宣传倡导“每个人都是自己健康第一责任人”的健康理念，激发群众热爱健康、追求健康的热情，养成符合自身实际和家庭特点的健康生活方式，合理膳食、适量运动、戒烟限酒、心理平衡，实现健康生活人人享有。

（三）注重早期干预、完善服务体系。对主要健康问题及影响因素尽早采取有效干预措施，完善防治策略，提供系统连续的预防、治疗、康复、健康促进一体化服务。加强医疗保障政策与健康服务的衔接，实现早诊早治早康复。

（四）鼓励多方协作、实现共建共享。鼓励和引导企业、社区、家庭和个人行动起来，形成政府积极主导、社会广泛动员、人人尽责尽力的良好局面，实现健康鄂尔多斯行动全民参与的良好氛围。

二、工作目标

到2022年，健康促进政策体系基本建立，居民健康素养水平稳步提高，健康生活方式加快推广，重大慢性病发病率上升趋势得到遏制，重点传染病、严重精神障碍、地方病、职业病得到有效防控，重点人群健康状况显著改善。

到2030年，健康促进政策体系更加完善，全民健康素养水平大幅提升，健康生活方式基本普及，居民主要健康影响因素得到有效控制，重大慢性病导致的过早死亡率明显降低，人均预期寿命得到较大提高，居民主要健康指标水平达到或超过全国、全区平均水平，健康公平基本实现。

三、工作任务

（一）实施健康知识普及行动

1.建立多方参与的健康教育与促进工作机制。建立完善健康科普专家库和资源库，完善全市健康科普知识发布和传播审核机制。加强媒体健康栏目和健康医疗广告审核，开展健康科普信息的监测和评估，提升对不良健康信息的监管能力。建立医疗卫生机构和医务人员开展健康教育与健康促进的激励机制，把健康科普纳入医疗卫生机构等级评定、绩效考核和相关医务人员职称评定、绩效考核，调动医务人员参与健康教育与促进工作的积极性。充分利用微信、微博、移动客户端等新媒体传播健康知识。市广播电视台继续办好现有健康栏目。到2022年，建成全市健康教育资源库、专家库，推出一批“健康鄂尔多斯”建设示范集体和单位。到2030年，再培育形成一批健康科普品牌和健康促进示范集体和单位。（牵头部门：市卫生健康委员会，配合部门：市委宣传部、市人力资源和社会保障局）

2. 开展全民健康教育。加强学校健康教育，开展中国学生营养日宣传活动，向在校学生传播健康理念和知识，培养健康技能。加强社区、农村牧区和单位健康知识普及工作，针对居民和职工的主要健康问题开展健康传播活动。加强全市妇女、儿童、老年人、流动人口、高危人群、残疾人等重点人群的健康教育。推进健康促进旗区建设，打造健康教育基地，充分利用“健康中国行”“爱国卫生周”“健康促进月”等各类活动，开展健康知识普及活动。到2022年和2030年，居民健康素养水平分别不低于22%和30%。（牵头部门：市卫生健康委员会，配合部门：市教育体育局、市总工会、市妇女联合会、市红十字会、市残疾人联合会）

3. 倡导健康文化理念。强化政府在健康文化建设中的主体地位，将健康文化建设融入城市文化建设体系。推进健康促进医院建设，大力弘扬“敬佑生命、救死扶伤、甘于奉献、大爱无疆”的崇高职业精神。开展二级及以上医院“患者体验日”和“市民健康科普活动周”等活动。到2022年，形成热爱健康、追求健康、促进健康的社会氛围。到2030年，健康文化理念深入人心，形成全社会关注健康、促进健康的良好氛围。（牵头部门：市卫生健康委员会，配合部门：市委宣传部，市教育体育局）

（二）实施合理膳食行动

针对一般人群、特定人群和家庭，加强有针对性的营养和膳食指导，推广使用限量盐勺、限量油壶和健康腰围尺等健康工具，促进减盐、减油、减糖。开展人群营养健康状况、食物消费状况监测。加强营养健康科普宣教，普及食品营养标签知识，引导居民形成科学的膳食习惯。控制过量饮酒，减少酗酒。到2022年居民营养健康知识知晓率在2019年基础上提高10%；到2030年居民营养健康知识知晓率在2022年基础上提高10%。到2022年和2030年，5岁以下儿童生长迟缓率分别低于7%和5%，成人肥胖增长率持续减缓。（牵头部门：市卫生健康委员会，配合部门：市委宣传部、市市场监督管理局、市教育体育局、市民政局）

（三）实施全民健身行动

弘扬健身文化，普及健身知识，增强健身意识。积极发展“体育+”，推动体育与健康、养老等融合，通过体育健身“防病”和“治未病”，切实解决群众的健康和健身需求。推进全市体育设施均衡布局，新建完善一批体育公园、健身中心、游泳馆等全民健身场地设施，扩大公共体育场馆、学校运动场馆等体育设施的开放和利用范围，提高其利用率。建立健全群众身边的健身组织，加强全民健身与重大国际体育赛事、重大节庆活动的有效联接，引领全民健身新时尚。到2022年和2030年，城乡居民国民体质测定达到合格以上的人数比例分别不少于90.3%和92%；经常参加体育锻炼人数比例达到43%以上和45%以上。（牵头部门：市教育体育局，配合部门：市卫生健康委员会）

（四）实施控烟行动

1. 加强控烟宣传教育。健全戒烟服务体系，加大控烟宣传教育，努力减少新增吸烟人口。加大烟草广告监督执法力度，严厉查处在大众传播媒介、公共场所、公共交通工具和户外发布烟草广告的违法行为。开展戒烟咨询热线和戒烟门诊等服务，提高戒烟干预能力。到2022年和2030年，15岁以上人群吸烟率分别低于24.5%和20%；全面无烟法规保护的人口比例分别达到30%及以上和80%及以上。（牵头部门：市卫生健康委员会，配合部门：市爱国运动委员会成员单位）

2. 开展无烟机关建设。完善全市无烟机关创建指标体系，持续在全市各级党政机关和国有企事业单位开展无烟机关创建活动，逐步在全市范围内实现公共场所、工作场所室内以及公共交通工具内全面禁烟。（牵头部门：市卫生健康委员会，配合部门：市爱国运动委员会成员单位）

（五）实施心理健康促进行动

加强心理健康服务体系建设，加大心理健康科普宣传，提升全民心理健康素质。广泛开展心理健康科普宣传，针对青少年、职业人群、老年人、妇女等重点人群普及实用有效的心理健康知识和心理急救技能，促进心理和行为问题的早期识别、干预和康复。建立心理健康服务网络，完善社区、教育系统、机关企事业单位和医疗机构的心理健康服务机构及其功能。推动心理健康服务行业规范化建设，规范发展社会心理服务机构，加强心理健康人才培养，建立精神卫生综合管理机制，加强基层精神科转岗医师培训，实施精神障碍社区康复服务项目和未成年人心理辅导项目。深化严重精神障碍患者全程服务管理，依托城乡社区综治中心等综合服务管理机构及设施建立心理咨询（辅导）室，配备专兼职心理健康辅导人员或社会工作者。设立市、旗区两级未成年人心理健康辅导中心。到2022年和2030年，登记在册的严重精神障碍患者规范管理率分别达到80%和90%。（牵头部门：市卫生健康委员会，配合部门：市委宣传部、市委政法委员会、市教育体育局、市民政局、市财政局、市人力资源和社会保障局、市残疾人联合会、市总工会、共青团鄂尔多斯市委员会、市妇女联合会）

（六）实施健康环境促进行动

1.加强健康环境建设。贯彻落实乡村振兴战略，将健康环境和生态文明建设紧密结合起来，推进绿色转型。实行最严格的生态环境保护制度，重点抓好大气、水、土壤污染防治，加强矿区环境综合管理，加强噪声污染防控。到2022年和2030年，居民饮用水水质达标情况明显改善；环境空气质量优良天数比例达到80%以上并进一步提升。（牵头部门：市生态环境局，配合部门：市卫生健康委员会、市能源局、市水利局、市生态环境局）

2.构建安全的食品环境。推进国家食品安全城市建设，落实日常监管风险分级和“四化”监管要求，紧盯重点产品、重点区域、重点时段、重点单位、重点企业，加大监督检查力度和频次，实现监管全覆盖。加大检验检测工作力度，突出重点企业和高风险品种，在类别、项目、企业、区域和业态上实现全覆盖，严防严控食品安全风险。到2022年，集体用餐配送单位、学校食堂等食品经营者实施良好操作规范覆盖率达80%以上。到2030年，主要食品安全总体监测合格率达95%以上。（牵头部门：市市场监督管理局，配合部门：市教育体育局，市卫生健康委员会）

（七）实施人群健康促进行动

1.促进妇幼健康。开展孕前和孕产期营养评价及膳食指导。继续实施免费婚检，产前检查和新生儿疾病筛查项目。积极推动3岁以下婴幼儿照护服务发展，培育产后母婴照料服务中心（月子中心），规范发展多种形式的婴幼儿照护服务机构。加快推进母婴设施建设。加强生殖健康宣传指导服务。推进适龄妇女宫颈癌检查和适龄女性预防宫颈癌疫苗接种工作。加强旗区标准化妇幼保健机构建设。到2022年，新生儿遗传代谢性疾病筛查率达到98%以上。到2022年和2030年，婴儿死亡率分别控制在7.5‰以下和5‰以下；孕产妇死亡率分别下降到18/10万以下和12/10万以下；5岁以下儿童死亡率分别控制在9.5‰以下和6‰以下；产前筛查率分别达到70%以上和80%以上；适龄妇女宫颈癌和乳腺癌筛查覆盖率分别达到80%以上和90%以上；全市母婴设施标准化率分别达到80%以上和100%。（牵头部门：市卫生健康委员会，配合部门：市民政局、市教育体育局、市妇女联合会、市残疾人联合会）

2.促进学生健康。开展健康学校建设，以中小学为重点，建立学校健康教育推进机制，构建学科教学与专题教育、课堂教育与课外实践、经常性宣传教育与集中式宣传教育相结合的健康教育模式。完善学校传染病防控制度，引导学生从小养成健康生活习惯，预防近视、肥胖等疾病。全面落实国家和自治区体育课程标准，将体育课程纳入学校教学水平评估内容。把学校体育工作和学生体质健康状况纳入对地方人民政府、教育行政部门和学校的考核评价体系。加强现有中小学卫生保健机构建设，按照标准和要求，强化人员和设备配备。到2022年和2030年，全市学生体质健康标准优良率分别达到50%以上和60%以上。儿童青少年总体近视率力争每年降低0.5个百分点以上；新发近视率明显下降。（牵头部门：市教育体育局，配合部门：市卫生健康委员会，市财政局，市人力资源和社会保障局）

3. 保护职业健康。加强职业病防治机构建设，做到布局合理、功能健全。全市至少有1家医疗卫生机构承担全市的职业病诊断工作，旗区原则上至少有1家医疗卫生机构承担辖区职业健康检查工作。加强职业健康监管体系建设，落实用人单位主体责任和政府监管责任，预防和控制职业病危害。鼓励用人单位开展职工健康管理。全面落实劳动工时制度。进一步加大工伤保险扩面力度，工伤保险参保人数稳步提升。加强尘肺病等职业病救治保障。到2022年和2030年，接尘工龄不足5年的劳动者新发尘肺病报告例数占年度报告总例数的比例实现明显降低并持续下降，区域内职业健康检查和职业病诊断服务覆盖率分别达到80%以上和90%以上。（牵头部门：市卫生健康委员会，配合部门：市发展和改革委员会、市人力资源和社会保障局、市司法局、市妇女联合会、市总工会）

4. 促进老年健康。完善老年人优待政策和老年人津贴等福利制度。优化老年医疗卫生资源配置，发展老年医学和护理学科，推动二级以上综合性医院开设老年医学科。面向老年人普及膳食营养、体育锻炼、定期体检、健康管理、心理健康以及合理用药等知识。加快推进长期护理保险制度及为老年人购买意外伤害险制度，完善机构护理、社区护理、居家护理相结合的老年护理服务体系。加强社区日间照料中心等社区养老机构建设。开展老年健身、老年保健、老年疾病防治与康复等健康教育活动。加强对老年常见慢性病、退行性疾病和心理健康问题的干预。充分发挥家庭医生（团队）作用，为老年人提供基本医疗和公共卫生服务。到2022年和2030年，65到74岁老年人失能发生率有所下降；65岁及以上人群老年期痴呆患病率增速下降；二级以上综合性医院设老年医学科比例分别达到50%以上和90%以上。（牵头部门：市卫生健康委员会，配合部门：市民政局、市教育体育局、市发展和改革委员会、市医疗保障局、市人力资源和社会保障局、市红十字会）

5. 促进残疾人健康。合理配置残疾人康复资源，把残疾人康复纳入基本公共服务，推进社区康复，推动基层医疗卫生机构优先为残疾人提供签约服务。实施精准康复，完善残疾儿童康复救助制度，开展残疾人辅助器具适配，健全辅助器具服务体系。扩大服务供给，加强残疾人康复和托养设施建设，建立医疗机构与残疾人专业康复机构双向转诊机制。支持社会力量投资康复机构建设，鼓励多种形式举办康复机构。到2022年，残疾预防和康复体系基本完善，残疾人家庭医生签约率达到100%。到2030年，残疾预防和康复体系进一步完善。（牵头部门：市残疾人联合会，配合部门：市卫生健康委员会、市发展和改革委员会、市红十字会）

（八）实施慢病防治行动

1. 心脑血管疾病防治。鼓励和支持红十字会以及相关社会组织和急救中心等医疗机构开展群众性应急救护培训，引导居民学习掌握心肺复苏等自救互救知识技能。对高危人群和患者开展生活方式指导。全面落实35岁以上人群首诊测血压制度，加强高血压、高血糖、血脂异常的规范管理。提高院前急救、静脉溶栓、动脉取栓等应急处置能力。到2022年和2030年，心脑血管疾病死亡率分别下降到 209.7/10 万及以下和 190.7/10 万及以下；30 岁及以上居民高血压知晓率分别不低于 55% 和 65%；高血压患者规范管理率分别不低于 60% 和 70%。（牵头部门：市卫生健康委员会，配合部门：市应急管理局、市红十字会、市医疗保障局）

2. 癌症防治。倡导健康生活方式，提高癌症防治核心知识知晓率，推进早筛查、早诊断、早治疗，降低癌症发病率和死亡率，提高患者生存质量。有序扩大癌症筛查范围。推广应用常见癌症诊疗规范。提升基层癌症诊疗能力。健全死因监测和肿瘤登记报告制度，所有旗区开展死因监测和肿瘤登记工作，定期发布自治区级肿瘤登记报告。促进基本医疗保险、大病保险、医疗救助、应急救助、商业健康保险及慈善救助等制度间的互补联动和有效衔接，形成保障合力，切实降低癌症患者就医负担。到 2022 年和 2030 年，总体癌症 5 年生存率分别不低于 43.3% 和 46.6%；癌症防治核心知识知晓率分别不低于 70% 和 80%；高发地区重点癌种早诊率达到 50% 及以上并持续提高；基本实现癌症高危人群定期参加防癌体检。（牵头部门：市卫生健康委员会，配合部门：市医疗保障局）

3. 糖尿病防治。提示广大居民关注血糖水平，引导糖尿病前期人群科学降低发病风险，指导糖尿病患者加强健康管理，延迟或预防糖尿病的发生发展。推进实施糖尿病营养和运动干预。充分利用信息技术丰富糖尿病健康管理手段，提高管理效果。到 2022 年和 2030 年，糖尿病患者规范管理率分别达到 60% 及以上和 70% 及以上；18 岁及以上居民糖尿病知晓率分别达到 50% 及以上和 60% 及以上。（牵头部门：市卫生健康委员会，配合部门：市医疗保障局）

4. 慢性呼吸系统疾病防治。引导重点人群早期发现疾病，控制危险因素，预防疾病发生发展。探索高危人群首诊测量肺功能、40 岁及以上人群体检检测肺功能。加强慢阻肺患者健康管理，提高基层医疗卫生机构肺功能检查能力。到 2022 年和 2030 年，70 岁及以下人群慢性呼吸系统疾病死亡率分别下降到 9/10 万及以下和 8.1/10 万及以下。40 岁及以上居民慢阻肺知晓率分别达到 15% 及以上和 30% 及以上。（牵头部门：市卫生健康委员会，配合部门：市医疗保障局）

（九）实施传染病及地方病防控行动

1. 巩固完善传染病救治体系。规范和提升综合性医院对新发、输入、罕见及不明原因等传染病的发现和诊治能力，加强传染病专科医院规模化、批量传染病病例集中收治和重点传染病定点隔离治疗的能力储备。开展相关医疗机构传染病、感染科门诊和病房硬件设施建设，建设“医防融合”示范医院，构建“平战结合、分层分类、定位明确、高效协作”的传染病救治体系。建设市级传染病临床实训基地和应急救治培训平台。到 2022 年，基本建立传染病救治体系，建立传染病救治培训常态制度。到 2030 年，传染病救治体系进一步完善。（牵头部门：市卫生健康委员会，配合部门：市发展和改革委员会）

2. 提升传染病和地方病防控能力。引导居民提高自我防范意识，讲究个人卫生，预防疾病。充分认识疫苗对预防疾病的重要作用，倡导高危人群在流感流行季节前接种流感疫苗。建立病毒性肝炎、结核病等重大传染病防治综合服务模式，加强耐多药肺结核的筛查和监测，规范肺结核诊疗管理，努力控制和降低传染病流行水平。持续保持碘缺乏病、大骨节病等地方病防治，保持消除状态。加强以传染病症状为主的综合监测。建设应用基于医院电子病历的传染病网络直报系统。深度挖掘与分析应用传染病综合监测大数据，整合传染病病例临床、流行病和实验室相关信息，提升全市传染病全方位智能化防控能力。到 2022 年和 2030 年，艾滋病全人群感染率分别控制在 0.15% 以下和 0.2% 以下；5 岁以下儿童乙型肝炎病毒表面抗原流行率分别控制在 1% 和 0.5% 以下；肺结核发病率下降到 55/10 万以下，并呈持续下降趋势；布病发病率呈持续下降趋势；以苏木乡镇、街道为单位，适龄儿童免疫规划疫苗接种率保持在90%以上，并持续提高；法定传染病报告率保持在95%以上，并持续提高；到2022年有效控制饮水型氟砷中毒、饮茶型地氟病和水源性高碘危害；到2030年保持控制和消除重点地方病，地方病不再成为危害人民健康的重点问题。到2022年，全面部署应用基于医院电子病历的传染病网络直报系统。到2030年，建成自动化采集信息、智能化分析预警的全方位传染病防控应对体系。（牵头部门：市卫生健康委员会，配合部门：市水利局、市大数据发展局）

（十）公共卫生体系提升行动

强化监测预警，围绕“早发现、早报告、早处置”的目标，强化市旗两级疾控机构的信息收集、分析、利用能力，健全网络直报、舆情监测、医疗卫生人员报告等多渠道疫情监测和快速反应体系，实现重大疫情风险监测预警信息数据共享，完善公共卫生重大风险研判、评估、决策、防控协同机制，提高重大公共卫生风险发现、报告、预警、响应、处置能力。加强市旗两级疾控机构实验室能力建设。健全完善公共卫生培养、准入、使用、待遇保障、考核评价和激励机制等方面的政策，建立保障与激励相结合的运行新机制，适当提高疾控人员待遇。加强院前急救体系建设，完善网络布局，完善急救车辆（包括负压救护车）配备。（牵头部门：市卫生健康委员会，配合部门：市人力资源和社会保障局、市发展和改革委员会、市财政局）

（十一）医疗服务体系优化行动

1. 区域医疗中心建设。根据医疗机构设置规划，将全市分为若干医疗服务圈，以此为基本单位设置区域医疗中心，市直及旗区级医院是承担区域医疗中心功能的主体，为区域内居民提供常见病、多发病门急诊服务，强化胸痛、卒中、创伤、新生儿和孕产妇救治服务能力，能够承接经基层医疗卫生机构诊断后需上转的患者，就近解决大多数居民的就医需求。到2022年，建设、发展一批布局合理、标准统一、定位清晰的区域医疗中心，成为分级诊疗体系的中坚力量和区域医疗联合体的核心，分级诊疗制度更加完善。到2030年，形成较完备的区域医疗中心布局和服务体系模式。（牵头部门：市卫生健康委员会，配合部门：市发展和改革委员会，市财政局）

2. 临床重点学科建设。结合全市疾病谱和外出就医患者病种等相关情况，从市直公立医院中遴选临床、教学、科研基础扎实的14个学科进行重点培育，到2025年，争取创建成上一级医学重点学科或达到上一级重点学科水平。使市直公立医院危急重症和复杂疑难疾病诊疗能力得到显著提升。将学科建设费用列入各级财政预算，按照自治区和国家专科建设的具体要求和预期目标制定具体的考评标准，纳入院长目标责任状进行综合考评，不断提升医疗质量和服务水平。鼓励民营医院、各旗区医疗机构积极推进学科建设，提升辖区诊疗服务能力和水平，在全市形成布局合理、技术过硬、服务优良的重点学科体系，实现全市重点学科资源优化配置。（牵头部门：市卫生健康委员会，配合部门：市财政局）

3. 建立以家庭医生制度为基础的分级诊疗体系。全面推进家庭医生签约服务，逐步提高家庭医生首诊比例，充实家庭医生团队，提升家庭医生诊疗能力，强化家庭医生对签约居民全生命周期的健康管理。健全医疗服务体系，明确各级医疗机构功能定位，加强医疗服务体系短缺资源建设，加强协同医疗服务体系建设，夯实分级诊疗制度网络基础。到2022年，布局合理、规模适当、层级优化、职责清晰、功能完善、富有效率的医疗服务体系基本构建，符合市情的分级诊疗制度基本建立，全程健康管理服务模式逐步形成。到2030年，各级各类医疗机构依照功能定位，建立成熟稳定的分工协作机制，为全市居民提供全程连续的健康管理服务；形成成熟定型的分级诊疗制度。（牵头部门：市卫生健康委

员会，配合部门：市发展和改革委员会、市财政局）

4. 提升基层医疗机构能力建设。结合乡镇卫生院服务功能定位与发展趋势，进一步推进医疗资源整合。以旗区为单元，打破苏木乡镇界限，按照服务半径30公里为单位，重新规划布局中心乡镇卫生院25所，逐步形成苏木乡镇医疗中心，争创二级医疗机构，促进农村牧区医疗资源的合理配置。（牵头部门：市卫生健康委员会，配合部门：市发展和改革委员会、市财政局）

（十二）实施蒙医药中医药促进健康行动

1. 优化蒙医药中医药服务资源配置。加强蒙医药中医药医疗机构和综合医院、专科医院蒙医中医临床科室建设，强化社区卫生服务中心蒙医药中医药综合服务功能，支持社会力量举办蒙医中医医疗机构。到2022年，每个旗区至少建有1所政府办中蒙医类二级医疗机构。到2030年，全面建成满足全人群、全生命周期蒙医药中医药服务需求、优质高效的蒙医药中医药服务网络。（牵头部门：市卫生健康委员会，配合部门：市发展和改革委员会、市财政局）

2. 推进蒙医药中医药服务高质量发展。以提升蒙医中医优势病种临床诊疗能力与技术服务水平为核心，充分发挥蒙医药中医药在疾病预防、治疗、康复中的作用，持续加强蒙医中医重点专科、特色专科（专病）建设和蒙医中医特色诊疗技术专项建设，大力扶持和加强妇幼、老年、康复、传染病等重点领域建设与发展，完善蒙医药中医药参与卫生应急救治协调机制，深入推进蒙中西医临床协同，不断提升蒙医药中医药防病治病能力与水平。到2022年和2030年，苏木乡镇卫生院和社区卫生服务中心建成“蒙医馆中医馆”分别达到70%、85%和100%；蒙医药中医药健康管理覆盖率分别达到50%和70%；蒙医药中医药科普知识知晓率分别达到90%和95%。（牵头部门：市卫生健康委员会，配合部门：市医疗保障局）

（十三）实施卫生健康信息化推进行动

1. 健康医疗信息互联互通。依托全市电子政务外网和市公共信息平台，加快市级全民健康信息平台与各市直医疗卫生健康机构、各旗区公共信息及自治区等平台的对接，打破“信息孤岛”，实现全市医疗机构信息的互联互通互认，建设健康医疗大数据分析系统，推进健康医疗大数据的深度挖掘和广泛应用。到2022年，建立起较为完善的市旗两级全民健康信息平台，旗区级卫生健康机构全部接入市级区域全民健康信息平台，实现互联互通。到2030年，在实现公立医疗机构信息互联互通的基础上深化信息化应用，将社会办医疗机构纳入信息互联互通网络。健康医疗大数据、“互联网+医疗健康”、居民电子健康码等普遍应用。（牵头部门：市卫生健康委员会，配合部门：市大数据发展局）

2. 推进全民健康信息平台健康惠民服务模式。依托市级全民健康信息平台，建成信息技术与医疗健康服务“医、防、养、康、护、药、保”一体化“互联网+医疗健康”服务平台，形成新型健康服务模式。到2022年，逐步建立全人群全生命周期的健康监测和管理，重点以糖尿病、心脑血管疾病、肿瘤防治等疾病为切入点，建立多服务领域跨界融合的服务、管理和监管机制以及相关应用服务。到2030年，实现向健康人群，传染病、慢性病、危急重症患者，妇女，儿童，老年人和残疾人提供规范、便捷、价格合理的卫生健康服务。（牵头部门：市卫生健康委员会，配合部门：市大数据发展局）

（十四）健康保障完善行动

1. 深化医保支付方式改革。完善医保基金预算管理，提高医保基金管理的科学化、精细化水平。全面推行以按病种付费为主的多元复合式医保支付方式，努力构建医保多元复合支付机制，逐步开展按疾病诊断相关分组付费和住院费用按大数据病组分值付费。探索医保梯度支付方法，支持建立以家庭医生制度为基础的分级诊疗制度。到2022年，医保支付方式改革覆盖所有医疗机构及医疗服务，全市范围内普遍实施适应不同疾病、不同服务特点的多元复合式医保支付方式，按项目付费占比明显下降。到2030年，建立适应医疗联合体、家庭医生制度、临床路径管理要求的医保支付方式，进一步增强医保对医疗行为的激励约束作用。（牵头部门：市医疗保障局，配合部门：市卫生健康委员会）

2. 完善药品价格形成机制，加强对药品、耗材价格监管。贯彻落实国家药品价格改革政策，通过完善药品采购机制、强化医保控费、健全药品价格监测制度和加强价格行为监管等措施，促进建立以市场为主导的药品价格形成机制，引导药品市场形成合理价格。到2022年，按照政府调控和市场调节相结合的原则，健全药品价格形成机制，加强对药品和高值医用耗材的价格监管。到2030年，完善医药采购服务和监管信息系统，建立健全覆盖药品招标、采购、配送、使用全过程的服务和监管机制。（牵头部门：市医疗保障局，配合部门：市卫生健康委员会）

四、保障措施

（一）加强组织领导。完善政府主导、部门配合、全社会参与的协同推进机制，把贯彻落实“健康鄂尔多斯行动”工作列入重要议事日程。成立健康鄂尔多斯行动推进委员会（以下简称委员会），负责统筹推进组织实施、监测和考核相关工作，聘请相关领域专家组建专家咨询委员会，为健康鄂尔多斯行动的推进实施提供技术支持。委员会下设办公室，负责委员会日常工作，办公室设在市卫生健康委员会，主任由市卫生健康委员会主任王凯担任，副主任由市卫生健康委员会副主任王琳琦担任。根据工作需要，委员会下设各专项行动工作组，负责专项行动的具体实施和监测工作。各旗区要加强组织领导，健全工作机制，落实工作责任，搞好统筹协调，强化要素保障，推进工作有序有效开展。各相关责任部门要按照各自职责形成工作合力。

（二）注重宣传引导。各旗区、市直各有关部门要强化舆论宣传，及时发布政策解读，回应社会关切，凝聚全社会力量，形成健康促进的合力。充分利用新媒体，大力宣传实施健康鄂尔多斯行动，加强科学引导和典型报道，增强社会的普遍认知，营造良好的社会氛围。

（三）开展监测评估。委员会要围绕目标指标和行动举措，制定监测评估工作方案，依托互联网和大数据，发挥社会组织作用，定期监测评估主要倡导性指标和预期性指标、重点任务的实施进度和效果，形成总体监测评估报告。

（四）建立考评机制。委员会围绕健康鄂尔多斯行动主要目标任务，组织对各旗区开展考核，并作为各旗区党政领导班子和领导干部综合考核评价、干部奖惩的重要参考。各旗区要结合实际，制定有针对性的考核办法，按照国家要求，依托互联网和大数据，对健康鄂尔多斯行动的主要指标、重点任务实施进度进行年度监测。

大事记

1月

1月6日 中国共产党鄂尔多斯市第四届委员会第十次全体会议暨全市经济工作会议在康巴什区举行。出席会议的有市委委员37人，候补委员7人。会议听取和讨论牛俊燕受市委常委会委托作的工作报告，审议通过《鄂尔多斯市为关于深入贯彻〈中共中央关于坚持和完善中国特色社会主义制度、推进国家治理体系和治理能力现代化若干重大问题的决定〉的实施意见》，分析当前形势，部署2020年工作。

同日 由鄂尔多斯市创建全国民族团结进步示范市工作领导小组办公室主办的“中华民族一家亲、同心共筑中国梦”民族团结进步颁奖盛典在市广播电视台举行。鄂尔多斯市荣获“全国民族团结进步示范市”称号。

同日 市委书记牛俊燕主持召开全市建设美丽乡村整治重点区域环境乱象“百日攻坚专项行动”专题会议，听取有关工作进展情况，安排部署下一阶段重点工作。会议强调，农牧群众是建设美丽乡村的主体，各级各部门要注重发动群众、组织群众、依靠群众，充分调动农牧民群众共同参与建设美好家园的积极性和主动性。

1月7日 《鄂尔多斯市文明行为促进条例》新闻发布会在康巴什区召开。《鄂尔多斯市文明行为促进条例》于2019年10月29日在鄂尔多斯市第四届人民代表大会常务委员会第十五次会议上通过，经2019年11月28日内蒙古自治区第十三届人民代表大会常务委员会第十六次会议批准予以公布，自2020年3月1日起实施。

1月9—20日 由市包联驻村工作领导小组办公室牵头组织的“鄂尔多斯乡村特产年货节”在东胜区和康巴什区同步举办。此次乡村特产年货节安排包联驻村第一书记富民成果特色农产品展示展销、进出口商品展示展销、美食品尝、品鉴本土年俗文化、个性化服务等多活动，来自鄂托克前旗的珍珠鸡和鄂托克旗的土鸡，乌审旗的葵花油，达拉特旗的大米、黄河鱼，准格尔旗的杂粮、高原杏仁露，伊金霍洛旗的羊肚菌，东胜区的杀猪菜和炸油糕等特色农副产品吸引众多市民前来采购。

1月24日 受市委书记牛俊雁，市委副书记、市长斯琴毕力格委托，市委常委、副市长金武主持召开全市新型冠状病毒感染的肺炎疫情防控工作会议。会议传达牛俊雁和斯琴毕力格重要批示精神，就做好鄂尔多斯市疫情防控工作进行安排部署。

1月26日 市委书记牛俊雁主持召开书记专题会议，研究部署新型冠状病毒感染的肺炎疫情联防联控工作。市委常委、副市长金武，副市长于仁杰出席会议。市直各有关部门、各医疗机构负责人参加会议。

同日 市委副书记、市长、市新型冠状病毒感染的肺炎疫情防控指挥部总指挥斯琴毕力格主持召开市新型冠状病毒感染的肺炎疫情防控指挥部会议。听取全市防疫工作进展情况汇报，对全市新型冠状病毒感染的肺炎疫情防控工作进行再研究、再部署、再动员。市委常委、副市长金武，常务副总指挥、副市长于仁杰，副总指挥、市政府秘书长张众志出席会议。市直相关部门负责人、各专项工作组组长及成员参加会议。

1月28日 鄂尔多斯市召开新型冠状病毒感染的肺炎疫情防控督查汇报会和视频调度会，市委副书记、市长、市新型冠状病毒感染的肺炎疫情防控指挥部总指挥斯琴毕力格出席会议并讲话，市委常委、副市长金武，副市长于仁杰、李文忠，市政府秘书长张众志参加会议。

1月29日 自治区副主席欧阳晓晖一行到鄂尔多斯市检查督导疫情防控工作。市委副书记、市长斯琴毕力格，副市长于仁杰，市直有关部门负责人陪同。

同日 全区坚决打赢疫情防控阻击战动员会在呼和浩特召开。市领导牛俊雁、斯琴毕力格、于新芳、冯超、苏翠芳、金武、史良、高占胜、张月清、于仁杰、李文忠、石艳杰、薄立峰、曹郅琛等在鄂尔多斯市分会场参加会议。

1月30日 市新型冠状病毒感染的肺炎疫情防控指挥部召开视频调度会，听取各旗区、指挥部各工作组和机场、火车站疫情防控工作开展情况，安排部署下一步工作。

1月31日 市政府召开专题会议，研究疫情防控期间保供有关事宜。会议强调，要切实加强监管，严格落实各工业园区和企业的疫情防控、安全生产责任，认真组织开展复工人员检测、隔离等防控工作，做好产品生产、运输等关键环节管控，确保疫情防控、安全生产、物资供给得到全面有效保障。

是月 在由中央农村工作领导小组办公室、农业农村部、中央宣传部、民政部和司法部共同研究认定的全国乡村治理示范村镇评选中，鄂尔多斯市准格尔旗十二连城乡、达拉特旗树林召镇林原村、东胜区泊尔江海子镇折家梁村、鄂托克前旗城川镇黄海子村4个村镇（乡）获国家级荣誉。

是月 由民盟鄂尔多斯市委文化委员会主办、内蒙古草原丝路文化发展有限公司承办的“欣欣向荣，喜迎新春”——孙全义个人画展在鄂尔多斯草原丝路美术馆开幕。现场展出油画作品70余幅。

2月

2月1日 市新型冠状病毒感染的肺炎疫情防控指挥部召开视频调度会，传达自治区疫情防控工作督导组在鄂尔多斯市督导发现的问题及整改意见，并部署相关工作。会议以视频形式召开，各旗区设分会场。会议强调，要加强人员监测，加快建立协调配合工作机制，优化调整市内检查站及临时卡点设置，细化、实化查控举措，分类抓好区外、市外和市内车辆人员查控，以及机场和火车站的到站人员查控。各旗区要加强沟通，严禁重复设站和多点检查，切实提高查控效率和通行效率，最大程度保障道路交通畅通，保证群众正常出入和工业品、日用品正常流通。要加强重点人员排查，通过网格化管理，夯实疫情防控基层基础，切实抓好本地和外来人员数据统计和实时动态监管工作，做到底数清、情况明。要分类抓好社区管控工作，采取落地找人、面对面告知、人对人管控的措施，对辖区内的疫情重点地区外来人员实施管控追踪，按照规定严格落实居家、集中隔离、医学观察等措施，确保做到全覆盖、不遗漏。要提前做好企业复工复产和学校开学相关工作，根据疫情防控情况，实施检疫查验和健康防护，确保企业安全复工复产和学校开学。

2月3日 鄂尔多斯市召开防控新型冠状病毒感染的肺炎疫情工作会议，深入贯彻落实习近平总书记关于疫情防控工作的重要指示精神和中央、自治区部署要求，传达贯彻自治区党委书记石泰峰在鄂尔多斯市检查督导疫情防控工作时的讲话精神，对鄂尔多斯市疫情防控工作再安排、再部署、再落实。市委书记牛俊雁主持会议并讲话。会议以视频形式召开，各旗区设分会场。会议强调，要做好排查防控工作，充分调动各方力量，推动形成机关干部指导，社区干部主体、党员和志愿者积极参与，小区物业全面配合的联防联控工作格局。要紧紧围绕街道社区和农村牧区等重点地区，找准工作中的薄弱环节，健全完善大数据+网格化监管模式，全覆盖、无死角地做好防控工作。要扎实做好节后返程上岗以及企业开复工疫情防控工作，科学合理配置资源，高效有序防控应对。

2月4日 按照《内蒙古自治区卫生健康委办公室关于组派护理专业医疗队援助湖北应对新型冠状病毒感染的肺炎疫情的通知》，积极响应国家号召，组派二级以上医院包括重症护理、内科、重症监护等不同专业科室10名临床护士组成护理专业医疗队，出发前往呼和浩特市白塔机场集结，统一乘机赴湖北开展救治工作。鄂尔多斯市组派的人员分别是东胜区人民医院马兰芝、李娜，鄂尔多斯市中医医院孙璐、庄娜，鄂尔多斯市蒙医医院朝乐门图亚，准格尔旗中蒙医院贺引弟、吴明、尚婧，准格尔旗人民医院赵美琴，伊金霍洛旗人民医院韩至娇。

同日 鄂尔多斯市防控新型冠状病毒感染肺炎疫情第三次新闻发布会在康巴什区召开。会上，市新型冠状病毒感染的肺炎疫情防控指挥部、市政法委相关负责人分别就鄂尔多斯市新型冠状病毒感染的肺炎疫情情况及防控措施、社会管控工作情况进行介绍，并现场回答记者提问。

2月5日 鄂尔多斯市首例、第二例新型冠状病毒感染肺炎确诊患者分别在鄂尔多斯市第二人民医院、鄂托克前旗人民医院治愈出院。市委常委、东胜区委书记张占林到市第二人民医院看望出院患者和医务人员。

2月6日 自治区第九督导组和鄂尔多斯市疫情防控指挥部联合召开疫情防控专题会议，传达学习自治区党委常委会会议暨自治区应对疫情工作领导小组第三次会议和自治区疫情防控指挥部第十二次调度会议精神，重点对达拉特旗疫情防控工作再调度、再安排、再部署。

2月6—7日 国务院应对新型冠状病毒感染的肺炎疫情联防联控机制工作第五指导组组长、国家卫生健康委科技发展中心主任郑忠伟一行到鄂尔多斯市检查指导疫情防控工作，并召开工作汇报会。市委副书记、市长、市新型冠状病毒感染肺炎疫情防控指挥部总指挥斯琴毕力格陪同检查并作工作汇报。市委常委、副市长金武，副市长于仁杰，副市长、市公安局局长薄立峰，市政府秘书长张众志分别参加检查和汇报会。

2月7日 市新型冠状病毒感染的肺炎疫情防控指挥部召开视频调度会，传达国务院第五指导组工作指导意见和自治区疫情防控指挥部视频调度会议精神，安排部署当前全市疫情防控重点工作。会议强调，做好疫情防控工作，要按照中央和自治区部署要求，以“四早”“四集中”“两提高两降低”为重点任务，进一步细化、实化、强化各项工作措施，集中各方面力量为打赢疫情防控阻击战提供支持。要抓好群防群治，加强宣传引导，积极发动群众，推动形成以政府防控为主转为政府和群众共同防控的新局面。要加强社会面管控，统筹运用“大数据+网格化”手段，动态排查管理外来和返回人员，全面摸清掌握底数。要坚持科学防治，对确诊病例的密切接触者实行最严格隔离，对确诊患者全力做好集中救治工作，尽最大努力避免发生死亡病例；要强化院内感控工作，严格防止医护人员感染。市委副书记、市长、市新型冠状病毒感染肺炎疫情防控指挥部总指挥斯琴毕力格出席会议并讲话。

2月8日 市委副书记、市长、市新型冠状病毒感染的肺炎疫情防控指挥部总指挥斯琴毕力格主持召开专题会议，研究企业复工复产工作有关事宜。会议强调，要进一步强化旗区属地管理责任和行业主管部门监管责任，分地区、分行业领域加强对复工复产企业的监管指导，严格督促企业落实返回人员管理、企业复工准备等各项措施。各企业要严格落实主体责任，科学制定返岗疫情防控方案、复工方案和疫情应急处置预案，全面掌握员工外出和返岗情况，主动配合各旗区做好返回人员健康信息登记管理工作。要妥善安排员工错峰返市，灵活安排员工返岗，在做好疫情防控工作的前提下，有序组织复工复产。要认真做好复工复产后的疫情防控，加强人员监测和厂区卫生防疫工作，减少人员集聚，落实个人防护措施，有效阻断病毒传播途径。各有关部门还要积极帮助企业解决原材料供应、运输车辆快速通行等实际问题，减轻企业负担，支持企业发展。市委常委、副市长金武，副市长于仁杰、石艳杰、刘建勋，副市长、市公安局局长薄立峰，市政府秘书长张众志出席会议。市疫情防控指挥部相关成员单位负责人参加会议。

2月9日 鄂尔多斯资源股份有限公司向中国宋庆龄基金会捐赠800万元，设立鄂尔多斯温暖基金，作为鄂尔多斯资源股份有限公司的社会公益慈善事业的重要渠道。同日，针对此次新冠肺炎疫情，鄂尔多斯温暖基金启动“医者仁心温暖计划”，用于资助抗击新型冠状病毒疫情的一线医护人员，以及牺牲医护人员子女的长期教育。

2月10日 市委书记牛俊雁主持召开市委常委会会议，听取当前全市疫情防控和经济运行等工作情况汇报，研究部署下一步工作。

2月11日 市新冠肺炎疫情防控指挥部组织召开鄂尔多斯市防控新型冠状病毒感染的肺炎疫情第四次新闻发布会。会上，市卫生健康委员会负责人介绍鄂尔多斯市当前疫情防控形势，市委政法委、市交通局等部门就全市道路交通、社会管控等相关情况现场回答记者提问。

2月13日 市新冠肺炎疫情防控指挥部召开鄂尔多斯市防控新型冠状病毒感染的肺炎疫情第五场新闻发布会。会上，市市场监督管理局相关负责人介绍疫情发生以来该局的相关工作，并现场回答记者提问。

2月14日 市委书记牛俊雁到市疾病预防控制中心考察，看望慰问疫情防控一线工作人员，向他们的辛勤付出致以崇高的敬意。市委常委、秘书长史良，副市长于仁杰参加慰问。

同日 市委副书记、市长斯琴毕力格主持召开专题会议，研究部署农村牧区工作和防凌等相关工作。他强调，要深入贯彻落实中央、自治区各项决策部署，在扎实做好新冠肺炎疫情防控的同时，进一步理清思路，精准施策，有序推进“三农三牧”、脱贫攻坚等重点工作，确保完成全年目标任务，决胜全面建成小康社会。

2月15日 鄂尔多斯市新冠肺炎疫情防控指挥部召开第六次新闻发布会。会上，相关法律专家对《中华人民共和国传染病防治法》《中华人民共和国突发事件应对法》《突发公共卫生事件应急条例》进行解读，市司法局相关负责人就《鄂尔多斯市应对新冠肺炎疫情法治防控四十诀》编印情况进行介绍。

2月16日 鄂尔多斯市疫情防控指挥部交通运输保障组召开会议，研究部署新冠肺炎疫情防控期间收费公路免收车辆通行费相关保障工作。

同日 按照《内蒙古自治区卫生健康委办公室关于组派护理专业医疗队援助湖北应对新型冠状病毒感染的肺炎疫情的通知》要求，继第一批、第二批共11名医护人员赴湖北后，组建第三批医疗队驰援湖北。第三批驰援湖北的医护人员分别是东胜区人民医院梁连生、白云，鄂尔多斯市中医医院陈建功，达拉特旗人民医院邱昕、宝鹏飞、贾翠萍，准格尔旗中心医院欧桂英。

同日 鄂尔多斯市教育体育局全面做好中小学延期开学期间“停课不停学”工作。为最大限度降低疫情对学校教学工作的影响，确保“停课不停学”的落实效果，市教育局要求各旗区、各学校要根据实际情况，加强对防疫阻击战一线人员子女、农村牧区留守儿童等群体的关爱和指导。

2月16—17日 自治区党委常委、常务副主席、自治区新冠肺炎疫情防控工作指挥部副总指挥马学军先后深入鄂尔多斯市康巴什区、乌审旗、鄂托克旗，检查督导新冠肺炎疫情防控、企业复工复产等工作，强调要深入贯彻习近平总书记关于疫情防控重要讲话重要指示精神和2月12日召开的中共中央政治局常委会会议精神，坚定信心、同舟共济，精准施策、科学防控，统筹抓好疫情防控和企业复工复产工作。市领导牛俊雁、斯琴毕力格、金武、史良分别参加检查。

2月17日 市新冠肺炎疫情防控和复工复产、春耕备耕工作视频调度会召开。会议传达学习自治区应对新冠肺炎疫情工作领导小组《关于实行分类指导精准施策统筹做好疫情防控与经济社会发展工作的意见》，通报全市新冠肺炎疫情防控和复工复产、春耕备耕工作情况，并安排部署相关工作。

2月18日 鄂尔多斯市新冠肺炎疫情防控指挥部召开第八次新闻发布会。会上，市卫健委相关负责人称鄂尔多斯市已连续13天没有新增加确诊和疑似病例。

2月19日 市政府召开专题会议，研究部署支持中小企业复工复产政策措施相关事宜。会上，相关部门负责人汇报各行业各领域支持中小企业复工复产的相关措施和建议。

同日 鄂尔多斯市第四批援助武汉医疗队举行出征仪式。鄂尔多斯市第四批援助武汉医疗队由鄂尔多斯市9家医疗机构的29名医护人员组成，出征队员分别来自呼吸科、重症医学科、传染性疾病科、心内科等科室。

2月21日 市委副书记、市长斯琴毕力格主持召开市政府常务会议，专题研究支持中小微企业复工复产有关政策措施。会议研究并原则同意鄂尔多斯市《关于应对新冠肺炎疫情防控期间支持中小微企业复工复产健康发展的意见》。

同日 全市金融系统应对新冠肺炎疫情支持中小微企业健康发展视频调度会召开。副市长、市新冠肺炎疫情防控指挥部副指挥长刘建勋出席会议。

2月25日 市委副书记、市长、市新冠肺炎疫情防控指挥部总指挥斯琴毕力格主持召开全市新冠肺炎疫情防控工作视频会议。会议深入学习贯彻习近平总书记在统筹推进新冠肺炎疫情防控和经济社会发展工作部署会议上的重要讲话精神，落实自治区疫情防控工作视频会议精神，对统筹推进疫情防控和经济社会发展工作进行再强调、再部署。副市长于仁杰，市政府秘书长张众志出席会议。

同日 鄂尔多斯市新冠肺炎疫情防控指挥部召开第十二次新闻发布会，发布《新型冠状病毒感染的肺炎疫情公共场所防护指南（试行）》，市卫健委相关负责人对《新型冠状病毒感染的肺炎疫情公共场所防护指南（试行）》进行解读，市交通运输局、市教育体育局等部门就鄂尔多斯市道路交通、校园疫情防控等相关情况现场答记者问。

2月27日 市委副书记、市长斯琴毕力格主持召开专题会议，研究部署全市重点项目推进落实相关事宜。副市长于仁杰、李文忠、石艳杰，市政府秘书长张众志出席会议。

同日 市人民政府印发《关于应对新冠肺炎疫情期间支持中小微企业复工复产健康发展的意见》，提出给补贴、免租金、调税额、帮融资等14条帮扶中小微企业全面复工复产优惠政策。

3月

3月1—2日　自治区党委副书记、政法委书记、自治区煤炭资源领域违规违法问题专项整治工作领导小组副组长林少春到鄂尔多斯市调研检查专项整治工作并召开座谈会，强调要提高思想认识，坚持问题导向，聚焦重点领域，把各项排查措施落实落细，扎实有力抓好专项整治工作。

3月2日　市委书记牛俊雁主持召开市委常委会会议，研究部署全市煤炭资源领域违规违法问题专项整治工作，安排部署下一步工作。

同日　全市煤炭资源领域违规违法问题专项整治工作动员部署会议在康巴什区召开。会议深入学习贯彻习近平总书记关于对内蒙古煤炭资源领域违规违法问题开展专项整治的重要指示精神，全面落实中央纪委国家监委纪检监察建议要求和自治区煤炭资源领域违规违法问题专项整治工作动员部署会议精神，安排部署全市专项整治工作，坚决打好打赢这场硬仗。市委书记牛俊雁出席会议并讲话。市委副书记、市长斯琴毕力格主持会议。

3月4日　市委书记牛俊雁深入市政务服务中心，调研全市重点项目集中审批联动机制运行情况，强调要深入学习贯彻习近平总书记关于优化营商环境重要讲话精神，不断深化“放管服”改革，上下联动、多方协同，加快推进重大项目建设，为全市经济高质量发展提供有力支撑。市领导斯琴毕力格、金武参加调研。

3月5日　经自治区和市两级新冠肺炎专家组会诊，鄂尔多斯市最后1例新冠肺炎确诊患者在市第二人民医院治愈出院。至此，鄂尔多斯市新冠肺炎确诊患者全部治愈出院，治愈率达到100%，在治确诊患者实现清零。

同日　市新冠肺炎疫情防控指挥部在康巴什区召开第十四次新闻发布会。会上，相关负责人称：全市疫情防控形势总体向好，但仍需提高警惕、高度警觉。

3月6日　市委副书记、市长斯琴毕力格主持召开专题会议，研究全市生态环境保护有关工作。

同日　市委副书记、市长斯琴毕力格会见光大银行呼和浩特分行党委书记、行长陆建荣，就进一步深化重点领域、重大项目合作进行座谈交流。副市长刘建勋，市政府秘书长张众志及市直有关部门负责人参加会见。

3月10日　全市决战决胜脱贫攻坚工作会议召开。会议深入学习贯彻习近平总书记关于扶贫工作的重要论述，认真贯彻中央、自治区各项决策部署，动员全市上下坚决克服新冠肺炎疫情影响，凝心聚力打赢脱贫攻坚战，确保如期完成脱贫攻坚目标任务，确保全面建成小康社会。市委书记牛俊雁出席会议并讲话。市委副书记、市长斯琴毕力格主持会议。

3月12日　全市宣传思想工作会议在康巴什区召开。会议以视频形式召开，各旗区设分会场。会议传达学习全国、全区宣传部长会议精神，对2019年全市宣传文化工作先进集体及个人进行了表彰，总结2019年全市宣传思想工作，并就2020年宣传思想工作进行部署。

同日　鄂尔多斯市召开脱贫攻坚宣传工作调度会，会议深入贯彻中央决战决胜脱贫攻坚座谈会、自治区和鄂尔多斯市决战决胜脱贫攻坚工作会议精神，并对全市脱贫攻坚宣传工作做进一步强调和安排。市委常委、宣传部部长苏翠芳出席会议并讲话。

3月13日　全市产业扶贫项目调度会召开。会议通报2019年产业扶贫项目实施情况，安排部署2020年产业扶贫工作。会议以视频的形式开到嘎查村。市直相关部门负责人，各苏木乡镇负责人，以及全市736个嘎查村驻村第一书记、驻村工作队队员、“三委”班子成员在分会场参加会议。

同日　全市推进污染防治攻坚战电视电话

会议召开。会议深入学习贯彻习近平生态文明思想，全面落实全区推进污染防治攻坚战电视电话会议精神，安排部署2020年全市污染防治重点工作。市委书记牛俊雁作重要批示，市委副书记、市长斯琴毕力格主持会议并讲话。

3月17日 2020年全市“扫黄打非”工作电视电话会议在康巴什区召开。市委常委、宣传部部长强调，要坚持打防并举，抓好首要首战，着力维护意识形态安全，以实际行动为决战脱贫攻坚、决胜全面建成小康社会营造良好的社会文化环境。

3月18日 内蒙古支援湖北省医疗队首批100名护理队员归来，自治区党委书记、人大常委会主任石泰峰前往鄂尔多斯伊金霍洛机场迎接他们平安归来，并代表自治区党委、政府和全区2500多万名各族群众向凯旋的医疗队员致以崇高敬意和诚挚感谢，称赞他们是“新时代最可爱的人”。自治区领导张韶春、欧阳晓晖，市领导牛俊雁、于仁杰参加活动。

3月19日 市委副书记、市长、市新冠肺炎疫情防控指挥部总指挥斯琴毕力格主持召开全市做好2020年春季学期开学准备工作电视电话会议。副市长于仁杰出席会议并通报全市疫情防控情况，副市长刘建勋出席会议并安排部署春季学期开学准备工作。

3月20日 市政府召开全市鼠疫防控工作电视电话会议，贯彻落实全区鼠疫防控工作电视电话会议精神，总结2019年全市鼠疫防控工作，安排部署2020年工作。

3月22—23日 自治区副主席李秉荣先后深入鄂尔多斯市准格尔旗、达拉特旗、伊金霍洛旗，调研督导新冠肺炎疫情防控、企业复工复产、人居环境整治、小流域治理和现代农牧业发展等工作，并召开座谈会。市委副书记、市长斯琴毕力格，副市长于仁杰、石艳杰，市政府秘书长张众志分别陪同调研并参加座谈会。

3月23日 中国共产党鄂尔多斯市第四届纪律检查委员会第六次全体会议在康巴什区举行。市委书记牛俊雁出席会议并讲话，强调要深入学习贯彻习近平总书记重要讲话精神，知行合一将全面从严治党推向深入，为决胜全面建成小康社会、决战脱贫攻坚、推进鄂尔多斯高质量发展提供坚强保障。出席会议的市纪委委员25人，列席会议208人。市委副书记、市长斯琴毕力格，市人大常委会主任，市政协主席等市四大班子领导及市法检两长出席会议。

3月23—24日 自治区副主席包钢到鄂尔多斯市调研督导污染防治攻坚战、中央环保督察整改和煤炭资源领域违规违法问题专项整治工作，并召开座谈会。副市长李文忠参加调研并出席会议。

3月27日 全市文化旅游业恢复发展推进会召开。会议贯彻落实国家、自治区和市委“一手抓疫情防控、一手抓复工复产”的要求，全面落实全区旅游业恢复发展电视电话会议精神，研究部署推动全市文旅业恢复振兴相关工作和全年重点文旅工作。市文旅局相关负责人围绕全市文化旅游业恢复发展和2020年文旅重点工作进行安排部署。

3月28日 自治区党委副书记、自治区主席布小林到鄂尔多斯市慰问在当地休整的自治区援鄂医护人员，调研开学复课准备工作。市领导牛俊雁、斯琴毕力格、张占林、史良、于仁杰等分别陪同慰问和调研。

3月28—29日 自治区副主席黄志强到鄂尔多斯市调研金融风险防控和金融服务实体经济复工复产等工作，强调要深化供给侧结构性改革，建立与地方经济发展相配套的金融体系。副市长于仁杰、刘建勋参加调研。

3月29日 市委副书记、市长斯琴毕力格在杭锦旗主持召开现场办公会，专题研究杭锦旗易地扶贫搬迁集中安置点后续产业发展事宜。

3月30日 2020年“雷霆斩污”生态环境专项执法行动正式启动。

同日 市文明委全体（扩大）会议暨迎接全国文明城市测评动员大会在康巴什区召开。会议传达中央文明委第三次会议精神，通报创城工作存在问题。市委书记牛俊雁作出批示。

3月31日 内蒙古自治区援鄂第二医疗队、第三医疗队休整期满欢送仪式在东胜区举行。首批从湖北凯旋的自治区202名医疗队员在鄂尔多斯市经过14天的集中休整休养和医学观察后，于3月31日下午开始，分别乘坐飞机、动车、大巴等交通工具回到所在盟市。自治区副主席欧阳晓辉，自治区卫生健康委员会主任许宏智，市委副书记、市长斯琴毕力格出席仪式并为内蒙古自治区援鄂第二医疗队、第三医疗队代表颁发纪念章、荣誉证书和纪念品。副市长于仁杰出席仪式。

同日 内蒙古自治区支援湖北最后一批医护人员完成任务，平安抵达鄂尔多斯伊金霍洛国际机场。自治区副主席欧阳晓晖，自治区卫生健康委员会主任许宏智，市委副书记、市长斯琴毕力格，副市长于仁杰前往机场迎接，并对远途归来的白衣天使们致以崇高的敬意和衷心的感谢。

4月

4月2日 内蒙古自治区支援湖北第一医疗队、红十字会救护转运队休整期满欢送仪式在东胜区举行。自治区政府副秘书长、办公厅主任、前方指挥部总指挥高润喜，自治区卫生健康委员会党组成员、一级巡视员、副主任王占国，自治区红十字会党组成员、副会长陈立本，副市长刘建勋出席仪式并为支援湖北医疗队员颁发纪念章。市政府秘书长张众志出席仪式。

同日 鄂尔多斯市人民政府与中国科学院深圳先进技术研究院举行合作签约仪式。市长斯琴毕力格与中国科学院深圳先进技术研究院院长樊建平共同签署《鄂尔多斯市人民政府、中国科学院深圳先进技术研究院战略合作协议》。

4月3日 全市易地扶贫搬迁工作西部片区推进会议在鄂托克旗召开，听取鄂托克旗、伊金霍洛旗、乌审旗、鄂托克前旗政府和两个乡镇有关情况汇报，研究解决存在问题，安排部署下一步重点工作。

4月9日 市委副书记、市长斯琴毕力格主持召开市政府专题会议，听取黄河流域生态保护和高质量发展示范项目方案编制情况，研究脱贫攻坚有关事宜。斯琴毕力格指出统筹整合全市涉农涉牧资金，先行先试实施一批生态治理、产业发展、农牧民增收有机结合的示范项目，是落实国家黄河流域生态保护和高质量发展战略，探索以生态优先、绿色发展为导向的高质量发展新路子的创新性举措。

4月11日 内蒙古自治区支援湖北第六医疗队173名医疗队员在鄂尔多斯市经过集中修养和医学观察后平安回家，其中包括鄂尔多斯市29名医护人员。

4月13日 市委副书记、市长斯琴毕力格会见中国农业发展银行内蒙古分行党委书记、行长刘旭峰，就进一步深化项目融资合作进行座谈交流。

4月14日 市委副书记、市长斯琴毕力格主持召开专题会议，研究全市农村牧区生活垃圾、污水处理、厕所改革和农业面源污染防治有关事宜。会议还研究关于全市高标准农田建设项目管理和资金使用等工作。

4月15日 内蒙古自治区支援湖北第四、第五医疗队和疾病预防控制队共277名医疗队员在鄂尔多斯市经过集中休整休养和医学观察后回到所在旗区盟市。至此，经过79天的日夜奋战，内蒙古849名支援湖北医护人员（其中鄂尔多斯市医护人员50名）全部平安回家。

4月20—23日 中国人民政治协商会议鄂

尔多斯市第四届委员会第三次会议在康巴什区举行。政协鄂尔多斯市第四届委员会共有委员288人，出席大会的委员268人。会议通过政协鄂尔多斯市第四届委员会第三次会议政治决议；通过政协鄂尔多斯市第四届委员会第三次会议关于常务委员会工作报告的决议；通过政协鄂尔多斯市第四届委员会提案审查委员会关于市政协四届三次会议提案审查情况的报告。

4月21—23日 鄂尔多斯市第四届人民代表大会第三次会议在康巴什区举行。鄂尔多斯市第四届人民代表大会有代表292人，出席本次会议的代表274人。会议表决通过鄂尔多斯市第四届人民代表大会第三次会议关于政府工作报告的决议、关于鄂尔多斯市2019年国民经济和社会发展计划执行情况与2020年国民经济和社会发展计划的决议、关于鄂尔多斯市2019年预算执行情况和2020年预算的决议、关于鄂尔多斯市人民代表大会常务委员会工作报告的决议、关于鄂尔多斯市中级人民法院工作报告的决议、关于鄂尔多斯市人民检察院工作报告的决议。

4月22日 市政府召开专题会议研究部署项目储备和下一步经济运行等相关工作。市委副书记、市长斯琴毕力格出席会议并讲话。会议听取关于全市项目储备和一季度经济运行有关情况汇报，查找分析存在问题，研究部署下一步工作。

4月26日 自治区人大常委会副主任王波带领自治区人大常委会调研组到鄂尔多斯市，就疫情防控、复工复产和财税运行情况进行专题调研，并召开座谈会。市委书记牛俊雁出席座谈会。

4月27日 鄂尔多斯市人民政府与国家电投集团内蒙古能源有限公司签署深化合作框架协议。国家电投集团内蒙古能源有限公司总经理刘建平表示，国家电投集团是中国三大核电开发建设运营商之一，具备核电研发设计、工程建设和运营管理的完整产业链和强大技术实力，在中国氢能核心技术研发及应用领域居于前列。

4月30日 自治区副主席艾丽华在鄂尔多斯市主持召开加快新能源汽车项目合作建设推进会，研究加快新能源汽车项目合作建设有关事宜。市委副书记、市长斯琴毕力格，市委常委、东胜区委书记张占林，市委常委、副市长金武参加会议。

同日 市委副书记、市长斯琴毕力格主持召开推进会，专门研究部署中央环保督察及“回头看”、自治区生态环保大检查和自然资源例行督察反馈问题以及审计发现问题整改工作，强调要提高思想认识，强化整改措施，加快整改进度，不折不扣圆满完成整改任务。

5月

5月1日 天骄航空第四架飞机“鄂尔多斯号”交付活动在鄂尔多斯伊金霍洛国际机场举行。自治区副主席艾丽华，中国商飞公司党委书记、董事长贺东风，中国商飞公司党委副书记、副总经理谭万庚，市委副书记、市长斯琴毕力格，天骄航空董事长郝玉涛，市人大常委会副主任杨明，市政协副主席吉日嘎拉图出席活动。

5月8—9日 自治区党委副书记、政法委书记，自治区煤炭资源领域违规违法问题专项整治工作领导小组副组长林少春到鄂尔多斯市调研督导专项整治工作。强调要全面对照党中央决策部署和中央纪委国家监委工作要求，提高政治站位，坚持问题导向，聚焦重点领域，把专项整治核查工作各项措施落实落细落到位。市委书记牛俊雁，市委副书记、市长斯琴毕力格，市委副书记、政法委书记于新芳，市委常委、纪委书记、监委主任冯超，副市长李文忠，副市长、市公安局局长薄立峰参加座谈会。

5月8—12日 自治区政协副主席其其格一行在鄂尔多斯市围绕“推动沿黄地区生态保护

和高质量发展”协商议题和“关于将支持蒙医药事业发展纳入自治区‘十四五’规划”“关于加强灵活就业青年群体社会保障”“关于建设现代马文化产业基地项目”3个重点督办提案进行专题调研。

5月9日 由市气象局、市委宣传部、共青团鄂尔多斯市委员会、市科协、市气象学会联合举办的鄂尔多斯市首届网络气象科普讲解大赛决赛在市气象局视频会议室落幕。此次大赛活动从3月23日持续至5月12日，参加对象为全市范围内6—23周岁的少儿和青年。在全民防控新冠肺炎疫情的特殊时期，大赛创新形式，采用“网络报送、现场播放、当场打分”的方式举行，向全市青少年征集气象科普讲解视频。经旗区气象局海选、市气象局初评，共有29个作品参与最终评选。大赛共评出一等奖3名、二等奖6名、三等奖10名，优秀奖若干名，获奖选手获得荣誉证书和奖金。获得前三名的选手直接晋级鄂尔多斯市第三届气象科普讲解大赛决赛，获奖作品将在市级各大媒体平台展播。

5月11日 市委副书记、市长斯琴毕力格主持召开全市脱贫攻坚推进会，传达中央、自治区脱贫攻坚有关要求，就相关重点工作进行再强调、再部署、再推进。斯琴毕力格强调，开展建档立卡脱贫人口和边缘人口动态监测管理是党中央作出的一项新的重大决策，也是建立扶贫工作长效机制的一项重要举措。各级各部门要深刻认识开展动态监测管理的重要性，立即行动，以行政村为单位，实事求是开展新识别人口、返贫人口和边缘户识别工作。要严格落实谁识别、谁审核、谁签字、谁负责的责任追查体系，真正做到应识尽识、应扶尽扶，确保不落一人一户。

5月12—14日 自治区党委常委、组织部部长杨伟东深入鄂尔多斯市康巴什区、鄂托克前旗、乌审旗等地，围绕基层党建工作、抓党建促脱贫攻坚促乡村振兴、干部教育培训等进行调研。

5月13日 市委副书记、市长斯琴毕力格主持召开专题会议研究部署羊绒产业高质量发展工作。斯琴毕力格要求，要加强统筹协调、多级联动，切实强化羊绒产业资金、技术、服务等要素保障。要创新资金投入机制，有效整合捆绑使用财政涉农涉牧资金，引导金融机构扩大信贷投放、降低贷款利率，加大对羊绒产业支持力度。要充分发挥国有企业和专业合作社在基础设施建设、良种管理、技术推广、对接市场等方面的作用，切实为农牧户提供全产业链、全流程、综合性的统一服务。

5月17日 鄂尔多斯市庆祝第44个国际博物馆日暨“草原知青博物馆”开馆仪式在康巴什区举行。草原知青博物馆位于康巴什区乐康吧B区9号，总建筑面积达740.52平方米，是一座以“传承红色基因、弘扬知青精神、挖掘知青文化、启迪教育后人”为宗旨的专题民营博物馆。馆内现有藏品980件。

5月19日 市人民政府与江西省铁路投资集团在南昌市举行战略合作签约仪式，签署全面战略合作协议。双方决定在国产大飞机引进运营、航空人才培养、航空器租赁维修等方面开展深入合作。市委副书记、市长斯琴毕力格，江西省铁路投资集团党委副书记、总经理邹洪，副市长李文忠出席签约仪式。

5月22日 鄂尔多斯机场管理集团有限公司与中国联合航空在北京签署战略合作协议，就深化航线布局、品牌建设、业务协作、经营发展等方面的合作达成共识。

5月26日 全市离退休干部先进集体和先进个人表彰大会暨老干部工作会议召开。会上，市委组织部、老干部局对12个全市离退休干部先进集体和30名离退休先进个人进行表彰。

5月26—27日 自治区人大常委会副主任吴团英带队，到鄂尔多斯市就全区旅游业应对疫情影响情况开展专题调研，并召开座谈会。

5月29日 市政府召开全市国土空间规划编制座谈会，听取规划编制工作进展情况和专家学者意见建议，安排部署下一步工作。

同日 鄂尔多斯市全国科技工作者日表彰大会在东胜区召开。会上表彰40名优秀科普工作者和62名科普信息员、宣传信息员。

5月31日 市委书记牛俊雁主持召开市委全面深化改革委员会第九次会议。会议总结鄂尔多斯市2019年全面深化改革工作，研究推进部分领域重点改革任务。会议研究讨论并原则通过《鄂尔多斯市纪委监委派驻机构改革方案》《关于在非公有制企业党组织中建立健全纪检组织的实施意见》《鄂尔多斯市残疾人联合会改革方案》。

5月 中共鄂尔多斯市委员会办公室印发《鄂尔多斯市关于贯彻落实中央及自治区党委新时代加强和改进人民政协工作实施意见主要任务分工方案》，并发出通知，要求各级各有关部门结合实际认真贯彻落实。

6月

6月1日 专项巡视“回头看”和脱贫攻坚成效考核整改落实调度会召开。自治区党委副书记、政法委书记林少春出席会议并讲话，自治区党委常委、自治区常务副主席马学军主持会议并讲话。市领导牛俊雁、于新芳、石艳杰在鄂尔多斯市分会场参加会议。

6月3日 市政府与农行内蒙古分行共同举行“百城千队　万户百亿”金融助力复工复产复商复市启动会暨全面战略合作签约仪式，正式启动“百城千队　万户百亿”金融助力复工复产、复商复市专项行动，签署全面战略合作协议。

6月4日 市人民政府与开沃新能源汽车集团股份有限公司举行合作签约仪式。双方决定在清洁能源运输、充电柱建设等方面开展深入合作。

6月6日 2020年全区“光明行”社会公益活动走进鄂尔多斯暨全国“爱眼日”主题宣传活动在东胜区举行。自治区副主席、红十字会会长、区“光明行”社会公益活动组委会副主任委员欧阳晓晖出席并为全区“光明行”社会公益活动儿童青少年眼健康护眼行动专家指导委员会专家颁发聘书，向内蒙古南丁格尔“光明行”志愿服务队授旗。市委副书记、市长斯琴毕力格出席活动，副市长、市红十字会会长于仁杰出席活动并致辞。

6月9日 市政府与启迪控股股份有限公司举行座谈会，并就开展现代能源经济、农牧业、生态环保、科技创新创业等领域合作签署战略合作协议。

同日 市委书记牛俊雁主持召开市委常委会会议，宣布自治区党委关于干部挂职的决定。自治区党委决定：刘晓峰挂职任鄂尔多斯市委委员、常委，提名挂职为鄂尔多斯市副市长人选，挂职时间为两年。

6月10日 市政府与黄河水利委员会黄河上中游管理局座谈并签署战略合作协议。市委副书记、市长斯琴毕力格，黄河上中游管理局局长马永来，副市长石艳杰，市政府秘书长张众志出席座谈会。

6月13日 自治区党委常委、呼和浩特市委书记王莉霞带领呼和浩特市党政代表团到鄂尔多斯市学习城市建设经验。

6月14日 自治区党委副书记、政法委书记林少春到鄂尔多斯市调研专项斗争案件审理和基层社会治理等工作。

6月15日 由市委宣传部、市社科联、市包联办、市扶贫办共同主办的鄂尔多斯市第十四届社会科学普及第二季度活动周启动仪式暨主题报告会在康巴什区举行。

同日 全市新冠肺炎疫情防控工作视频会议召开，副市长于仁杰主持会议，副市长、市公安局局长薄立峰出席会议。会议指出，要从抓好大数据精准预警、抓好疫情输入防控、抓好“大数据+网格化”社区防控、抓好部门常态化疫情防控责任四个方面安排部署社会管控和社区精准防控工作。

6月16日 自治区人大常委会副主任廉素率执法检查组到鄂尔多斯市检查《中华人民共和国土壤污染防治法》贯彻实施情况并召开座谈会。

6月19日 市人民政府与中石化华北油气分公司举行战略合作签约仪式。根据协议，双方将在天然气和非常规油气资源开发利用等方面深化合作。市委副书记、市长斯琴毕力格，中石化华北油气分公司总经理吕新华，市委常委、副市长金武，副市长刘建勋，市政协副主席、发改委主任高志华，市政府秘书长张众志出席签约仪式。

6月23日 自治区副主席艾丽华在东胜区调研新能源汽车产业发展。自治区政府副秘书长张瑞怀，自治区能源局局长李理，自治区工信厅副厅长张德以及相关企业负责人一同调研。艾丽华指出，鄂尔多斯自然资源丰富、能源企业众多，加快新能源汽车产业发展对鄂尔多斯转型升级、实现高质量发展具有重要意义。

6月24日 全市铁路沿线安全隐患问题排查整治工作视频会议召开，会议贯彻落实自治区铁路沿线安全隐患问题排查整治工作视频会议精神，分析鄂尔多斯市铁路沿线安全情况，研究部署全市专项整治工作。

6月30日 “天骄 e 购　品质鄂尔多斯”暨鄂尔多斯市人民政府与拼多多战略合作协议签约仪式在鄂尔多斯市举行。活动现场，拼多多平台以在线导购、集中展示、直播卖货、发放消费券等多种形式，帮助优质外贸企业转内销，实现“天骄优品”的线上售卖。

是月 鄂尔多斯被内蒙古自治区人民政府办公厅列为自治区首家绿色金融试点地区。

7月

7月1日 新增鄂尔多斯至西安特快旅客列车，全程运行8小时29分。该趟列车的开通，结束了鄂尔多斯至西安无直达特快旅客列车的历史，对促进沿线各地交往交流、经济社会发展特别是旅游业的发展具有重要意义。

7月1—2日 自治区党委副书记、政法委书记林少春到鄂尔多斯市调研数字产业发展和数字社会建设等工作。

7月6日 经中国贸促会批准，鄂尔多斯市开通“货物通关护照”办理业务，市贸促会受理全市范围内的ATA单证册签发申请和入境ATA单证册录入业务。

同日 全市中小微企业信用平台开通运行。实现与市大数据发展局公共信息平台数据查询的实时对接，可查询企业基本信息、评级信息、参保信息、欠税信息等。

7月6—7日 自治区党委副书记、自治区主席布小林深入鄂尔多斯市达拉特旗、东胜区、伊金霍洛旗、鄂托克旗、乌审旗，调研重大项目、脱贫攻坚、文化事业、生态治理等方面的工作。市委书记牛俊雁陪同调研，自治区有关部门负责人参加调研。

7月14日 市人大常委会召开《鄂尔多斯市农村牧区人居环境治理条例》执法检查会议。

同日 市委书记、市第一总河湖长牛俊雁主持召开全市总河湖长会议暨河湖长制工作推进会议，听取河湖长制工作情况汇报，并就下一阶段工作进行安排部署。

△ 自治区党委第一巡视组向鄂尔多斯市委反馈煤炭资源领域专项巡视情况。自治区党委巡视工作领导小组成员喇军主持召开向鄂尔多斯市委书记牛俊雁的反馈会议，出席巡视鄂尔多斯市

煤炭资源领域专项巡视情况反馈会议，对抓好巡视整改工作提出要求。会议向鄂尔多斯市委书记牛俊雁传达自治区党委书记石泰峰听取巡视情况汇报时的讲话精神，自治区党委第一巡视组组长杨卫平代表巡视组反馈专项巡视情况。牛俊雁主持向领导班子反馈会议并就做好巡视整改工作表态。自治区党委第一巡视组副组长、联络员出席会议；鄂尔多斯市四大班子领导，法检两长，主体办和监督办各专项组组长、副组长，专项巡视巡察联动组组长，涉煤职能部门班子成员等参加会议。

7月15日 市委副书记、市长斯琴毕力格主持召开全市上半年经济运行调度会议，听取全市上半年经济运行和重点工作进展情况，分析当前形势，安排部署下半年工作。市委常委、副市长金武，市政协副主席、发改委主任高志华，市政府秘书长张众志出席会议。

7月19日 鄂尔多斯市接待疫情之后首个跨省旅游团。首发团为小规模旅游团队，人数不超过20人。参团游客在报名时出示西安市民一码通绿码标识且14天内无高风险地区旅居史，落地鄂尔多斯后严格按照鄂尔多斯疫情防控要求检查健康码，全程配备数量充足且符合标准的一次性医用口罩、洗手液、一次性手套、消毒用品等防护用品，每日监测体温、就餐严格执行“分餐制”和“公筷制”等。

7月20日 鄂尔多斯市正式开展领事认证代办业务。领事认证是指领事认证机构根据自然人、法人或者其他组织的申请，对国内涉外公证书、其他证明文书或者国外有关文书上的最后一个印鉴、签名的真实性予以确认的活动，领事认证的目的是使一国出具的文书能在其他国家境内得以承认，不会因怀疑文书上的印鉴、签名的真实性而影响其域外的法律效力。

7月20—24日 受降雨影响，7月20日黄河上游河段形成2020年第2号洪水，鄂尔多斯市全力做好各项应对准备工作，强化部门联动和信息报送，第2号洪水于7月24日进入鄂尔多斯市河段顺利过境。

7月24日 市委书记牛俊雁主持召开市委常委会会议，传达学习习近平总书记在企业家座谈会上的重要讲话精神、自治区呼（和浩特）包（头）鄂（尔多斯）三市“六稳”“六保”工作和重大项目建设情况专题汇报会精神，听取全市上半年经济运行及重大项目建设工作情况汇报，研究部署下半年工作。会议审议通过《中共鄂尔多斯市委员会　鄂尔多斯市人民政府关于推进全面实施预算绩效管理的实施意见》和《中共鄂尔多斯市委员会　鄂尔多斯市人民政府关于加强耕地保护和改进占补平衡的实施方案》。

7月29—31日 全国政协常委、自治区政协副主席、民盟内蒙古区委主委董恒宇带领自治区政协调研组深入鄂尔多斯市，就“进一步充实完善草原生态保护措施”和“关于草原牧区畜牧业生产方式变革，推进发展现代畜牧业”进行调研并召开座谈会。市政协副主席乌兰陪同调研并主持座谈会。

是月 文化和旅游部对第六批“全国古籍重点保护单位”推荐名单进行公示，鄂尔多斯市图书馆入选全国古籍重点保护单位。

是月 鄂尔多斯市首个5G智慧社区达拉特旗智慧社区项目“惠邻5G驿站”正式投入使用。驿站小屋按照“一台三中心”的模式设置，“一台”是智能服务台，可以为居民提供法务咨询等服务，“三中心”为扶贫商品展示中心、社区闲话中心、应急服务中心。扶贫商品展示中心里放置一些扶贫助农产品和本地特色旅游产品，以供社区居民选购；社区闲话中心可以通过居民日常闲谈搜集民情民意；应急服务中心配备雨伞、医疗便民工具箱等设备方便居民应急使用。

是月 鄂托克阿尔巴斯山羊肉获首批中国100个地理标志受欧盟保护。地理标志是表明产品产地来源的重要标志，属于知识产权的一种类型。

8月

8月3日 2020年鄂尔多斯市文化旅游集中营销推介踩线活动在康巴什区启动。来自西安、石家庄、郑州、银川等重点客源城市和呼和浩特、包头、乌兰察布等周边城市的102家旅行社、自驾俱乐部及近20家主流媒体参加活动。

8月6日 市委副书记、市长斯琴毕力格会见香港特区政府驻北京办事处主任梁志仁一行，双方就进一步深化重点领域合作进行座谈交流。自治区政府外事办公室副主任杜斌、副市长石艳杰、市政府秘书长张众志参加会见。

8月8日 第十七届中国·内蒙古草原文化节暨“乐享鄂尔多斯”草原音乐美食季集中活动在草原丝路小镇——康镇举行。牛俊雁先后到农副产品展销区、特色美食档口和文创产品商店等地，与商户和游客交流，详细了解活动组织开展情况。

8月13—14日 全市推进黄河流域污染防治攻坚战现场会在鄂托克旗召开。

8月14日 市人大常委会举行《鄂尔多斯市绿色矿山建设管理条例》新闻发布会。《鄂尔多斯市绿色矿山建设管理条例》已于2020年6月23日鄂尔多斯市第四届人民代表大会常务委员会第十九次会议通过，经2020年7月23日内蒙古自治区第十三届人民代表大会常务委员会第二十一次会议批准，自2020年10月1日起施行。

8月17日 瑞虎3×PLUS在奇瑞鄂尔多斯生产基地正式下线。

8月18日 北方联合电力有限责任公司达拉特发电厂五期1×100万千瓦机组项目开工动员会在达拉特旗举行。达拉特旗发电厂五期项目预计投资28亿元，项目建设运行后，预计增加税收1.46亿元。

同日 市委召开创城工作专题会议，对全国文明城市复查和争创工作进行安排部署。

8月19日 鄂尔多斯市举行第三个中国医师节庆祝表彰活动，深入贯彻落实习近平总书记“以人民为中心”的思想，发动全市卫健系统工作人员“弘扬抗疫精神”，践行初心和使命，凝心聚力持续做好新冠肺炎疫情防控常态化工作，保障人民群众生命安全和身体健康。

8月20日 市政府与淮河能源控股集团有限责任公司座谈并签订战略合作协议。

同日 北京高校就业合作联盟及所属15所北京高校代表到鄂尔多斯市考察调研并召开座谈会。同时签署《关于开展清华大学鄂尔多斯实习实践的合作备忘录》。

△ 市政府与中国工商银行内蒙古自治区分行座谈并签署战略合作框架协议。

8月20—21日 全国政协常委、河南省政协副主席、民进河南省委主委张振宇一行在鄂尔多斯市考察沙漠生态治理、城市生态建设和成吉思汗祭祀典保护传承等工作。

8月21日 市委副书记、市长斯琴毕力格主持召开全市秋冬季新冠肺炎疫情防控暨鼠疫防控工作电视电话会议，贯彻落实国务院联防联控机制严防聚集性疫情做好秋冬季防控工作电视电话会议和自治区鼠疫防控紧急电视电话会议精神，安排部署全市秋冬季新冠肺炎疫情防控和鼠疫防控工作。

8月28日 国家林业和草原局在鄂尔多斯市召开调研座谈会。国家林业和草原局副局长李树铭，国家林业和草原局草原管理司司长唐芳林，市委副书记、市长斯琴毕力格，副市长石艳杰出席会议。

同日 由中国商用飞机有限责任公司举办的“2020年院士专家座谈会”在鄂尔多斯市举行。

来自中国商飞、中国工程院和中国科学院的19名院士和中国民用航空局、自治区政府、国内部分高校及航空公司有关领导专家出席座谈会。

8月29日 金色罗盘文投基金创始人张颖，腾讯内蒙古政旅金融持牌机构负责人、含元文化传媒公司创始人刘双霞一行组成考察组，深入蒙古源流文化产业园区、康巴什区草原丝路文化小镇——康镇等地进行实地考察，详细了解鄂尔多斯市文化产业发展情况。

同日 2020年高杉会全球青年领袖论坛座谈会在鄂尔多斯市召开。来自8个国家21所全球精英高校的38名青年才俊参加座谈会。高杉会是全球首个华人青年领袖组织，高杉代表着精英、聚合与成长，以全球精英高校的学生会主席为主要成员，覆盖中国C9、英国G5、美国常春藤等10余个国家70余所全球高校。

是月 《中国海关》杂志发布“2019年中国外贸百强城市”名单，内蒙古自治区2个城市上榜，其中包头市位列第59位，鄂尔多斯市位列第85位。

是月 自治区人民政府正式批复鄂尔多斯大路煤化工基地升级为自治区级工业园区，并更名为“鄂尔多斯大路工业园区”，至此鄂尔多斯市自治区级工业园区增至7家。

是月 全国“十四五”规划编制网上征求意见，大学生村干部李电波在网页上写下这样的建议：“乡村振兴应该先从农村互助养老开始，让留守老人有归宿，让进城子女在城里能安心创业。在农村人口聚集区域，由政府财政投入建设公共食堂、公共宿舍，有意愿的老人都可以免费居住、生活在一起，年龄小的、有能力的老人照顾年龄大的、能力弱的老人，形成互助养老模式。”在众多的网友意见中，李电波的“互助性养老”建议，被写入了引领中国未来发展的纲领性文件“实施积极应对人口老龄化国家战略”这一条中。

9月

9月1日 鄂尔多斯市促进餐饮业健康发展政银企对接会暨贷款发放签约仪式在康巴什区举行。

9月2日 自治区第二生态环境保护督察组对鄂尔多斯市开展生态环境保护督察工作动员会召开，督察组组长孙惠民、副组长郝庆文就做好督察工作分别讲话，鄂尔多斯市委书记牛俊雁作动员讲话，鄂尔多斯市委常委、常务副市长金武主持会议。

9月5日 鄂尔多斯市康和老年网球俱乐部正式成立。

9月14日 由鄂尔多斯市医疗保障局主办的全市医保定点零售药店诊所智能监控管理系统启动仪式暨医保支付方式改革政策培训会在鄂托克旗召开。

9月15日 全市紧密型县域医共体建设现场会在准格尔旗召开。副市长于仁杰强调，要充分认识医共体建设的重要意义，在人才培养、重点学科及重点专科建设上采取更加积极有效的措施，加强县域主导，强化市级统筹，结合实际健全完善制度。

9月17日 鄂尔多斯家庭教育研究基地在内蒙古民族幼儿师范高等专科学校正式成立。揭牌仪式后，全国著名家庭教育专家、对外经贸大学教授田一可作题为《构建和谐家庭、成就幸福人生》的报告。

9月19日 由市委农村牧区工作领导小组办公室、市精准脱贫攻坚工作领导小组办公室和市农牧局主办的鄂尔多斯市2020年中国农民丰收节开幕式暨全市消费扶贫月活动启动仪式在东胜区举行。

9月20日 由中国国际贸易促进委员会、中国国际商会、全国政协人口资源环境委员会、国家林业和草原局和自治区人民政府共同主办的

2020（第九届）中国国际生态竞争力峰会在呼伦贝尔市召开。大会授予鄂尔多斯市“2020中国最具生态竞争力城市”称号，市委副书记、市长斯琴毕力格代表鄂尔多斯市受牌并发言。

9月21—23日 自治区第一督导调研组组长、自治区扶贫办党组副书记、副主任曹思阳带队在鄂尔多斯市督导调研脱贫攻坚工作，并就调研情况进行反馈。市委副书记、市长斯琴毕力格主持反馈会，市委副书记、政法委书记于新芳，副市长石艳杰，市政府秘书长张众志以及部分旗区、部门主要负责人参加会议。

9月22日 内蒙古北方快线通用航空有限公司CCAR-135部运行合格证颁证暨首航仪式上内蒙古北方快线通用航空有限公司获颁航空承运人运行合格证，成为鄂尔多斯市首家本土国有航空企业，开启鄂尔多斯通用航空短途运输新的征程。

同日 鄂尔多斯市人民调解协会成立大会暨第一届会员代表大会在市委党校召开。会议审议并通过《鄂尔多斯市人民调解协会章程》《会员管理办法》；选举产生市人民调解协会首届理事会理事、会长、副会长及秘书长。

9月25—27日 由中国国际商会主办，自治区贸促会和鄂尔多斯市人民政府承办的第三届中国（鄂尔多斯）国际羊绒羊毛展览会在东胜区举办。此次展览会邀请巴林、尼泊尔、阿富汗、塔吉克斯坦、蒙古、韩国、斯里兰卡、叙利亚、印度等9个国家的使领馆、商协会代表参会。展会订单协议总金额达4.43亿元。

9月26日 第八届内蒙古“草原英才”高层次人才合作交流会暨呼（和浩特）包（头）鄂（尔多斯）乌（兰察布）人才创新创业周鄂尔多斯市分会场活动在鄂尔多斯国际会展中心启动。

9月28日 “抓党建促脱贫攻坚 强包联助乡村振兴”——鄂尔多斯市企地合力助推消费扶贫推进会暨第三届农产品展洽会在鄂尔多斯国际会展中心开幕。

同日 全市新冠肺炎常态化疫情暨秋冬季疫情防控工作电视电话会议召开，部署常态化疫情防控和节日期间疫情防控工作。市疫情防控指挥部副总指挥、副市长于仁杰出席会议并讲话。

9月30日 市委副书记、市长斯琴毕力格主持召开专题会议研究促进煤炭产业健康发展、稳定供应有关事宜。

10月

10月8日 自治区党委副书记、自治区主席布小林在鄂尔多斯市调研煤炭生产保供和绿色矿山建设情况。自治区副主席艾丽华及相关部门负责人，市领导牛俊雁、张占林、金武、史良参加调研。

10月10日 自治区“草原学习轻骑兵”宣讲团深入鄂尔多斯市开展“铸牢中华民族共同体意识”专题宣讲。宣讲现场，内蒙古自治区“草原学习轻骑兵”宣讲团成员、内蒙古党校民族理论教研部副教授胡清惠作题为《铸牢中华民族共同体意识 坚持中国特色解决民族问题的正确道路》的讲座。

10月20日 全国双拥模范城（县）命名暨双拥模范单位和个人表彰大会在北京举行。鄂尔多斯市连续第五次荣膺“全国双拥模范城”称号。

10月23—24日 由新华社新闻信息中心内蒙古中心和内蒙古新闻工作者协会联合主办，鄂托克前旗委宣传部协办的新华社内蒙古新闻供稿业务座谈会在鄂托克前旗召开。内蒙古日报社、内蒙古广播电视台等20余家地市级以上媒体及鄂尔多斯市县级融媒体中心负责人参加会议。

10月30日 “创建雷锋学校 争做美德少年”教育实践基地授牌仪式在鄂托克旗实验小学举行。这标志着自治区首家“雷锋学校”落户鄂尔多斯市。

11月

11月3日 市人大常委会召开《鄂尔多斯市养老服务条例》新闻发布会。《鄂尔多斯市养老服务条例》已于2020年8月28日鄂尔多斯市第四届人民代表大会常务委员会第二十次会议通过，经2020年9月23日内蒙古自治区第十三届人民代表大会常务委员会第二十二次会议批准，自2021年1月1日起实施。

11月5日 由市大数据发展局、达拉特旗人民政府、中国移动鄂尔多斯分公司主办的全市5G+智慧社区现场观摩会暨智慧城市示范项目启动仪式在达拉特旗举行。

11月10日 由鄂尔多斯市人民政府、内蒙古自治区能源局主办的内蒙古氢能产业发展大会在鄂尔多斯市召开。会议旨在深入贯彻落实习近平总书记重要讲话精神，聚焦前沿科技，广泛集聚智慧，进一步凝聚共识，为内蒙古氢能产业发展指明方向、勾画蓝图，助力内蒙古打造具有“国内示范、全球影响”的现代能源经济示范区。自治区副主席艾丽华出席会议并讲话。会议邀请国内氢能领域的专家、学者，围绕氢能政策与产业发展、能源行业转型升级以及通过实现创新驱动发展战略来创建清洁的未来等话题进行深入交流。会议现场，鄂尔多斯市、呼和浩特市、包头市和乌海市人民政府共同签订燃料电池汽车示范城市群战略合作协议。示范城市与落地牵头企业签订战略合作协议，产业链上企业间进行签约。

11月13日 2020（第18次）全国物流园区工作年会暨“双循环”物流企业协作研讨会在山东青岛召开。在优秀物流园区授牌仪式上，鄂尔多斯空港物流园区荣获“2020年度全国优秀物流园区”荣誉称号。

11月17日 鄂尔多斯市青年工作联席会议第一次全体会议召开。副市长、市青年工作联席会议召集人刘建勋出席会议并讲话。联席会议各成员单位、责任单位有关负责人参加会议。

11月18日 在杭州举行的2020中国幸福城市论坛上，2020中国最具幸福感城市调查推选活动结果公布，康巴什区获评“2020中国最具幸福感城市·幸福宜居之城”。

同日 “乌兰牧骑队员因大雪错过比赛在车厢内表演”爆红网络。因大雪被滞留在列车上而耽误参加第二届自治区乌兰牧骑新人新作比赛的达拉特旗乌兰牧骑三名器乐演员贾龙、李国光、刘栋，把车厢当成舞台，用悠扬的琴声，温暖了车厢里的旅客。第二届自治区乌兰牧骑新人新作大赛组委会研究决定增设特别奖，并将此项殊荣授予贾龙、李国光、刘栋。

11月20日 全国精神文明建设工作表彰大会在北京举行，第六届全国文明城市评选结果揭晓，鄂尔多斯市再次蝉联全国文明城市荣誉，连续4届荣获“全国文明城市”称号。

11月20—25日 自治区脱贫攻坚成效考核第五组到鄂尔多斯市就2020年度脱贫攻坚成效工作进行实地考核，并召开座谈会。

11月24日 全国劳动模范和先进工作者表彰大会在北京人民大会堂举行。鄂尔多斯市6人获评全国劳动模范和先进工作者荣誉称号，并参加全国表彰大会。其中5人被授予全国劳动模范荣誉称号，他们分别是神华准格能源有限责任公司设备维修中心首席技能大师、高级工魏建雄，内蒙古伊泰煤制油有限责任公司维保中心电气装置油气组岗长、电气工程师、高级工苏刚刚，乌审旗文梅农牧业开发有限公司总经理苏雅拉达来，内蒙古真金种业科技有限公司总经理、高级推广研究员、高级农艺师张钧，北方联合电力有限责任公司达拉特发电厂电气二次专工、正高级工程师、高级技师郑桂杰；达拉特旗公安局主任科员苏玉平被授予“全国先进工作者”荣誉称号。

11月24日 市委副书记、市长斯琴毕力格会见中国矿业大学（北京）校长葛世荣一行，双方围绕加强合作进行座谈交流。

11月 市政府与中华环保联合会、上海环境保护产业研究院大气污染防治研究所签署鄂尔多斯市挥发性有机物治理攻坚战略合作框架协议。

是月 由达拉特旗委组织部、旗包联驻村领导小组办公室出品，鄂尔多斯市黑金影视文化传播有限公司拍摄制作，付兵执导的本土微电影《驻村的阿外》，在第八届亚洲微电影艺术节上获得“扶贫单元”最佳作品奖。

是月 神东煤炭集团共有17项成果获得2020年度中国煤炭工业协会科学技术奖，其中一等奖5项、二等奖3项、三等奖9项。获奖成果包括“神东矿区深部开采灾害预测与防控基础研究及关键技术”“神东矿区超大采高智能开采关键技术与成套装备研发”“亿吨矿区数字化集中管控技术研究与示范”等。

12月

12月5日 自治区党委副书记、自治区主席布小林到鄂尔多斯市鄂托克旗考察，调研阿尔寨石窟保护情况。自治区有关部门负责人，市委书记牛俊雁，市委常委、秘书长高占胜参加调研。

12月10日 全市绿色矿山建设暨国家自然资源督察反馈问题整改工作视频推进会召开。市委副书记、市长斯琴毕力格出席会议并讲话，副市长李文忠主持会议并作工作部署。

12月12日 内蒙古国际蒙医医院鄂尔多斯分院成立暨对口支援鄂尔多斯市蒙医医院启动仪式在康巴什区举行。

12月16日 自治区文化和旅游厅公布第二批自治区级全域旅游示范区名单，东胜区被认定为第二批自治区级全域旅游示范区。

12月17日 文化和旅游部公布第二批国家全域旅游示范区名单，康巴什区荣获国家全域旅游示范区殊荣。

12月20日 市本级新型冠状病毒疫苗接种工作部署会召开。

12月23日 全市教育体育系统铸牢中华民族共同体意识专题培训班在康巴什区开班。

12月23日 鄂尔多斯市“十四五”规划纲要专家咨询会在北京市召开。会议邀请中国国际工程咨询有限公司、清华大学化工科学与技术研究院、中国工程院能源与矿业学部、中国水利水电科学研究院的中国工程院院士和国家发改委宏观经济研究院、中国煤炭工业协会等单位有关领导、专家学者，就鄂尔多斯市“十四五”规划纲要编制和经济社会发展进行咨询座谈。市委副书记、市长斯琴毕力格主持会议并讲话。

12月25日 市人大常委会召开《鄂尔多斯市中小学校幼儿园规划建设条例》新闻发布会。《鄂尔多斯市中小学校幼儿园规划建设条例》已于2020年10月27日鄂尔多斯市第四届人民代表大会常务委员会第二十二次会议通过，经2020年11月26日内蒙古自治区第十三届人民代表大会常务委员会第二十三次会议批准，自2021年3月1日起施行。

12月26日 2020第十五届中国全面小康论坛在广东省中山市开幕。鄂尔多斯市伊金霍洛旗荣获“2020年度中国全面小康十大示范县市”称号。

是月 自治区首家出租车综合服务区在东胜区启用。

是月 工业和信息化部办公厅公布第五批绿色制造名单，准格尔经济开发区获批国家级绿色工业园区。

是月 由文化和旅游部非物质文化遗产司指导，光明日报社、光明网主办的2020“中国非遗年度人物”推选活动中，国家级非物质文化遗产代表性项目——鄂尔多斯婚礼、国家级代表性传承人——曹纳木入围候选名单。

市情概览

自然地理 矿产资源

【自然地理】 鄂尔多斯市位于内蒙古自治区西南部，西北东三面为黄河环绕，南临古长城，毗邻晋陕宁三省区。地理坐标为北纬 37° 35′ 24″ —40° 51′ 40″，东经 106° 42′ 40″ —111° 27′ 20″。总面积 8.7 万平方公里，地势呈西北高东南低，北部黄河冲积平原区，东部丘陵沟壑区，中南部库布齐沙漠和毛乌素沙区，西部坡状高原区。环境气候良好，城市环境空气质量全年好于国家二级标准，优良天数 332 天。夏季平均气温 21℃，冬季平均气温 -6.6℃。年平均降水量为 39.4 毫米；年平均风速 2.2 米 / 分。耕地总面积 620 万亩，其中有效灌溉面积 368 万亩；森林面积 3523 万亩，森林覆盖率 27.3%；全市草原总面积 9785.2 万亩，其中可利用草原面积 8739.1 万亩。

【矿产资源】 鄂尔多斯资源富集，已探明矿藏 50 多种，是国家重要的能源基地。煤炭探明储量 2383.1 亿吨，约占全国的 1/6，占内蒙古的 1/2，预测总储量在 1 万亿吨以上。天然气探明储量 4.9 万亿立方米，约占全国的 1/3。盛产被称为“纤维宝石”和“软黄金”的阿尔巴斯白山羊绒，全市羊绒制品产量约占全国的 1/3、世界的 1/4。高岭土、天然碱、食盐、芒硝、石膏、石灰石、紫砂陶土等资源储量巨大。

行政区划 人口民族

【行政区划】 鄂尔多斯市辖康巴什区、东胜区、达拉特旗、准格尔旗、伊金霍洛旗、乌审旗、杭锦旗、鄂托克旗、鄂托克前旗共 2 个区、7 个旗。全市共有 51 个苏木乡镇，其中 43 个镇、2 个乡、6 个苏木；共有 735 个嘎查村，其中 565 个村、170 个嘎查；共有 26 个街道办事处和 255 个社区。

【人口民族】 鄂尔多斯市是一个多民族地区，域内居住生活着蒙古族、汉族、满族、回族、藏族、达斡尔族、苗族、土家族、朝鲜族等 41 个民族。2020 年年末，全市常住人口 215.4 万人，其中，汉族人口 192.4 万人，占 89.3%；蒙古族人口 20.8 万人，占 9.7%，其他少数民族人口 2.1 万人，占 1.0%。城镇人口 166.8 万人，占 77.4%；乡村人口 48.6 万人，占 22.6%。城镇化率为 77.4%。

经 济

【经济总量】 2020 年，全市完成地区生产总值 3533.65 亿元，按可比价计算，比 2019 年下降 2.9%。分产业看，第一产业增加值 135.66 亿元，同比增长 3.1%；第二产业增加值 2005.51 亿元，同比下降 6.0%；第三产业增加值 1392.48 亿元，同比增长 1.3%。三次产业结构由 2019 年的 3.5 : 58.0 : 38.5 转变为 3.8 : 56.8 : 39.4。全市一般公共预算收入464.9亿元，同比下降7.2%。全市一般公共预算支出663.7亿元，同比增长5.7%。

【金融市场】 2020年，全市共有银行法人机构27家，全辖区银行营业网点676个，共有从业人员9861人。金融机构各项存款余额4019.9亿元，同比增长0.1%。金融机构各项贷款余额3398.7亿元，同比增长4.5%。全市保险公司中心支公司40家，中心支公司以下各级保险机构252家。保险业实现保费收入78.7亿元，同比增长1.7%。各项赔付支出21.6亿元，同比增长18.7%。

【固定资产投资】 全市500万元以上固定资产投资同比增长6.0%。从三次产业投资看，第一产业投资同比增长300.9%，第二产业投资同比下降8.8%，第三产业投资同比增长36.8%。主要工业行业投资中，采矿业投资同比下降19.8%；制造业投资同比下降28.3%；电力、燃气及水的生产和供应业投资同比增长30.7%。第三产业投资中，住宿和餐饮业同比下降28.4%；水利、环境和公共设施管理业投资同比下降17.4%；教育投资同比增长1.5倍。

【工业经济】 截至2020年年底，规模以上工业企业459家，较2019年增加31家。规模以上工业总产值同比下降5.8%；销售产值同比下降0.7%；工业产品产销率100%。全年规模以上工业增加值按可比价比2019年下降6.0%。按轻重工业分，轻工业下降20.0%、重工业下降5.9%；按经济类型分，国有企业下降33.8%，集体企业下降80.4%，股份制企业下降4.6%，外商及港澳台投资企业下降15.9%，其他经济类型工业企业下降37.8%。按三大门类分，采矿业增加值下降8.9%；制造业增长1.0%；电力、热力、燃气及水生产和供应业增长0.2%。三大门类比重分别为68.1%、19.8%和12.1 %。全年规模以上工业企业实现营业收入3834.8亿元，同比下降8.4%；利润总额600.8亿元，同比下降21.0%。

【农牧业】 全年现价农林牧渔及服务业总产值230.3亿元，按可比价格计算比2019年增长3.3%。其中，农业产值132.4亿元，林业产值6.7亿元，牧业产值84.8亿元，渔业产值2.2亿元，农林牧渔服务业产值4.2亿元。全市农作物总播种面积466.8千公顷。粮食总产量196.5万吨，同比增长3.5%。

【国内贸易】 全市实现社会消费品零售总额565.5亿元，比2019年下降5.7%。其中，城镇消费品零售额499.3亿元，同比下降5.8%，乡村消费品零售额66.2亿元，同比下降5.1%。在限额以上单位商品零售额中，粮油、食品类商品零售额同比增长19.7%；文化办公用品类同比增长12.4%；中西药品类商品零售额同比增长14.4%；化妆品类商品零售额同比增长9.3%；建筑及装潢材料类同比增长47.4%；汽车类同比增长2.7%。

【对外经济】 全年利用外资新签项目数3个。实际使用外商直接投资9亿美元，同比下降25%。全市完成进出口总额46亿元，同比下降19.5%。其中进口总额22亿元，同比下降15.4%；出口总额24亿元，同比下降22.9%。

【服务业】 全年服务业增加值为1392.48亿元，同比增长1.3%。批发和零售业增加值226.5亿元，同比下降2.8%；住宿和餐饮业增加值58.1亿元，同比下降11.9%；交通运输、仓储和邮政业增加值254.1亿元，同比下降2.1%；金融业增加值125.2亿元，同比下降2.6%；房地产业增加值146.6亿元，同比增长9.5%。全年规模以上服务业企业实现营业收入347.8亿元，同比下降5.3%。

交通　邮电

【交通】 鄂尔多斯机场全年共营运航线49条，通航城市50个。铁路通车里程达2640公里；全市公路总里程24460公里，其中高速公路里程1311公里，公路网密度为28.2公里/百平方公里。全市铁路客运量252.1万人次，同比下降33.3%；货运量38167万吨，同比下降4.2%。全市公路客运量327万人次，同比下降39%；货运量23936.9万吨，同比下降 2.0%。全市民航旅客吞吐量 136.5 万人次，同比下降 49.4%；货邮吞吐量 5012.1 吨，同比下降 50.1%。全市机动车拥有量 75.1 万辆，同比增长 7.6%，其中新注册 5.2 万户。

【邮电】 全年实现邮电业务收入 26.2 亿元，同比增长 4.4%。其中，邮政行业业务收入 4.6 亿元，同比增长 21.1%；电信业务收入 21.6 亿元，同比增长 1.4%。年末固定电话用户 13.7 万户，移动电话用户 265.6 万户，宽带用户达到 60.6 万户。全市快递服务企业业务量累计完成 1018.37 万件，同比增长 26.12%。

教育　科技

【教育】 全市有普通高校 4 所，在校学生 14580 人；普通中等专业学校 1 所，在校学生 4345 人；普通高中 24 所，在校学生 29734 人；普通初中 54 所，在校学生 63557 人；职业高中 7 所，在校学生 8647 人；普通小学 141 所，在校学生 170742 人；幼儿园 346 所，在校学生 84883 人；特殊教育学校 3 所，在校学生 352 人。各级各类学校（含幼儿园）共有在校生 37.7 万人。初中阶段毛入学率为 118.8%，高中阶段毛入学率为 99.1%。

【科技】 全市年内共取得各类科技成果 78 项，同比增长 36.8%。全市全年授权专利总量 2748 件，有效发明专利 654 件。其中，发明专利授权 117 件，实用新型专利授权 2385 件。技术合同认定登记 69 项，成交金额 12.9 亿元。年内新认定国家高新技术企业 57 家，自治区级企业研究开发中心 22 家。

文化　卫生　体育　旅游

【文化】 全市拥有文化馆、群众艺术馆 10 个，组织文艺活动 682 场次，乡镇文化站 52 个，公共图书馆 9 个，博物馆 22 个，艺术表演团体 9 个，组织开展演出活动 773 场次。广播、电视综合覆盖率分别达到 99.81% 和 99.66%。有线电视用户数达 19.4 万户，同比减少 8%。全市直播卫星户户通用户达到 9.5 万户，地面数字电视用户达 15.7 万户。全市放映公益电影 12226 场次，观众人数达 244 万人次。

【卫生】 全市共有公立医院 24 家，社区卫生服务中心 37 个，社区卫生服务站 65 个，乡镇卫生院 89 个，村卫生室 599 个，疾病预防控制中心 10 个，妇幼保健机构 9 个，卫生监督所 9 个。公立医院床位数 7495 张，乡镇卫生院床位数 1413 张。卫生技术人员 16950 人，其中注册医师 6671 人、注册护士 6647 人。

【体育】 全市国家一级社会体育指导员 453 人，国家二级社会体育指导员 1973 人。年内成功承办 4 项省级重要体育赛事。鄂尔多斯市 9 个旗区共有 209 个社区全民健身点，全民健身体系日趋完善。

【旅游】 全市 A 级旅游景区 46 个，其中，国家 AAAAA 级旅游景区 2 个，AAAA 级旅游景区 27 个，AAA 级旅游景区 10 个。全市共有旅行社 102 家，其中具有出境经营权的旅行社 6 家。全市共接待旅游者 1150.5 万人次，同比下降 33.7%，其中，接待入境旅游者 0.16 万人次。实现旅游收入 327.3 亿元，同比下降 35.6%。

城市建设　环境保护

【城市建设】 全市建成区面积 277.01 平方公里，道路面积 6168.97 万平方米。全市燃气普及率达 94.56%，污水处理率达 98.38%，生活垃圾无害化处理率为 99.91%。全市建成区绿地率达 41.23 %，建成区绿化覆盖率达 44.55%，人均公园绿地面积达 32.66 平方米。

【环境保护】 城市环境空气质量全年好于国家二级标准优良天数 332 天，污染 34 天，其中重度污染 0 天。全市二氧化硫均值为 13 微克 / 立方米，二氧化氮均值为 25 微克 / 立方米，分别同比下降 0 % 和

3.8%。可吸入颗粒物年平均浓度58微克/立方米，全市城镇集中式饮用水源地的水质达标率100%。城镇区域环境噪声等效声级均值为48.8分贝，道路交通噪声等效声级均值为64分贝。全年共完成造林面积12.09万公顷，森林覆盖率27.3%，植被盖度稳定在70%以上。全市有各级自然保护区13个，其中国家级自然保护区3个、自治区级保护区有8个、旗县级保护区2个，总面积达94.25万公顷。

人民生活　社会保障

【人民生活】 抽样调查资料显示，全体居民人均可支配收入42374元，同比增长2.4%。全体居民人均消费性支出25438元，同比下降4.1%。按常住地分，城镇常住居民人均可支配收入达到50306元，同比增长1.1%。从主要收入构成看，工资性收入32615元，增长0.5%；经营净收入8706元，增长3.6%；财产净收入5616元，增长0.5%；转移净收入3369元，增长1.4%。城镇居民人均消费性支出29002元，同比下降3.6%。农村牧区常住居民人均可支配收入为21576元，同比增长7.5%。从主要收入构成看，工资性收入4371元，增长6.6%；经营净收入11823元，增长9.3%；财产净收入3058元，增长1.3%；转移净收入2324元，增长8.4%。农牧民人均生活消费支出16206元，同比下降2.1%。城镇居民家庭食品支出占家庭消费总支出的比重为15.2%，农村为19.1%。城镇居民人均住房建筑面积41.4平方米，农牧民人均住房面积43.5平方米。每百户城镇居民拥有家用汽车90.8辆，较2019年增长0.8%；每百户农牧民拥有家用汽车61.9辆，较2019年增长6.6%。

【社会保障】 全市参加城镇职工基本养老保险53.5万人；参加城乡居民养老保险54.1万人；参加城乡居民医疗保险117.4万人，职工医疗保险50.8万人；参加生育保险37.3万人；参加工伤保险38.8万人；参加失业保险29.9万人。年内企业离退休人员月人均养老金水平为3188元，城乡居民养老保险月人均养老金水平为528元。全市享受城市最低生活保障5828人，享受农村最低生活保障21081人。城镇最低生活保障标准提高到每人每年9480元，农村最低生活保障标准提高到每人每年6720元。全市养老机构26家，床位2841张；民办养老机构42家，床位8854张。

中国共产党鄂尔多斯市委员会

【中国共产党鄂尔多斯市委员会领导名录】

书　　记：牛俊雁

副 书 记：斯琴毕力格（蒙古族）

　　　　　于新芳

常　　委：冯　超

　　　　　刘瑞杰

　　　　　折喜文（10月任职）

　　　　　张占林

　　　　　苏翠芳（女）

　　　　　金　武

　　　　　史　良（10月离任）

　　　　　高占胜

　　　　　郜德全

　　　　　甄　华（10月任职）

秘 书 长：史　良

副秘书长：雷　海

　　　　　乔　木

　　　　　谢东平

　　　　　张秀玲（女）

　　　　　刘二永

概　述

【概况】 2020年，面对复杂多变的经济形势和多重矛盾问题交织的严峻考验，特别是新冠肺炎疫情的严重冲击，鄂尔多斯市深入贯彻落实中央、自治区决策部署，坚定信心决心，奋力攻坚克难，统筹疫情防控和经济社会发展，扎实做好“六稳”工作，全面落实“六保”任务，经济运行总体平稳，社会大局和谐稳定。2020年，全市完成地区生产总值3533.65亿元，按可比价计算，比2019年下降2.9%。分产业看，第一产业增加值135.66亿元，同比增长3.1%；第二产业增加值2005.51亿元，同比下降6.0%；第三产业增加值1392.48亿元，同比增长1.3%。三次产业结构由2019年的3.5∶58.0∶38.5转变为3.8∶56.8∶39.4。全市一般公共预算收入464.9亿元，同比下降7.2%。其中，税收收入350.3亿元，占公共财政预算收入75.3%；非税收入114.6亿元，占公共财政预算收入的24.7%。全市一般公共预算支出663.7亿元，同比增长5.7%。年内，全市城镇新增就业22614人，失业人员再就业2759人，就业困难人员再就业3115人。年末，全市城镇实有登记失业人员27164人。城镇登记失业率为3.02%，比2019年增长0.17个百分点。

【重要活动】

石泰峰到鄂尔多斯市检查督导疫情防控工作　2月2日，自治区党委书记、人大常委会主任石泰峰深入鄂尔多斯市达拉特旗，检查督导疫情防控工作。他强调，要清醒认识疫情防控形势的严峻性复杂性，进一步压实责任、上紧发条，充分发挥基层党组织和广大党员干部的作用，动员更多群众参与到防控工作中来，严格细致地做好疫情防控工作。

郑忠伟一行到鄂尔多斯市检查指导疫情防控工作 2月6日至7日，国务院应对新型冠状病毒感染的肺炎疫情联防联控机制工作第五指导组组长、国家卫生健康委员会科技发展中心主任郑忠伟一行到鄂尔多斯市检查指导疫情防控工作，并召开工作汇报会。市委副书记、市长、市新型冠状病毒感染的肺炎疫情防控指挥部总指挥斯琴毕力格陪同检查并作工作汇报。市委常委、副市长金武，副市长于仁杰，副市长、市公安局局长薄立峰参加。

马学军到鄂尔多斯市检查督导新冠肺炎疫情防控、企业复工复产工作 2月16日至17日，自治区党委常委、常务副主席、自治区新冠肺炎疫情防控工作指挥部副总指挥马学军先后深入鄂尔多斯市康巴什区、乌审旗、鄂托克旗，检查督导新冠肺炎疫情防控、企业复工复产等工作，强调要深入贯彻习近平总书记关于疫情防控重要讲话重要指示精神和2月12日召开的中共中央政治局常委会会议精神，坚定信心、同舟共济，精准施策、科学防控，统筹抓好疫情防控和企业复工复产工作。市领导牛俊雁、斯琴毕力格、金武、史良分别参加。

石泰峰到鄂尔多斯市调研 2月19日至20日，自治区党委书记、人大常委会主任石泰峰深入鄂尔多斯市准格尔旗、东胜区、伊金霍洛旗、康巴什区调研新冠肺炎疫情防控和企业复工复产情况，强调要坚持分区分级精准防控，有力推动企业开复工，尽快恢复正常生产经营秩序，扎实做好经济社会发展各项工作。

林少春到鄂尔多斯市调研检查 3月1日至2日，自治区党委副书记、政法委书记、自治区煤炭资源领域违规违法问题专项整治工作领导小组副组长林少春到鄂尔多斯市调研检查专项整治工作并召开座谈会。市委书记牛俊雁，市委副书记、市长斯琴毕力格，市委副书记、政法委书记于新芳，市委常委、纪委书记、监委主任冯超参加。

全市决战决胜脱贫攻坚工作会议召开 3月10日，全市决战决胜脱贫攻坚工作会议召开。会议深入学习贯彻习近平总书记关于扶贫工作的重要论述，认真贯彻中央、自治区各项决策部署，动员全市上下坚决克服新冠肺炎疫情影响，凝心聚力打赢脱贫攻坚战，确保如期完成脱贫攻坚目标任务，确保全面建成小康社会。市委书记牛俊雁出席并讲话。市委副书记、市长斯琴毕力格主持。市四大班子有关领导出席。

石泰峰深入鄂尔多斯市调研 3月16日至18日，自治区党委书记、人大常委会主任石泰峰深入鄂尔多斯市、乌海市检查调研，强调要深入贯彻落实习近平总书记关于疫情防控和复工复产工作的重要讲话和重要指示精神，主动担当作为、积极履职尽责，根据疫情形势变化精准施策，全力以赴组织推动企业复工复产，全面恢复生产生活秩序。

内蒙古支援湖北省医疗队首批100名护理队员归来 3月18日，内蒙古支援湖北省医疗队首批100名护理队员归来，自治区党委书记、人大常委会主任石泰峰前往鄂尔多斯伊金霍洛机场迎接，并代表自治区党委、政府和全区2500多万名各族群众向凯旋的医疗队员致以崇高敬意和诚挚感谢，称赞他们是“新时代最可爱的人”。自治区领导张韶春、欧阳晓晖，市委书记牛俊雁，副市长于仁杰参加。

李秉荣到鄂尔多斯市调研 3月22日至23日，自治区副主席李秉荣先后深入鄂尔多斯市准格尔旗、达拉特旗、伊金霍洛旗，调研督导新冠肺炎疫情防控、企业复工复产、人居环境整治、小流域治理和现代农牧业发展等工作，并召开座谈会。市委副书记、市长斯琴毕力格，副市长于仁杰、石艳杰分别陪同调研并参加座谈会。

布小林到鄂尔多斯市慰问援鄂医护人员　3月28日，自治区党委副书记、自治区主席布小林到鄂尔多斯市，慰问在鄂尔多斯市休整的内蒙古自治区援鄂医护人员，调研开学复课准备工作。调研期间，布小林听取鄂尔多斯市开展煤炭资源领域违法违规专项整治工作汇报。市委书记牛俊雁，市委副书记、市长斯琴毕力格，市委常委、东胜区委书记张占林，市委常委、秘书长史良，副市长于仁杰等分别陪同。

内蒙古自治区支援湖北最后一批医护人员平安返回　3月31日，内蒙古自治区支援湖北最后一批医护人员完成任务，平安抵达鄂尔多斯伊金霍洛国际机场。自治区副主席欧阳晓晖，自治区卫生健康委员会主任许宏智，市委副书记、市长斯琴毕力格，副市长于仁杰前往机场迎接，并对远途归来的白衣天使们致以崇高的敬意和衷心的感谢。

鄂尔多斯市2020年重点项目集中开工建设动员大会　4月15日，鄂尔多斯市2020年重点项目集中开工建设动员大会在达拉特旗举行。市委书记牛俊雁出席并讲话。市委副书记、市长斯琴毕力格主持，市政协主席王建国，市委常委、东胜区委书记张占林，市委常委、副市长金武，市委常委、秘书长史良，市政协副主席、杭锦旗委书记金广军等出席。

石泰峰到鄂尔多斯市调研　4月20日至23日，内蒙古自治区党委书记、人大常委会主任石泰峰沿着黄河内蒙古段右岸一路向东，深入海南区、杭锦旗、达拉特旗、准格尔旗、清水河县、托克托县调研黄河流域生态保护和高质量发展工作。他强调，沿黄地区经济社会发展地位重要，生态保护任务艰巨，要加强保护治理，统筹抓好发展，着力打造沿黄生态廊道和沿黄生态经济带，在全区率先走好以生态优先、绿色发展为导向的高质量发展新路子。

艾丽华在鄂尔多斯市主持召开加快新能源汽车项目合作建设推进会　4月30日，自治区副主席艾丽华在鄂尔多斯市主持召开加快新能源汽车项目合作建设推进会，研究加快新能源汽车项目合作建设有关事宜。市委副书记、市长斯琴毕力格，市委常委、东胜区委书记张占林，市委常委、副市长金武参加。

全市“百企帮百村”精准扶贫行动工作经验交流视频会召开　5月26日，全市“百企帮百村”精准扶贫行动工作经验交流视频会在康巴什区召开。会议深入学习习近平总书记在决战决胜脱贫攻坚座谈会上的重要讲话精神，认真贯彻市委、市政府有关决策部署，总结分析当前“百企帮百村”精准扶贫行动推进情况。市委常委、统战部部长高占胜出席并主持。

林少春到鄂尔多斯市调研　6月16日，自治区党委副书记、政法委书记林少春到鄂尔多斯市调研专项斗争案件审理和基层社会治理等工作。强调要深入贯彻习近平总书记在参加十三届全国人大三次会议内蒙古代表团审议时的重要讲话精神，把以人民为中心的发展思想落实到实际工作中，全面完成扫黑除恶专项斗争收官之年各项任务，不断提升基层社会治理水平，打牢社会稳定和谐根基。市委副书记、政法委书记于新芳，副市长、市公安局局长薄立峰陪同。

林少春到鄂尔多斯市调研　7月1日至2日，自治区党委副书记、政法委书记林少春到鄂尔多斯市调研数字产业发展和数字社会建设等工作。市委书记牛俊雁，市委副书记、政法委书记于新芳，市委常委、东胜区委书记张占林，市委常委、秘书长史良，市委常委、副市长刘晓峰，副市长、公安局局长薄立峰，市政协副主席、发改委主任高志华出席座谈会或陪同调研。牛俊雁代表市委、市政府汇报鄂尔多斯市数字经济发展情况并作表态发言。其间，林少春还就煤炭资源领域违规违法问题专项整治工作进行检查督导。

布小林到鄂尔多斯市调研　7月6日至7日，自治区党委副书记、自治区主席布小林深入鄂尔多斯市达拉特旗、东胜区、伊金霍洛旗、鄂托克旗、乌审旗，调研重大项目、脱贫攻坚、文化事业、生态治理等方面的工作。市委书记牛俊雁陪同，自治区有关部门负责人参加。

长城发电 2×100 万千瓦空冷超超临界燃煤发电机组工程项目开工　7月18日，长城发电2×100万千瓦空冷超超临界燃煤发电机组工程项目在鄂托克前旗上海庙经济开发区开工奠基。自治区副主席艾丽华，市委副书记、市长斯琴毕力格，市委常委、副市长金武出席开工仪式，并为项目培土奠基。

石泰峰到鄂尔多斯市调研　7月20日至23日，自治区党委书记、人大常委会主任石泰峰到鄂尔多斯市调研重大项目建设和“六稳”“六保”工作，强调要充分认识当前面临的严峻复杂形势，切实把“六稳”“六保”作为重中之重的工作抓紧抓好，拿出超常规举措推动各项任务落实，千方百计稳住经济基本盘，为全区经济社会发展多做贡献。市委书记牛俊雁，市委副书记、市长斯琴毕力格，市委常委、东胜区委书记张占林，市委常委、副市长金武，市委常委、秘书长史良分别参加。

徐乐江到鄂尔多斯市调研　8月31日至9月1日，中央统战部副部长、全国工商联党组书记、常务副主席徐乐江到鄂尔多斯市就民营企业参与生态治理与修复、转型发展开展专题调研。自治区政协副主席常军政，自治区党委统战部常务副部长金满仓，自治区工商联主席安润生，市委书记牛俊雁，市委常委、东胜区委书记张占林，市委常委、统战部部长高占胜分别陪同。

布小林到鄂尔多斯市调研　10月8日，自治区党委副书记、自治区主席布小林在鄂尔多斯市调研煤炭生产保供和绿色矿山建设情况。自治区副主席艾丽华，市委书记牛俊雁，市委常委、东胜区委书记张占林，市委常委、副市长金武，市委常委、秘书长史良参加。

李耿年一行到鄂尔多斯市调研　10月14日，中央民族干部学院党委委员、副院长李耿年一行到鄂尔多斯市调研并座谈。市委常委、统战部部长高占胜陪同并在座谈会上发言。

布小林到鄂尔多斯市调研　12月5日，自治区党委副书记、自治区主席布小林到鄂尔多斯市鄂托克旗，调研阿尔寨石窟保护情况。市委书记牛俊雁，市委常委、秘书长高占胜参加调研。

【重要决定】 1月10日，鄂尔多斯市委印发关于深入贯彻《中共中央关于坚持和完善中国特色社会主义制度推进国家治理体系和治理能力现代化若干重大问题的决定》的实施意见；1月17日，鄂尔多斯市委、市人民政府印发《关于打好防范化解重大金融风险攻坚战的工作方案》的通知；1月26日，市委办公室、市政府办公室印发《关于研究部署进一步加强疫情防控工作的会议纪要的通知》；3月2日，鄂尔多斯市委、市人民政府印发关于《鄂尔多斯市煤炭资源领域违规违法问题专项整治工作实施方案》《鄂尔多斯市煤炭资源领域违规违法问题专项整治监督检查工作实施方案》的通知；3月10日，鄂尔多斯市委印发《关于进一步加强和规范党务公开的通知》；4月1日，鄂尔多斯市委、市人民政府印发《关于开展决战决胜污染防治攻坚战十大行动的通知》；4月27日，鄂尔多斯市委、市人民政府印发《关于抓好“三农三牧”领域重点工作确保如期实现全面小康的实施意见》；5月14日，鄂尔多斯市委办公室印发《鄂尔多斯市关于贯彻落实中央及自治区党委新时代加强和改进人民政协工作实施意见主要任务分工方案》的通知；6月4日，鄂尔多斯市委印发《关于认真学习宣传贯彻习近平总书记在参加十三届全国人大三次会议内蒙古代表团审议时重要讲话精神的通知》；6月16日，鄂尔多斯市委办公室、市人民政府办公室印发《关于深化交通运输、农牧业、生态环境保护、文化市场、市场监管综合行政执法改革实施方案》的通知；7月16日，鄂尔多斯市委办公室印发关于《鄂尔多斯市委常委会领导同志联系各民主党派市委会、市工商联工作机制》的通知；7月21日，鄂尔多斯市委、市人民政府印发关于《鄂尔多斯市煤炭资源领域违规违法问题集中整治工作方案》的通知；7月24日，鄂尔多斯市委、市人民政府印发《关于自治区党委第一巡视组对鄂尔多斯市开展煤炭资源领域专项巡视反馈意见的整改方案》的通知；7月7日，鄂尔多斯市委办公室印发关于《鄂尔多斯市委常委会贯彻落实"三重一大"事项集体决策制度实施细则（试行）的通知》；8月3日，鄂尔多斯市委办公室、市人民政府办公室印发关于《鄂尔多斯市域社会治理现代化试点实施方案》的通知；8月12日，鄂尔多斯市委印发《关于深入学习贯彻习近平总书记参加十三届全国人大三次会议内蒙古代表团审议时重要讲话精神的实施意见》；8月12日，鄂尔多斯市委印发《关于废止和宣布失效部分涉及煤炭资源领域规范性文件的决定》；8月8日，鄂尔多斯市委办公室印发关于《〈鄂尔多斯市委关于深入学习贯彻习近平总书记参加十三届全国人大三次会议内蒙古代表团审议时重要讲话精神的实施意见〉重点工作分工方案》的通知；9月2日，鄂尔多斯市委办公室、市人民政府办公室印发《关于进一步严格财政支出管理的通知》；10月19日，鄂尔多斯市委办公室、市人民政府办公室印发关于《鄂尔多斯市农村牧区土地草原所有权承包经营权分置办法实施方案》的通知；10月26日，鄂尔多斯市委办公室、市人民政府办公室印发关于《鄂尔多斯市直属国有企业领导人员管理办法》的通知；11月6日，鄂尔多斯市委、市人民政府印发关于《加强耕地保护和改进占补平衡实施方案》的通知；11月25日，鄂尔多斯市委印发《关于进一步加强党的领导做好新时代人大工作的实施意见》；11月26日，鄂尔多斯市委办公室印发《鄂尔多斯市委关于进一步加强党的领导做好新时代人大工作实施意见主要任务分工方案》的通知；11月27日，鄂尔多斯市委、市人民政府印发《关于做好全市嘎查村、社区"两委"换届工作实施方案》的通知；12月15日，鄂尔多斯市委、市人民政府印发关于《进一步优化营商环境若干措施》的通知；12月15日，鄂尔多斯市委办公室、市人民政府办公室印发《关于深化事业单位改革试点工作的实施意见》的通知；12月24日，鄂尔多斯市委办公室印发关于《鄂尔多斯市纪委监委派驻机构改革方案》的通知；12月29日，鄂尔多斯市委办公室、市人民政府办公室印发关于《鄂尔多斯市贯彻落实〈新时代公民道德建设实施纲要〉实施方案》的通知；12月29日，鄂尔多斯市委办公室、市人民政府办公室印发关于《鄂尔多斯市贯彻落实〈新时代爱国主义教育实施纲要〉实施方案》的通知。

【市委全委会】

第四届委员会第十次全体会议　1月6日，中国共产党鄂尔多斯市第四届委员会第十次全体会议暨全市经济工作会议在鄂尔多斯国际会展中心举行。会议以习近平新时代中国特色社会主义思想为指导，深入学习贯彻中共十九大和十九届二中、三中、四中全会及中央经济工作会议精神，学习贯彻习近平总书记关于内蒙古工作重要讲话重要指示批示精神，学习贯彻自治区党委十届十一次全会暨全区经济工作会议精神，听取和讨论牛俊雁受市委常委会委托作的工作报告，审议通过《鄂尔多斯市委关于深入贯彻〈中共中央关于坚持和完善中国特色社会主义制度、推进国家治理体系和治理能力现代化若干重大问题的决定〉的实施意见》，分析当前形势，部署2020年工作。

第四届委员会第十一次全体会议　8月7日，中国共产党鄂尔多斯市第四届委员会第十一次全体会议在康巴什区召开。全会以习近平新时代中国特色社会主义思想为指导，深入学习贯彻习近平总书记参加十三届全国人大三次会议内蒙古代表团审议时重要讲话精神，全面贯彻落实自治区党委十届十二次全会部署要求，审议通过《中共鄂尔多斯市委员会关于深入学习贯彻习近平总书记参加十三届全国人大三次会议内蒙古代表团审议时重要讲话精神的实施意见》，研究部署全市经济社会发展和党建工作。

【市委常委会会议】

四届 119 次常委会会议　1 月 7 日，市委书记牛俊雁主持召开市委四届 119 次常委会会议暨市委全面深化改革委员会第八次会议，研究市以下财政事权和支出责任划分改革、全市生态保护红线划定评估等工作。

四届 122 次常委会会议　1 月 17 日，市委书记牛俊雁主持召开市委四届 122 次常委会会议，传达学习自治区十三届人大三次会议、自治区政协十二届三次会议精神和自治区党委石泰峰书记在参加鄂尔多斯市代表团审议时的讲话精神，研究部署贯彻落实工作。

四届 124 次常委会会议　2 月 10 日，市委书记牛俊雁主持召开市委四届 124 次常委会会议，听取当前全市疫情防控和经济运行等工作情况汇报，研究部署下一步工作。

四届 126 次常委会会议　2 月 24 日，市委书记、全市应对新冠肺炎疫情工作领导小组组长牛俊雁主持召开市委四届 126 次常委会会议暨全市应对新冠肺炎疫情工作领导小组会议，传达学习习近平总书记在统筹推进新冠肺炎疫情防控和经济社会发展工作部署会议上的重要讲话精神以及自治区党委书记、人大常委会主任石泰峰在自治区工作部署会议上的讲话和在鄂尔多斯市调研时的指示精神，研究部署鄂尔多斯市贯彻落实工作。听取并研究鄂尔多斯市《关于应对新冠肺炎疫情期间支持中小微企业复工复产健康发展的意见》。

四届 127 次常委会会议　3 月 2 日，市委书记牛俊雁主持召开市委四届 127 次常委会会议，研究部署全市煤炭资源领域违规违法问题专项整治工作，安排部署下一步工作。

四届 128 次常委会会议　3 月 9 日，市委书记牛俊雁主持召开市委四届 128 次常委会会议，研究讨论全市决战决胜脱贫攻坚工作有关任务清单，并就做好下一步工作进行安排部署。

四届 129 次常委会会议　3 月 18 日，市委书记牛俊雁主持召开市委四届 129 次常委会会议，传达学习自治区党委书记、人大常委会主任石泰峰在鄂尔多斯市调研时的指示精神和在鄂尔多斯市召开的自治区煤炭资源领域违规违法问题专项整治工作专题座谈会上的讲话精神，研究当前全市脱贫攻坚工作和经济运行工作。

四届 130 次常委会会议　3 月 20 日，市委书记牛俊雁主持召开市委四届 130 次常委会会议暨市委统一战线工作领导小组会议，传达学习中央和自治区有关会议、文件精神，研究部署统一战线、市域社会治理现代化、纪检监察等工作。

四届 132 次常委会会议　4 月 14 日，市委书记牛俊雁主持召开市委四届 132 次常委会会议，研究审议《鄂尔多斯市可持续发展规划（2019—2030 年）》和《鄂尔多斯市国家可持续发展议程创新示范区建设方案（2019—2021 年）》，安排部署有关工作。

四届 133 次常委会会议　4 月 19 日，市委书记牛俊雁主持召开市委四届 133 次常委会会议，传达自治区党委平安建设领导小组有关会议精神，研究部署全市社会治安综合治理、矛盾纠纷排查化解相关工作。

四届 137 次常委会会议　5 月 31 日，市委书记牛俊雁主持召开市委四届 137 次常委会会议，传达贯彻习近平总书记参加十三届全国人大三次会议内蒙古代表团审议时的重要讲话精神和全国两会精神，研究部署贯彻落实工作。

四届 142 次常委会会议　6 月 28 日，市委书记牛俊雁主持召开市委四届142次常委会会议。会议听取市人大常委会、市政府、市政协、市中级人民法院、市人民检察院党组工作汇报。会议强调，各党组要深入贯彻落实习近平新时代中国特色社会主义思想和习近平总书记关于内蒙古工作重要讲话重要指示批示精神，增强“四个意识”、坚定“四个自信”、做到“两个维护”，始终在思想上政治上行动上同以习近平同志为核心的党中央保持高度一致。

四届144次常委会会议　7月19日，市委书记牛俊雁主持召开市委四届144次常委会会议，传达自治区有关会议精神，研究部署数字经济和全国文明城市创建工作。

四届145次常委会会议　7月21日，市委书记牛俊雁主持召开市委四届145次常委会会议，第一时间传达自治区党委书记、人大常委会主任石泰峰在鄂尔多斯市调研时的指示精神，研究部署贯彻落实工作。

四届146次常委会会议　7月24日，市委书记牛俊雁主持召开市委四届146次常委会会议，传达学习习近平总书记在企业家座谈会上的重要讲话精神、自治区呼包鄂三市“六稳”“六保”工作和重大项目建设情况专题汇报会精神，听取全市上半年经济运行及重大项目建设工作情况汇报，研究部署下半年工作。

四届156次常委会会议　10月12日，市委书记牛俊雁主持召开市委四届156次常委会会议，听取前三季度全市经济运行情况及“六稳”“六保”工作和重大项目建设情况汇报，分析当前形势，研究部署下一步重点工作。

四届160次常委会会议　10月30日，市委四届160次常委会会议暨加强和改进民族工作专题民主生活会召开。

四届161次常委会会议　11月2日，市委书记牛俊雁主持召开市委四届161次常委会会议，学习贯彻中共十九届五中全会精神，研究部署贯彻落实工作。

四届162次常委会会议　11月4日，市委书记牛俊雁主持召开市委四届162次常委会会议，传达自治区党委书记、人大常委会主任石泰峰在鄂尔多斯市调研时的指示精神及在煤炭资源领域违规违法问题专项整治工作汇报会上的讲话精神，研究部署贯彻落实工作。

四届164次常委会会议　11月27日，市委书记牛俊雁主持召开市委四届164次常委会会议，传达学习中央和自治区有关文件、会议精神，研究部署鄂尔多斯市党风廉政建设、维护社会稳定、优化营商环境等工作。自治区党委第四巡视组副组长李永泉到会指导。

四届165次常委会（扩大）会议　12月2日，市委书记牛俊雁主持召开市委四届165次常委会（扩大）会议，听取当前全市经济运行情况及全市“六稳”“六保”工作情况汇报，并就做好下一阶段重点工作进行安排部署。

四届166次常委会会议　12月11日，市委书记牛俊雁主持召开市委四届166次常委会会议，传达中央、自治区有关会议精神，研究部署民族工作、安全生产、优化营商环境、平安鄂尔多斯建设等工作。

四届167次常委会会议　12月14日，市委书记牛俊雁主持召开市委四届167次常委会会议，研究部署全市营商环境整改提升和中央巡视组移交信访件化解等工作。

四届170次常委会（扩大）会议　12月24日，市委书记牛俊雁主持召开市委四届170次常委会（扩大）会议暨全市基层党建工作述职评议会议。

四届171次常委会会议　12月31日，市委书记牛俊雁主持召开市委四届171次常委会会议，传达中央和自治区有关会议精神，研究部署中央巡视组交办信访件化解和全市基层党建、疫情防控等工作。

市委办公室

【中共鄂尔多斯市委员会办公室领导名录】

主　　任：雷　海
副 主 任：李喜荣
　　　　　杜　娟
　　　　　刘晓东
纪检组组长：贺　耿

【概况】 市委办公室是市委的综合部门，负责推动市委决策部署的落实，按照市委要求协调有关方面开展工作，承担市委运行保障具体事务。内设秘书一科、秘书二科、常委会办公室、综合一科、综合二科、综合三科、综合四科、督查室、信息调研科、翻译科、办公室、行政科等11个科室；代管市委机要局、市委保密局、市委机关事务服务中心、市专用通信局等11个职能机构，其中机关事务服务中心和专用通信局为副处级建制。

【以文辅政】 2020年，共起草各类综合文稿471篇270余万字，其中撰写会议讲话183篇，汇报报告111篇，市委重要文件17篇，批示信件发言65篇，其他材料95篇；组织筹备中央、自治区党委领导在鄂尔多斯市考察调研期间的座谈会（汇报会）11次，中央、自治区到鄂尔多斯市召开电视电话会议50多场次；服务保障市委四届十次、十一次全会和脱贫攻坚、扫黑除恶、煤炭资源领域专项整治、疫情防控等重要会议活动110多场次。组织服务市委常委会会议53次，中心组集体学习研讨会4次，市委书记专题会议、秘书长议事协调会议30余次，转办市委领导批示278件。

【办文办会】 2020年，市本级发文4366件，同比下降16%。以市委及市委办公室名义印发各类文件共319件，其中印发四类文件133件，同比下降7%。提高公文运转效率，全年共办理中央、自治区及下级来文1376件，提出初步拟办意见1376次；共召开全市性会议222次，同比下降29.7%；全年共审核制发规范性文件19件，向自治区党委备案19件，备案率、及时率、合规率均为100%。审查旗区党委向市委备案的规范性文件122件，下发备案审查通知书11件，提醒2件；严谨细致规范做好全市涉煤领域政策文件清理牵头抓总工作，全面准确起底全市2000年1月1日至2019年12月31日期间制发的所有文件，共梳理文件62.6万件，最终确定纳入清理范围36107件。起草制定《涉煤领域政策文件集中清理工作方案》，废止失效229件涉煤领域政策法规类文件。建立市委党内法规工作联席会议机制，制定下发《市直部门党内法规执行责任清单》，将145部中央、自治区党委党内法规的执行落实责任，细化分解到33个市直相关部门。

【督查督办】 全年开展各类督查调度29次，盯办落实市委领导批示事项11件，呈报《督查专报》《督查快报》等394期，得到市委领导肯定性批示21条。承办自治区党委办公厅部署的督查任务和交办事项18件次，向自治区党委督查室上报督查稿件40篇，被《内蒙古督查》采用12篇。办理人民网网民留言570条，获得“2020年度人民网网民留言办理工作实干担当单位”荣誉称号。切实把督查检查考核数量减下来、质量提上去，全年市本级确定年度督查任务45项，实际开展32项，较2019年下降50.8%。

【信息报送】 全年上报自治区信息2855条，被自治区采用264条，自治区领导批示7条。《鄂尔多斯市借鉴新时代“枫桥经验”转变牧区社会治理方式打造服务群众“新样板”》等信息被自治区《工作交流》单篇采用；《深入推进市域社会治理现代化工作的几点建议》等信息被自治区《信息调研专报》综合采用；全年共编发本级信息468期1993条，市委主要领导批示19条。其中，编发《要情参阅》347期1561条，《参阅专报》61期61条，《鄂尔多斯信息（专报）》53期371条，《工作交流》7期7条。每月向各旗区、市直各部门印发《信息工作情况通报》，定期将有价值的亮点信息以样例形式进行刊发，对各旗区和市直各部门信息报送人员进行专班培训和精准指导，全面提升全市信息工作水平。

【综合服务】 精心安排、统筹处理市委领导的新闻采访、会见接待、来信来访、公务考察、下乡调研等具体工作，实现“零失误、零差错”。全面提高机关运转水平，全年共召开室务会11次，议定事项30余项。科学有序做好疫情防控期间干部健康管理、防疫物资保障、重点人员管控等工作，机关疫情防控工作实现到位有序。大力推进车辆管理科学化、车辆保障规范化、车辆服务优质化，实行网上派车、全程监管，完成疫情防控期间市委领导用车保障工作，全年未发生违规用车现象，实现安全行车40余万公里。严格执行财务管理和资金管理制度，严格预算管理和报销审签，“三公”经费支出同比减少61.9%。

【专用通信保障】 全年高标准、高质量完成287场次各级各类视频会议服务保障任务；完成红机电话保障任务8次；总机话务台年接转电话1.7万余次，为市四大班子及办公室领导安装红机电话106部。扎实做好专用通信基础设施建设，完成摄像头、话筒等音视频设备更新安装工作和关键核心设备备份工作，开通党政大楼至乌兰酒店、皇冠假日酒店第二条专网电话线路，实现专网电话线路“双备份”。

【“三服务”和煤炭领域违规违法问题专项整治、巡视服务保障】 抽调多名精干力量参与市委巡视工作协调联络组和煤炭领域违规违法问题专项整治主体责任办公室日常工作，承担中央第八巡视组、自治区党委第一巡视组、第四巡视组、自治区煤炭领域违规违法问题专项核查第一核查组进驻鄂尔多斯市期间的沟通联络、服务保障和全市煤炭领域违规违法问题专项整治排查、核查、整改的牵头抓总等重大任务。全市煤炭领域违规违法问题专项整治方面，推动市、旗两级及时召开专项整治工作动员部署会和分阶段动员部署会，全年组织召开市煤炭领域违规违法问题专项整治领导小组会议40次、领导小组调度推进会5次、主体办主任会21次；加强与自治区主体办、综合协调组请示对接，争取上级部门支持；建立周调度机制，先后对全市整治情况组织调度80余次；牵头制定全市《专项整治工作实施方案》《集中核查工作方案》《集中整治工作方案》等重要工作方案，起草领导讲话等各类文稿200余篇150余万字，运转文件1000余件；分别制定排查、核查、整治3个阶段工作作战图和工作导则；推动成立公职人员涉煤违规违法问题排查、涉煤国企改制和涉煤国有资产转让有关问题清查、涉税问题清查3个工作专班，被自治区主体办在全区借鉴推广；排查阶段全面摸清2000年以来全市煤矿关闭、整合、新建和存续情况，以及火区治理、采空区灾害治理和资源配置项目情况；核查阶段与自治区第一核查组统一编组入驻党校集中办公，主动配合核查、做好服务保障；整治阶段加强协调调度，承接自治区下达集中整治任务10批次1592项具体问题、重要专项问题处置任务7批次89家企业58条处置建议，分解落实各旗区、各整治专项组集中整治问题，使问题清仓见底，强有力保障全市整治工作扎实开展。服务保障中央、自治区党委巡视组方面，全方位做好巡视组的工作保障、安全保卫等工作，安排召开中央第八巡视组第二调研组听取鄂尔多斯市汇报会、自治区巡视工作动员会和中期汇报会，严格按照时限要求完成巡视组交办的资料调阅任务，组织126名领导干部参加巡视谈话，配合完成巡视组下沉调研工作，服务保障工作受到中央、自治区巡视组的高度评价。

【应急值守】 全年值班人员365天24小时持续在岗，累计接听电话5500多次。电话抽查值班情况61次，覆盖全部旗区和90%以上承担应急职责的市直部门。坚持将重大紧急信息报送作为政务值班首要工作来抓，所有信息全部实现接报即传。全年刊发《鄂尔多斯信息快报》81期，市委领导批示21条；编辑《应急要情参阅》46期，市委主要领导批示3条；向自治区党委上报《鄂尔多斯信息专报》41期，自治区领导批示11条，顺畅有序完成重大紧急信息报送工作。

组织工作

【中共鄂尔多斯市委员会组织部领导名录】

部　　长：折喜文
　　　　　刘瑞杰（11月离任）
常务副部长：张鹏程
　　　　　王雪峰（9月离任）
副 部 长：杨卫东
　　　　　乌　东
　　　　　李治成
　　　　　谢　宇

【概况】中共鄂尔多斯市委员会组织部是市委主管党的组织、干部和人才工作的重要职能部门。2020年，市委组织部内设办公室、党建办秘书科、组织一科（市党代表大会代表联络办公室）、组织二科、组织三科（市非公有制经济社会组织党工委办公室）、人才工作科（市人才工作领导小组办公室）、干部一科、干部二科、干部三科、干部四科、公务员一科、公务员二科、考核工作科（市委、市政府“五位一体”综合考核评价工作领导小组办公室）、干部教育科、干部监督科（市党委组织部巡视工作联络办公室）、人事科、机关党委等17个机构；下设研究室、信息服务中心、党员教育中心等3个参公事业单位和干部人事档案管理中心1个事业单位。

【全面从严治党】

政治建设　始终把旗帜鲜明讲政治摆在首位，学习宣传贯彻习近平新时代中国特色社会主义思想和中共十九届五中全会精神，对习近平总书记的重要讲话和重要指示批示第一时间组织传达学习、开展教育培训，重点抓好贯彻落实工作，引领带动党员干部群众牢固树立“四个意识”，坚定“四个自信”，以实际行动践行“两个维护”。

制度建设　围绕全面从严治党的根本性问题，落实自治区深化党建制度改革总体要求，印发制定党建工作领导小组年度工作要点和市委常委年度任务清单，将全面从严治党主体责任纳入实绩考核体系，压紧压实工作责任。

考核问责　从严落实主体责任“签字背书”制度，逐级开展年度基层党建述职评议考核，开展市直部门党组（党委）书记抓党建工作述职。围绕基层党建述职评议考核自治区点评鄂尔多斯市存在的问题和市点评旗区存在问题，制定整改方案和责任清单，推动整改工作。抓实“不忘初心、牢记使命”主题教育后续整改，市级层面分类建立问题、督办、专项整改“三本台账”，对旗区和部门整改情况开展2轮督查。

【队伍建设】

教育培训方式　结合鄂尔多斯市实际，根据《2019—2022年鄂尔多斯市干部教育培训工作实施意见》，细化制定《2020年全市干部教育培训重点班次计划》，设置重点班次84期，分层分类开展贯彻落实中共十九届四中、五中全会精神、铸牢中华民族共同体意识、学习党史、新中国史等培训。不断拓宽干部教育培训载体外延，初步形成“一校两院七基地”干部教育培训阵地格局。

干部选任机制　配合中组部、自治区党委组织部完成市、县、乡领导班子换届工作调研，印发《贯彻落实2019—2023年全国党政领导班子建设规划纲要及自治区若干措施工作任务分解落实方案》《加强在疫情防控阻击战一线考察识别领导班子和领导干部的实施细则（暂行）》，激励干部担当作为。全年共调整县处级干部48人。

考核与监管　对“五位一体”考核体系进行修改完善，加强平时考核，完善“数字化考评”

体系，完成年终考核验收，在对考核对象横向比较的基础上，创新开展纵向分析对比工作。全面强化干部考核与监管，完成2019年度全市县处级领导班子和县处级干部考核，认真落实领导干部个人有关事项报告制度，持续深化干部日常监督管理，严格执行“凡提四必”“任前事项报告”“一报告两评议”制度，营造风清气正的选人用人环境。按照“一报告两评议”工作要求，对评议结果进行“一对一”反馈，对满意度偏低的部门主要负责人进行组织约谈。推进干部人事档案管理工作规范化。

公务员管理　完成2020年自治区公务员考录工作。完成4775名综合管理类公务员职级套转，稳步推进综合管理类公务员职级晋升，晋升职级62人。职级公务员工资待遇全面落实。按照自治区确定的试点工作安排，公务员绩效管理试点工作在市林草局稳步推进。

【基层党组织】

农村牧区党建　全面启动嘎查村“两委”换届工作，稳妥推行嘎查村党组织书记、主任“一肩挑”。完成软弱涣散嘎查村党组织排查整顿，实施嘎查村干部队伍整体优化提升行动，排查违法违纪嘎查村干部45人，全部清理并补齐。加强嘎查村干部教育管理，建成鄂尔多斯市农村基层干部培训中心，举办培训班5期。全面落实嘎查村工作运转经费、基层党建经费、村干部工资报酬、离任村干部补助“四项基本经费”保障。实施嘎查村党群服务中心标准化建设。全市下派包联驻村干部2476名。持续发展壮大嘎查村集体经济，全市735个嘎查村集体经济收入全部达5万元以上，其中10万元以上嘎查村占总数的74%。突出抓党建促脱贫攻坚，举办鄂尔多斯市第三届农产品展洽会。

城市基层党建示范建设　印发《全市推行“党建引领365服务治理网格化”工作实施办法（试行）》，建立市、旗区、街道、社区“大四级”和“社区＋小区（网格）＋楼栋＋示范户”的小四级组织架构，扎实推进党建引领网格化治理，神华康城社区党支部获得全国优秀基层党组织和全国抗疫先进集体称号。印发《加强全市党群服务中心（站点）建设的实施方案》，全面建设五级党群服务中心（站点）。制定《全市社区工作者暂行管理办法》《全市专职社区工作者岗位职级和薪酬暂行管理办法》，将28名社区党组织书记纳入事业编制管理，投入工作经费3181万元，进一步加强街道社区基础保障。

非公有制经济和社会组织党建　持续巩固扩大“两个覆盖”专项行动成果，评出全区党建工作示范园区2个、党建示范楼宇1个、“双强六好”非公有制企业党组织3个、“六个好”社会组织党组织2个、全区优秀党建指导员5名。组织动员非公有制企业全面开展疫情防控，全面复工复产，切实做好“六稳”“六保”工作。

其他各领域党建工作　严格落实机关领导干部双重组织生活制度，加强涉改单位党建工作，开展“一机关一品牌”创建活动，着力解决“灯下黑”“两张皮”的问题。在机关、高校，开展“三个表率”模范机关评选工作，印发《做好鄂尔多斯市属高校党建“三抓三促进”行动方案任务落实的通知》，机关、高校党建规范化水平进一步提升。在国企，印发《深化“四强四优”创建，提升国有企业党建工作质量实施方案》，推动国有企业党建30项重点任务落实。

党员教育管理　加强鄂尔多斯党员教育微平台建设，关注用户数达10.8万人，2020年被评为全市最具影响力政务微信。

【人才工作】

人才工作体制机制改革　以“一心多点”人才工作格局为抓手，深入实施“人才鄂尔多斯”战略，对市人才工作领导小组成员单位进行调整，进一步优化人才工作运行机制。

人才发展平台建设　举办第八届内蒙古“草

原英才”高层次人才合作交流会暨呼（和浩特）包（头）鄂（尔多斯）乌（兰察布）人才创新创业周鄂尔多斯分会场活动，正式签约和达成意向性合作协议17个。承办自治区首都人才周活动。打造人才公寓300套，印发《鄂尔多斯市人才公寓管理暂行办法》。深入推进专家服务基层活动，累计服务基层6552人次。提升驻外人才工作站“三引”效能，组织开展对接交流活动20余场次，与清华大学签署《关于开展清华大学鄂尔多斯实习实践的合作备忘录》。组织开展北京高校秋季专场招聘系列活动3场次，签约北京师范大学、首都师范大学、中国传媒大学等高校优秀毕业生80人。举办“创行鄂尔多斯”大学生青年创业就业圆梦行动大赛，选出优秀创意和良好市场前景的创业创新项目18个。

人才队伍建设 落实《鄂尔多斯市事业单位引进高层次人才和紧缺专业人才实施办法》，累计引进各类紧缺急需人才68人。组织开展第八批产业创新创业人才团队、高层次人才等市级人才项目评选工作，评出市级高层次人才91名、产业创新创业人才团队15个、滚动支持人才团队6个。强化人才资源精准服务，搭建“云人才市场”，开展各类线上人才交流活动18场次，服务企业用人单位28704家次，服务人才14633人次，达成就业意向6440人次。

（梁高峰 刘富强）

宣传工作

【中共鄂尔多斯市委员会宣传部领导名录】

部　　　　长：苏翠芳（女）
常务副部长：陈　曦
副　部　长：杨雨龙
　　　　　　贺海云（3月任职）
纪检监察组组长：郭　磊（女）

【概况】 中共鄂尔多斯市委员会宣传部是鄂尔多斯市委主管意识形态方面工作的工作机关，为正处级，列市委工作机关序列，挂鄂尔多斯市对外宣传领导小组办公室（鄂尔多斯市政府新闻办公室）牌子，对外加挂鄂尔多斯市精神文明建设委员会办公室、鄂尔多斯市新闻出版广电局牌子。内设办公室、调查研究室、舆情信息督查科、宣传教育科、理论科（意识形态工作责任制专项巡察工作办公室）、新闻科、文艺科、国有文化资产监督管理委员会办公室、对外宣传科、思政科、精神文明建设综合协调科、精神文明建设创建管理科、未成年人精神文明建设科、志愿服务科、广播电影电视行业管理科、新闻出版版权管理科、反非法反违禁科（“扫黄打非”办公室）、干部科、机关党委等19个科室和市精神文明创建指导中心、市委讲师团、市新媒体中心3个所属事业单位。

【理论武装】 严格落实中心组学习巡听旁听、综合考评工作机制，组织市委理论学习中心组开展集体学习13次，形成理论研讨材料170余篇，举办“学习强国”学习达人知识挑战赛，发布“学习强国”表情包以及学习积分兑换活动，打造全区首家蒙古马融媒体工作室，制作“巴雅尔开讲啦”系列融媒体理论宣传产品，开展各类宣讲8500余场次，“帮一把、扶一把、自己好好干一把”宣讲获评全区宣传思想文化工作优秀创新案例。

【新闻宣传】 习近平总书记考察内蒙古重要讲话精神、中共十九届五中全会精神、疫情防控、“决战脱贫攻坚 决胜全面小康”“黄河流域生态保护与高质量发展”等主题宣传有力有效，在中央主流媒体发稿1500余篇条。鄂尔多斯沙漠治理经验受到《人民日报》、央视持续关注，“乌兰牧骑队员因大雪错过比赛在车厢内表演”爆红网络，形成“现象级”传播。各旗区融媒体中心顺利通过自治区评估验收，东胜区、康巴什区包揽前两名，开展第二届“抖in美好鄂尔多斯”话题挑战赛，上传视频超2000部。推行“市民选题、部门答题、权威发布”的“互动式”新闻发布机制，举办新闻发布会44场。

【精神文明建设】“文明城市群”建设跃上新高度，杭锦旗荣获第六届全国县级文明城市，鄂尔多斯市、鄂托克前旗、准格尔旗蝉联全国文明城市。伊金霍洛旗、乌审旗、鄂托克旗入选新一届全国文明城市提名城市，4个村镇荣获全国文明村镇荣誉称号。召开新时代文明实践中心试点工作现场推进会，建成新时代文明实践所站413个，新时代文明实践试点工作获中央文明委专项指导组点赞。承办全区未成年人心理健康教育骨干人员培训班，1人获评全国未成年人思想道德建设工作先进工作者，“绿色乌审”治沙群体获评“北疆楷模”。

【文化、新闻出版和广播影视】 扎实推进草原书屋、“你阅读·我买单”、图书馆总分馆一体化等改革，深入实施阿尔寨石窟保护等一批重点文保工程。纪录片《成吉思汗灵榇西迁》、电影《谜境萨拉乌苏》分别在央视纪录频道、电影频道播出，《原生态民族音乐会》入选文化和旅游部“庆祝中国共产党成立100周年舞台艺术精品创作工程”，推出全区首家乌兰牧骑小程序“乌兰牧骑Online”。乌审走马竞技、鄂托克前旗六十棵榆树祭入选第五批国家非物质文化遗产项目。举办“乐享鄂尔多斯”草原音乐美食季、诗歌那达慕等活动。创建首批国家文化和旅游消费示范城市，康巴什区获评国家全域旅游示范区。持续加强政府机关和企业软件正版化。开展非法安装使用卫星地面接收设施专项行动，专项检查境外卫星电视持证接收单位3家，查处非法销售商铺5家。组织创作脱贫攻坚广播节目，杭锦旗一部作品获全区“村村响”脱贫攻坚宣传优秀广播节目扶持。

【意识形态工作】 认真落实“意识形态工作基层网格化落实深化年”各项任务，对30个党组开展巡察，对24个党组织进行专项督查，建立起6700余人的网格员队伍。严格落实“日分析、周研判、月会商、重大舆情随时会商”机制，召开舆情信息联席会商暨意识形态工作调度会议11次，深入开展网上“扫黄打非”和“净网”“清朗”“剑网”等专项行动，开展全市意识形态工作“强责任、补短板、抓落实”专项行动，推广“三清单、两方案”工作机制。

【铸牢中华民族共同体意识宣传】 建立舆情管理、分析研判、沟通汇报、宣传引导工作机制，实行24小时值班监看制度和“每日一报”制度。开设专题专栏，转载转发刊发自治区开展国家统编教材的政策解读4600余条。依托全市693个新时代文明实践中心、所（站）持续开展铸牢中华民族共同体意识宣传教育。

【战疫宣传】 启动宣传应急响应机制，及时发布权威信息，广泛开展健康教育宣传，全程记录战疫难忘瞬间，推出“抗疫英雄谱”重点报道，举办“欢迎回家——致敬内蒙古自治区援鄂医疗队网络联谊会”，凝聚起同舟共济、共克时艰的强大合力。《图解为何“新增病例住在确诊病例楼上”还会有“隔楼传染”》登上微博热搜，“刷屏”朋友圈。

（冯柄越）

统战工作

【鄂尔多斯市委统战部领导名录】

部　　　　长：高占胜
常 务 副 部 长：额尔敦巴图（蒙古族）
副　　部　　长：刘占平
　　　　　　　　特古斯（蒙古族）
　　　　　　　　丁　玲
　　　　　　　　林永刚
纪检监察组组长：耿　涛

【概况】 鄂尔多斯市委统战部下设办公室、研究室、干部科、民族工作科、非公有制经济工作科、台湾工作与事务科、侨务科、宗教工作科、宗教事务科机关党委等10个行政科室和党外代表人士联络服务中心、宗教团体服务中心、民主党派事务服务中心3个事业单位。

【新时代党外知识分子和新的社会阶层人士统战工作】 思想政治引领充分发挥知联会作用，每季度开展1次考察调研或社会服务等活动。指导旗区和高校成立知联会。建立“党外知识分子之家”，开展“谈心交流”“同心茶叙”等活动。

高校统战工作 全面加强学校党委对统战工作的领导，抓好高校党外知识分子教育引导工作，最大限度地把党外知识分子团结凝聚在党的周围。加强高校统战领域意识形态工作，对各种错误言行要旗帜鲜明、敢抓敢管。建立学校党外代表人士及后备人员信息库，定期调整更新。

平台载体和工作 体制贯彻落实推进新的社会阶层人士统战工作深化发展规划（2021—2025年）。召开新的社会阶层人士统战工作联席会议。建立健全党政领导干部与新阶层人士列名联系制度。围绕全市经济社会发展中的热点、难点问题，组织新阶层人士召开建言献策座谈会。凝聚新阶层人士力量构建社会服务体系，提供法律援助、百企帮百村、专家咨询等服务。成立新联会党组织，发挥社会组织中党组织的战斗堡垒作用。举办新的社会阶层人士“凝聚新力量、筑梦新时代”系列主题活动——“民法典”宣讲进机关、进学校活动，市情教育活动，网络人士读书会活动，观看爱国电影活动、健康大讲堂活动等，各类活动累计近500人参加并得到与会人员高度认可。

创新网络人士统战工作 贯彻落实全国网络人士统战工作会议精神，制定关于加强鄂尔多斯市网络人士统战工作的意见重要举措分工方案。开展网络人士统战工作专题调研，建立重点人物信息库。组建“网络人士服务团”，开展社会服务。引导网络人士讲好鄂尔多斯故事。

【多党合作和政治协商制度】 制定贯彻《中共中央关于加强中国特色社会主义参政党建设的意见》《民主党派代表人士队伍建设规划（2018—2027年）》《各民主党派中央关于新时代组织发展工作座谈会纪要》的具体措施。起草《关于协助各民主党派市委会做好组织建设工作的意见》。起草《鄂尔多斯市委常委会领导同志联系各民主党派市委会、市工商联工作机制》。协助市委制定《鄂尔多斯市2020年度政党协商计划》。组织召开5次政党协商座谈会。进一步发挥“直通车”制度作用，民盟市委会以“直通车”形式向市委报送《关于农药包装废弃物回收处置的建议》，得到批示。对民主党派鄂尔多斯市级组织情况进行综合分析，梳理报送《中国共产党统一战线工作条例（试行）》颁布以来民主党派工作领域贯彻落实情况。全力推进民革中央助力内蒙古产业发展招商引资工作。协助各民主党派和无党派人士加强自身建设。支持各民主党派市委会建立健全纪律处分以及领导班子民主生活会、述职和民主评议等制度。强化民主党派队伍建设，梳理分析2019年自治区党委对鄂尔多斯市党外干部安排使用情况的考核情况。更新完善科级以上党外干部和副高级职称以上党外知识分子数据库。完成“无党派人士”政治面貌认定登记暨推荐自治区无党派人士重点人选工作。制定《2020年党外干部挂职锻炼工作方案》。摸底并推动旗区民委主任担任同级统战部副部长工作。截至年底，鄂尔多斯市9个旗区中，8个旗区民委主任兼任旗委统战部副部长。加强社会主义学院工作。为切实贯彻落实《社会主义学院工作条例》，起草鄂尔多斯市社会主义学院合办方案。

【民族工作】

全面落实民族区域自治制度 开展党中央关于民族工作重大决策部署贯彻落实情况督促检查的相关工作。开展民族政策和法律法规执行情况的监督检查。深入持久开展民族团结进步创建工作，推动示范点建设标准化、品牌化。建立健全防范民族工作领域重大风险隐患工作机制。

少数民族社会事业 在全市各族干部群众中开展马克思主义民族观和党的民族政策宣传教育活动。开展民族地区全面建成小康社会调研活动。加强少数民族发展资金的使用管理，开展资金的项目申报审查、备案监督检查工作，开展少数民族文化遗产保护专项资金审计工作。线上线下宣传普及《中华人民共和国非物质文化遗产法》《内蒙古自治区非物质文化遗产保护条例》等非物质文化遗产知识。召开少数民族文化遗产传承保护座谈会。建立全市古籍人才库和古籍文献数据库，开展高质量的蒙古语文学术活动。

会同组织部门做好干部挂职锻炼工作，强化基层蒙古语和汉语干部人才队伍建设。加强和改进政治引领工作，完善常态化联系沟通和教育引导机制。

【民营经济统战工作】

加强民营经济人士思想政治建设 召开全市民营经济统战工作会议。深入贯彻《新时代民营经济统战工作的意见》，教育引导民营经济人士用习近平新时代中国特色社会主义思想指导实践。举办“理想信念教育”“学习转型升级典型”等培训班，倡导争做爱国敬业、守法诚信、创新创业、回报社会的典范。开展常态化法治宣传和警示教育，筑牢依法合规经营底线。

建设高素质民营经济代表人士队伍 将新能源、新材料、装备制造、生物医药、电子信息、节能环保等产业行业中挑大梁、做贡献的企业家纳入人才数据库，入库企业管理类人才50名。制定《2020年全市民营经济人士教育培训方案》，将民营经济人士纳入全市人才培养教育计划，赴发达地区学习先进的管理模式。

促进民营经济健康发展 深入民营企业和商会协会，围绕民营企业发展现状、社会责任履行情况，开展调查研究，并将调研成果及时向市委反馈。推进鄂尔多斯市同民营经济代表人士谈心活动，与120名企业、商协会负责人，通过“一对一”“集体访谈”“网络约谈”“座谈交流”等形式，谈心谈话，了解企业经营发展情况。

构建“亲”“清”政商关系 筛选106家民营企业、18个商会、协会和31个亿元以上重点民营经济项目，起草征求意见稿并“一对一”征求市领导及有关部门意见后，以市统一战线领导小组办公室名义提请印发《市领导干部联系民营企业、商会、协会和重点项目工作制度》。通过打造民企信息直报平台，召开全市民营企业座谈会，广泛听取意见建议，依法依规解决民营企业合法利益诉求。

引导民营企业履行社会责任持续深化“百企帮百村”精准扶贫行动，把工作重点放在100个市级乡村振兴示范嘎查村的精准扶贫上，工作方式转化为“产业扶贫+消费扶贫”，确保“百企帮百村”助力脱贫攻坚见实效。做好“鄂尔多斯市光彩事业促进会”换届工作。成立“鄂尔多斯光彩事业基金会”。

政法工作

【中国共产党鄂尔多斯市委员会政法委员会领导名录】

书　　记：于新芳
常务副书记：万世斌
副 书 记：吕俊义
　　　　　高　峰

【概况】 中国共产党鄂尔多斯市委员会政法委员会是市委领导和管理全市政法工作的工作机关，是实现市委对政法工作领导的重要组织形式，为正处级建制，列市委工作机关序列。内设办公室、政治安全科、维稳指导科、综治督导科（专项行动办公室）、基层社会治理科、反邪教协调科、执法监督科、法治科（市司改办）、宣传教育科、信息化建设科、政法队伍建设指导科、考评科等12处室。下属社会服务管理信息化中心、市反邪教协会办公室、市法学会办公室3个事业单位。

【政治安全工作】 制定《维护国家政治安全“三大工程”实施方案》，建立重大风险隐患管理机制，严密防范敌对势力破坏活动，全年未发生暴恐等极端事件，全市政治安全工作形势保持总体平稳。特别是推动落实国家统编教材使用政策方面，市委政法委抽调市公安、教育、国安、网信等部门工作人员组建工作专班，建立推行日调度、日研判、日报告工作制度，高效配合自治区工作组在鄂尔多斯市开展工作，在自治区率先实现未入学学生全部“清零”。

【防范化解风险隐患】 全面开展“解决信访问题年”专项行动，全年自治区交办鄂尔多斯市174件，已办结、化解164件；市本级排查梳理29件，旗区自行排查梳理46件，全部办结化解。全面深入排查化解各类社会矛盾纠纷，共排查调处矛盾纠纷7157件，成功调解7114件，调解成功率为99.4%。印发《鄂尔多斯市委政法委关于进一步推进重大不稳定问题清单制度的通知》，健全市、旗区、苏木乡镇三级重大不稳定问题清单制度和涉稳重点人员旗区、苏木乡镇（街道）、嘎查村（社区）三级精准动态管控工作机制，完成春节、全国、自治区两会、中共十九届五中全会等重要节会以及新冠肺炎疫情防控期间维护稳定工作，全市社会大局持续保持和谐稳定。

【扫黑除恶专项斗争】 以中央、自治区督导及督导“回头看”反馈问题整改为突破口，认真落实中央、自治区党委决策部署，找准“病灶”、举一反三、彻查彻改。深化开展扫黑除恶专项斗争“六清”行动，截至12月底，全市累计破获涉黑案件4起、恶势力集团案件4起、恶势力团伙案件17起，破获刑事案件349件，抓获犯罪嫌疑人351人，查扣涉案资产达到19.94亿元，执行到位3.75亿元。立案查处涉黑涉恶腐败、“保护伞”及失职失责问题150件197人。

【平安鄂尔多斯建设】

织密织牢社会治安防控体系　以“命案”防控为抓手，全力开展“十大专项”行动，对社会治安重点地区进行集中整治。开展流动人口精准管理专项行动，全市累计登记核查流动人口14万人。严格落实“1.3.5”分钟见警机制，推行“四网一体、一网四级”巡防模式，全市组建专业化巡逻队伍，配备专职巡逻警力1487人，常态化开展24小时巡逻。在全市范围内开展安全生产集中整治专项行动和安全生产月、安全生产万里行活动，全面深入排查治理安全隐患，集中整治危险化学品、烟花爆竹、民爆物品领域相关单位和场所。着力推进铁路沿线安全隐患问题排查整治，对境内5条铁路线路进行安全隐患专项排查，发现问题隐患91项，立即整改33项。

特殊人群服务管理　认真开展严重精神障碍患者排查诊断专项行动，全市三级以上严重精神障碍患者共5352人。严格落实严重精神障碍患者监护责任“以奖代补”政策，全年市级以奖代补监护补贴经费共拨付448万元。召开全国社会心理服务体系建设试点工作暨严重精神障碍管理治疗工作会议，做好特殊人群心理疏导和干预等工作。搭建鄂尔多斯市“12355”青少年综合服务平台，全力维护青少年合法权益。组织专家及志愿者在疫情防控期间为广大青少年及家长做好心理疏导、压力缓解等应急志愿服务，精准对接帮扶援鄂医护人员子女34人。在全市总结推广“124”监管措施，将社区服刑人员手机App安装率由年初的99.36%提升到99.79%，全区排名第3位，社区矫正小组、人均签到率、外出走访率全部全区排名第一。全面落实禁毒工作“缝嫌必检”“酒毒同检”制度，切实做到“应收尽收，不脱管、不失控”。

【市域社会治理工作】 制定《鄂尔多斯市域社会治理现代化试点实施方案》，成立平安鄂尔多斯建设领导小组，形成《鄂尔多斯市域社会治理现代化试点工作指引暨目标任务责任分工清单》，细化任务，明确责任，确保试点工作有人管、有人抓、能落实。同杭州师范大学“枫桥经验”与法治建设研究中心合作开展市域社会治理现代化工作指标体系建设、特色亮点提炼和平安鄂尔多斯建设“十四五”规划考核评价体系建设研究。以示范建设、典型引领和项目化建设推进试点工作，确定东部矿区准格尔旗，中部城市核心区东胜区、康巴什区、伊金霍洛旗，西部牧区鄂托克前旗为试点示范地区，实施11项示范建设项目。制定下发《基层综治中心规范化建设验收标准》和《关于实施“以奖代补”推进基层综治中心规范化建设方案》，全市9个旗区级综治中心打造完成7个，77个苏木乡镇（街道）级综治中心已经打造完成65个。开展“全科网格”划分专项行动，共划分6702个网格，配备网格员，实现一网管全盘。配合市委组织部制定印发《鄂尔多斯市“党建引领365服务治理网格化”实施办法（试行）》，完善网格员招聘、管理、考核、奖惩和待遇保障机制。伊金霍洛旗、乌审旗、鄂托克旗、鄂托克前旗、康巴什区5个旗区全部配备专职网格员，全市专职网格员达到1691名。加快公共安全视频监控建设联网，建成视频共享平台、视频联网应用平台、互联网视频接入平台及综治视频共享平台。

【法治鄂尔多斯】 制定印发《鄂尔多斯市贯彻落实〈关于政法领域全面深化改革〉任务清单》，进一步深化政法领域改革，全市政法领域改革92项任务，完成和取得阶段性成果76项，其他16项有序推进。制定印发《鄂尔多斯市委全面依法治市委员会司法协调小组2020年工作要点》，全面推进依法治市工作。“一个嘎查村（社区）一名民警（辅警）、一名法律顾问”实现全覆盖，共建成市级公共法律服务平台1个，旗区级公共法律服务中心9个，苏木乡镇（街道）公共法律服务工作站81个，嘎查村（居）公共法律服务工作室917个，建成率100%。认真做好涉法涉诉信访案件登记、受理、转接、办理工作，全市政法机关接待登记涉法涉诉事项1858批次、2294人次，导入司法程序519件。市委政法委共办理涉法涉诉信访案件222件，全部按照有关规定进行分流引导或转办责任部门。自治区政法系统交办中央第八巡视组6批次999件涉法涉诉信访件全部办结。服务保障民营经济发展，持续开展涉政府产权纠纷治理。2020年，纳入专项治理行动涉党政机关执行案件36件，已结32件，执结标的额119104.6万元。召开鄂尔多斯市法学会第二次会员代表大会，选举新一届理事会和会长、副会长、秘书长；推进法学会组织建设“实体化”、工作“实战化”，组织参加各类法治论坛征文活动，征集论文81篇，筛选报送65篇。

（窦　雯）

巡察工作

【鄂尔多斯市委巡察办公室领导名录】

主　任：王　霞（女）

副主任：李　梅（女）

焦党生

【概况】 鄂尔多斯市委巡察办公室（以下简称市委巡察办）内设综合科、秘书科、指导联络科、督查科等4个行政科室，设市委巡察工作数据管理中心1个二级事业单位。2020年，共开展两轮巡察，累计完成对30个市直单位、15个园区和32个基层单位党组织的监督，累计提出立行立改问题167个，反馈“三个聚焦”相关问题620个，反馈或移交“追责问责”问题17件，问题线索40件。截至2020年年底，办结19件，立案18件，给予党纪政务处分5人。

【四届市委第八轮巡察】 按照自治区党委巡视巡察统筹安排以及关于煤炭资源领域专项巡视巡察

联动工作要求，四届鄂尔多斯市委于3月23日启动第八轮巡察，共派出5个巡察组对15个市直部门单位和国有企业党组织开展常规巡察，并派出6个巡察组对8个旗区涉煤基层党组织进行专项巡察，配合自治区党委专项巡视进行上下联动。各巡察组累计发现被巡单位党组织相关问题255个，移交问题线索38件，办结19件，立案18件；提出追责问责建议16个，给予党纪政务处分5人；督促立行立改问题66个。第八轮专项联动巡察向8个旗区反馈的100个问题，至2020年年底累计完成整改93个，整改率为93%，追缴资金35.2亿元，追责问责618人次，其中给予党政纪处理46人次，组织处理134人，立案审查27人；第八轮常规巡察向15个市直单位反馈155个问题，至2020年年底已整改完成132个，整改率为85%，追缴挽回经济损失3.5万元，收回欠款9117.5万元。

【四届市委第九轮巡察】 按照自治区党委及市委安排部署，第九轮巡察于9月4日启动，派出1个巡察组围绕营商环境领域对7个市直部门开展专项巡察，派出5个巡察组对15个园区开展“常规＋专项”巡察，同时派出2个巡察组对8个市直单位及学校党组织开展常规巡察。各巡察组累计发现问题365个，问题线索2件，拟提出追责问责建议1个，督促立行立改问题101个。

【制度建设】 10月中旬，中央巡视指导督导专题培训会结束后，市委巡察机构立即对巡察组及巡察办各科室当前工作情况进行系统的摸排起底，对标培训指示精神找短板，参考各自职能职责补疏漏，比照年初工作计划赶进度。同时对巡察工作相关制度进行详细梳理，废旧制、改不足、建新章，共形成相关工作制度70项。

【信息化建设】 按照中央和自治区党委指示要求，及时完成巡察信息化基础设施建设、配套制度建设和专责二级事业单位组织建设等基础性工作，并按照自治区党委巡视办指示部署，充分整合现有信息数据资源，探索建立集“巡察管理、政策法规、模板案例、成果运用、可视化展示”等模块为一体的鄂尔多斯巡察综合信息管理系统。截至2020年9月，完成巡察信息化系统初步建设工作。

网络安全和信息化

【中共鄂尔多斯市委员会网络安全和信息化委员会办公室领导名录】

主　任：章晓萍（女）

副主任：张小平

　　　　乔锦丽（女）

【概况】 中共鄂尔多斯市委员会网络安全和信息化委员会办公室（以下简称市委网信办）是鄂尔多斯市委网络安全和信息化委员会的办事机构，承担鄂尔多斯市委网络安全和信息化委员会日常工作，为正处级，列市委工作机关序列。对外加挂鄂尔多斯市互联网信息办公室牌子。内设综合科、网络应急管理与政策法规科、网络新闻传播与社会评论科、网络安全科、信息化发展与技术科等5个科室和1个市互联网行业党建办公室。下属市网络舆情应急中心1个二级所属事业单位。

【重大主题宣传】 围绕三大攻坚战、经济高质量发展、扫黑除恶专项斗争等重大主题，网络宣传到达率、阅读率、点赞率实现新突破。开展“助力决战脱贫攻坚——网络名人走进内蒙古”鄂尔多斯行活动，国内32名网络名人深入鄂尔多斯市部分旗区开展考察采访活动，发布原创图文音视频信息529条,《准格尔旗，新兴煤炼化之都》等34条博文阅读量达100万人次以上，微博话题总阅读量突破3亿人次。主旋律话题异彩纷呈，全市两会期间推送原创文章及新媒体产品近110篇（条），微博话题“2020鄂尔多斯两会”总阅读量达323.2万人次。开展“决战全面小康，决胜脱贫攻坚”网络媒体行活动，邀请人民网、新华网、中国新闻网等国内主流媒体及市直媒体记者深度宣传报道，刊发原创稿件29篇（条），全网转载转发1500篇（条），总阅读量380余万人次，同步开展网上正面宣传，全网累计刊发相关报道1.9万余篇（条）。开展“走向我们的小康生活”“大道康庄”主题活动，刊发原创稿件130余篇（条），总阅读量达1200余万人次，其中，100万人次的作品有28篇（条）。策划推出“小村故事”系列报道17期，总阅读量达2200余万人次。开展“黄河变绿的地方”网络主题宣传活动，推出新媒体产品25条，总阅读量达520余万人次，助力打造“黄河几字湾”第一个网红名片。在习近平总书记“两山论”提出15周年之际，人民网总网双首页推出《“两山论”提出15周年特别报道“毛乌素变绿记”内蒙古篇》累计点击量达350万人次。举办第二届“抖in美好鄂尔多斯”话题挑战赛，上传视频4200余部，点击量达6000余万人次。短视频《大雪导致列车晚点错过比赛，鄂尔多斯乌兰牧骑队员把参赛曲目送给旅客》火爆全网，人民网、新华网、新华社、抖音、快手等800余家媒体转载，全网累计阅读量约4亿人次。

【数字经济发展】 顶层设计构建四梁八柱，成立由市委书记和市长任“双组长”的数字经济发展工作领导小组，建立全市数字经济统筹协调工作机制，制定《鄂尔多斯市数字经济发展工作行动方案》，完善《数字鄂尔多斯发展规划（2019—2025年）》，督促各牵头部门制定5个专项行动计划。数字产业化加速推进，直达北京的光缆传输专线第一路由光缆已敷设完毕，第二路由已建成投运。云计算产业园引入大数据企业41家，前三季度京东云、中兴能源等企业实现营收5.76亿元。

【产业数字化】

智慧能源　11座煤矿已开展智能化开采试验性工作，麻地梁5G+智慧矿山等3个产业数字化应用全国领先。建成2条“煤炭专线”光纤网络和全市数字煤炭综合平台，5G无人驾驶智慧公交投入运行。

智慧制造鄂尔多斯市被认定为国家级“两化融合”试验区，有15家国家级和12家自治区级贯标试点企业；建成羊绒大数据、尿素(易肥网)等行业平台。

智慧农牧业建成农产品质量安全网格化监管等3个监测预警平台；依托北斗导航技术在部分旗区实现无人放牧推广应用。

智慧文旅建设完善智慧文化旅游平台，初步构建起“1+4+N”的一站式综合应用平台；“云游鄂尔多斯”实现景区预约、酒店预订、线路推荐、虚拟体验等在线服务。

【数字政府】 全市政务服务事项进驻率、一窗受理率、综合网办率分别达到95%、80%、80%。政务大数据资源池接入45个部门数据，为互联网+监管、四城通办、适龄儿童入学等提供有力支撑。全市四级智慧政务云平台全面建设完成，并与自治区实现互联互通。市本级及9个旗区通过“蒙速办”App提供公积金查询、社会保障、医疗卫生等50项政务服务特色应用。

【数字社会和智慧城市】 “北疆云·智慧公安”全面实施，“智慧检务”实现新跨越，智慧法院向3.0版迈进。“空中课堂”课程实现网络同步学习，智慧交通多个业务平台实现数据互联互通，全民健康信息平台实现与全市各级各类医疗卫生健康机构、公共卫生机构互联互通，建成健康档案、电子病历、全员人口三大数据库，实现统一网上预约挂号、就诊咨询、分级诊疗等应用服务。

【数字基础设施】 云计算园区6栋数据中心建成投用，运行服务器21.9万台。截至9月底，全市总出口带宽达2630G，3G、4G、5G基站分别达2370个、10196个、918个，基站共享率达89.36%；全市4G移动电话普及率、固定宽带普及率分别达82.3%、89.96%；行政村基本实现光纤通达。鄂托克前旗成功入选国家数字乡村试点地区名单。

【网络扶贫助农】 引进培育农村电商企业 82 家、网店 160 个，全年农产品网络零售额突破 4500 万元。建成旗级农村电商公共服务中心 4 个，村镇级电商服务站 209 个，辐射带动建档立卡贫困人口 4004 人。邮政物流网覆盖全市 736 个行政村。

【网红经济】 2020 年，市委网信办与市委宣传部举办 9 场“直播助农抖音带货活动”，累计吸引 912 万人次观看，总成交额达 357 万元。

（贾西贝）

机构编制管理

【中共鄂尔多斯市委员会机构编制委员会办公室领导名录】

主　任：千敖云达来（蒙古族）

副主任：苏雅拉吉日嘎（蒙古族）

刘燕飞

李　敏

【概况】 中共鄂尔多斯市委员会机构编制委员会办公室（以下简称市委编办）是中共鄂尔多斯市委机构编制委员会的办事机构，承担市委编委日常工作，为正处级建制，列市委工作机关序列，归口市委组织部管理，对外加挂鄂尔多斯市事业单位登记管理局牌子。市委编办内设综合科、政策法规科、机关机构编制科、事业机构编制科、监督检查科、事业单位登记监管科、政务和公益机构域名管理科、车辆编制科等 8 个科室。下属市事业单位登记中心、市委机构编制委员会办公室综合保障中心 2 个事业单位。

【事业单位改革试点工作】 按照中央、自治区的统一部署，鄂尔多斯市委坚持以习近平新时代中国特色社会主义思想为指导，以推进国家治理体系和治理能力现代化为导向，全面贯彻落实中共十九大和十九届二中、三中、四中全会精神，深入贯彻习近平总书记关于内蒙古工作重要讲话重要指示批示精神，增强“四个意识”、坚定“四个自信”、做到“两个维护”，运用党政机构改革的理论成果、制度成果、实践成果，坚持政事分开、事企分开、管办分离，创新思路和举措，优化事业单位布局结构和机构设置、职能配置，盘活机构编制资源，完善制度机制，强化公益属性，提高治理效能，促进新时代公益事业平衡充分高质量发展，全面稳妥推进全市深化事业单位改革试点工作。

【苏木乡镇和街道改革】 2020 年，根据中央、自治区和市委改革部署，鄂尔多斯市 9 个旗区共 51 个苏木乡镇和 26 个街道办事处，全面完成苏木乡镇和街道机构改革工作。改革后，苏木乡镇最多设置 6 个党政机构和 3 个事业单位，街道最多设置 5 个党政机构和 1 个事业单位；除中央明确实行派驻体制的机构以外全部下划，如旗区动检所、劳动保障所、林工站等站所，共下划事业编制 323 名；继续执行苏木乡镇 1 支队伍管综合行政执法，同时接受旗区业务主管部门的指导和监督，街道办事处不再设置综合行政执法队伍，相关执法工作由旗区执法队伍承担，执法区域及职责划分进一步明确；各旗区紧密结合基层工作实际需要简政赋权，将适合基层承接开展的 99 项权力逐步下放。2020 年 5 月，完成自治区机构改革协调小组对鄂尔多斯市的督查验收，其中部分苏木乡镇和街道改革实绩突出，作为先进示范形成专题片在全区范围内宣传推广。东胜区罕台镇、伊金霍洛旗乌兰木伦镇按照内蒙古自治区人民政府批复的《经济发达试点镇行政管理体制改革实施方案》，完成试点镇改革任务，并在年底向自治区党委编办报送《改革工作自查自评报告》。

【开发区管理体制机制改革】 中共鄂尔多斯市委员会机构编制委员会办公室与市工信局通过前期对全市各类开发区摸底调研，结合开发区固定投资、亩均产值、税收、企业及项目数等因素，形成《鄂尔多斯市工业园区优化调整方案》上报自治区政府研究审议。

【公安专项体制改革】 根据中央自治区有关公安专项体制改革意见精神，在鄂尔多斯市各级公安推行大部门、大警种制体制改革，重新调整印发市旗区公安机关“三定”规定。按照自治区公安厅主责、市旗区公安局主战的职能定位，全面落实城市公安分局、派出机构由上级公安机关直接管理的规定，将东胜区公安分局由区级管理调整为市公安局管理。将6个旗交管大队全部下划属地旗管理，市辖区及伊金霍洛旗交管大队维持市本级垂管体制不变。

【生产经营类事业单位改革】 根据中央、自治区和市委专项改革部署，经中共鄂尔多斯市委编委会第5次会议研究，将市住建局、市文旅局、市自然资源局、市交通局、鄂尔多斯日报社所属生产经营类事业单位以转企改制的方式进行改革。截至2020年年底，全市生产经营类事业单位全部完成转企改制工作，机构编制调整工作全部完成。

【综合行政执法改革】 2016年，自治区将鄂尔多斯市确定为综合行政执法改革试点市。鄂尔多斯市先期在市、旗区、苏木乡镇三级全面开展试点改革。其中，市本级执法队伍由改革前的24支整合为16支，旗区原有行政执法队伍整合为9支。2020年，根据中央、自治区关于交通运输、农牧业、生态环境保护、文化市场、市场监管5个领域综合行政执法改革意见出台，鄂尔多斯市相应出台交通运输、农牧业、生态环境保护、文化市场、市场监管5个领域综合行政执法改革实施方案，对执法队伍机构编制进行调整，并对旗区5大领域综合行政执法机构名称进行统一更名。结合深化事业单位改革试点工作，其他领域综合行政执法改革工作也在持续调整优化。

【关键领域重点行业体制改革】 不断推进相对集中行政许可权改革试点工作，将东胜、准格尔旗政务服务局更名为行政审批和政务服务局，为整合政府工作部门行政审批职责做好前期工作。配合市纪委监委推进纪检监察派驻机构调整工作，根据党政机构改革后党政部门设置情况，在总量内重新调整设置市本级纪检监察派驻机构。稳步推进森林公安机构人员转隶工作，按照中央自治区改革要求，将市森林公安局整建制划入市公安局，市森林公安局造林总场分局、市森林公安局康巴什派出所整建制划入市公安局康巴什分局，完成45名在职人员和1名退休人员转隶工作，各旗区森林公安局参照市本级相应划归旗区公安局管理。全面落实生态环境机构监测监察执法垂直管理制度改革要求，顺利完成环保系统机构、编制、人员的上划工作，涉及行政机构9个，事业机构21个；行政编制数53名，工勤编制73名，事业编制215名；行政编制人员42人，工勤人员69人，事业人员178人。

【机构编制管理】 审批上报全市部分事业单位空编进人计划。2020年，先后分6批向自治区党委编办进行使用空编的备案工作，共计备案使用空编1264名（市直部分事业单位使用空编360名，旗区部分事业单位使用空编904名），在加强编制总量控制、规范编制使用管理的基础上，优先保证旗区乡镇教育、卫生等民生保障事业发展方面。其中，批复中小学使用空编1009名、基层一般卫生院使用空编98名、疾病预防控制中心使用空编52名，并配合市农牧局、市水利局、市审计局、市大数据发展局以及各医院、高校等34个单位开展高层次人才引进工作。

“四部门信息共享系统”建设。按照自治区党委编办统一部署，完成全市四部门相关数据评估、需求对接等前期准备工作。

直属机关党建

【中共鄂尔多斯市直属机关工作委员会领导名录】

书　　记：伏兰芳（女，蒙古族）

副 书 记：朱永霞（女）

李　波

纪工委书记：贺　荣

【概况】 中共鄂尔多斯市直属机关工作委员会是市委的派出机构，为正处级建制，列市委机关序列。内设办公室、组织部、宣传部、党建督查指导部、群团统战部（工会工委、团工委、妇工委）5个部室，下设市直机关党校1个科级建制全额拨款事业单位。

【组织建设】 推动机关党建主体责任落实。组织召开年度机关党建暨党风廉政工作会议，制定并下发《市直机关党建工作要点》，部署推动机关党建工作，推进机关党建工作三级联述联评联考工作，压实三级主体责任，年终召开市直机关党组（党委）书记抓基层党建工作述职评议会，确保管党治党责任层层落实到位。印发《鄂尔多斯市直机关党建工作约谈制度》，切实加强对《中国共产党党和国家机关基层组织工作条例》的贯彻落实和党建目标考核的约束，促使基层党组织提升党建工作的执行效率，加快形成管党治党新常态。

全面实施固本强基。编印下发《党内法规文件汇编》98册。突出对基层党组织的过程化管理和目标化管理，坚持分类指导，在广泛征求意见的基础上，分类制定《市直机关（事业单位）党建工作目标管理方案》和《市直国有企业党建工作目标管理方案》。认真做好机关党组织按期换届选举工作，共批复市直基层党组织换届文件142份，对28个机关党委换届的候选人预备人选进行考核，对28个基层党组织下发换届提醒函，确保各级机关党组织有序有力有效运行。印发《2020年市直机关发展党员指导性计划》，发展党员172名。建立完善发展党员全程纪实制度，强化发展党员过程管理，集中排查整顿违规入党、“带病入党”、常年不发展党员等突出问题。年内接转组织关系3834人次。

开展软弱涣散党组织整顿工作。为有效解决基层党组织服务功能不强、班子运行不顺畅、党员教育管理松散、党建主体责任缺失等突出问题，对市直机关所属基层党组织开展各领域软弱涣散基层党组织排查整顿工作。结合自身实际制定《关于“五化协同、大抓基层”工作实施方案》，确定“三年打基础、五年争优先”整体发展目标，计划到2020年年底，市直机关各领域软弱涣散基层党组织基本消除；到2021年度，市直机关“最强党支部”比例要到达30%以上；到2023年前后，在市直机关不同领域，不同层面形成一批基层党建特色品牌，示范带动各领域基层党建工作质量整体提升。为推进最强党支部建设，制定下发《铸牢新时代北疆基层战斗堡垒建设市直机关“最强党支部”实施方案》，对基层党组织开展实地调研，全方位摸底各基层党组织最强党支部建设情况，为下一步评选做好准备工作。

深化机关党建品牌创建活动。结合近年来在围绕和服务中心任务中创党建特色、树党建品牌方面的初步成果，在较为成熟的实践基础上，积极探索完善品牌建设体系，深化工作举措，不断丰富品牌理念、内涵和载体。市直机关各级党组织本着“聚力精品、梯次推进、逐步提升”的原则，逐步完善品牌创建体系和推进机制。

【党建工作】 严格执行各项纪律，坚持把党章党规党纪作为中心组、党支部、党小组学习的重要内容，深入开展政治纪律和政治规矩教育，实事求是运用“四种形态”，贯彻“惩前毖后、治病救人”方针，组织干部职工参观警示教育基地、观看廉政纪录片，开展市直机关党员警示教育大会，通报市直机关典型案例，引导市直机关党员干部不断强化自我约束。健全基层纪检组织，要求凡成立机关党委的党组织必须成立机关纪委，选优配强机关纪委班子，加强机关纪委书记教育培训工作，推动机关纪委强化监督责任，加强机关纪检工作经验交流。全力支持纪工委依纪依法履行职责，随时听取纪工委重大工作汇报，协调解决重大问题。年内处置市直机关违纪违法党员28人。

【群团统战工作】 实行党群共建机制，完善以党建带群建制度机制，充分发挥好党联系群众的桥梁纽带作用，形成"党带群团、一体共建、互促共进"的工作格局。切实加强党对机关统一战线工作的领导，把统战工作列入议事日程，研究完善机关统战工作机制。高质量完成五四红旗团委、五四红旗团支部、优秀共青团干部、优秀共青团员、2020年度市级青年文明号、"鄂尔多斯向上向善好青年"、青年五四奖章评选推荐工作。推进"智慧团建"系统录入工作，团组织录入进度达到98%，团干部录入进度达到95%。

【党员志愿服务工作】 探索建立党员志愿服务工作长效机制，吸纳市直机关党员、入党积极分子、发展对象建立市直机关党员志愿服务人才库，结合"主题党日"活动，在各社区、旅游景点、车站等公共服务场所开展公益事业志愿服务。按照工作领域、专业特长划分，对市直机关党员志愿服务人才库实行动态管理，在市委中心工作、重点项目、突发事件中随时抽调成立志愿服务先锋队，在实践中锤炼党员、入党积极分子、发展对象政治品格。

【思想政治建设】 开展中共十九届四中全会精神学习培训和中共十九届五中全会精神宣讲，切实加强制度自信教育。把"不忘初心、牢记使命"作为加强机关党建的永恒课题和党员干部的终身课题，巩固拓展主题教育成果。总结运用党内"主题党日"活动，集中教育的有效做法，指导市直机关在庆祝中国共产党成立99周年之际开展"重温党史、国史""走访慰问献爱心""重温入党誓词""党员领导干部带头讲党课""参观革命传统教育基地"等系列活动。开展民族团结教育，举办"习近平总书记关于民族工作重要论述"专题讲座。突出典型示范，把选树正面典型和讲好身边故事紧密结合起来，举办"弘扬抗疫精神，展现时代风采"讲述活动。严格落实中央新修订的意识形态工作责任制实施办法，履行网络意识形态和网络安全工作责任，落实意识形态工作定期分析报告制度，"七月视线"微信公众平台全年推送信息600余条，弘扬社会主义核心价值观。建立开放式市直机关党员教育培训师资库，较好地为市直机关各单位培训、轮训党员干部提供服务。制定印发市直机关《贯彻落实〈2019—2023年全国党员教育培训工作规划〉若干措施》，从市直机关党组织专职副书记、机关纪委书记、党支部书记、发展对象等不同层面，精准施教，举办主题培训班6期，教育和引导市直机关广大党务干部增强"四个意识"、坚定"四个自信"、做到"两个维护"。包括基层党校在内，市直机关党员培训率达到95%以上，党务干部的培训达到100%，党员和基层党组织书记、班子成员全年参加集中培训和集体学习时间均超过32个学时和56个学时。

（乌日勒格）

老干部工作

【中共鄂尔多斯市委员会老干部局领导名录】

局　长：杨卫东

副局长：王化陈

【概况】 中共鄂尔多斯市委员会老干部局，是市委主管全市老干部工作的部门管理机构，归属市委组织部管理。内设办公室、政治待遇科、生活待遇科、活动指导科4个职能科室；下属市直属机关干部休养所、市老干部活动中心和市关工委办公室3个二级事业单位。

【组织建设】 鄂托克前旗、杭锦旗、伊金霍洛旗、达拉特旗、乌审旗等5个旗区成立离退休干部党工委，持续推进市直机关离退休第一、第二联合党委建设，既能方便下辖19个党支部的450多名党员就近参加党组织活动，又对周边区域离退休党员干部起到辐射、带动作用。将离退休干部党支部书记培训班纳入全市党员干部教育主体班次，11 月 6 日，在市委党校举办离退休干部党支部书记培训班，进一步提升离退休干部党组织书记的履职能力。

【待遇落实】 2018 年起，建立市直离休干部个人门诊医药费 500 元增幅增长机制，2020 年年人均达 3000 元；经市老干部工作领导会议研究，将原任盟市级退休干部个人医疗卡金额从每人每月的 220 元提高到 500 元。

【正能量活动】

主题调研 2020 年，以“我看脱贫攻坚新成就”为主题，组织老领导到杭锦旗、鄂托克旗进行主题调研，调研结束后召开座谈会，引导老干部积极建言献策，并形成正式文件上报市委。

主题活动 9 月，联合派驻纪检组举办“清廉实干担当 决胜全面小康——全市离退休干部廉政书画展”，挑选 177 幅作品进行展出。10 月，会同市委组织部、市扶贫办举办“决胜脱贫攻坚 圆梦全面小康——全市离退休干部脱贫攻坚摄影展”，198 幅脱贫攻坚摄影作品参展。

老年社团组织活动平台 5 月，市委党建工作领导小组印发《关于加强以党的建设带动关工委建设的意见》，并召开推进会，为开展关心下一代工作提供有力的保障。7 月，集中走访慰问老年社团组织。8 月，同鄂尔多斯学研究会开展庆祝中国共产党成立 100 周年访谈老干部活动，启动《红色鄂尔多斯》《绿色鄂尔多斯》《发展鄂尔多斯》《文化鄂尔多斯》《幸福鄂尔多斯》丛书编著工作，为中国共产党百年诞辰献礼。

【走访慰问】 组织 1 次体检，帮扶 58 名离退休干部及遗属，逐户走访慰问离退休干部 2 次。春节期间，四大班子主要领导及分管领导带头走访看望老干部，全面走访抗战离休干部，为参加抗美援朝战争老干部送上中央纪念勋章。

【阵地建设】 在达拉特旗、伊金霍洛旗、杭锦旗成立市老年大学分校，在中心城区社区设立教学点，初步形成市、旗区、社区三级老年教育体系。上半年疫情防控期间，向中国老年网校申请 2226 个账户，配发给全市各级老年大学学员，实现“停学不停课”目标。9 月复学后，市老年大学开设 30 余门专业课程 40 多个教学班级，每月至少开展 1 次思想政治公开课；创新提出“老年游学”教学方式，组织学员在市内开展实地游学活动，更好地满足老年学员多样化学习需求。

（白瑞玲）

档案工作

【鄂尔多斯市档案馆（局）领导名录】

局　长：乔　木

副馆长：王冠中

　　　　贾永强（蒙古族）

【概况】 鄂尔多斯市档案馆为市委办所属事业单位，加挂市档案局牌子，承担市档案局行政职能。内设人秘科、档案馆室业务监督指导科、经济科技档案业务监督指导科、法制教育科、档案保管利用科、编研科、技术室、档案数字化管理应用科等 8 个科室。

【资源体系建设】 档案“双套制”移交接收。截至 2020 年年底共完成市直机关、团体、企事业单位应入馆档案 21922 卷（件）的接收入馆，包括文书档案、科技档案和会计档案等专门档案，同步接收数字化档案 409692 页 202.75 GB。

馆藏文书档案开放鉴定。2020 年共鉴定开放档案 12417 卷，控制 858 卷。

【安全体系建设】 2020 年，进一步完善人防、物防、技防相结合的综合安防体系，在 2019 年投入 180 万元对安防监控设备进行改造升级的基础上，年内投入近 20 万元对消防设施设备、水暖设备、业务用房进行全面升级改造和修葺完善；严格落实“涉密不上网，上网不涉密”要求，在关键电脑均安装计算机敏感信息监控系统，进行技术防控。严格将档案查阅内网与互联网进行物理隔离，确保涉密信息零泄露。涉密网络、涉密计算机、涉密移动存储介质，全部由专人管理，配齐各类保密硬件设备，确保档案信息安全；开展档案异地异质备份，与浙江省绍兴市柯桥区档案馆、安徽省芜湖市档案馆签订异地备份协议，开展交流合作。

【利用体系建设】 进一步完善窗口首问负责制，做好工作查考、学术研究、权益维护、编史修志等档案查阅接待服务工作。2020 年，共接待查阅利用者 1032 人次，开展电话查询 35 人次，共查阅利用 13585 卷（件）。加强档案编研开发，完成《鄂尔多斯市志》（档案篇）的编纂报送和《杭锦旗札萨克衙门档案资料》（蒙古语）第 10 册、第 11 册的编辑出版工作，共计约 100 万字，撰写 2 篇档案学术论文。

【档案信息化和档案抢救与保护】 申请档案抢救保护费 87 万元，对馆藏 48 万页现行文书档案开展数字化扫描，继续对 10 万页历史档案开展数字化扫描。截至年底，完成 6119 卷现行文书档案、643 卷历史档案的数字化扫描工作，馆藏档案数字化率达到 75%。对 2 万页出现自然老化、破损的珍贵历史档案进行抢救性裱糊修复。

【精准扶贫档案指导】 依据国家档案局、国务院扶贫办《关于做好精准扶贫档案工作的意见》、《精准扶贫档案管理办法》和内蒙古自治区扶贫办、内蒙古档案局《关于做好精准扶贫档案工作的指导意见》，对市扶贫办及各旗区精准扶贫档案进行业务指导和培训。与市扶贫办深入准格尔旗对旗扶贫办、薛家湾镇、沙圪堵镇（村）的扶贫档案工作进行实地调研指导。

党员教育

【中共鄂尔多斯市委员会党校领导名录】

校　　长：于新芳

常务副校长：王湛清

副 校 长：李志杰

苏永清

李　占

达　赖（蒙古族）

【概况】 鄂尔多斯市委党校内设基础理论教研部、经济管理教研部、党史党建教研部、行政管理教研部、法学教研部、科学社会主义教研部、市情教研部、科研部、教务一科、教务二科、公务员培训部、研究生部、信息资料中心、电教网络中心、对外培训中心、办公室、组织人事科、行政科、机关党委等 19 个科室。原校办企业“教学服务中心”转制为市文旅集团的子公司“鄂尔多斯市党校教学服务有限公司”，负责党校后勤运转。

【教学工作】 2020 年，鄂尔多斯市委党校举办各类主体班 67 期，参训学员 13955 人次，其中，市委组织部办班 28 期，参训学员 4707 人次；东胜、伊金霍洛旗、康巴什区办班 34 期，参训学员 6498 人次。新闻学院办班 5 期，参训学员 2750 人次。流动党校基层宣讲 16 次，受众 1475 人次。承接各级各类非主体班 160 期，参训学员 11813 人次。在各级各类报刊发表文章 100 多篇；组织编印《库布齐历史文化研究》《中国传统文化的历史智慧与现代转型》《民族地区基层党校新教法实践与探索》《回眸 2019 的鄂尔多斯》4 部著作；2 项省级课题、10 项自治区党校课题、5 项市级课题、27 项校级重点调研课题立项并按期完成。建立集体备课室和市情资料室，满足教师备课和科研需求。内蒙古党校在职研究生新招录 250 人，中央党校、内蒙古党校在职研究生在校学员 763 人。

【教育特色】 不断增强主业主课意识，科学设置教学单元，合理配置教学资源，在中长期班次中加大党的理论教育和党性教育的力度，两项内容的比例占到总课时的 75%，其中党性教育占到 25%。引导学员读原著、学原文、悟原理，坚持把党章党规党纪和习近平新时代中国特色社会主义思想作为必修课，引导学员增强“四个意识”、坚定“四个自信”、做到“两个维护”。推进新型智库建设，实施“课题工程”、“论文工程”和“著作工程”三大工程，不断推进“教研咨一体化”建设。各课题组全年共计调研20余次，完成多篇调研报告。组织教师参加中央党校（国家行政学院）与河南省委联合主办的“黄河流域党校学习贯彻黄河流域生态保护和高质量发展重大国家战略”理论研讨会、内蒙古民族理论学会“内蒙古践行铸牢中华民族共同体意识”专题研讨会、第四届“呼（和浩特）包（头）鄂（尔多斯）榆党校系统教学科研交流活动”等。强化科研向决策咨询转化，1项决策咨询报告在内蒙古党校“决策参阅”刊登，1项内蒙古社科联课题的决策咨询报告提交北辰智库。

【师资队伍建设】

教师培训 因疫新冠肺炎情防控要求，共选派教师8人次赴北京、上海等地参加师资培训班。

兼职教师聘请 截至年底，共聘请市内领导干部、社会各界精英、学者教授和劳模、同行326人担任客座教授。

教师考评 完善教师激励机制，制定教学和科研年度考评制度，年终综合课时量、学员评价和老师评分结果，设立教学优秀奖、青年教师进步奖、科研优秀奖和校级课题优秀奖。推进党校教师待遇参照同级国民教育教师执行的绩效机制。运用“智慧党校”评课系统对教师授课进行310余次的教学评估。

教研活动 全年共开展教研活动21次，通过教师辅导、座谈交流、读书分享、试讲点评、参观考察等形式，不断提升教师的授课水平。

【基础建设】 2020年，开通中央党校（行政学院）网络“实时课堂”，继续加强与内蒙古党校数据库的共建共享，丰富鄂尔多斯干部培训网络学院等网络学习资源，完成与中国知网、超星电子、国家社会科学学术期刊库的使用对接，不断充实“文献资源”“教研资料库”“网上电子报刊”等数字资源库。党校教职工综合阅读区有序运行，举办雅阅学堂、读书沙龙和阅读分享会66次，充实纸质图书2058册、报纸期刊280余种；鄂尔多斯文献馆“三个一”工程一期收藏图书6000册、报纸期刊1万份、图片1万张；加入中国图书馆学会，试行图书馆科学现代化管理，完成24小时无人值守的图书借阅系统建设，畅通学员借阅渠道，营造多读书、善读书、读好书的浓厚氛围。坚持并完善“周一例会、周五上午集体学习、下午‘三会一课’、每周工作调度、每月一次科研日、每月一次中心组学习和校委会、每年两次党的建设工作会”的教学、科研、行政、教辅协调联动长效机制。严格做好干部人事各项工作，按要求完成教职工考勤管理、职称评聘、工资调整等，认真落实人才政策，制定上报《参照公务员法管理人员平时考核方案》。制定印发五大类55项制度及创建“一流党校”186项工作任务，具体分解到各科室和全体教职工。升级维护“智慧党校”系统，完成全校监控设施、报告厅LED（发光二极管）大屏的升级改造。加强财务管理，按时完成固定资产盘点审计工作。加强对教学服务有限公司的监管，保障对外培训、餐饮、住宿工作有序运行。实施校园绿化工程，加强物业监管，全面实施后勤维保项目，为教职工和学员创造安心舒适的工作学习环境。

党史研究

【概况】 鄂尔多斯市委党史研究室内设中华人民共和国成立前党史研究科、中华人民共和国成立后党史研究科、人秘科（办公室）3个科室。

【党史编研】 2020年，内部出版28万字的中央党史和文献研究院的专项资金项目《桃力民抗日根据地与乌兰夫的革命活动》党史书籍。完成

《中国共产党鄂尔多斯市历史（1921—1949 年）》终稿。

【编审工作】 完成内蒙古自治区委员会党史和文献研究室交办的《内蒙古自治区志·共产党志（1998—2016 年）》鄂尔多斯部分初稿（约 3 万余字），先后审定市委组织部编纂的《鄂尔多斯组织工作志》（60 余万字）、准格尔旗政协编修的《蒙南革命史》（46 万余字）、成吉思汗陵的《圣地春秋》展陈大纲、桃力民爱国主义教育培训中心的展陈大纲和市民政局主编的《鄂尔多斯市地名志》（190 万余字）。配合市老促会开展老区革命建设史料审核。

【信息化建设】 8 月，正式开通“鄂尔多斯党史”微信公众平台，每个工作日上稿 2—3 篇，所选内容围绕鄂尔多斯古代史、近代史、当代史、鄂尔多斯人物传记、鄂尔多斯考古学、民俗学、社会学等涉及鄂尔多斯史料性质方面的文章，体裁不限。

民族干部教育

【城川民族干部学院领导名录】

院　　长：高　鹏

副 院 长：刘树泉

　　　　　唐达来（蒙古族）

纪检组组长：周永宏

党委书记：唐达来（蒙古族）

党委副书记：慕晓君（专职）

　　　　　纪　雄

【概况】 城川民族干部学院内设办公室、组织人事科、财务科、教务科、总务科、培训科、党史党建教研室、民族理论与政策教研室、信息网络中心、现场教学联络中心、图书资料中心等 11 个科室。2020 年，城川民族干部学院共举办各类培训班 137 期 6257 人次，其中主体班次 29 期 1511 人次，对外培训班次 108 期 4746 人次。加上在各现场教学点参观学习的团体和个人，教育培训总量突破 20 万人次。

【师资队伍建设】 严格按照干部选拔任用程序，提任 5 名正科级干部、1 名副科级干部。按时完成 2019 年 1 月招聘的 36 位教员的转岗定级工作及新招录的 15 名教员的入编等工作。制定《城川民族干部学院竞聘岗位实施方案》竞聘团委书记、妇委会主任、工会专职副主席、办公室督查员、教务科督教员、培训科督导员、总务科督办员、现场教学督教员等 8 个岗位，建设一支适应学院干部教育培训事业发展的后备干部队伍。为提升教员专业化水平，组织开展职称评审工作，评定初级职称 11 人、中级职称 15 人。

【课程体系设置】 推进专题课程开发，围绕习近平新时代中国特色社会主义思想、党的理论和党性教育、统一战线教育等方面开展课程开发，2020 年已开发完成《不忘初心、牢记使命，中国共产党永葆生机活力的密码》《新时代中国统一战线理论创新与发展——学习贯彻习近平总书记关于加强和改进统一战线工作的重要论述》《中国共产党与中华民族伟大复兴——党的优良传统及治国理政的经验与启示》《以习近平新时代中国特色社会主义经济思想为指导推动经济高质量发展》《守规矩，重作为，做新时代合格党员——党内法规及其现实操守》《众志成城·砥砺前行——2020 两会精神解读》《党务常识及新时代党务工作》《充分认识意识形态工作的极端重要性，扎实做好新形势下基层意识形态工作》《深入学习贯彻党的十九届四中全会精神，坚定不移推进国家治理体系和治理能力现代化》等 9 节专题课程，其中 7 节已经通过评审，2 节正在修改完善。推进现场教学开发，围绕党性教育、统一战线教育开发新现场教学，开发完成《涵养家国情怀　书写精彩人生》《坚守信仰　践行工匠精神》《坚持艰苦奋斗　践行初心使命》《画好新时代同心圆》《在传承红色基因中感悟“无我”与“有我”》《一次选择，一生担当》等6堂现场教学课。创新教学形式，开发翻转课堂组合式教学等新教学方法，开发完成《站位新时代，面对本职工作，我们如何提高奉献精神》《我们如何践行全心全意为人民服务的宗旨》《我们应该怎样坚守和践行信仰》3个翻转课堂。

【教育培训】 以习近平新时代中国特色社会主义思想为指导，以中华民族命运共同体意识教育为特色，开发一舞剧、一大会、一现场、一讲堂、一情景“五个一”重点项目。其中，由学院全体干部教员自编自导自演的“爱我中华”民族团结进步教育音乐舞蹈史诗课面向培训班演出20次；民族团结知识大会、民族团结广场现场教学课在多次修改完善后投入使用；民族团结大讲堂完成开发，先后邀请国家有关院校专家教授到院讲授；情景教学课堂完成课程大纲等文字性材料编撰；创新开发校域外社会实践教学点线路开发，与鄂尔多斯市少数民族文化交流中心、鄂尔多斯市成吉思汗陵、深圳经理进修学院等初步建立联合办学的意向，确立主题培训线路和课程安排。

【信息宣传】 在中央、自治区主流媒体累计发表稿件10篇，市级主流媒体发稿30篇；围绕贯彻落实习近平新时代中国特色社会主义思想和中共十九大精神等重大主题、学院2020年十大重点工作以及学院干部教育培训与疫情防控“两手抓”“两不误”，开设新闻专栏15个；开通学院“抖音号”和“快手号”；学院公众微信发稿557篇，阅读246301次，阅读人数181092人，学院网站发稿201篇、新浪微博发布101条。

接待工作

【鄂尔多斯市接待办公室领导名录】

主　任：谢东平

副主任：解利云

敖特更格日勒（女，蒙古族）

【概况】 鄂尔多斯市接待办公室为相当于正处级建制全额拨款参照公务员管理事业单位。内设接待一科、接待二科、接待三科、接待四科、接待五科（总值班室）、接待六科（综合科）、接待七科（财务统计科）、礼宾车队等8个科室。下属鄂尔多斯市对外合作交流服务中心1个二级事业单位。全年共完成公务接待任务507批次、5815人次，合作交流任务177批次、1552人次，其中接待省部级以上105人次、地司级610人次；保障参与各类督查核查工作人员2000余人次；安排公务接待用车1548台次。

【招商引资活动和会议活动的接待配合】 完成105个大型企业到鄂尔多斯市考察洽谈的接待保障任务，包括凯天环保科技股份公司、宝丰集团、奇瑞汽车股份有限公司、中煤集团、启迪控股、东方希望、华为集团等。完成中国商飞“2020院士专家座谈会”、内蒙古氢能产业发展论坛、全区实施乡村振兴战略暨推进农村牧区人居环境整治工作现场会等8个大型会议活动的接待保障工作。

（李　帅）

鄂尔多斯市人民代表大会

【鄂尔多斯市人民代表大会常务委员会领导名录】

副 主 任：张月清（4月辞职）

贺　晋

杨　明

王　评

何　涛

巴雅尔（蒙古族）

杨　云（4月任职）

秘 书 长：樊俊平

副秘书长：吕　平（11月调离）

委　　员：（以姓氏笔画为序）张月清、贺晋、杨明、王评、何涛、巴雅尔（蒙古族）、樊俊平、王朝、王文明、王丽峰、王雪峰、王湛清、乌云达赖（蒙古族）、乌云达赖（市蒙医院）（蒙古族）、巴格那（蒙古族）、吕军、刘永斌、刘振怀、李强、李凤奇、李兰栓、李春生、李晓庆、李培成、张钧、单立新、郝军海、查嘎岱（蒙古族）、柳文生、段永亮、娜仁花（蒙古族）、贾宏东、菅永宽、崔莹、智颖飙、靳锐、新苏雅拉图（蒙古族）、王高炜、白雪平、阿腾巴特尔（蒙古族）

概　述

【概况】 鄂尔多斯市第四届人民代表大会常务委员会于2018年1月7日经鄂尔多斯市第四届人民代表大会一次会议选举产生。截至2020年年底，市第四届人民代表大会代表共有289人，其中少数民族代表81人，妇女代表81人。鄂尔多斯市第四届人民代表大会常务委员会下设办公室和民族侨务外事委员会、内务司法委员会、选举任免联络委员会、教育科技文化卫生委员会、财政经济委员会、环境资源城乡建设委员会、农牧业委员会、法制工作委员会、社会建设委员会等9个委员会。

【各委员会工作】 民族侨务外事委员会通过对全市传承保护民族传统文化情况的外出考察学习和市内专题调研，深入了解先进地区民族传统文化传承保护工作开展情况，并结合鄂尔多斯市实际提出加大政策资金扶持引导，强化文化资源开发利用；打造品牌，提升产品档次质量，增强文化吸引力；融合资源优势，深入推进文旅融合发展；加强队伍建设，培养保护专业人才等四方面的建议。通过对重点旅游景区和牧家乐发展情况的外出考察学习和市内专题调研，结合鄂尔多斯市现状，提出加强规划引领，全面构建旅游行业主体快速发展新格局；创新营销方式，不断激活文旅消费源头活水；完善产品体系，加快推动文旅产业整体转型升级；完善管理机制，全面提升支持文旅产业发展水平等四方面的建议。通过对新侨人员创业情况的外出考察学习和市内专题调研，结合现状，提出强化为侨服务意识，健全侨情数据库，进一步完善侨务工作运行体制机制；整合有效资源，开展“双招双引”，不断强化“新侨”创新创业政策支持力度；深化体制创新，展示地区形象，健全完善维护侨企合法利益工作机制等三方面的建议。

选举任免联络委员会完成市政府副市长及工作部门负责人任免6人次，市人大常委会工作机构负责人3人次，市监察委员会、市中级人民法院和市人民检察院任免共39人次的任免职议案起草和相关材料的审核工作。

教育科技文化卫生委员会完成立法任务1项、执法检查1项、专题调研3项、执法调研1项、代表小组定向视察1项、协助市人大常委会听取和审议政府专项工作报告2项；配合全国人大常委会完成执法检查1项；配合自治区人大常委会完成执法检查1项、专题调研1项。

财政经济委员会加强国民经济和社会发展计划执行情况监督，对市人民政府2020年国民经济和社会发展计划执行情况进行初审，提出初审意见提交主任会议审议。依据年度监督工作计划安排和有关审计查出问题整改情况报告机制的意见要求，在市人大常委会听取和审议市人民政府《关于2019年审计查出问题整改情况的报告》和《关于2019年度预算执行情况和其他财政收支情况的审计工作报告》前，对报告进行初审，并提出审查意见报告初稿提交主任会议审议。根据《中共中央关于建立国务院向全国人大常委会报告国有资产管理情况制度的意见》和《鄂尔多斯市人民政府向市人大常委会报告国有资产管理情况制度》的要求，对金融企业国有资产管理情况进行调研，形成调研报告，提交主任会议审议。审查《鄂尔多斯市人民政府2020年新增地方政府债务限额及发债项目情况报告的议案》，为主任会议和常委会会议形成决议提供决策依据。为市人大常委会听取和审议《2019年市人民政府关于深化放管服改革优化营商环境情况的工作报告审议意见整改落实情况的报告》进行主任集体视察和专题询问做好准备工作。根据中共中央办公厅印发的《关于人大预算审查监督重点向支出预算和政策拓展的指导意见》《中华人民共和国预算法》和《内蒙古自治区预算审查监督条例》等相关法律法规的规定，对政府支出预算和政策审查监督改革工作情况进行专题调研，形成调研报告。对加强地方金融监管、防范化解地方金融风险工作开展专题调研，形成调研报告。对2019年预算安排的乡村振兴战略和科技创新专项资金使用绩效情况、2019年和2020年预算安排的教育和医疗卫生专项资金使用情况进行专题调研。

环境资源城乡建设委员会对《鄂尔多斯市绿色矿山建设管理条例》开展立法调研及初审工作。检查《鄂尔多斯市农村牧区人居环境治理条例》实施情况，并开展专题询问。听取和审议市政府2020年环境状况和环境保护目标完成情况工作报告。开展绿色矿山建设管理情况专项督查。

农牧业委员会开展《中华人民共和国野生动物保护法》实施情况执法调研、脱贫攻坚工作专题调研、发展富民乡村产业专题调研、黄河流域鄂尔多斯段生态保护情况专题调研等调研工作，并形成调研报告。开展《中华人民共和国动物防疫法》和《内蒙古自治区动物防疫条例》执法检查。受自治区人大常委会委托，组织开展《中华人民共和国野生动物保护法》《全国人民代表大会常务委员会关于全面禁止非法野生动物交易、革除滥食野生动物陋习、切实保障人民群众生命健康安全的决定》《内蒙古自治区实施〈中华人民共和国野生动物保护法〉办法》执法检查和《中华人民共和国草原法》《内蒙古自治区草原管理条例》执法检查，并同步开展《内蒙古自治区草畜平衡和禁牧休牧条例（草案）》立法调研，形成执法检查报告和调研报告，按时上报自治区人大常委会农牧业工作委员会。

法制工作委员会完成《鄂尔多斯市绿色矿山

建设管理条例》《鄂尔多斯市养老服务条例》《鄂尔多斯市中小学校幼儿园规划建设条例》3部法规的征求意见、修改、提请审议、报批、发布、宣传等工作。

社会建设委员会根据《关于征集鄂尔多斯市第四届人大常委会2020年立法计划建议项目的公告》要求，紧扣鄂尔多斯市经济社会发展中急需立法规范的重大问题和人民群众普遍关心的热点难点问题，依照地方立法权限，提出有针对性的立法建议项目，落实常委会年度立法计划。对城乡居民基本养老保险工作情况进行专题调研，详细了解基金征缴、社保人员配备、信息化建设、社保扶贫、生态移民养老保险待遇落实等情况，形成调研报告提交主任会议审议。对全市基层政权建设和社区治理情况进行专题调研，全面了解鄂尔多斯市对《中华人民共和国村民委员会组织法》《中华人民共和国城市居民委员会组织法》《内蒙古自治区实施中华人民共和国村民委员会组织法办法》贯彻落实情况，为进一步提升基层政权建设和城乡社区治理法治化、科学化、精细化水平和组织化程度，促进治理体系和治理能力现代化提供有力支撑。开展《中华人民共和国英雄烈士保护法》执法调研，根据检查情况形成执法调研报告，提出有针对性意见和建议。全力推进《鄂尔多斯地名》编撰工作。

【地方立法】 坚持科学立法、民主立法、依法立法，完善党委领导、人大主导、政府依托、各方参与立法工作格局，积极开展创制性立法，着力在体现特色上下功夫、在有效管用上做文章，制定地方性法规3部，开展6部条例的立法调研。自治区人大常委会充分肯定鄂尔多斯市立法工作，并组织人民网、《法治日报》《内蒙古日报》等国家、自治区主流媒体进行专题报道。

【监督工作】 听取审议“一府两院”工作报告23项，对5部法律法规实施情况开展执法检查，组织7次专题询问和满意度测评，开展11项执法调研和专题调研，对19件规范性文件进行备案审查。修订执法检查办法，坚持“三个阶段”“六个环节”全链条执法检查程序，首次对财政专项资金开展绩效监督，监督的针对性和实效性进一步增强。

【决定和任免】 作出重大事项决议决定12件，任免国家机关工作人员48人次。制定政府部门主要负责人履职评议工作方案，首次听取3个部门主要负责人履职情况的报告，并进行满意度测评，不断增强国家机关工作人员接受监督意识和依法行政意识。

【代表作用】 尊重代表主体地位，加强和改进代表工作，组织召开两次代表培训班。强化代表建议督办落实，代表提出的186件建议全部答复办结，代表建议得到解决和正在解决的占87%。在全区率先全面推开民生实事项目人大代表票决制工作，解决一批群众关心关注的操心事、烦心事、揪心事。

重要会议

【第四届人民代表大会第三次会议】 4月21日至23日，鄂尔多斯市第四届人民代表大会第三次会议在康巴什区召开。大会主席团常务主席、执行主席牛俊雁出席会议。会议应出席代表292人，实际出席会议代表269人，符合法定人数。会议议程为：审查《鄂尔多斯市2019年国民经济和社会发展计划执行情况与2020年国民经济和社会发展计划草案的报告》《鄂尔多斯市2019年预算执行情况和2020年预算草案的报告》。会议表决通过关于《政府工作报告》的决议，关于《鄂尔多斯市2019年国民经济和社会发展计划执行情况与2020年国民经济和社会发展计划》的决议，关于《鄂尔多斯市2019年预算执行情况及2020年预算》的决议，关于《鄂尔多斯市人民代表大会常务委员会工作报告》的决议，关于《鄂尔多斯市中级人民法院工作报告》的决议和《鄂尔多斯市人民检察院工作报告》的决议。补选杨云为市人大常委会副主任。补选王高炜、白雪平、阿腾巴特尔为市人大常委会委员。补选苏利军为市中级人民法院院长。

【常务委员会会议】

第四届人民代表大会常务委员会第十七次会议 1月17日，鄂尔多斯市第四届人民代表大会常务委员会第十七次会议召开。常委会组成人员29人参加会议。会议听取审议鄂尔多斯市第四届人民代表大会常务委员会代表资格审查委员会关于部分代表的代表资格的报告（草案）；审议市四届人大三次会议有关事项的议案；审议市人大常委会工作报告（稿）；接受辞职及人事任命事项。

第四届人民代表大会常务委员会第十八次会议 4月13日，鄂尔多斯市第四届人民代表大会常务委员会第十八次会议召开。常委会组成人员36人参加会议。会议审议《鄂尔多斯市绿色矿山建设管理条例（草案）》；听取审议鄂尔多斯市第四届人民代表大会常务委员会代表资格审查委员会关于个别代表代表资格的报告（草案）；审议调整市人大常委会第十七次会议《鄂尔多斯市第四届人民代表大会第三次会议议程》等有关事项的议案；审议鄂尔多斯市人大常委会2020年工作要点（稿）；听取审议2019年规范性文件备案审查工作情况报告；决定人事任免职事项。

第四届人民代表大会常务委员会第十九次会议 6月22日至23日，鄂尔多斯市第四届人民代表大会常务委员会第十九次会议召开。常委会组成人员33人参加会议。会议传达学习习近平总书记参加十三届全国人大三次会议内蒙古代表团审议时的重要讲话精神和十三届全国人大三次会议精神；审议《鄂尔多斯市绿色矿山建设管理条例（二次审议稿）》；审议《鄂尔多斯市养老服务条例（草案）》；听取和审议市人民政府关于全市科技创新政策落实情况的报告；听取和审议市人民政府落实市人大常委会关于优化营商环境情况审议意见的报告并开展专题询问；听取和审议市人民政府关于2019年审计查出问题整改情况的报告；审议市人民政府关于法治政府建设情况的报告（书面）；审议《鄂尔多斯市人民代表大会常务委员会讨论决定重大事项的规定（修订草案）》；审议《鄂尔多斯市人民代表大会常务委员会执法检查办法（修订草案）》；接受辞职及人事任命事项。

第四届人民代表大会常务委员会第二十次会议 8月26日至28日，鄂尔多斯市第四届人民代表大会常务委员会第二十次会议召开。常委会组成人员32人参加会议。会议审议《鄂尔多斯市养老服务条例（草案二次审议稿）》；审议《鄂尔多斯市中小学校幼儿园规划建设条例（草案）》；听取和审议市人大常委会执法检查组关于检查《鄂尔多斯市农村牧区人居环境治理条例》实施情况的报告，并开展专题询问；听取和审议市人民政府关于2020年上半年国民经济和社会发展计划执行情况的报告；听取和审议市人民政府关于2019年市本级财政决算和2020年上半年预算执行情况的报告；听取和审议市人民政府关于2020年新增地方政府债务限额及发债项目情况报告的议案；听取和审议市人民政府关于2019年度市本级预算执行和其他财政收支的审计工作报告；听取和审议市人民政府关于全市脱贫攻坚工作情况报告；听取和审议市人民检察院被评议检察官履职情况报告并进行满意度测评（3名）；听取和审议鄂尔多斯市第四届人民代表大会常务委员会代表资格审查委员会关于个别代表的代表资格的报告（草案）；自治区人大代表述职（2名）；人事任免事项。

第四届人民代表大会常务委员会第二十一次会议 9月17日，鄂尔多斯市第四届人民代表大会常务委员会第二十一次会议召开。常委会组成人员27人参加会议。会议审议关于提请接受丁鼎辞去自治区第十三届人民代表大会代表职务的议案。

第四届人民代表大会常务委员会第二十二次会议 10月26日，鄂尔多斯市第四届人民代表大会常务委员会第二十二次会议召开。常委会组成人员34人参加会议。会议审议《鄂尔多斯市中小学校幼儿园规划建设条例（草案二次审议稿）》；听取和审议市人大常委会执法检查组关于检查《中华人民共和国文物保护法》和《内蒙古自治区文物保护条例》实施情况的报告；听取和审议市人大常委会执法检查组关于检查《中华人民共和国动物防疫法》和《内蒙古自治区动物防疫条例》实施情况的报告；听取和审议市人民政府关于金融企业国有资产管理情况的报告；审议市人民政府关于国有资产管理情况的综合报告（书面）；听取和审议市人民政府关于全市富民乡村产业发展情况的报告；听取和审议市人民政府落实市人大常委会关于全市县域义务教育基本均衡发展情况审议意见的报告；听取和审议市中级人民法院关于全市法院刑事审判工作情况的报告；听取和审议市人民检察院关于全市检察机关公诉工作情况的报告；听取和审议市卫生健康委员会关于鄂尔多斯市四届人大三次会议代表建议、批评和意见办理情况的报告并进行工作评议及满意度测评；听取和审议3名市人民政府工作部门主要负责人履职情况的报告并进行满意度测评（市人力资源和社会保障局、市市场监督管理局、市林业和草原局）；听取和审议鄂尔多斯市第四届人民代表大会常务委员会代表资格审查委员会关于个别代表的代表资格的报告（草案）；自治区人大代表述职（2名）；人事任免事项。

第四届人民代表大会常务委员会第二十三次会议 11月13日，鄂尔多斯市第四届人民代表大会常务委员会第二十三次会议召开。常委会组成人员34人参加会议。会议听取和审议市人民政府关于黄河流域鄂尔多斯段生态保护情况的报告；听取和审议市农牧局关于鄂尔多斯市四届人大三次会议代表建议、批评和意见办理情况的报告并进行工作评议及满意度测评；审议市人民政府关于政府性债务化解情况专项工作报告（书面）；审议市人民政府关于全市节能工作情况的报告（书面）；接受辞职及人事任命事项。

第四届人民代表大会常务委员会第二十四次会议 12月28日至29日，鄂尔多斯市第四届人民代表大会常务委员会第二十四次会议召开。常委会组成人员30人参加会议。会议听取和审议市人民政府关于全市公安道路交通安全管理工作情况的报告，并进行专题询问；听取和审议市人民政府关于2020年市本级预算调整方案（草案）的报告；听取和审议市人民政府关于2020年度环境状况和环境保护目标完成情况的报告；听取和审议市人大常委会选举任免联络委员会关于市四届人民代表大会第三次会议代表建议、批评和意见办理情况的报告；听取和审议市人民政府办公室关于市四届人民代表大会第三次会议代表建议、批评和意见办理情况的报告；自治区人大代表述职（3名）；人事任免事项。

鄂尔多斯市人民政府

【鄂尔多斯市人民政府领导名录】

市　　长：斯琴毕力格（蒙古族）

副 市 长：金　武

刘晓峰（6月挂职）

于仁杰

李文忠

石艳杰（女）

刘建勋

薄立峰

秘 书 长：张众志

副秘书长：李　斌

王　昇

闫永升

李　鹏

概　述

【重要活动】

布小林到鄂尔多斯调研　3月28日，中共自治区委员会副书记、自治区主席布小林到鄂尔多斯，慰问正在当地休整的援鄂医护人员，到市东联现代高级中学调研复学工作。

天骄航空第四架飞机“鄂尔多斯号”交付活动　5月1日，天骄航空第四架飞机“鄂尔多斯号”交付活动在鄂尔多斯伊金霍洛国际机场举行，自治区副主席艾丽华，中国商飞公司党委书记、董事长贺东风，中国商飞公司党委副书记、副总经理谭万庚，市委副书记、市长斯琴毕力格，天骄航空董事长郝玉涛，市人大常委会副主任杨明，市政协副主席吉日嘎拉图出席活动。

鄂尔多斯市2020年招商引资网络直播推介会　5月18日上午，鄂尔多斯市2020年招商引资网络直播推介会在康巴什区举行。市委副书记、市长斯琴毕力格出席会议并致辞。副市长于仁杰主持会议。

全市重点项目重点工作统筹推进联动机制第10次办公会　6月24日，市委副书记、市长斯琴毕力格主持召开全市重点项目重点工作统筹推进联动机制第10次办公会议，听取全市稳就业、增活力，促进中小微企业和个体工商户健康发展工作情况报告，以及房地产领域遗留问题和人防系统腐败问题专项治理有关情况报告，分析存在的问题，安排部署下一步工作。市委常委、副市长金武，副市长李文忠、刘建勋，市政协副主席、发改委主任高志华，市政府秘书长张众志出席会议。

第三届中国（鄂尔多斯）国际羊绒羊毛展览会　9月25日，第三届中国（鄂尔多斯）国际羊绒羊毛展览会在东胜区开幕。自治区副主席黄志强，中国国际商会秘书长于健龙，市委书记牛俊雁，市委副书记、市长斯琴毕力格，市政协主席王建国等市领导出席会议。市委常委、东胜区委书记张占林主持大会。黄志强宣布大会开幕。

鄂尔多斯市首家本土国有航空企业——内蒙古北方快线通用航空有限公司 CCAR-135 部运行合格证颁证暨首航仪式　9月22日，鄂尔多斯市首家本土国有航空企业——内蒙古北方快线通用航空有限公司 CCAR-135 部运行合格证颁证暨首航仪式举行。市委副书记、市长斯琴毕力格，市政协副主席、发改委主任高志华，市政府秘书长张众志出席首航仪式。

内蒙古氢能产业发展大会　11月10日，由鄂尔多斯市人民政府、内蒙古自治区能源局主办的内蒙古氢能产业发展大会在鄂尔多斯市召开。会议旨在深入贯彻落实习近平总书记重要讲话精神，聚焦前沿科技，广泛集聚智慧，进一步凝聚共识，为内蒙古氢能产业发展指明方向、勾画蓝图，助力内蒙古打造具有"国内示范、全球影响"的现代能源经济示范区。

【常务会议】

第1次常务会议　2月21日召开。专题研究支持中小微企业复工复产有关政策措施。

第2次常务会议　3月12日召开。研究部署鄂尔多斯市煤炭资源领域违法违规问题专项整治、扶贫产业发展、污染防治攻坚战、扫黑除恶专项斗争、加快电网建设等事宜。

第3次常务会议　4月1日召开。研究《鄂尔多斯市可持续发展规划（2019—2030年）》《鄂尔多斯市国家可持续发展议程创新示范区建设方案（2019—2021年）》和《鄂尔多斯市绿色矿山建设管理条例（草案）》起草工作等事宜。

第4次常务会议　4月22日召开。讨论人大代表对政府工作报告的修改意见。

第5次常务会议　5月13日召开。审议《鄂尔多斯市相对集中行政许可权改革试点工作实施方案》《鄂尔多斯市本级权责清单（2020年）》和《鄂尔多斯市推行政务服务"一窗受理"工作方案》等有关文件，研究2020年全市高标准农田建设项目等有关事宜。

第6次常务会议　6月4日召开。审议《关于加强电动货车、电动工程车推广应用的意见（试行）》和《数字鄂尔多斯建设项目管理办法》等有关文件，听取全市公安机关命案防控工作开展情况汇报，研究鄂尔多斯仲裁委员会换届和土地供应等有关事宜。

第7次常务会议　6月18日召开。听取安全生产专项整治三年行动有关事宜汇报，审议《鄂尔多斯市养老服务条例（草案）》《鄂尔多斯市水生态环境补偿办法（试行）》，研究"北疆云·智慧公安"项目建设等有关事宜。

第8次常务会议　7月21日召开。研究《稳就业增活力促进餐饮业健康发展的意见》《鄂尔多斯市"十四五"规划基本思路研究报告》等事项。

第9次常务会议　8月4日召开。研究财政预算管理和未成年人思想道德建设工作等事宜。

第10次常务会议　8月19日召开。研究《鄂尔多斯市中小学幼儿园规划建设条例》等事宜。

第11次常务会议　9月11日召开。部署迎接国家2020年营商环境评价工作，研究《鄂尔多斯市人民政府贯彻落实"三重一大"事项集体决策制度的工作细则》，听取全市扫黑除恶专项斗争督导反馈问题整改落实情况及重点行业领域专项整治工作开展情况。

第12次常务会议　9月21日召开。研究《鄂尔多斯市关于煤炭领域违规违法问题专项巡视整改涉煤国企改制和涉煤国有资产处置方面的国有资产损失追缴工作实施方案》和煤炭领域违规违法问题专项巡视涉及资源问题拟整改处置上报意见。

第13次常务会议　10月9日召开。研究推进全市13座无证建井煤矿采矿许可证办理、涉煤领域违规违法问题专项整治整改和债务化解等有关事宜。

第14次常务会议　11月4日召开。研究《鄂尔多斯市加强民族语言授课学校国家统编教材师资队伍建设实施方案》和关于增加地方储备粮市级应急成品粮油储备规模和粮食应急体系建设工作有关事宜。

第 15 次常务会议 11 月 12 日召开。研究《内蒙古自治区申报燃料电池汽车示范城市群总体实施方案》《鄂尔多斯市申报燃料电池汽车示范城市群实施方案》《鄂尔多斯市人民政府关于推进氢能产业发展的实施意见》《鄂尔多斯市政府专职消防队伍建设管理办法》等事宜。

第 16 次常务会议 11 月 18 日召开。研究市本级项目支出预算调整有关事宜和《鄂尔多斯市基本公共服务领域市与旗区共同财政事权和支出责任划分改革实施方案》等事宜。

第 17 次常务会议 11 月 27 日召开。研究与预留资源项目业主签订的协议书文本、拟保留原配置煤炭资源项目、煤炭资源清收意见事宜，审议《鄂尔多斯市煤田（煤矿）火区治理项目竣工验收管理办法（试行）》事宜。

第 18 次常务会议 12 月 18 日召开。研究 2021 年经济社会发展指标、“科技兴蒙”行动重点项目及科技创新奖补等事宜，听取信访工作汇报。

第 19 次常务会议 12 月 25 日召开。研究煤炭资源领域违规违法问题专项整治有关工作，审议《鄂尔多斯市煤炭资源领域违规违法问题专项整治预留煤炭资源项目监管办法》事宜。

市人民政府办公室

【鄂尔多斯市人民政府办公室领导名录】

主　　　任：张众志

副　主　任：陈喜荣

　　　　　　邱　林

纪检监察组组长：郑灵枝

【概况】 鄂尔多斯市人民政府办公室内设综合一科、综合二科（调研室）、综合三科、政务一科、政务二科、政务三科、政务四科、政务五科、政务六科、政务七科、政务八科、政务九科（市人民政府总值班室）、改革和考核科、外事管理科、出国管理科、对外合作交流科、政策法规科和机关党委等 26 个科室和机构。

【以文辅政】 全年累计起草《政府工作报告》、全委会讲话、汇报材料等综合性文稿 1018 篇 363 万字。坚持问题导向原则，创新调研方式，提高调研实效，针对经济社会发展中的重点难点问题开展调研，深入基层调研 60 次，撰写《调研报告》26 篇 8.5 万字。

【精文减会】 全年累计办理各类文件 7743 件。狠抓“四类文件”精减，全年审核印制各类公文 1683 件，公文出错率控制在 2% 以内，印发“四类文件”207 件，同比下降 1.9%。出版《鄂尔多斯市人民政府公报》11 期。召开各类会议 34 次，同比下降 5%。

【信息工作】 全年编发《鄂尔多斯政讯》123 期，向自治区人民政府上报信息 1410 条、采用 535 条，同比增长 71%，位居全区前列，自治区转报国务院办公厅鄂尔多斯市信息 39 条，鄂尔多斯市被国务院办公厅选为信息直报点。

【督查考核】 全年开展督查 14 次、下发督办事项通知 60 份，编发《督查报告》39 期、《落实与反馈》10 期，督办人大代表建议、政协委员提案 380 件，答复率 100%。市人民政府督查室配合市委组织部完成全面建设小康社会考核评价工作。

【值班值守】 严格执行 24 小时在岗值班制度和领导带班制度，及时报告各类紧急信息，协助市领导快速妥善处置突发事件。全年共安排值班 745 人次，接收各类突发事件信息 904 条，受理疫情咨询电话 4100 多个，编发《鄂尔多斯市应急快报》114 期，协助市领导处置突发事件 61 起。接待上访群众 30 批 960 人次，办理群众来信 38 件，督办市长包联信访案件 60 件，办理人民网网民留言 147 条，及时解决群众合理诉求。指导气象、水利等部门发布各类预警信息 158 期 16 万条。

【依法行政】 全年法律顾问参与市人民政府行政文件起草审核 136 次，参加各类会议 80 次。制定出台行政文件合法性审核办法，强化文件合法性审核。全年出具文件合法性审核意见 182 件，其中请示类文件 121 件、规范性文件 9 件、重大行政决策文件 3 件、合同协议 49 件。全面落实规范性文件制定和备案监督工作，全年向自治区人民政府和市人大常委会备案规范性文件 11 件，审查规范性文件 9 件，清理规范性文件 271 件，其中废止 4 件、修订 10 件。

【蒙文翻译】 全年共翻译各类文稿 120 余份 29 万余字，编译印发《鄂尔多斯市人民政府公报》11 期，市人民政府及办公室蒙汉文并发率达到 99%。扎实推进全市蒙古文政务网站建设，开通鄂尔多斯市蒙古文政务微信公众号，全年累计登载各类报道 1352 篇。

【外事保障】 坚持“勤俭办外事”原则，完成蒙古国驻呼和浩特总领事等外事接待任务；完成塞尔维亚国防部代表团在鄂尔多斯市工作期间的保障任务。全年申报因公出国团组 1 批 1 人次，办理邀请来华事项 4 批 26 人次，与瑞士克莱恩·蒙塔纳市、美国莱克星顿市、菲律宾杜马盖地市、意大利“一带一路”研究院、英国技能人才研究院等城市和机构进行友好交流，拓展对外交流合作渠道。

【地方志工作】 年鉴编辑。完成地方综合性年鉴《鄂尔多斯年鉴（2020）》的收集资料、初稿编纂工作，共计 50 万字；向《内蒙古年鉴》鄂尔多斯类目提供 3 万多字的供稿任务。

二轮修志工作。根据鄂尔多斯市人民政府办公室发的《鄂尔多斯市人民政府办公室关于印发鄂尔多斯市志（1990—2010）编纂工作方案的通知》要求，全力加快《鄂尔多斯市志》编纂工作，于 2020 年 9 月 25 日举办《鄂尔多斯市志（1990—2010）》评审会议，按时按量完成二轮志编纂工作；完成《伊金霍洛旗志（1990—2015）》《准格尔旗志》《鄂托克旗志（1990—2007）》《达拉特旗志（2000—2017）》的审稿工作。

方志信息服务。为大专院校师生、学术界人士、项目建设者等社会各界提供地情资料咨询、查阅、复印等服务。

其他供稿工作。向《内蒙古大辞典》提供 5000 多字的材料；向“鄂尔多斯在线”的“市情情况”“历史沿革”“自然资源”“地理环境”“鄂尔多斯名片”“经济发展”等栏目提供 1 万多字的文字材料。

驻京联络处

【鄂尔多斯市人民政府驻北京联络处领导名录】

主　任：张紫杰

副主任：崔巍

【概况】 鄂尔多斯市人民政府驻北京联络处是鄂尔多斯市人民政府的派出机构，下设办公室、财务部、信息联络部、驻京联络处人才工作站 4 个职能部门。

【经济联络与信息报送】

经济联络　组织市政府驻京联络处人才工作站与北京高校就业合作联盟所属 15 所北京知名高校代表赴鄂尔多斯开展考察调研；与北京鄂尔多斯企业商会共同主办企业人才双引工作推介会——鄂尔多斯名企与北京高校人才与技术（实践基地）合作联盟启动仪式；协助配合 2020 年自治区“首都人才周”活动中“走进清华、北大”专项引才及“鸿雁行动”推介活动举行，开启“研发在北京、转化在内蒙古”的柔性引才新模式；推荐内蒙古自治区首批“草原英才”和“草原英才创新团队”荣誉获得者张波博士多次赴鄂尔多斯市高新园区，就物联网智能应用领域、区块链相关科技成果及转化项目进行考察对接，积极促进项目落地；推荐浙江宁波诺丁汉大学何根根博士一行赴鄂尔多斯市高新园区实地考察调研；乌审旗与市政府驻京联络处人才工作站“三引”工作座谈会在工作站召开，未来将在人才项目引进、创新创业发展等方面开展更加紧密的合作联络，开创人才工作新局面。

项目引入　市政府驻京联络处积极招商引项目，带领园区负责人走进北京CBD商圈，与企业对接项目，与伊金霍洛旗达成初步意向；先后推介自治区草原英才张波博士物联网智能化应用项目、北京艾思文化传播有限公司基于5G技术的物联网智能微型芯片智慧快消新基建项目、北京中医药大学“丹心计划”项目；协助北京大学鄂尔多斯籍教授其鲁开展“关于黄河中游煤炭等固态污染物大规模处理技术”转化推进工作，与鄂尔多斯市沿黄旗（县）进行深入对接；受市政府委托，邀请6名北京氢能领域专家及企业代表，共赴鄂尔多斯参加内蒙古氢能产业发展大会，带动鄂尔多斯氢能产业持续发展。

人才引入　积极联络对接北京高校毕业生就业指导中心以及清华、北大等15所北京高校，共同走进鄂尔多斯开展考察调研活动，并促成市政府与清华大学签署《关于开展清华大学鄂尔多斯实习实践合作备忘录》；组织开展北京高校秋季专场招聘系列活动4场，促成东胜区、康巴什区、准格尔旗现场签约北京师范大学、首都师范大学、中国传媒大学等高校优秀毕业生101人（其中硕士研究生61人、本科40人）；组织京东方科技集团股份有限公司、内蒙古汇能煤电集团有限公司等8家鄂尔多斯重点企业走进北京高校毕业生就业指导中心、中国矿业大学、中国地质大学、北京化工大学开展现场招聘宣讲活动，收集大学生应聘简历169份，初步达成就业意向54人。

信息报送　截至年底，共向市委、市政府报送参考信息4026条、刊发《驻京信息半月刊》23期，工作站微信公众号共发布《鄂尔多斯市驻京人才工作动态》24期，推送各类信息文章64篇，充分反映京津冀地区推进改革发展的最新情况，介绍对鄂尔多斯市经济社会发展有借鉴意义的政策、案例，为市委、市政府领导科学决策部署工作提供有益的信息依据。

驻沪联络处

【鄂尔多斯市人民政府驻上海联络处领导名录】

主　任：雷　海

副主任：金亚军

【概况】 鄂尔多斯市人民政府驻上海联络处成立于2001年10月，下设办公室、联络部、培训部、人才工作站4个职能部门。

【经济联络与信息报送】

经济联络　积极与上海及长三角地区有关政府部门联络对接，努力搭建与鄂尔多斯的友好合作联系。持续与上海相关部门、园区管委会、社会组织、行业协会等平台及高校、机场、医院建立友好联系。广泛与驻沪大型企业、各地驻沪联络机构、驻沪商会的横向联系，根据鄂尔多斯市发展所需，提前掌握和联络上海及长三角地区在产业文化等方面发展突出的行业、产业、关联企业，通过资源积累，为联络处核心职能的履行提供强有力的各方保障，促保各项工作顺利高效开展。

信息报送　2020年，累计上报信息400多条。持续抓好《长三角动态》《决策资讯参考》《驻沪人才工作站通讯》3个信息刊物的创办工作，截至年底，编印《长三角动态》24期;《决策资讯参考》12期;《驻沪人才工作站通讯》24期。信息质量、信息采用率不断提高。2020年2—10月，联络处报送的“长三角规模以上工业企业复工复产指南”、“杭州市防疫10措”和“江苏扩大消费实施方案”等共计32条信息被鄂尔多斯专报、政讯、宏观要闻等内刊采用。7月的《近年海内外先进地区人才工作经验做法》和《疫情防控常态化形势下人才工作面临的问题与思考》被鄂尔多斯日报社采用，文章分别发表在《鄂尔多斯日报》及其网络平台上。截至10月底，在市委办通报的“全市信息工作排名”中位列市直部门第8名，驻外办事机构第1名。

【干部培训与招商引资】

干部培训　针对疫情时期的特殊性，培训工作重点放在完善长三角干部培训基地建设上，利用现代技术手段，通过电话、视频通信、邮件等非接触方式开展好培训前期洽谈，调整相应的培训内容，发挥好培训基地的作用，规范培训的方式与内容。

招商引资　“驻沪联络处”：招商引资共对接项目15个（其中签约项目9个）：分别是上海郑明现代物流有限公司冷链物流项目；震惶科技（成都）有限公司新型冷鲜柜及牛羊肉冷链保税仓储加工项目；上海市物流协会冷链分会生鲜食品配送、宇培国际控股物流项目；内蒙古伊泰置业集团有限责任公司与上海华夏伟业大唐奥特莱斯、月星环球港置业地产商业项目；鑫宝集团新材料PPO（聚苯醚）项目；上海原能细胞科技集团细胞生物自动化项目。签约项目9个，震惶科技（成都）有限公司新型冷鲜柜及牛羊肉冷链保税仓储加工项目、武汉格罗夫新能源汽车研究院有限公司、盐城赐百年生物科技有限公司、江苏清源环境科技有限公司、辽宁维扬机械有限公司、香港东旺电子实业有限公司、同程优品、江苏通全球工程管业有限公司、香港内蒙古中油国能企业管理服务有限公司。达成合作意向项目1个，上海郑明现代物流有限公司冷链物流。

【驻沪人才工作站】 扩大人才工作站辐射面，多平台、多渠道宣传鄂尔多斯市人才政策等。在鄂尔多斯市一中长三角校友会迎新座谈会上宣讲鄂尔多斯市人才政策，通过寰球人才中心、上海高层次人才联谊会等平台在人才大会、培训班、招商会、高校招聘会等各类活动中大量发放鄂尔多斯市引才、招商、市情介绍等宣传资料；与上海理工大学共同建设技术转移中心达成合作意向；与胧爱集团就教育部开展青年红色之旅社会实践活动落地鄂尔多斯达成合作意向；与上海陆道智城文化创意产业集团对接智慧体育项目；协助鄂尔多斯文旅集团与江苏姑苏园林建设投资控股集团、高尔夫球场等就旅游区建设、高尔夫球场改建等项目进行对接；联络推进鄂尔多斯市乌审旗草原和牛、鄂尔多斯细毛羊肉等农畜产品参加“上海市国际食品展”；协助鄂尔多斯市和部分旗区举办人才引进系列活动；对接中华文化馆组委会，就迪拜世博会相关文化项目进行洽谈；积极与复旦大学、上海交通大学、同济大学等人力资源密集的高校进行对接；推荐鄂尔多斯籍优秀企业家参加上海“三八女神节公益特辑”直播活动。继续完善人才库、人才需求资源库、项目库等。

信访工作

【鄂尔多斯市信访局领导名录】

党组书记、局　长：马二喜

党组成员、副局长：王文革

汪义勇

【概况】 鄂尔多斯市信访局内设综合指导科、办信科、督查科、来访接待科、办公室等5个机关行政科室。下设鄂尔多斯市信访信息中心、鄂尔多斯市联合接访中心等3个二级事业单位。2020年，全市信访工作的及时受理率、按期办结率、群众满意率高于全区平均水平，群众参评率大幅提升，信访部门和责任单位的及时受理率分别为99.7%、95.9%；按期办结率99%；群众对信访部门和责任部门的满意率分别为96.2%、95.5%，参评率分别为79.7%、79.1%（较2019年分别提升15和14个百分点）。

【源头预防治理】 全面推进信访“三无”旗区、苏木乡镇（街道）、嘎查村（社区）创建活动，2020年鄂托克旗被评为全国“三无”旗区。印发

《鄂尔多斯市领导干部接访下访和包联督办化解信访事项工作制度》，协调推动全市37名厅级领导接访下访112批（件）次369人次，及时就地解决问题85件；县处级领导接访下访1027批次3075人次，及时就地解决问题403件。常态化开展矛盾纠纷排查化解工作，充分发挥基层社会治理网格化管理作用，全覆盖无死角推进矛盾纠纷排查化解，使各类信访矛盾早发现、早处置。

【信访积案化解】 开展“解决信访问题年”专项行动，制订工作方案，细化工作举措，以“事要解决”为目标，以群众满意为标准，坚持“一案一策、靶向治疗”推动问题解决，自治区交办的174件重点信访事项全部化解；市级和旗区自行梳理重点信访事项75件，全部化解，总体工作进度排在全区各盟市前列。率先在全区完成中联办和自治区联席办交办重点信访事项双百分百化解，市级领导包联督办的34件重点信访事项全部化解。启动“集中治理重复信访、化解信访积案”专项工作（3年期限），建立工作台账，按照“三到位、一处理”工作要求依法依规妥善化解，中联办交办重点信访事项286件，化解率达到50%以上。中央第八巡视组移交行政民生类信访事项820件，化解率达85%以上，总体办理化解情况排在全区前列。

【信访制度改革】 采用政府购买方式推进律师参与信访工作，会商市司法局将人民调解工作引入市联合接访平台；建立市信访复查复核工作领导小组，推进信访调解和复查复核“智囊团”建设，提升信访复查复核工作的质量和效率，2020年，市信访局代市人民政府接收复查复核信访事项申请18件，办结15件。加强网上信访的宣传应用，进一步畅通信访渠道，为群众提供更加高效、便捷、规范的信访服务方式，推动网增访减的结构持续优化，全年市本级受理网上信访占本级信访总量的71.4%，同比上升14.3%。

（夏治新）

行政审批与政务服务

【鄂尔多斯市行政审批和政务服务局领导名录】

党组书记、局长：马振平

党组成员、副局长：郭　峰

倪　虹（女）

【概况】 鄂尔多斯市行政审批和政务服务局是2019年机构改革中新设立的正处级政府工作部门，于2019年1月30日挂牌成立。主要负责全市“放管服”改革协调推进工作，负责市人民政府政务服务、电子政务、政务公开和政府热线等工作。内设办公室、政务服务科、改革推进科、电子政务科、政务公开科、法规宣传科等6个科室及机关党委。下设鄂尔多斯市政务服务中心1个科级事业单位。

【政务服务】

线上服务　拓展智慧政务云平台与一体化在线政务服务平台对接应用成效，实现统一身份认证，全市政务服务事项网上可办率达80%以上。建成电子监察系统，制定行政审批电子监察管理办法，对网上审批实行红黄牌管理。建立全市统一的网上“中介超市”，进驻中介机构263个。积极推动“蒙速办”App的协同共建、一体化运行，“蒙速办”App上线公积金查询、社会保障、司法公证、医疗卫生等50项特色应用，移动端政务服务能力逐步提升。

线下服务　推进“三集中、三到位”改革，全市政务服务事项进驻率达90%以上，其中市本级政务服务事项进驻率为99.1%。全面推行审批部门事项“一窗受理”，全市80%以上审批部门事项实现“一窗受理”。实行首问负责、一次性告知、限时办结等制度，推行线上线下无差别叫号、咨询引导、领办帮办代办、预约延时办理、免费打印复印扫描、政务专递双向免费邮寄、24小时自助服务等举措，结合疫情防控工作推出“不见面审批”“预约服务”“绿色通道”等服务模式，线下办事便利度大幅提升。

审批服务　深化简政放权，做好行政审批事项的取消、下放、落实、衔接工作，2020年全市共取消行政许可事项5项，承接1项。梳理公布中共十八大以来取消和下放行政审批事项目录，共计351项行政审批事项。市人民政府审定公布《鄂尔多斯市本级权责清单（2020年）》，共计6508项行政权力事项。市本级清理整治变相审批事项8项。开展政务服务事项精细化梳理工作，分7批次进行集中办公，规范和公开事项名称、依据和办事要件、流程、时限及咨询电话等内容，梳理核对、动态调整线上线下办事指南，梳理公布全市“马上办、网上办、就近办、一次办”审批服务事项9135项。全面推行政务服务“好差评”制度，全市累计产生评价数据13.3万条，满意率99.9%。

便民服务　探索推行政企合作服务模式，推进首批医保、社保等11项高频事项接入银行自助终端，实现“网上办、就近办”。推出不动产登记与水电气暖业务“一站式”联动办理服务，达拉特旗、鄂托克旗、杭锦旗、鄂托克前旗实现水电气暖与不动产登记联办。31项政务服务事项实现呼包鄂乌“互办互认”，50项高频事项实现“全市通办”，市本级125项事项实现“容缺受理”。推行“5+X”工作日模式，2020年10月31日起，在市政务服务中心试行周六上午预约服务，最大限度满足企业群众办事需求。

惠企服务　全面推行“一件事一次办”改革，聚焦企业和群众关注度高、办件量大的审批事项，特别是对涉及多个部门、需经多个环节办理的审批事项，通过环节精简整合、流程优化再造，实行“一家牵头、一次告知、一表申请、一窗受理、一次办成”，为企业和群众提供主题式、套餐式的集成服务。年内，首批40件“一件事一次办”事项开始办理。加强惠企政策宣传，在政务服务网上开设集“政策发布、政策解读、在线办理”等功能为一体的涉企政策专区，建立涵盖税务、发改、公安、自然资源、交通、文旅、市场监管等部门和相关企事业单位涉企政策文件的“政策库”，方便企业群众查询办理。

【政府网站】

网站建设　扎实推进市政府网站改版工作，完善升级信息公开、互动交流、办事服务三大功能，并做好与一体化在线政务服务平台的对接联通工作，确保市政府网站易用、实用。建设市政府网站在线访谈演播室，推动提升在线访谈水平。完成全市政府网站IPV6改造和单点登录系统对接工作。

网站健康　做好政府网站安全定级、检测评估、节假日读网值班等工作，确保政府网站安全稳定运行。按照常态化监管要求，全覆盖监测全市政府网站。

信息发布　健全政府网站信息保障工作机制，确保政府网站信息准确及时。2020年，市政府网站共发布信息31483条。其中，动态类信息9760条，政务公开类信息6017条；报送自治区政府门户网站信息2500余条；发布通知公告140条；在线访谈21期；新建“疫情防控”等13个专题链接。

【政务公开】

健全完善工作机制　认真执行《中华人民共和国政府信息公开条例》，制定印发《鄂尔多斯市2020年政务公开工作要点》，修订完善主动公开、依申请公开、保密审查等工作制度。编制《鄂尔多斯市2019年政府信息公开工作年度报告》及图文版年报，被自治区政务服务局评为集中展示最好的盟市。坚持应公开尽公开，依托市政府网站政府信息公开平台，围绕脱贫攻坚、生态环境、“放管服”改革等19类重点信息设置公开栏目，同时做好机构人事、财政预决算等信息的公开工作。2020年，通过市政府网站主动公开各类政府信息26424条，其中重点领域信息2508条。

通过“鄂尔多斯市人民政府发布”微信公众号发布信息1183条。在政务服务大厅设立政务公开专区，方便企业群众获取政府信息。

规范依申请 公开进一步规范政府信息公开申请办理答复工作，2020年，全市各级行政机关共受理依申请公开128件。

加大政策解读力度 加强对各旗区、各部门政策解读情况的督导调度，2020年，全市共发布政策解读193件。通过市政府网站和微信公众号，加强对疫情防控及复工复产复学有关政策措施的宣传解读。

加强基层政务公开建设 按照国务院、自治区政府有关要求，制定印发《鄂尔多斯市全面推进基层政务公开标准化规范化工作实施方案》，组织召开全市推进基层政务公开标准化规范化工作视频培训会。9个旗区已全部完成本旗区政府政务公开事项目录梳理公布工作。

【热线办理】

办理效率 按照“接办分离”原则，实行受理、转办、回访、督查岗位分立、相互协调的运行模式。多渠道加大督办力度，督促有关部门及时解决群众反映问题。

热线整合 按照国务院、自治区政府有关要求，整合全市旗区长热线统一使用“12345”电话号码，于2020年7月20日起正式运行。

专项台账 梳理机关效能、营商环境、精准扶贫、环境保护、社会矛盾纠纷排查情况等专项工作台账，共受理转办相关问题6000余件。2020年，市长热线共受理市民诉求13.64万件，较2019年受理量增长5.76%，办结13.24万件，办结率98.8%，群众合理诉求满意率99.32%，回访率100%。市长热线微信公众号共发布信息47期。知识库更新补充信息296条。

（王　斌　齐美娜　陈　妍　白旭楠　周晋霄　刘　阳　张素宁　张　媛　韩　幸　张鹏飞）

政府投资项目代建

【鄂尔多斯市政府投资项目代建中心领导名录】

党组书记、主　任：李新树

党组成员、副主任：张　琳（女）

　　　　　　　　　刘永杰

党组成员，派驻纪检组组长：王文华

【概况】 鄂尔多斯市政府投资项目代建中心，是2019年由原鄂尔多斯市政府投资工程基本建设领导小组办公室转隶更名的，属于自治区编委批准成立的市人民政府直属公益类一级正处级事业单位。内设综合办公室、工程管理科、合同管理科、工程技术科、计划财务科、设备安装与维护管理科、工程预决算科等7个科室。2020年，鄂尔多斯市政府投资项目代建中心共实施政府投资工程15项，总建筑面积约16.4万平方米，总投资约15.36亿元，完成投资约3.59亿元。

【项目建设】

鄂尔多斯市蒙古族学校新校区项目 该项目位于康巴什区鄂尔多斯大街北，鄂尔多斯应用技术学校东侧，总用地面积92764平方米，批复建筑面积49240平方米，投资额27193.57万元，建设内容包括教学楼、综合艺术楼、综合实验楼、体育馆、宿舍楼、食堂及其他配套附属设施，项目于2019年9月30日开工建设，2020年12月31日竣工验收。该项目在施工过程中使用BIM（建筑信息模型）可视化技术，混凝土桩复合地基技术、装配式混凝土结构技术、绿色施工技术、信息化技术九大项31个子项，对施工的传统工艺进行微创新，运用3吨小型压路机、平整场地采用改装刮板、22吨大型压路机、房心回填采用50厘米×50厘米平板压路机、柱钢筋定位卡、成品马凳等，大大地提升施工质量、安全性、施工便捷性、降低成本，提高经济效益，同时也取得质量控制、国家级工法专利等荣誉。项目获得自治区结构杯、自治区绿色施工示范工

地、鄂尔多斯市优质样板工程、自治区安全文明示范工地等荣誉称号。

鄂尔多斯市社会福利中心项目　该项目位于康巴什区北区纬四路北、经二路东、青春山路以西，批复建筑面积46277平方米，投资额22861.75万元，建设内容包括儿童福利院、社会福利院、老年养护院、公共事务中心以及配套附属设施建设。该项目原建设单位是市民政局，移交前已完成儿童福利院的施工监理招标工作，2015年5月，经市政府常务会批准由原市政府投资工程基本建设领导小组办公室负责续建。其中，儿童福利院于2015年8月25日开工建设，2019年11月28日竣工验收。社会福利院及公共事务中心于2019年4月17日开工建设，2020年12月30日竣工验收。老年养护院未建设。该项目获得2019年度内蒙古自治区建筑工程优质结构奖及“2019年度内蒙古自治区建筑施工安全标准化示范工地”称号。

鄂尔多斯市蒙古族学校维修工程　主要维修内容为防水、门窗等，总投资1393.96万元，开工时间为2020年4月5日，竣工时间为2020年9月10日。

鄂尔多斯革命历史博物馆加固维修工程　主要维修内容为墙体结构、木屋架维修、外管网等，总投资610万元，开工时间为2020年7月28日，竣工时间为2020年12月17日。

鄂尔多斯市直学校维修工程　主要维修内容为操场、外墙装饰、屋面防水等，总投资3210.79万元，开工时间为2019年12月14日，竣工时间为2020年12月4日。

鄂尔多斯市直文化场馆维修改造项目一、二、三标段　主要维修内容为屋面、地下室防水、电影厅改造等，总投资6183万元，开工时间为2019年8月，竣工时间为2020年1月9日。

鄂尔多斯市应用技术学院维修项目　主要维修内容为外立面、防水等，总投资2976.1万元，开工时间为2020年3月22日，计划竣工时间为2021年9月15日。

内蒙古民族幼儿师范维修项目　主要维修内容为外立面、室外硬化、道路、操场、看台、安防、室内刮白等，总投资4521.55万元，开工时间为2020年10月21日，计划竣工时间为2021年8月31日。

鄂尔多斯生态环境职业学院维修项目　主要维修内容为操场看台、宿舍室内刮白等，总投资378.38万元，开工时间为2020年9月29日，计划竣工时间为2021年7月31日。

鄂尔多斯市职业学院维修项目　主要维修内容为操场看台防水和宿舍区、教学区、行政区、实验区屋面防水等，总投资623.97万元，开工时间为2020年9月29日，计划竣工时间为2021年7月31日。

鄂尔多斯市第一中学维修项目　主要维修内容为篮球场及图文信息楼防水、校内环保砖、升旗广场等，总投资2001.3万元，开工时间为2019年8月2日，竣工时间为2020年6月1日。

鄂尔多斯市体育职业中学食宿楼项目　该项目位于康巴什区北部核心组团（高新区）纬四街南、经七路东、纬三东街北、经十二路西Q3–05a–2地块内，批复建筑面积8100平方米，投资额5707万元，主要建设食堂1栋、宿舍楼2栋及其他配套附属设施。2020年办理建设用地规划许可证、初步设计审批、土地划拨决定书、工程规划许可证、施工图审查、人防审批、消防审核等前期手续，计划2021年6月开工建设。

鄂尔多斯市中心医院东胜部医疗综合楼、鄂尔多斯市第二人民医院、鄂尔多斯市疾控中心实验室（扩建）、鄂尔多斯市第四人民医院发热门诊楼（扩建）　按照《鄂尔多斯市人民政府2020年第6次常务会议纪要（一）》（〔2020〕22号）文件精神，同意建设鄂尔多斯市中心医院东胜部医疗综合楼、鄂尔多斯市第二人民医院、鄂尔多斯市疾控中心实验室（扩建）、鄂尔多斯市第四人民医院发热门诊楼（扩建）4 个项目，协助使用单位办理可行性研究报告批复等前期手续。

【复工返岗疫情防控】印发《防止新型冠状病毒疫情应急预案的通知》《关于参建企业认真做好新型冠状病毒感染的肺炎疫情防控工作的通知》，提高干部职工、参建企业人员的思想认识，有序推进返岗复工。制定印发《工地复工疫情防控工作方案》，指导参建企业根据项目特点、用工、物资保障等情况，编制“两方案、一预案”，严把员工健康管理卡、备案表、复工责任表、承诺书等相关材料的审批。疫情防控期间，鄂尔多斯市蒙古族学校项目成为自治区建筑业首批复工项目之一，并在“内蒙古自治区 2020 年建设工程质量、施工安全标准化观摩会”中得到与会代表高度评价。

铁路民航

【鄂尔多斯市铁路民航中心领导名录】

主　任：崔永忠

副主任：王文清

　　　　白国东

【概况】 鄂尔多斯市铁路民航中心为相当于正处级事业单位，隶属市发展和改革委员会。内设综合科、人事财务科、政策法规科、规划科、建设科、运输科、应急科、宣教科 8 个科室。2020 年 5 月，根据工作需要，经市编委会研究，撤销市铁路安全监察支队，并将其编制及领导职数调整至市铁路民航中心。

【铁路建设】 全年实现 9 个铁路项目开复工，完成投资 19 亿元，其中青春塔专用线、点石沟铁路专用线、马场壕煤炭物流园铁路专用线等 7 个项目建成运营，新增铁路运营里程 90 公里，至年底全市铁路通车里程达 2640 公里（复线里程 898 公里），路网密度达到 303.4 公里 / 万平方公里。

【铁路运输】 协调推进鄂尔多斯至西安特快列车、乌审旗至包头普速列车开通运行，在鄂尔多斯站新增乌海西至太原快速旅客列车停靠。至年底日开行 17 对旅客列车（其中动车 5 对），可通达北京、上海等 16 个省会城市、42 个地级城市。全年鄂尔多斯地区通过铁路共发运各类物资 3.8 亿吨，同比减少 4.1%，其中发送煤炭 3.74 亿吨，同比减少 3.8%；发送旅客 126.09 万人次，同比减少 35.2%。

【民航运输】 鄂尔多斯机场累计运营航线 49 条、通航城市 50 个（其中，国际航线 2 条、国际城市 4 个），参与航线运营公司 12 家，完成旅客吞吐量 136.5 万人次，同比减少 49.4%；完成货邮吞吐量 5012.1 吨，同比减少 50.1%。

【项目前期】 根据国家高速铁路网规划和呼（和浩特）包（头）鄂（尔多斯）城际铁路规划，启动呼（和浩特）包（头）鄂（尔多斯）榆（林）城市群客运通道研究工作，对推动呼（和浩特）包（头）鄂（尔多斯）榆（林）城市群的融合发展具有重要意义。其中，鄂尔多斯至榆林高铁，项目可研已由国铁集团完成评审；包头至鄂尔多斯高铁、呼和浩特至鄂尔多斯城际铁路，由自治区发改委牵头开展预可行性研究工作，并于 2020 年 12 月组织专家组对预可研进行评审；包头至银川高铁，可研由国家发改委批复，初步设计完成评审，境内征拆工作基本完成。集疏运系统规划实施层面，鄂托克前旗至上海庙铁路可研由国家铁路集团批复；浩勒报吉北集运线由自治区发改委批复；蒙西至三北羊场铁路、纳林河矿区专用线、鄂尔多斯物流中心铁路专用线、乌审旗至营盘壕等一批专用线、支线、连接线项目列入自治区“公转铁”三年行动计划方案推进实施。乌审旗、鄂托克旗通用机场完成初设评审，杭锦旗通用机场进入立项阶段。

【安全专项整治】 根据国家、自治区交通运输（铁路、民航）安全专项整治三年行动计划实施方案，制定《鄂尔多斯市铁路民航安全专项整治三年行动实施方案》。按照统一部署，对全市铁路、民航领域开展专项整治，2020年5月至2022年年底，分年度、分目标、分阶段进行落实和推进。至年底，在铁路领域排查问题隐患1186项，其中客运铁路问题129项，完成整改120项，整改率93%；货运铁路问题1057项，完成整改253项，整改率24%。在民航领域，鄂尔多斯机场全年排查安全隐患146项，已整改完成138项，整改率95%。铁路、民航行业整体安全形势持续向好，全年无人员伤亡事故发生。

【信息建设】 加强信息平台建设，强化微信公众号平台的运营维护，加强对中心铁路民航工作和党建工作的宣传和报道；在重大节点性工作开展过程中，积极配合开展安全生产、国家安全教育、普法宣传相关工作；全年编发《鄂尔多斯铁路民航快讯》114期，研究和探讨全市铁路民航发展，切实为领导做好决策支撑。

海　关

【鄂尔多斯海关领导名录】

关　长：马晓功

副关长：王逸阳

【概况】 鄂尔多斯海关为偏属地综合型海关，负责鄂尔多斯市海关业务，内设办公室（党委组织宣传部）、综合业务科、监管一科、监管二科、监管三科、监管四科等6个科室。业务现场包括机场航空口岸旅检现场、机场和园区监管场所、报关大厅、综保区。2020年，鄂尔多斯市海关审结报关单774票；受理检验检疫申请1380票；征收税款1.58亿元，其中汇总征税税款2750万元，占关税收总收入的17.4%。

【改革攻坚】 持续深化全国通关一体化改革，精简进出口环节监管证件，进一步压缩通关时效，推广落实监管证件联网核查。持续用好“汇总征税”，指导鄂尔多斯集团利用“集团财务公司担保”申请汇总征税。助力原产地证书签发逆势增长，配齐配强签证官队伍，全面推广原产地证书自助打印，推行无纸申报模式，年内，共签发原产地证书1284份，货值4541.6万美元，分别同比增长48.78%、32%。推广“两步申报”改革，受理关区首票特殊监管区“两步申报”入境货物，提升设备入区效率。推行企业注册登记“不见面”办理，年内，注册企业63家，企业信息变更29家，注销9家。对12家企业注册信息进行自查，督促3家企业完成整改。

【外贸监管】 扶持特色农产品出口，实施随报随批，未见异常快速放行，2020年，监管出口沙棘籽和沙棘原浆147.2吨、蝴蝶兰9.4万株，货值分别为102万美元和17.3万美元。保障原材料供应稳定，提供预约查验、即到即查等便利化通关措施，年内，监管进口光刻胶230.5吨，货值1386.6万美元；出口食品级黄原胶2380.3吨，货值742.72万美元。安全快速验放化工产品，疫情防控期间对危险化学品出口采取不同合格评定方式进行研判，年内，监管出口化工产品34.85万吨，1.69亿美元。建立统计数据“服务咨询站”，报送业务统计数据11次，出具统计咨询证明书10份，提供统计咨询服务32次，处理统计日报系统数据37条、统计核查数据23965条。

【综合保税区】 2020年，进出口总额4.14亿元，其中出口8611.2万元，进口3.28亿元。累计注册企业25家。服务企业用好政策，邀请总关业务处室专家召开政策宣讲会3次，集中业务骨干为企业解答业务咨询40条；关领导带队赴2家重点企业开展专题调研，主要负责人赴北京参加考察和精准招商活动；与外汇管理局、市场监督管理局等5个部门建立工作专班；业务骨干赴厦门海关隶属海沧海关学习综保区相关业务。发挥“互联网+保税”优势，积极指导企业用好特殊监管区域保税政策，办理跨境电商货物保证金延期等业务，通过“保税电商A”方式实现蒙西地区跨境电商保税业务“零的突破”。助力增值税一般纳税人资格试点申报成功，与鄂尔多斯市税务局、财政局、管委会建立协同推进机制，成为自治区首家获得增值税一般纳税人资格试点的综合保税区。指导区内企业拓展业务，推进落实“四自一简”（综合保税区内企业可自主备案、合理自定核销周期、自主核报、自主补缴税款，海关简化业务核准手续）监管制度，简化业务核准手续，指导区内2家企业办理加工账册、物流账册备案，验放入区加工贸易企业进口设备、料件3.28亿元；加班加点保障30辆特种汽车实现快速进出区通关；落实“便捷进出区”政策，对境内入区的基建物资实施便捷进出区管理，1—12月基建物资入区货物4.8万吨。

【“一企一策”高效服务】 严格落实总关促进外贸稳增长12条具体措施，瞄准辖区外贸企业关注问题和迫切需要，制定鄂尔多斯市海关应对疫情影响促进外贸稳增长18条措施，保障疫情防控期间企业复工达产。启动企业协调员机制，为11家重点企业配备关企联络员，了解企业存在问题及诉求，针对企业危包无纸化单据无法上传的问题，第一时间联系总关、总署予以解决。完成国家、自治区营商环境指标评价工作，梳理上报20余项指标，会同商务局、税务局赴4家外贸企业开展送政上门服务，结合迎评结果推出5条优化口岸营商环境便利举措。

【指定监管场所建设】 邀请总关多次赴现场指导，完善设计图纸及配套设施建设方案，选派5名业务骨干赴西安、义乌海关学习监管业务，截至年底，指定监管场所进入设备调试阶段。

【综合治税】 2020年，征收税款1.58亿元，其中汇总征税税款2750万元，占关税收总收入的17.4%，补税2.52万元，退税84.55万元。强化企业税收风险分析，加强研判和风险信息报送，报送税收风险信息8条，风险信息20条，已转化2条。协助税管中心和总关现场业务处开展事后验估7次，有效率100%，完成归类退补税2.06万元。

【口岸卫生监督】 规范开展国境口岸卫生许可受理、审批工作，全年受理卫生许可申请5件；开展卫生许可现场审核4次，提出整改意见3条，颁发国境口岸卫生许可证5个；开展口岸日常卫生监督检查32次，水质监测5批次，食品监测22批次，全部合格，为17家口岸经营单位进行卫生监督评级。

【口岸核心能力建设】 完善联防联控协作和应急协调机制，加强与市政府、机场集团等成员单位沟通联络，指导相关单位落实主体责任；对照口岸核心能力建设考核指引手册，自查发现问题31项，截至年底，海关方面未完成的共有3项，其中“增加医学专业人员”被列入2021年公务员招录计划，“医学排查室面积不达标，部分设备因损坏无法校准”问题力争在航班复航前完成整改工作。

金融工作监督管理

【鄂尔多斯市人民政府金融工作办公室领导名录】

主　任：边子珍

副主任：德吉夫（蒙古族）

【概况】 鄂尔多斯市人民政府金融工作办公室是市政府主管全市金融工作的职能部门，内设综合科、金融发展科、金融稳定科、资本市场科、地方金融监管科等5个科室；下设地方金融机构监督管理中心1个事业单位。

【服务实体经济】 2020年，市金融办严格按照“六稳”“六保”工作要求，引导金融机构发挥救急纾困、“雪中送炭”效应，在全市经济数据普遍下滑的情况下，实现金融各项指标的正增长。

搭建对接桥梁，将金融活水引向实体经济　疫情发生后，联合人行、银保监等部门，第一时间成立自治区首家金融服务企业开复工办公室，统筹调度各行业部门和金融机构，保供给、降成本、简程序、抓落实。开辟《战疫情 保六稳 · 金融在行动》电视专栏，累计制作播出30余期，通过部门讲政策、机构讲产品、企业讲需求等形式，强化宣传效果。累计发送核心金融政策短信2056万条。征集、筛选各类抗疫助企金融产品301个，建立二维码电子书，方便企业一站式了解。设立7×24小时热线服务电话，受理金融政策咨询和融资需求648条，第一时间推送银行机构，累计促成融资28.7亿元。

落实各项金融政策，帮助企业争取政策红利　争取抗疫贷款政策，全市3家防疫企业获得超低息抗疫专项再贷款6340万元。累计争取到央行低息专项再贷款11.3亿元，再贴现3.3亿元，使用额度居全区首位。全面贯彻延期还本付息政策，督导金融机构累计为企业实施延期还本付息103.1亿元，展期续贷152.7亿元、新投放贷款407.3亿元。制定生活性服务类小微企业贷款贴息办法，对符合条件的企业给予6个月基准利率30%贴息支持，截至年底，已完成首批贴息39.9万元。督导全市国有融资担保公司将担保费率降至1%以下，累计为企业减轻担保费用约150万元。

创新服务企业模式，优化金融营商环境　组织编印《中小微企业融资100问》1万册，向各类市场主体免费发放，切实提高企业学金融、懂金融、用金融能力。推动建立“鄂尔多斯市中小企业信用平台”，归集企业纳税、参保等信息，并根据相关信息进行信用评级，为银行投放信贷提供参考。截至年底，有3596家企业、43家银行机构、5家担保公司入驻平台并发布融资和金融产品信息，已完成融资145笔，金额11.4亿元。引导金融机构大力开发信用贷款产品以及基于纳税信息的信贷产品，截至2020年12月末，普惠小微企业信用贷款余额68.1亿元，较年初增加26.5亿元，增幅达63%。推动设立总规模1亿元乡村振兴保证基金，合作机构累计为全市各类新型农牧业经营主体和农牧民发放乡村振兴贴息贷款10.4亿元，其中无抵押担保贷款9.7亿元。通过有效工作，截至2020年12月末，全市金融机构各项贷款余额3398.7亿元，同比增长4.54%，较年初增加142.1亿元。贷款增速近10年来首次超过存款增速。全市贷款加权平均利率为5.96%，创历年来的最低水平。

【防控金融风险】 截至年底，全市累计完成陈案善后处置118件（占全区陈案39.1%），涉案金额66.9亿元，涉及集资参与人6555人，完成自治区三年攻坚目标任务。协调市场监管部门，完成全市范围蒙商银行更名，保障蒙商银行平稳设立和安全运行。针对包商银行破产重组和华夏人寿被接管等事件，及时制订应急预案。

【金融扶贫】 履行市金融扶贫推进组牵头职责，建立《鄂尔多斯市金融扶贫联席会议制度》，会同行业主管部门形成合力、联动推进。截至2020年12月末，全市扶贫小额信贷累放贷款3.9亿元，累计支持建档立卡贫困户、边缘户4212户次。其中2020年累放贷款4882.8万元，惠及贫困户1022户；办理无还本续贷639笔2807.8万元。

工作举措　制定印发《鄂尔多斯市扶贫小额信贷工作挂牌作战方案》，按照未申请户、申请未获贷户、贷款户、不享受政策（稳定脱贫）贷款户，分四类建档，逐类制定管理和整改措施。细化成员单位职责分工和包片督导责任，确保责任落实横向到边、纵向到底，不断推进全市扶贫小额信贷政策规范落实。

检查整改　会同人行、银保监局开展集中联合检查，并聘请第三方机构对2724户贫困户进行电话抽查。对行动缓慢、整改不力的金融机构和旗区以文件或会议等形式进行通报，督促整改。截至年底，历次检查发现的问题全部完成整改。

宣传培训　编制《扶贫小额信贷政策汇编（2020版）》向一线工作人员下发，并会同扶贫办开展专题培训。充分利用传统媒体、新媒体以及国家扶贫日、金融宣传月等多种渠道和形式进行金融扶贫宣传。

【金融综合改革】

绿色金融试点创建　认真践行“生态优先，绿色发展”理念，推动鄂尔多斯市获批自治区唯一的绿色金融试点地区。按照试点要求，及时组织相关部门、金融机构召开绿色金融试点工作座谈会，并2次赴中诚信绿金公司洽谈绿色金融业务。在广泛收集意见建议的基础上，形成《鄂尔多斯市绿色金融试点建设方案》，从绿色信贷投放、绿色保险推广、绿色企业上市等多层面，统筹推进绿色金融发展。梳理建立包含31个项目、总投资规模258.8亿元的绿色金融项目库，将相关信息向各金融机构推送。截至年底，全市绿色信贷余额258.1亿元，比年初增长81.9亿元，增速达46.5%。

农信社改制　积极指导杭锦旗联社、乌审旗联社两家农信社改制，通过召开座谈会、实地调研等方式，认真梳理、解决两家联社改制存在的问题。杭锦旗联社于6月底获得改制批复，12月31日正式挂牌杭锦农村商业银行。乌审旗联社已达到改制标准，并申请改制。

【资本市场发展】

认真贯彻落实鄂尔多斯市促进多层次资本市场发展的实施意见　建立上市挂牌问题解决机制，加大产业和资本对接。落实多层次资本市场奖补政策，对2019年鄂尔多斯市在深圳文化产权交易所挂牌的12家文旅企业落实奖励资金60万元，对2019年在内蒙古股权交易中心孵化板挂牌的6家企业和科创板挂牌的2家企业争取奖励资金80万元。

分层培育、分批推动企业上市挂牌　按照储备一批、股改一批、孵化一批、上市一批的梯次培育思路，全面培育企业进军资本市场，并协调解决上市中存在的困难问题。在企业上市方面，协调金融机构解决双欣环保大股东资金占用问题，并推动其于2020年6月12日获得证监会上市辅导备案；在推动股改方面，协调金融机构解决久泰能源银团股权质押问题，推动公司于2020年11月26日完成股份公司改造；在上市孵化方面，协调海通证券、万联证券，分别与达拉特旗鑫水源和中轩生化签订辅导协议；在储备培育方面，推动西部天然气、蒙泰热电、万基天然气和中介机构签订法律、会计审计辅导协议。积极推动企业分层分板进军资本市场，同远咨询等3家企业年内挂牌内股交孵化板，尚德艾康药业等4家企业年内挂牌内股交科创板。

推动企业发行债券融资　帮助企业联系券商和发行市场，协调解决发行中存在的问题。全年通过发行债券获得融资33亿元，年末债券融资余额达到121.4亿元。年内推动诚新物资在内股交成功发行200万元抗疫专项私募可转换债券，实现鄂尔多斯市中小企业直接融资的新突破。

引导政府基金支持地区产业发展　推动市转型发展公司投资0.8亿元、引导社会资本1.6亿元，共2.4亿元股权投资内蒙古恒星化学；投资0.2亿元、引导社会资本0.4亿元，共0.6亿元股权投资尚德艾康药业，有力支持重点产业发展。

提升企业和政府两支队伍运用资本市场的意识和能力　邀请原上交所副总经理周勤业教授来鄂尔多斯市进行资本市场专题讲座。利用上交所浦江培训学院和郑商所网络培训平台，全年举办资本市场网络培训12次。加强与深交所的沟通对接，2次邀请相关领导赴鄂尔多斯市对重点拟上市企业进行全面会诊，并积极组织企业参加深交所举办的创业板改革培训班。

【地方金融监管】　宣传贯彻《内蒙古自治区地方金融监督管理条例》《内蒙古自治区地方金融监督管理条例》于2020年12月1日正式实施，在立法过程中，市金融办配合自治区人大立法调研，提出若干可行性意见建议，为条例的出台建言献策。条例出台后，第一时间制定宣传贯彻工作方案，举办全市地方金融监管培训会，并通过市级主流媒体、短信、繁华地带 LED（发光二极管）展播、官方微信网站、金融机构网点等广泛开展宣传。

强化地方金融组织日常监管　全面贯彻落实自治区地方金融组织“监管年”活动，充分利用现场监管和非现场监管方式，加强地方金融组织的事前、事中、事后监管，认真完成小额贷款公司、融资担保公司、典当公司年度现场检查和年审评级工作。对“空壳”“失联”企业分类认定监管，下达整改意见书、风险提示函 30 份。开展商业保理企业清理整顿、融资租赁公司排查清理工作，引导未开展业务的 2 家商业保理公司、2 家融资租赁公司退出市场。完成全市 38 家交易场所的清理整顿工作。

整治金融领域行业乱象　按照市委、市政府关于扫黑除恶专项斗争的统一部署要求，持续开展民间借贷、网络借贷引发矛盾纠纷及违法犯罪问题和非法金融放贷专项整治。共排查地方金融组织 134 家次，排查名称和营业范围中含“资产管理”“投资咨询”等字样的非金融机构 102 家次。对违规经营的网贷机构，引导 4 家注销，将 5 家列入市场监管异常名录，责令 3 家停办 P2P（点对点网络借款）业务。

人力资源和社会保障

【鄂尔多斯市人力资源和社会保障局领导名录】

党组书记、局　长：王学志

党组成员、副局长：贾向阳

石宇军

郭培良

王占权

纪检监察组组长：王　莉

市社保局局长：祁福海

市就业局局长：武　鹏

【概况】 鄂尔多斯市人力资源和社会保障局内设办公室、规划财务科、事业单位人事管理科、机关事业单位工资福利科（市表彰奖励办公室）、专业技术人员管理科、人才流动开发科、职业能力建设科、养老保险科、工伤保险科（市劳动能力鉴定委员会办公室）、城乡居民养老保险科、劳动监察与农民工工作科、劳动关系科、仲裁信访科（市劳动人事争议仲裁委员会办公室）、基金资金监管科、就业促进科、行政审批与政策法规科、机关党委等 17 个科室；下属人力资源公共服务中心、人社局机关事业单位档案管理中心、人事考试中心、专家服务中心、就业服务局、就业小额贷款担保中心、就业训练中心、社会保险事业管理局、劳动保障监察综合执法局、职业技能鉴定指导中心、人力资源和社会保障信息中心、劳动争议仲裁院等 12 个事业单位。

【人事人才】 持续选拔培育高层次人才和团队，评选奖励高层次人才 91 名、产业创新创业人才团队 15 个，对 6 个团队给予滚动支持。着力加强人才培养，3 人获批为“享受国务院特殊津贴人员”，11 人获评自治区“青年创新人才奖”和“草原英才工程”青年创新创业人才；启动运行人事人才信息化平台，建立人才需求发布常态化机制，开展招才引智，落实事业单位“绿色通道”引才制度，引进高层次人才和紧缺专业人才 94 人；推进乡村人才振兴，会同市农牧局举办高层次人才助力乡村振兴系列活动；组织参加全国职业技能大赛，1 人荣获“茶艺师”项目组铜牌，实现自治区在全国综合性职业技能大赛中奖牌“零的突破”。

【人事制度改革】 应对疫情影响，推进全市事业单位公开招聘工作，实行月调度工作制度，对旗区招聘工作给予及时指导和监督，进一步规范招聘程序，避免绕道进人、萝卜招聘等情况的发生。2020 年，市直部门共计招聘编制内事业单位工作人员 103 人，旗区招聘 290 人；组织开展事业单位补岗竞聘和新聘期岗位聘用工作，按照市事业单位岗位管理相关办法，严格申报条件，严控岗位职数和比例，对存在不按程序竞聘、超出核定比例的申请，一律不予批复；结合人力资源和社会保障部《关于建立机关事业单位防治“吃空饷”问题长效机制的指导意见》精神，进一步巩固往年集中治理成果，加强同纪检、审计等部门联动工作机制，全市防治“吃空饷”长效机制有效运行；根据自治区人力资源和社会保障厅《关于印发2020年全区职称改革工作安排意见的通知》精神，结合全市实际，印发《2020年全市职称改革工作安排意见的通知》，及时组织开展了高中初级职称申报和评审工作。

【工资收入分配】 按照国务院应对新型冠状病毒感染的肺炎疫情联防联控机制《关于聚焦一线贯彻落实保护关心爱护医务人员措施的通知》精神要求，及时审批市本级援鄂一线人员及卫生系统参与新冠肺炎防疫和救治一线工作人员的临时性补贴、2倍薪酬、卫生防疫津贴及一次性绩效；会同市财政局审批市直8家公立医院、中小学、4所大学的绩效工资总量；加强信息化建设，2020年11月，市直事业单位工资审批业务全部实现线上申请流程办理；认真落实国家和自治区有关改革国有企业工资决定机制工作要求，指导履行出资人职责机构和国有企业主管部门制定工资总额管理办法，推进部分试点旗区开展国有企业负责人薪酬制度改革工作。认真落实国有企业工资决定机制改革工作，市、旗两级分别制定了监管企业工资总额管理办法（试行），指导旗区开展深化国有企业负责人薪酬制度改革工作。按照自治区有关要求开展企业人工成本和企业从业人员工资报酬情况调查工作。充分发挥劳动保障监察网格化管理的优势，在保障疫情防控的基础上，深入企业做好政策宣传和业务培训工作，并建立周通报制度，对各旗区薪酬调查工作进展情况进行通报。自治区抽取样本企业902户，全市调查企业902户，完成率为100%。

【劳动关系】 持续巩固“根治欠薪”成效，核查办理自治区转办案件27件、全国根治欠薪举报平台欠薪线索661条，为农牧民工追讨工资待遇1.2亿元。2020年，全市在建项目缴纳工资保证金2.1亿元，涉及农牧民工1.59万人，农牧民工工资拖欠问题保持动态清零。加强劳动用工备案和监察，开展“双随机”执法检查，落实联合奖惩措施，加大守信激励和失信曝光力度，对用工单位形成有力震慑。加强对用工单位的指导和服务，新认定和谐劳动关系单位58家，典型引领作用有效发挥。扎实做好案件处理工作，调解成功率、仲裁结案率、仲裁终结率均达到目标要求，在线办案率连续2年实现100%。

【就业服务】 2020年，鄂尔多斯市城镇新增就业22614人，农牧民转移就业9万余人。全市城镇登记失业率控制在3.02%以内，低于控制目标1.48个百分点。加大援企稳岗力度，发放稳岗补贴2.81亿元。疫情防控期间，解决重点企业用工3757人，全市各大企业积极履行社会责任，不裁员、不降薪，企业用工稳定有序。带政策进企业、进培训机构，开展就业创业培训9375人次，培养新型学徒3253人，完成目标任务的3.25倍；推动以工代训，为4480家企业发放补贴6798万元，惠及职工16.55万人次。以创业带动就业，扶持个体创业和小微企业吸纳就业，开展就业援助，零就业家庭保持动态清零。举办“中国创翼”创业创新大赛鄂尔多斯市初赛，组织大学生直播带货，在全国就业创业服务经验交流会上进行展示。举办系列线上线下招聘活动24场次，达成就业意向7830人；通过招聘、项目招募、人才市场等渠道，全市1.3万名高校毕业生实现就业或落实就业去向。

【社会保障】 2020年，全市城镇职工养老、城乡居民养老、工伤保险、失业参保人数分别比2019年新增2.9万人、0.9万人、2.4万人、2.6万人。制作降费率政策宣传短视频，全面提高政策知晓度，减免企业养老、工伤和失业3项保险费20.9亿元，助力企业复工复产。年内，企业、机关事业养老金月人均增加160元，城乡居民基础养老金提高5元，各项社保待遇按月足额发放到位。按照自治区要求，上划企业职工基本养老保险143亿元、工伤保险0.17亿元用于统筹管理；上划城乡居民养老保险13.34亿元用于自治区统筹运营。强化风险防控，深入开展养老保险疑点数据核查，追缴养老保险374.6万元。

医疗保障

【鄂尔多斯市医疗保障局领导名录】

局　长：张文峻

副局长：刘光文

　　　　丁国栋

【概况】 鄂尔多斯市医疗保障局是鄂尔多斯市人民政府工作部门，为正处级建制。内设办公室、行政审批科（待遇保障科）、医药综合服务管理科、规划财务与基金监管科等4个科室及机关党委。下设市医疗保险资金管理局（参公）、市城乡居民医疗保险管理中心、市医用设备耗材和药品招标采购中心等3个事业单位。2020年，全市职工参保50.8万人，城乡居民参保117.4万人，基本医保参保率稳定在95%以上。职工基本医保基金收入32.4亿元，支出21.7亿元，结余10.7亿元，累计结余65.6亿元。城乡居民基本医保基金收入13.2亿元，支出11.3亿元，结余1.9亿元，累计结余14.1亿元。

【待遇保障】 落实自治区高血压、糖尿病患者门诊用药保障政策，“两病”患者门诊用药不设起付线，报销比例50%，封顶线高血压300元、糖尿病600元，“两病”患者用药负担进一步减轻。优化调整城乡居民大病保险制度，新增补差政策。对实际报销比例低于50%的，先补差到50%。明确生育保险和基本医疗保险不设等待期，将大骨节病纳入门诊慢病保障政策，制度更加规范化、人性化。

【基金监管】 出台举报奖励实施细则和基金专项治理工作方案，完善医保基金监管制度。对全市2109家定点医药机构现场检查全覆盖，查实违规金额1580万元，处理医药机构713家，处理率34%。印发《鄂尔多斯市医疗保障局基金监管“信用体系建设试点”工作方案》，将协议履行、基金监管、满意度等，作为重点评价指标，完善基金监管体系建设。创新监管方式，研发定点药店医保刷卡智能监控管理系统，积极探索“网络监控＋线下稽核”监管模式。针对新闻媒体曝光安徽省太和县多家医院涉嫌套取医保基金的问题，第一时间召开部署会，在规定时间内完成“回头看”任务，始终保持打击打欺诈骗保高压态势。

【支付方式改革】 及时更新和动态调整三大目录，动态调整45次，涉及15710种药品、161种耗材和547种医疗服务项目，及时解决目录更新过渡期存在的问题，确保患者准确报销，有效保障患者权益。符合国家新的疾病编码与手术编码的二级及以上医疗机构，全部开展单病种付费，病种数量达到186个。调整重性精神疾病床日付费标准，以二级医疗机构收费标准为基准，三级医疗机构上浮10%，一级医疗机构下浮10%，更加符合诊疗实际。大力推进国家区域点数法总额预算和按病种分值付费（DIP）试点工作，成立领导小组、制定实施方案，完成3年全口径历史数据统计上报工作。

【药品和医用耗材集中采购】 落实国家、自治区药品集中采购政策，全市150家公立医疗机构全部网上集中采购，采购金额12.7亿元。落实国家组织药品、耗材集中采购和使用工作，第一批国家集采药品，首年约定量完成率169%，节约医保基金2492万元。第二批和第三批按照首年约定量和季度补量计算，节约医保基金6131万元。冠脉支架类带量采购，节约医保基金1432万元。积极推进跨区域联盟采购，全市二级及以上医疗机构执行三明联盟药品中选结果，药品采购价格平均降幅为69%，最高降幅为82%，节约医保基金437万元。积极参与京津冀“3+6”人工晶体联盟带量采购、四川省等省际联盟冠脉扩张球囊集中带量采购。

【经办服务】 制定《全市医疗保障政务服务清单》，实现经办事项名称、申办材料、经办方式、经办流程、办理时限、服务标准“六统一”。在全区率先实现“综合柜员制”，推进“一窗办理”“一网办理”。设置便民服务医药箱、指引牌，开展延时办理服务，医保经办服务更加规范、高效、温馨。巩固扩大异地就医直接结算成果，异地就医定点医疗机构增加到119家，全年自治区内异地就医40.5万人次，结算金额2亿元；跨省异地就医8976人次，结算金额1.4亿元。全市开通职工、城乡居民门诊慢性病直报的定点医疗机构，分别达到48家、77家，极大改善参保群众的就医体验。

（韩金原）

民政工作

【鄂尔多斯市民政局领导名录】

党组书记、局长：辛宏亮
副　局　长：杨丛甫
　　　　　　赵志忠
　　　　　　梁占和

【概况】 鄂尔多斯市民政局是市政府工作部门，正处级建制。内设办公室、规划财务科、行政审批科（社会组织管理局）、基层政权建设和社区治理科、区划地名科、社会事务科、养老服务和儿童福利科、慈善事业促进和社会工作科、社会组织党建办公室、机关党委等10个机构，下属市城乡居民最低生活保障办公室、市社会福利院、市救助管理站、市福利彩票发行管理中心4个直属事业单位。

【社会救助】 2020年，全市共有城市低保对象3525户5828人，累计发放资金3808.7万元；农村低保对象10940户21081人，累计发放资金10137.9万元；城市特困人员425人，累计发放资金964.71万元；农村牧区特困人员4716人，累计发放资金5538.15万元；临时救助困难群众13832人次，累计发放资金2099.04万元。提高困难群众基本生活保障标准，城市低保标准从每人每月675元提高到790元，农村牧区低保标准从每人每年6169元提高6720元，分别比2019年增长17.0%和8.9%；城市特困人员基本生活标准从每人每月1144元提高到1500元，农村牧区特困人员基本生活标准从每人每年9893元提高到10200元，分别比2019年增长31.1%和3.1%；完全丧失生活自理能力特困人员的照料护理标准从每人每月1047元提高到1100元，部分丧失生活自理能力特困人员的照料护理标准从每人每月403元提高到460元，各类保障对象保障标准增幅均高于全区平均水平。

【养老服务】 投入资金821.5万元，高标准建成“嵌入式”居家社区为老服务中心11处，在东胜区、伊金霍洛旗、康巴什区新建老年人助餐点7处，全市居家养老服务场所达到119处，城乡养老服务设施覆盖率均达100%。农村牧区养老服务设施覆盖率达到80%以上。投入资金3486万元，完成位于东胜区的市福利院的维修改造工程，并成功进行公建民营改革；投入资金1.8亿元，完成位于康巴什区的市福利中心建设工程，总建筑面积2.9万平方米，总床位799张，其中儿童福利院投入运营，社会福利院和康复中心竣工。开展养老院服务质量建设专项行动，结合国家、自治区养老机构等级评定工作要求，在东胜区、康巴什区开展等级评定初评工作。启动民政服务机构安全专项整治三年行动，完成特困人员供养服务机构改造提升工程、民办养老机构消防安全达标提升工程和安全生产月、安全生产万里行等重点工作，全年民政服务机构安全无事故。全面落实老年人福利政策，高龄津贴制度覆盖7万人，发放资金1.1亿元；老年人意外伤害保险覆盖28.9万人，投入资金433.8万元。

【儿童福利】 依托“未保中心”“儿童之家”等儿童关爱保障平台，开展留守儿童和困境儿童基本信息摸底排查、登记建档、政策宣讲及服务转介、精神关怀等服务，累计服务3800余人次，保障儿童福利政策落实落地，全年累计发放孤儿保障金850.3万元。精心准备新建儿童福利院启用工作，在院孤弃儿童实现从简单的养护服务向“养、教、康、治”专业服务的转变。

【“两项补贴”发放】 全年累计发放残疾人“两项补贴”资金7551万元，惠及困难残疾人8539人、重度残疾人24174人。

【殡葬管理】 高质量完成清明节祭扫服务保障工作，推动违法违规私建墓地专项整治，开展安葬设施违规建设经营专项摸排工作，摸清底数和突出问题。贯彻落实惠民殡葬政策，全年减免费用39万元。

【流浪救助】 联合相关部门深入开展生活无着落流浪乞讨人员救助管理服务质量大提升专项行动，全市共救助求助人员1979人次，护送返乡32人，落户安置1人，站外托养9人。

【婚姻登记】 全年累计办理结婚登记8305对，离婚登记3391对，补领结婚证6643对，补领离婚证645人。

【基层治理】 启用基层政权建设和社区治理信息系统，实现基层基础信息管理规范化。稳步推进基层民主政治建设，自2020年12月启动第十一届嘎查村（社区）“两委”换届选举工作。全面完成村规民约和居民公约制定修订工作，会同发改、公安等部门指导旗区出台村级小微权力清单和基层群众性自治组织出具证明事项清单，从根本上改变“社区万能章”现象。深入推进城乡社区协商并深化基层群众自治实践，全市17个村规民约和居民公约入选全区优秀案例，东胜区纺织街道曙光社区、达拉特旗平原街道被评为全区优秀社区协商案例。

【社会组织管理】 2020年，全市登记注册社会组织达到2310家。强化社会组织综合监管，通过购买第三方专业服务的方式面向全市社会组织开展等级评估工作，利用电子信息化手段开展年检工作，全面完成456家行业协会商会脱钩工作。

【社会工作】 专业社会工作深度融入社会服务，专业社工成为开展社区服务、购买服务的骨干力量。其中1人被评为“2019年度中国十大社工人物”，1人被评为“2019年度中国百名社工人物”，举办第三届“相聚草原 社工论剑”主题交流活动，形成鄂尔多斯特色社工论坛品牌。

【三社联动】 试点社区总数拓展至63个，开展项目超过400个，召开联席会议144次，服务老年人1万余人次、儿童9000多人次，文化娱乐活动400余场，参与志愿者1867人，受益人群超过10万人次。

【福彩事业】 有效应对疫情和彩种调整影响，专营店率达98.2%，全市福彩销量达到6.01亿元，保持全区首位。

【行政区划】 完成第四轮省界和第六轮盟市界联合检查任务，切实维护边界地区的和谐稳定。持续开展不规范地名清理整治工作，及时审核更新地名信息651条，完成《鄂尔多斯市地名志》评审、清样、通稿工作和《鄂尔多斯市地图》审核修改工作。

（王建明）

扶贫工作

【鄂尔多斯市扶贫开发办公室领导名录】

主　任：陈德华

副主任：刘海军

班慧丽（女）

【概况】 鄂尔多斯市扶贫开发办公室为市人民政府工作部门，内设综合科、政策法规科、规划财务科、项目管理科、社会扶贫科、考评监督科、机关党委7个科室。下设革命老区发展中心、扶贫信息管理中心。2020年，对全市建档立卡脱贫户7176户17285人进行全面巩固提升，重点监控边缘户50户120人、脱贫监测户19户44人，无新增贫困人口，基本消除绝对贫困。

【产业扶贫】 全市实施项目375个，投入资金3.6亿元，受益贫困人口2.33万人次。扎实推进小额信贷工作，发放贷款945户4523.6万元。扶持扶贫龙头企业89家，带动贫困人口1457人。开展贫困人口技能培训36期1649人次，组织贫困人口外出就业2470人，安排公益性岗位1262个。为有效应对疫情影响，鼓励贫困户发展庭院经济，1079户受益，户均增收2500元以上。

【教育扶贫】 全年落实建档立卡贫困学生差异化优先扶持政策，资助各学龄阶段建档立卡家庭学生3378人次，落实倾斜化资助金435.2万元。建立完善失学辍学学生动态管理数据库和监测机制，全市无"因贫失学辍学"情况，义务教育巩固率达93.1%。利用职业教育资源，通过入户送教、网络直播等方式，完成对建档立卡贫困户854人职业技能专业培训。对三类重点人群开展普通话培训，共培训建档立卡贫困劳动力、基层干部、基层教师4.2万人次，入选全国"推普脱贫"典型案例。

【生态扶贫】 坚持生态建设与扶贫相结合，组建85个扶贫造林合作社，带动123户477人增收。开发生态公益岗位302个，人均增收6000元。

【健康扶贫】 2020年，严格执行"三个一批"（大病集中救治一批、慢病签约服务管理一批、重病兜底保障一批）救治措施，将大病集中救治病种由25种增加至30种，全市确诊大病患者123人，988名大病患者全部救治，救治率达100%。组建652个家庭医生团队，推行二级以上医院专科医师结对帮扶贫困人口制度，为3583名慢病贫困患者提供"送医配药送健教"服务，累计就诊8456人次。各级公立医疗机构全部开展先诊疗、后付费，建立137个一站式报销服务窗口、8个一站式服务大厅，方便贫困人口看病就医。全市建档立卡贫困人口和边缘人口基本医保和大病保险全覆盖。全年基本医保支出2058万元，大病商业保险支出304万元，医疗救助支出421万元。

【医保扶贫】 建立健全贫困人口综合保障机制。将贫困人口全部纳入医疗救助范围。大病保险对贫困人口实行倾斜支付政策，起付线降低50%，支付比例提高5%。重大疾病患者住院报销比例90%，门诊慢病80%，贫困人口医药费用自付部分控制在合理范围。在定点医疗机构、经办服务大厅设立"一站式"报销窗口，实行贫困人口市域"一站式"便捷结算服务。建立局领导包联推进旗区医保扶贫工作制度，深入开展挂牌作战、调研督导，开展重大疾病患者、大额医疗费用支出患者动态监测工作，建立健全防止因病致贫返贫长效机制，推动脱贫攻坚和乡村振兴有效衔接。

【易地扶贫搬迁和住房保障】 召开易地扶贫搬迁及后续产业扶持现场推进会5次，统筹推进易地扶贫搬迁安置区配套基础设施和公共服务设施补短板项目。通过产业、就业、资产收益等措施扶持搬迁人口3848人。健全农村牧区房屋质量日常监控制度，完成4260户建档立卡脱贫户的核验工作，对122户房屋局部漏雨、轻微裂缝等现象全部进行整改。

【消费扶贫】 截至年底，全市与238家驻地央企国企签订长期框架性协议399个，协议金额10.74

亿元；签订具体采购合同 466 个，直接参与生产供应的嘎查村 708 个，合同金额 3.99 亿元；根据合同已完成实际采购 2.43 亿元，其中，直接采购边缘户、脱贫监测户、脱贫巩固户农产品 1062.89 万元。加快电商扶贫服务站建设，设立村级电商扶贫服务站 83 处，辐射带动农牧户 7.7 万户、贫困户 0.2 万户。

【驻村帮扶】 全市派出驻村干部 1117 人，其中市直部门 142 人、旗区 975 人，做到嘎查村驻村帮扶全覆盖。开展以建档立卡贫困户为基础的对接帮扶活动，到户帮扶率达到 100%。全市包联单位和驻村工作队为嘎查村引进项目 2196 个，投入资金 6.4 亿元。

【返贫监测帮扶机制】 出台《鄂尔多斯市巩固脱贫成果防止返贫致贫若干工作措施》，各旗区累计投入 282 万元，实现建档立卡贫困人口和边缘人口“防贫保”全覆盖。4 个旗区投入 1058 万元，设立精准脱贫攻坚防贫保障基金，投入 25.4 万元，救助边缘户 13 户；投入 2.6 万元，救助监测户 4 户。

【兜底保障】 全市 1584 户 3249 人建档立卡贫困人口纳入低保，享受低保渐退政策 822 人。158 人建档立卡贫困人口纳入特困人员，临时救助 878 人次。边缘户纳入低保 35 户 77 人，临时救助 25 人次；脱贫监测户临时救助 6 人次；推进扶残助贫，对 200 名建档立卡贫困残疾人发放辅助器具 271 件，发放残疾人“两项补贴”资金 395.8 万元。

【驻村帮扶】 全市派出驻村干部 2476 人，共为嘎查村引进项目 1572 个，投入资金 8.1 亿元。深入开展“百企帮百村”活动，全市 978 户企业结对帮扶 696 个嘎查村，累计落实帮扶资金 6.2 亿元。

【扶贫资产监管】 出台《全市财政专项扶贫资金管理办法》《全市资产收益管理办法》，强化扶贫项目跟踪问效和绩效目标评价。完成 2020 年 7 月前所有扶贫专项资金审计和整改工作。

（邢海龙）

民族事务

【鄂尔多斯市民族事务委员会领导名录】

党组书记、主　任：雷·斯仁（蒙古族）

党组成员、副主任：赵国祥

巴音其木格（蒙古族）

【概况】 鄂尔多斯市民族事务委员会是市政府工作部门，正处级。内设办公室、政策法规科、监督检查科、经济发展科、社会发展科、蒙古语言文字管理科 6 个科室，下设民族宗教综合执法局、少数民族古籍整理办公室、少数民族文化交流中心 3 个事业单位。

【创建工作】 草拟《关于深入持久开展民族团结进步创建工作　铸牢中华民族共同体意识的实施意见》，推动民族团结进步创建工作进一步规范化、制度化。以铸牢中华民族共同体意识为主线，进一步深化民族团结进步宣传教育，通过开设专栏持续发挥广播、电视、报纸等传统媒体宣传作用的同时，丰富“互联网 + 民族团结”行动，组织开展政策宣讲、微信答题、主题征文、微视频大赛等一系列民族团结进步创建宣传教育活动，设计制作鄂尔多斯民族工作宣传卡通人物阿娜尔（汉语译为石榴）及以其为主线的民族团结系列宣传动漫，在全社会营造中华民族一家亲的良好氛围。举办“中华民族一家亲　同心共筑中国梦”民族团结进步颁奖盛典和全市民族团结进步创建与城市民族工作互观互学活动，命名全市第五批民族团结进步示范区示范单位 41 个、民族团结进步教育基地 8 个。2020 年，鄂尔多斯市新增自治区级民族团结进步示范区示范单位 5 个、示范嘎查（村）3 个。截至年底，全市 9 个旗区均进入自治区及以上示范地区行列。

【民族事务】 推进民族法治宣传教育，开展民族法治宣传周系列活动，制定“谁执法谁普法”普法责任清单，举办“弘扬法治精神，推进民族事务治理体系和治理能力现代化”有奖答题和学习使用蒙古语、汉语《中华人民共和国民法典》等系列活动。依法依规审批民族成分变更申请11件。及时调整意识形态工作领导小组，召开意识形态工作会议，印发《意识形态工作要点》，制定《意识形态工作责任制实施方案》。成立网络安全和信息化工作领导小组，营造民族工作良好的舆论氛围，净化网络空间。制定《推进国家统编教材使用相关工作突发事件应急处置预案》，层层压实责任，配合有关部门扎实推进国家通用语言文字教育工作。积极发挥职能作用，办理人大建议2个，政协提案5个。2020年，全市民族领域保持团结稳定大好局面。

【城市民族工作】 探索推进少数民族流动人口服务管理试点工作，编印《鄂尔多斯市少数民族流动人口服务指南》，命名全市首批“少数民族流动人口服务管理体系建设示范社区”5个。承办全区城市民族工作互观互学活动，鄂尔多斯市民委作大会典型交流发言。

【民族产业扶贫】 持续推进民族产业扶贫工作，落实民族发展资金4140万元（其中市本级1220万元），实施民族特色产业项目115项。上线启用鄂尔多斯市民族工作信息数据管理平台，举办全市少数民族发展资金管理使用及项目实施培训班，进一步增强少数民族发展资金使用效益。落实少数民族贫困救助金260万元，救助少数民族特困家庭400户。成立全市少数民族手工艺品制作协会，举办全市第二期少数民族手工艺品制作培训班、全市第三期少数民族扶贫就业创业培训班和全市少数民族农牧民实用技术培训班及鄂尔多斯市首届“蒙德杯”民族手工艺品大赛，不断提高少数民族“自养自给”能力，决战决胜全面小康。扎实推进驻村包联工作，投入140万元，实施包扶项目2项。认真落实中央脱贫攻坚专项巡视“回头看”和国家脱贫攻坚成效考核反馈意见整改工作要求，制定整改方案和整改台账。先后2次会同派驻纪检监察组对全市少数民族脱贫攻坚工作进行专项调研，召开专题会议研究部署全市少数民族脱贫攻坚工作。截至年底，整改任务已全部整改完成，全市少数民族贫困人口全部实现脱贫。

【社会事业】 会同市教体局、财政局修订印发《鄂尔多斯市民族教育专项补助资金管理办法》，落实民族教育专项补助资金835万元，实施民族特色教育项目24个。落实蒙古族在校大学生就学补助金2841万元，惠及5754名在校大学生。启动实施《鄂尔多斯民族教育历史与发展战略研究项目》。按照全区民族射箭大赛竞赛规程要求，组建鄂尔多斯代表队，积极备战全区民族射箭比赛。参与全市“弘扬乌兰牧骑精神，到人民中间去”基层综合志愿服务活动，同时有针对性地宣传、讲解各项民族政策。

【蒙古语言文字工作】 认真贯彻党的民族语文政策，组织举办国际母语日主题宣传活动，制作蒙古语汉语专题片，与鄂尔多斯广播电视台制作播出“母语”栏目24期、“民歌追寻”栏目24期。开展社会市面用文蒙汉两种文字并用治理整顿工作，创新引入社会市面用文蒙汉两种文字并用社会监督体系。举办全市公文翻译培训班和全市第四届义务教育阶段蒙古语授课中小学生蒙古文正字大赛，进一步推动蒙古语言文字规范化、标准化和学习使用制度化。进一步推动蒙古文图书和古籍文献档案整理出版事业发展，补贴出版蒙古文图书4部，编辑出版蒙古文刊物《伊克昭》2期，编纂整理《鄂尔多斯古籍文献丛书》4部、《鄂尔多斯右翼后旗（杭锦旗）札萨克衙门档案全宗》9卷。

退役军人服务保障

【鄂尔多斯市退役军人事务局领导名录】

局　长：马保荣

副局长：刘溉田

　　　　王国良

【概况】 鄂尔多斯市退役军人事务局（以下简称

市退役军人事务局）是市政府组成部门。内设市委退役军人事务工作领导小组办公室秘书科、办公室、移交安置科、就业创业科、拥军优抚和褒扬纪念科、思想政治和权益维护科、机关党委等7个科室，下设市退役军人服务中心、市军队离休退休干部休养所2个直属事业单位。

【基层建设】 2020年，市退役军人事务局扎实推进退役军人服务保障体系建设，建成覆盖市、旗区、苏木乡镇街道、嘎查村社区四级退役军人服务中心（站）1059个，创建全国示范型退役军人服务中心（站）59个，全区百家红色退役军人服务站12个。探索建立“1+4”退役军人服务保障工作模式（党建引领+体系覆盖全域化、场所建设规范化、管理手段信息化、服务保障精细化），成为自治区退役军人服务保障体系建设示范区，承办内蒙古自治区西部片区退役军人服务保障体系建设互学互鉴交流培训会。

【双拥共建】 2020年，市退役军人事务局加大双拥宣传力度，推动建设双拥永久性标识、双拥广场（一条街）等基础设施，营造爱国拥军、尊崇军人的浓厚氛围。聚焦解决部队“三后”问题，安置随调家属、未就业随军家属、向符合条件的未就业随军家属发放基本生活补贴，完成部分跨军地改革集体转制部队退役军人及随调随迁配偶子女落户工作，帮助解决军人子女入学问题。2020年，鄂尔多斯市和东胜区、准格尔旗、鄂托克前旗、杭锦旗、伊金霍洛旗被命名为“自治区双拥模范城”。鄂尔多斯市同时被命名为“全国双拥模范城”，实现“五连冠”。

【安置就业】

退役军人移交安置　多名计划分配军转干部和计划分配军转干部随调家属以及符合政府安排工作的退役士兵全部按政策安置。接收自主择业军转干部、军休干部。接收自主就业退役士兵，并发放地方经济补助金。完成自主择业军队转业干部的退役金调整工作。

退役军人就业　探索建立“政府主抓、企业支持、院校培训、军队助力”“四位一体”退役军人就业创业促进机制，通过组织开展退役军人创业创新大赛、组建退役军人创业指导团队等一系列举措，促进退役军人就业创业。全市各级共组织退役军人专场招聘会19场，发布线上招聘信息40多次，提供就业岗位，多人达成初步就业意向，并实现上岗就业。

退役军人创业　指导建成准格尔旗退役军人创业园、乌审旗退役军人就业创业基地、鄂托克前旗退役军人就业创业实训基地；鄂尔多斯市退役军人事务局被确定为全国退役军人就业创业信息化试点。

适应性教育培训　召开退役军人教育培训座谈会，组织开展退役军人就业创业网上问卷调查活动；举办退役军人项目制培训班1期，多名退役士兵参训；举办退役军人适应性培训班1期，培训自主就业退役士兵多人。

【优抚优待】 2020年，市退役军人事务局认真落实各项政策，及时兑付各级各类优抚资金；发放“中国人民志愿军抗美援朝出国作战70周年”纪念章；完成全市退役军人、军烈属及现役军人家属等信息采集和光荣牌悬挂工作；对全市优抚对象进行数据核查，为多名退役军人提供免费体检；组织开展“拥军优抚宣传系列活动”，为出征武汉退役军人、全市抗疫志愿服务队代表颁发纪念章等；在春节、“八一”中国人民解放军建军日、烈士纪念日、国庆节等重要节日深入开展走访慰问，发放慰问金，为部分困难企业军转干部发放各类补助金。组织开展8处烈士纪念设施、17处零散烈士墓普查；组织开展“致敬·2020清明祭英烈”网上祭扫、烈士公祭日纪念活动，营造缅怀英烈、学习英烈的良好氛围。认真落实军休人员“两个待遇”，常态化组织学习教育活动，对军休办公楼环境设施建设进行整体设计建设，不断提升服务功能和环境的舒适度。

【权益维护】

帮扶援助　认真摸清困难退役军人底数，对困难退役军人建档立卡；探索建立社会力量关爱退役军人工作机制，推动设立退役军人关爱基金（光彩基金）；全市安排帮扶救助资金，向困难退役军人给予临时救助。

社保接续　通过采取优先办理、线上办理、集中办理等措施，录入系统人员的个人保险已全部办结完成。

成吉思汗陵管理

【成吉思汗陵旅游区管委会领导名录】

党 工 委 书 记：特古斯（蒙古族）

党工委副书记、管委会副主任：

孟克宝鲁德（蒙古族）

管委会副主任：哈斯其劳（蒙古族）

【概况】 成吉思汗陵旅游区（以下简称成陵旅游区）位于内蒙古自治区鄂尔多斯市伊金霍洛旗伊金霍洛镇境内，占地10平方公里，视觉景观控制区为80平方公里。包括历史文化区、祭祀文化区、民俗文化区、草原观光区、休闲度假区等5个功能分区。共有文物和旅游景点34处，是世界上唯一一家以成吉思汗祭祀文化为核心的文化旅游景区。成吉思汗陵旅游区管委会内设8个行政机构（党政办公室、人力资源和社会保障局、民族事务和文物管理局、财政局、发展建设局、文化和旅游局、环保园林局、党群工作部），8个事业单位（成吉思汗研究院、祭祀文化办公室、接待办公室、保卫处、服务中心、成吉思汗艺术团、环境保护和园林环境卫生管理所和成吉思汗博物馆），3个自设机构（门票办、检票口和成吉思汗文化旅游实业发展公司）。2020年，成陵旅游区按疫情防控要求景区闭园，于3月18日重新开放。截至10月底，共接待游客20万人次，实现旅游收入2000余万元，与往年相比，出现较大幅度下滑。

【祭祀活动】 4月13日，举行庚子年（2020）成吉思汗春季查干苏鲁克大祭；7月5日，举行庚子年（2020）成吉思汗夏季淖尔大祭；10月28日，举行庚子年成吉思汗秋季舒日格大典；11月17日，举行庚子年成吉思汗冬季达斯玛大典。

【保护传承】 成吉思汗祭祀文化活动中的日祭、月祭以及新年伊始大祭、查干苏鲁克大祭、淖尔大祭等祭祀仪式完整地按照传统习俗举行；按照市人大常委会要求,《成吉思汗陵保护条例》经多轮征求意见和修改，进入提交市人民政府常务会审议阶段；完成文物安全自查工作和“三防”工程验收检查等工作，全国重点文物——成吉思汗陵得到全方位保护。

【研究成果】 举办成吉思汗陵文化旅游高质量发展座谈会，组建由历史文化、旅游规划、文物、民俗文化、影视编创、司法等多行业权威专家组成的“成吉思汗陵智库专家组”；编撰完成《成吉思汗守灵人达尔扈特》《成吉思汗祭典礼俗》《蒙汉文合璧成吉思汗祭典祭词》等书籍。

【文旅融合】 与伊金霍洛镇联合举办第十七届中国·内蒙古草原文化节暨伊金霍洛镇第十四届传统那达慕活动；线下线上互动营销，组织参加“内蒙古—山西文化旅游区域合作宣传推广活动”“鄂尔多斯·圣地延安区域合作宣传营销踩线活动”等4次区内外专题推介活动，在鄂尔多斯机场、动车站发动户外宣传攻势，通过抖音网络平台同步开展线上营销进行引流；开展旅游惠民活动，实行抗击疫情医护人员免门票、鄂尔多斯籍半价门票、高考学子免门票、鄂尔多斯市任教教师免门票等惠民政策。

【环境保护】 坚持生态优先、绿色发展的高质量发展之路，实施生态绿化项目1个，完成3万平方米的绿化工程，成陵旅游区生态环境得到明显改善，生态景观不断优化；完成成吉思汗陵宫99阶台阶更换工程，旅游区集中供暖改造提升工程进行前期规划设计。

【**学术研究**】 7月8日，组建成立由全区12名知名学者组成的“成吉思汗陵智库专家组”，参加《蒙古秘史》成书780周年学术研讨会。编制发行《成吉思汗研究》和《成吉思汗陵系列丛书》，举办“第九届成吉思汗陵文化论坛”。

（郝海平）

应急管理

【**鄂尔多斯市应急管理局领导名录**】

党组成员、副局长：于贵忠

吕海宇

刘虎胜（4月退休）

【**概况**】 鄂尔多斯市应急管理局是鄂尔多斯市人民政府的工作部门，为正处级。鄂尔多斯市安全生产委员会办公室、鄂尔多斯市防汛抗旱指挥部办公室、鄂尔多斯市森林火灾防灭火办公室、鄂尔多斯市抗震救灾办公室设在市应急管理局。鄂尔多斯市应急管理局内设办公室、应急办公室、安全生产综合协调办公室、行政审批科、危险化学品安全监督管理科、安全生产基础科、政策法规和规划科技科、宣传培训科、综合减灾科、防汛抗旱科、火灾防治管理科、调查评估和统计科、机关党委等13个科室。下属安全生产监管综合执法局、安全生产应急救援指挥中心、安全生产考务中心、防汛抗旱指挥部办公室、矿山应急救援指挥中心等5个事业单位。2020年，全市共发生生产安全事故181起、死亡167人，事故起数同比减少15起，下降7.7%；死亡人数同比减少53人，下降24%，未发生重特大生产安全事故。自然灾害防治各项工作有序推进，黄河安全度汛，未发生人员伤亡森林火灾事故。

【**安全生产**】 全年发布安全生产月报12期。常态化开展隐患排查治理，全年各旗区（园区）共排查发现各类安全隐患62749项，已整改59181项，整改率为94.3%。鄂托克旗华冶煤焦化公司“4·30”事故发生后，开展为期1个月的安全生产大检查，排查一般问题隐患12712项，已全部整改。全面推进安全生产专项整治三年行动，建立了问题隐患和制度措施“两个清单”，共排查整治问题隐患29206项，责令停产整顿企业30家，约谈警示企业235家。开展安全生产评估工作，全年对102家危险化学品企业开展安全评估工作，评为橙色等级7家、黄色等级85家、蓝色等级企业10家。深化安全生产宣传培训教育，联合市委组织部举办全市第五期领导干部大讲堂暨安全生产专题讲座，深入开展了安全生产宣传教育“五进”和“6·16”全国安全生产宣传咨询日等活动。持续推进“三项岗位”人员和其他从业人员培训考试，全年共培训20075人，组织考试955场次。积极推进安全生产标准化达标创建工作，全年危险化学品、非煤矿山、冶金等工贸行业完成标准化达标企业172家。加快推进安全生产信息化平台建设，全面推进危险化学品企业三、四级重大危险源在线监测数据接入相关工作。加强安全风险在线监测预警，对重点监管企业实行24小时远程在线安全监管，全年监测到重大风险19次，较大风险130次，处置率达100%。

【**自然灾害防治**】 严格落实以行政首长负责制为核心的防凌防汛抗旱工作责任，及时在《鄂尔多斯日报》公布防凌、防汛、抗旱行政责任人。强化防凌、防汛期间隐患排查治理，流凌封河前对沿黄四旗河段内的浮桥及浮桥引道进行清除，对境内穿堤涵洞全部进行堵复，对全市41处出现冲淘的险工险段完成抢护工作。深入分析全市防汛抗旱形势变化，及时启动全市防汛抗旱Ⅳ级应急响应。积极争取防凌资金700万元，协调财政及时划拨至沿黄四旗。

【**森林草原防灭火工作**】 重点加强清明等传统节日期间火灾防控，清明节期间市、旗两级逐级发放5.2万个耐火瓷质烧纸筒，向无防火措施的坟头发放18万块砖。加强火源管控，市人民政府市长签发了森林草原防火戒严的命令，在全市范围内开展为期3个月的野外火源专项治理行动，及时整治火险隐患120处。强化部门联动，市森防指办联合有关部门开展打击森林草原违法用火行为专项行动，共排查火灾隐患20余处，现场查处6起违法农事用火。

【鄂尔多斯市第一次全国自然灾害综合风险普查领导小组】 重新调整市减灾委员会成员单位，建立自然灾害预警接收联络机制，成立第一次全国自然灾害综合风险普查领导小组。联合市发改、市财政制定《市本级救灾物资储备管理暂行办法》，提出2020年市级救灾物资储备计划，立足疫情防控实际，向自治区申请调拨4类共2950件救灾物资，累计调拨全市19类共12110件救灾物资，均用于保障疫情防控一线工作。及时统计上报全市范围内发生的自然灾害，做好灾情核查评估和灾害救助工作，全年分配下达冬春救助资金2497.84万元（2019—2020年度、2020—2021年度）。

【应急救援能力建设】 及时修订完善鄂尔多斯市有关安全生产和自然灾害方面的应急预案。对全市应急队伍情况进行全面摸底调查，截至年底，全市有安全生产应急救援队伍100支、社会应急救援力量2支。加强应急物资储备，编制鄂尔多斯市自然灾害、事故灾害和公共卫生事件应急救援物资采购计划，经市政府常务会议研究通过。积极推动区域协同发展，与呼包乌榆应急管理局签订《联合应急管理协作框架协议》。强化应急演练，在神华煤制油公司开展2020年全市化工事故应急救援演练。全年，在学校、幼儿园、危险化学品企业及人员密集场所等场所组织开展安全生产、防灾减灾应急演练700余次。

中国人民政治协商会议鄂尔多斯市委员会

【中国人民政治协商会议鄂尔多斯市委员会领导名录】

主　　　　　席：王建国

党 组 副 书 记：高占胜（3月任职　11月免职）

副　　主　　席：孙树华（4月请辞退休）

马嘎尔迪（蒙古族）

乔　明

吉日嘎拉图（蒙古族）

姬耕耘

金广军（蒙古族）

乌　兰（女，蒙古族）

房建华（女）

高志华（4月当选）

党　组　成　员：陈　晶

牧　人（蒙古族）

马玉清

党组书记、秘书长、办公室主任：陈　晶

副　秘　书　长：高　飞

派驻纪检监察组组长：陈丽娟（女）

办 公 室 副 主 任：郭红英（女）

常务委员：山丹（女，蒙古族）、马玉清（4月增补）、王贵、王玉琢（女）、王晓莺（女）、王晓燕（女）、王润先（女）、王培琴（女）、王彩霞（女）、田玉朝、吕美春（女，蒙古族）、刘杰、刘翠（女）、刘亚发、闫美蓉（女）、折占飞、许甲子（4月免）、苏雅拉（女，蒙古族）、苏翠平（女）、李云（4月增补）、希尼（蒙古族）、张姝（女）、张秉毅、陈曦、武洲、林树茂（蒙古族）、图布丹尼玛（蒙古族）、郑晓利（女）、赵琦（女）、钟乌拉（蒙古族）、段枚然（蒙古族）、姜勇、秦闻苹、敖日格乐（蒙古族）、袁梓苑（女，蒙古族）、聂永胜、高飞（4月增补）、高利平、郭瑞、梁振金、简尔戎、解远峰、廉首荣

概　述

【概况】 政协鄂尔多斯市第四届委员会下设办公室（处级）和7个专门委员会（处级）。办公室设秘书科、人事科、行政联络科、综合科（理论研究室）、机关党委5个科级职能机构和机关事务服务中心、老干部管理服务中心、委员联络处3个对照科级建制的事业单位；7个专门委员会为提案委员会、经济委员会、教科卫体委员会、民族宗教港澳台侨联络委员会、文化文史和学习委员会、社会法制和人口资源环境委员会，农牧委员会，每个专门委员会设1个科级办公室（其中，农牧委员会办公室暂未设立）。2020年，政协鄂尔多斯市第四届委员会共有委员288名。其中，中共党员委员177名，妇女委员92名，占31.8%；少数民族委员85名，占29.5%；按年

龄分31—40岁49人，占17%，41—50岁98人，占34%，51—60岁132人，占45.8%；按学历分大学学历139人，占48.3%，研究生学历77人，占26.7%。委员共分21个界别，其中中国共产党党员30名、民盟8名、农工党8名、九三学社8名，无党派人士20名、共青团6名、工商联17名、妇女联合会17名、教育界18名、体育界4名、文化艺术界12名、新闻出版界6名、工会界2名、农牧林界19名、经济企业界25名、少数民族界17名、宗教界7名、侨务界5名、医药卫生界21名、科学技术界13名、特别邀请人士界26名。

【履职工作】 鄂尔多斯市政协探索形成“联党员促党建、联委员促履职、联群众促和谐、联部门促民主”的“四联四促”工作机制。组织召开市政协四届三次全委会，召开常委会会议5次及主席会议、专题协商会、新年茶话会等各类会议活动20余次。围绕“推进全面建成小康社会和基层协商民主”“推进新冠肺炎疫情防控与决战决胜脱贫攻坚”，开展主席会议成员集体视察2次，向市委、市人民政府提出一系列有针对性的意见和建议，有力促进各项工作的开展。市政协各专门委员会积极发挥“联”与“促”的作用，围绕8个课题组织开展50余次形式多样的界别活动，使委员、干部们开阔眼界和思路，并结合鄂尔多斯实际情况提出意见建议，形成有价值的界别活动成果。在全委会上，组织委员通过大会发言、分组和联组讨论等形式，大会发言围绕“推动民营经济健康发展”“十大孔兑治理和黄河流域生态保护”“能源资源企业与农牧民建立稳定利益联结机制”“解决煤化工企业灰渣问题”“加快推进鄂尔多斯市蒙中医药产业发展”“发挥专门协商机构作用 推进协商民主向基层延伸”等议题建言献策。

【协商议政】 与市委、市人民政府研究制订2020年度政协协商计划，围绕“推动沿黄地区生态保护和高质量发展”“加强公共卫生队伍和基层防控能力建设”“加强饮用水水源地保护”“城市困难群体生活保障”“农村牧区生活垃圾治理”“加强学前和小学民族教育工作”“优化营商环境”等7个课题在深入调研的基础上，通过召开常委会会议、专题协商会等形式，组织常委、委员和相关专家与市委、市政府及有关市直单位面对面协商，提出一批高质量的意见建议，被市委、市政府积极采纳，并纳入有关部门下一步的工作计划中。

【视察调研】 全年围绕“脱贫攻坚和重点项目建设等工作”“基层协商民主建设和重点项目推进情况”开展主席会议成员视察团视察2次。各界别活动小组围绕“推进全面建成小康社会和基层协商民主”“推进新冠肺炎疫情与决战决胜脱贫攻坚”等8个课题，赴先进地区开展考察活动，并结合鄂尔多斯实际情况提出意见建议。

【提案和社情民意信息工作】 动员委员广泛关注各类民生问题，以提案形式建言问政，全年累计征集提案327件，审查立案240件并全部办复，与政府联合督办的9件重点提案全部转化落实。制定出台加强和改进民主监督的意见，组织委员就“教育事业发展”“退役军人服务体系建设”问题监督建言，有效推动党政决策部署落实。联合旗区政协，共同组织委员进社区、进乡村、进企业、进校园、进窗口，广泛联系群众，深入了解民意诉求，累计征集各类信息近200条，整理编报《委员意见建议专报》9期、《社情民意信息》27期，其中有12篇信息得到本级党政领导的批示，有22篇信息被上级政协采用，其中有2篇信息被全国政协采用，有1篇信息得到自治区领导批示。

鄂尔多斯市政协 2020 年度重点提案一览表

表 1

序号	提案题目	提案编号	提案者	承办单位
1	关于加快推动我市天然气开发利用的提案	9 号	高利平	市能源局
2	关于进一步优化营商环境助推全市民营经济高质量发展的提案	15 号	乌力吉仓、伊平、巴图吉雅、黄学娇、苏永贵、宋彦、聂永胜	市发展和改革委员会主办，市政务服务局、市市场监督管理局协办
3	关于利用现有设施建设中国西北亚高原训练基地(体育小镇)推动文体旅融合发展的提案	124 号	民盟鄂尔多斯市委	市教育体育局主办，市文化和旅游局协办
4	关于出台补贴政策大力推广电采暖的提案	126 号	王玉良	市住房和城乡建设局主办，市能源局、市财政局协办
5	关于加快推进医保支付制度改革的提案	167 号	农工党鄂尔多斯市委	市医疗保障局
6	关于加快我市垃圾分类收运处置体系项目建设的提案	196 号	九三学社鄂尔多斯市委	市住房和城乡建设局主办，市城市管理综合执法局协办
7	关于加大黄河流域生态保护与治理力度的提案	210 号	韩玉飞、梁振金	市生态环境局主办，市农牧局协办
8	关于在旗区内设置储血点的提案	222 号	朱旭丽、张莼、徐敏和、苏雅拉玛、红星、折占飞	市卫生健康委员会
9	关于构建成吉思汗陵文化旅游产业发展格局的提案	227 号	牧人、马嘎尔迪、吉日嘎拉图、王彩霞等	市文化和旅游局主办，鄂尔多斯市成陵旅游区管理委员会协办

【交流协作】 大力支持各民主党派、工商联、无党派人士和各人民团体在政协开展经常性工作，全力营造尊重理解、体谅包容、畅所欲言、合作共事的融洽氛围。配合全国政协、自治区政协到鄂尔多斯市的调研活动，争取对鄂尔多斯市改革发展的更多关注和支持。加强与各地政协的往来协作，加强与兄弟盟市政协的合作交流，全年共接待外地政协考察团 41 批次，在交流中宣传推介鄂尔多斯市，为鄂尔多斯市招商引资、聚才引智发挥积极作用。

【文史工作】 注重发挥文史资料聚力化人作用，成立全区首个文化文史专家委员会，改建文史展厅 1 处，组织举办 1 期文化文史工作座谈会暨培训班，启动《鄂尔多斯非物质文化遗产》征集编纂工作。聘请专业人员编辑出版 25 万字的鄂尔多斯文史资料第 15 辑《奋斗者的足迹》。

【服务委员】 加强和改进委员学习培训，推进学习教育全覆盖，举办常委和委员培训班各 1 期，开展以自我教育、自我提高为主旨的“委员讲堂”3 期，联合相关部门组织各类主题活动 20 余场次。全方位跟进委员履职服务，推进多层次、点对点联系服务委员工作，编印《委员履职导引》2 辑，开展知情明政活动 2 次，联网运行自治区“政协云”平台。建立常委提交年度履职报告和党员常委履职建言点评制度，持续开展委员履职考核评价，引导委员主动担当作为、更好地履职尽责。

【宣传工作】 主动联系各级、各类新闻媒体，并充分利用政协网站、微信公众号、报纸杂志等宣传平台，围绕政协协商议政、提案办理、脱贫攻坚、疫情防控等重点工作、重大活动进行全方位、多层次、多角度宣传，在市级新闻媒体刊发政协工作稿件534篇（条），播发稿件186篇（条），在内蒙古政协杂志《同心》上连续7期发稿11篇，在内蒙古政协网站和微信平台上投稿近百篇，在《人民政协报》、《中国政协杂志》和“学习强国”等全国主流媒体及相关网站平台发稿4篇。强化意识形态领域引导，加强对政协网站、微信公众号、微信群等平台的管理，积极引导政协委员、干部职工恪守网络道德，文明上网，理性上网，文明使用微博、微信，不泄露党和国家机密，不传播任何诋毁国家、政府、党的言论，以及有碍社会稳定、国家统一和民族团结的言论。配合完成全国、自治区政协征集“生态环境保护建设”“脱贫攻坚战纪实”“抗击新冠疫情”三方面文史资料近70万字，举办“百副书法楹联作品展”。

【各委员会工作】

提案委员会　印发《提案征集工作的通知》和《提案选题参考提纲》，就提案的选题范围和撰写规定提出具体要求；注重发挥民主党派、工商联、政协各专委会和界别活动组的智力优势，积极培育打造精品集体提案18件；严把提案立案关，严格初审复审终审流程，加大“撤、并、转”力度，四届三次会议提案立案率74%，较市政协四届二次会议降低7个百分点。加强交办协商。联合市委编办和市政府办督查部门开展提案集中审查，共同商议确定承办单位，提案交办精准度进一步提高。加大督办力度。10月中旬，赴市住建局、能源局等提案“办理大户”，组织召开提案委、提案人、政府督查部门、承办单位“四见面”协商座谈会，促进提案办理落地见效。实行重点提案督办制度。联合市人民政府办公室共同印发《鄂尔多斯市政协2020年度重点提案及领办督办领导分工方案的通知》，对市政府、市政协领导和专委会督办工作进行细化分工，6名主席会议成员领衔督办9件重点提案，通过采取实地视察、协商座谈等多种督办方式，重点提案全部得到有效办理落实；提高服务质量。营造知情明政平台。充分发挥桥梁纽带作用，积极沟通，主动邀请相关委员参加有关调研、视察等活动，促进委员和承办单位之间的密切联系，为委员知情明政搭建平台。扩大提案社会影响。将委员撰写的高质量提案和办理效果好、质量高的答复件摘录成册，编辑《鄂尔多斯市政协四届二次会议提案及办理复函汇编》，扩大提案社会影响；专题调研。围绕“饮用水水源地保护”工作，形成《关于推进鄂尔多斯市饮用水水源地保护工作的调研报告》。组织该界别委员围绕“中小学劳动教育”开展专题调研，进一步摸清鄂尔多斯市中小学劳动教育整体情况和存在问题，有针对性地提出意见建议；按照“四联四促”工作安排，积极为委员履职提供服务。联合党政两办督查室定期或不定期对各承办单位进行督促检查，增强提案督办的力度。围绕“新时代政协提案工作”和“基层协商”工作，组织界别组中共委员、民主党派委员、非党委员赴康巴什区珠江社区“委员之家”实地考察并进行座谈，进一步提高界别委员的协商议政能力。

经济委员会　起草印发《市政协开展优化营商环境民主监督专题协商工作方案》，组织召开鄂尔多斯市政协优化营商环境民主监督调研座谈暨非公有制经济人士“同心协力、共克时艰”主题沙龙；组织召开自治区、鄂尔多斯市、东胜区三级政协优化营商环境协商会。形成《鄂尔多斯市政协关于优化营商环境民主监督调研的报告》，从6个方面提出23条具体的建议；围绕“加强城市困难群体生活保障”课题，市政协组成专题调研组，形成《关于加强城市困难群体生活保障的调研报告》，提出6个方面的建议；持续推进扶贫环保制砖项目，全市单体投资最大的驻村扶贫项目在鄂托克前旗昂素镇建成投产。推动昂素现代农牧产业园区建设并逐步启动。带领市自然资源局、商务局等部门深入中源弘润公司，着力解决制约企业发展的土地遗留问题。深入推动10万吨氢能源项目、边角煤炭资源项目逐步开展。对接联系一起种田公司，逐步在鄂尔多斯市推广食叶草、饲料桑等高蛋白饲草料种植。指派专人到鄂托克前旗开展双语教学改革疏导工作，到准格尔旗开展脱贫攻坚和疫情防控督导工作。

教科卫体委员会 围绕“加强公共卫生队伍和基层防控能力建设”推进常委会会议专题协商，专题协商报告报送市委、市政府后，市委牛俊雁书记批示：“请市政府认真研究政协的建议报告，对我们加强公共卫生队伍和基层防控工作很有意义。”围绕中小学生劳动教育和中小学生身心健康问题和“中小学劳动教育、饮用水水源地保护”调研课题开展界别活动，摸清情况，找准问题，提出符合实际、可操作性强、有价值的建议，推动界别活动更加具体化、规范化；专项督导“关于加快推进医保支付制度改革”。重点督办“在旗区设置储血点的提案”；配合自治区政协教科卫体委员会在鄂尔多斯市开展调研，完成“关于增加有效供给，助推高质量发展”专题议政性常委会调研课题。

民族宗教港澳台侨联络委员会 举办“鄂尔多斯市政协民族宗教侨务界别委员培训班暨全市政协民宗委工作座谈会”，增进委员之间的团结和友谊，提高委员自我管理和自我完善能力；深入侨胞侨属家中进行走访慰问，通过开展调研活动，为进一步做好侨务工作理清新思路、新举措；对市政协四届三次会议第227号重点提案《关于构建成吉思汗陵文化旅游产业发展格局的提案》办理情况进行督办；形成《加强学前和小学民族教育工作的协商建议》，为民族团结进步创建工作建言献策；将民族团结进步创建工作列入重要议事日程，加强民族团结宣传教育。广泛开展少数民族界别活动。

文化文史和学习委员会 主动对接自治区文史委工作，协助自治区文史委办公室做好内蒙古文史稿费发放、作者信息补录完善、文稿数据核实等项工作。完成全国政协、自治区政协关于“生态环境保护建设”“脱贫攻坚战纪实”“抗击新冠疫情”三方面的文史资料稿件征集工作，共征集的文史资料近70万字；开展鄂尔多斯文史资料第15辑约25万字的《奋斗者的足迹》的编辑出版工作；启动实施《鄂尔多斯非物质文化遗产丛书》的编纂工作。年内，市政协首次宣布成立鄂尔多斯市政协文化文史专家委员会，并为受聘专家委员颁发聘书；围绕“大力培育红色研学基地”“国有资产带动文旅产业高质量发展”课题，进行考察调研并提出意见建议；协助分管主席完成简尔戎委员提出的《关于利用现有设施建设中国西北亚高原训练基地（体育小镇）推动文体旅融合发展》重点提案的督办工作。

社会法制和人口资源环境委员会 围绕“黄河流域生态保护和高质量发展”建言献策，撰写《关于推动沿黄地区生态保护和高质量发展的调研报告》，报市委并请市政府参考；围绕贯彻落实好《中华人民共和国退役军人保障法》等工作要求，分别提出具体的民主监督意见建议，形成调研报告送市委、市政府及相关部门参阅。完成主席会议重点提案《关于加大黄河流域生态保护与治理力度的提案》督办工作；用心用力做好疫情防控、扶贫帮困和协调联系等工作。

农牧委员会 围绕“加强农村牧区生活垃圾治理”课题，形成调研报告。其中围绕建立健全人居环境整治常态化机制、农药包装废弃物回收处置提交社情民意信息，得到政府领导的采纳和批示；组织开展农牧林界和妇联界委员的界别活动。考察学习农牧业产业化经营方面的经验做

法，结合鄂尔多斯实际情况提出意见建议；完成对第196号《关于加快鄂尔多斯市垃圾分类收运处置体系项目建设的提案》督办工作；配合自治区政协完成在鄂尔多斯市关于“进一步充实完善草原生态保护措施”课题的调研。

重要会议

【政协鄂尔多斯市第四届委员会第三次会议】 政协鄂尔多斯市第四届委员会第三次会议于2020年4月20日至24日在康巴什区举行。会议应出席委员290人，实到272人。会议听取并审议政协鄂尔多斯市第四届委员会常务委员会工作报告和关于提案工作情况的报告；列席鄂尔多斯市第四届人民代表大会第三次会议，听取并讨论政府工作报告及其他有关报告。会议赞同斯琴毕力格代表市人民政府所作的政府工作报告，赞同市中级人民法院及市人民检察院工作报告。大会通过政协鄂尔多斯市第四届委员会第三次会议政治决议、关于常务委员会工作报告的决议和提案审查情况的报告。会上，高志华当选为政协鄂尔多斯市第四届委员会副主席，马玉清、李云、高飞当选为政协鄂尔多斯市第四届委员会常务委员。截至4月20日20时，会议共收到提案314件，审查立案233件、并案处理40件、不予立案41件（转社情民意信息2件）。其中，委员提案215件，占总数的92.3%；集体提案18件，占总数的7.7%。

【政协常委会会议】

第十次会议　政协鄂尔多斯市四届十次常委会会议于1月16日下午召开。会议应出席53人，实到40人，符合有关规定。会议审议通过政协鄂尔多斯市第四届委员会第三次会议召开时间、地点（草案）；审议政协鄂尔多斯市第四届委员会第三次会议议程（草案）；审议通过政协鄂尔多斯市第四届委员会第三次会议日程（草案）；审议通过政协鄂尔多斯市第四届委员会第三次会议各次大会主持人和报告人名单（草案）；审议通过政协鄂尔多斯市第四届委员会第三次会议秘书长、常务副秘书长、副秘书长名单（草案）；审议通过政协鄂尔多斯市第四届委员会第三次会议编组办法和讨论组召集人名单（草案）；审议通过政协鄂尔多斯市第四届委员会第三次会议列席单位和人员名单（草案）；审议通过政协鄂尔多斯市第四届委员会第三次会议秘书处及所属工作机构和负责人名单（草案）；审议通过政协鄂尔多斯市第四届委员会常务委员会工作报告（征求意见稿）；审议通过政协鄂尔多斯市第四届委员会常务委员会关于提案工作情况的报告（征求意见稿）；审议通过市政协各专委会2019年工作总结和2020年工作要点。会议决定，政协鄂尔多斯市第四届委员会第三次会议于2020年2月4日至7日在康巴什区召开。会议免去李庆年、双青克、赵智慧委员资格，增补高志华，马玉清、李云、张斌、王芳、郝静宇为四届市政协委员。

第十一次会议　政协鄂尔多斯市四届十一次常委会会议于2020年4月15日下午召开。会议应出席53人，实到45人。会议审议通过政协鄂尔多斯市第四届委员会第三次会议召开时间、地点（草案）；审议通过政协鄂尔多斯市第四届委员会第三次会议日程（草案）；审议通过政协鄂尔多斯市第四届委员会部分专门委员会更名的决定（草案）；审议通过政协鄂尔多斯市第四届委员会部分专门委员会主任、副主任任免名单（草案）；审议通过政协鄂尔多斯市第四届委员会委员增补事宜。会议对更名及转岗的专委会主任、副主任进行重新任命，任命王万厚任教科卫体委员会主任，郇建军任文化文史和学习委员会主任，刘靖宇任提案委员会主任，张额尼热图任农牧委员会主任，张卫任文化文史和学习委员会副主任，宁海任教科卫体委员会副主任；免去贾占荣社会法制和人口资源环境委员会主任职务。会议免去乔玉良委员资格，增补张额尼热图为四届市政协委员。

第十二次会议　政协鄂尔多斯市四届十二次常委会会议于2020年4月22日下午召开。会议应出席50人，实到45人。会议听取各讨论组讨论情况汇报；审议通过政协鄂尔多斯市第四届委员会第三次会议政治决议（草案）；审议通过了政协鄂尔多斯市第四届委员会第三次会议关于常务委员会工作报告的决议（草案）；审议通过政协鄂尔多斯市第四届委员会提案审查委员会关于市政协四届三次会议提案审查情况的报告（草案）；审议通过政协鄂尔多斯市第四届委员会副主席、常务委员候选人名单（草案）；审议通过政协鄂尔多斯市第四届委员会第三次会议选举办法（草案）；审议通过政协鄂尔多斯市第四届委员会第三次会议选举总监票人、监票人名单（草案）。

第十三次会议　政协鄂尔多斯市四届十三次常委会会议于2020年6月30日召开。会议应出席54人，实到48人。会议围绕“推动沿黄地区生态保护和高质量发展”进行专题协商。会上，金武代表市人民政府通报上半年全市经济社会运行情况，乔明代表市政协调研组通报《关于推动沿黄地区生态保护和高质量发展的调研报告》，并提出协商意见。部分市政协常委、委员，相关旗区、市直有关部门负责人作协商发言。会议审议通过《政协鄂尔多斯市委员会常务委员会关于授权主席会议对违纪违法政协委员及时作出处理的决定》。

第十四次会议　政协鄂尔多斯市四届十四次常委会会议于2020年10月26日召开。会议应出席54人，实到38人。会议围绕“关于加强公共卫生队伍和基层防控能力建设”进行专题协商。会上，市政协调研组代表通报《关于加强公共卫生队伍和基层防控能力建设的调研报告》，并提出协商意见。部分市政协常委、委员，相关旗区、市直有关部门负责人作协商发言。

（杨　艳）

中共鄂尔多斯市纪律监察委员会

【中共鄂尔多斯市纪律检查委员会、鄂尔多斯市监察委员会领导名录】

市纪委书记、监委主任：甄　华（10月任职）

冯　超（6月离任）

市纪委副书记、监委副主任：王美林

杨　庚

华　诚

市纪委常委、监委委员：樊宗鹏

市纪委常委、监委委员、秘书长：屈东胜

市纪委常委、监委委员：温　浩

市　纪　委　常　委：崔　莹（女）

金志鑫

监　委　委　员：常鸿霞（女）

王国军

概　述

【概况】 中共鄂尔多斯市纪律检查委员会与鄂尔多斯市监察委员会合署办公。内设办公室（下设秘书科、行政科）、组织部（下设派驻机构办公室）、宣传部（下设新闻舆情科、教育预防科）、政策法规研究室、案件监督管理室（下设督查指导科、信息管理科）、案件审理室（下设申诉复查复议科）、信访室、党风政风监督室、干部监督室、第一监督检查室、第二监督检查室、第三监督检查室、第四监督检查室、第五审查调查室、第六审查调查室、第七审查调查室、第八审查调查室、机关党委、市廉政教育中心等19个机构。

【纪检监察体制改革】 完成9个旗区派驻公安局纪检监察组组长异地交流任职工作。制定《关于在非公有制企业党组织中建立健全纪检组织的实施意见》，推动鄂尔多斯银行、伊泰等6家民营企业成立纪律检查委员会。监察职能向苏木乡镇延伸持续深化，苏木乡镇（街道）派出监察办公室有效运行，嘎查村（社区）实现监察联络员全覆盖。

【监督责任】

政治监督　认真贯彻落实自治区纪委监委《关于加强政治监督实施意见》工作要求，印发《关于报送政治监督清单的通知》，督促各旗区党委、市直各部门党组织建立政治责任清单，各旗区纪委监委、各派驻机构根据政治责任清单开展精准监督，建立监督责任清单。按照习近平总书记重要讲话和重要指示批示精神、重大决策部署、全面从严治党3个方面建立政治监督台账，按季度进行对账、更新。严格落实“精准监督年”要求，制定印发《“精准监督年”党风政风监督专项治理工作手册》，细化梳理12项整治重点。

监督执纪问责　“四个监督”协同发力，扎实开展“精准监督年”活动，充分运用监督执纪“四种形态”3587人次。其中第一种形态2386

人次，占比66.5%；第二种形态859人次，占比23.9%；第三种形态186人次，占比5.2%；第四种形态156人次，占比4.4%。

【监督检查审查调查工作】 2020年，全市纪检监察机关共处置问题线索2699件，同比下降27.5%；立案1082件，同比下降26.6%；结案1203件，同比下降18.8%；处分1175人，同比下降16.5%；留置45人，同比下降35.1%；移送审查起诉33人，同比下降40%；紧盯“关键少数”开展审查调查，立案审查调查县处级干部案件47件、乡科级干部案件205件，处分县处级干部46人、乡科级干部244人，其中处分“一把手”违纪违法73人。

【审理工作】 2020年，共审理案件140件，其中涉嫌职务犯罪移送审查起诉案件11件。给予党纪政务处分共83人，其中，处分涉及县处级干部58人，乡科级干部17人，其他人员8人。协助审理派出市直机关纪工委“两级联审”派驻机构案件59件。审核旗区上报提出从宽处罚建议案件6件。

【“三务”公开】 制定全市统一“三务”公开参考目录清单，建立完善鄂尔多斯市净化基层政治生态监督平台，解决群众反映问题268个，收集意见建议34个，下达纪律检查建议书、整改建议书、督办函等95份，督促相关部门完善规章制度11项。全年受理“三务”公开问题线索262件，立案120件，党纪政务处分108人，组织处理43人，通报曝光14批17件。

【巡察工作】 鄂尔多斯市委共派出7个巡察组，对22个市直部门单位和国有企业党组织开展常规巡察，派出6个巡察组对8个旗区涉煤基层党组织进行专项巡察，派出1个巡察组围绕营商环境领域对7个市直部门开展专项巡察，派出5个巡察组对15个园区开展“常规+专项”巡察。各巡察组累计提出立行立改问题167个，反馈“三个聚焦”相关问题620个，反馈或移交“追责问责”问题17件，问题线索40件。

【制度建设】 起草《涉案款物管理办法》《评估鉴定管理办法》《涉案财物移交财政处置办法》《拍卖工作指引》《涉案款物管理内控制度》等制度，制定《留置场所疫情防控和应急处置预案》。

【信息化建设】 依托廉政中心建设，在综合楼三楼建成大数据中心，接入59家单位68种数据，累计协助调取数据675件，数据规模超过3000万条。购置电子取证设备，协助办理个案15件，数据量超过80万条。购进账单分析和话单分析单机软件各1套，协助分析个案14次，数据量超过18万条。建设视频会议室5间，推进纪检监察网分级保护测评、政法网的接入工作，保障市委机关200余人网络及信息化设备的正常使用。

【派驻工作】 制定《派驻机构日常监督管理办法》，出台《全面强化派驻机构履职能力建设的实施意见》，编制《派驻机构协作监督执纪监察工作手册》，为派驻监督量身定制4个方面13项日常监督内容清单和工作流程图，把52个派驻机构整合划分为8个协作组，通过交叉监督检查，发现问题364个，向案件监督管理室移交问题线索16件。

【意识形态工作】 制定《鄂尔多斯市纪委监委理论学习中心组2020年度学习计划》，组织开展理论学习中心组学习12次，编印学习资料12期。制定《鄂尔多斯市纪委监委纪检监察工作重要敏感舆情应对处置工作预案》。

【宣传工作】 “鄂尔多斯纪检监察”微信公众号年内发布信息583条，总浏览数100余万人次，连续2年荣获全市最具影响力政务微信；鄂尔多斯纪检监察内外网全年发布稿件500余篇；《高原风纪》杂志全年共刊发6期。注册开通“今日头条”“抖音”账号，推动传统媒体和新媒体融合发展。先后接待中央纪委国家监委和自治区纪委监委采访团5批次，全市各级纪检监察机关在中央、自治区级媒体刊物刊发918篇稿件（市本级317篇），其中中央纪委国家监委网站、《中国纪检监察报》刊发稿件29篇（市本级15篇），自治区纪委监委网站刊发稿件243篇（市本级128篇），微信公众号刊发稿件67篇（市本级34篇）。组织“全区十大清风干部标兵”鄂尔多斯标兵的选送及宣传报道工作，鄂尔多斯市选送干部张丽获“全区十大清风干部标兵”荣誉称号。

【政策法规】 集中向自治区纪委监委报送备案2018年至2020年总计18个规范性文件，系统梳理汇编中共十八大以来全市在行政审批、工程建设、执法司法等领域出台的规范性文件486件，并汇编成册（其中市本级218件、旗区级268件）。针对自治区纪委监委、市直30余个部门涉及纪委监委征求意见稿进行认真研究讨论并给予书面回复。

【回访教育工作】 认真贯彻党的“惩前毖后，治病救人”方针，及时掌握受处分处理人员状态，有针对性地开展回访教育工作，2020年组织对上一年度受处分人员进行回访教育，实现回访教育全覆盖（给予双开处分人员除外）。

【信访工作】 共处置信访举报件3842件；“12388”电话举报受理系统全年处理来电、留言7643件次（来电4867件次、留言2776件次），其中业务内74件次、业务外663件次、咨询6906件次；网络举报系统受理370件。2020年，市本级信访举报总量同比下降15.5%，检举控告、信访举报同比下降19.4%，反映乡科级干部信访举报量同比下降20.9%，反映嘎查村干部信访举报量同比下降38.7%。

党风廉政建设

【专项治理】 2020年，开展脱贫攻坚、扫黑除恶、人民消防、违建别墅、乱占耕地、煤炭资源领域等专项治理，查处一大批涉煤腐败问题，追缴挽回巨额经济损失。

基层微腐败治理 开展基层“微腐败”大清扫，办理“微腐败”案件561件，立案98件，收缴违纪违法所得217万元，化解信访问题421个。

“四风”整治 持续深入落实中央八项规定精神，在重要时间节点下发有关廉洁自律通知，派出112人次，对361个单位部门进行明察暗访，发现立行立改问题57个，通报曝光16批24件。查处享乐主义、奢靡之风问题86件，处理125人，党纪政务处分93人；查处形式主义、官僚主义问题340件，处理478人，党纪政务处分319人。

【警示教育】 建好警示教育素材库，全年共采集15名违纪违法人员的相关素材。及时更新升级鄂尔多斯市纪委监委廉政警示教育基地，全年共有280批次1.1万余人次接受警示教育。召开全市领导干部警示教育大会。为全市厅局级领导及市直部门各单位“一把手”赠阅《清风传家》和《严以治家》读物，组织全市各部门观看《扫黑除恶之打伞破网》《高校之问》《乌金除垢》警示教育片。共计5万余人接受警示教育。

【廉政文化建设】 参与第二届“北疆清风颂”全区新媒体廉政作品评选活动，《你准备好了吗？》同时获“十佳作品奖”和“制作奖”，市纪委监委获“组织奖”，鄂托克旗纪委监委拍摄的《医治》获“十佳作品奖”和“制作奖”，达拉特旗拍摄的《公款系列动画》获“十佳作品奖”。拍摄1部《问渠那得清如许》纪检监察工作专题片，1部《守初心·再出发》微视频，1部喜迎新春拜年微视频。

【党风廉政建设“两个责任”】 市委常委会审议通过《鄂尔多斯市委常委会班子、成员党风廉政责任清单》，将党风廉政建设责任明确到人到岗。制定2020年度旗区和市直部门领导班子党风廉政建设考核评价指标，全年问责党组织7个，问责问题175个，问责党员领导干部243人。

民主党派

民 盟

【中国民主同盟鄂尔多斯市委员会领导名录】

主 任 委 员：贺　晋

副主任委员：武　州

廉首荣

简尔戎（专职）

贾国荣

秘　书　长：简尔戎（兼）

【概况】 中国民主同盟（以下简称民盟）是中国共产党领导的爱国统一战线的组成部分，主要由从事文化教育以及科技工作的高、中级知识分子组成，是同中国共产党通力合作的、具有政治联盟特点、致力于建设中国特色社会主义事业的参政党。民盟鄂尔多斯市委员会是中国民主同盟的地方组织。民盟鄂尔多斯市委员会设7个基层组织，包括5个直属支部，2个市辖区基层组织（东胜区总支、康巴什区支部）。设教育文化委员会、科技经济委员会、妇女盟员委员会、老年盟员委员会等4个专门委员会。民盟鄂尔多斯市委员机会机关内设办公室、组织部、宣传部、社会服务部。2020年，发展新盟员6人，截至年底，盟员总数228人。盟员中具有高、中级职称的占盟员总数的70%；成员中担任自治区、市政协委员18名，市（区）人大代表2人。

【参政议政】 在市政协四届三次会议上，政协各参加单位共提交集体提案18件，其中民盟市委提交集体提案9件，占集体提案总数的1/2。委员个人（联名）提案共229件，盟员委员个人（联名）提案35件，占个人（联名）提案总数的15%。民盟鄂尔多斯市委《关于引入第三方调查机制，提高政务服务窗口效能的提案》和简尔戎委员的《关于加强外卖食品安全监管的提案》被评为优秀提案。6月，简尔戎常委代表民盟在市政协四届十三次常委会上作题为《保护传承弘扬黄河文化助力黄河流域生态保护和高质量发展》的发言。2020年上半年，民盟市委及盟员共提交疫情防控有关社情民意信息9条。其中3条被自治区政协采纳，8条被民盟区委采纳，2条被市委市政府采纳。玛喜毕力格、简尔戎委员共同提出《提升医疗机构污水处理能力严防新型冠状病毒通过污水管网传播》的社情民意信息得到分管副市长批转落实。简尔戎等委员提出的《关于农药包装废弃物回收处置的建议》的社情民意信息被市政府分管副市长批转相关部门落实。王晓燕《关于推进直播行业发展助力产业扶贫的建议》被政府主管副市长批示专办，《鄂尔多斯市中小学生近视问题需关注》得到布小林主席及分管副主席和部门多位领导批示转办。由简尔戎与盟内专家联合报送的社情民意信息《优化我国社会救助标准体系的思路和建议》被中央统战部《零讯》采纳，得到副总理批示。

【社会服务】 1月11日，由民盟鄂尔多斯市委文化委员会主办、内蒙古草原丝路文化发展有限公司承办的“欣欣向荣，喜迎新春”——中国美术家协会会员孙全义老师个人画展在鄂尔多斯草原丝路美术馆举办，参加开展仪式的各位艺术家和社区居民书写春联百余幅。为打赢新型冠状病毒感染的肺炎疫情防控战贡献力量，鄂尔多斯民盟盟员捐款（物资）总计95500元，捐款60400元、捐赠物资合计35100元。民盟鄂尔多斯市委教育委员会举办教师节专家义诊活动、重阳节专家义诊活动。民盟市委教育委员会副主任白玉为进一步推进高考升学规划信息化建设，在向全市进行“高考升学规划系统”公益捐赠活动的基础上，在各校开展“高考升学规划指导”专题公益讲。鄂尔多斯光明（民盟）书画院响应政府“书画进万家公益活动”的有关部署，策划组织鄂尔多斯“书画进万家公益活动”。

【盟员之家】 1月3日，民盟鄂尔多斯市三中“盟员之家”揭牌成立。至此，全市共有4个“盟员之家”。

（简尔戎）

农工党

【农工党鄂尔多斯市委员会领导名录】

主 任 委 员：段枚然（蒙古族）

副主任委员：敖日格乐（蒙古族）

林树茂（蒙古族）

田玉朝

【概况】 农工党鄂尔多斯市委员会下设东胜区支部委员会、康巴什区支部委员会、医药卫生支部委员会、经济科技支部委员会、文化教育支部委员会、中心医院支部委员会和医药卫生第二支部委员会等7个支部委员会；内设办公室、组织部、宣传部、社会服务部、参政议政部。2020年，农工党鄂尔多斯市委员会有党员137名。

【参政议政】 2020年，农工党鄂尔多斯市委员会提交大会提案29件，其中集体提案《关于破解现阶段鄂尔多斯市居家和社区老年人医养结合症结的提案》被评为年度优秀提案。社情民意信息《鄂尔多斯市中小学生近视问题需关注》等得到内蒙古自治区人民政府主要领导批示。

【社会服务】 2020年，农工党市委会在达拉特旗中和西镇、恩格贝镇开展为期2天的“名医专家下基层，医疗服务送到家”健康扶贫义诊活动，共接诊500余人次；“健康内蒙古”基层医务人员蒙中医药适宜技术研修班现场参加人员来自呼和浩特市、包头市、巴彦淖尔市、乌海市、阿拉善盟等地的140多名学员，全区12个盟市27000余人次线上同步参加学习。

九三学社

【九三学社鄂尔多斯市委员会领导名录】

主 任 委 员：房建华（女）

副主任委员：刘 杰

张秉毅

秘 书 长：袁梓苑（兼）

【概况】 九三学社鄂尔多斯市委员会内设组织部、宣传部、参政议政部、社会服务部、办公室5个职能部门，均为社员兼职。截至2020年年底，全市共有社员96名，其中，有中高级职称的社员占到社员总数的80%。社员中市人大代表1名、市政协委员14名（包括常委3名）、自治区人大代表1名、自治区政协委员1名。2020年，全市共有九三学社社员96名，其中，有中高级职称的社员占到社员总数的80%。社员中，有市人大代表1名、市政协委员14名（包括常委3名）、自治区人大代表1名、自治区政协委员1名。

【参政议政】 社市委始终坚持围绕中心，服务大局，积极参加中共鄂尔多斯市委、市政府组织的协商会、情况通报会、征求意见会和市政协组织的协商会，针对鄂尔多斯市经济建设、社会发展等重大决策提出意见建议，围绕市委中心工作，深入基层认真调研，认真履行参政党职能，为经济社会发展积极建言献策。

【建言献策】 2020年，在市政协四届三次会议上，社市委提交大会口头发言1篇、集体提案4件、个人（联名）提案17件。社市委提交的集体提案《振兴民族产业重构国家级羊绒产业基地》和个人（联名）提案《建立健全长效机制巩固提升脱贫成果》《加强我市住宅小区、写字楼、宗教场所消防安全管理》被评为“优秀提案”。

【信息工作】 2020年，多条信息被九三学社中央、全国政协、自治区政协、自治区党委采用。年内，获自治区社情民意工作先进集体二等奖，3篇社情民意信息获优秀参政议政成果一等奖。

【专题调研】 9月17—18日，九三学社鄂尔多斯市委调研组深入乌审旗沙柳深加工项目区、巴彦淖尔草原、牧区大寨展览馆和生态文明教育基地，就林沙产业发展、草原生态保护、毛乌素沙漠治理情况等进行调研。10月14日，九三学社鄂尔多斯市委调研组到鄂尔多斯枫叶国际学校调研，详细了解学校的办学情况和教学设施配套现状。12月23日，市政协副主席、九三学社市委主委房建华一行深入准格尔旗看望包联贫困户，就优化营商环境进行考察调研。

群众团体

总工会

【鄂尔多斯市总工会领导名录】

党组书记、主席：李　强（满族）
副　　主　　席：吴明海（满族）
　　　　　　　　苏雅拉（女 蒙古族）
兼 职 副 主 席：贾向阳
　　　　　　　　孟连成

【概况】 鄂尔多斯市总工会内设办公室、组织基层部、宣传教育网络信息部、权益保障部、经济部（职工技术协会）、财务和资产监督管理部、女职工部、经费审查委员会办公室等8个部室；产业工会和工人文化宫（职工服务中心）2个事业单位。辖达拉特旗、准格尔旗、伊金霍洛旗、乌审旗、杭锦旗、鄂托克旗、鄂托克前旗，东胜区康巴什区等7个旗、2个区总工会。2020年，全市基层工会3910家，职工50.4万人，会员总数46.3万人，职工入会率动态保持在91%。

【职工活动平台和文化品牌】 举办“风雨同心、抗击疫情”全市职工闪拍比赛、“工会杯”羽毛球比赛等迎接中国共产党成立100周年系列活动，进一步繁荣职工文化。统筹加快全市职工活动阵地建设进度，市工人文化宫提前完成主体封顶的年度目标，拨付杭锦旗等4个旗区共1100万元阵地建设项目补助，指导准格尔旗等4个旗区累计投入9851万元，建成职工文化阵地1.7万平方米。

【团结动员职工】

组织开展劳动和技能竞赛　申办全区煤炭职工职业技能大赛，组织开展344个工种的职工技能大赛、岗位练兵等活动，参赛单位2379家、参赛职工33万人次。出台《鄂尔多斯市职工职业技能比赛奖励实施办法（试行）》《鄂尔多斯市总工会劳动和技能竞赛专项经费管理暂行办法》，进一步完善职工竞赛奖励和经费管理机制。

加强职工创新引领　加强职工创新成果选树及转化，创建命名市级职工创新工作室10家、自治区级职工创新工作室2家，帮助220名职工提升职业技术等级；参加全区首届职工技术创新成果展，5项创新成果荣获优秀成果奖。

弘扬劳模精神、劳动精神、工匠精神　扎实做好全国、自治区两级劳模先进及“北疆工匠”推选工作，全市分别有5名和57名职工获得国家和自治区级荣誉。疫情防控期间，先后对27名劳模抗疫先进事迹进行宣传，树立劳模榜样。举办劳模“进社区、进企业、进校园”巡回宣讲活动，吸引全市9个旗区共4000名职工现场聆听。启动《1986—2021年鄂尔多斯市级劳模风采录》画册编印工作，制作劳模题材微电影《奖状》并登录学习强国平台，播放量突破1万次。

深化服务三大攻坚战　开展“抓党建促脱贫攻坚、送关怀助乡村振兴”慰问包联驻村干部活动，全覆盖为全市2500名包联驻村干部发放防

晒服价值77.5万元。开展“劳模进乡村助力脱贫攻坚战”系列活动，推荐7名三大攻坚战、疫情防控等相关领域职工参加全国、自治区级劳模评选。响应国家提振消费号召，印发《关于鼓励职工积极参与提振消费集中行动的通知》，全市88个基层工会共28169名职工累计投入福利消费券474.3万元购买扶贫产品。继续做好结对包联村脱贫攻坚工作，累计投入并协调资金60余万元巩固拓展扶贫成果。

【依法治会】

推进工资集体协商提质增效 率先在全区举办鄂尔多斯市首届集体协商技能大赛，全市新签续签集体合同919份、工资集体合同1148份，覆盖职工10万余人。启动鄂尔多斯市“法院+工会”劳动争议诉调工作，确定东胜等4个试点旗区并拨付经费8万元，合力构建市旗两级社会治理新格局。

深化法治宣传教育 举办第五届“劳动托起中国梦、法治烛照职工心”全市职工法律知识竞赛，开展“遵法守法、携手筑梦”服务农牧民工公益法律服务、《中华人民共和国民法典》巡回宣讲及保障农民工工资支付等行动15场次，覆盖职工1万余人次；为28家非公有制企业提供法治体检。

参与劳动监督保护持续深化“安康杯”竞赛，举办2020年全市“安康杯”知识竞赛，表彰奖励10家安全生产群众监督工作先进单位和15名优秀监督员，参与安全事故调查6起，协调处理善后赔偿1715万元。累计为107名职工“零门槛”提供法律援助51起，挽回经济损失226万元。

规范厂务公开民主管理 发挥民主管理在常态化疫情防控中助力企业复工复产等方面的积极作用，帮助指导亿利达拉特分公司等3家企业通过视频职代会等形式，畅通企业与职工沟通渠道。深化“公开解难题、民主促发展”主题活动，累计征集优秀职工提案25件。截至年底，全市已建工会的企业职代会、厂务公开建制率分别为90%、89.7%。

维护劳动关系领域政治安全 成立鄂尔多斯市益工惠劳动关系领域服务协会，制定《落实劳动领域维护政治安全工作实施方案》，将18项工作措施细化，建立督查问效机制，确保各项任务落地落实、职工队伍和谐稳定。

【服务职工】

办实事计划 常态化开展工会“四季送”品牌活动，累计发放帮扶送温暖资金1059万元，走访慰问企事业单位541家、一线职工近8万人；举办“春风行动”大型网络公益招聘月等活动，提供就业岗位3977个，达成就业意向400余人；筹资38万元，组织296名农牧民工、下岗转岗待岗职工开展家政培训，达成就业意向237人。

医疗互助保障行动 推进职工医疗互助工作，累计吸引1590家单位、近16万名职工“参互”，“参互”人数位居全区第一，超额完成目标16%；2000余名职工累计申领互助金193万元。

城镇困难职工解困脱困 全面推行帮扶清单制度，发放帮扶资金300余万元，全市所有在档国家级城镇困难职工9月30日前全部实现解困脱困。

会员普惠工作 投入118.7万元全面推动会员服务普惠化，全市累计受惠会员突破33万人。

特殊群体关心关爱 积极落实劳模待遇，认定9名劳模享受省部级劳模待遇，组织240余名劳模开展劳模疗休养、茶话会、学习考察等活动，组织260名劳模体检，累计为566名市级以上劳模发放劳模“三金”及荣誉津贴192.3万元；建成5家自治区级“爱心妈咪小屋”和1家职工子女托管班，举办12场青年联谊会，为8768名女职工购买特病保险；累计慰问环卫工人和“八大群体”会员6409人，发放慰问品（金）77.5万元。

【工会建设】

工会组建工作 通过分类指导、示范带动、

集中建会，重点推进小微企业建会，筹备成立市小微企业工会联合会。截至年底，全市共有基层工会3910家，其中25人以上企业工会1595家；职工50万人，工会会员46.3万人，其中，农牧民工会会员13.3万人，企业建会率和职工入会率分别达86.3%和92.5%。

基层工会规范化建设 印发《关于加强全市基层工会规范化建设工作的通知》，累计投入48万元对全市打造的30个试点进行补助，示范带动全市各级工会规范化建设有特色有品牌。印发《关于开展基层工会组织建设情况调查摸底工作的通知》，推进“强基层、补短板、增活力”行动和规范化建设指导督查等工作，累计排查整改组织机构不健全等问题100余项。截至年底，全市共有2946个基层工会开展“双亮”工作，开展率83%；“双创优”活动三类以上达标工会实现全覆盖。推动5个旗区工会主席由同级人大副职担任，市总工会累计补助基层工会经费2116万元，同比增长59%。

【工会改革创新】

产业工人队伍建设改革 切实履行牵头抓总职责，协调5个牵头部门、32家责任单位并联动各旗区，共同推动26项具体改革任务落地生根。截至年底，全面推开各项改革任务并呈现良好成效。

事业单位改革 2020年，撤销经费审查委员会办公室、市总工会驻会产业工会，职能划入机关；保留工人文化宫，单设职工服务中心。

【民族团结进步创建工作】

中华民族共同体意识教育 利用官方微信号发布关于国家统编教材使用的倡议书和3期使用国家统编教材“有问必答”，切实加强对党的民族政策和民族基本知识的理论阐释和宣传发动，打牢中华民族共同体的思想基础。面向民族地区、少数民族职工，广泛开展群众性精神文明创建等活动，培育健康文明、昂扬向上的职工文化。

民族团结有关活动 举办鄂尔多斯市首届“蒙德杯”民族手工艺大赛，激发少数民族职工建功新时代的主动性。注重在劳动模范等评选表彰中积极选树维护民族团结典型，全市共有20名民族团结进步模范个人享受省部级劳模待遇，累计有18名少数民族职工获得全国劳模、自治区劳模、“北疆工匠”等荣誉。

走访慰问民族学校及教师 于中秋、国庆前夕开展全市教育系统劳模、困难教职工走访慰问系列活动，累计慰问15名教育系统劳模、困难教职工代表，发放慰问金1.5万元；拨付市教育工会及市蒙古族中学、蒙古族小学等民族院校经费补助17万元，支持各级学校丰富广大教职工课余生活。

共青团

【共青团鄂尔多斯市委员会领导名录】

书　记：王高炜（蒙古族）
副书记：秦　磊（蒙古族）
　　　　白　杰
　　　　沈　岩（女，挂职）
　　　　刘舒文（女，蒙古族，兼职）
　　　　刘彦操（兼职）

【概况】 共青团鄂尔多斯市委员会（以下简称团市委）内设办公室、组织部、宣传部、青年发展部、学校与少先队工作部等5个部室。下属鄂尔多斯市青少年社会工作与志愿者服务中心1个二级事业单位。2020年，团市委坚持以习近平新时代中国特色社会主义思想为指导，深入学习贯彻中共十九大，十九届二中、三中、四中、五中全会精神，认真贯彻落实习近平总书记关于青年工作的重要思想和对内蒙古工作的重要讲话重要指示批示精神，全面贯彻落实团十八届四中全会和共青团内蒙古自治区十四届四次全委（扩大）会议部署安排，聚焦全面提升共青团组织力、引领力、服务力和贡献度这一工作主线，团结带领全市广大团员青年在决战脱贫攻坚、决胜全面建成小康社会征程中贡献青春力量。2020年，共青团鄂尔多斯市委员会下辖240个团委、43个团总支、3800个团支部、67个团工委；全市有专职团干部44人，团员63045人；年内，新发展团员2130人。

【思想政治引领】

青少年理论武装　持续深化“青年大学习”行动，累计开展线上线下学习活动千余场，覆盖青少年12万余人。发布网络安全信息百余篇，阅读量达1.5万余人次，开展网络安全知识宣讲、“微课堂”等线下活动20余场。持续深化民族团结进步教育，累计发布相关信息近500条，阅读量7.5万人。发起“我与国旗合影”活动，共征集来各族各界青年与国旗合影照片近千张。

“网上主题团课”学习　全年累计参与学习人数达120万人次，平均每期参学人数达4万人次。

丰富学习形式载体　鄂尔多斯市各级团干部、青年讲师团讲师及宣讲员开展线上线下宣讲160余场，覆盖团员青年1.5万余人。组织开展“绽放战疫青春　坚定制度自信”微信有奖知识竞答活动，全市2万余名团员青年参与答题。联合市总工会开展“悦读悦青春”主题线上读书分享活动，共征集好书推荐视频60余部。

培养选树青年典型　“五四”青年节期间，团市委对22个“全市五四红旗团委”、40个“全市好五四红旗团支部（总支）”、100名“全市优秀共青团员”、38名“全市优秀共青团干部”进行表彰。各旗区团委共表彰五四奖章个人85人，五四奖章集体60个、向上向善好青年163人、优秀共青团员143人，优秀团干部91人，五四红旗团委（团支部）91个。

青年典型宣传宣讲　开展“绽放战疫青春·坚定制度自信”主题团日活动，邀请援鄂医疗队医护工作者、自治区青年五四奖章获得者等青年典型，分享疫情防控期间的感人事迹和动人故事。在“青春鄂尔多斯”微信公众平台开设专栏，对荣获2019年度全区“两红两优”的优秀个人和集体事迹进行展播。全市各级团组织评选出的青年楷模，特别是投身战疫一线的青年典型开展线上线下分享活动百余场，覆盖团员青年1.67万人。

产品化战略　全市各级团组织通过微博、微信、抖音等官方平台共编创疫情防控H5作品7个，录制宣传短片40余部，创作宣传漫画作品5部，编发原创信息500余篇，专题报道基层抗疫一线先进典型160余次，累计发布疫情相关信息4400余条，浏览量超百万人次。

落实意识形态工作责任制　召开2次专题会议对意识形态工作进行部署调度。制定出台《团市委意识形态工作责任制实施细则》等14项工作制度。

【基层建设】

基层团组织规范化建设　全面落实《“北疆基层团组织强基固本工程”组织力提升三年行动方案》，持续开展基层团组织整顿工作，完成团支部整顿2624个。联合市直机关党工委印发《关于对市直部门团青组织建设情况摸底的通知》，全面摸清市直系统党政机关事业单位底数。及时发布学生毕业后团组织关系如何转接等相关政策信息，并做好转入转出等相关工作对接，切实解决毕业生团员组织关系转接，确保学生团员离校不“失联”。

团组织建设　成立鄂尔多斯市邮政快递行业团工委。全面摸底核查全市已建立党组织的非公有制企业、规模以上非公有制企业、园区等底数，计划按照3年时间推动符合建团条件的企业普遍建团。鄂尔多斯市的全区20强民营企业全部建团，16个园区建立团组织，全市新建非公有制企业团组织223家。

团干部队伍建设　加强团干部教育培训工作，全市共开展团干部培训14场次，覆盖各领域团干部近千人。举办2020年鄂尔多斯市学校团干部和少先队辅导员沟通能力提升培训班。深入开展团干部上讲台工作，鄂尔多斯市5名团干部入选自治区团委技能大赛决赛。进一步完善全国团干部教育管理系统，将已转岗、新进入的团干部及时录入系统，市和7个旗区级团干部配备比率达到100%。

团员队伍建设　严把团员发展“入口关”，统筹抓好发展团员调控工作，努力实现高中团学比60%、初中团学比30%的目标。2020年，学校领域共向自治区申请发展团员编号2100个，全市新发展社会领域团员20名。协调市委组织部在《关于认真做好2020年发展党员工作的通知》中，进一步明确“各级党组织要落实28周岁以下青年入党一般应从团员中发展，发展团员入党一般要经过团组织推荐”。经团组织推荐的入党积极分子团员162人，列为重点发展对象团员45人。

学校共青团和少先队工作　推动全市65%的中学中职学校建立标准化团校，正式成立市级教体系统团工委，规范中学中职学校团代会，筹备召开鄂尔多斯市学生联合会第一次代表大会。成立鄂尔多斯市少先队名师工作室。创建少先队改革示范校5所和中学共青团改革示范校1所，并给予每所改革示范校3万元奖励。

“青年爱里”阵地建设　开展“青年爱里”梳理整顿工作，全市新建“青年爱里”10家，新入驻云平台4家。团市委经费支持“青年爱里”10家，直接指导联系2家。全市各级“青年爱里”开展常态化开展疫情防控、婚恋交友、读书分享会等活动410场次。

团的体制机制建设　市团委本级设立青少年思想政治引领工作专门委员会、基层建设工作专门委员会和青年成长成才工作专门委员会3个专门委员会。伊金霍洛旗、杭锦旗、鄂托克前旗设立团代表联络站。

【服务体系建设】

中长期青年发展规划　制定《共青团鄂尔多斯市委员会关于贯彻落实〈内蒙古自治区中长期青年发展规划（2018—2025年）〉工作分工方案》，完成鄂尔多斯市青年工作联席会议《议事规则》《贯彻落实〈规划〉2020年工作要点》《贯彻落实〈规划〉统计监测指标》成员单位和责任单位征求意见工作，召开鄂尔多斯市青年工作联席会议第一次全体会议。

青年创业就业　发布就业创业政策信息430余条，岗位对接信息330余条，联合市人社局举办“青春招聘，‘职’等你来”网络专场招聘会，参会企业104个，提供岗位9951个，覆盖青年2645人，达成就业初步意向1982人次。全市各级团组织举办线上线下招聘会共8场，参会企业688个，提供就业岗位1.6万余个，覆盖青年8400余人，达成就业初步意向近3000人次。举办“青创10万+”鄂尔多斯市青年创业培训班，培训创业青年60余人；联合市电子商务服务中心举办“电商的基础逻辑”网络直播培训班，在线观看人数达8000余人次。举办公务员考试培训、青年创业培训、电商培训、农牧民种养殖技能培训等培训班38场，覆盖青年7000余人次。开展“青创易贷”项目，累计向银行推荐371个项目，金额总计6118万元，已完成审核放款1572万元。

创优创效　开展2020年“号声嘹亮·青年文明号送温暖”活动，全市各级青年文明号集体对留守儿童、孤寡老人等困难群体和建档立卡贫困户、贫困学生进行帮扶，全市共计3000余人次参与活动，投入资金14.52万元，惠及建档立卡贫困户125人。推动青年文明号创建活动持续深入开展，33个集体完成2020年度鄂尔多斯市青年文明号创建报备。全市各级团组织开展青年安全生产示范岗创建活动8场次，认定市级青年安全生产示范岗8个、旗区级青年安全生产示范岗22个。

青少年合法权益　投入45万元购买青少年社区社会工作服务项目。联合市发改委和人民银行开展青年信用体系建设工作。组织全市各学校有序开展线上线下安全法治宣传教育“青春自护·平安春节”主题活动。开展面向全市快递从业青年“快递从业青年服务月”活动。疫情防控期间，鄂尔多斯市“12355”青少年综合服务平台积极组织专家及志愿者，为广大青少年及家长做好心理疏导、压力缓解等应急志愿服务，共接听咨询来电12次，精准对接帮扶援鄂医护人员子女34人，推送心理辅导信息4期，阅读量近2万人次。

青年交流交往　持续实施中日青年库布齐沙漠生态林项目和“中韩友谊绿色长城”生态项目，项目实施以来累计栽植苗木1600万余株。举办全市新的社会阶层能力素质提升培训班。举办青年婚恋交友联谊活动19场，参与青年近2000人。

【志愿服务】 开展“青春志愿行·温暖回家路”2020年鄂尔多斯市青年志愿者服务春运“暖冬行动”“学雷锋　全民爱卫生”主题志愿服务活动。疫情防控期间，共储备青年志愿者4080名，其中2406名志愿者、31个青年社会组织和公益组织投身疫情防控志愿服务工作。

【鄂尔多斯市青年工作联席会议第一次全体会议】 11月17日，鄂尔多斯市青年工作联席会议第一次全体会议召开，会议审议通过鄂尔多斯市《青年工作联席会议议事规则》《贯彻落实〈规划〉工作要点》和《贯彻落实〈规划〉统计监测指标》。

（李文冠）

妇女联合会

【鄂尔多斯市妇女联合会领导名录】

主　席：娜仁花（女，蒙古族）

副主席：王培琴（女）

高巧兰（女）

【概况】 鄂尔多斯市妇女联合会是市委领导下的群众团体，是党和政府联系妇女群众的桥梁和纽带。机关内设办公室、组织和宣传部、权益部、妇女发展联络部、家庭和儿童工作部、市人民政府妇女儿童工作委员会办公室6个职能部室；下属市妇女儿童培训中心1个事业单位。

【实用技能培训】 2020年，共举办创业技能培训22期，其中草原巾帼创业就业民族手工技能培训班18期，培训妇女581人；举办母婴护理培训班4期，培训妇女196人；举办巾帼脱贫创业致富带头人培训班1期，培训妇女43人。

【群众性主题宣讲】 开展百千万巾帼大宣讲及“说变化、赞制度”女性恳谈活动1100余场，覆盖27万余人。组织全市巾帼志愿讲师团深入社区、企事业单位开展主题宣讲活动50场。依托各级各类“妇女之家”“妇女微家”深入蒙古包、田间地头开展活动453场，覆盖人数超1万人。

【妇联新媒体】 形成“天骄女韵”微博、微信公众号、今日头条号、官方抖音号、官方快手号新媒体工作矩阵，“天骄女韵”官方快手号获评2020年度影响力奖。

【巾帼志愿服务活动】 组织乌审旗的“无定河婆姨”服务队、鄂托克前旗好大姐婚姻家庭调解服务中心广泛开展志愿服务活动，推荐准格尔义工协会入选自治区北疆十大巾帼暖心故事案例。

【妇女先进典型动态管理】 对2007年至2019年期间市级及以上各级各类先进妇女典型进行整理，编撰《鄂尔多斯妇女风采录》；对1960年以来获得市级及以上“三八红旗手（集体）”“三八红旗手标兵”进行集中核查，撤销2人荣誉称号。

【家庭典型选树和宣传展示活动】 全市各级妇联组织深入开展“8+X”寻找“最美家庭”活动，通过发放倡议书、举办“最美家庭”故事巡讲、“最美家庭”才艺比赛等形式，组织号召近8万名群众参与寻找“最美家庭”活动。推荐自治区级“最美家庭”14户，“五好家庭”3户，“最美家庭标兵户”4户，市妇联表彰“最美家庭”46户，各旗区妇联表彰“最美家庭”485户，市卫生健康委、市妇联联合授予马兰芝等50户援鄂医务人员家庭“2020年鄂尔多斯市最美逆行者‘幸福家庭·最美家庭’”称号。全市各级妇联组织结合实际开展“最美家庭”宣传展示活动。

【维权法治宣传】 2020年，举办法治活动275场次，参与活动的法律志愿者和维权志愿者达120人次，参与群众达16500人次；举办普法宣传讲座81场次，参与人数9000余人次。5月，《内蒙古自治区反家庭暴力条例》出台后市妇联维权工作人员在鄂尔多斯市电视台百姓直通车栏目和电台法治栏目做2次法治节目，就妇女群众关切的维权知识进行解答。

【维权组织网络】 充分发挥婚姻家庭纠纷人民调解委员会、婚姻家庭纠纷人民调解室和专职兼职人民调解员作用，多元化化解矛盾纠纷。2020年，接待纠纷案件187件，其中来访151件、来电36件次；婚姻家庭权益类153件，劳动和社会保障6件，家暴类55件；土地纠纷9件；处理率为90%。

【维权服务】 利用“蒲公英”妇女儿童维权服务项目资金，委托东胜妇女儿童社会心理健康服务协会、鄂托克前旗心理咨询协会、达拉特旗建渊社会工作服务中心开展精准维权服务。向鄂尔多斯市大来律师事务所购买法律法规宣传讲座和“12338”妇女维权热线解答服务。

【项目引领带动】 争取并组织实施贫困妇女“一对一”帮扶项目，向中国妇基会提交66户贫困妇女资料，2020年8户成功筹集到生活和创业补贴。继续实施“布丝瑰工坊”手缝工项目，伊金霍洛旗天骄社会工作服务社向自治区妇联争取到妇女民族手工艺活动项目经费19.6万元，利用项目资金开展妇女手工培训，为更多城乡无业妇女实现居家灵活就业提供帮助。

【“草原巾帼创业创新行动”】 全市各级妇联开展岗位建功、岗位成才技能大赛，并在“三八”国际妇女节期间表彰“巾帼文明岗”、巾帼建功标兵。市妇联与市人力资源和社会保障局、市教育体育局等部门联合举办以“新时代、新技能、新梦想”为主题的全市职业技能竞赛活动。通过发挥基地辐射作用带动妇女创业就业，女大学生创业园入驻企业41家，带动120名女大学生创业。

【“乡村振兴巾帼行动”】 组织农牧民妇女参加自治区农牧民妇女网络教育培训，进一步提高她们的种养技术、职业技能和参与乡村振兴的能力。杭锦旗多丰长绿种植专业合作社争取到自治区巾帼脱贫示范基地（农牧业）项目款3万元，通过实施酱腌菜产业化扶贫项目，实现锡尼镇地区酱腌菜产业的规模化、集约化、标准化发展，以订单种植收购的模式，解决锡尼镇中图村地区35户农民蔬菜种植销售问题和25名农村贫困剩余劳动力就业问题。向中国妇女发展基金会争取到农村贫困母亲“两癌”救助金120万元，为120名“两癌”患者发放救助金。

【内蒙古自治区妇女十二大相关工作】 梳理报送鄂尔多斯市2015年至2020年受全国表彰情况以及重点工作开展情况等资料，完成内蒙古自治区妇女十二大代表候选人的推荐、考察、征求意见等工作。会后，动员各级妇联组织宣传内蒙古自治区妇女十二大精神，累计开展线上线下宣讲77场次，依托新媒体发文138篇次，发放宣传资料3000余份，覆盖群众超过16万人。

（全君琴）

科学技术协会

【鄂尔多斯市科学技术协会领导名录】

党组书记：赵　峰

主　　席：吉日木图（蒙古族）

副 主 席：刘　军

　　　　　吕　勇

【概况】 鄂尔多斯市科协是市委领导下的人民团体，是党和政府联系科学技术工作者的桥梁和纽带，是中国科学技术协会的地方组织，是参照公务员管理的事业单位。鄂尔多斯市科学技术协会内设办公室、科普部、学会部、宣传部、青少部、组织部；下辖科技馆1个二级事业单位。截至2020年年底，全市52个苏木乡镇、26个街道办事处、202所中小学校、3所高校和32家企业科协全部建立科协机构，完成率100%；4个旗区完成换届工作；共有110名“三长”（学校校长、医院院长、基层农技站站长）进入科协机构，其中市本级配备11名、旗区配备99名。

【组织工作】 开展集中学习21次，专题研讨6次。召开市科协系统意识形态工作调度会和党建工作专题部署会，制定《市科协2020年党建工作要点》《党组中心组及党员干部学习计划》。召开意识形态党组会议4次，领导干部讲意识形态专题党课1次。开展廉政学习教育活动14次，其中党风廉政建设专题研讨会2次，主要领导讲廉政党课1次，参观廉政教育和红色教育基地6次。推动《鄂尔多斯市科学技术协会机构改革方案》深入实施；加强干部队伍建设，遴选1名旗区科协干部和1名基层科技人员到市科协挂职（借调）锻炼。

【宣传工作】 组织召开市科协四届三次全委会，评选表彰最美科技工作者30名、优秀科普工作者40名、优秀科普信息员62名。举荐8名科技人才、6家企业参加全区“创新先锋号”“创新先锋岗”评选命名。举荐1名科技人才参加中国科协优秀中外青年交流计划。3名科技工作者获自治区“最美科技工作者”荣誉。建立党员联系服务科技工作者结对表，加强与科技工作者的沟通与联系。编撰《高原的星空——鄂尔多斯优秀科技人才风采录》。全国科技工作者日期间，宣传报道优秀科技人物16人，其中采访制作播出典型人物电视专题片16部，蒙古族典型人物专题片3部，广播专题节目12部；《鄂尔多斯日报》推出40名“优秀科普工作者”2个专版、5篇科技科普人物专题通讯，市级新媒体广泛转发科技人物事迹，累计浏览量达到7万人次。在全国科技工作者日期间召开系列座谈会，慰问科技工作者、老科技科普工作者。继续完善网上科技工作者之家功能，为科技工作者提供高效服务。与市级主流媒体合作，制作播出蒙古语汉语电视科普节目160余期2000多分钟、广播节目100期，市级各新媒体推送蒙汉语科普知识1000余条。推出科普惠民微信平台，整合吸纳全市科普教育基地资源，吸引1万多名群众参与。开展具有民族地区特色的宣传工作，推出“百嘎丽科普开讲”品牌，制作并上传微信表情包，制作快手、抖音节目20余期及相关文创产品，申请注册相关商标，举办“百嘎丽”品牌发布会暨科普阅读分享会。举办主题为“真心聚焦脱贫攻坚　行动助力乡村振兴”直播带货公益助农活动。自制科普场馆基地宣传片4部，《鄂尔多斯市科协结对帮扶陶赖高勒村脱贫攻坚纪实》1部。与小影传媒合作，在东阿康地区核心地段、商场制作播放电梯广告宣传片。与市民航铁路中心合作推出“动车上的科普园地”栏目，辐射呼包鄂地区。

【科普工作】 组织召开全民科学素质专项工作协调办公室会议并调整成员单位。联合市林草局印发《关于开展“保护生态环境，建设绿色鄂尔多斯”林草科普传播行动的通知》；与市农牧局、科技局联合开展“助力春耕备耕”线上科普讲座；与市地震局、应急管理局联合开展防震减灾、安全生产月等线上线下科普宣传活动；与市科技局联合举办“2020年鄂尔多斯市科技活动周暨全市第二十五届科普活动宣传周”。举办线上公民科学素质网络有奖竞答4期，参与人数达8万人次。组织开展“三下乡”农村牧区科普行动、“乐享鄂尔多斯”科普联合行动、全国科普日主题科普宣传活动、全国防灾减灾日、学生营养周、“5·30”科技工作者日等科普宣传活动。开展三批次“百名专家走进盟市旗县科普传播行”活动，受益人数达16万人次。举办2020年鄂尔多斯市公民科学素质电视大赛，组队参加自治区公民科学素质竞赛并获团体二等奖。承办中国科协2020年基层科普区域性交流观摩活动。组织科普信息员、科技志愿者参加自治区2020年科普信息员线上培训。举办2020年全市基层科普工作者和科协系统宣传信息员能力提升培训班，参加培训人员220余人次。申报14个“基层科普行动计划项目”。实施“科普报刊村村通”项目，为9个旗区订阅各类杂志1500余份。组织开展“中国流动科技馆”鄂托克旗巡展活动。成立鄂尔多斯市科技志愿服务总队，注册科技志愿者5060人。推荐22人分别获自治区级优秀科普专家、优秀科普信息员和优秀科技志愿者称号。获评11个自治区级科普教育基地，2个科普示范教育学校。

【学会工作】 开展学术交流、论坛等12次。采集科技论文63篇并参加自治区自然科学学术年会论文评选，19篇获奖，市科协获优秀组织奖。组织企业参加“包钢杯”内蒙古创新方法大赛企业组决赛，鄂尔多斯市获得13个奖项，市科协获优秀组织奖。指导成立茶与健康学会。组织企业参加自治区创新方法大赛，14个项目获奖，市科协获得优秀组织奖。联合市气象学会举办“鄂尔多斯市首届网络气象科普讲解大赛”。组织中医学会、医学会、营养学会、护理学会等专家学者，深入苏木乡镇街道开展服务，电工学会、煤炭学会、化工学会专家深入矿山企业开展技术咨询服务。邀请5个国家级学会的12名专家教授赴恩格贝生态示范区、鄂尔多斯野生动物园等进行走访调研，为生态建设建言献策。通过《科技工作者建议》和政协科技界代表的提案等方式，为党和政府科学决策提供参考。组织参加第35届全区青少年科技创新大赛，获一等奖39件、二等奖56件、三等奖91件，市科协获优秀组织奖。推荐6件作品参加第35届全国青少年创新大赛。开展全区青少年科技教育工作者典型事迹征集活动。推荐科技辅导员参加人工智能（创客）名师工作室、自治区青少年机器人教练员线上培训等交流活动以及科技辅导员专业水平认证考试。推荐60所学校参加内蒙古“创意科学拓展计划”STEAM科学资源包捐赠活动。与市教体局联合举办鄂尔多斯市第二十届青少年科技创新大赛、“科学小英才”科普知识网络竞赛活动。组织北京师范大学鄂尔多斯附属学校3名教师和30名高中生参加“2020年全国青少年云上科学营”活动。

归国华侨联合会

【鄂尔多斯市归国华侨联合会领导名录】

党组书记、主　席：胡日嘎（蒙古族）

党组成员、副主席：杨亚平

【概况】 鄂尔多斯市归国华侨联合会是市委领导下的由归侨、侨眷组成的人民团体，是党和政府联系广大归侨、侨眷和海外侨胞的桥梁和纽带。内设综合科和经济联络科。下属市新侨服务中心1个二级事业单位。2020年，全市归侨、侨眷、共有3万余人。

【服务地方经济】 鄂尔多斯市委常委、统战部部长高占胜带队赴中国侨联拜会中国侨联组织人事部部长姚林楠、中国侨商会秘书长安晨并进行座谈，就推动鄂尔多斯侨界力量积极投身经济建设，合力助推地方民族经济发展等方面进行友好交流；国电江西电力新能源发电分公司与杭锦旗政府达成总量50兆瓦、总投资近30亿元的太阳能转氢能合作意向；牵线“蒙一堂”与鄂尔多斯市仕博中医院达成项目合作意向并正式落地；与鄂尔多斯籍日本华人郭金金博士达成赴日医疗以及赴日留学项目合作意向，举办护士赴日留学项目推荐会2场，签署5年合作协议；牵线内蒙古蒙发煤炭有限责任公司和圣拓（陕西）矿业有限公司的呼和乌素煤矿充填开采项目开工建设；中国航天凯天环保科技股份有限公司总裁叶明强和澳大利亚江苏工商联合总会会长、澳芯（上海）海洋工程有限公司董事长陈银新一行到鄂尔多斯市考察，市委书记牛俊雁会见考察团并召开座谈会，中国航天凯天环保科技股份有限公司与伊金霍洛旗人民政府就伊金霍洛旗环境治理修复项目达成合作意向；引进国内领先的智慧城市解决方案服务商和集成商——南京亿数科技有限公司、深圳市名家汇科技股份有限公司，为鄂尔多斯各园区、旅游区以及成熟社区推荐智慧城市开发项目等。

【调查研究】 全年组织侨联委员、兼职副主席、各级侨联干部、各社团负责人，赴各旗区、包联社区、先进地区等，针对侨联基层组织建设、新侨创新创业、“侨胞之家”建设、侨资企业生产经营情况、困难侨眷生活状况等课题，开展专题调查研究18次，形成调研报告5篇。

【为侨服务】 建成“侨胞之家”14家，并争取到上级侨联的专项建设经费8万元。截至11月中旬，开展慰问活动9次，慰问贫困户60余户，送去慰问金和慰问品近6.7万元。

【所属社团建设】 开展联合主题党日活动，凝聚社团力量，侨青委开展“凝聚侨胞心·共筑中国梦”户外拓展主题党日活动，侨商会开展“追梦中华·爱侨助侨”主题党日活动，包联社区——东胜区幸福街道办事处闻莺社区举办“结对共建强服务　帮扶慰问暖民心”主题党日活动等。开展所属社团建设和兼职副主席履职情况专题调研，先后深入侨商会、侨青委、法顾委等社团组织，详细了解社团组织运行中存在的问题，提出意见建议。联合市侨青委举办喜迎中国共产党成立100周年暨“开新篇　展风采”新年联谊活动。

【联络联谊】 市侨联、市侨商会分别与澳大利亚江苏工商联合总会签订友好合作协议。年内，鄂尔多斯市确认的“中国华侨国际文化交流基地”增加到2家，新增成吉思汗陵。为已经确认的“内蒙古自治区华侨文化交流基地”争取到上级侨联创建经费2万元。联合国际华文媒体联盟发布《关于积极为鄂尔多斯市抗疫复产加油鼓劲的倡议书》，累计发布报道2727篇，点击量达5亿人次，使广大海内外侨胞及时了解鄂尔多斯以及内蒙古抗疫复工的好消息，传播正能量。

（石　鑫）

工商联（总商会）

【鄂尔多斯市工商联领导名录】

党　组　书　记：刘占平
主席、总商会会长：聂永胜
副　　主　　席：刘晨云

【概况】 鄂尔多斯市工商联（总商会）为参照国家公务员法管理的事业单位。机关设办公室、会员部、经济部和非公有制企业党建办公室4个职能部室。下设鄂尔多斯市非公有制经济服务中心1个正科级所属事业单位。

【思想政治引领】 举办民营企业家大讲堂、召开专题学习研讨会、第三期线上读书、“民法典助推民营经济行稳致远”宣讲会等品牌活动18期，学习贯彻中共十九届五中全会精神和习近平总书记在企业家座谈会上的讲话，参与人数4.12万人。开展民营经济人士思想状况调研，形成调研报告9篇。

【营商环境优化】 起草并印发领导干部联系民营企业、商协会、重点项目工作制度，全市36名厅级领导包联民营企业106家、商协会7家、亿元以上重点项目31个，推动领导干部入企服务常态化；印发《鄂尔多斯市工商联关于聘请葛耀勇等民营企业家为监督评议专员的通知》，在全市民营经济领域聘请46名企业家监督评议专员，专门对涉企政策落实及政府服务民营企业情况进行评议，助推全市营商环境持续优化。通过鄂尔多斯发布、鄂尔多斯非公有制经济等微信公众平台，向企业宣传中央、自治区和市委、市人民政府制定出台的各类涉及民营经济的政策措施130余篇，发放《中小微企业融资100问》700本。在疫情防控期间，对民营企业融资需求情况进行摸底，有60家企业融资需求21.88亿元，联合市金融办，畅通企业和金融机构间的信息对接。加强人才引进服务，启动鄂尔多斯市民营企业“稳就业、促发展”大型专场网络招聘会，全市139家企业提供465个岗位，参会求职者2758人。

【成长型中小企业培育】 组织实施鄂尔多斯市四届二次人代会提出的“实施民营企业培育行动计划，加快培育市场主体，重点培育100家成长型中小企业”工作任务，成立由8名草原英才组成的专家委员会，筛选培育成长型中小企业86家，加大对中小微企业走访调研，通过开展外出考察学习、提供融资服务、搭建品牌建设平台等方式，扎实推进中小企业培育行动。

【经济服务试点工作】 2020年8月，全国工商联经济部与鄂尔多斯市工商联建立经济服务试点工作机制，在政策服务、调查研究、培训交流、助推区域经济发展、典型经验交流与宣传、党建等领域开展更广泛、更深层次的合作，为鄂尔多斯经济发展共享更多的全国性优质资源。8月31日，中央统战部副部长、全国工商联党组书记徐乐江到鄂尔多斯市考察调研民营企业参与生态治理与修复及转型发展情况，并给予高度评价。聚焦做好“六稳”工作落实“六保”任务，深入9个旗区71家中小微企业，同步开展鄂尔多斯市民营企业运营情况网上问卷调查活动，形成分行业分领域调研分析报告7篇，加大调研成果的转化运用，举办主题企业家沙龙2期，开展专题旗区巡回宣讲7场。调研工作被全国工商联通报表扬为2020年调查点工作先进基层工商联。

【“百企帮百村”行动】 2016年10月，鄂尔多斯市工商联响应全国工商联的号召，启动实施“百企帮百村”精准扶贫行动。2018年，市委、市人民政府把“百企帮百村”行动纳入全市脱贫攻坚三年行动计划和决战决胜脱贫攻坚五项工作任务。截至2020年年底，全市960家企业，包括部分国有企业，通过产业、消费、就业、公益等扶贫形式，与696个嘎查村建立利益联结机制，实施帮扶项目615个，总投入资金达到6.69亿元，为全市如期打赢脱贫攻坚做出重大贡献。

【鄂尔多斯光彩事业基金会】 5月14日，鄂尔多斯光彩事业基金会筹备工作座谈会暨第一届理事会第一次会议在东胜区召开，标志着鄂尔多斯光彩事业基金会正式成立。会议审议通过《鄂尔多斯光彩事业基金会章程》，选举产生鄂尔多斯光彩事业基金会第一届理事会理事长、秘书长。内蒙古博源控股集团有限公司董事局主席戴连荣当选为鄂尔多斯光彩事业基金会第一届理事会理事长。

文学艺术界联合会

【鄂尔多斯市文学艺术界联合会领导名录】

党组书记：冯世业（女，蒙古族）

主　　席：武　洲

副 主 席：吴永光

【概况】 鄂尔多斯市文学艺术界联合会（简称市文联），机构级别为正处级。内设办公室、组织联络部、协会工作部等3个科室，下设鄂尔多斯文学杂志社1个正科级全额拨款事业单位。2020年，鄂尔多斯市中国作家协会会员达到21名、中国书法家协会会员达到8名、中国摄影家协会会员达到32名。

【文艺作品】 1月29日、2月16日两次向全市文艺工作者发起倡议，鄂尔多斯文艺平台共收到投稿作品500余件，共发布近400件，其中被国家级、省级媒体选用稿件20余件。

【公益活动】 联合哈巴格希街道、社区举行“保护河川，守卫蓝天碧水净土”公益环保行动，组织志愿者开展巡河、文艺创作等活动；周本刚、闫谨、马建明等一大批书法家走进校园，使书法进校园公益活动取得阶段性成果。

【文艺志愿服务】 春节期间，组织文艺志愿者完成市委宣传部开展的“弘扬乌兰牧骑精神、到人民中去”文艺惠民活动。举办“少年梦·中国梦”2020年少年交响新年音乐会；组织文艺志愿者到康巴什区哈巴格希社区、东胜区苏勒德社区为居民赠送书法春联400余副，为鄂尔多斯市消防支队的战士官兵赠送春联及书画作品。

【交流创作】 6月23日，联合内蒙古作家协会在呼和浩特市召开乌雅泰文学创作研讨会。6月24日，在会展中心举办“正本清源”展览，展出周本刚近年来创作的50余幅作品。11月，鄂尔多斯市15名摄影家到江苏省镇江市与当地摄影协会开展交流创作活动，并在镇江市举办鄂尔多斯摄影作品展，通过摄影作品充分展示鄂尔多斯的自然风光、民俗风情和朴实人文。

【脱贫攻坚文艺创作活动】 在全市脱贫攻坚收官之际，推出“决胜小康、决战脱贫、奋斗有我、美好有我”文艺创作五大活动，其中“脱贫攻坚·美丽乡村建设”美术书法摄影作品展于10月18日至11月6日在会展中心展出；11月，完成“脱贫攻坚·文润鄂尔多斯”文学创作活动。在12月30日举行的五大活动颁奖大会上，“脱贫攻坚·歌赞鄂尔多斯”音乐作品征集活动、“脱贫攻坚·挂职在一线”微视频创作活动、“脱贫攻坚·齐夸脱贫致富好”小戏小品征集创作活动三大门类17件优秀作品获奖。

【培训工作】 全年举办市级“四力”培训班7期；旗区“四力”培训班2期；“两刊”编辑部培训班3期。

【文学月刊】 出版《鄂尔多斯》文学月刊抗疫专刊（第三期）。在《鄂尔多斯日报》、鄂尔多斯新闻网发表《助力抗疫 共克时艰——鄂尔多斯文联战“疫”记》专题文章，总结全市文艺界抗击疫情情况。

【鄂尔多斯市新时代文明实践文艺志愿服务试点项目】 2020年12月，鄂尔多斯市新时代文明实践文艺志愿服务试点项目启动。作为中国文联、自治区文联首批市级试点，市文联以“文明城市文明人”为主题，通过书法家协会、美术家协会、音乐家协会、舞蹈家协会等为主导，开展书写文明人、画说文明城、歌赞文明事、舞动文明行等项目，以文艺提升居民文明素养、提升乡风文明为主，实现居民群众行为的文明、精神的文明，让文明之城在文艺志愿服务下实现整体文化的提升，实现“凝聚群众、引导群众、以文化人、成风化俗”的工作目标。活动在全市4个旗区、9个苏木乡镇、27个嘎查村试点率先铺开，截至年底，开展居民文艺课堂、书画展、会演等文艺志愿活动20余项，惠及群众近万人次。

（王星媚）

残疾人联合会

【鄂尔多斯市残疾人联合会领导名录】

党组书记、理 事 长：山　丹（女，蒙古族）

党组成员、副理事长：袁文亮

【概况】 鄂尔多斯市残疾人联合会内设办公室、康复部、组联部、维权部、宣文部、鄂尔多斯市残疾人就业管理中心和鄂尔多斯市残疾人辅助器具服务中心等8个部室。下设鄂尔多斯市残疾人就业管理中心（挂市盲人按摩服务中心牌子）、鄂尔多斯市残疾人辅助器具服务中心等2个科级事业单位。2020年，全市有残疾人12.8万人，占全市总人口的6.39%。

【残疾人康复服务】 2020年，累计服务2997人，康复服务率93%，辅具适配率94%；投入资金90万元，给予鄂尔多斯市户籍600名白内障患者每例手术补贴1500元；拨付各旗区0—7岁残疾儿童康复救助资金310万元，累计服务255人；推进市残疾人康复综合服务中心建设，截至年底，完成设备采购工作，推进内部装修；累计配发残疾人各类辅具1826件，完成121例残疾人下肢假肢和201例矫形器适配工作，完成22例假肢维修服务，残疾人辅助器具业务用房已建成投运。

【残疾人教育】 争取自治区资金4.8万元，对各旗区学前教育机构进行补贴，惠及160名残疾儿童接受学前教育；市本级安排送教上门补贴资金3万元，累计为全市276名适龄未入学残疾儿童实施送教上门服务；为27名被录取的应届残疾考生发放补助资金4万元。

【残疾人就业】 落实"六稳"（稳就业、稳金融、稳外贸、稳外资、稳投资、稳预期）"六保"（保居民就业、保基本民生、保市场主体、保粮食能源安全、保产业链供应链稳定、保基层运转）的工作要求和相关就业政策，争取自治区农村牧区残疾人实用技术和城镇残疾人职业技能培训资金53.2万元，累计培训残疾人1824人次；安排自治区、市本级残疾人就业创业扶持资金268.5万元，扶持3家企业、2个合作社、11户残疾人就业创业示范户和43户残疾人自主创业户，有96名残疾人实现就业。安排资金25万元补贴市残疾人就业创业孵化基地。争取自治区残疾人辅助性就业机构补贴资金132万元，对6个旗区给予补贴；安排10万元资金拨付达拉特旗特殊学校实施残疾人辅助性就业机构项目，帮助58名智力、精神、重度肢体残疾人实现就业。2020年，全市共计审核用人单位32865个，731个用人单位安置1693名残疾人就业；组织全市7家残疾人自主创业户参加第四届"中国创翼"创业创新大赛内蒙古赛区选拔赛，鄂尔多斯市阿腾都西银匠世家文化有限责任公司、中科万欣富硒清真食品有限责任公司分别获得一等奖和二等奖。在疫情防控期间组织开展"就业服务不打烊"残疾人线上专场招聘会活动，全市共有52个用人单位在中国残疾人就业创业网络服务平台成功注册，其中，43个用人单位已录入招聘职位70个岗位，招聘人数近200人。鄂尔多斯市选派的就业指导人员代表自治区参加全国残疾人就业指导技能竞赛荣获二等奖。2020年，全市新增城镇残疾人就业238人，新增农村残疾人就业595人。

【残疾人基层组织】 组织120余名助残志愿者开展6次助残志愿活动、2期助残知识培训。认真指导各专门协会开展活动，市智力残疾人及亲友协会举办"牵着蜗牛去散步"户外活动，共有86名残疾人群众参与；市盲人协会和市肢残人协会举办"百名残疾人红色教育活动"，组织100名残疾人群众到延安民族学院城川纪念馆接受爱国主义教育；市精神残疾人及亲友协会组织80名精神、智力残疾人家属开展家庭护理、用药及心理疏导等知识培训；市聋人协会对全市有就业需求的22名听力言语残疾人进行中式烹调师培训。全市985名残疾人专职委员的工作补贴由每人每月600元提高到每人每月1000元；制定出台《全市嘎查村（社区）残疾人专职委员考核办法》，9个旗区对辖区内专职委员开展年度考核工作。2020年9—11月，协调第四人民医院为全市重度精神病人进行上门评残工作，为重度精神病人家庭减免各类费用共计15万余元。

【残疾人生活质量提升】 全年共计投入各级项目资金108.85万元，对399户有需求的贫困残疾人家庭进行居家无障碍改造。争取自治区残疾人"阳光家园计划"项目资金39.9万元，对266名智力、精神和重度肢体残疾人进行托养服务；补贴准格尔旗残疾人托养资金7万元开展残疾人托养服务。

【残疾人法律维权】 认真开展依法治市工作，加强残疾人权益保障法的宣传，在全国助残日活动期间发放宣传材料3800余份，完善残疾人信访工作体系，解答来电来信来访咨询110余人次。

【残疾人文化体育】 全年编发残联内部信息简报40期，在市级及以上各类媒体平台发布宣传稿件50余篇。认真筹备鄂尔多斯市首届残疾人运动会，完成全市218名运动员的医学分级。市残联选送的残疾人自强创业示范户阿腾都西，作为自治区唯一一名上报的残疾人，参加在北京举办的“积善仁美 助推圆梦”全国优秀残疾人艺术家百人推介活动。补贴东胜区、伊金霍洛旗、准格尔旗、鄂托克旗各1万元社区活动经费，用于开展社区残疾人文化体育活动。补贴内蒙古残疾人田径训练基地80万元用于开展鄂尔多斯市优秀残疾人运动员集训。补贴各旗区残联、市特殊教育学校各2万元，作为首届鄂尔多斯市残疾人运动会参赛运动员训练经费。

（石津朴）

红十字会

【鄂尔多斯市红十字会】

党组书记、常务副会长：闫美蓉

副　　会　　长：邵文迪

专 职 副 监 事 长：贾利民（3月任职）

【概况】 鄂尔多斯市红十字会内设办公室、赈济救护部、宣传与筹资部、监事会等4个科室。2020年，全市累计建立红十字会基层组织382个，发展团体会员358个、个人会员1474人。组织开展我们的节日、春运志愿服务、疫情防控志愿服务等活动90多场次，1935名志愿者为困难群众、社区居民、返乡农民工和大学生提供人道服务。

【募捐筹资】 2020年，全市共接收“博爱一日捐”1621.37万元（其中市本级接收274.25万元），完成自治区任务的214.36%。拓展人道资源动员渠道，参与并推广“99公益日”募捐活动，精心策划“关爱城市美容师”“用善与爱共筑困境儿童新希望”等筹资项目，市本级和伊金霍洛旗、鄂托克前旗3个项目入围，并筹资到位。全市累计接收项目筹资款485.21万元，完成自治区任务的485.21%。

【人道文化传播】 2020年，继续巩固和完善已建成的人道文化传播基地和传播点，新建9个人道文化传播点，累计建成17个人道文化传播基地和37个人道文化传播点。

【应急救援】 加强应急救援装备、救援物资、防疫物资和备灾资金的保障能力，全市新增救灾备灾物资储备库面积800平方米，储备救灾金1548.26万元，其中市红十字会储备653.82万元，较2019年增长150%；储备棉被、帐篷、家庭包、雨衣、防护服、口罩、护目镜、额温枪、消毒液等救灾及防疫物资价值1626.04万元，其中市红十字会本级储备物资价值1440.3万元，较2019年增长638%；市红十字会购置救灾救援特种车1辆，做到“宁可备而不用，不可用而无备”。举办鄂尔多斯市红十字会赈济救援演练，开展案例推演、物资发放与管理、营地建设、救援装备使用等科目的实战演练，切实提高应急救援队伍应对突发事件的专业技能。

【人道救助】 投入286.4万元款物开展“博爱送万家活动”，为25940人遭受自然灾害群众、大病患者等送去党和政府的关怀和温暖。举办2020年全区“光明行”社会公益活动走进鄂尔多斯暨全国爱眼日主题宣传活动。推进“光明行”社会公益活动常态化，筛查4476人，免费实施手术343例；实施“护眼”公益行动，开展护眼培训214场次，筛查91344人，实施矫正手术21例。继续开展“捐衣助贫”活动，年内洗消旧衣1.5万余件。为先心病、白血病患者申请中国红十字基金会救助金22.5万元。

【应急救护】 2020年，建成鄂尔多斯市红十字生命健康安全体验馆、内蒙古自治区红十字会人道文化传播与生命健康安全教育基地（位于鄂托克前旗城川镇）。新建红十字应急救护点9个、红十字应急救护角9个，实现AAAA以上景区和机场、火车站、汽车站红十字应急救护站点角全覆盖。承办2020年内蒙古自治区红十字会应急救护师资提高培训班。完成救护员培训4581人次，普及性培训26102人次。

【“三献”工作】 完成造血干细胞血样采集入库295人份，成功捐献2例，累计达到12例；完成2020年中国造血干细胞捐献资料库捐献者保留项目（回访）1620人份；登记遗体和人体器官捐献志愿者722人，开展对器官捐献工作的人文关怀，筹集资金给予遗体和器官捐献者困难家庭人道抚慰和救助。推动无偿献血工作，与卫生部门联合开展“世界献血者日”宣传活动，普及无偿献血知识。

【人道交流】 坚持发挥红十字会民间外交的独特优势，积极支持蒙古国达尔罕乌拉省红十字会疫情防控工作，紧急支援5万元。深入四川、浙江等省市，学习考察备灾救灾、青少年眼健康等项目，借鉴先进经验做法。与来访的陕西省、乌海市红十字会进行深入交流，构建起突出国内、内外兼顾的民间交流新局面。

（吴萨日娜）

社会科学联合会

【鄂尔多斯市社会科学联合会领导名录】

党组书记、主席：李洪波

副　主　席：胡文华

【概况】 鄂尔多斯市社会科学联合会属学术性群众团体，是对核准登记的社会科学各学会、协会、研究会负责协调管理的业务主管部门，是市委、市政府联系社科界的桥梁和纽带。为正处级建制，参照国家公务员制度管理。内设学会部、办公室。下设鄂尔多斯社会科学研究中心1个事业单位。2020年，鄂尔多斯市社会科学联合会有所属学会、协会、研究会22个，共有会员6000多人。

【《鄂尔多斯社会科学》】《鄂尔多斯社会科学》秉承“搭建交流平台、深化社科研究、推动理论创新、服务党政决策”的办刊宗旨。是市委宣传部主管，市社科联、市社科院主办的全市综合性理论刊物。刊物面向全国各省市、自治区和地区社科联发行。2020年，共发表理论文章62篇，发行3600册。

【内蒙古学研究会】 8月27日，内蒙古学研究会在鄂尔多斯市委党校举行成立大会。这是由内蒙古自治区社科联倡导、经自治区党委宣传部、民政厅批准成立的社科类社会组织。会议选举产生内蒙古学研究会理事、秘书长、副会长、会长；内蒙古自治区社科联一级巡视员胡益华教授当选为内蒙古学研究会首任会长，内蒙古自治区社科联党组成员、副主席朱晓俊研究员，内蒙古民族大学党委副书记、校长赵东海教授，内蒙古自治区政府研究室副主任程玺，内蒙古自治区党史和文献研究室原副巡视员马万里，内蒙古师范大学政府管理学院院长拓俊杰教授，鄂尔多斯学研究会会长奇海林教授等6人当选为副会长，内蒙古师范大学政府管理学院原院长甘月文教授当选为秘书长。会议从51名首批会员中选举产生14名理事。

【鄂尔多斯市首届社会科学人才奖暨第五届哲学社会科学成果奖复评】 11月20日，鄂尔多斯市首届社会科学人才奖暨第五届哲学社会科学成果奖复评工作顺利完成。评选出鄂尔多斯市哲学社会科学名家1名、鄂尔多斯市哲学社会科学青年才俊3名、鄂尔多斯市哲学社会科学特别贡献者2名。鄂尔多斯市第五届哲学社会科学优秀成果一等奖5名、二等奖17名、三等奖42名。

法 治

公 安

【鄂尔多斯市公安局领导名录】

党委书记、局长、督察长：薄立峰

党委副书记：王　飞（11 月至 12 月）

副　局　长：王　飞（12 月任）

张学凯

张　兵（12 月任职）

邢轶清（11 月离任）

云志明（12 月离任）

王　全（12 月离任）

纪 委 书 记：陶安良

【概况】 2020 年 12 月，鄂尔多斯市委机构编制委员会印发《关于调整鄂尔多斯市公安局职责机构编制的通知》，调整鄂尔多斯市公安局职责、机构和编制。主要职责：贯彻党中央关于新时代公安工作的方针政策，落实自治区党委、市委决策部署，在履行职责过程中坚持和加强党对公安工作的集中统一领导。贯彻执行国家法律法规、落实自治区有关公安工作的法规政策和规定，拟定全市公安工作有关政策，统筹指导、监督、检查全市公安工作。负责全市公安机关侦查工作、治安管理工作、道路交通安全管理工作、公共信息网络安全保护工作、打击邪教组织的违法犯罪活动、禁毒工作、出入境管理工作、执行刑罚工作、安全警卫工作、公安科学技术工作、警务保障和警用航空器运行管理工作、公安队伍建设和森林草原防火工作。内设机构调整为办公室、情报指挥中心（市预警应急指挥中心）、督察审计信访支队、经济犯罪侦查支队、治安管理支队、刑事侦查支队（市公安局司法鉴定中心）、反恐怖支队、生态环境和食品药品犯罪侦查支队、监所看护管理支队、出入境管理支队（国际警务合作支队）、警务保障支队、交通管理支队、法制支队（执法办案管理中心）、禁毒支队（市禁毒委员会办公室）、科技信息化支队（科技信息化委员会办公室）、警务航空支队（鄂尔多斯政府飞行队）、特警支队、政治部等 20 个内设机构，单独设置机关党委（党建工作办公室）、离退休人员管理科 2 个办事机构。派出机构有鄂尔多斯市公安局东胜分局、鄂尔多斯市公安局康巴什分局、鄂尔多斯市公安局交通运输治安分局、鄂尔多斯市公安局空港治安分局、鄂尔多斯市公安局苏里格治安分局、鄂尔多斯市公安局成吉思汗陵治安分局、鄂尔多斯市人民警察训练学校。

【打击严重暴力犯罪】 2020 年，全市立刑事案件 5065 起，同比下降 10.42%，破案 2634 起，破案率 52%。其中八类刑事案件立 107 起，同比下降 23.57%，破案 103 起，破案率 96.26%。全市发现刑命案 14 起，破案 14 起。全市共受理治安案件 9905 起，同比下降 8.88%，查处 9074 起，查处率 91.61%。

【命案防控攻坚】 开展命案防控攻坚，相继破获东胜区“8·23”垃圾处理场焚尸案（公安厅挂牌督办案件）等 5 起十年以上命案积案，完成公安厅目标任务的 166.7%。

【打击治理电信网络诈骗犯罪】 推进打击治理电信网络新型违法犯罪工作，全市共立电信网络诈骗案件 1207 起，同比下降 22.8%；被骗经济损失 9472.37 万元，同比下降 7.99%；破电信网络案件 303 起，同比上升 104.73%；抓获犯罪嫌疑人 452 名，同比上升 242.42%。

【扫黑除恶专项斗争】 推进“六清”（线索清仓、逃犯清零、案件清结、伞网清除、黑财清底、行业清源）行动和“六建”（建立健全源头治理的防范整治机制、建立健全智能公开的举报奖励机制、建立健全打早打小的依法惩处机制、建立健全精准有效的督导督办机制、建立健全激励约束的考核评价机制、建立健全持续推进的组织领导机制）工作，全市目标线索 3172 条全部清仓，上网涉黑涉恶案件逃犯 77 名全部抓获，资产处置执行到位率达 76.5%；纪检监察机关查处“保护伞”及失职失责公职人员 35 人，建立长效机制 25 项，自治区督导组“回头看”督导反馈问题整改工作全面完成。专项斗争开展以来，全市公安机关共打掉涉黑组织 4 个、恶势力犯罪集团 3 个、恶势力团伙 17 个，破获刑事案件 342 起，打处团伙成员 435 人，查封、冻结、扣押各类涉案资产 19.94 亿元。

【煤炭资源领域专项整治】 坚持打击非法与保护合法相结合，以优化营商环境和做好“六稳”“六保”为宗旨，依法依规、从严从快推动专项整治工作纵深开展。全市共接收线索 956 条，涉及鄂尔多斯市核查的 932 条已查结 917 条，查结率 98.4%，立案侦查涉煤案件 211 起，抓获犯罪嫌疑人 268 人，移送起诉案件 145 起 229 人，追赃挽损 25.66 亿元。

【严打经济违法犯罪】 2020 年，全市共立经济犯罪案件 147 起，破案 109 起，破案率 74.15%。办结反馈外省协查 123 条。发起全国涉税集群战役 1 起，涉 10 个省 39 家企业，价税合计 3 亿余元。发起侵犯知识产权类案件全国协查 1 起，鄂尔多斯市破获案件 5 起。破获非法集资案件 5 起，挽回经济损失 1.63 亿元。

【禁毒工作】 组织开展“禁毒 2020 两打两控”（打击制毒犯罪、打击贩毒犯罪，查控制毒物品、查控吸毒人员）暨北疆云智慧禁毒建设系列专项行动，全年吸毒人员零失控、制毒物品零流失，完成创建全国禁毒示范城市检查验收工作。全市共破获毒品刑事案件 59 起，抓获毒品犯罪嫌疑人 139 人，缴获各类毒品折算共计 1.54 千克。

【打击食品药品和资源环境违法犯罪】 全市共侦破食品药品类刑事案件 27 起，抓获犯罪嫌疑人 56 人，侦破厅督办案件 4 起、全国集群战役 1 起，立资源环境类案件 223 起，破案 120 起，移送起诉 97 起，抓获犯罪嫌疑人 223 人。

【打击整治枪爆违法犯罪】 持续推进打击整治枪爆违法犯罪专项行动，侦破涉枪涉爆刑事案件 20 起，采取刑事强制措施 32 人，查处治安案件 24 起，治安处罚 23 人。收缴各类枪支 81 支，子弹 1.9 万发，黑火药 15.4 公斤，管制刀具 96 把。集中销毁各类枪支 182 支，制式枪支 197 支。

【打击跨境赌博】 全市共立案侦办 12 起跨境赌博案件，其中包括公安部督办 1 起，公安厅督办 3 起，一般案件 8 起，共抓获犯罪嫌疑人 88 人，冻结涉赌资金 2700 余万元。

【交通安全管理】 推进道路交通事故预防“减量控大”（减少交通事故死亡人数总量、控制较大事故数量）工作，紧盯人、车、路、企关键要素，研发应用道路隐患信息管理系统，持续开展道路交通违法专项整治行动，保障全市道路交通安全形势持续平稳。全市共发生适用一般程序处理交通事故 2645 起，死亡 324 人，受伤 2567 人，直接经济损失 1701.19 万元。与 2019 年同期相比，起数下降 10.55%，死亡人数下降 15.84%，受伤人数下降 21.23%，直接经济损失下降 19.11%。

【危爆物品安全管理】 加快加强民爆物品生产流线、储存库房、运输车辆、作业现场视频探头安装联网工作，完善民爆物品生产、运输、储存、销售、使用等全过程、闭合式的管理体系，及时检查消除各类涉爆安全隐患，开展危爆物品安全大检查 29 次，发现整改安全隐患 682 处。鄂尔多斯市连续 5 年实现危爆物品管理“零事故、零死亡”的工作目标。

【安全生产集中整治】 在全市范围内开展安全生产集中整治专项行动和“安全生产月”“安全生产万里行”活动，集中整治危险化学品领域、烟花爆竹领域、民爆物品领域相关单位、场所 1139 个，排查一般安全隐患 301 个，现场整改 281 个，下达整改通知书 33 份，整改率 93.4%。

【社会治安防控体系建设】 强化社会面巡逻防控，最大限度提高街面见警率和管事率，持续推进涉外防控体系建设工作，以 84 个外国人服务管理工作站为载体，实现涉外业务全覆盖。深化视频监控建设联网应用，推动智慧安防小区试点建设。协调住建部门将智慧小区达标列为新建居民小区技防验收范围，进行同步施工。全市共建成智慧安防小区 114 个，累计采集车牌、人脸、电动车等轨迹数据超过 12 亿条。

【“放管服”改革】 向社会公布、完善行政权力事项清单、行政审批办事指南和工作规程，下放 219 项行政审批事权。整合窗口资源，加快“互联网 + 公安政务服务”平台和“24 小时警局”建设，推行审批服务事项“一网通办”“一窗通办”。研究推出《鄂尔多斯公安政务服务十项承诺》《鄂尔多斯市公安局便民利企十条措施》《全市公安机关外籍人才出入境、居留的便民措施》和服务保障企业复工复产 20 条措施，不断优化营商环境。市车管所被公安部评为全国一等车辆管理所。

【智慧公安建设】 出台《鄂尔多斯市公安局“北疆云·智慧公安”设计方案》，配套新建项目实施方案和专项整治工作实施方案，提出“北疆云·智慧公安”“1116”工程，打造“功能多元化、数据集成化、一键关联化、应用智能化、数据海量、性能一流、秒级响应”的大数据应用新模式。全面开展新一代公安信息网、公安大数据平台、视频图像大数据平台等 11 个项目 25 个子项目建设。组建数据化导侦研判团队，着力提升办案科技化、信息化水平。全面推进全市 Y-STR 数据库建设、声纹和虹膜信息采集应用等重点项目建设，实现案件、现场、人员等基础信息的全方位采集。

检 察

【鄂尔多斯市人民检察院领导名录】

党组书记、检　察　长：杨世林
党组副书记、副检察长：尹桂君（12 月任职）
党组成员、副 检 察 长：李唯东
　　　　　　　　　　　郃忠平（12 月任职）
党组成员、纪检组组长：巴雅尔（蒙古族）
党组成员、政治部主任：乔连斌
党组成员、检委会专职委员：
　　　　　　　　　　　韩丽春（蒙古族）

【概况】 鄂尔多斯市检察院内设办公室（新闻办公室）、政治部、第一检察部、第二检察部、第三检察部、第四检察部、第五检察部、第六检察部、第七检察部、第八检察部、第九检察部、综合业务部（人民监督员办公室）、检察技术信息部、司法警察支队、检务督察部（巡察工作领导小组办公室）、计划财务装备局、机关党委、检务服务中心等 18 个机构。共辖 9 个基层检察院。

【刑事检察】 完善“捕诉一体”办案机制，组建专业化办案团队，依法惩治各类刑事犯罪，受理审查逮捕案件896件1382人，批捕1148人；受理审查起诉案件3990件5272人，起诉4252人。秉持客观公正立场，对不构成犯罪或证据不足的决定不批捕230人、不起诉566人。全面适用认罪认罚从宽制度，努力提高量刑建议精准度和采纳率，认罪认罚从宽制度适用率达84.06%。开展“两项监督”专项活动，监督立案33件38人，监督撤案83件106人，纠正侦查活动违法259件，纠正漏捕漏罪漏犯199人。强化刑事审判监督，对认为确有错误的刑事裁判提出抗诉25件；强化刑事执行监督，纠正监管场所违法情形及倾向性、苗头性问题258件。规范“减假暂”工作，审查减刑、假释、暂予监外执行案件880件，纠正提请减刑、假释、暂予监外执行不当120件。开展“违规违法减刑、假释、暂予监外执行”顽瘴痼疾问题专项检察活动，对25110人次减刑假释案件情况进行核查，对440人次暂予监外执行案件情况进行核查。监督社区矫正机构对1391名社区服刑罪犯落实监管措施，纠正监外罪犯脱管漏管8人。

【民事检察】 坚持以“精准化”为导向的民事诉讼监督理念，进一步加大办案力度。受理民事检察案件1233件，审查后提请抗诉66件，提出抗诉18件，提出再审检察建议23件。持续推进审判程序、审判人员违法监督，提出审判人员违法行为监督检察建议236件。与市中院联合开展切实解决执行难专项评查活动，提出执行监督检察建议549件，推动人民法院依法执行、规范执行。深入推进虚假诉讼领域违法行为监督专项活动，受理虚假诉讼监督案件18件，提出抗诉及再审检察建议15件，切实维护民事诉讼正常程序，推动社会诚信建设。强化“二号检察建议”贯彻落实，及时纠正公告送达不规范问题，提出抗诉3件，提出检察建议228件。

【行政检察】 针对行政检察案源少的现状，转变“等案上门”工作模式，积极拓展监督案源，受理行政检察监督案件399件。坚持“三个必须”精细化审查，受理行政生效裁判监督案件18件，提出再审检察建议2件，消灭多年来提出再审检察建议案件的空白。加大行政审判人员违法监督案件和行政执行监督案件办理力度，受理审判人员违法监督案件64件，提出检察建议63件；受理行政执行（含非诉执行）监督案件183件，提出检察建议159件，切实维护行政当事人的合法权益。制定《鄂尔多斯市检察机关加强行政检察监督促进行政争议实质性化解专项活动实施办法》，扎实推进专项活动开展。综合运用监督纠正、释法说理、公开听证、公开宣告、息诉服判等方法化解争议、定分止争，化解行政争议8件，取得良好效果。聚焦国土资源等重点领域开展行政非诉执行“小专项”监督活动，市院与市中级人民法院行政审判庭召开座谈会，围绕“两违”行政非诉执行案件管辖、审查、检察监督方式等问题，双方共同列出此类案件的工作重点和推进方案，构建执行与监督的良性互动关系，合力破解“两违”拆除难题。全市办理该类行政非诉执行监督案件20件。向市场管理、治安管理、环保等部门制发检察建议72件，促进依法行政。

【公益诉讼】 通过上线公益诉讼线索分析系统、选聘公益保护观察员、出台线索举报奖励办法等多种方式拓宽线索来源渠道，摸排公益诉讼案件线索799件，立案612件，提出检察建议506件。全面推行“三检合一、四位一体”办案模式，提起民事公益诉讼1件、行政公益诉讼9件、刑事附带民事公益诉讼38件。深入推进食品药品安全“四个最严”（最严谨的标准、最严格的监管、最严格的处罚、最严肃的问责）专项活动，对网络餐饮、校园周边食品、医药、农贸市场、“直接入口食品”等领域进行生产安全专项监督检查，保障“千家万户舌尖上的安全”。稳妥探索公民个人信息保护、森林草原火灾多发、青少年烟控、住宅小区电梯消防安全、危爆物品经营管理等领域案件，最大限度保护社会公益。

【司法体制配套改革】 深化人员分类管理，推进职务与职级并行、编制管理、公务员招录、员额检察官遴选，协调解决地方财政供养人员管理和经费保障难题，所属基层院非政法专项编制人员全部划归地方。全面落实检察官办案责任制，落实好员额检察官调整、交流、退出机制。进一步完善“四类人员”权力清单，健全检察人员考核激励机制，建成并运行绩效管理平台，制定出台检察人员绩效考评实施方案和检察官业绩考评指标，通过奖惩激励、监督制约等机制推进检察队伍管理科学化、智能化。拓宽司法警察履职新途径，构建“远程共享、调警送达”工作模式，积极融入公益诉讼案件调查取证、公开听证等检察工作。

【检察业务监督管理】 加强业务数据质量监管和业务运行态势分析，全面推开业务数据公开发布，进一步推动规范司法行为。以“案－件比”质效评价标准为抓手，强化检察官责任意识，提升司法办案能力，避免诉讼过程中检察环节不应有的程序空转。刑事“案－件比”1.36，同比下降0.57，推动实现办案质效最高、司法资源投入最少、当事人感受最好、“三个效果”最优的办案目标。

【检务公开】 加大案件程序性信息查询、重要案件信息发布、法律文书公开力度，公开重要案件信息327条、程序性信息6647条，法律文书3284份，向辩护人、诉讼代理人提供电子卷宗22624册，接待律师异地阅卷17次。进一步加强外部监督，开展人民监督员监督检察活动54次，举办“服务‘六稳’‘六保’护航民企发展”等检察开放日活动28次，23名员额检察官接受市、旗人大履职评议，将“开门迎监督”作为规范行使检察权的有力推手。

【扫黑除恶专项斗争】 围绕“六清”目标，统筹推进办案、打伞、断财、治理。受理审查逮捕涉黑恶案件8件21人，批捕8件20人，受理审查起诉涉黑恶案件9件117人，起诉10件138人（含上期积存）。依法办理贾某某等61人组织、领导、参加黑社会组织案，刘某某等28人恶势力集团案，王某某等26人涉恶案等一批涉黑涉恶案件，持续保持高压震慑态势。强化“破网打伞”“打财断血”，移送保护伞线索8条，对全部涉黑恶案件中的涉案财物提出处理意见，推动摧毁黑恶势力犯罪的经济基础。着眼常效长治，聚焦重点案件、重点问题发出综治检察建议92件，推动建章立制、源头治理。依法严惩破坏疫情防控和医疗、市场、生产生活秩序的违法犯罪行为，办理涉疫情防控刑事案件14件19人。康巴什区检察院依法快捕快诉一起涉案金额70万元的诈骗防疫物资案，为疫情防控工作提供有力司法保障。

【三大攻坚战】 办理集资诈骗、非法吸收公众存款等涉众型经济犯罪27件47人，依法对张某某等22人涉嫌虚开增值税专用发票、涉案金额27亿余元的重大刑事案件提起公诉。贯彻落实最高人民检察院“三号检察建议”，通过办案，就全市金融行业监管部门存在的管理漏洞提出检察建议，进一步推动源头防控，助力金融安全；严厉打击危害农村牧区稳定、破坏农牧业生产和侵害农牧民利益的犯罪253人。加强扶贫领域民事诉讼法律监督，确保精准扶贫惠民政策落实到位。对因案致贫返贫的受害者家庭发放司法救助金89.5万元，跨省联动对4名贫困未成年人开展司法救助，防止因案返贫；依法严厉打击污染环境、盗伐滥伐林木等破坏环境资源犯罪496人。开展黄河流域生态环境保护专项活动，发挥“河湖长＋检察长”联动机制，助推河湖“四乱”全面治理。通过办案，督促恢复被损毁国有林地259亩、生态公益林861亩，督促治理恢复被污染水源地面积2.6亩，督促关停和整治违法排放废气的企业 2 家，保护被污染林地 122 亩。与地方政府协调划建检察公益林 1400 亩，用于违法行为人异地补种树木，切实让违法者为恢复环境“买单”。

【反腐败斗争】 着力完善监检衔接工作，与市监察委员会共同制定办理职务犯罪案件诉前会商通报工作指引，进一步明确职务犯罪案件办理过程中指定管辖、提前介入等问题。受理监察机关移送审查起诉案件 54 件 79 人，决定逮捕 51 人，提起公诉 75 人。成功办理通辽市政协原主席高某（正厅级）受贿案；内蒙古医科大学原校长杜某某涉嫌受贿案等一批职务犯罪案件。推进司法工作人员相关职务犯罪侦查工作，依法对诉讼监督中发现的司法工作人员侵犯公民权利、损害司法公正犯罪立案 4 件 5 人。

【煤炭资源领域违规违法问题专项整治】 成立市检察院煤炭资源领域违规违法问题专项整治工作领导小组，主动排查检察干警本人及配偶、子女违规入股涉煤企业情况，并依法依规做出处理。坚持不枉不纵，严把事实关、证据关、法律关、程序关，依法办理涉煤刑事“两非”案件 183 件 361 人。深入推进煤炭资源领域国有资产保护专项活动，办理案件线索 104 件，立案 46 件，发出诉前检察建议 21 件，督促相关行政机关挽损追损 3 亿余元。

【服务人民】

打击危害群众安全感犯罪　加大打击严重暴力犯罪力度，依法从严惩治故意杀人、抢劫、走私贩卖毒品、涉枪涉爆等犯罪 67 件 72 人，最大限度地保障社会安宁、维护社会稳定。聚焦人民群众关注的热点难点，起诉重大责任事故等安全领域犯罪 45 人，起诉伤害残疾人、老年人权益犯罪 49 人，起诉涉及侵害进城务工农民犯罪 12 人。

优化营商法治环境　坚持平等保护理念，持续落实服务保障民营经济高质量发展的 18 条意见，办理涉民企刑事案件 6 件，提起公诉 6 件 31 人；办理涉民营企业监督案件 203 件，提请抗诉 30 件，提出抗诉 7 件，提出再审检察建议 1 件。落实“少捕慎诉”的理念，依法规范行使不批捕不起诉权，对非国有企业事业单位人员作出不批捕决定 28 人，作出不起诉决定 66 人，防止“办了案子、垮了厂子”。对既未撤案又未移送审查起诉、长期搁置的“挂案”组织专项清理，排查 29 件，督促结案 23 件。坚持多元化服务，建立民营企业法律服务“绿色通道”，为民营企业提供“一站式”法律服务。

回应群众司法诉求　完成“12309”检察服务中心升级改造，充分发挥网上信访信息系统 2.0 信访案件追踪功能，切实提高信访案件流转和办理效率。处理群众来信来访 1263 件，均按照七日内程序性回复、三个月内办理过程或办理结果答复。开展信访积案清理专项活动，摸排化解 4 件信访积案。核查办理中央巡视组移交信访案件 40 件，全部办结。开展公开听证试点工作，开展公开听证和公开宣告 16 次。市检察院与鄂托克旗院联合召开信访公开答复会成功化解一起 10 年信访积案。

打击侵害未成年人犯罪　审查逮捕涉未成年人犯罪 30 人，提起公诉 60 人。落实宽严相济刑事政策，对社会危害性不大、犯罪情节轻微等未成年人犯罪，依法不批捕 11 人，不起诉 22 人，着力教育、感化、挽救犯错未成年人。持续推进“一号检察建议”督促落实。联合相关部门建立教职员工准入查询性侵违法犯罪信息制度和侵害未成年人案件强制报告制度，实地查访学校 20 余所，提出检察建议 9 份。创立“娜荷芽未检”品牌，常态化开展“法治进校园”活动 116 场次，通过市教体局向全市中小学推出法治教育系列课程，全面推进未成年人法治教育。

法 院

【鄂尔多斯市中级人民法院领导名录】

党组书记、院长：苏利军
党组副书记、副院长：李敬国
党组成员、副院长：贾昌兵
副院长：千乌云（蒙古族）
纪检监察组组长：白兰柱
审判委员会专职委员：李梅荣（女，蒙古族）
解骒宁

【概况】 鄂尔多斯市中级人民法院内设政治部、监察处、办公室、研究室、审判管理科、司法行政装备管理室、立案一庭、立案二庭、刑事审判第一庭、刑事审判第二庭、民事审判第一庭、民事审判第二庭、民事审判第三庭、民事审判第四庭、民事审判第五庭、民事审判第六庭、未成年人案件综合审判庭、行政审判庭、审判监督庭、执行局、执行二局、司法辅助办公室、法警支队、信访室24个机构。下辖东胜区、达拉特旗、准格尔旗、伊金霍洛旗、乌审旗、杭锦旗、鄂托克旗、鄂托克前旗、康巴什区共9个基层法院及37个派出法庭。

【刑事审判】 严格贯彻罪刑法定、疑罪从无、证据裁判等原则，依法惩治各类刑事犯罪，共受理刑事案件4629件，审结4239件，结案率91.57%，判处罪犯4005人。从严从快惩处故意伤害罪、妨害公务罪等涉疫犯罪案件2件2人，审结故意杀人、诈骗等严重刑事犯罪案件432件560人，审结重大责任事故、危险驾驶等危害公共安全犯罪案件2047件2096人，审结毒品犯罪案件49件97人。参与煤炭资源领域违规违法问题专项整治，全市法院共排查涉煤炭资源领域案件4482件，将梳理出的问题线索及时移送市纪委监委，依法公正审理煤炭资源领域各类案件，通过司法手段全力追损挽损。贯彻宽严相济刑事政策，严格减刑假释案件审理程序，共办理减刑假释案件413件。认真开展违规违法减刑假释案件专项整治工作，共核查31年间的减刑假释案件25741件。扎实开展暂予监外执行、判处实刑未交付执行案件专项整治工作，共排查暂予监外执行案件3批241件，对排查出的问题依法予以整改落实。

【民事审判】 共受理各类民商事案件39191件，审结36461件，结案率93.03%；一审调解、撤诉21243件，调撤率54.2%。审结劳动就业、教育医疗等纠纷案件567件，依法保障人民安居乐业。出台《关于防范和制裁虚假民间借贷诉讼指引》，起草《关于鄂尔多斯地区职业放贷人的认定标准与职业放贷人名录》，建立防范和制裁虚假诉讼、从严规制职业放贷人诉讼行为长效机制。推进家事审判改革，审结婚姻家庭、继承案件2514件。准格尔旗人民法院不断探索创新家事审判工作机制，与市中院联合承办召开“2020年内蒙古法律文化论坛——第四届家事审判专题会”，市中院等三家法院被命名为“内蒙古法律文化研究基地”。全力做好涉诉信访事项化解工作，推新举措，攻坚克难，积极推进中央第八巡视组移交信访事项处置化解工作。

【行政审判】 维护行政相对人合法权益。立足法治鄂尔多斯建设，监督支持行政机关依法行政，共受理行政案件875件，审结812件，结案率92.8%，助推法治政府建设。康巴什区人民法院推行跨区域集中管辖行政案件改革试点工作，倾力打造“康法行”行政审判品牌，与鄂尔多斯市中院联合发布《行政审判白皮书——鄂尔多斯市跨区域集中管辖行政诉讼案件2019年度司法审查报告》，该白皮书获市四大班子主要领导批示肯定。

【执行工作】 全面推进执行工作“五化建设”，

扎实开展执行工作纪律作风专项整治行动，持续巩固“基本解决执行难”成果。共受理执行案件30109件，执结25858件，执结率85.88%，执结标的80.91亿元，其中有财产可供执行案件法定审限内结案率96.37%，终本案件合格率100%，执行信访办结率92.31%。

【立案信访】 实践“枫桥经验”，全力推进“一站式”多元解纷机制建设。市中院组建专业调解委员会，挂牌成立“法院＋工会”劳动争议诉调对接工作室，8月设立诉调对接中心，成功调解案件101件。东胜区人民法院将原诉调对接中心融入东胜区矛盾纠纷多元化解指挥中心，实行“116+N”（1个中心调度指挥、1个窗口分类受理、6个业务中心分流调解、N个功能室合力化解）管理模式，全面搭建矛盾纠纷“流水线”“一站式”化解平台；伊金霍洛旗人民法院实行法官驻村、驻社区工作机制，均成为服务群众、为民办事的“民心工程”。

【“分调裁审”机制改革】 成立2个速裁快审合议庭，办结简单民事案件937件，结案率99.47%；将民事案件平均审理天数缩短14.9天，减轻其他民事法官1/4的工作量，让他们可以腾出更多时间精力集中审理疑难复杂案件，实现简案快审，繁案精审，让公平正义提质增速。

【“指尖立案”“云端办案”“智慧执行”工作新模式】 2020年，全市法院共完成网上立案3865件、跨域立案155件；运用“e调解”等平台在线调解案件20960件；借助“云间”庭审系统在线审理案件743件；通过执行指挥中心开展司法拍卖5181件，成交937件，成交金额7.91亿元，发起网络查控措施25958次，网络查控措施期限内发起率100%。

【司法责任制综合配套改革】 强化员额法官动态管理，完善法官等级定期晋升、员额动态增补和退出机制，全市共有40名法官按期晋升、23名法官退出员额。全面推进院庭长办案常态化，院庭长共办结各类案件31511件，占全市法院结案总数的45.07%。扎实推进市中院内设机构改革，制定实体化运行改革试点工作方案，以精简效能、服务审判为导向，突出“以审判为中心”，提升机构功能运行效率和水平。

【智慧法院】 全力推动智慧法院建设转型升级。坚持以服务法官为目的、网上办案为主线，完成2020—2021全市智慧法院建设立项草案编写工作。市中院自主研发建成司法案例云指引软件，荣获“2020年全国互联网＋政务服务创新应用（App）奖”，实现全市法院自主知识产权“零的突破”。推行信息化应用“试点推广”机制，完成云桌面、电子档案等信息化建设，自主研发终本案件管理、执行费用计算等系统软件，不断提升智慧法院的“速度”与“温度”。

【监督制约】

接受人大监督和政协民主监督　向市人大常委会专题报告刑事审判等工作，及时贯彻落实审议意见要求。畅通代表委员联络渠道，建立“一对一”联络机制，认真办结代表委员建议提案及督办案件13件，向代表委员寄送法院工作材料300余次。开展“代表开放日”活动，邀请各级代表委员视察法院工作、旁听案件庭审、走访、电话约访92次152人次，充分采纳意见建议。

接受检察机关法律监督　全市法院共办结再审检察建议18件，审结检察机关再审抗诉案件19件，其中改判和发回重审12件；邀请检察长列席审判委员会84次，讨论案件137件，共同促进司法公正。

接受社会各界监督　全面推进司法公开四大平台建设，创新司法公开载体，构建“阳光司法”。全年共在中国裁判文书网上公开裁判文书和信息63298篇，通过互联网直播案件4106件，组织开展旁听庭审活动96次，积极回应群众司法关切。

司法行政

【鄂尔多斯市司法局领导名录】

党 组 书 记：高凤义

局 长：刘 杰

党组成员、副局长：吴 勇（蒙古族）

白广华（3月任职）

【概况】 鄂尔多斯市司法局内设办公室、法治督察调研科、立法科、社区矫正管理科、行政复议应诉科、行政执法协调监督科、普法与依法治理科、人民参与和促进法治科、公共法律服务管理科、行政审批科、律师工作科、法律职业资格管理科、装备财务保障科、科技信息化科、人事警务培训科、警务督察科等16个科室，另设市委全面依法治市委员会办公室秘书科和机关党委。

【依法治市】

履行统筹协调职责 下发《依法治市委员会2020年工作要点》及《任务分解台账》，对全市依法治市工作进行全面安排部署，召开全面依法治市第二次委员会议，定期召开责任单位碰头会议，确保精准发力、重点突破。

构建法治化营商环境 印发《关于自治区营造法治化营商环境保护民营企业发展专项督察反馈问题整改方案》，明确整改措施、整改时限，督促各相关部门全面落实整改任务，不断提升全市法治化营商环境水平。

加强督察考核 根据自治区、市委法治建设重点工作，制定出台《市委推进依法治市目标考核指标》，分类设置考核项目，将依法治市工作纳入旗区和市直各部门目标考核范畴，充分发挥考核督察的"指挥棒"作用，推动依法治市工作全面落实落地。

【法治政府建设】

法治政府建设指导推进机制 制定印发《2020年法治政府重点任务分解方案》。对照自治区《贯彻落实〈法治政府建设实施纲要（2015—2020）实施方案〉任务措施台账》，按季度调度各部门的法治政府建设完成情况。

法治政府自检自查 引入第三方专业评估机构，对鄂尔多斯市法治政府建设工作开展整体评估，统筹推进法治政府建设。把法治政府示范创建作为推进依法治市工作的主要抓手，实现"以评促建"目的，乌审旗、康巴什区被评为"全区法治政府建设示范旗县"。全力做好中央依法治国办第二督察组对自治区党政主要负责人履行推进法治建设第一责任人职责及法治政府建设实地督察考核工作，各项工作受到中央督察组的一致好评。

立法先行 制定《鄂尔多斯市人民政府拟定地方性法规规章草案制定政府规章程序规定》，为政府立法奠定良好基础。出台《鄂尔多斯市养老服务条例》《鄂尔多斯市中小学校幼儿园规划建设条例》《鄂尔多斯市绿色矿山建设管理条例》3部地方性法规，立法的示范引领作用进一步凸显。

依法决策 组织法律顾问参与市人民政府合同（协议）起草把关和审核行政文件126次，参与市政府召开的涉煤领域专项整治的相关会议240余场次，参与市长办公会、秘书长办公会、专题会等40余次，全面提升行政决策法治化水平。

执法公信力 深入贯彻落实行政执法"三项制度"，先后2次组织全市执法单位开展案卷评查活动，开展行政执法监督"开门纳谏"活动，推动全市各执法部门严格公正文明执法，实施各类智慧监管项目21项，智慧交通指挥中心、环保监控平台、安全生产信息化平台、信用门户网站均启用，为基层行政执法人员配备手持执法记录仪2260台、执法终端345个、便携式蓝牙打印机351台，运用信息化手段逐步解决行政执法不规范问题。

行政复议案件反馈整改机制 坚持"一案一反馈、一案一整改"制度，强化监督实效，受理

行政复议案件 121 件，办结 101 件；办理行政诉讼出庭应诉案件 107 件。严格落实《关于行政机关负责人出庭应诉若干问题的规定》，建立与法院信息通报制度，对存在的问题及时进行梳理通报，督促行政机关严格依法履职。

【普法依法治理】

法治宣传 在全市各地开展疫情防控专项法治宣传活动，印发《关于开展“疫情防控、法治同行”专项宣传活动实施方案的通知》，大力宣传“两法一条例”，面向全市居民开展新型冠状病毒的疫情防控法律知识微信有奖竞答活动，共有 53 万余人次参与。

以案释法 组织近 50 家市直单位开展 2 期国家机关工作人员旁听审判活动，切实提高党员领导干部法治思维。

《中华人民共和国民法典》宣传 突出“关键少数”，采取线上线下相结合、法条案例相结合等多种形式对《中华人民共和国民法典》进行学习宣传，与电视台联合开展《中华人民共和国民法典》进社区活动 3 场次，全市范围内共组织《中华人民共和国民法典》专题宣讲 160 场次，覆盖全市党员干部近 3 万人次。

“七五”普法验收前期准备 制定全市“七五”普法自查工作标准，全市范围内全面开展“七五”普法自查工作，拍摄制作鄂尔多斯市“七五”普法专题片和职能职责介绍动漫片，在鄂尔多斯市开展自治区“七五”普法重点工作任务落实 50 项工作内容的自查和数据报送工作。

法治宣传队伍建设 印发《鄂尔多斯市开展“万名法治宣传志愿者普法宣传活动”实施方案》，成立全市普法宣传志愿者队伍，在用好传统方法的同时，扩大网络平台、手机、微信等新兴传播工具作用，开展“志愿服务 + 融媒体结合”的“零距离”法治宣传活动。

【法律服务】

公共法律服务体系建设 形成市、旗（区）、乡镇、嘎查（村）的四级公共法律服务网，市、旗区公共法律服务中心 10 家、工作站 81 个、工作室 917 个，建成率达到 100%。在全市各级法院、看守所全部建立法律援助（办公室）工作站并派驻法律援助值班律师，覆盖率达 100%。加强审判阶段刑事案件律师辩护全覆盖工作，共指派刑事法律援助案件 1094 件。开通申请法律援助“绿色通道”，开展“农民工讨薪”“关爱妇女儿童法律援助送温情”“法律援助进高墙”“法律知识讲座进军营”等专项活动，全市共办理各类援助案件 2548 件。

法律职业资格考试 2020 年，客观题报名 2394 人，主观题报名 977 人。取得证书 600 人，其中，A 证 416 人、C 证 184 人。法律职业资格考试工作连续 3 年实现零差错、零违纪、零失误，被司法部评为“2020 年国家统一法律职业资格考试工作表现突出单位”。

公证工作 全年各公证机构共办理公证事项 19660 余件。

司法鉴定工作 开展全市司法鉴定机构及鉴定人清理整顿的工作，严肃查处“金钱鉴定、人情鉴定、虚假鉴定”等违法行为，促进司法鉴定管理工作制度化，全市鉴定机构办理鉴定案件 8400 余件。

仲裁工作 全面加强鄂尔多斯仲裁委员会规范化、制度化建设，2020 年，仲裁委共计受理各类仲裁案件 908 件，案件争议标的总额 52 亿元，受理民营企业案件 496 件。

律师队伍专项清理 共排查清理注销专职律师 65 人。

法治保障 实施法律扶贫工程，全面落实一村一嘎查（社区）法律顾问和“法律明白人”制度，全市 954 个嘎查村（社区）均配备法律顾问。成立全市煤炭资源领域违规违法问题专项整治法律服务专班，接待咨询 326 件次，出具法律意见书 141 件，进行合法性审查 1418 件。

【维护和谐稳定】

学习发展新时代“枫桥经验” 成立市人民调解协会，组建人民调解专家库、律师团，成立鄂尔多斯市生态环境污染纠纷、矿业纠纷人民调解委员会、中小企业联合人民调解委员会、物业纠纷调解委员会、多元纠纷调解中心5个市司法局直属调解组织，全面提高全市人民调解工作的统筹性、协调性、专业性与法治化水平。

全面提升社会矛盾纠纷防范化解实效 加大矛盾排查化解力度，制定印发《2020年全市社会矛盾纠纷排查化解专项行动实施方案》《做好疫情防控期间矛盾纠纷排查化解工作通知》，全市各级调解组织共排查矛盾纠纷5621件，调解成功5059件，调解成功率90%，司法确认1011件。

做好命案防控相关工作 印发《鄂尔多斯市司法行政系统命案防控专项工作实施方案》，切实做好命案防控相关工作，维护全市和谐稳定。

推进扫黑除恶专项斗争向纵深发展 开展扫黑除恶宣传进乡村、进社区、进校园活动，共组织扫黑除恶专项斗争集中宣传活动150余次，累计发放宣传资料10万余份。

【社区矫正】 针对社区矫正人员重新犯罪率高的问题，在全市总结推广“124”监管措施，即一套办法、两个平台、四统一制度。共建立上规模、有影响的公益劳动基地7个；深入贯彻落实《内蒙古自治区司法厅印发〈关于推进刑罚执行一体化建设的实施方案〉》精神，鄂尔多斯监狱派驻监狱警察参与社区矫正工作；将心理健康教育作为矫正工作的重要抓手，与市第四人民医院和社会组织合作打造市司法局心理健康服务中心。举办社区矫正法及依法行政法律知识专题培训班，全市近200人参加培训。制作《归途》等5部社区矫正微电影，有效提升社区矫正工作的社会影响力。

（李娅茜）

军　事

鄂尔多斯军分区

【概况】 2020年，鄂尔多斯军分区（以下简称军分区）部队坚持以习近平强军思想为指引，着眼有效履行国防动员使命任务，坚持目标导向、问题导向、结果导向，突出铸魂固本，大抓练兵备战，蓄力夯实基础，全面建设取得新的进步。

【思想政治建设】 2020年，军分区突出抓好习近平新时代中国特色社会主义思想和习近平强军思想学习，组织团以上干部深入民兵营连、农村牧区宣讲中共十九届五中全会精神39场，受众6300多人次。坚持用“传承红色基因、担当强军重任”主题教育统领年度教育，常态组织形势政策、理想信念、“四反”（反渗透、反策反、反窃密、反心战）和安全保密等基础教育，上下同步组织集中授课28次。认真组织“五看五增强”专题教育和“亮丽北疆党旗红”系列活动，组织官兵到党员生活馆开展主题实践，投入近百万元厚植营区政治文化环境，官兵高举旗帜、奋进强军的思想根基进一步夯实。深入开展民兵思想政治工作，东胜区人武部将民兵思想政治教育课堂和“双争”活动搬到战“疫”前沿，让生命线挺立抗“疫”第一线；准格尔旗人武部组织创作录制的《准格尔民兵战疫情》MV，获自治区战“疫”歌曲优秀奖。持续开展拥政爱民活动，助力鄂尔多斯市蝉联全国双拥模范城“五连冠”；决战决胜脱贫攻坚，推动7个重点脱贫攻坚项目稳定运行，做法被《中国国防报》头版头条报道；协调地方为多名随军未就业家属发放生活补贴，现役官兵子女全部实现择校入学。

【战备训练】 2020年，军分区坚决贯彻落实习近平主席开训动员令，严格落实党委议战议训制度，深入开展“创新工作思路、提升工作质量”大讨论，集中组织军委军事训练会议精神学习体会交流，推动训练工作走深走实。围绕专项任务细化落实8个方面具体任务，紧抓制案修案、重点潜力数据核查、装备预征预储、专项任务推演、实兵拉动点验等工作，部队保持良好的战备状态。坚持“编实、编优、编强”建设后备力量，完成全市基干民兵整组任务，市旗（区）两级军地联合对民兵应急营连进行全员实装集合点验，高标准迎接军委国防动员部民兵调整改革“回头看”检查验收。严格按纲施训，组织开展6期民兵基地化训练，受到军区好评。举办全市第三届群众性练兵比武活动，达拉特旗、伊金霍洛旗、东胜区人武部位列总分前三名。研究制定《民兵应急分队装备器材参数标准》，为在全区推广提供样板。深入开展防凌抢险训练和爆破炸冰技术升级。聚焦应急备战保障急需，新建、改造市旗（区）两级民兵训练基地，建成市军警民综合训练场。

【国防动员】 2020年，军分区适应疫情防控新形势和政策变化新特点，完成适龄青年兵役登记和新兵征集任务，大学生比例首次突破 80%，高标准承接全区直招士官的役前教育训练任务。从严落实合署办公、联席会议、业务培训、现场核查、数据会审等制度，深入开展潜力数据调查、统计和退役军人预备役登记工作，完善数据信息，精准核实全市近三年退役军人预备役登记信息，为服务保障提供有力支撑。军地联合印发《关于进一步明确苏木乡镇街道专武干部队伍建设的通知》，各旗区人武部积极对接地方相关部门，选准配齐基层专武干部。组织开展全市专武干部暨民兵“三长”集训，同步完成新任基层武装部部长、专武干事的考核和资格认证，全市基层武装工作有较大提升。深化全民国防教育，市旗两级先后 5 次邀请军事院校教授为党政领导干部开展安全形势讲座，鄂托克前旗人武部积极推动鄂尔多斯市国防教育展厅建设，军地多部门联合开展全城灯光秀、电影展映、线上线下联动等“十个一”国防宣传活动，全社会关心支持国防的氛围日益浓厚。

【正规化建设】 2020 年，军分区专题召开“四个秩序”达标建设任务部署会，全年 2 次组织全面检查验收、通报讲评。梳理印发《年度工作检查软件清单》《日周月季年日常制度清单》，着力解决工作忙乱、突击迎检等基层反映较多的矛盾问题。完成分区机关营院、值班室、视频会议室、体能训练室等场所建设，规范机关和人武部办公行文种类、格式和办文办事程序，伊金霍洛旗、杭锦旗人武部机关“四个秩序”进步幅度大。研究制定车辆、士兵、营院、经费、公寓住房管理使用和公务接待保障等 6 大类 12 个规范性文件，日常秩序更加规范。加强要讯报送工作，全年报送要讯 116 篇，军委国防动员部、战区各刊发 1 篇，军区刊发 21 篇，排名位于军区前列。

【安全工作】 2020 年，军分区始终把安全稳定作为保底工程，先后两次派出工作组对人武部安全管理工作进行全面检查，拉单列表指出问题隐患，限期完成整改，倒逼责任落实。–认真开展安全保密教育，及时传达上级安全工作通报，邀请市消防、交管支队和安全部门专业人员围绕防火安全、交通安全、防间保密等内容进行辅导授课，增强全员安全意识。扎实开展疫情防控、防凌爆破、专项任务准备、“两实”训练、退役武器装备销毁等大项任务风险评估，领导全程跟队、现场督导，保证各项任务安全顺利。高度关注意识形态领域斗争，加强网上舆情监控和“四反”工作，深入开展全员政治考核，部队保持纯洁巩固。

【后装保障】 2020 年，军分区认真落实党委理财制度，科学编制年度经费预算，持续推进军分区机关和人武部战备、训练、工作、生活环境建设，顺利完成军分区机关营院物业化管理和市民武库安保公司招标入驻。康巴什区人武部高标准完成定点部署和整体搬迁，营区面貌焕然一新。牢固树立“解决历史遗留问题也是政绩”的理念，大力推进房地产擅处问题整治和第二批空余房地产储备移交工作，乌审旗人武部靠前解决 9 项历史遗留问题。认真开展装备普查和武器换季保养，接收越野指挥车并全部配发至人武部，完成通信装备清查任务和民兵退役报废武器销毁任务。高标准抓好新冠肺炎疫情防控工作，动用民兵支援帐篷、棉大衣、发电机、行军床等物资 6000 余件（套），配合市卫健委运储消毒液 20 余吨。

【鄂尔多斯军分区党委全体（扩大）会议】 1 月 18—19 日，鄂尔多斯军分区召开党委全体（扩大）会议。会议传达北部战区、军委国防动员部和内蒙古军区党委扩大会议精神，总结 2019 年度工作，部署 2020 年度任务，表彰奖励先进。

财政　税务

财　政

【鄂尔多斯市财政局领导名录】

党组书记：王　瑞（9 月离任）
　　　　　高屹东（9 月任职）
局　　长：王　瑞（10 月离任）
　　　　　高屹东（10 月任职）
副 局 长：张玉兰（女）
　　　　　杨颖新（蒙古族）
　　　　　刘文清
　　　　　彭建民（4 月任职）

【概况】 鄂尔多斯市财政局局内设办公室、机关党委、条法税政科、综合研究室、预算科、国库科、债务管理科、行政科、政法科、教育体育科、科技文化科、经济建设科、经济贸易科、自然资源和生态环境科、农牧科、社会保障科、金融外经科、资产管理科、工业能源科、会计科、绩效管理和监督科、政府采购科等 22 个行政科室；局属财政研究所、政府采购管理办公室、鄂尔多斯市政府和社会资本合作中心、财政信息网络管理中心、预算编制中心、财政监督检查绩效评价中心、财政投资评审中心、对外财经合作交流中心、非税收入管理局、财政国库支付管理局、转型发展基金管理服务中心、财政会计师管理服务中心等 12 个全额拨款事业机构。2020 年，全年一般公共财政预算收入达到 464.9 亿元，全年一般公共财政预算支出完成 663.7 亿元。

【预算执行】

一般公共预算　全市完成一般公共预算收入 464.9 亿元，同比下降 7.2%。加上上级转移支付收入 148.7 亿元、地方政府一般债券收入 205.1 亿元、上年结转收入 98.4 亿元、调入预算稳定调节基金 84.3 亿元、上年置换债券结余 0.3 亿元、调入资金 6.4 亿元，收入共计 1008.1 亿元。全市完成一般公共预算支出 663.7 亿元，增长 5.7%，加上上解自治区支出 0.8 亿元、一般债券还本支出 174.2 亿元、安排预算稳定调节基金 80.8 亿元，支出共计 919.5 亿元。收支相抵，年终结转专项 88.6 亿元，按既定用途结转至下年继续使用。市本级完成一般公共预算收入 146.7 亿元，加上上级转移支付收入 148.7 亿元、地方政府一般债券收入 29.8 亿元、上解收入 38.7 亿元、上年结转收入 59.3 亿元、调入预算稳定调节基金 65 亿元等，收入共计 488.2 亿元。市本级完成一般公共预算支出 174.9 亿元，加上补助旗区支出 177.1 亿元、上解自治区支出 0.8 亿元、一般债券还本支出 29.3 亿元、安排预算稳定调节基金 53.1 亿元，支出共计 435.2 亿元。收支相抵，年终结转专项 53 亿元，按既定用途结转至下年继续使用。

政府性基金预算　全市完成政府性基金收入 65.3 亿元，同比增长 89.7%，主要是土地出让金收入增长 117.6% 拉动所致。加上上级转移支付收入17.6亿元（含抗疫特别国债14.3亿元）、地方政府专项债券收入72.8亿元、上年结转收入8.7亿元，收入共计164.4亿元。全市完成政府性基金支出148.6亿元，加上专项债券还本支出1.5亿元，调出资金6.2亿元，支出共计156.3亿元。收支相抵，年终结转专项8.1亿元，按规定结转至下年使用或调入一般公共预算统筹安排。市本级完成政府性基金收入3.3亿元，加上上级转移支付收入17.6亿元（含抗疫特别国债14.3亿元）、地方政府专项债券收入37.4亿元、上解收入1.2亿元、上年结转收入2.6亿元，收入共计62.1亿元。市本级完成政府性基金支出44.9亿元，补助旗区支出16.6亿元，支出共计61.5亿元。收支相抵，年终结转专项0.6亿元，按规定结转至下年继续使用。

国有资本经营预算　市本级国有资本经营预算收入完成262万元（年初预算安排国有资本经营预算收入5700万元，经市四届人大常委会第二十四次会议将预算调整为8944万元。但由于市国投集团应上缴利润8682万元，未在2020年12月31日前完成，当年仅实现收入262万元）。加上上级转移支付收入112万元、上年结转收入2102万元，收入共计2476万元。国有资本经营预算支出完成1360万元，补助旗区支出90万元，调出资金604万元，支出共计2054万元。收支相抵，年终结转专项422万元。

社会保险基金预算　全市完成社会保险基金收入131.3亿元，其中：保险费收入93.2亿元，财政补助收入28.2亿元，其他收入9.9亿元。全市完成社会保险基金支出251亿元，主要用于各项社会保险待遇支出。收支相抵，当年赤字119.7亿元，年末累计滚存结余248.6亿元。当年出现赤字主要原因：一是落实疫情减免政策，机关事业单位养老保险费率由19%下降至16%，减免23.8亿元；二是疫情防控期间出台援企稳岗扩面政策导致支出增加1.6亿元；三是按自治区要求，全市企业职工养老保险基金143亿元上划自治区统筹。

【财政政策体系建设】

收入调度　在落实国家减税降费政策的基础上，加强重点税源、重点行业、重点税种征管，全市一般公共预算收入464.9亿元，同比下降7.2%。分性质：税收350.3亿元，下降6.9%，非税114.6亿元、下降8.2%，占比分别为75.3%和24.7%。着力强化财源培植，全面落实支持企业复产复工和各项减税降费政策，切实保障更多企业享受政策红利，有力支撑全市经济稳步恢复。

预算管理　全市一般公共预算支出累计完成663.7亿元，同比增长5.7%。突出“压一般”。严格落实过紧日子，提请市政府印发《关于进一步严格财政支出管理的通知》，市本级非重点项目预算资金压减19.6%。严控“三公”经费、会议、培训费不超过2019年水平，全市“三公”经费压减19.2%，一般性支出下降13.7%。建立盘活存量机制，盘活存量资金1.1亿元，提高财政资金使用效率。突出“保重点”，围绕建立“突出重点、统筹协接、合理规划”资金分配方式，整合“大应急、大数据”等关乎经济发展和社会稳定的专项资金，由牵头部门提前介入资金使用，切实提升财政资金使用质效。推进预算项目库规范建设、分类管理，进一步完善专项资金项目库管理，原则上财政预算安排的项目全部纳入项目库管理，并选择部分行政单位进行编制，提前做好项目前期准备、项目储备及项目申报。突出“提绩效”。强化全过程预算绩效管理理念，完善预算编制环节的绩效目标审核机制，加强部门项目支出绩效管理，选取22个重点项目进行绩效评价，涉及乡村振兴、教育、科技、就业、旅游、农村公路等领域。完成了市本级84个项目绩效自评工作。

财政体制改革　提请市政府印发《推进市以下财政事权和支出责任划分改革实施方案》，为完善市以下财政事权与支出责任划分机制提供了制度框架。拟定《鄂尔多斯市基本公共服务领域市与旗区共同财政事权和支出责任划分改革实施方案》，合理制定公共服务领域市与旗区负担办法。制定全市社会保险基金归集自治区方案，年内按规定分4批归集自治区158亿元，争取自治区对鄂尔多斯市地方企业养老待遇补贴政策，从2021年起6年内每年补助1.2亿元。提请市政府印发《关于全面实施预算绩效管理的意见》，推动构建全方位全过程全覆盖的预算绩效管理体系。强化隐性债务风险防范。多措并举做好隐性债务风险化解工作，扎实有效抓好法定债务风险防控工作。全市超额完成全年化解目标，清偿完毕全市政府部门拖欠民营企业中小企业无分歧账款任务。累计争取到位地方政府新增债券资金102.5亿元，其中一般债券31.2亿元，专项债券71.3亿元。争取到位抗疫特别国债资金14.3亿元。制定《鄂尔多斯市关于暂缓启动部分旗区财政重整工作落实方案》，协调金融机构调整信贷融资本息偿还期限及利率，有效缓释风险，减轻财政压力。

【创新发展】

助力国家可持续发展议程创新示范区建设　深化人才发展体制改革，安排0.5亿元落实人才强市战略，激发人才创新创造创业活力。完善科技创新投入机制，拨付各类科技创新专项资金0.6亿元，推动科技创新赋能高质量发展。推进鼓励和支持科技型中小企业开展科技成果质押融资、科技专项支持科技特派员制度和“众创空间发展”。拨付1亿元启动实施“科技兴蒙”专项行动，服务打造科技创新良好环境。

助力现代能源经济示范区建设　以“国内大循环”和经济重启重建为契机，充分发挥财政资金杠杆效应，推进民营经济发展引导基金，解决企业融资难题。先后设立5支产业基金分别对5个项目进行股权投资，基金规模达到20.36亿元。推动园区高质量发展，积极向上争取5.1亿元涉企专项资金，用于小微企业融资担保、新能源汽车补助、工业园区专项、重点产业专项等惠企优惠政策兑现。市本级预算安排综保区产业发展专项资金0.2亿元，助推外向型民营经济发展，为建设外贸强市提供有力支撑。

助力“放管服”改革和营商环境优化　争取将鄂尔多斯市作为政府采购“全区一张网”的第一批试点地区，实现全市范围内政府采购项目审批、核准、备案事项“不见面、一网通办”的全流程电子化运行模式。全年全市完成政府采购金额34.67亿元、节约率6.2%，有效节约财政资金，提升服务质量，实现采购便利化。

【协调发展】

县域经济补短板　配合项目主管部门加大向上争取项目资金力度，累计争取到位各类转移支付148.7亿元（其中：中央直达资金28.7亿元，主要包括抗疫特别国债14.3亿元，特殊转移支付9.4亿元等），同比增长7.4%，重点用于落实“六稳”“六保”和各级党委、政府确定的重点支出，支持困难旗区兜牢底线，补齐旗区之间发展不均衡短板。

传统基建补短板　推进重大项目建设，大力支持特高压、高速铁路、新能源汽车充电桩、大数据中心等新型基础设施，2020年累计投入交通专项资金25.7亿元，实施包银高铁征拆、S31和S388线建设、民航发展基金、航线补贴、乌兰木伦三号桥建设等“铁公机”项目，加快推进综合立体交通设施建设，为呼（和浩特）包（头）鄂（尔多斯）榆（林）城市群建设和呼（和浩特）包（头）鄂（尔多斯）乌（兰察布）协同发展打下坚实基础。

“三农”领域补短板　大力推进乡村振兴。通过风险补偿、融资担保、贷款贴息等方式，支持富民乡村产业项目，乡村振兴风险补偿基金担保模式下已累计发放担保贷款10亿元，受益小微企业、合作社、农牧户达4400家。下达乡村振兴各类资金3亿元，支持鄂尔多斯市羊绒产业振兴，改善农村牧区生产生活条件，扎实推动农牧业高质量发展。

综合治理补短板 拨付 0.5 亿元推进人大代表、政协委员履职能力建设，推进人大、政协参政议政建言献策。投入 4 亿元用于完善矛盾纠纷多元化调处化解机制，推进“平安鄂尔多斯”建设。投入 0.5 亿元加强监督体系建设，全力保障纪检监察和巡视巡查工作协作推进。配合做好煤炭资源领域违法违规问题专项整治工作，开展国有资产损失评估。牵头制定国有资产损失评估方案，择优选择评估机构，强化工作调度，及时研判解决问题，为追缴工作开展提供有力依据。

【生态文明建设支持】 完善多元化生态保护补偿机制，支持生态系统保护修复，推进生态环境污染治理，做好粮食安全工作。

保障黄河流域高质量发展 千方百计筹措资金支持生态建设，全市投入生态治理相关经费 13 亿元，重点用于京津风沙源治理、天然林保护、退牧还草、退耕还林等生态修复和生态补偿项目建设，争取“龙口镇—万家寨—薛家湾段黄河西岸地质环境治理”项目资金 1 亿元，推进沿黄地区生态治理。全力做好污染防治专项行动资金保障，全市投入污染防治专项资金 11 亿元，支持水、土、大气污染防治。重点推进环境保护执法能力建设，更新环境保护监管设备，补偿重点流域断面水质污染等工作。

保障农村牧区人居环境治理 拨付人居环境整治专项经费 1.1 亿元、农村牧区公共基础设施维护费 0.5 亿元，用于开展农村牧区生活垃圾和生活污水处理、农业面源污染防治和耕地土壤恢复、公共基础设施维护及城镇污水项目建设等人居环境整治重点任务。

保障粮食安全 累计下达粮食仓储补贴、商品粮大县奖励、地方储备粮承储企业利息补贴、玉米大豆马铃薯补贴等 6 项补贴资金共 4.2 亿元，从仓储、种植、收购等方面给予种粮大户和收储企业政策扶持和资金补贴，培育多元粮食种植主体，不断激发粮食市场活力。

【民生支出】 全年民生支出完成 329.4 亿元、增长 2.7%，占比 49.6%。

专项扶贫支出 修订印发《鄂尔多斯市财政专项扶贫资金管理办法》，强化财政专项扶贫资金管理，为提高资金使用效益提供坚实制度保障。强化资金日常监控，按月收集整理形成《鄂尔多斯市扶贫资金动态监控简报》，倒逼资金支出。利用财政部扶贫资金动态监控信息平台，对各级扶贫资金的下达、支出、结余结转、绩效等情况设置预警，保证资金使用效益。坚持财政专项扶贫资金投入力度不减原则，确保本级扶贫投入在 2019 年基础上实现再增长。全市累计投入扶贫资金 3.92 亿元，其中市本级预算安排 1.83 亿元、占比达 46.7%，主要用于培育和壮大特色扶贫产业、提升贫困人口自我发展能力、加强少数民族聚居地区基础设施建设、支持贫困地区经济社会发展等方面。

公共文化卫生旅游服务支出 拨付全域旅游政策奖励资金 0.2 亿元，市非物质文化遗产展览馆展陈升级改造资金 0.1 亿元；支持举办“乐享鄂尔多斯”草原音乐美食季、农牧民文艺会演、牡丹文化旅游宣传月等文体活动，拉动文化消费。以提振服务和启动消费为重要抓手，有效应对受疫情影响企业复工复产，兑现生活性服务类中小企业补贴资金 0.5 亿元，累计减免车辆通行费 0.2 亿元，累计减免小微企业、个体工商户房租 0.08 亿元。推进“放心市场”建设，安排市场监管、食药检测、食药监测能力建设经费 0.2 亿元，保障群众买得放心吃得安心。着力提升医院服务能力，拨付基层卫生、公共卫生服务、公立医院综合改革及医疗服务能力提升资金 2.2 亿元。加强新冠肺炎疫情防控，全市财政累计投入疫情防控防治资金 6.6 亿元，其中：中央、自治区资金 2 亿元，市本级、旗区资金 4.6 亿元，用于防控物资采购、防控工作经费、患者医疗救助、医务人员临时补助、中小微企业复工复产补贴和基本公共卫生补助。

民生实事支出 全市七项保险基金收入119.8亿元，基金支出264.9亿元。已发放困难群众救助补助资金1.67亿元，惠及困难群众39216人；残疾人两项补助资金0.5亿元；残疾人事业发展补助资金0.5亿元，严格执行“民生志愿者”等就业补贴政策，全年发放创业担保贷款2.9亿元，拨付援企稳岗补贴2.8亿元，帮助困难企业做好稳就业，降本减负渡过难关。全面落实多渠道筹集财政性教育经费政策，一般公共预算教育支出84.5亿元，其中市本级12.9亿元、上级专项资金7.4亿元。支持新建九年一贯制蒙古族学校1所，教育教学质量资金累计投入4.2亿元，拨付全市教师绩效工资2.2亿元，下达各类学生资助资金2.8亿元、蒙授学生全免费资金0.4亿元，加大对财力薄弱旗区的转移支付力度，保障教育事业繁荣发展。

（赵继红）

税　务

【国家税务总局鄂尔多斯市税务局领导名录】

党委书记、局长：苗福成（10月离任）
李庆年（10月调任）
党委副书记、副局长：
高虎社（9月提前退休）
包亦兵（蒙古族，8月免职）
杨有为
雷飞云（8月免职）
副　　局　　长：呼有昌（8月免职）
蔺　杰（8月免职）
张瑞刚
苏俊平（11月调任）
纪 检 组 组 长：张志刚（蒙古族）
总　会　计　师：李　刚
李　国（6月退休）
总　经　济　师：王　喜

【概况】 国家税务总局鄂尔多斯市税务局内设办公室、法制科、货物和劳务税科、企业所得税科、个人所得税科、财产和行为税科、社会保险费和非税收入科、收入核算科、纳税服务科、征收管理科、税收经济分析科、税收风险管理局、财务管理科、人事教育科、考核考评科、老干部科、机关党委、系统党建工作科，纪检组等19个机构。派出机构6个分别是第一税务分局（重点税源企业税收服务和管理局）、第二税务分局、稽查局、第一稽查局、第二稽查局、第三稽查局。事业单位3个分别是纳税服务中心（税收宣传中心）、信息中心、机关服务中心。社会组织2个分别是鄂尔多斯市国际税收研究会、鄂尔多斯市税务学会。2020年，全市税务系统各级税务机关管理纳税人19.4万户，其中企业6.8万户，个体工商户12.6万户；缴费登记单位1.7万户，缴费登记个人115万人。完成税费收入966.8亿元，其中，完成税收收入831.2亿元，占全区税收总收入的33.4%；完成社保费和非税收入135.6亿元。

【税费收入】 2020年，鄂尔多斯市税务系统累计完成税费收入966.8亿元，其中完成税收收入831.2亿元，占全区税收收入的比重为33.4%；一般公共财政预算收入（不含自治区级）完成376.8亿元，占全市一般公共财政收入87%，同比增加9.7亿元，增幅2.4%。社会保险费收入98.14亿元。各项非税收入37.42亿元。

【减税降费】 全年共为各类市场主体新增减税降费82.93亿元，其中落实大规模减税降费政策48.22亿元，落实疫情防控期间阶段性减税降费政策9.69亿元，新增降低社保费和非税收入25.02亿元。为全市3073户起征点以上个体工商户下调定额，各类税费优惠政策措施直达市场主体、直接惠企利民。

【税收法治】 加强法治税务建设，全面推行行政执法“三项制度”，科学编制全市税务系统权力和责任清单，促进规范公正文明执法，进一步规范执法行为、提升执法水平，发挥公职律师、法律顾问作用，做好行政复议和应诉工作。全年审查涉煤领域规范性文件19份，审理重大税务案件60件，处理复议案件15件。

【税种管理】 切实加强单税种管理，在资源税、契税、城市维护建设税等单税种以及煤炭资源税选矿税率确定、相关减免税政策制定等地方立法工作中建言献策，得到自治区税务局采纳；强化动态监控、源头管控和日常管控，有效强化房产税、城镇土地使用税管理；严格“先税后证”，开展契税、土地增值税、耕地占用税、环境保护税、车船使用税等单税种信息比对；发挥房地产税收一体化管理作用，开展房屋权属登记历史遗留问题处置等相关工作；开展个人所得税汇算清缴管理工作，对扣缴义务人点对点培训辅导。

【征收管理】 成立税费征管问题协同工作领导小组，按照五大类问题，明确部门责任分工，通过协同机制处理各类涉税问题，选取不同业务量的4个试点单位，组建旗区级税费征管问题协同处理工作团队；加强数据质量管理，扎实推进税收征管质量5C监控评价体系；进一步深化“放管服”改革，优化办理企业税务注销程序，压缩一般注销办理时间，便利市场主体退出；对全市委托代征特定征收部门进行维护，做好“双代”系统升级工作和开展委托邮政“双代”业务现金税费征缴专项督导工作；稳步开展增值税专用发票电子化改革，确保增值税专用发票电子化试点工作平稳顺利推进；开展代开发票专项整治，进一步完善制度和流程，防范发票代开风险。全面推行应用社会保险费数据共享平台，完成各级人社、医保与税务部门各自管户在社保费征缴系统中的管户绑定、数据交换和系统配置工作。

【税务稽查】 充分发挥稽查职能作用，深入推进“双随机、一公开”监管，打造稽查业务“空中课堂”，严厉查处税收违法案件，完善税警联合和联合惩戒机制，稳步推进各项稽查工作。不断完善税警联合，与公安经侦部门携手查办以“6·1”案件为代表的一批典型虚开案件；不断完善“黑名单”和联合惩戒机制，通过“信用中国”网站公布43家“黑名单”企业，切实做好联合惩戒工作。

【税务风险管理】 制定“小三角”科室协同工作和征管问题协同处理、税收风险监控评价、税收数据供应工作规程、增值税发票和出口退税风险分析应对会商办法等7个制度办法，形成有力的落实保障机制，最大程度发挥统筹及运用效能，将工作机制落到实处；全力抓好煤炭矿产资源领域违规违法问题专项整治核查及纳税评估工作，“两库”数据验证等税收风险任务应对。

【营商环境】 依托智慧办税服务厅、自助办税终端，构建起自助办、预约办、错峰办、容缺办、委托邮政快递办等“非接触式”自助办税模式；深化“便民办税春风行动”，开展政务服务“好差评”，加大权益保护力度；自主研发减税降费电子书，并建立查询站、分类站、下载站等方式，为纳税人提供资料索取和下载途径，减税降费电子书涵盖政策依据、办理要点、操作指引等内容，点击量累计超过10万次；自主开发自然人代开发票预申请系统并在全区范围内推广，发票代开时长由原来的10分钟缩减到目前的3分钟，纳税人满意度进一步提升；深化“银税互动”合作机制，授信791笔，授信总额为3.92亿元。认真落实《优化营商环境条例》和国家税务总局等13个部门联合推出的5类16项48条纳税缴费便利化改革举措；扩大网上办、掌上办、自助办领域和范围，218项业务“非接触式”办理，213项全程网上办，纳税人缴费人95%以上业务网上办理，网报率99%以上，电子普通发票覆盖面达到71.57%。

【税收宣传】 2020年，全市税务系统累计发表新闻宣传900余篇，其中中央级媒体150篇、自治区级媒体220篇。

经济管理

发展和改革

【鄂尔多斯市发展和改革委员会领导名录】

党组书记、主　任：高志华

党组成员、副主任、粮食和物资储备局局长：韩梅花

党组成员、副主任：韩瑾军

陈　勇

党　组　成　员：郭占明

纪　检　组　组　长：杨慧强

副　　主　　任：武再厚

【概况】 鄂尔多斯市发展和改革委员会是综合经济服务与管理部门，承担着发展规划、投资管理、经济调控、体制改革、节能降碳、价费调节、粮食安全、物资保障、区域协调发展等职能。同时承担市委财经委办公室、推动黄河流域生态保护和高质量发展领导小组办公室、推动呼包鄂及乌兰察布协同发展领导小组办公室、社会信用体系建设工作领导小组办公室、能耗双控领导小组办公室、重点铁路项目建设领导小组办公室、粮食应急指挥部领导小组办公室、粮食安全盟市长责任制考核领导小组办公室、新冠肺炎疫情防控指挥部物资保障组、易地扶贫搬迁工作协调领导小组办公室、推动养老托育工作领导小组办公室等职能。机关内设办公室、财务科、法规与督导科、发展战略和规划科、国民经济综合科、固定资产投资科、农村牧区经济科、社会发展科、财政金融和信用建设科、民营经济发展科、铁路民航建设管理科、产业发展科、资源节约和环境保护科、创新和高技术发展科、经济与国防协调发展科、地区经济科、区域协调科、区域开放科、价格收费管理科、行政审批科、粮食与物资储备科、粮食与物资监督检查科、粮食与物资调控科、粮食产业与科技发展科等27个（包括机关党委、市委财经委员会办公室秘书科）科室；直属鄂尔多斯市价格成本监审局、鄂尔多斯市发展研究中心、鄂尔多斯市重点项目前期工作办公室、鄂尔多斯市建设项目评审中心、鄂尔多斯市价格认定局、鄂尔多斯市军粮供应服务中心、鄂尔多斯市价格监测中心、鄂尔多斯市社会信用管理中心、鄂尔多斯市发改委信息中心、鄂尔多斯市粮油质检中心等10个单位。

【转型升级】

现代能源经济　《鄂尔多斯市建设国家现代煤化工产业示范区总体规划》获自治区发改委、工信厅联合批复。宝丰一期260万吨煤制烯烃项目获批，久泰乙二醇、东日新材料、恒星高性能有机硅、建元己内酰胺等一批在建项目加快推进，新奥石墨烯二期等延链补链项目顺利推进，上海庙至山东和蒙西至天津南通道配套9个电源点等项目加快建设，达拉特旗光伏领跑基地二期、盛鲁电厂等项目建成。年内，鄂尔多斯市

被确定为呼（和浩特）包（头）鄂（尔多斯）乌（兰察布）城市群申报燃料电池汽车示范项目牵头推进城市。

新产业新动能 与华为、腾讯等企业合作建设智慧能源综合平台。麻地梁等18座煤矿建成“5G＋工业互联网”智能化工作面。华能薄膜太阳能电池板、锂佳能源锂电池等项目加快建设，株洲时代叶片二期、恒通光电通信新材料等项目顺利推进。全市高技术产业增加值同比增长5.5%，快于规模以上工业增速11.5个百分点。现代服务业加快发展，鄂尔多斯市被确定为第一批国家文化和旅游消费示范城市。

农牧业现代化 全年粮食播种面积达31.7万公顷，同比增长1.8%。粮食产量达到19.645亿公斤，同比增长3.5%，连续3年保持在17亿公斤以上。

【三大攻坚战】

重大风险防范 全年争取到位地方政府新增债券116.8亿元、抗疫特别国债14.3亿元，化解政府隐性债务168.3亿元，完成全年目标的116%。清欠民营企业中小企业账款65.1亿元，无分歧账款全部清偿到位。4只企业债券35.4亿元本息兑付全部按期完成。鄂尔多斯市退出债务风险红色预警地区。

污染防治 实施污染防治攻坚战年度攻坚任务1283项，7个国控断面地表水监测水质全部达标，棋盘井蒙西地区环境整治效果明显，污染防治攻坚战阶段性目标任务顺利完成。4家煤矿入选2020年全国绿色矿山名录，74家矿山达到自治区级绿色矿山标准。全市空气质量优良天数比例达90.7%。荣获“中国最具生态竞争力城市”称号。

脱贫攻坚 投入扶贫资金3.9亿元，巩固提升脱贫成效。推进地企合力助推消费扶贫，与238家驻地企业达成农产品采购协议，打造农牧民“家门口的市场”。全市嘎查村集体经济收入全部达5万元以上，收入10万元以上占65%。脱贫攻坚各类督查检查问题全部整改到位。鄂托克旗通过国家脱贫攻坚普查验收。全市易地扶贫搬迁建档立卡贫困人口1587户3959人全部脱贫，顺利通过国家评估验收，鄂托克前旗马场井村安置区入围全国200个“美丽安置区”。

【重点改革】

“放管服”改革 制定《对标国家营商环境评价未开展工作清单》《优化营商环境问题整改清单》，出台关于进一步优化营商环境22条措施。全市政务服务事项“一网”通办率、“一窗”受理率均达到80%以上。不动产一般登记、抵押登记办理时间分别压缩至3个和5个工作日以内，企业注册登记实现全程电子化，开办时间压缩至1个工作日以内。企业投资的工程建设项目审批时限压减至75个工作日。

关键改革 深化财税金融改革，成为全区首个绿色金融试点。推进电力市场化改革，新增5户企业进入电力多边交易市场，节约用电成本15.6亿元。完成存量国有资产整合，国有资本投资运营公司改组加快推进。事业单位改革全面启动。坚持创新驱动发展。投入财政科技资金7.2亿元，同比增长45.6%。认真落实“科技兴蒙”行动，新增高新技术企业27家、企业研发中心22家。国家可持续发展议程创新示范区创建获科技部通过。

开放合作 签订呼（和浩特）包（头）鄂（尔多斯）榆（林）城市群及呼包鄂乌协同发展合作协议，实现呼包鄂乌“互办互认”事项31个大项、99个子项。交通互联成效显著，S31大龙高速、包茂高速包头至东胜段改扩建工程等建成通车，鄂（尔多斯）榆（林）延（安）高铁可研报告通过国家铁路集团公司审查，包（头）银（川）高铁鄂尔多斯段征拆工作基本完成，西安至鄂尔多斯特快列车正式开行。全年实施招商引资项目123项，实际到位国内区外资金289亿元，位居

自治区首位。完成进出口总额46亿元。

【城乡建设】

城市环境　实施各类市政项目147个，开工老旧小区改造项目123项。中心城区实现5G网络全覆盖。乌兰木伦河三号桥主体完工。

乡村振兴　发挥产业振兴基金作用，发放贷款10.7亿元，支持各类项目754个，农企紧密型利益联结机制比例达62%。农村人居环境整治三年行动全面推进，卫生厕所普及率达67%，全市91.3%的行政嘎查村建成生活垃圾收运处置体系。51个乡村振兴示范村创建有力推进，达拉特旗林原村、准格尔旗兴胜店村获评“全国文明村镇”，伊金霍洛旗哈沙图村、布拉格嘎查获评“中国美丽休闲乡村”。

【民生实事】

居民就业和收入　全面落实就业优先政策，发放援企稳岗补贴2.8亿元，惠及企业2180家、职工30.8万人。全市城镇新增就业22614人，城镇登记失业率控制在3.02%以内，低于控制目标1.48个百分点。城乡常住居民人均可支配收入分别达到50306元和21576元，分别增长1.1%和7.5%，增速均快于经济增长速度。

社会保障　全市财政民生投入329.4亿元，同比增长2.7%。社保覆盖面持续扩大，失业保险参保人数29.9万人，同比增长9.5%。城乡低保标准分别提高17.0%和8.9%，城乡特困人员基本生活标准分别提高31.1%和3.1%。累计发放社会救助资金2.25亿元，惠及困难群众4.59万人。

教育事业　贯彻落实教育优先发展战略，出台《鄂尔多斯市中小学校幼儿园规划建设条例》。新建续建、改扩建中小学、幼儿园27所，市蒙古族学校建成完工，获批全区产教融合试点城市。推进民族语言授课学校落实国家统编“三科”教材使用工作，实施全市加强民族语言授课学校国家统编教材师资队伍建设方案。

健康鄂尔多斯建设　常态化疫情防控成效显著。坚决把人民群众生命安全和身体健康放在第一位，举全市之力打好疫情防控阻击战。科学开展医疗救治，全市确诊并治愈新冠肺炎患者11例，集中隔离观察密切接触者302人，42天实现确诊病例清零。扎实做好常态化疫情防控，核酸检测能力达到每天1.8万人份，实现重点人群“应检尽检”。

群众文体活动　满足疫情防控期间群众精神文化需求，推出“网上乌兰牧骑”“在线阅读”“在线观展”等活动。举办第三届内蒙古地方戏优秀剧目暨沿黄省区地方戏展演，组织开展乌兰牧骑惠民演出和交流演出，举办全市农牧民文艺会演、广场舞大赛等示范性群众文化活动。基层综合文化服务中心实现全覆盖。

社会治理　深入开展扫黑除恶专项斗争、安全生产隐患排查整治和社会矛盾纠纷排查化解，集中化解一批中央巡视组移交信访事项，生产安全事故持续下降，社会大局保持和谐稳定。

商务管理

【鄂尔多斯市商务局领导名录】

党组书记、局长：张　涛
副　　局　　长：李志宏
　　　　　　　　千慧芬
纪检监察组组长：陈骏驰

【概况】鄂尔多斯市商务局是市人民政府工作部门，为正处级建制，挂鄂尔多斯市口岸管理办公室牌子。内设办公室、政策法规科、市场体系建设科、流通业发展科、市场运行和消费促进科、对外贸易科、服务贸易和商贸服务业科、外国投资管理科、对外投资和经济合作科、投资促进科、口岸管理科、行政审批科、机关党委等13个科室；下设鄂尔多斯市商务综合执法局1个二级单位。2020年1—9月，全市社会消费品零售总额同比下降9.6%；1—8月全市完成进出口总值26.7亿元，同比下降32.4%，其中，进口11.7亿元，同比下降31.1%；出口额15亿元，同比下降33.3%，1—10月新增外贸备案登记企业64家；1至10月实际利用外资额8.4亿美元，同比下降25.44%，新备案外资企业7家；1—11月实施招商引资项目73项，引进国内（区外）资金到位157.28亿元，同比下降36.3%。

【促进消费】

引导发放消费券，激发消费市场活力　组织伊金霍洛旗、康巴什区财政出资1200万元发放消费券，实际核销828万元，其中，伊金霍洛旗总计核销金额628万元，带动消费2804万元以上，康巴什区财政投入200万元面向餐饮行业发放消费券，带动消费800余万元。

鼓励企业开展消费促进活动　鄂尔多斯万达广场累计发放消费券127.96万元，直接带动消费260余万元，间接带动消费800多万元；与中国银联合作开展“春暖草原·鄂尔多斯市惠民消费节”活动，发放消费券210万元，带动消费1500万元。与苏宁易购联合，发放消费券45万元，带动消费400万元。

联合各大电商平台，拓宽本地特色产品销售渠道　与拼多多签署战略合作协议，通过打造羊绒羊毛制品直播基地、培育线上新品牌、打造鄂尔多斯优品馆、为全市企业提供免费入驻平台渠道等方式，帮助企业拓展销售渠道，成交8000多单，成交额80余万元。与京东平台建立合作，完成京东鄂尔多斯扶贫馆、特产馆授权。

组织消费促进月启动仪式暨第21届鄂尔多斯国际汽车展览会　展会期间，1000余款车型亮相，总展览面积约3万平方米。展会期间共计接待市民约9.8万人次，车展现场总销售3678台汽车，意向成交额达7.38亿元。各旗区组织消费促进活动102场、参与企业239家，实现销售额6.5亿元。

【城乡物流体系】　初步建成市、旗区、苏木乡镇、嘎查村四级物流网络配送体系，6个旗县级快递物流分拣中心，439个快递网点（法人企业26家，分支机构261个，末端网点152个）。争取到“农商互联”项目资金907万元。为鄂尔多斯市恒科农牧业开发有限责任公司等23家企业的冷链物流、市场改造提升、抗疫情补贴等项目争取到2020年“农商互联”资金907万元。

【电商发展】

城市电商发展　截至2020年年底，通过线上培训，组织3场城市电子商务培训，累计参加培训人员突破3000人。全年城市电子商务零售交易额突破60亿元。

农村电商　截至2020年年底，全市农村牧区网购金额4887.85万元；网销金额2581.84万元；累计建设农村电商服务站213个，带动就业1028人，培训人数1384人。成功申报2020年国家级电子商务进农村综合示范县项目3个，获补贴6000万元。

末端物流“最后一公里”配送　旗下“e盒货栈”智能快递柜定位为社区、校区居民师生提供综合便利的社区生活服务，服务鄂尔多斯市东胜区、康巴什区超过200个社区及机关企事业单位，日均处理快递超过2.6万件，累计快递柜投放量超过1200万件，服务用户超过25万人，线上注册快递员用户突破600人，大力发展无接触配送。

【对外开放】

对外贸企业实施包保服务　继续实施市旗（区）两级包保服务责任。做到包保服务外贸企业工作责任到位。1—9月，组织全市外贸企业参加贸易新业态新模式线上分析培训组织；组织79家企业参加第三届中国国际进口博览会。

支持外贸企业发展　承办全区稳外贸政策培训班。根据自治区商务厅、财政厅《关于2020年外经贸发展专项资金项目申报工作的通知》要求，经初审、专家评审等程序，上报自治区商务厅、财政厅共13家外贸企业21个项目。按照内蒙古自治区财政厅关于下达2020年外经贸发展专项资金（第一批）预算的通知要求，组织相关旗区、园区、企业进行项目评审。截至10月底，共争取到上级专项资金3119万元。

鼓励企业“走出去” 截至年底，全市协议投资总额达37.8亿美元，投资地域涉及蒙古国、柬埔寨、加拿大、美国、德国、日本、帕劳共和国、印度尼西亚、缅甸等20个国家和地区，其中“一带一路”沿线国家有蒙古国、俄罗斯、印度、新加坡、缅甸、柬埔寨等9个国家。2020年新办理境外投资企业1家，全市境外投资企业达57家。

【招商引资】 联合市投资促进中心研究出台《加强招商引资促进经济发展工作的实施方案》，明确招商引资方向、布置工作任务、整合招商引资队伍，完善招商引资工作机制；开展产业链招商、云招商，与美国液化空气集团公司、无锡市和光新能源公司、上海胜义环境科技有限公司、开沃新能源汽车集团、华陵汽车股份有限公司等一批企业确定合作意向。5月18日，在康巴什区召开鄂尔多斯市2020年招商引资网络直播推介会，由“面对面”变“屏对屏”，17家区内外企业与部分旗区签署项目合作协议，总金额达244.4亿元。会议期间，向全社会公开发布13类232项重点招商引资项目；出台《委托招商工作方案》，并与上海内蒙古商会、南京内蒙古商会和山东内蒙古商会签订委托招商协议，拓展在长三角地区和环渤海区域的招商引资工作渠道。

【口岸项目建设】 受新冠肺炎疫情影响，航空口岸于2月1日停飞国际航班。1—10月，累计开通国际航线2条，分别是鄂尔多斯—芽庄、莫斯科—叶卡捷琳堡—鄂尔多斯—曼谷，完成国际旅客吞吐量3057人次，同比下降94.9%。基础设施改造项目相关配套设备已采购到位，项目预计11月底前建成。

对外贸易

【鄂尔多斯市贸促会领导名录】

党组书记、会长：贾占荣

副　　会　　长：高建新

苏俊杰

【概况】 鄂尔多斯市贸促会内设综合部、联络部、展览部（鄂尔多斯市人民会展办公室）、会务信息部、法律部等5个部室。2020年12月16日，鄂尔多斯市委办公室、市人民政府办公室印发《关于深化事业单位改革试点工作的实施意见》的通知，意见明确指出市贸促会退出事业单位序列，按照群团管理。

【第三届中国（鄂尔多斯）国际羊绒羊毛展览会】 第三届中国（鄂尔多斯）国际羊绒羊毛展览会于9月25—27日在东胜区举办。展区面积达2万平方米，参展企业228家，展会通过线上线下相结合的方式举办，共16个省区市194家采购商进行现场商谈采购，102家参展商通过国际电商云展数字外贸服务平台与国外153家采购商进行线上采购洽谈。展会现场交易额实现874万元，意向订单金额达2.1亿元。“网络直播＋空中签约”订单协议总金额达4.43亿元。“2020鄂尔多斯市羊绒拍卖会”上，拍卖优质羊绒23.5吨，成交金额1513.1万元。展会现场设置民族特色文创产品展区，现场销售23万元，达成合作、销售意向10个，意向金额达120万元。辐射带动地方经济约5400万元。

【展（博）览会】 2020年，共组织鄂尔多斯市50余家企业赴烟台、东莞、无锡、重庆、宁波等地参加2020第十五届东亚国际食品交易博览会、2020中国国际食品配料博览会、中国（无锡）国际新能源大会暨展览会、重庆“一带一路”名品展、2020中国（宁波）国际新材料科技与产业博览会等5场展会，荣获2020（第六届）“一带一路”名品展·重庆优秀组织单位奖。2020年度新增参展企业20余家。

【经贸交流活动】 2020年，市贸促会组织举办“让世界了解鄂尔多斯”羊绒羊毛产业推介交流会、伊金霍洛旗承接加工贸易产业转移推介会、2020中国（宁波）国际新材料科技与产业博览会招展推介交流会，参加中国国际商会会展委员会年会和CEFCO 2020第十六届中国会展经济国际合作论坛、2020中国国际生态竞争力峰会、第四届中国（宝鸡）国际工业品采购展览会以及第三届“一带一路”地市贸促会联盟大会，并作为第二届联盟执行主席方在大会上作年度工作报告。在中国（无锡）国际新能源大会暨展览会期间，通过“双循环”格局及新能源企业的战略发展专题对话活动和“一带一路”地市贸促会新能源项目推介会暨地方国际商会联席会议，重点推介杭锦旗和达拉特旗发展新能源产业优势，助力新能源事业发展壮大。

【法律培训】 2020年，市贸促会在办理签发原产地证、商事证明书、ATA单证册的基础上开通领事认证代办、出口商品品牌评价、自由销售证明等业务，鄂尔多斯市成为全自治区获中国贸促会商事出证认证类业务授权最多的地级市。组织企业参加中国贸促会疫情防控涉外法律风险防范（内蒙古）培训班等线上培训12次，帮助企业丰富涉外经营法律知识，以应对中美贸易摩擦和新冠肺炎疫情带来的不利影响。主办“稳外贸 促发展 疫情形势下全市涉外企业国际化合规经营及企业‘走出去’法律知识培训班”，邀请国内知名专家团队创新性为企业国际化经营合规风险进行“一对一”排查。

【出证、领事认证代办】 2020年，共为鄂尔多斯市外贸企业签发出口货物原产地证书245份，金额达2582.71万美元。共出具商事证明书70份，完成领事认证代办19份，帮助鄂尔多斯市1家外贸企业提交中国出口商品品牌评价业务申请。在新冠肺炎疫情防控期间，开通新冠肺炎疫情不可抗力证明业务，帮助企业有效规避风险、减少损失。

【创新发展模式】 鄂尔多斯市企地合力消费扶贫推进会暨第三届农产品展洽会上，打造“广播+手机台+快手直播”助农直播间，主要领导亲自参与直播推介。展会期间推介各类农产品80余种，共产生线上订单1120单、金额10.8万元。市贸促会获鄂尔多斯市企地合力消费扶贫推进会暨第三届农产品展洽会筹备工作先进集体。通过“农特产品+互联网+自媒体直播”模式，举办首届“杭锦旗春季消费扶贫农特产品系列促销活动”，支持“云购东胜·好物节”举办。

电子商务

【概况】 2020年，全市电子商务实现网络零售额26.7亿元，同比增长3.5%，在全区12个盟市列第二位；网络零售量6565万件，全市活跃网络店铺12210个，同比增长34.5%；直接带动就业14717人，同比增长40.6%。分地区看：东胜区、伊金霍洛旗、准格尔旗依次列全市电子商务网络零售额前三位，其中东胜区网络零售额占全市的83.5%；分产品属性看：实物型网络零售额20.4亿元，占全市的76.4%，服务型网络零售额6.3亿元，占全市的23.6%；分平台渠道看：天猫网络零售额占40.3%，淘宝占26.7%，美团占16.4%，饿了么占5.1%，京东、唯品会等其他各类平台占11.5%。

【农村电商】 为助力乡村振兴，促进消费扶贫，有效带动农特产品销售，按照市委、市政府的统一部署，由市电子商务服务中心联合伊金霍洛旗云东集团共同实施运营，在全市创立鄂尔多斯市“农牧优品汇”，项目按照专柜、专区、专馆模式线上线下协同推进，共同打造市域内农畜产品线上线下一体销售综合电商助农平台。先后建成华研、王府井、大润发、德荣、益尚客、康和优品6个专区，东胜区星河COCOCITY和伊金霍洛旗2个线下体验专馆，涵盖自治区扶贫产品专区、贫困旗县代表专区、经济发达拉特旗县代表专区、农牧业产业化龙头企业代表专区、优质绿色农产品输出乡镇代表专区、产品定制专区、线上营销和直播专区；线上搭建美团、饿了么、蒙泰够样、美菜网、“农牧优品汇”、舌尖720等电商平台，将农特产品销售与电商平台有效衔接，2020年，完成1000多种商品（含41种全国扶贫产品）线上线下同步销售，累计实现销售额200余万元。在自治区质量强区督查验收时，“农牧优品汇”代表鄂尔多斯市接受验收，被纳入自治区发改委电商产业扶贫体系。

【直播电商】 与有关单位联合举办市长直播带货，销售特色农畜产品，累计吸引392万人次观看直播，总成交量128.9万元；指导带动伊金霍洛旗、达拉特旗、鄂托克前旗开展旗委书记、旗长直播带货。于2021年1月组织开展“我为家乡农牧优品助力”鄂尔多斯市网上年货节暨电商助农直播大赛，组织市域内有一定粉丝基础的电视台主持人、网红达人持续直播12天，每天直播1—2场，场均直播3小时，直播总时长达37小时，通过直播累计实现线上线下销售额77万元。

【鄂尔多斯市电子商务产业园区】 为打通电商发展产业链和服务链，向传统企业转型发展提供综合配套服务和人才支撑，形成业态集聚、资源集约、功能集成的电商发展模式，鄂尔多斯市电子商务服务中心积极对接相关扶持政策，通过“政府主导、国企承接、市场化运作”的模式建成电子商务产业园区。园区由市房屋运营公司承接，嫁接淘宝大学等培训资源，旨在形成集政策引导、企业孵化、人才培训、仓储物流、电商代运营、新媒体电商、智慧物流及创意研发等多种功能于一体的电商园区。截至2020年年底，共有12家企业入驻，其中电商代运营机构3家、新媒体电商机构4家、快递物流企业2家、培训机构3家，与淘宝大学、巨量引擎、浙江树人大学、淘宝直播、八方凡骐、星狐集团展开合作。与鄂尔多斯职业学院和鄂尔多斯生态环境职业学院签订框架协议，以鄂尔多斯电商产业园为载体，挂牌校外实训基地，利用校园培训中心和众创空间等资源，共建电商人才培养基地。

【电商培训】 先后联合市商务局、市工商联、市人社局举办私域流量接入支付平台在线培训、网红乡镇红庆河案例线上专题培训、以工代训“职业技能提升行动政策”线上线下大讲堂等4次培训活动，电商思维研修班2期，累计在线参训人次达2万余人次。

【网红小镇】 为助力全市美丽乡村建设，鄂尔多斯市电子商务服务中心经过认真调研，选取伊金霍洛旗红庆河作为“网红小镇”电商品牌试点项目，以“认养农业”为理念，绿色农畜产品定制为手段，新媒体技术为载体，电商化运营为渠道，促进农牧民增收致富为目标，对红庆河镇人文环境、产业优势、基层工作等进行展示宣传，“红庆河味道”抖音账号短视频浏览量达18万人次，关注量2.3万人；依托“红庆河味道”线下体验店，通过线上线下互动引流，红庆河镇成为一张对外展示鄂尔多斯市乡镇干部风貌、基层治理能力、乡村风土人情、优质农畜产品的闪亮名片。

【招商引资】 2020年，促成与深圳市电子商务服务中心、杭州海励国际、淘宝大学、上海贝垦商务、山东涂瀚融媒合作，初步建立起覆盖数字经济、电商经济、直播新媒体营销等多行业专家库。先后赴字节跳动杭州运营中心、杭州梦想小镇、阿里巴巴菜鸟网络科技、东方电子商务园、星狐直播基地、EFC未来科技城、北京首农物美超市、广州智汇Park等优质项目考察学习，将前沿地区的电商新理念、新模式与鄂尔多斯市产业现状相结合，嫁接前沿资源助推鄂尔多斯市电商产业发展。

大数据发展

【鄂尔多斯市大数据发展局领导名录】

局　　　　长：薛海霞（女）
派驻纪检组组长：张孝平
副　局　长：武玉平（4月任职）
　　　　　　马千里（蒙古族，4月任职）

【概况】 鄂尔多斯市大数据发展局为市人民政府直属相当于正处级事业单位。内设办公室、产业发展科、应用服务科、数据资源科、电子政务外网科、运维保障科等6个科室。

【顶层设计】 推动《数字鄂尔多斯发展规划（2019—2025年）》的落地实施，出台配套《数字鄂尔多斯建设项目管理办法》，理顺工作机制，建立多部门联动的大数据、信息化审核机制，从“龙头”上实现统筹发展。对2021年拟开展的208个大数据、信息化项目，推动与市发改委、市财政局首次共同开展项目的联动审批机制，提高财政资金使用效率的同时，从“源头”上避免信息孤岛和数据壁垒，基本实现全市大数据、信息化项目统筹规划和互联共享。

【基础设施】 组织实施电子政务外网IPv6改造工程，进一步提升网络覆盖范围和网络带宽，全市电子政务外网已通达市内9个旗区和77个街道及乡镇。注重网络安全建设，在网络核心节点增加安全态势感知设备，恢复电子政务外网备线，推动实现全市电子政务外网“更快、更广、更安全”的目标。扎实推动“一朵云”建设，市级政务系统上“云”稳步增长，上云率全区领先。

【数据资源】 组织开展全市第二轮政务数据资源目录梳理工作，加快数据对接，全市20个业务系统与全市共享平台实现直联，平台资源目录数突破1000个，数据指标2.5万个，总数据量超过3.1亿条。主动对接国家和自治区数据资源共享平台，接通民政部、公安部、自治区公安厅等23个数据接口，获取工商类、政务服务事项类、疫情防疫健康码类等数据8486万条，为20个部门55项业务开展提供数据支撑。其中，不动产登记业务时限压缩、“四城通办”、“全市一网通办”、中小学新生报名核验、普惠金融融资服务等数据共享和应用成效明显，数据共享应用在支撑“放管服”改革和优化营商环境方面的价值已初步显现。

【数字经济】 积极对接招引大型企业落地鄂尔多斯市，联合市商务局、高新区召开网络招商项目推荐会，促进项目签约、落地。加强区域协同发展，优化产业发展环境，加强基础设施建设。组织建设大数据产业发展服务平台，收集共享产业扶持政策、信息化项目和人才需求等，更好服务和培育信息化中小企业。数据中心集聚效应初步显现，高新区云计算产业园建成中大型数据中心6个，其中国际绿色互联网数据中心（云泰互联1A）获得由工信部等6个部委认定的国家绿色数据中心称号，全市数字产业化、产业数字化发展水平显著提升。

（王　坤　吴淑娅）

公共资源交易管理服务

【鄂尔多斯市公共资源交易综合管理办公室领导名录】

党组书记、主任：张建钧
副　　主　　任：康　宁（女）
纪 检 组 组 长：李晔林（女）

【概况】 2011年6月，按照“一委一办一平台”的架构组建鄂尔多斯市公共资源交易综合管理办公室。“一委”为全市公共资源交易的领导机构，市长为公管委主任，纪委书记和分管副市长为副主任，市监察、发改、财政、建设、国土、交通、水利、商务、卫计、环保等部门为成员单位；“一办”是市公管委下设公共资源交易综合管理办公室，下设综合科、市直业务科、旗区业务科、信息科、法规与监察科、审价科、财务科、专家管理科共 8 个科室。

【平台电子化交易】 进场交易项目实现从业务受理、公告发布、专家抽取、投标开标、评标定标、合同备案、数据分析等全流程电子固化，闭合运行，可查可溯，实现由有形市场向以电子化交易为主的根本性转变。依托“互联网＋公共资源交易”，构建“一网三平台”（电子服务平台、电子交易平台、电子监督平台）电子交易体系。2020 年 3 月，“不见面开标”系统开通运行，实现“线下不见面、线上面对面”，主体“零跑腿”。全年开展“不见面”开标直播项目 1044 个，来自全国各地的 22150 家投标企业在线参与，为投标企业节约交易成本 7200 余万元。投标保证金在原虚拟子账户自动缴退管理的基础上，启用电子保险保函认证方式。截至年底，共有 5459 家次企业在 405 个标段选择采用电子保险保函认证保证金，通过电子保险保函共计释放保证金 9.36 亿元。政府采购实现全区“一张网”运行，全市政府采购电子卖场具备直购采购、网上竞价、定点服务、网上询价等功能，共有 254 家入围供应商，涉及货物商品种类八大类别，包含计算机设备、办公设备、电气设备等 19 个品目的商品，服务类主要涉及车辆维修保养服务、印刷服务、物业管理服务等。远程异地评审在市直和旗区间、旗区和旗区间实现常态化的基础上，建设工程项目实现与包头市、大连市和三门峡市跨省区远程异地评审。

【平台进场交易】 2020 年，全市交易平台共组织各类交易活动 1674 次，进场交易总额 220.91 亿元，其中，组织建设工程招投标 504 次，进场交易概算总额 115.07 亿元，中标总金额 108.16 亿元，节约资金 6.90 亿元，节约率 6.00%。组织政府采购项目招投标 1003 次，预算总额 36.72 亿元，中标总额 34.64 亿元，节约资金 2.08 亿元，节约率 5.66%。建设工程招投标和政府采购共节约资金 8.98 亿元。组织国有建设用地使用权挂牌出让活动 134 次，挂牌成交 521 宗土地，成交总面积 31307.67 亩，起始价总额 48.37 亿元，成交价总额 55.63 亿元，增值 7.26 亿元。组织矿业权交易活动 5 次，挂牌成交 5 宗，成交总面积 23.03 平方公里，起始价总额 19.30 亿元，成交价总额 19.30 亿元，未实现增值。组织产权交易活动 22 次，起始价总额 1.46 亿元，成交价总额 1.47 亿元，实现增值 38.75 万元。土地、产权和矿业权交易增值 7.26 亿元。节约、增值资金共计 16.24 亿元。

自然资源　城市管理

自然资源

【鄂尔多斯市自然资源局领导名录】

党组书记、局　长：马二喜（9月任职）
党组成员、副局长：丁玉厚
郝　赟
王凤莲（女）
席富忠
党　组　成　员：王挨亮

【概况】 鄂尔多斯市自然资源局内设办公室、人事科、机关党委、政策法规科、行政审批科、自然资源调查监测科、自然资源确权登记科、自然资源开发利用科、自然空间用途管制科、空间规划管理科、详细规划管理科、建设工程规划管理科、市政工程规划管理科、村镇规划管理科、耕地保护监督科、矿业权管理科、矿产资源保护监督科、自然空间生态修复科、地理信息科等19个科室，下设鄂尔多斯市国土资源综合执法局、鄂尔多斯市土地调查规划院、鄂尔多斯市地质调查监测院、鄂尔多斯市国土资源收购储备整理中心、鄂尔多斯市报批服务中心、鄂尔多斯市征费稽查所、鄂尔多斯市不动产登记中心、鄂尔多斯市自然资源开发利用服务中心、鄂尔多斯市国土资源评估事务中心、鄂尔多斯市自然资源勘测技术咨询服务中心、鄂尔多斯市城建档案馆、鄂尔多斯市地理信息中心、鄂尔多斯市规划审验中心等13个直属事业单位。7个旗区自然资源局：伊金霍洛旗自然资源局、乌审旗自然资源局、鄂托克旗自然资源局、鄂托克前旗自然资源局、准格尔旗自然资源局、达拉特旗自然资源局、杭锦旗自然资源局。4个分局：东胜区分局、康巴什区分局、高新技术产业园区分局、空港物流园区分局。

【国土空间规划编制】 完成全市资源环境承载能力和国土空间开发适宜性“双评价”阶段性成果、国土空间开发保护现状评估和未来风险评估“双评估”阶段性成果，并通过专家评审。有序推进“三区三线”划定，初步划定生态红线面积2.28万平方公里、永久基本农田面积335.5万亩，城镇开发边界划定完成初步方案。《黄河流域环境保护与生态修复》等14项专题研究完成初稿。

【第三次全国国土调查】 按照国家和自治区统一部署，精心组织、周密安排、科学调度，累计投入业务人员1100名，完成207万个内业图斑、15万个外业图斑的核实举证。完成统一时点更新调查数据库总图斑212万个、更新图斑42万个、实地举证图斑25万个，制作说明8万余条，照片举证300余万张。调查成果全部通过国家核查，正在进行市级汇总分析和数据平台建设。此次调查形成数据真实、来源可靠、变化清晰、信息海量、全域覆盖的国土调查成果。

【耕地保护】 严格落实耕地保护目标责任制，层层签订目标责任状，坚守411.6万亩耕地总量和

333.9 万亩基本农田总量。开展永久基本农田整改补划工作和永久基本农田储备区划定工作。严格执行耕地占补平衡，做到占优补优，加强补充耕地储备库的监管，加快土地整治及高标准农田项目建设和验收。

【用地预审与报批】 制定《重点项目绿色审批机制》《用地报批绿色审批流程》，实行重大项目“随报随审”，亿元以上投资项目用地办结时限压缩至 3 个工作日。印发《建设项目用地审查报批制度》，实施容缺受理，用地报批审核时限缩减至 10 个工作日。2020 年，共办理预审项目 19 个，上报建设用地报件 92 个。有效保障宝丰煤制烯烃、上海庙电厂、酸刺沟电厂等重点项目落地实施。

【土地节约集约利用】 落实增存挂钩各项工作任务，推动批而未供土地消化和闲置土地处置，超额完成自治区下达目标任务。加强土地市场动态监测，开展耕地质量等级更新与监测、城镇基准地价更新、中心城区地价动态监测、土地利用管理形势分析、城市和开发区建设用地节约集约利用更新评价等工作，为政府决策和企业投资提供了决策依据和参考，促进土地节约集约利用。

【规划管理】 严格执行局内业务审查会和市规委会审查制度，核发“三证一书”59 项，审查设计方案 25 项，规划核实项目 25 项。指导东胜区、伊金霍洛旗、准格尔旗、鄂托克旗和达拉特旗开展新一轮村庄布局规划，推进鄂托克旗呼和陶勒盖嘎查村庄规划编制试点工作，高质量编制达拉特旗林园村“多规合一”村庄规划，完成全市 736 个嘎查村的分类工作。

【矿政管理】 扎实做好矿产资源领域权力下放承接，受理审查各类矿业权报件 179 宗，其中属厅级发证报件 173 宗、市级发证 6 宗。推进矿业权出让收益评估，全面开展矿产资源储量动态管理工作，完成 230 家生产煤矿年报审查、23 家储量年报实地核查。开展第四轮矿产资源规划编制前期工作。完成全市矿业权人勘查开采信息核查，公示勘查项目 78 宗、开采项目 652 宗，完成矿业权实地核查 37 宗，协助自然资源厅完成实地核查 14 宗。

【地质环境】 制定出台全国首部绿色矿山建设管理地方性法规《鄂尔多斯市绿色矿山建设管理条例》。印发《矿山地质环境治理恢复基金管理办法》，开展计提基金工作。建成绿色矿山 5 家，另有 74 家矿山通过评估达到自治区级绿色矿山建设标准，其中有 20 家矿山达到优秀级别，超额完成自治区和市政府下达指标任务。启动黄河流域生态保护和高质量发展自然资源保护修复规划，实施准格尔旗黄河西岸废弃硫铁矿及采石区地质环境恢复治理项目。

【执法监管】 加快执法体制改革，拟定并上报《推进自然资源综合执法改革的报告》。严格开展违建别墅清查整治工作，积极部署开展农村乱占耕地建房问题专项整治工作，认真开展卫片执法检查工作和例行督察反馈问题整改工作，推动问题整改落实。

【优化营商环境】 强化“三集中、三到位”，出台《推进规划用地“多审合一”“多证合一”改革的实施方案（试行）》，制定联合测绘实施细则、技术规定、成果标准样板和中介机构入库管理办法。更新《一次性告知单》和《办事指南》，优化授权“一站式”服务中心代办审批事项和材料清单。打造“互联网 + 不动产”全新模式，推进全市不动产登记“一网通办”，实现呼（和浩特）包（头）鄂（尔多斯）乌（兰察布）“四城通办”。不动产登记与房屋交易、缴税实现“一窗受理、集成服务”，办理环节由 13 个减至 7 个。实现一般登记 5 个工作日、抵押登记 3 个工作日办结。在自治区范围内率先完成“房地一体”确权登记发证相关任务。

【信息化建设】 规范测绘行业管理，办理测绘资质单位变更事项 7 项。开展测绘保密监督检查、地图市场检查，编制更新鄂尔多斯市地图。加快推进自然资源信息化建设，保障“天地图·鄂尔多斯”等信息化系统维护与应用，实现“一站式管理服务平台”上线运行。新增城建档案6000卷，完成8大类8572条目录和检索信息电子化。完成“一张图”系统数据标准化处理，初步形成“一张图”数据中心。

城市管理

【鄂尔多斯市城市管理综合执法局领导名录】

党组书记、局　　长：王建民
党组成员、副 局 长：班瑞廷
　　　　　　　　　　孙　军
　　　　　　　　　　李　军
综合执法支队支队长：王静涛

【概况】 鄂尔多斯市城市管理综合执法局为市人民政府组成部门，为正处级建制。局机关内设办公室、政策法规科、综合考评督查科、信访科、综合协调科、市容环境卫生监督科、市政园林监督科、建设项目执法监督科、房地产执法监督科等9个科室（均为正科级建制）和机关党委。下设城市管理执法支队（副处级参公事业单位）、数字化城市管理指挥中心（挂“12319”热线办公室牌子）（正科级）、城市公共事务发展中心（正科级）等3个所属事业单位。

【煤炭领域违法违纪问题专项排查】 5月，按照市委要求，开展煤炭领域违法违纪问题专项排查，全局共排查113人，未发现公职人员及其配偶、子女及其配偶涉煤违规违法问题。

【《鄂尔多斯文明行为促进条例》学习宣传贯彻工作】 市容、市政等科室牵头，组织执法人员深入城区商铺、市民中间开展宣传，共发放宣传册1000余册，微信公众号专题专栏宣传1000条，LED屏对条例进行滚动播放宣传，在汽车站、广场、公园等显著位置张贴标语条幅100多条，实现宣传贯彻全覆盖。

【全国文明城市复查测评迎检工作】 全面开展市容环境大整治、大清理工作，累计整改乱堆乱放7.8万余起、乱搭乱建194处，劝离疏导流动摊贩3.3万余人次，清理城乡接合部建筑、生活垃圾2400余立方米，纠正违法停车行为4762起。认真落实河湖长制，共清理河道废弃物和垃圾4751.2吨。累计拆除建筑物或构筑物11处，共计271平方米。

【自治区中心城区精细化管理考评验收】 2020年，先后召开11次调度会议，推进中心城区精细化管理工作。12月，会同市住建局，组织中心城区各执法局顺利通过自治区城市精细化管理考评验收组验收。

【城市建成区违法建设专项治理】 从2017年起，开展全市城市建成区违法建设专项治理，全市共排查出违法建设项目563万平方米。截至2020年12月底，全市存量违法建设治理进度已达到97%。

【城市建成区违法建设专项治理】 5月29日，市城市管理综合执法局指挥中心邀请相关领域专家组，认定硬件设施功能符合招投标文件要求、指挥大厅建设施工符合建设要求，同意硬件项目通过最终验收，标志着智慧城管系统及指挥平台设备设施正式进入运行阶段。

【“强基础、转作风、树形象”专项行动】 全面规范行业领域执法行为。大力推行三项制度建设，推广“双随机、一公开”监管，建立公布“一单两库一细则”，实现权责清单内容动态调整。截至年底，已梳理公示权责清单共782项。

工业　能源

工　业

【鄂尔多斯市工业和信息化局领导名录】

党组书记、局　长：杨晓龙

党组成员、副局长：王晓东

伊拉特（蒙古族）

张　帜

党组成员、派驻纪检监察组组长：

王玉成（蒙古族）

【概况】 鄂尔多斯市工业和信息化局是鄂尔多斯市人民政府工作部门，内设办公室、政策法规科、经济运行科、企业发展服务科、投资规划科、节能与综合利用科、装备和科技电子科、原材料工业科、电力市场科、消费品工业科、民爆科、信息化和软件服务业科、工业园区科、中小企业科共14个科室及机关党委。下设承接先进产业转移工作办公室、经济信息情报所（挂牌中小企业公共服务中心）、离退休干部服务中心、节能监察中心、信息资源中心等5个全额拨款事业单位。2020年，全市规模以上工业企业459家，较2019年增加31家，规模以上工业总产值同比下降5.8%，规模以上工业增加值按可比价比2019年下降6%，规模以上工业企业实现营业收入3834.8亿元，同比下降8.4%，实现利润总额600.8亿元，同比下降21.0%。销售产值同比下降0.7%，工业产品产销率100%。全市煤炭产量6.4亿吨，同比下降11.0%；销售煤炭67072万吨，减幅1.8%。全市累计发电量达1242.2亿千瓦时，同比增长13.6%；工业用电量为765.8亿千瓦时，同比增长12.0%。销售汽柴油78.57万吨，同比下降26.0%。鄂尔多斯地区通过铁路发运各类地方物资38167.0万吨，同比下降4.2%。

【工业投资】 2020年，全市工业固定资产投资增长-10.4%。全市实施亿元以上重点工业项目98项（新建45项、续建53项），总投资2620亿元，当年计划完成投资436亿元。1—12月开复工91项（新建48项、续建43项），开复工率92.9%，完成投资267.4亿元。

【原材料工业】 2020年，全市原材料工业规模进一步扩大。截至2020年年底全市现代煤化工形成产能1750万吨，天然气化工形成产能343万吨，氯碱化工（PVC）形成产能200万吨；聚乙烯醇（PVA）形成产能13万吨；焦化行业形成产能1730万吨；冶金行业建成多晶硅产能1.3万吨、钢铁产能100万吨、氧化铝产能120万吨、铁合金产能205万吨；陶瓷产业已建成14条建筑陶瓷生产线，总产能7900万平方米，日用陶瓷总产能5600万件、陶瓷酒瓶4200万件、玻璃酒瓶8000万件；水泥熟料产能700万吨，粉磨近2000万吨。进一步推动产能置换工作，通过产能置换落实玻璃产能845万吨重量箱。完成城镇人口密集区危险化学品生产企业搬迁改造工作；按照《鄂尔多斯市人民政府关于印发〈自然保护区内工矿企业退出方案〉的通知》有关要求，继续推动自然保护区内工业企业退出工作。

【装备制造业】 2020年，全市装备制造业共实现产值180亿元，同比下降15.3%。主要产品产量：乘用车38210辆（套）（其中整车28690辆、散装组装件9520套），新能源汽车26辆、专用车470辆、发动机67928台、变速箱8969台、曲轴193531支、手机显示屏6559万片。鄂尔多斯市东胜区中兴特种车辆制造有限公司、内蒙古必选机械制造有限公司、瑞隆汽车动力有限公司3户企业的6个产品被认定为自治区技术装备首台套、关键零部件首批次产品。

【工业园区】 2020年，全市机构独立运行的工业园区共16家，分旗区看：市直1个，东胜区3个，伊金霍洛旗2个，准格尔旗2个，鄂托克旗2个，杭锦旗2个，乌审旗2个，达拉特1个，鄂托克前旗1个。全市工业园区总规划面积1495平方公里，建成面积257.6平方公里。2020年，全市工业园区完成固定资产投资354.81亿元，工业总产值2731.07亿元，实现税收268.05亿元，实施重点项目247项、当年完成投资243亿元、投产项目77项。9个园区工业总产值超百亿元，其中鄂托克经济开发区、大路2个园区超500亿元；苏里格、达拉特、蒙西、准格尔、装备制造5个园区超200亿元；独贵塔拉、上海庙2个园区超百亿元。

【招商引资】 从工业产业投资方向和布局定位等方面入手，引导和配合旗区、园区筛选招商项目开展对接洽谈和项目储备等工作，发挥鄂尔多斯市资源优势，推动主导产业"建链""强链""延链""补链"。2020年重点推动长三角地区工业领域招商引资工作，走访企业42户。会同发改部门梳理工业和信息化领域策划项目130项，参与民革中央助力内蒙古产业发展鄂尔多斯招商引资项目推介活动。参与燃料电池汽车示范城市群申报工作，招引重塑、氢晨等6家氢燃料产业链企业。2020年，全市工业领域签订亿元以上重点工业项目共58个，涉及签约金额约1850亿元，其中开工建设项目7个，建成投产项目4个。

【民爆行业安全生产】 鄂尔多斯市是民爆物品产销大市，总产能34.3万吨，占全自治区49%。2020年，全市民爆物品总产量24.95万吨，同比下降8.3%（受新冠肺炎疫情以及煤炭资源整治期间部分煤矿长期停产等因素影响）。贯彻落实《地方党政领导干部安全生产责任制规定》和全市工信系统安全生产"党政同责、一岗双责"制度。通过与企业法定代表人和实际控制人质询、谈话和现场检查等形式，推动企业做到安全责任、管理、投入、培训和应急救援"五到位"，严格落实企业主体责任；开展全市民爆行业安全生产大检查和安全隐患集中整治专项行动，每季度对全市民爆行业进行"全覆盖式"安全隐患排查，全年共排查发现各类安全隐患问题202项，所有安全隐患全部完成整改。

【消费品工业】 消费品工业主要以纺织（羊绒）、盐业、农副食品加工、医药制造、塑料制品、食品制造、酒饮料制造和印刷等为主。经组织申报，2020年，内蒙古鄂尔多斯资源股份有限公司羊绒工业设计中心被认定为第二批自治区级工业设计中心。开展食盐市场监督检查，加强储备盐管理，全市确定119家未加碘食盐销售网点并向社会公告，全市食盐市场稳定有序、供应充足，切实保障食盐安全。2020年，全市生产食用盐5476.96吨；销售食用盐11986.57吨（包含内蒙古北大池湖盐有限责任公司在鄂尔多斯市以外地区的销售），其中，内蒙古北大池湖盐有限责任公司销售4996.14吨，内蒙古鄂尔多斯市盐业有限公司销售6767吨，跨区域经营批发企业销售223.43吨；库存食用盐2179.81吨（不包含跨区域经营批发企业库存）。

【电力市场服务】 2020年，全市发电量累计

1242.15亿千瓦时（占全区发电量比重的21.83%），比2019年同期增加148.64亿千瓦时，同比增长13.6%。其中，火力发电量1169.78亿千瓦时，同比增长9.3%，占全市发电量比重的94.2%。全社会用电量累计达842.73亿千瓦时，同比增长12.37%，其中工业用电量累计767.18亿千瓦时，同比增长11.99%；加大电力多边交易工作力度，扩大电力多边交易范围，推进用电量较大企业和战略性新兴特色优势产业进入多边交易市场。截至2020年12月，全市共有123户企业进入电力多边交易市场。降低企业生产用电成本，享受优惠电价。2020年全市累计完成交易电量294.28亿千瓦时，同比增加29.79亿千瓦时，增长11.26%，降低用电成本约16.81亿元。立足服务企业，协调自治区工信厅和鄂尔多斯电业局，帮助企业进行用户更名和增加多边交易电量等工作。

【信息化和软件服务业】 截至2020年年底，全市总出口带宽达到2950G；光缆线路长度5695.36皮长公里，管道长度3676.7管程公里；互联网宽带接入端口达到154.88万个；城区和苏木乡镇所在地基本实现光纤全覆盖。2020年，全市有3G基站2365个、4G基站10222个、5G基站954个，基站共享率达89.39%，实现中心城区、旗府所在地以及人口密集行政村4G网络全覆盖。固定电话用户数12.94万户，全市移动电话用户270.90万户，4G移动电话普及率82.72%。固定宽带接入用户达62.81万户；固定宽带普及率达到94.61%。实施“宽带下乡村”工程，行政村通宽带比例达到99.8%，基本实现光纤通达；固定宽带接入端口达到27.17万个，接入用户数达3.66万户，平均接入能力达到100兆/秒以上。完成2020年电信普通服务试点申报工作，共组织203个行政村进行申报，拟建设4G基站245个，成本概算1.61485亿元。

【中小企业发展】 截至2020年年底，全市中小微企业66148户，同比增长10.88%，一、二、三产业中小企业分别占比5.31%、9.15%、85.54%；从经济类型来看，非公有制企业占主体地位。全市私营企业占89.05%、内资企业占10.55%、外资企业占0.4%。全市中小微企业（含个体工商户）的经济贡献占生产总值总数的75%，为社会提供近85%的就业岗位、50%以上的税收，成为推动鄂尔多斯市经济发展，转变经济发展方式，扩大社会就业，改善民生的重要力量。

能源资源

【鄂尔多斯市能源局领导名录】

党组书记、局　长：邬建勋
党组成员、副局长：高凌云
　　　　　　　　　霍励平
副　局　长（挂职）：杨　勇
纪　检　组　组　长：杨慧强

【概况】 鄂尔多斯市能源局内设办公室、政策法规科、综合规划科、煤炭科、科技装备和石油天然气科、电力科、新能源和可再生能源科、煤炭安全监管科、石油天然气管道安全监管科、市场运行监管科、教育培训科、财务票证科、机关党委等13个职能科室，下设信息中心、矿区发展协调服务中心、清洁能源中心、煤炭安全生产监管综合执法局、煤炭技工学校5个事业单位以及东、西、南、北煤炭联合管理站等4个二级单位。2020年，全年销售煤炭6.71亿吨；电力总装机达到2612万千瓦，较2019年增加200万千瓦，增长8.29%；可再生能源装机313万千瓦，较2019年增加12万千瓦，增长3.99%；煤制气4.53亿立方米，同比增长3.87%；天然气产量277亿立方米，同比增长6.4%。

【重大能源项目建设】

煤炭　协助母杜才登、红庆梁等29座核准在建煤矿完善土地、环保、采矿证等手续办理，推进煤矿项目合规合法建设。完成泊江海子、青春塔等10座煤矿竣工验收备案，释放先进产能7020万吨/年。

电力 蒙泰东胜热电二期、达拉特电厂五期获得核准，山能盛鲁电厂顺利并网投运，北联电魏家峁电厂运行顺利，珠江朱家坪电厂和汇能长滩电厂分别完成投资50.4亿元和30亿元，京泰酸刺沟电厂二期、国电双维、北方长城电厂正在进行基础施工，国电长滩电厂、国能上海庙电厂正在进行开工前准备工作。

油气 伊泰200万吨煤制油项目累计投资9.83亿元；汇能12亿立方米/年煤制天然气项目建设进展顺利，已完成投资45.47亿元。

新能源和可再生能源 达拉特旗光伏应用领跑基地二期50万千瓦奖励项目建成，伊金霍洛旗50万千瓦光伏综合治理项目纳入国家竞价补贴范围；上海庙至山东电力外送通道配套新能源项目完成项目核准备案，分散式风电项目确定项目业主，办理各项前期手续。

【能源工业发展】 统筹推进系统性去产能和结构性优产能，全年关闭退出煤矿5座，累计退出产能330万吨，完成置换区内外优质产能971万吨/年。麻地梁等18座煤矿建成智能化工作面，鄂托克旗昊源煤矿充填开采工业试验项目完成竣工验收备案；发电设备利用效率进一步提升，全年火电设备平均利用小时数达到5512小时，同比提高180小时。完成超低排放机组改造155.5万千瓦，完成节能改造机组182万千瓦，淘汰关停落后燃煤机组4.2万千瓦；完成2020年地方政府和城燃企业储气设施建设任务，开展燃料电池汽车示范城市群申报工作，鄂尔多斯市入围上海嘉定城市群，成功承办内蒙古氢能产业发展大会。

【能源安全生产】 全面开展安全生产“三年行动”，健全完善能源行业安全生产监管体系，深入开展执法检查和专项整治，狠抓各项安全防范责任和措施落实，切实增强防控事故能力，全面提升安全生产监督管理水平。全年共发生5起事故、死亡6人，较2019年事故起数减少3起、死亡人数减少2人，煤炭百万吨死亡率0.0093。全市煤场、电力、石油天然气长输管道和新能源行业未发生生产安全事故，能源行业安全生产总体平稳运行。

【新技术、新工艺推广】 根据矿井开采条件及地理位置，因矿而宜推广新技术、新工艺，促进鄂尔多斯市煤炭实现绿色开采。与华为、腾讯等企业合作建设智慧能源综合平台，有序推动5G智慧矿山建设和智能仓储中心试点建设，年内麻地梁等18座煤矿建成智能化工作面，产能1.8亿吨/年；鄂托克旗昊源煤矿充填开采工业试验项目完成竣工验收备案；开展燃料电池汽车示范城市群申报工作。

电力供应

【概况】 2020年，鄂尔多斯电业局完成售电量375.65亿千瓦时，同比增加35.46亿千瓦时，增幅10.42%，其中大工业用电量330.22亿千瓦时，占比87.91%，一般工商业用电量21.75亿千瓦时，占比5.79%，居民生活用电量14.59亿千瓦时，占比3.88%，农业生产用电量9.09亿千瓦时，占比2.42%。电费回收率完成99.999%；10千伏公线线损率累计完成7.03%。2020年最大供电负荷555.6万千瓦，同比提高31.8万千瓦，平均负荷431.35万千瓦，最大日供电量12393万千瓦时，同比增加649万千瓦时。

【供电能力】 截至2020年年底，鄂尔多斯电业局管辖220千伏输电线路141条，共4091公里；110千伏输电线路324条，共6851公里；35千伏输电线路327条，共5425公里。年内，鄂尔多斯地区共有220千伏变电站47座，其中系统站29座（包含开闭站1座），变压器66台，全部为有载调压变压器，总容量为12180兆伏安，用户站18座，变压器47台，总容量为3597兆伏安；

110 千伏变电站 169 座，变压器共计 332 台，总容量为 15480 兆伏安。其中系统站 99 座，变压器 180 台，变压器总容量为 9742 兆伏安；用户站 70 座，变压器 152 台，变压器总容量为 5870 兆伏安；35 千伏变电站 226 座，变压器 164 台，变压器总容量为 1680.6 兆伏安，其中系统站 104 座，变压器 166 台，变压器总容量为 1726.45 兆伏安。2020 年鄂尔多斯电网最大负荷 555.6 万千瓦，出现在 12 月 19 日 18∶30 时，最大日电量达 12393 万千瓦时，全年售电量完成 375.65 亿千瓦时，较 2019 年增长 10.42%。220 千伏电压合格率同比降低 0.24%，网损率同比下降 0.041%。

【供电管理】 鄂尔多斯电业局负责鄂尔多斯市除准格尔旗以外 8 个旗区的供电任务。截至 2020 年年底，鄂尔多斯地区电网各类电厂共计 85 座，总容量为 14872.9 兆瓦。分火电、光伏、风电、水电、生物质电厂。其中火电厂 39 座，水电 3 座，光伏 34 座，风电 7 座，生物质 2 座。

【电力工程建设】

220 千伏输变电工程　2019 年，鄂尔多斯电业局建设 220 千伏输变电工程 8 项〔包西电气化铁路康铁、新铁牵引站第二电源 220 千伏供电工程（2019 年开工，2021 年投产），棋盘井 220 千伏变电站主变增容工程（2019 年开工，2020 年投产），鄂托克 220 千伏变电站完善第二电源输变电工程（2019 年开工，2020 年投产），鄂尔多斯乌审旗图忽岱 220 千伏变电站 3 号主变增容工程，康巴什 220 千伏变电站 3 号主变扩建工程，鄂尔多斯鄂绒乌珠尔 220 千伏变电站接入工程，乌审旗 500 千伏输变电工程 220 千伏线路接入工程（2019 年开工，2022 年投产），达拉特旗库布齐沙漠光伏发电示范基地 220 千伏二期汇集输变电工程（2020 年开工，2021 年投产）〕，完成投资 3.1654 亿元。

110 千伏输变电工程　2019 年，建成 110 千伏输变电工程 12 项〔大数据 110 千伏输变电工程（2019 年开工，2020 年投产），东胜迎宾 110 千伏输变电工程（2019 年开工，2020 年投产），鄂尔多斯东胜区云泰互联项目 110 千伏供电工程（2019 年开工，2020 年投产），鄂托克前旗内蒙古兴源碳材料项目 110 千伏供电工程，达拉特旗新奥 110 千伏变电站 2 号主变扩建工程，鄂尔多斯康巴什惠民 110 千伏变电站扩建 2 号主变工程，伊金霍洛旗光胜（高新技术园区）110 千伏输变电工程（2020 年开工，2021 年投产），伊金霍洛旗诃额仑（汽车城）110 千伏输变电工程（2020 年开工，2021 年投产），鄂尔多斯乌审旗城川 110 千伏变电站 2 号主变扩建及二电源工程（2020 年开工，2021 年投产），鄂尔多斯杭锦旗敖楞布拉 110 千伏变电站 2 号主变扩建工程，鄂尔多斯万宇 110 千伏输变电工程（2020 年开工，2021 年投产），鄂尔多斯高头窑变电站 110 千伏间隔扩建工程（2020 年开工，2021 年投产）〕，完成投资 3.2012 亿元。

35 千伏输变电工程　2019 年，鄂尔多斯电业局建成 35 千伏输变电工程 11 项〔达拉特旗黄木独 35 千伏输变电工程（2019 年开工，2020 年投产），鄂尔多斯达拉特旗三八素 35 千伏输变电工程（2020 年开工，2021 年投产），鄂尔多斯鄂托克前旗三道泉 35 千伏输变电工程（2020 年开工，2021 年投产），达拉特旗恩格贝 35 千伏变扩建 2 号主变工程，鄂尔多斯达拉特旗胡家湾 35 千伏输变电工程，鄂尔多斯达拉特旗麻池 35 千伏输变电工程，鄂尔多斯杭锦旗乌吉尔 35 千伏输变电工程，鄂托克旗阿尔巴斯 110 千伏变电站 35 千伏间隔扩建工程，鄂尔多斯达拉特旗官井 35 千伏变电站扩建 2 号主变工程，鄂尔多斯马兰花等 2 座变电站 35 千伏间隔扩建工程，鄂尔多斯拜图等 2 座变电站 35 千伏间隔扩建工程〕，完成投资 2.2568 亿元。

【农城电网改造】 鄂尔多斯电业局 2020 年配电网工程包含两部分：农网升级改造工程和配电网行

动计划项目。全年批复总投资 10.17 亿元，新建及改造 10 千伏及以下配电线路 4015 公里，安装配电变压器 1506 台（157460 千伏安），安装环网柜、柱上开关等其他设备 267 台，安装费控智能电表 2.51 万块。

【农网改造升级工程】 2020 年，农网改造升级工程批复总投资 6.3 亿元，新建及改造 10 千伏及以下配电线路 3370 公里，安装配电变压器 1327 台（123770 千伏安）。

10 千伏及以下农网改造升级工程　工程于 2020 年 5 月 10 日开工，2020 年 12 月 30 日竣工。工程总投资 48496 万元，新建及改造 10 千伏及以下配电线路 2765 公里，安装配电变压器 1048 台（96080 千伏安）。

贫困旗县农网工程　工程于 2020 年 5 月 10 日开工，2020 年 12 月 30 日竣工。工程总投资 14504 万元，新建及改造 10 千伏及以下配电线路 605 公里，安装配电变压器 279 台（27690 千伏安）。

【配电网行动计划】 鄂尔多斯市 2020 年配电网行动计划项目批复总投资 3.87 亿元，新建及改造 10 千伏及以下配电线路 645 公里；安装配电变压器 179 台，容量 33690 千伏安；安装费控智能电表 2.51 万块。

10 千伏及以下配电网改造项目　工程于 2020 年 5 月 10 日开工，2020 年 12 月 10 日竣工。工程总投资 33637 万元，新建及改造 10 千伏及以下配电线路 645 公里，安装配电变压器 179 台（33690 千伏安）。

配网自动化工程　工程于 2020 年 5 月 10 日开工，2020 年 11 月 30 日竣工。工程总投资 237 万元，安装环网柜、柱上开关等设备 19 台，安装配电自动化终端 58 台。

老旧计量改造工程　工程于 2020 年 5 月 10 日开工，2020 年 12 月 30 日竣工。工程总投资 4826 万元，安装费控智能电表 25093 块。

【电网调度】 截至 2020 年，地区电网调控机构调度管理对象共有 332 个。其中，500 千伏变电站 5 座，变电总容量 1140 万千伏安；220 千伏变电站 47 座，变电总容量 1578 万千伏安；110 千伏变电站 169 座，变电总容量 15480 万千伏安；地区调度火电厂及新能源场站共计 79 座，装机容量达 14694 兆瓦；涉及调度业务的上下级、用户调度机构 26 个；220 千伏输电线路 123 条，线路总长 4090.074 公里；110 千伏输电线路 340 条，线路总长 6813.118 公里。初步形成以 500 千伏为支撑、220 千伏为骨干、110 千伏为辐射的供电网络格局。2020 年地区电网最大供电负荷 555.6 万千瓦，日最大供电量 1.23 亿千瓦时。累计整定下达保护定值 1196 份，正确率 100%。29 座 220 千伏变电站省地互备覆盖率 100%，状态估计合格率累计完成 99.76%，变电站 220 千伏母线电压合格率累计完成 99.61%，10 千伏母线 A 类电压合格率累计完成 99.8%，负荷预测准确率累计完成 97.5%，电网损失率累计完成 0.534%，均超额完成上级下达的控制目标。地调电厂购电量累计完成 8.78 亿千瓦时，完成年度控制目标的 81.74%，单厂购电量均控制在年度目标的 105% 以下。

【信息通信系统】 鄂尔多斯市辖区内的 1 座信息灾备中心、2 座核心机房、128 座变电站、1600 余台设备、6300 余公里光缆、3000 余门电话、3100 余台网络终端和近万条业务的日常运检工作由鄂尔多斯电业局信息通信处负责。2020 年，全年发现缺陷 70 项，整改 67 项，未整改 3 项列入大修技改工程，制定整改时间和跟踪机制。2020 年，通信专业 5 项指标、信息专业 2 项指标、网络安全 3 项指标均高于年度重点工作要求。

通信网设备运行率　光纤设备电路运行率 99.9999%，光缆线路运行率 100%，调度电话保障率 100%，保护业务保障率 99.9999%，自动化业务保障率 100%。

信息网络运行率　广域网络系统运行率

100%，局域网络系统运行率 100%

网络安全运行率　内网计算机网络防病毒软件安装率 100%，内网计算机违规外联合规率 100%，正版办公软件安装率 100%。

【配电网】 截至 2020 年年底，鄂尔多斯电业局管辖 10 千伏配电线路 1126 条，共 37853.74 公里；6 千伏配电线路 5 条，共 5.27 公里；0.4 千伏配电线路 37875 条，共 55176.56 公里；10 千伏配电变压器 31822 台，变压器总容量为 4093.793 兆伏安。配电自动化覆盖率 94.3%；城镇中压配网联络率 100%；城镇中压配网转供率 89.7%；中压城镇配网绝缘化率 91.6%；低压城镇配网绝缘化率 89.2%。2020 年，鄂尔多斯电业局供电系统用户全口径系统平均停电时间为 16.71 小时 / 户，其中城市用户系统平均停电时间为 7.17 小时 / 户，农村用户系统平均停电时间为 18 小时 / 户；综合电压合格率为 99.7%。

【市场服务】 2020 年，紧盯市场动态，深挖负荷潜力，制定增供扩销措施，落实阶段目标，全员全力保负荷、积极推动云泰互联、建元二期等项目及早落地，同比增售电量达 4 亿千瓦时。面对疫情，迎难而上、主动作为，成立专属服务队，疫情防控期间为客户节约工程投资 243 万元，免高可靠性供电费 109 万元，仅用 6 个月将复工率从 37.04% 提高到 99.97%。严格实行业扩配套工程里程碑管控，有效压缩办电时限近 50%，全年送电容量达 192.4 万千伏安。引导企业参加多边交易，累计完成非煤炭交易电量 258.83 亿千瓦时，同比升高 14.05% 个百分点，降低客户用电成本 15.64 亿元。煤炭客户交易补贴发电企业 10.11 亿元。全力推进电能替代，挖掘电量新的增长点，新增清洁供暖、电动汽车充电站（充电桩）客户 1859 户，新增用电容量 4.5 万千伏安，实现电量逆势增长。积极防范电费风险，面对疫情带来的严峻形势，采取预购电、分期发行、专人负责、特事特办等有效措施强化电费回收，2020 年电费回收率超公司激励指标 0.049 个百分点。全面优化用电营商环境，完善组织机构，建立局级“获得电力”指标评价体系，围绕办电、用电的 11 项指标开展科学、精准的“获得电力”指标评价。高效推进“三零”（针对小微企业提出的“零上门、零审批、零投资”）、“三省”（针对 10 千伏及以上大中型企业推出的省力、省时、省钱）服务，为小微企业、电能替代等各类低压客户及普通报装客户提供业扩配套工程服务，电力投资惠及客户 3.7 万余户，节省客户成本 3800 万元。建立业扩报装“双经理”服务机制，推行业扩报装全流程动态管控，实时推送进度动态，实行提前预警制，高压客户办电时限较 2019 年同比压缩 25%，低压客户同比压缩 9%。建立健全客户问题内部流转机制，本着“首问负责制”的原则，强化营销系统“不满意”工单管控，全力提升业务处理满意率。推出“网格化 2.0”服务能力提升方案，拓展网格经理职能，建立服务预警分级管控与内部诉求快速解决机制，将服务工作重心从投诉的事后申诉与调查，前移至事前、事中的防控与监督评价。2020 年，客户经理代办业务 5467 项，解决问题 5222 项，客户业务处理满意率达到 99.59%，百万客户投诉量同比减少 7 件。狠抓营销服务领域突出问题，梳理营销领域廉政风险点 36 个，修订完善管理标准 6 项，发现业务差错 1.8 万项（含突出问题 20 项），追退电量 197.78 万千瓦时、追退电费 198.72 万元、追收违约使用电费 216.72 万元。严把“基础达标清零”验收关，保证达标班组营销业务基础管理存量问题全面“清零”，切实提升营销基础管理。以公司巡察和各类审计反馈问题为抓手，深度剖析问题原因，建立问题处理的闭环管理机制和同类问题的排查预防机制。加强计量精细化管理举措，编制市电业局电能计量资产全生命周期精益化管理方案，组织资产清查小组对计量资产及 2018 年至 2019 年查出问题整改落实进行清查，下发计量资产清查报告10份，整改10份。实现计量采控设备技术升级，全年实现线损封闭管理（集抄全覆盖）线路1074条，采控终端上线率持续在96%以上，远程充值成功率稳步保持在99.5%以上，远程抄表成功率升高1个百分点。全面强化客户侧安全检查工作质量，严控客户侧不安全事件管控指标，按周通报客户侧不安全事件，加大检查质量、时限、整改、跳闸指标考核占比，全年督促客户整改安全隐患3832处，整改率达47.97%，客户侧不安全事件较2019年同期减少39次。完成22家重要客户安全性评价，对202个客户配电室、134条输电线路开展评估定级，其中A级客户占比48.51%，B级客户占比25.3%，C、D级客户占比26.19%。

【多种经营】 2020年，鄂尔多斯电业局和效电建公司承揽的各类工程总额为11.9亿元。全年完成营业收入83869.90万元，同比增长8.81%；利润总额4050.85万元，同比增长17.39%；公司资产总额135312.47万元，同比减少11.79%；负债总额55237.99万元，同比减少25.23%；所有者权益80074.47万元，同比增长0.7%；资产负债率为40.82%，同比减少7.34%；全年净利润2372.94万元，净资产收益率2.98%。

（李小宁 秦 瑜）

审计　统计　市场监督管理

审　计

【鄂尔多斯市审计局领导名录】

局　　　　　　长：王苏和（蒙古族，8月离任）

副　　局　　长：杨　敏（女）

杨培峰（女）

总　审　计　师：董政华

派驻纪检监察组组长：陈丽娟（女）

【概况】 鄂尔多斯市审计局内设办公室、法规科、审理科、财政税收审计科、行政事业审计科、农业农村审计科、固定资产投资审计科、社会保障和民生审计科、自然资源和生态环境审计科、金融外资审计科、企业审计科、经济责任审计办公室、综合督查科、电子数据审计科、国有企业经济责任审计科等15个科室及市审计委员会办公室秘书科和机关党委。下设政府投资项目审计中心、大数据审计技术服务中心、审计干部教育培训中心等3个事业单位。2020年，鄂尔多斯市审计局共完成审计项目46个，其中审计45个、专项审计调查1个。查出主要问题金额1445388万元，其中违规金额9584万元、管理不规范金额1435804万元；审计发现非金额计量问题362个；损益（收支）不实金额214090万元；出具审计报告和专项审计调查报告33篇，被批示、采用1篇次。审计处理处罚金额954687万元，其中应上缴财政6457万元、应减少财政拨款或补贴3539万元、应归还原渠道资金3768万元、应缴纳其他资金18万元、应调账处理金额940902万元；移送司法机关、纪检监察机关和有关部门处理事项43件，移送处理人员1人。审计促进整改落实有关问题资金286684万元；审计促进拨付资金到位25476万元；审计后挽回（避免）损失10186万元；核减投资额3539万元；移送处理落实事项23件。审计提出建议103条，被采纳59条；推动被审计单位制定整改措施7项；促进被审计单位建立、健全规章制度15项；提交审计信息3篇。

【政策跟踪审计】 按照审计署、审计厅的统一安排，重点对减税降费、促进优化营商环境、融资担保机构贯彻落实国家重大政策措施情况、新增财政资金直达市县基层直接惠企利民情况等进行审计，推动国家的重大政策措施进一步落实。

【财政审计】 按照审计署及自治区审计厅推进地方预算单位审计全覆盖的部署及要求，对2019年度市本级32个部门预算执行情况进行现场审计，对其他48个（审计单位数中不包含此数）一级预算部门探索实施计算机数据分析审计，首次实现市本级一级预算单位审计全覆盖；对东胜区、鄂托克前旗2018—2019年度财政决算及其他财政收支进行审计；对4个园区管委会2018—2019年度财政财务收支情况进行审计。按照审计署的安排，市审计局派出审计组对呼和浩特市土默特左旗税务局2019年预算执行等情况进行审计。

【三大攻坚战审计】 组织市旗（区）两级审计机关，采取“上审下、同级审”的审计方式，对全市2019年8月至2020年6月末扶贫与2018—2019年年末乡村振兴进行审计和审计调查，审计共发现2个大类41项89个问题，移送相关部门处理24件。市委、市政府领导对扶贫与乡村振兴审计工作给予充分肯定和高度认可，市长对扶贫审计工作作出重要批示。制定《鄂尔多斯市审计机关2020年领导干部自然资源资产离任（任中）审计工作方案》，对鄂托克前旗主要领导任职期间土地、煤炭资源资产责任履行情况进行审计；指导旗区审计局对辖区内乡镇或主管部门领导干部自然资源资产开展审计。组织全市审计机关对2018年6月至2019年年底全市环境保护专项资金筹集、管理、使用、效益和工程管护情况进行审计。对准格尔旗等7个旗区2019年10月至2020年9月地方政府性债务化解情况开展专项审计调查。

【疫情防控资金和捐赠款物专项审计】 按照审计署统一安排，全市共派出39个审计组、184名审计人员，组织对全市疫情防控资金和捐赠款物开展专项审计，重点审计财政资金20299.39万元、捐赠资金17134.8万元、捐赠物资5096874件套、专项再贷款资金3600万元，延伸审计红十字会、慈善组织共12家，疾病控制中心等政府机构和单位206个，企业6户。全市共发现8个大类31个问题，涉及金额6093.23万元。

【民生审计】 完成2019年鄂托克旗保障性安居工程资金投入和使用绩效审计，审计发现问题3个，涉及金额6379.91万元。

【经济责任审计】 完成鄂尔多斯市人民政府主要领导2019年度经济责任履行情况自查核查工作，对市地震局、市妇女联合会等6个市直部门7名主要领导和鄂托克前旗党委书记、政府旗长进行任期经济责任审计，查出违法违规金额451812.95万元。

【固定资产投资审计】 完成沿黄一级公路、机场高速公路、市城投业务楼、市交通局农村公路（康巴什区至准格尔召段）工程等6个项目竣工决算审计，送审金额163.66亿元，为政府投资节约资金1.85亿元。

【企业审计】 2020年9月24日至2021年1月11日对鄂尔多斯市城市建设投资集团有限公司董事长、总经理进行了任期经济责任审计。

【专项资金审计】 聚焦人防系统性问题，开展鄂尔多斯市本级2013年以来人防系统专项审计；聚焦科技创新，开展全市科技创新资金专项审计，审计查出问题14个，涉及金额3795.57万元，提出审计建议2条。

【信息化建设】 成立党组书记、局长任组长的预算执行审计全覆盖领导小组，编制《2020年市本级一级预算单位预算执行审计全覆盖数据分析工作方案》，创新运用信息化手段和大数据审计方法，采集数据，充分应用自主创建审计数据分析模型，深入分析财政资金的收入、分配、管理、使用等情况，首次实现全市一级预算单位审计全覆盖。设计数据标准表20张，建立数据分析模型20个，并将数据分析模型转发各旗区审计局参考使用。举办2020年度审计全覆盖标准表提取与数据建模分析培训班，指导旗区进行数据采集和标准化工作。

（王栓忠）

统 计

【鄂尔多斯市统计局领导名录】

党组书记、局长：杨键军

副　局　长：刘爱东（女）

　　　　　　牛胜利

【概况】 鄂尔多斯市统计局是鄂尔多斯市人民政府组成部门。内设办公室、国民经济综合统计科、国民经济核算科、统计设计管理与执法监督科、固定资产投资统计科、工业统计科、能源与环境统计科、贸易外经统计科、社会科技和文化产业统计科、人口和就业统计科、农村牧区经济统计科、服务业统计科等12个行政科室；下设城市社会经济调查队、农村牧区社会经济调查队、统计普查中心、数据管理中心、社情民意调查中心、生态文明统计中心等6个局属二级单位，其中除数据管理中心和社情民意调查中心外，其余3个二级单位为参照公务员法管理单位。

【第七次全国人口普查】 全市9个旗区、77个乡镇（街道）、18个园区、982个嘎查村（居）委会全部成立人口普查领导小组，市、旗两级共批复经费2977万元，市统计局下拨各旗区经费300万元，精心选聘普查指导员和普查员1.1万余名，联合市公安局等部门推进户口整顿、数据比对等工作。11月30日，第七次全国人口普查正式登记工作全面结束。12月31日，行职业编码工作完成。编印人口普查工作简报112期，自治区统计内网采用18篇，国家统计内网采用2篇。

【统计改革】 坚决贯彻国家、自治区关于实施生产总值统一核算改革的要求，根据2018年普查年度生产总值，完成全市2000—2017年生产总值分行业数据修订工作。推进自治区石油天然气行业法人与产业活动单位并重统计改革试点工作，中石油天然气有限公司长庆分公司视同法人单位入统。基本单位名录库改革试点稳步推进。

【生态文明统计】 贯彻落实习近平生态文明思想，探索建立生态文明统计体系。稳步推进自然资源资产管理与生态监管平台二期项目建设，对已有系统进行功能优化。协调获取第三次全国土地调查成果，将全市第三次全国土地调查成果数据导入自然资源资产管理平台。汇总全市林草、自然资源、农牧、生态环境、水利部门报表，编制形成全市自然资源资产实物量平衡表。引进自然资源资产管理高层次专业人才1名。

【统计服务】 全年编发《决策参考》43期、《统计资讯》15期、《统计内参》18期、《社情民意专报》3期，市委、市政府主要领导8次作出重要批示。全面总结回顾经济发展成就，刊发两会系列报道5篇、“全面建成小康社会系列报道”9篇、数说“十三五”经济社会发展综述1篇、四经普分析报告9篇，全年30余篇报告被报纸采用，2篇报告和1个视频被“学习强国”平台推送。在鄂尔多斯电视台、鄂尔多斯在线等媒体就全市“十三五”经济社会发展情况、第七次全国人口普查等热点问题作介绍。全年推送微信400余条，阅读量突破8.5万人，在国家统计局公布的市级统计调查系统微信公众号综合影响力10月榜中位居全国第九名、全区各盟市第一名。人口普查宣传原创作品《欢迎普查员来我家》，获国家统计局微信平台、抖音平台推送。

【法治建设】 连续3年开展统计法进党校，推动市旗两级党委政府班子和各相关部门抓好对习近平总书记关于统计工作的重要指示批示精神，以及《关于深化统计管理体制改革提高统计数据真实性的意见》《统计违纪违法责任人处分处理建议办法》《防范和惩治统计造假、弄虚作假督察工作规定》的学习贯彻。大范围开展基层宣讲，派出统计普法骨干赴各旗区对苏木、乡镇统计员和“四上”企业（规模以上工业、有资质的建筑业和全部房地产开发经营业、限额以上批发零售业和住宿餐饮业、规模以上服务业法人单位）统计人员专题讲授统计法12次，受训达3200余人。加大统计执法检查“双随机”（随机方式抽取被检查对象和执法检查人员）力度，全年检查66户企业（项目单位），并对19户存在统计数据失实问题的企业依法依规进行了处理。

【数据审核评估】 把好“入库”关，认真开展名录库动态维护更新工作，全市共有在库法人单位48604户，其中第二、三产业法人单位有42832户，较“四经普”增加8236户。按月召开数据质量评估会，确保评估工作公正透明、统一规范。

【统计执法证资格考试】2020 年，鄂尔多斯市统计系统考试通过 12 人，通过率为 70.1%。

（白　敏）

统计调查

【国家统计局鄂尔多斯调查队领导名录】

党组书记、队长：苏颖波

副　　队　　长：孟　克（蒙古族）

　　　　　　　　刘占宽

纪 检 组 组 长：石艳丽

【概况】 国家统计局鄂尔多斯调查队是国家统计局的直属派出机构，内设办公室、综合科、党支部办公室、农村调查科、住户调查科、专项调查科、价格调查科 7 个职能科（室）。

【统计服务】 截至 2020 年 11 月底，经济社会分析信息被各级各类采用 212 篇次，其中国家领导批示 7 篇次，国家局及省部级领导批示 18 篇次，中办国办直报领导 15 篇次，《每日调查》及上报两办 11 篇次，国家局内网单篇采用 7 篇，国家局内网综合采用 39 篇次，自治区两办采用 40 篇次，总队内网共采用精品报告 64 篇次，其他栏目 64 篇次，采用分值排名位居全系统前列。

政务信息报送　严格政务信息审核，着力提升政务信息质量，全年完成政务信息采用 175 篇，其中国家局内网采用 22 篇，创历年以来新高。

热点问题专题调研　全年共完成援企稳岗政策落实情况、复课复学情况、民办幼儿园生存情况、地摊经济、企业“一网通办”情况等 20 项调研；围绕经济工作中的热点、难点问题开展自主选题调研，全年共组织开展六篇自主选题调研，一季度、三季度自主选题调研被总队评为优秀，两篇调研报告被国家统计局内网单篇采用

政府信息公开和新闻宣传　通过编印《鄂尔多斯调查与研究》等方式加大数据解读覆盖面；及时联合统计局做好调查手册、调查年鉴编印，及时满足各级党政领导和社会公众对调查数据需求；以“大国点名 没你不行”为主题开展第十一届统计开放日活动。通过现场摆放宣传展板，大屏幕播放宣传片，发放宣传资料，开展咨询活动方式，增进社会公众对中国统计开放日、第七次全国人口普查的了解和认知，为第七次人口普查的顺利进行营造良好的舆论环境。

【统计法治建设】 深入推进地方党政领导、统计调查对象和社会公众统计法治宣传，按照鄂尔多斯调查系统“七五”统计法治宣传规划，积极创新宣传方式，开展形式多样的统计普法活动。制定印发《鄂尔多斯调查系统 2020 年统计法治工作要点》《鄂尔多斯调查系统 2020 年统计执法检查工作计划》，细化任务、明晰责任，强化监督落实，确保国家统计局和内蒙古调查总队党组制定的各项制度落地落实；严格按照《内蒙古调查系统负责人和统计人员防范和惩治统计造假弄虚作假责任制实施办法（试行）》要求，成立统计造假专项整治工作领导小组，签订承诺书，切实加强对统计造假专项整治专项行动工作的领导。

【统计调查】

居民收支调查　2020 年，鄂尔多斯调查队严格落实样本轮换实施细则，主动协调各相关部门提供工作保障和支持，克服困难，高质量完成住户调查样本轮换工作，有力地保障了住户调查新样本的代表性以及新旧样本数据的衔接性。

月度劳动力调查　及时修订完善月度劳动力调查相关业务制度，建立月度“录入 + 审核 + 反馈”一体化，季度通报的常态化工作机制，将发现的问题认真总结、及时反馈。针对调查薄弱环节，加强陪访督导和电话回访工作力度，不断夯实基础工作。

农牧业调查　在新冠肺炎疫情防控常态化的形势下，精心布置完成 2020 年粮食作物生产播种面积、预计产量、实割实测、实际产量的上报工作。同时主动作为、统筹谋划、积极协调，稳步

推进畜牧业统计调查数据归口管理工作。

价格调查 严格执行国家调查制度，全力做好住宅销售价格调查、CPI（居民消费价格指数）基期轮换和工业生产者价格基期轮换工作。同时认真审核上报数据逻辑关系，严把价格调查数据质量各个关口，切实做到横向到边、纵向到底、全面覆盖、不留死角。

【国家脱贫攻坚普查】 成立由市委副书记、市长斯琴毕力格担任组长，分管扶贫工作的副市长石艳杰担任副组长，鄂尔多斯调查队、市扶贫办牵头，21个市级部门组成的脱贫攻坚普查工作领导小组；制定《鄂尔多斯市脱贫攻坚普查工作保障方案》《鄂尔多斯市脱贫攻坚普查工作应急方案》，创造条件保障普查后勤工作。市财政落实40万元普查经费，为市普查办协调解决3间办公室作集中办公场所，配备办公家具、办公设备，6名相关工作人员。同时为磴口县派驻普查工作组，从办公室及设备保障、交通保障、食宿保障、安全保障等方面提供周全的保障服务，确保入户登记工作顺利开展；召开鄂尔多斯市脱贫攻坚普查业务培训会议和鄂托克旗脱贫攻坚普查清查摸底工作培训会议，通过课堂面授解读、观看教学视频、入户模拟演练、分组讨论、集中考试等方式，对相关工作人员开展培训工作，并进行线上统一考试，通过率100%；市脱贫普查办加强对清查摸底、现场登记、审核验收全过程督导检查，层层传导压力，从数据采集到数据上报，严把每一个质量关，确保普查结果真实可靠。

【制度建设】 健全完善人、财、物、数四方面管理制度。进一步规范和完善津补贴发放审核、公务接待、公车运行、固定资产管理、内部审计、财务检查、政府采购等制度；制定出台《国家统计局鄂尔多斯调查队数据质量评估管理办法（试行）》《国家统计局鄂尔多斯调查队2020年目标管理考核方案》，结合上级制度规范，修订编印《鄂尔多斯调查队制度汇编》，持续将鄂尔多斯调查队全部工作纳入制度化管理轨道。

（折向东）

市场监督管理

【鄂尔多斯市市场监督管理局领导名录】

党组书记：丁埃玺
党组副书记、局长：韩玉光
党组成员、副局长：刘里程
陈继明
郝　忠
折桂兰（女）
陈　磊
云小平
杨护成
武　厚
党组成员、纪检监察组组长：尚凤岐
党组成员：闫晓瑾

【概况】 鄂尔多斯市市场监督管理局内设机构32个（27个业务科室），下属药品医疗器械检验研究中心、食品药品监管综合执法局、食品检验检测中心、药品医疗器械不良反应监测中心、工商行政管理信息中心、“12315”消费者申诉举报中心、市个体私营经济发展服务中心、消费者协会办公室、产品质量计量监测所、特种设备安全技术培训中心等10个事业单位。2020年，鄂尔多斯市市场主体数量达到24.55万户，新增3.66万户，同比新增2.94%。全市企业年报率达到91.39%，高于自治区平均水平。涉及市场监管领域72项审批事项全部进驻政务大厅，审批时限压缩1/3以上，企业开办登记注册时限压缩至1天以内，企业简易注销时限由45个工作日压缩至20个工作日。

【行政审批时限】 将药品经营许可证办理时限由15日压缩至10日；医疗器械经营许可证办理时限由30日压缩至20日；食品生产许可证办理时限由20日压缩至10日；计量器具检定授权、计量器具核准办理时限由 80 日压缩至 18 日，特种设备注册登记办理时限由 25 日压缩至 20 日；特种设备作业人员资格认定办理时限由 25 日压缩至 13 日；企业登记办理时限由 15 日压缩至 1 日。

【涉企信息归集公示】 2020 年，全市各部门在协同监管平台上录入涉企信息 202260 条，其中：行政许可信息 181502 条、行政处罚信息 6060 条、公示抽查检查结果 6035 条、动产抵押登记 236 条、股权出质登记 277 条、企业经营异常名录信息 7488 条、严重违法失信企业信息 662 条。累计办理违法失信企业信用修复 14 件，经营异常名录企业信用修复 460 件。

【“双随机、一公开”监管】 2020 年，全市各旗区、各部门共开展随机抽查 409 批次，计划抽查市场主体 5130 户，检查完成 4899 户；部署开展跨部门联合抽查 31 批次，计划抽查企业 386 户，检查完成 386 户，进一步解决多头执法、重复执法问题。

【重点民生领域价格监管】 2020 年，全市共查处各领域违规收费违法案件 10 起，退还多收不合理费用 565.45 万元，收缴罚没款 140.88 万元，有效规范各行业价格收费行为。对全市 473 户转供电主体进行实地监督检查，共向转供电终端用户退还多收费用2298.88万元，立案28件，结案28件，收缴罚没款 198.3 万元。

【煤炭领域违规违法问题专项整治】 实现对全市 2000 年以来煤炭资源领域股权变更矿产交易各个环节的排查，厘清煤矿企业登记注册、设立变更存在的各项问题。及时将 100 余家法人企业 1000 余条股东变更信息推送税务部门，清缴税款 58 亿元；及时对企业登记注册、管理过程中存在的问题进行整改、建章立制。

【公平竞争审查】 在全区率先出台《公平竞争审查投诉举报受理回应机制》，2020 年全市共排查清理文件 93288 份，清理废止涉及妨碍统一市场和公平竞争的政策措施文件 2 份。

【网络经营主体搜索建档】 2020 年，从网络搜索并下发案件线索 17 条，办结案件 3 件，罚没款入库共计 16.9 万元。

【重点领域广告监管】 开展医药、野生动物及其产品、房地产、教育培训、金融投资理财、新冠肺炎疫情等重点领域虚假违法广告整治工作，2020 年累计监测各类广告 1839 条，累计向广告联席单位和各旗区市场监督管理局抄送“鄂尔多斯市整治虚假违法广告联席会议广告监测通报”10 期；查处广告违法案件 14 起、罚没款 197249 元，其中虚假违法广告 6 起，罚没款 22329 元。

【食品安全监管】 开展“食品药品安全放心鄂尔多斯”三年行动，提请市委、市人民政府印发《市级党政领导干部食品安全工作责任清单》，进一步强化食品安全属地管理责任；推进餐饮服务食品安全示范街、示范店创建工作，2020 年鄂尔多斯市食品安全示范街 12 条，先进管理模式示范店 150 家；开展节假日重点时段以及城乡接合部、农村牧区、食用农产品集中交易市场、商场超市、校园及其周边、旅游景区、高速公路服务区、养老机构等重点区域食品专项检查。对婴幼儿奶粉、保健品、粉条粉丝产品、肉及肉制品等重点食品进行专项整治；推动民族传统奶制品发展，2020 年全市共有民族特色奶制品生产作坊 84 家，注册商标 44 件，产品主要以酸酪蛋、奶皮为主，平均日处理鲜奶能力达 65 吨，其中 12 家生产经营户被列为自治区首批试点示范户，奶制品实现包装赋码上市；开展食品质量安全提升行动，分步推进食品生产企业“双标”提升工作，加强网络食品销售第三方平台备案管理，构建校园及周边食品安全监管长效机制。推行“风险管控 + 精细化”先进管理模式，全市餐饮单位“明厨亮灶”率达到 95.9%，餐饮服务量化分级率达到 97.8%。强化食品抽检监测，完成食品监督抽检 8657 批次，总任务量达到 4.2 批次 / 千人，检出 161 批次不合格，合格率为 97.67%。

【**药品安全监管**】 支持医药事业发展，稳步推进迎接疫苗国家监管体系评估工作，强化部门协同，统筹推进医共体建设。进一步规范蒙药制剂调剂使用，2020年全市共批准16家次蒙医诊疗机构进行蒙药制剂调剂使用，共调剂蒙药制剂513个品种；强化检验监测。完成药品、医疗器械、化妆品抽验共338批次，合格率为100%。上报药品不良反应报告2290例，其中新的、严重报告486例，占比21.2%，严重报告164例，占比7.2%；医疗器械不良事件报告700例；化妆品不良反应报告128例；药物滥用检测报告54例；强化监督验查。完成对毒、麻、精、放等特殊药品质量安全季度巡查，深入开展中选药品、中药饮片、特殊药品、疫苗、药品网络销售及执业药师“挂证”等一系列专项整治。2020年，全市“两品一械”领域共查办案件266件，位居全区第一，有效打击违法犯罪，守护安全底线。

【**特种设备安全监管**】 2020年，鄂尔多斯市共注册登记压力管道9339公里，气瓶18万只，特种设备74646台，其中锅炉1651台，压力容器45223台，电梯20323部，起重机械5047台，场（厂）内专用机动车辆2282辆，客运索道6条，大型游乐设施114台（套）。全市特种设备安全监管持续强化，安全形势总体平稳，未发生重特大事故。加大日常监督检查力度。制定并下达鄂尔多斯市特种设备生产和使用单位日常监督检查计划，重点对公众聚集场所以及电力、冶金、危险化学品生产等重点企业和气瓶、移动式压力容器充装单位开展监督检查，共覆盖特种设备5.6万余台（不含气瓶），约占全市特种设备总量的80%；开展特种设备技术检查。成立全自治区首家特种设备技术检查机构，通过发挥技术检查机构安全监察辅助能力，提升监管工作效能，防范遏制各类特种设备安全生产事故；做好特种设备信息系统建设。启用自治区特种设备信息化监管平台，实现特种设备监察、检验、生产、使用等业务“一网通办”，2020年共受理特种设备网上告知6639台（套），开通企业账户868家。

【**工业产品质量安全监管**】 制发《重点工业产品质量安全监管目录（2020版）》《关于进一步加强工业产品生产许可监督管理的通知》，加强对危化品、食品相关产品等工业产品生产许可获证企业的监督检查，加大工业产品无证生产及许可证超期的查处力度，督促企业落实质量安全主体责任。2020年共完成产品质量监督抽查874批次，合格801批次，不合格73批次，监督抽查不合格率为9.7%，监督抽查不合格后处理处置率100%。

【**消费维权**】 稳步推进“放心消费城市”创建活动，以线上线下相结合的方式深入开展纪念“3·15”国际消费者权益日宣传活动。2020年，指导12315投诉举报中心处理消费者各类诉求20624件，涉及争议金额6932.63万元，为消费者挽回经济损失2309.23万元。指导消协组织处理消费者投诉633件，为消费者挽回经济损失68万元。

【**高质量发展行动**】 修订《市长质量奖管理办法》《市长质量奖评审实施细则》，完成第七届市长质量奖评审工作。开展服务百家企业高质量发展行动，推荐新能源等10家企业申报自治区市场监管局2020年度“服务百家企业高质量发展行动”服务项目。制发《鄂尔多斯市市场监督管理局关于进一步做好各级政府质量奖培育工作的通知》，将29家企业列为自治区“主席质量奖”和国家“中国质量奖”培育对象。

【**标准化工作**】 强化标准引领。2020年，全市共有125家企业参与对标达标工作，发布对标结果134个，发布对标结果企业位居全国168个参与城市的第35位，制定对标技术方案8项，位居自治区参与对标城市第1位；由鄂尔多斯市市场监督管理局推荐申报的煤制液体燃料等3个领域入选2020年国家企业标准“领跑者”重点领域。开展标准制修订。《小麦套种麻子高产栽培技术规程》《养老机构服务操作规范》等9项鄂尔多斯市地方标准通过国家标准委的备案，正式发布实施。推进标准化试点示范建设。鄂尔多斯市东胜区市民中心标准化试点获批第六批国家级社会管理和公共服务综合标准化试点项目；绒山羊养殖标准化、马铃薯种植标准化示范区2个项目获批自治区级农业农村领域标准化示范区项目。

【计量相关工作】 2020年，全市各法定计量检定机构共检定强检计量器具280685台（件），受检率97.5%，检定合格率98.3%，其中8家依法设置法定计量检定机构检定强检计量器具143239台（件），同比增长14%，6家依法授权法定计量检定机构检定强检计量器具137446台（件），检定其他计量器具13603台（件），受检率97%。全市新建企事业最高计量标准36项，累计建立市级社会公用计量标准98项、旗级132项。

【认证和检测市场监管】 组织开展质量体系认证、产品认证获证企业、环境监测和机动车污染物排放检验检测机构专项监督检查，共抽查各类企业113家，通过认证监管平台上报监管信息1812条，对27家检验检测机构资质认定进行现场监督；引导企业开展强制性产品、管理体系、食品农产品等各类体系认证，共取得各类认证证书735张。

【知识产权发展与保护】 商标和专利注册量稳步增长。2020年全市商标注册总量31993件，年平均增长率26.66 %，商标总量位居全区第二。全市专利授权总量10339件，每万人口发明专利拥有量3.13件，位居自治区前列；加强品牌建设力度。品牌建设与乡村振兴相融合，充分发挥商标品牌富农、地理标志兴农的品牌战略。全市农牧业注册商标11106件，地理标志商标11件，培育注册“黄河几字湾”为达拉特旗区域公用品牌，“敏盖及图”商标被认定为中国驰名商标，2020年“鄂托克阿尔巴斯山羊肉”入围首批中国100个地理标志产品欧盟保护；落实奖励政策，开展商标质押贷款。2020年，对新注册的6件地理证明商标奖励资金300万元，开展4批次专利补贴资助政策，资助金额达524.9万元。充分利用国家知识产权局鄂尔多斯商标业务受理窗口和注册商标专用权质权登记受理点的便利条件，累计受理商标质押42件，质押贷款17.32亿元；开展知识产权执法保护专项行动。深入开展专利代理行业“蓝天”专项整治，严厉查处商标、专利侵权、假冒违法行为，共检查经营主体11670户次，检查批发零售市场、集贸市场等各类市场645个次，整治重点区域50处，查处商标侵权假冒案件31件，罚没金额29.14万元。

【产品质量计量检测】 2020年，计量方面共检定、校准32670台件，产品质量检验方面共检验667批次。新建一等铂电阻温度计标准装置等10项计量标准，12项计量标准通过复查考核，新扩耐海水色牢度等3个检测参数，参加北京海关技术中心等单位的6项能力验证5项取得满意结果，作为主导实验室，在全市开展燃油加油机检定项目的计量比对。

【执法稽查】 2020年，执法稽查局共查办行政处罚案件61件，行政处罚信息公开61件，行政处罚信息公开率100%。

【食品检验检测】 鄂尔多斯市食品检验检测中心全年共计接收各类样品2060批次，出具报告共计2578份，不合格报告共计90份，问题发现率4.4%。其中委托类样品共计接收280批次，出具报告271份，不合格报告43份；各类抽检监测共计接收1780批次，出具报告共计2307份（监督抽检报告1752份、风险监测报告555份），不合格报告共计47份。其他专项抽检共计99批次，已出具报告99份，不合格11批次。

【药品医疗器械检验研究】 2020年，鄂尔多斯市药品医疗器械检验研究中心开展药品监督抽验、化妆品检验、保健食品检验、应急检验、委托检验，共计收到“三品一械”检验任务626批次，其中药品325批次，保健食品21批次，化妆品61批次，医疗器械40批次，委托检验176批次，快筛3批次。

【药品医疗器械不良反应监测】 2020年，鄂尔多斯市药品医疗器械不良反应监测中心共收集上报药品不良反应报告2367例，其中新的、严重报告510例，占比21.5%，严重报告178例，占比7.5%；医疗器械不良事件报711例；化妆品不良反应报告135例；药物滥用监测报告54例。

【“12315”投诉举报】 2020年1月，市“12315”投诉举报中心整合原工商、质监、食药、价监、知识产权投诉举报热线电话，即将“12315”“12365”“12331”“12358”“12330”统一整合为“12315”热线。受理途径以“12315”热线接听为主，以自治区局分派、旗区自行受理、消费者自主登记、来函、来访为辅。2020年，市“12315”投诉举报中心全年业务总量为21836件，其中咨询13196件，投诉7107件，举报1530件，建议3件。处理投诉举报8637件，办结率为100%。

【消费者权益救济】 2020年，共受理消费者投诉799件，解决629件，投诉解决率79%，为消费者挽回经济损失75万元。其中，因经营者有欺诈行为得到加倍赔偿的投诉4件，加倍赔偿金额4万元；接待消费者来访和咨询27余人次，均已及时解答。

【特种设备安全技术服务】 2020年，编制9类特种设备技术检查记录，包含62项338条检查内容；发布《鄂尔多斯市2015—2019年特种设备安全状况分析报告》；全年检查使用单位74家、充装单位47家、生产单位20家，抽查特种设备285台（套），形成技术检查记录186份，提出整改意见668条；受理作业人员证件复审2204件，组织开展作业人员考试75批次，考核新取证作业人员2656人次；开展各类特种设备宣贯培训11次，培训相关人员1400余人次。

（张洛瑶）

城乡建设　环境保护

住房和城乡建设

【鄂尔多斯市住房和城乡建设局领导名录】

党　组　书　记：李凤奇
党组副书记、局长：余永崇（市人防办主任）
党组成员、副局长：林　强
雷特木尔（蒙古族）
何子斌
王树声
吴伊婕
徐智勇
李　君
副　　局　　长：周如山

【概况】 鄂尔多斯市住房和城乡建设局内设综合办公室、人事教育科、政策法规督查科、财务审计科、行政审批科、住房保障和房屋征收补偿科、房地产市场监管科、房地产开发科、物业管理科、住房公积金监管科、标准与定额科、建筑市场监管科、工程质量安全监管科、城市建设科（园林绿化管理局）、城市管理科、村镇建设科、建筑节能与科技科、防空指挥通信科、重要目标防护科、人防工程科等20个科室和机关党委。下设鄂尔多斯市住建局综合保障中心、鄂尔多斯市建设工程质量安全技术服务中心（挂鄂尔多斯市人防工程质量技术服务中心牌子）、鄂尔多斯市城乡人居环境发展促进中心、鄂尔多斯市房屋产权交易服务中心、鄂尔多斯市保障性住房建设服务中心、鄂尔多斯市住房和城乡建设绿色发展研究中心、鄂尔多斯市消防技术服务中心、鄂尔多斯市人防工程和指挥信息保障服务中心、住房公积金管理中心等9个所属二级单位。

【房地产业】 2021年，试点开展商品房预售资金监管，首批3个房地产项目5.6亿元预售资金封闭监管，社会反响良好。全年房地产开发投资增长89.3%，拉动全市投资5.9个百分点。商品房成交4.86万套、651.9万平方米，交易额达到310.2亿元。累计解决房地产历史遗留问题项目592个、25万套、3581.4万平方米，完成率分别达到93.1%、94.7%和95.2%。建立房地产项目"超市"，首批20个停缓建项目进入超市面向全国寻找合作伙伴。申请棚改专项债券8.7亿元，发放租赁补贴918户220万元，整治清退市本级公租房转租转借339户。

【公积金管理】 归集公积金44.2亿元，同比增长18.3%；发放公积金贷款37.2亿元，同比增长24.3%；提取公积金27.1亿元，同比增长28.6%。

【城市建设管理】 市住建局牵头推动落实城市精细化管理重点任务，编制实施城市精细化管理标准（试行），全区城市精细化管理绩效评价考核鄂尔多斯市排名第二。持续推进新型城镇化强弱项、补短板，不断进行城市更新，全市实施各类市政项目147项，完成投资13.3亿元。新建改造各类市政管网 213.8 公里。新增和提升改造绿地 376 万平方米。取缔供热燃煤小锅炉 30 台。率先完成城燃企业 5% 储气设施建设任务。鄂托克旗乌兰镇污水处理厂完成工艺升级改造。康巴什区更换物联网水表 4000 多块。中心城区实现公共机构生活垃圾分类全覆盖，打造 3 个生活垃圾分类示范片区，基本实现非居民厨余垃圾单独收、运、处理全链条闭环。改造老旧小区 39 个，惠及 5941 户居民。完成既有居住建筑节能改造 22.4 万平方米。在全区率先公布住宅小区物业服务菜单和物业服务合同示范文本，探索个性化、差异化物业服务，鄂尔多斯市获得全区物业管理服务技能大赛 2 个单项第一、1 个第二和企业团体二等奖、盟市二等奖。

【农村牧区人居环境】 排查核验 11476 户建档立卡贫困户住房安全情况，如期完成脱贫攻坚住房安全有保障任务。建成垃圾填埋场 2 处、焚烧炉 12 处，伊金霍洛旗、鄂托克旗被列为自治区生活垃圾分类和资源化利用试点，大力支持达拉特旗开展沿黄流域生态环境治理。实施户改厕 3.8 万户，超额完成自治区下达任务 21215 户。深入开展农村牧区房屋安全隐患排查整治工作，第一阶段完成排查 17173 户。全力帮助包联的木都柴达木村协调落实发展资金和建设项目，村集体经济从无到有三年累计收入 80 万元，驻村工作队连年受到市级表彰。

【建筑业效益】 全市完成建筑业产值 159 亿元，建筑业增加值 22.8 亿元，新签订合同额达到 177.5 亿元。发展绿色建筑项目 182 个，绿色建筑占新建建筑比重达到 72%。建能兴辉陶瓷公司装配式建筑部品部件生产基地被认定为自治区第一批装配式建筑产业基地。4 项新型墙体材料获得自治区认证。加强建筑市场监管，查处违法企业 34 家、招投标违法违规案件 10 件，移交执法局案件 46 件。深入开展安全生产专项整治三年行动，排查整改安全隐患 1600 多条，安全生产形势总体平稳。承办全区首次建设工程质量安全标准化视频观摩会，8 万多人在线观摩鄂尔多斯市经验做法。划分市、旗两级建设工程消防设计审查验收备案工作办理权限，统一工作流程。开展违法建设违规审批专项清查，排查整治房屋建筑 2553 万平方米。组织职业技能鉴定 73 场、2726 人，划拨、调剂建设工程社保费 2204.5 万元，新型墙体材料专项基金、农民工工资保证金清退工作稳妥推进。

【住建领域营商环境优化】 深化工程建设项目审批制度改革，开发审批管理系统移动 App，进一步将政府投资项目审批时限压缩至 80 个工作日，企业投资项目审批时限压缩至 75 个工作日。指导中心城区将供水报装环节压缩至 3 个，燃气、供热报装环节压缩至 5 个，报装时间均压缩至 10 个工作日。市本级初审转报事项全部进驻政务大厅，企业资质、施工许可证率先实现电子核发。全程网办事项率和事项承诺时限压缩全区总体排名第一。在自治区营商环境评价中，获得用暖指标全区第一，获得施工许可和获得水气指标全区第二。公积金手机 App 和网上服务大厅上线运行，综合服务平台通过住建部验收并被评定为优秀等级。设计审查站、测绘中心等 4 个从事生产经营活动事业单位平稳完成转企改制。持续开展扫黑除恶专项斗争和行业乱象治理，自治区督导“回头看”反馈问题全部整改销号。

环境保护

【鄂尔多斯市生态环境局领导名录】

党组书记、局　长：董介中

党组成员、副局长：苏雅拉图（蒙古族）

副　　局　　长：玛喜毕力格（蒙古族）

纪检监察组组长：孙国栋

【概况】 鄂尔多斯市生态环境局内设办公室（宣传教育科）、生态环境保护督察科、综合科、法规与标准科、人事科、科技与财务科、自然生态保护科、水生态环境科、大气与矿区环境科、应对气候变化与国际合作科、土壤生态环境科、固体废物与天然气开采环境管理科、核与辐射安全监管科、行政审批科（环境影响评价与排放管理科）、生态环境监测科、生态环境执法监督科等18个行政科室，外加1个机关党委和1个正科级总工。下设市生态环境综合行政执法支队、市环保宣教中心、市机动车尾气监测管理中心、市污染物在线监控中心、市环境工程评估中心（挂市环境科学研究所）、市排污权交易中心等6个直属二级事业单位。旗区分局9个：东胜区分局、达拉特旗分局、准格尔旗分局、伊金霍洛旗分局、乌审旗分局、杭锦旗分局、鄂托克旗分局、鄂托克前旗分局、康巴什分局。

2020年，鄂尔多斯市空气优良天数332天，优良率90.7%，PM2.5平均浓度24微克/立方米；全市重点流域Ⅰ—Ⅲ类优良水质占比85%以上，国家考核的7个断面水质全部达标，城镇及以上集中式饮用水水质达标率100%；全市污染地块安全利用率100%。

【污染防治攻坚战】

组织领导 严格落实生态环境保护“党政同责、一岗双责”，党政主要负责人切实担负起第一责任人的政治责任，强化统筹协调，主动担当作为，深入一线督导，亲力亲为抓污染防治，形成一级抓一级，层层抓落实的工作格局。市委常委会、政府常务会议定期研究生态环境保护工作，市党政主要领导多次现场办公、现场调度推动问题解决。专项开展决战决胜污染防治攻坚战“十大行动”，主要领导亲自部署、亲自督办，分管领导深入一线调研解决问题，市生态环境局统筹推进“十大行动”取得成效。

考核监督 建立旗区、部门任务清单，实行任务清单式推进、工程项目化管理，实现责任可量化考核，逐级传导压力，层层压实责任。以“十大行动”为纲领，分领域细化全年1283项具体攻坚仨务，配套实施《污染防治工作实施情况考核方案》，按月考核排名，倒逼旗区人民政府和市直有关部门压实攻坚责任。截至年底，1283项任务，开工1273项，完工1204项，完工率94.58%。

执法监管 开展“雷霆斩污”生态环境专项执法行动，对全市大气、水、固废等11个方面进行全面执法检查，持续加大执法力度，严厉打击各类环境违法行为，为污染防治攻坚战提供有力执法保障。2020年，累计出动执法人员3.2万余人次，对1005起环境违法行为进行立案查处，罚款总额共计7508.85万元。

【“三大保卫战”】

蓝天保卫战 开展棋盘井蒙西地区“百日攻坚”行动，全年累计实施攻坚任务137项，棋盘井蒙西地区空气优良率平均值为83.8%，达到自治区考核要求。加强矿区环境治理，严格落实露天煤矿和非煤矿山生产、储存、运输各环节抑尘措施，统一矿区治理标准，完成34家粉状物料堆场全封闭工程，实施矿区高空视频监控和现场执法联动监管。开展重点行业污染治理升级改造，完成28台燃煤机组、11家企业65蒸吨/时以上锅炉及3家钢铁企业超低排放改造，完成17家焦化、水泥等行业工业炉窑治理设施升级改造。累计淘汰42台燃煤锅炉、完成3家企业燃煤锅炉达标改造。完成24家“散乱污”工业企业整治。

碧水保卫战 开展乌兰木伦、龙王沟、孤山川流域水质提升工程和3台基水库、东西红海子等劣五类水体消劣工程，确保流域和湖库水质稳定达标。加强黄河流域污染防治，编制实施《黄河流域鄂尔多斯段生态环境保护专项实施方案》，开展黄河干支流33处入河排放口监管整治工作，彻底关停取缔排污口10处。加强医疗废水监管，在全市城镇污水处理厂和重点综合性医院污水处理设施安装余氯、粪大肠菌群在线监测设备。推进煤化工高盐水分盐结晶工作，全市32家煤化工企业中有24家建成投运高盐水结晶装置（16家实现分盐）。创新实施《鄂尔多斯市水环境生态考核补偿办法（试行）》，按月对各旗区河流、湖泊断面、高盐水晾晒池、中水（矿井水）暂存池4项指标进行打分，年终一次性核算扣缴补偿金，倒逼旗区压实治理责任。

净土保卫战　开展建设用地土壤污染状况调查，完成239家重点企业基础信息确认及44家重点企业用地初步采样工作，公布69家土壤重点监管企业名单，企业自行建立土壤污染隐患排查制度，完善突发环境事件应急预案，严控有毒有害物质排放。加强农村牧区生活污水治理，编制完成县域生活污水治理专项规划，全市建成投运20吨/日以上苏木乡镇和农村牧区生活污水处理厂（站）27处，完成60个建制村农村环境综合整治和67个规模化养殖场污染防治设施改造。加强固废、危废安全处置，全市工业固体废物产生量1.1亿吨，其中煤矸石6914.98万吨（占固废总量62.9%），处置利用9356万吨，处置利用率85.1%；全市共产生危险废物50.6万吨，处置利用49.6万吨，处置利用率98.0%。联合市公安局、人民检察院开展严厉打击危险废物环境违法犯罪行为的专项行动，对全市338家危险废物产生企业、15家危险废物经营单位进行检查，发现涉危废环境问题49个，在101家医院医疗废物储存库和322家产生危险废物单位安装视频监控。建成并投用工业固废渣场5个，建成农牧区生活垃圾无害化填埋场4个，完成22家供热单位灰渣库全封闭工程。

【中央环保督察及“回头看”反馈意见整改】 2016年中央环境保护督察整改任务23项，已全部完成，仅1项未销号；2018年中央环境保护督察“回头看”整改任务19项，全部完成整改并验收。完成自治区第二生态环境保护督察组对鄂尔多斯市的督察工作，督察期间向督察组提供26批1751份资料，办结群众举报信访216件。

【污染治理能力和治理体系建设】

创建生态文明示范区　坚持把生态文明建设示范区创建工作作为推进生态文明建设的重要载体和抓手，启动鄂尔多斯市创建国家生态文明建设示范市工作，鄂托克前旗被生态环境部评选为第四批“国家生态文明建设示范旗”。

建成重点区域、重点行业可视化监管平台　投入7300万元建成环境网格化监管平台暨“12369”应急指挥中心，在全市570家露天煤矿、洗煤厂、电厂和9个集中式饮用水水源地、11个自然保护区安装1360个高清视频探头，实现对企业、矿区、自然保护区等重点区域实时无死角监控。

完善污染物在线监控系统　累计投入1.6亿元，建成覆盖全市污染源自动监控平台，在全市179家企业300个污染物排放口安装400余套污染物排放数据监控设备，实现对企业污染物排放在线监控。

【环境空气质量监测网络】 建成投运34个6参数空气质量自动站、4个空气质量超级站和1个沙尘暴站点。其中，自加压力在10个园区和9个矿区建立6参数空气质量自动站，率先在全区建成覆盖旗府所在地、重点园区和矿区空气质量监测网络。

【生态环境领域营商环境】 成立局长任组长，分管领导任副组长，相关科室、二级单位为成员的工作领导小组，制定印发《鄂尔多斯市生态环境领域优化营商环境实施方案》。行政审批事项全部按要求进驻大厅，规范环评审批流程，印发实施《建设项目环境影响评价文件审批工作流程》，明确将环境影响报告书（表）承诺审批时限分别由法定时限的60日和30日压缩到30日和15日，提高审批效率，全市438个项目通过环境影响评价审批，其中自治区级审批1个。全力推进排污许可清理整顿和排污许可证核发登记工作，核发排污许可证832张，登记管理企业2729家，基本实现了固定污染源全覆盖。

【重点生态工程建设】 2020年，先行先试杭锦旗“山水林田湖草沙”等7个综合治理示范项目，完成各类生态建设615万亩。

（白加伟）

交通运输

【鄂尔多斯市交通运输局领导名录】

党组书记、局 长：王水云

党组成员、副局长：丁海平

张 平

秦挨昌

新吉乐图（蒙古族）

纪检监察组组长：贾宽一

【概况】 鄂尔多斯市交通运输局内设安全监督管理科、科学技术科、机关党委、公路科、财务审计科、运输服务科、建设管理科、规划科、人事教育科、行政审批科、办公室等11个科室。下设鄂尔多斯市交通运输综合行政执法支队、道路养护服务中心、道路运输服务中心、综合保障中心、通行费征收服务中心、交通运输工程质量监测鉴定服务中心等6个二级单位。

【重大公路项目建设】 2020年，交通固定资产投资完成投资53.5亿元，占全市新增固定资产投资的近1/10。全年新改建公路1067.7公里，新增公路里程221公里；S31准格尔旗大饭铺至龙口（蒙晋界）高速公路建成通车，打通鄂尔多斯市到山西省的第一条高速公路，实现自治区首府与山西省高速公路的互联互通；G338乌审旗嘎鲁图至鄂托克旗乌兰镇一级公路全线建成，使两地实现高等级公路直接连通；G65包茂“四改八”（四车道改八车道）提前一年实现主线贯通；G242乌审旗嘎鲁图至补浪河（蒙陕界）二级公路、鄂托克前旗昂素至城川、城川至三段地等项目完成主体工程建设。

【交通运输服务】 开通火车站到机场直通巴士，实现“空铁联运”；中心城区夜间公交投入运营，运营时间延长至晚上10点；实施农村客运候车亭建设工程，新增73辆客运、公交车辆用于农村客运班线。全年减免公路通行费14.6亿元。

【公路管理】 2020年，养护公路14条2126公里（其中自养公路877公里、代养公路1249公里）。年内，管养总里程达到2126公里，其中国道758公里，省道1164公里，县道183公里，乡道21公里；高速597公里，一级526公里，二级757公里，三级246公里。

【路政管理】 2020年，共查处路政赔偿案件756起。

【超限超载治理】 全年累计投入治超人员5.3万人次，检测车辆83.9万余辆，查处超限车辆1138辆，超限率控制在2%以下。新建14处非现场执法站点，对11处固定国省干线超限检测站信息检测系统进行升级提升。

【路桥通行费征收】 2020年，共有127个收费站。全年共收费350288万元。

【公共交通】 2020年，鄂尔多斯市共有165条公交线路，运行公交车1026辆。客运总量4610万人。持学生卡乘车可打五折；老年卡、伤残、现役军人（现役消防员）、东胜区低保户、全市教师人群可免费乘坐公交车。

【经营性事业单位和事业单位改革】 市交通运输综合行政执法支队和市交通建设发展有限公司挂牌成立；完成权责清单动态调整，取消、下放行政审批事项20项。

【“四好农村路”示范市创建】 全面启动“四好农村路”示范市创建工作，在全区综合排名中名列第一；在伊金霍洛旗建成全区第一条音乐公路。

【新能源车辆运用】 推广新能源和清洁能源车辆应用，中心城区公交新能源车辆占比达99.7%。

（次宇飞）

供销 盐务 烟草

供销合作

【鄂尔多斯市供销合作社领导名录】

党组书记、主　任：杨友博

党组成员、副主任：郭昌河

副　　主　　任：雷国庆

【概况】 鄂尔多斯市供销合作社联合社是市人民政府直属参公事业单位，内设办公室、计财科、合作指导科和资产管理科等4个科室；下属鄂尔多斯市土畜产品总公司、鄂尔多斯市汇通供销社电子商务有限公司、鄂尔多斯市恒通供销社农牧业服务有限公司、鄂尔多斯市互联商贸大厦有限责任公司、鄂尔多斯市树林召农畜产品市场有限公司等5个直属企业。2020年，全力推进基层社新建及改造提升工作。将工作重心下沉到基层，在实现苏木乡镇基层供销社全覆盖的基础上，加快推进原有基层社的升级改造工作，进一步完善基层社软硬件设施，帮助基层社拓展为农牧服务业务。全年新建基层社7个，创建总社级标杆基层社2个，区社级标杆基层社3个、"十强县级供销合作社"1个。

【农牧民专业合作社示范社体系建设】 申报成功2019年度总社级专业合作社示范社1个、区社级专业合作社示范社2个，建成农牧民专业合作社联合社2个，进一步密切供销合作社与广大农牧民的利益联结，引导各级农牧民专业合作社示范社在规范化管理、规模化种养、标准化生产、品牌化经营和一体化服务上发挥示范引领作用。

【现代农牧业综合服务体系建设】 全市全年开展土地总服务面积达12.2万亩。累计建成农牧业生产服务中心11个，建成庄稼医院9个。

【农畜产品流通体系】

市供销社物流园区项目建设　根据2020年中央一号文件关于"支持供销合作社、邮政快递企业等延伸乡村物流服务网络，加强村级电商服务站点建设，推动农产品进城、工业品下乡双向流通"的政策精神，市人民政府决定将市城投公司8903万元的国有存量资产有偿划拨给市供销社改建供销社物流园区。至此，全市供销社系统商品流通网络体系的"四梁八柱"基本搭建成型。

旗区农畜产品市场建设　鄂托克前旗三段地活畜交易市场2020年累计交易活羊145.4万只，交易额13.16亿元。

供销社与报社两个体系的联合合作全面启动　全市供销社系统与市报业物流集团公司的联合合作经营，拉动和提升全市基层供销社的经营业务和服务功能，构建市、旗区、苏木乡镇、嘎查村四级物流配送体系，推动线上线下融合发展，打通服务城乡居民的"最后一公里"，以流通促生产，带动农村牧区产业发展。

盐业管理

【鄂尔多斯市盐业有限公司领导名录】

党委书记、总　经　理：高弘奇

党委委员、副 总 经 理：袁立冬

党委委员、总经理助理：李　勇

【概况】 鄂尔多斯市盐业有限公司行政、业务工作受内蒙古自治区盐业公司及鄂尔多斯市委、市人民政府双重领导。全市7个旗2个区均设有盐业配送中心。下设党务办公室、盐品营销科、财务科和综合办公室等4个职能科室。鄂尔多斯市盐业有限公司是鄂尔多斯唯一一家具有国家食盐定点批发资质的国有企业，负责全市各类食用、工用、牧业用盐供应及计划分配调拨工作。

【经济指标】 2020年，共购进各类盐14608吨，完成区公司下达年计划11100吨的131.6%，同比增加2535吨；共销售各类盐15164吨，完成区公司下达年计划12020吨的126.2%，同比增销3177吨。其中：小包装盐销售7000吨，完成区公司下达年计划6720吨的104.17%，同比增销884吨，其中普通小包装盐销售5003吨，完成区公司下达年计划4760吨的105.11 %，同比增销365吨；高品质盐销售2000吨，完成区公司下达年计划1960吨的102.04%，同比增销522吨。牧业用盐销售531吨，完成区公司下达年计划500吨的106.2%，同比增销161吨。工业用盐销售7171吨，完成区公司下达年计划4060吨的176.63%，同比增销2157吨（其中，软水盐销售600吨，完成区公司下达年计划360吨的166.67%，同比增销351吨）。肠衣盐销售125吨，完成区公司下达年计划300吨的41.67%，同比减销17吨。食品工用盐销售141吨，完成区公司下达年计划200吨的70.5%，同比减销2吨。果蔬洗涤盐销售4吨，完成区公司下达年计划40吨的10%，同比增销1吨。融雪剂销售192吨，完成区公司下达年计划200吨的96%，同比增销192吨；库存各类盐3541吨（含储备盐1100吨），完成区公司下达年计划2360吨的150.04%，同比增加218吨。

【营业收入】 2020年，累计完成营业收入2011.03万元，较2019年同期1740.2万元，增加270.83万元。完成区公司计划2112万元的95.22%。其中：主营业务收入累计完成1894.99万元，较2019年同期1623.53万元增加271.46万元，完成区公司计划1879.18万元的100.84%。其他业务收入累计完成116.03万元，较2019年同期116.67万元减少0.64万元，完成区公司计划232.82万元的49.84%。其中，非盐经营收入完成53.99万元，较2019年同期58.85万元，减少4.86万元，完成区公司计划175万元的30.85%；房租收入完成62.03万元，较2019年同期57.82万元，增加4.21万元，完成区公司计划55万元的112.78%。

【营业成本】 本期累计发生营业成本1142.94万元，较2019年同期969.67万元，增加173.27万元，完成区公司计划1217.92万元的93.84%。其中：主营业务成本累计发生1105.72万元，较2019年同期931.42万元，增加174.3万元，完成区公司计划1063.92万元的103.92%。其他业务成本累计发生37.22万元，较2019年同期38.25万元减少1.03万元，完成区公司计划154万元的24.17%。

【毛利】 本期累计实现毛利868.09万元，较2019年同期770.53万元增加97.56万元。完成区公司计划894.08万元的97.09%。其中：主营业务毛利累计实现789.27万元，较2019年同期692.12万元增加97.15万元，完成区公司计划815.26万元的96.81%。非盐经营毛利累计实现16.77万元，较2019年同期20.6万元减少3.83万元，完成区公司计划21万元的79.86%。租赁业务毛利累计实现62.03万元，较2019年同期57.82万元增加4.21万元，完成区公司计划57.82万元的107.28%。

营业外收入　40.42万元（盐场召回商品）。

其他收益　10.47 万元（以工代训、稳岗补贴等）。

其间费用　本期累计发生 834.49 万元，较 2019 年同期 852.05 万元同比减少 17.56 万元，完成区公司计划 856.75 万元的 97.4%。

税金及附加　本期累计发生 28.54 万元，较 2019 年同期 25.44 万元同比增加 3.1 万元，完成区公司计划 36.21 万元的 78.82%。

营业外支出　0.55 万元（对外捐赠）。

利润　本期累计实现利润 55.4 万元，较 2019 年同期 245.8 万元减少 190.4 万元，完成区公司计划 1.12 万元的 494.64%。

【基础管理】 完善各项制度，建设内控管理体系。鄂尔多斯市盐业有限公司认真落实区公司《内蒙古自治区盐业公司内控体系建设与监督工作实施方案》文件精神，提升企业防范化解重大风险能力，加强企业内部控制工作的组织领导，健全内部控制制度，进一步提升企业内部治理水平，强化廉政风险防控建设，充分发挥内部控制体系对国有企业固本强基的重要作用。公司成立内控管理体系建设实施领导小组，明确一把手是内控体系建设及监管的第一责任人，认真梳理事务所提出的内部控制诊断问题清单中存在的问题，根据事务所提出的建议，落实工作职责，完善修订《会议制度》《岗位管理办法》《合同管理办法》《财务公开》《送货费管理办法》等制度，基本形成一套较为完善的用制度管权、用制度管人、用制度办事的制度体系。为加强基础管理，设立办公用品台账、印章管理台账、车辆使用台账等，形成良好的“痕迹”管理习惯。整改审计反馈意见。2020 年 7 月 12 日至 15 日，内蒙古自治区盐业公司对公司进行 2019 年度经营业绩审计，根据《内蒙古自治区盐业公司审计整改实施办法》及《审计意见书》等文件要求，公司领导高度重视，及时召开公司党委会议进行安排部署，成立审计整改工作领导小组，对审计组提出的意见积极落实整改，认真对照文件逐条梳理，针对发票审核、签订合同、会计核算、风险管理等 8 个方面 15 条问题逐项落实责任人，确保审计意见整改工作扎实开展。推行民主管理，提高职工主人翁意识。为深入落实民主管理，推进“三务”公开，支持职工参与企业管理，维护职工合法权益，构建和谐劳动关系，全力以赴实现“三个确保”。公司组织召开一届二次职工大会，大会开展民主评议班子成员及中层干部、审议表决通过工会工作报告、“三务”公开制度及薪酬分配方案。职工的主人翁意识进一步提升，有效调动广大职工的工作积极性和创造性。

【营销创新】 为实现公司扭亏脱困，调整工作思路，公司党委以区公司“1151”工作布局为主线，提出“3331”盐品结构调整措施，盐品销售占比努力实现低价盐 30%，基础盐 30%，二类盐 30%，三、四类盐 10%。将客户分为一、二、三类型，针对不同的客户，执行不同的价格，既及时抢占低端盐市场，又大力开拓高端盐市场。本着以服务占市场、以效益为优先的原则，不断提升企业信誉、强化品牌建设，逐步构建低价位盐占市场、中价位盐保利润、高端盐做标杆的科学价格体系，为公司扭亏脱困奠定坚实的基础；根据市场情况，公司营销科制定月任务销售计划、各配送中心按周将任务分解至各岗位、各岗位将周任务细化至每天，让每位职工做到心中有数，合理安排配送工作，将销售工作做细压实；为全面夯实营销工作基础，不断提高营销人员的工作质量，实施全员参与，领导包片的访销责任制，真正体现“千斤重担大家挑，人人头上有指标”的营销策略。截至年底，市公司机关科室各类盐品销量达到 500 多吨。为进一步提升“内蒙古盐业”“母亲湖”品牌美誉度和知名度，倡导职工进社区、访商超、摆地摊开展不同形式的宣传活动，利用“3·15”国际消费者权益日、“5·15”国际家庭日等节假日与卫生、防疫等部门联合进行“母亲湖”牌盐品宣传活动，向广大群众普及防治碘缺乏病的知识及每一类盐品适用的人群及范围。推广“盐宝”平台和“畜牧用盐销售”平台，不断增加注册用户量、提升线上交易额。

（吴 静）

烟草专卖管理

【鄂尔多斯市烟草专卖局（公司）】

局长（经理）：张若宇

副 局 长：项再平

副 经 理：高 峰（蒙古族）

赵瑞敏

纪检组组长：李 盛

总 经 济 师：田爱翠

【概况】 鄂尔多斯市烟草专卖局（公司）受内蒙古自治区烟草专卖局（公司）与鄂尔多斯市人民政府双重领导，实行“统一领导，垂直管理，专卖专营”的行业体制。内设办公室、企业管理办公室、专卖监督管理科、信息中心、党建工作科、纪检监察科、人事科、财务管理科、营销中心、物流中心、内部专卖管理监督科、规范管理办公室、法规科、群团工作科、审计科、安全管理科等16个职能科、室、中心。下辖10个旗（区）烟草专卖局（营销部）、3个直属分局。鄂尔多斯市烟草专卖局（公司）依照《中华人民共和国烟草专卖法》及其实施条例，负责辖区内的卷烟供应、烟草专卖行政管理等工作。2020年，销售卷烟117234.09箱，完成全年销售任务117200箱的100.03%，同比减少2325.04箱，下降1.94%。实现利润45238.90万元，同比增长4.35%；应缴税金60252.79万元，同比减少1.80%；利税合计105491.69万元，同比增长0.75%。

【市场监管】 鄂尔多斯市烟草专卖局（公司）继续完善“大专卖”工作格局，推进3个专卖管理所（客户服务站）建设，探索服务型执法监管模式，建立市场监管大队联合巡查机制，形成长效震慑。利用大要案侦破大队深挖网络案件线索，精准打击重点涉烟违法犯罪行为，保持打假破网及市场监管高压态势。2020年，全市查获各类涉烟违法案件1984起，查获违法卷烟1371.593万支，涉案金额为1231.9935万元，破获国际网络案件1起、区际网络案件2起。

（马晋宝）

农村农业

农牧业

【鄂尔多斯市农牧局领导名录】

党组书记、局长：周桂荣

副　局　长：全宇娆（女）

金　琦（女）

杨　泰

王耀富

白万富

【概况】 鄂尔多斯市农牧局是鄂尔多斯市人民政府主管全市农业、畜牧业和农村牧区经济工作的职能部门。内设办公室、人事科、法规科、政策和改革科、发展规划科、计划财务科、乡村产业发展科、农村牧区社会事业促进科、农村牧区合作经济指导科、市场信息与经济合作科、科技教育科、农畜产品质量安全监管科、种植业管理科、畜牧科、兽医科、畜禽屠宰管理科、饲料饲草科、渔业渔政管理科、种业管理科、农机管理科、农田建设管理科、行政审批科等22个行政科室，另设机关党委和农办秘书科；下属农牧业综合执法局、农牧业科学研究院、农业技术推广站、植保植检站、经济作物工作站、土壤肥料和节水农业工作站、种子管理站、饲料草种监督检验站、农畜产品质量安全中心、水产管理站、畜牧工作站、动物疫病预防控制中心、农牧业经营管理站、农牧业信息中心、农牧场管理站、农牧业机械化研究推广站、农机服务中心、产业化发展服务中心、农村牧区环境建设综合指导中心等19个全额拨款事业单位。2020年，全市农牧林渔业总产值230.3亿元；一产增加值135.7亿元；农村牧区常住人口48.57万人，农村牧区常住居民人均可支配收入21576元；耕地总面积620万亩，其中水浇地450万亩，已建高标准农田207万亩，粮食播种面积474.8万亩，粮食产量19.65亿公斤；天然草原9785万亩；牲畜存栏达到1196.44万头只，肉类年产量突破18.5万吨。杭锦旗向日葵产业纳入国家产业集群，鄂前旗成为“农业农村部蔬菜有机肥替代化肥项目试点旗”，鄂托克旗现代农牧业产业园入选首批自治区级产业园，鄂托克阿尔巴斯白绒山羊被认定为首批中欧互认地理标志产品及第二批“中国特色农产品优势区”，入选2019农产品区域公用品牌，鄂托克螺旋藻被认定为第二批中欧互认地理标志产品及“自治区特色农畜产品优势区”，阿尔巴斯苏木成为“全国乡村特色产业十亿元镇”。绿色食品、有机农产品年产量4万吨，新登记农产品地理标志产品1个，纳入全国名特优新农产品19个，共有绿色食品企业36家，产品128个，有机农产品企业8家，产品21个，农产品地理标志14个，名特优新农产品34个，建成全国绿色食品原料标准化生产基地54.5万亩。农业耕种收综合机械化水平达到85.5%，畜牧业综合机械化率达到52%；年内免疫畜禽3262.8万头只羽次，应免畜禽免疫密度达到100%；农畜水产品总体合格率为99.27%；累计实施户厕改造9.25万户，卫生厕所普及率达到67%；生活垃圾收运处置体系覆盖率达到91%；化肥使用（折纯）10.9万吨，同比减少6.02%；农药使用929.1吨，同比减少5%；畜禽粪污综合利用率达95.4%，大型规模养殖场粪污处理设施装备配套率达99.5%；土地确权登记基本完成，颁证率97%；农村牧区集体产权制度改革基本完成，99.6%的集体经济组织成员确认身份，99.5%的嘎查村成立股份合作（经济）社，共确认集体成员1058555人；市级以上龙头企业339家，产业化联合体59家，家庭农牧场1270个，专业合作社6000余家，生产托管服务组织545个，培育新型职业农牧民7576人；紧密型农企利益联结比例达到62%；嘎查村集体经济年收入达5万元以上的共有735个，占100%；嘎查村集体经济经营性总收入为44993.57万元，比2019年增长19.92%。2020年，全市水产品总产量1.6万吨，渔业经济总产值4.8亿元。开展鱼类增殖放流行动，投放鱼苗鱼种513万尾。

【乡村产业】 截至2020年年底，全市市级以上农牧业产业化龙头企业339家（国家级3家、自治区级66家、市级270家）；全市500万元以上农畜产品加工企业159家，实现销售收入达265亿元；农畜产品加工转化率达66%；登记注册各类农牧民专业合作社6436家，农牧业产业化联合体达到59家；累计建成家庭农牧场2565户，龙头企业与农牧民紧密型利益联结比例达62%。设立5亿元产业振兴专项扶持资金，支持乡村产业快速发展，投放贷款项目754个10.7亿元。准格尔旗十二连城乡、乌审旗乌兰陶勒盖镇顺利完成国家产业强镇项目的建设。

【产业扶贫】 2020年，投入市级产业扶贫资金1.3亿元，经过实地踏勘、逐一过筛175个申报项目，精准实施产业扶贫项目53个。适宜产业扶持的贫困户实现产业扶贫项目全覆盖，每个苏木乡镇都形成了1—2个特色鲜明、带贫面广、有竞争力的扶贫主导产业，直接带动4344户9045个贫困人口稳定增收，带动55个嘎查村平均增加集体经济收入5万元以上。选调106名专业技术人员组建9个科技服务工作队，配备工作经费60万元，累计下乡2155次，走访贫困户2540次，召开座谈会165场次，组织集中培训95场，实地指导培训农牧民4483人次，发放各类技术资料23984册，解答产业技术难题326个。

【农村牧区人居环境整治】 2020年，完成户厕改造3.8万户，超额完成自治区下达任务，卫生厕所普及率达到67%。在沿河地区建成生活垃圾填埋场2处、低温热解垃圾处理站12处，生活污水处理厂8处，有力提升黄河沿岸镇村垃圾和污水处理能力。

【乡村振兴试点工作】 2020年，鄂尔多斯市按照典型引领、示范带动、逐步推开的基本思路，继续重点打造提升第一批51个“五星达标、特色培育”乡村振兴示范嘎查村建设水平。2020年10月，修订印发《2020年鄂尔多斯市“五星达标、特色培育”乡村振兴示范嘎查村评价验收管理办法（试行）》。截至年底，鄂尔多斯市在沿黄、沿线、重要节点初步形成26个主导产业明确、基础条件良好的“一村一品”典型示范，示范嘎查村在产业发展、人居环境、乡村治理等方面均得到全面提升。达拉特旗林原村、准格尔旗兴胜店村被评为“全国文明村镇”，伊金霍洛旗哈沙图村、布拉格嘎查被评为“中国美丽休闲乡村”，乌审旗嘎鲁图镇和伊金霍洛旗哈达图淖尔村被评为国家“一村一品”示范村镇。全市挂牌“五星”“四星”“三星”示范嘎查村各10个。

【农村牧区改革创新】 2020年，累计调查确权范围内农牧户25.65万户，完善土地承包合同24.76万份，签字确认率为96.53%，颁发土地承包经营权证书24.26万份，颁证率98%。农牧户承包地应确权面积为543万亩，已完善承包合同的土地面积为528万亩，确权率97%。已完成全市735个嘎查村、5个涉农社区居委会清产核资工作。全市有738个嘎查村（含居委会）完成成员身份确认，99.6%的集体经济组织成员确认了身份，738个嘎查村（含居委会）完成股权设置，737个嘎查村（含居委会）已成立股份经济合作社，99.5%的嘎查村成立股份合作（经济）社。全市农企紧密型利益联结比例达到62%。深化“放管服”改革，取消权力事项6个，下放行政权力事项20个。减少行政审批事项申请材料38项，将行政审批事项的办结时限由法定的549个工作日压缩至192个工作日。

【品牌创建】 2020年，鄂尔多斯市2个区域公用品牌、11家企业品牌和22个产品品牌入选内蒙古农牧业品牌目录，鄂托克阿尔巴斯白绒山羊被认定为首批中欧互认地理标志产品及第二批“中国特色农产品优势区”，鄂托克螺旋藻被认定为第二批中欧互认地理标志产品及“自治区特色农畜产品优势区”。鄂前旗“鄂托克前旗羊肉”区域公用品牌在2020年全国农产品交易会上召开了品牌发布会，授权了6家企业。达拉特旗“黄河几字湾”区域公用品牌召开品牌发布会，授权2家电商企业185种农畜产品。

【机械化水平】 2020年，全市机耕面积608.5万亩、机播面积628.28万亩、机收面积495.83万亩。机耕机械化率达到93.6%，机播机械化率达到89.5%，机收机械化率达到70.8%。农作物耕种收综合机械化率达到85.5%，畜牧业机械化率达到52%。达拉特旗和杭锦旗成为全国第五批率先基本实现主要农作物生产全程机械化示范县。

【农业技术推广】 2020年，推广优势粮油作物绿色高效增产技术241万亩，优质良种覆盖率达100%，主推技术到位率达到100%，六大粮油作物总增产2.44亿公斤，总增产值达4.99亿元，总纯增收益2.91亿元。推广玉米无膜浅埋滴灌技术169万亩，平均单产744.64公斤/亩，较常规直播种植增产67.05公斤/亩，亩产值为1561.98元，亩纯收益861.65元，节水效果明显，与普通漫灌相比节水70%左右，化肥的利用率提高20%以上。落实农业标准化生产359.5万亩，标准化生产技术覆盖率由51%提高到65%。设立农田地膜残留监测点24个，农田残留地膜回收面积17.2万亩，废旧地膜回收4802.3吨，回收率80.04%。开展秸秆综合利用调查，建立秸秆资源台账。采用秸秆集中回收和秸秆还田的方式，推进秸秆综合利用，完成秸秆集中回收2.84万亩，秸秆还田0.8万亩。截至年底，全市秸秆综合利用量209.3万吨，秸秆综合利用率86.04%，较2019年提高1.21个百分点。

【植保植检】 2020年，实施统防统治382.5万亩、绿色防控325.8万亩。

【经济作物种植】 2020年，全市瓜果蔬菜种植面积35.35万亩，其中，露地蔬菜16.78万亩，设施蔬菜2.12万亩，蔬菜总产量75.12万吨；露地西甜瓜15.57万亩，设施西甜瓜0.88万亩，总产量68.79万吨，实现产值16.84亿元，实现效益9.63亿元。

【土壤肥料和节水农业】 2020年，共布置耕地质量监测点759个，其中，国家长期定位监测点3个、耕地质量变更评价监测点700个、市级耕地质量监测点56个，同比增长7.8%。完成测土配方施肥635万亩、水肥一体化220万亩、秸秆还田91万亩。完成22个肥料样品抽查工作（其中有机肥料5个、水溶性肥料10个、掺混肥5个、复合混肥料2个），合格率68%，不合格产品交由各旗区农牧综合执法队处理。2020年受自治区土肥站委托考核肥料生产企业14家，同时完成鄂尔多斯市5家肥料生产企业肥料产品登记证的考核，并发放肥料登记证11个。

【种子管理】 2020年，在全市安排玉米、糜子新品种展示示范点11个，展示品种共计287个，展示面积 319.1 亩。完成从 2018 年开始的为期 3 年的糜子品种商品性评价试验。完成承担的国家第十三轮糜子品种区域试验，试验品种 21 个。完成承担的国家玉米品种试验 1 项、自治区玉米品种试验 2 项，参试品种共计 78 个。开展农作物种子市场专项检查行动，共检查 90 多家种子经销门店，形成 80 多份检查记录，并发放宣传资料 2000 多份。开展农作物种子质量监督抽查，共抽取玉米种子样品 36 个，完成净度、水分、发芽率及转基因成分快速检测。完成制种基地、试验田、展示田、南繁基地的转基因全覆盖检测。

【饲料草种监督检验】 截至年底，累计检测饲料成品样品及自配料 1956 批次，“瘦肉精”专项监测 10227 批次，覆盖全市所有生产企业、经营门店及养殖场（户）。

【农畜产品质量安全】 2020 年，绿色食品获证 7 家企业 18 个产品，产量 18765.5 吨；有机食品再认证 7 家企业 18 个产品，产量 100378.45 吨；地理标志农产品新登记 2 个产品；名特优新农产品新收录 19 个产品。

【动物疫病预防控制】 2020 年，共组织调入疫苗 6326 万毫升（头份、羽份），免疫畜禽 3867 万头（只、羽），确保应免畜禽免疫密度 100%；病原学流调监测共采集 2.16 万余份样品。确保畜牧养殖和全市公共卫生安全持续稳定，未发生重大动物疫情。

水 利

【鄂尔多斯市水利局】

党组书记、局　长：王　健
党组成员、副局长：齐采力（女）
　　　　　　　　　张海滨
党组成员(副处级)：邱　伟
　　　　　　　　　斯琴格日勒（女，蒙古族）
　　　　　　　　　斯仁闹日布（蒙古族）
　　　　　　　　　宋日升
　　　　　　　　　王　华
纪检监察组组长：布　和（蒙古族）
市世行贷款项目服务中心副主任（副处级）：
　　　　　　　　　韩利荣

【概况】 鄂尔多斯市水利局内设办公室、计划财务科、水利工程建设科、水土保持科、农牧水利科、水资源科、运行监督科、水政科、河湖管理科、行政审批科等 10 个职能科室。下属水土保持世行贷款项目服务中心、市水资源管理中心、市水政水资源执法局、市水库移民安置办公室、市水利工程质量监督站、市防汛抗旱服务中心、市水利勘测设计院、市河湖保护中心、市水土保持监督执法局、市水土保持淤地坝工程项目办公室、市水土保持监测总站、市水土保持工作站、市沙棘开发管理办公室、市水土保持科学研究所等 14 个二级单位。2020 年，全市累计下达各级水利专项资金 65985 万元，其中，中央 32224 万元，自治区 5379 万元，市本级财政 28382 万元，资金已全部下达至各项目建设单位。2020 年，全市各类水利投资项目共 259 个，已开工 216 个，占总项目个数的 83.4%，已完工 172 个，占开工项目个数的 79.6%。项目总投资 70567 万元，已到位资金 62654 万元，资金到位率为 88.8%，已完成投资 48928 万元，投资完成率 69.3%。纳入自治区调度的中央水利项目有 60 个，已全部开工，已完工 48 个，占总项目的 80%，项目总投资 30316 万元，已到位资金 24997 万元，占项目总投资的 82.5%，已完成投资 25923 万元，投资完成率 85.51%。全年累计兑付水利专项资金 3.75 亿元。

【水旱灾害防御】 加大巡查力度，加强应急值守和监测预报，备足备齐抢险物料，累计投入抢险资金 6303 万元，投入石料 16.4 万立方米、土方 37.3 万立方米、编织袋 47.3 万条、人工 6643 人次、机械 5153 台次，累计抢护险工险段 13 公里，完成防凌防汛工作。不断提升山洪灾害防御能力，开展山洪灾害预警和农村基层预警系统建设，完善市级水旱灾害防御专家库和水文、气象信息互通共享机制。加强水利工程安全运行监管，对465座淤地坝、64座水库水闸和部分堤防险工进行了汛前检查，对水利工程安全和防汛“三个责任人”进行公示和培训，制定《淤地坝工程汛期应急抢护指导意见（试行）》，年内未发生水利安全生产事故。为应对旱情，累计投入资金1亿多元、抗旱人数7.5万人，建设储水窖122处，开动机电井9.4万眼、泵站68处、机动抗旱设备303台、运水车辆2.2万辆，抗旱浇灌面积210万亩，临时解决了7500多人、6.6万头（只）牲畜饮水困难。

【水利工程项目建设】 全年争取上级资金50542万元，实施水利工程224项，累计完成投资29370万元。重点实施巴图湾水库除险加固工程，下达中央投资4800万元并开工建设；实施中小河流治理任务4处，病险淤地坝除险加固29座，维修养护水库38座、开展安全鉴定30座、降等报废11座；实施农村牧区饮水安全巩固提升工程93处，总投资11589万元，巩固提升2.7万户7.1万人供水保障水平（涉贫1045户2484人），已完成投资10957万元，完工受益2.4万户6.3万人（涉贫1045户2484人）。维修集中供水工程388处，服务25.9万人饮水安全。全市农村牧区集中供水率达到87.9%，自来水普及率达到82.8%，达到“十三五”规划目标任务。实施农业水价改革37.5万亩。实施南岸灌区水权转换工程维修养护工程，保障工程正常运行，巩固水权转让成果。实施大型水库移民后期扶持项目6个，提升水库移民生活水平。

【水土流失治理】 全年计划完成水土流失综合治理面积890平方公里，完成综合治理任务719平方公里，占总任务的80.8%，十大孔兑沙棘生态减沙、京津风沙源二期和国家水土保持重点建设工程有序推进。拦沙换水试点工程历经十多年不懈努力正式落地，建成后可形成拦沙库容8171万立方米，拦沙1.1亿吨，年置换水量2800万立方米，暂定使用年限25年，在一定程度上缓解鄂尔多斯市水资源短缺的现状，有效减少入黄泥沙。探索出台小型淤地坝报废销号管理办法。推进入黄一级支流综合治理，开展十大孔兑综合治理规划修编及可行性研究报告编制工作。完成全市沙棘资源普查工作。

【水资源管理】 全市年度用水总量控制在16.79亿立方米、万元生产总值用水量较2015年下降25%、万元工业增加值用水量较2015年下降10%、农田灌溉水有效利用系数提高到0.56以上、重要江河湖泊水功能区水质达标率达到74%；牵头开展2018年度、2019年度最严格水资源制度考核工作；严格取水许可审批管理；印发全市节水行动工作任务清单，起草全市水资源节约集约利用行动方案和节约用水条例；开展节水型机关创建工作，市级机关和事业单位建成比例分别达86.36%、52.73%，旗区级机关和事业单位建成比例分别达57.17%、32.37%；开展重点用水企业水效领跑者遴选工作；加强灌溉机电井规范管理工作，全市“十二五”期间新增灌溉机电井41755眼，整改完成39758眼；编制完成全市《水资源平衡利用配置工程（疏干水及中水）可行性研究报告》，推动疏干水无害化、资源化管理。

【河湖长制工作】 2020年，累计发现“四乱”问题815处，整治完成811处，剩余4处已申报延期销号，累计清理垃圾28.9万吨、拆除违建8.6万平方米、疏通河道230.4公里。严格河湖空间管控，完成规模以下河湖划界工作，明确河湖管控边界；完成市级河湖水域岸线保护利用规划；印发《鄂尔多斯市河道采砂管理工作指导意见（试行）》，明确河道采砂管理、审批程序，为全市河道采砂管理工作提供遵循。加强美丽河湖建设，编制市级“两河两湖”水生态综合治理规划。继续做好泊江海子、红碱淖生态补水工作，系统治理河湖水生态、水环境。推进科技研究应用，启动黄河南岸节水改造后大首部滴灌关键技术及管理模式研究科技项目、库布齐沙漠北缘黄河洪水资源利用综合效应监测研究项目。

（纪洪波）

林业和草原

【鄂尔多斯市林业和草原局】

党组书记、局长：韩玉飞

副　局　长：袁庆东

拉腾宝（蒙古族）

乌云其其格（女，蒙古族）

武海涛

【概况】鄂尔多斯市林业和草原局内设办公室、治沙造林科、森林资源管理科、草原科、自然保护地管理科、国有林场和种苗管理科、改革发展和科技科、规划财务科、人事科、行政审批科、森林草原防火科11个科室，设机关党委1个内设机构。下属天然林资源保护管理局、林业治沙科学研究院、退耕还林工程管理中心、森林草原防火办公室、森林资源资产评估管理中心、林业种苗站、森林资源林政管理站、林业工作站、防沙治沙工程管理中心、生态文化博览馆、森林病虫害防治检疫站、林业信息中心、鄂尔多斯遗鸥国家级自然保护区管理局、林业国际合作援助项目办公室、野生动植物保护管理站、国有林场和森林公园管理局、林业综合执法大队、造林总场、地质公园管理局、草原工作站等20个二级事业单位。

【遗鸥国家级自然保护区管理】2020年，完成环保销号验收工作、保护区优化整合前期工作及保护区鸟类监测。通过补水、清淤等一系列措施，保护区水域面积恢复至8.44平方公里，2020年鸟类高峰期达到2万多只，并有5对遗鸥在保护区繁殖。

【森林资源林政管理】2020年，完成2019年度森林督查整改任务，加强对中央财政森林抚育补贴资金项目的管理。

【林业和草原综合行政执法】2020年，结合“两禁”督查、中央环保督察整改、送法下乡等开展了形式多样的草原普法宣传活动。认真开展草原征占用审核审批现场查验。对全市86个主要草地型草地群落指标进行了监测；结合全市人工草地、农作物秸秆、精饲料、青贮等计算全市冷季饲草料储量及载畜量。

【林业工作】2020年，完成《黄河流域鄂尔多斯段沙棘种植2020年度实施方案》等方案的编制和《黄河流域鄂尔多斯段沙棘种植产业发展规划（2020—2024年）》等项目的规划设计。

【森林草原防火】2020年，启动航空护林防火工作，规划7条航线，覆盖全市重点火险区，巡护飞行作业总时长65小时，填补了鄂尔多斯市航空护林工作的空白。

【天然林资源保护】2020年，完成公益林建设任务5.52万亩，落实天保工程森林管护面积3583.58万亩，完成全市国有场站在册职工社会保险的缴纳工作，落实国家级公益林森林生态效益补偿面积1892.38万亩。

【退耕还林】2020年，完成前一轮退耕还林工程建设任务561.7万亩，占计划任务的100%。其中，完成退耕地还林135.8万亩，荒山荒地造林390.9万亩，封山（沙）育林35万亩。

【草原鼠害】2020年，全市草原鼠害发生面积247.6万亩，其中严重发生面积165万亩，共完成草原鼠害防控193.78万亩。草原虫害发生面积193.6万亩，严重发生面积121万亩，草原虫害防控面积117.09万亩。

【林业国际合作援助贷款】2020年，申请欧洲投资银行贷款黄河流域沙化土地可持续治理项目，计划投资16000万欧元，其中欧洲投资银行贷款8000万欧元。

【防沙治沙】 2020年，完成京津风沙源治理林业建设任务4.9万亩，其中人工造林4.4万亩、工程固沙0.5万亩；完成全国防沙治沙综合示范区建设任务5000亩；完成规模化防沙治沙试点林业项目建设任务3.86万亩。

【野生动植物保护】 2020年，市生态环境、林草、自然资源和工信等部门联合开展“绿盾2020”自然保护区监督检查专项行动，制定绿盾销号制度。对全市野生动物人工繁育场所进行全面排查，存栏野生动物通过补偿和签订非食用协议完成处置工作，2020年4月救助自治区重点保护野生动物——狼5匹。

【生态文化博物馆工作】 2020年，对野生动物标本馆内动物标本进行维修维护，打造果树采摘园，栽植果树3000株。

气　象

【鄂尔多斯市气象局领导名录】

党组书记、局长：石　磊

副　局　长：巫荣征

伍秀峰（女）

【概况】 鄂尔多斯市气象局内设办公室（政策法规科）、人事监察科、计划财务科、业务管理科等4个科室。下属气象灾害防御中心、气象台、财务核算中心、行政执法队、信息与技术保障中心等5个二级单位。辖11个旗（区）气象局（站），其中，1个国家基准气候站、2个国家基本气象站、8个国家一般气象站。2020年，全市11个国家气象站全部实现自动化；新建9要素气象观测站2个，增加称重式降水观测设备3套；综合气象观测质量管理体系运行通过中国质量认证中心现场审核，地面气象观测进入新时代。首次开展“国突”系统预警信息发布应急演练，发布对象手机短信接收率99.69%。市旗两级政府均印发《气象灾害应急预案》，联合市应急管理局更新2926名自然灾害应急减灾责任人信息；全年气象灾害预警信息发布准确率达100%；制作完成全市防灾减灾指挥作战图；作为试点单位编制《星看内蒙古——鄂尔多斯遥感图册》。针对重大天气过程召开气象信息通报会4次，接受电视台采访31次。

气候　2020年，鄂尔多斯市各旗区平均气温6.8℃—9.0℃。与常年相比，准格尔旗、鄂托克旗、杭锦旗持平，其余地区高0.7℃—1.1℃；大部分地区较2019年基本持平。年极端最高气温出现在达拉特旗，为36.4℃，出现日期为6月6日，年极端最低气温为零下27.8℃，出现在12月30日（杭锦旗）和12月31日（鄂托克前旗）。达拉特旗、准格尔旗、东胜区终霜冻出现在4月23日，其余地区终霜冻出现在4月24日。与常年相比，乌审旗、鄂托克前旗推迟14天，其余旗区提前1—4天。鄂托克前旗、伊金霍洛旗、达拉特旗初霜冻出现在10月4日，杭锦旗初霜冻出现在10月1日，其余地区出现在10月2日。与常年相比，东胜区持平，其余地区推迟1—10天。2020年，年最大冻土深度为68—131厘米，年日照时数2726.8—3431.6小时，年日照百分率为62%—77%。

降水量　2020年，各旗区降水量为206.3—382.6毫米。与常年相比，达拉特旗、杭锦旗、鄂托克旗多15%—28%，东胜区和伊金霍洛旗接近常年，其余地区少15%—20%；与2019年相比，杭锦旗、鄂托克旗分别多45.6毫米、49.2毫米，其余地区少3.2—137.7毫米。生长季各旗区降水量183.8—343.6毫米。最长连续无降水日是55天，出现在1月13日到3月7日（达拉特旗），最长连续降水日为8天，出现在6月28日至7月5日（准格尔旗），一日最大降水量为55.6毫米，出现在8月29日（杭锦旗），年平均相对湿度为47%—52%，全年下雨日数66—99天，下雪日数7—25天。

风霾　2020 年，各旗区年平均风速为 1.9—4.1 米 / 秒；年内达拉特旗最多风向为东风，鄂托克旗最多风向为东北风，杭锦旗最多风向为东南风，东胜区最多风向为南风，伊金霍洛旗、乌审旗最多风向为西北风，准格尔旗最多风向为西风，鄂托克前旗最多风向为西南风；各旗区出现 3—46 次大风、2—20 次扬沙，伊金霍洛旗、鄂托克前旗、鄂托克旗出现 1—2 次浮尘，其他地区没有出现浮尘，各旗区均没有出现沙尘暴；各旗区出现 8—22 次雾；鄂托克旗没有出现霾，其他地区出现 1—15 次霾。

【人工影响天气作业】 紧盯天气过程，科学开展人影作业，协调周边省市开展飞机增雨，共实施飞机作业 20 架次、火箭作业 52 次、高炮作业 217 次。新购智能型火箭架，为高炮加装安全锁定装置。集中销毁过期弹药。所有固定作业点完成标准化建设，66% 的作业点取得安全等级证书。

【部门合作】 与市电业局共同研发《电力精准气象服务平台》；与生态环境局建设《空气质量和重污染天气预报预警系统》；与市水利局联合开发《鄂尔多斯市水旱与气象灾害防御决策服务平台》；与自然资源局联合发布山洪地质灾害气象风险预警；与准格尔旗政府签署合作协议。与财政、农牧、保监等多部门探索开展农牧业政策性保险，研究制订气象灾害理赔标准；与大数据发展局就政务云资源利用达成一致意向；与鄂尔多斯机场共同开展民航气象执照培训。

【科研和人才保障】 年内，获批自治区气象局科技项目 1 个、地方标准 2 个，市气象局自立项目 7 个；11 个项目通过验收。《鄂尔多斯智慧气象》获批“数字鄂尔多斯建设”2021 年重点项目。

【气象科普宣传】 通过开展网络直播、制作微视频、科普讲解等活动，提升气象宣传效果；融媒体中心全年发布各类信息 3894 条，43 条信息阅读量超 10 万次，政务微博连续 9 个月进入全国百名气象榜。

（端景瑞）

邮政 通信

邮政管理

【鄂尔多斯市邮政管理局领导名录】

党组书记、局长：任海龙

【概况】 鄂尔多斯市邮政管理局内设办公室（纪检监察室）、普遍服务科（机要通信科）、市场监管科3个科室。履行政府监管职能，贯彻执行国家邮政法律法规、方针政策和邮政服务标准，研究拟定全市邮政发展规划，监督管理全市邮政市场、邮政普遍服务和机要通信等特殊服务的实施，保障邮政通信与信息安全，负责鄂尔多斯市邮政业安全生产监管、统计等工作。

【邮快合作】 截至2020年年底，全市共有建制村736个，通快递的建制村427个，快递建制村快递服务覆盖率达到58%，建制村通邮模式共有邮快合作、交快合作、驻村设点3种服务模式。

【快递行业管理】 2020年，全市共有持证快递企业37个、快递企业分支276个。其中标准化网点150个。有顺丰、京东、EMS、德邦、极兔、申通、圆通、韵达、报业、八达、百世、优速、天天、邻米、中通、中铁、终点等快递品牌。全年共接收快递业务1018.37万件，比2019年增长26.12%；共完成投递9658.31万件，增长45.37%；共完成快递收入3.14亿元，增长32.92%。年内，共开展快递许可申请协查，上报审批8个，变更核查87个。

【城市货运配送新能源车辆运营补贴政策】 1月，根据《鄂尔多斯市进一步推进城市绿色货运配送示范工程创建实施方案的通知》，鄂尔多斯市邮政管理局与多部门对接，开展先期调研后，助推《关于对城市配送新能源车辆进行运营补贴的通知》印发，推动城市货运配送新能源车辆运营补贴政策落地。

【“关爱快递青年服务月”活动】 1月16日，市邮政管理局联合共青团鄂尔多斯市委员会启动“快递从业青年服务月”活动，从慰问关爱快递青年和解决快递小哥实际困难的角度出发，组织系列活动给在全市各快递岗位上的从业青年带来新春温暖。

【邮快合作政企联席会】 3月，市邮政管理局组织邮政企业召开政企联席会推进“邮快合作”。参会双方就2020年全市“邮快合作”试点旗县、合作模式、时间节点、工作措施等重点内容进行研究探讨，就鄂尔多斯市试点旗县推进邮政快递合作存在的痛点、难点、堵点问题进行深入分析。

【城区快递末端“最后一公里”配送】 1—4月，市邮政管理局通过组织企业实地考察调研、争取政策资金补贴、打造效益共享合作模式、优化许可服务流程等方式打出“组合拳”，探索推进快递末端综合服务平台建设，提升末端投递共享效益。

【共青团鄂尔多斯市邮政快递行业工作委员会】 9月，鄂尔多斯市邮政管理局联合共青团鄂尔多斯市委员会举行了共青团鄂尔多斯市邮政快递行业工作委员会成立大会。

【城市绿色货运配送示范工程创建】 9月，为落实《鄂尔多斯市进一步推进城市绿色货运配送示范工程创建实施方案》，贯彻国家局和区局邮政业生态环保发展理念，鄂尔多斯市邮政管理局以“绿色高效环保、节能低耗降本”为导向，加强与交通、商务部门工作对接，持续推动城市绿色货运配送示范工程创建工作。

【邮政企业进驻政务服务大厅旗区全覆盖】 9月，市邮政管理局持续加强与市政务服务中心、邮政企业的沟通协调，推进各旗区邮政企业进驻政务服务大厅。邮政进驻政务服务大厅实现旗区全覆盖，可办理邮政包裹、信件寄递及代办公安交管、税务代理等业务。

【鄂尔多斯市城乡高效物流配送农产品进城活动】 12月，市邮政管理局联合市商务局、市邮政公司召开鄂尔多斯市城乡高效物流配送农产品进城活动启动仪式，标志着全市农产品物流配送的“盘活农村电商+提振社区商业+增速高效配送”新模式正在形成。

【快递业与制造业深度融合】 12月，鄂尔多斯市邮政管理局联合市工信局转发内蒙古自治区邮政管理局内蒙古自治区工业和信息化厅《关于促进邮政快递业与制造业深度融合发展的实施意见》，对促进快递业与制造业进一步深化产业协同，实现互利共赢、相融相长、耦合共生具有重要意义。

【政务专递免费邮寄】 5月，市邮政管理局、政务服务局、中国邮政集团公司鄂尔多斯分公司在市政务服务中心联合举办启动仪式，开启全市政务专递免费邮寄活动。启动政务专递免费邮寄服务，办事群众可通过中国邮政快递将申请材料免费邮寄至政务服务大厅具体办事窗口，事务办结后通过政务服务大厅邮政窗口，办理窗口将办理结果及相关材料免费寄回给办事群众。

（曹 渊）

电 信

【中国电信鄂尔多斯分公司领导名录】

党组书记、总经理：孙宝宏

副 总 经 理：苏 平

刘润林

杨 原

贾海滨

【概况】 中国电信鄂尔多斯分公司是中国电信集团公司为适应国家电信体制改革，在鄂尔多斯设立的全资国有通信运营企业。2008年，根据工业和信息化部、国家发改委、财政部联合发布的《关于深化电信体制改革的通告》，中国电信全面收购C网，从2008年10月1日起，正式运营CDMA（码分多址）网络资产与业务。2008年9月18日中国电信股份有限公司鄂尔多斯分公司完成工商注册，取得营业执照。2019年6月取得5G商用牌照。

截至2020年年底，全市互联网出口带宽为1200G，开通1815个NB小区，宽带接入互联网用户19.31万户，移动用户规模48.91万户，企业上云客户427个。

【业务发展】 5G的正式商用意味着移动互联网向移动物联网拓展，将构建起高速、移动、安全、泛在的新一代信息基础设施。5G将加速许多行业的数字化转型，并且更多用于工业互联网、车联网等，拓展大市场，带来新机遇。

【客户服务】 鄂尔多斯电信秉承“用户至上 用心服务”的服务理念，践行以人民为中心的发展宗旨，推进以“客户为中心”的经营服务体系建设，打造优良服务文化氛围。

【国企担当】 落实“提速降费”政策，助力网络强国建设，对上网满足要求的家庭宽带用户免费提速到200—300M，累计提速近2000户。疫情防控期间为20多个中小企业约500个房间提供宽带、IPTV 业务费用减免。精准扶贫，促进共同发展，多措并举高质量完成达拉特旗浦圪卜村、准格尔旗勉圪令村脱贫攻坚战。为抗击疫情，成立应对疫情防控小组，组成 9 支志愿者先锋队，参加联防联控活动。在抗疫过程中，党员冲锋带头在前，为 458 家企事业单位提供天翼云会议，安装疫情防控智慧大喇叭，安装防控热成像体温筛查系统，为校园提供云课堂，为医院安装隔离病房智能监控，为政府安装"天翼看家"监测系统，承建多个智慧社区系统。

联通通信业务

【中国联合网络通信有限公司鄂尔多斯市分公司领导名录】

党组书记、总经理：刘宏斌
副　总　经　理：曹建军
　　　　　　　　臧克喜
纪 检 组 组 长：蔚　冬

【概况】 中国联合网络通信有限公司鄂尔多斯市分公司经营范围包括无线通信业务、电信增值业务、宽带互联网业务、4G、5G、大数据业务、ICT 物联网等。中国联通率先步入 5G 时代，在 5G 应用领域，具备"云 + 网 +X"系列应用、视频互动、现场测速等技术。

【创新业务】 在云计算、大数据、物联网、ICT、IDC 等创新业务方面均有新突破，创新业务技术与应用优势明显。

【网络效能】 2020 年，开通 5G 基站 541 个，移动开通 5G 基站 530 个，对标覆盖占优，完成 15 个小区千兆全覆盖和 1200 个小区的千兆薄覆盖 。

【客服服务】 申诉值低于管控值，超额完成申诉管控目标。2020 年在联通系统全区 KPI（关键绩效指标）考核中得满分。

移动通信

【中国移动通信集团内蒙古有限公司鄂尔多斯分公司领导名录】

总 经 理：冯德强
副总经理：侯美玉
　　　　　郎庆春
　　　　　邱瑞梅
　　　　　刘占才

【概况】 中国移动通信集团内蒙古有限公司鄂尔多斯分公司（简称鄂尔多斯移动通信分公司）是鄂尔多斯市主导的通信运营商，承担着国家公众移动电话网在鄂尔多斯市的发展规划、建设和经营服务。全面负责全市的"139、138、137、136、135、134"及"147、150、151、152、157、158、159、182、187、188"国家公众移动电话网的发展规划、建设维护和经营服务。截至 2020 年底，通信客户数达到 170 万户。2020 年，加速实施"5G+"计划、扎实推进"三融三力"体系（通过思与行相融，强化自身建设，增强党建在促进企业履行政治责任中的"向心力"；通过表与里相融，促进企业发展，增强党建在促进企业履行经济责任中的"引领力"；通过起与落相融，服务反馈社会，增强党建在促进企业履行社会责任中的"驱动力"，从而构建起全景式海岛特色党建价值体系。），创新驱动六大升级，全面顺利达成各项工作目标，客户满意度持续向好。推进运营升级，个人市场高价值运营稳中有升，家庭市场高质量发展增收提质，政企市场转型升级跨越式发展，新兴市场规模化运营取得突破，四轮驱动协同发展、全面发力，拉动收入正向增长。聚焦 5G 服务大众、融入百业，加快"5G+"垂直行业应用拓展，其中麻地梁煤矿无人驾驶项目成为集团级龙头示范项目，亮相 2020 中国"5G+"工业互联网大会；达拉特旗智慧园区项目荣获中国移动 2020 年 One Zone 智慧社区示范社区称号。

【客户服务】 2020年，以推进服务升级为导向，深入实施“服务致胜赢领先”专项行动，坚定执行满意度横纵向“过程 + 结果”绩效考核全覆盖，建立专属客户经理服务机制，开展服务进万家、不满客户修复、优质服务体验工作。高效落实阳光、削峰和费用质疑专项行动，侵害客户权益问题得到治理。持续完善投诉集中化管理体系，通过介入式管控，实现投诉处理效能、质量双提升，不知情定制争议类投诉量同比下降88.78%。

【网络建设】 2020年，通过加强工程进度与质量的精细化管理，完成近500处5G核心网及5G站点建设，实现主城区连续覆盖、旗县镇区热点覆盖，荣获集团公司“5G领跑”劳动竞赛先锋奖，网络能力保持领先。提前完成呼和浩特 准格尔 鄂尔多斯专网覆盖工程建设，实现呼准鄂铁路沿线4G网络全覆盖，解决困扰铁路沿线及周边村庄信号覆盖弱的问题，满足客户24小时无间断的通信网络服务需求。持续推进网络满意度攻坚、降低高负荷小区占比、家庭宽带入户义诊、大型集团专家会诊等专项行动，持续提升客户网络感知。优化传输结构，完成100G波分环路扩容，消灭超大汇聚节点隐患，网络承载能力持续提升。

金融 保险 国有资产投资

银行保险业监督管理

【中国银行保险监督管理委员会鄂尔多斯监管分局领导名录】

党委书记、局长：王志忠

副　局　长：苗江宽

　　　　　　刘国鑫

纪 委 书 记：马仁同

【概况】 中国银行保险监督管理委员会鄂尔多斯监管分局（以下简称鄂尔多斯银保监分局）内设办公室、大型银行监管科、中小商业银行监管科、农村银行机构监管科、城市商业银行监管科、保险机构监管科、统计信息与风险监测科、普惠金融科、人事科、纪检监察科等10个科室，下设准格尔监管组、达拉特监管组、伊金霍洛监管组、杭锦监管组、乌审监管组、鄂托克监管组、鄂托克前监管组等7个监管组。2020年，全市共有银行业金融机构43家、保险机构40家。

【风险防控】 督促银行机构做实贷款分类、压实不良贷款清收处置主体责任，制定银行业不良贷款、逾期90天以上贷款压降处置计划，印发农合机构、村镇银行不良贷款3年压降规划，开展贷款分类真实性自查、核查。年末，银行业逾贷比压降至91.97%，全年督导银行机构累计清收处置不良贷款101.11亿元。

【行业改革化险】 要求法人银行机构将党的领导有机融入公司治理，辖内26家法人银行机构全部将加强党的领导纳入公司章程。严格规范银行机构股东股权管理，全面完成辖内25家农村中小金融机构股权专项排查，推进23家法人银行实现股权托管，将2家机构股东列入重大违法违规股东公开建议清单。按照“成熟一家、改制一家”的原则，如期完成内蒙古杭锦农商行改制开业。扎实推进车险改革，全年合规约谈保险公司负责人20余人次，制定车险业务行业公约，全市车险综合费率降至41.13%、低于自治区平均水平0.95个百分点。

【敏感事件应对处置】 全力配合华夏人寿接管工作，协调地方政府召开接管工作协调会，成立接管工作领导小组，对辖内华夏人寿网点派组驻守，做实维稳应对。稳妥进行辖内16家蒙商银行分支机构开业启动，成立7个巡察小组，落实零报告机制；完成包商银行发起2家村镇银行更名，严格落实包商银行破产事件引发次生风险应急预案，实现涉事网点和重点机构安全稳健运行。

【对重点工程、重点项目的资金支持】 全市制造业贷款余额达到669.36亿元，制造业中长期贷款占比73.6%。2020年，银行业累计向118个地市级以上重点工程、重点项目给予资金支持、贷款余额698.05亿元，共为34个地市级以上绿色信贷项目资金支持178.43亿元。持续推进债委会作用发挥，全年累计帮扶困难企业29户，弱化风险金额161.79亿元，续贷金额402.45亿元。

【普惠金融服务】 及时传达小微企业金融服务、疫情防控期间普惠金融等政策文件，通过按月监测、按季通报、不定期督导等手段，严格落实政策要求。截至年底，全市民营企业贷款余额2225.12亿元，占全部信贷存量的64.25%，信贷增量实现了持续增长；小微企业贷款余额1088.53亿元，增长5.24%，高于同期贷款增速0.56个百分点，贷款户数4.85万户，比年初增加0.43万户，小微企业信用贷款和无还本续贷规模分别同比增长75.77%和77.3%。

（张 尹）

人民银行

【中国人民银行鄂尔多斯市中心支行】

党委书记、行长：巴 图

副 行 长：陈 芳（女）

杨子光

陈万杰

武培云

工 会 主 任：王广田

纪 委 书 记：章有军

【概况】 中国人民银行鄂尔多斯市中心支行是中国人民银行在鄂尔多斯市的派出机构，承担在鄂尔多斯市辖区履行中国人民银行各项职能的职责。中心支行内设办公室、人事科、宣传群工部、纪委监察办公室、内审科、科技科、货币信贷管理科、调查统计科、征信管理科、会计财务科、保卫科、国库科、外汇管理科、金融稳定科、货币金银科、支付结算科、后勤服务中心等17个职能科室，辖区共有7个支行。截至2020年年末，全市共有银行业金融机构44家，资产总额5103.14亿元，同比增长2.37个百分点；全市银行业金融机构实现利润总额37.77亿元，同比减少2.33亿元，下降5.58%；全市不良贷款余额192.12亿元，同比增长33.65%；不良率为5.55%，同比增长1.17个百分点。2020年，全市金融机构人民币各项存款余额4019.92亿元，同比增长0.1%；各项贷款余额3398.72亿元，同比增长4.54%。

【货币政策】

引导资金向重点领域和薄弱环节倾斜 5次降准为全市金融机构增加可用资金34亿元；全年累计发放再贷款11.53亿元；累计办理再贴现4.68亿元；地方法人金融机构办理延期还本付息18.4亿元；发放普惠小微企业信用贷款5.76亿元，全市金融机构共办理展期续贷662笔152.7亿元，有效缓解企业的资金压力。

支持稳企业保就业工作 推动鄂尔多斯市政府印发《鄂尔多斯市金融支持稳企业保就业实施方案》，市委、市人民政府调增金融服务企业开复工办公室工作职能，统筹推动全市建立市旗（区）两级政府牵头的统筹协调机制、人民银行内部工作机制、各金融机构银企对接机制等三个层级的稳企业保就业工作机制，实现从复工复产到稳企业保就业的有序衔接，有力支持实体经济发展。6—12月，银企对接成功380户，共计68.94亿元。全辖组织召开19次政银企对接会，现场签约金额达66.5亿元。

乡村振兴战略的金融服务 2020年年末，全市涉农贷款1553.09亿元，同比增长10.49%；“两权”抵押贷款余额2.22亿元，累计发放1.82亿元；活体牲畜抵押贷款累计发放8136万元，余额9046.7万元，盘活活体牲畜数量7.13万头。

贷款市场报价利率（LPR）形成机制改革 召开2020年鄂尔多斯市市场利率自律机制工作会议，12月全市贷款加权平均利率为5.79%，企业融资成本稳中有降。

金融运行监测分析质量 及时向地方党委政府报告金融运行情况，宣传金融宏观调控政策，提出合理化工作建议。

【“三大攻坚战”】

重大风险攻坚战 加强金融风险监测，针对高风险法人金融机构不同的风险状况和风险成因，“一行一策”对症下药。对10家高风险法人金融机构开展约见谈话，并下发《风险警示函》。截至2020年年末，法人机构累计清收和处置不良贷款86.9亿元。加强金融风险排查，对辖内26家投保机构资产质量真实性开展现场核查，对10家账实严重不符的投保机构进行费率红线指标调整。高风险机构资本补充工作稳步推进，鄂尔多斯银行通过债权转让和债权转股权两步走的创新模式，完成债转股42.13亿元（其中含不良贷款12.66亿元）。针对风险抵补能力不足问题，鄂尔多斯银行等3家高风险机构向自治区政府申请专项债43亿元，其中鄂尔多斯银行30亿元专项债成功发行，准格尔煤田农村信用合作联社和伊金霍洛旗矿区联社发行工作正在稳步推进。加强流动性管理，持续对高风险地方法人金融机构及包商银行发起的两家村镇银行开展密集监测。

精准脱贫攻坚战　年内，累计发放扶贫再贷款0.97亿元。截至2020年年末，全市扶贫小额信贷余额7741.88万元，累计带动服务贫困人口数8900人次，为脱贫攻坚提供有力支持。

污染防治攻坚战　截至2020年年末，全市金融机构绿色贷款余额291.66亿元，同比增长34.9%，有效推进产业结构、能源结构的调整。

【外汇管理】

国际收支统计和银行外汇收支管理　全年跨境外汇收入4.68亿美元，同比增长2.66%；跨境外汇支出4.91亿美元，增长12.45%。结汇总额1.95亿美元，下降39.18%；售汇总额3.89亿美元，增长15.75%。

贸易收支便利化　引导全市3家跨国公司利用好资金池的便利政策，降低汇兑成本，共有62家成员企业业务归集到跨境资金池，综合运用资金达111亿元，累计节约财务费用近3000万元。

跨境金融区块链服务平台　辖区8家银行开通区块链服务平台，2家银行通过区块链服务平台开展出口贸易融资业务，企业贷款利率最低为2.06%。

外汇检查　充分发挥非现场检查作用，加大对外汇违法违规行为的打击力度，全年排查可疑线索21条，涉及金额1.92亿美元。

【金融服务】

支付结算服务能力　全辖共办理大小额支付业务235万笔、7万亿元，开销户业务4.6万户。

科技服务保障能力　完成TCBS（国库会计数据集中系统）升级、ACS（系统—中央银行会计核算数据集中系统）换版升级及商业银行、公积金中心接入征信自主查询机网络环境检查工作。

货币金银管理　全年投放货币85.83亿元，回笼货币70.17亿元。收缴假币5851张、涉及面额合计51.7万元。深入开展整治拒收现金行动，建立整治拒收现金长效机制。

现代化服务型国库建设　全年完成一般公共预算收入464.88亿元，同比减少7.22%；完成一般公共预算支出702.15亿元，同比增长3.03%。创新性编制电子对账小程序，实现管辖国库与代理国库的电子对账，提高对账效率。

征信管理与服务　全年共办理企业信用报告查询3823笔，同比增长2.16%；个人信用报告查询17.1万笔，同比增长43.88%。

中小微企业信用体系建设　推动鄂尔多斯市中小微企业信用平台正式上线运行，截至2020年年末，平台已入驻企业3545家、合作银行43家、担保机构5家，发布金融产品179个、担保产品3个，平台成功对接中小微企业融资145笔11.36亿元。加强应收账款融资服务平台推广应用，2020年，新注册用户36户，完成融资13笔15.46亿元，全面实现支持小微企业融资户数增长20%、融资金额增长10%的工作目标。

中国银行

【中国银行鄂尔多斯市分行领导名录】

党委书记、行　长：蔺　云

党委委员、副行长：孙　杰

郝永君

池立茹（女）

李慧霞（女，2020年6月任职）

党委委员、纪委书记：王亚青（女，2020年10月任职）

副行长（挂职）：吴　翔（2020年3月调离）

党委委员、副行长兼财务总监：

李云龙（2020年4月调离）

党委委员、纪委书记：倪永胜（2020年10月调离）

【概况】中国银行鄂尔多斯市分行共12个部门（公司、交易银行部、普惠金融、个金、银行卡、信科、纪委办公室、风险、内控合规、综合、财务、人力），2个中心（渠运、消费金融）。辖属分支机构25家，覆盖鄂尔多斯市的7个旗2个区。其中，东胜区11家（含营业部）；康巴什区2家；3家管辖性县域支行下辖7家经营性支行，分别为达拉特旗支行下辖2家经营性支行、伊金霍洛旗支行下辖2家经营性支行、准格尔旗支行下辖3家经营性支行；旗县经营性支行4家，分别为鄂托克旗支行、鄂托克前旗支行、乌审旗支行、杭锦旗支行；市行直属普惠金融网点1家，为伊金霍洛旗的乌兰木伦支行。2020年，中国银行鄂尔多斯市分行全辖共有机构网点25个，离行式自助银行21个，离行式ATM机23个。截至2020年年底，中国银行鄂尔多斯市分行资产总额293.09亿元，较年初下降5亿元，下降1.68%；负债总额292.56亿元，较年初提升4.27亿元，增长1.48%。实现净收入7.44亿元，同比减少0.25亿元，其中实现非利息净收入0.87亿元，同比减少797万元，完成预算84.27%；实现拨备前利润5.75亿元，同比减少0.2亿元。截至12月末，中国银行鄂尔多斯市分行人民币一般性存款日均余额212.35亿元，较年初新增5.32亿元，新增额四行排名第三。人民币一般性存款时点余额213.21亿元，较年初新增11.34亿元，新增额四行排名第二。

【金融服务】

支持企业复工复产　在疫情严重期间，根据分行出台的疫情防控期间各项业务连续性方案，本着特事特办的原则，开通国库紧急拨款绿色通道，建立外汇及跨境业务绿色通道，分别为康巴什区财政局、鄂尔多斯市中心医院办理财政合计拨款214.55万元，所有款项均用于鄂尔多斯市疫情防控工作；两次为鄂绒集团办理境外汇款业务合计100万美元，用于企业境外采购口罩及防护服等防护用品。为支持受疫情影响中小企业复工复产，按总分行要求积极支持延迟复工企业贷款延期，对受疫情影响的普惠型小微企业和普惠型疫情防控客户的信贷供给，不受月底专项信贷规模限制，执行优惠利率，优化流程，提供线上服务，灵活发放贷款。为贺大妈餐饮、新智远医疗科技公司等13家中小企业提供复工复产信贷支持，共新增3290万元复工复产贷款，解决小微企业复工复产难题。

重大项目资金投放　2020年，累计实现净新增投放43.84亿元，投放额全区名列前茅，实现近四年来单年投放最大规模，成功扭转资产业务连续多年下滑态势。整体来看，中国银行鄂尔多斯市分行重点支持行业分布在煤炭、化工、电力等地区传统优势行业，占比86.31%。新增对公路基建的金融支持以及首创性地落地首笔政府隐性债务化解项目，合计金额6亿元，占比13.69%。

重点领域发展　以党建共建为切入点，与鄂尔多斯市消防救援支队、鄂尔多斯市武警支队开展合作，实现数十年来军警行业“零的突破”，为鄂尔多斯市武警支队官兵开立工资卡、手机银行、快捷支付，实现代发，同时开立市消防支队的工会专户和党费专户。

场景建设　2020年，先后累计落地矿山基金账户26户，基金进账账户21户，累计新增存款7.71亿元，矿山基金场景搭建成效显著；加强对授信客户银行承兑汇票业务营销力度，加大保证金类稳定性存款的留存度。截至2020年年底，中国银行鄂尔多斯市分行通过开立银承汇票累计沉淀保证金3.42亿元，保证金存款初见规模。与鄂尔多斯市房屋管理局的“商品房预售资金监管平台”的政务合作，通过近半年的沟通协调，于12月与市房管局确立合作关系，截至12月31日，实现商品房预售资金新增1.93亿元，实现预售房基金场景搭建；紧跟区分行政策导向，全力拓展“6+2”场景建设，截至12月末，累计实现普惠金融贷款新增投放1.12亿元。

【绿色金融】 截至2020年年底，中国银行鄂尔多斯市分行绿色信贷余额已突破90亿元，达到90.16亿元，在全行公司贷款中占比为35.27%。主动为超过10户绿色信贷客户提供金融服务，重点支持中天合创、国能上海庙、国电双维、南部铁路、呼准铁路、中煤蒙大新能源、浩吉铁路等企业，在工业节能环保、绿色交通运输、可再生能源及清洁能源等多个绿色信贷领域中筛选低耗能、污染物排放达标的优质行业区域龙头企业项目提供金融服务。

【机构网点建设与转型】 2020年，中国银行鄂尔多斯市分行网点建设项目共涉及5个迁址、4个原址改造、1个特色化网点装修工程。

【金融改革】

民生服务　在总分行“百城千店 食来运转”消费场景的基础上，选择与当地有较大影响力的29家商超、加油站等商户合作，搭建特色优惠民生消费场景，开展周末、“双十一”等重要节假日“中国银行卡专属消费优惠日”活动；与当地34家安达便利店合作，搭建快捷支付消费优惠场景；在云缴费手机银行活动项目中，中国银行鄂尔多斯市分行为全区第一家完成上线的分行，其中签约55家物业公司，占全市物业公司的30%，同时与伊金霍洛旗自来水公司完成项目签约并开展线上缴费活动。

科技创新　与鄂尔多斯市中心医院合作建设智慧医院项目，为中国银行鄂尔多斯市分行带来行政事业日均存款2.31亿元，带动医疗系统代发薪月均人数3000人，代发资金量2.61亿元，该代发资金沉淀高达38%。在教育场景中，中国银行鄂尔多斯市分行与鄂尔多斯市最大的两所高校合作落地智慧校园项目，为中国银行鄂尔多斯市分行新增代发薪3600万元，教职工学生客户7100人，沉淀行政事业存款4000万元。中国银行鄂尔多斯市分行寻求K12项目合作机会，与达拉特旗教育局达成合作意向，首批试点学校4所，覆盖12年义务教育各阶段学校。

【防控风险】 截至2020年年底，中国银行鄂尔多斯市分行不良资产余额2.03亿元，较年初减少6709.87万元；不良率0.67%，较年初减少0.22个百分点。截至年底，累计表内外清收合计14967.48万元，其中表内清收合计11150.1万元，表外清收合计3817.38万元。

【风险体制机制建设】 2020年，持续跟进督导“扫雷除霾1.0”专项检查发现的问题；开展“扫雷除霾2.0”自查自纠工作，对发现的问题进行整改，对责任人1人进行问责；按季开展员工异常行为排查，采取多样化排查手段，做实员工“三重排查”，畅通举报渠道；开展形式多样的内控合规培训，培育良好的合规文化。

（乔瑞平）

工商银行

【中国工商银行鄂尔多斯分行领导名录】

党委书记、行长：王晓勇
副　行　长：王永平
李文正
赵晓红（女）

纪 委 书 记：田永贵

【概况】 工商银行鄂尔多斯分行全辖机构总数为41个（含二级分行本部）。辖属支行40个（其中城区一级支行4个、旗县一级支行7个，二级支行9个）。市分行本部下设对公金融业务部、个人金融业务部、个人信贷业务部、信贷与投资管理部、内控合规部、纪委办公室、办公室、人力资源部、财务会计部、渠道管理部、工会办公室、运行管理部、普惠金融事业部、金融科技部、私人银行服务中心、不良贷款清收处置中心、账务管理类中心、实物管理类中心、大客户服务中心、银行卡业务中心、信贷业务审查审核中心、机构金融业务部、国际业务部。一级支行：东胜支行、东绒支行、鄂西街支行、伊西街支行、达拉特支行、伊金霍洛支行、准煤支行、准格尔支行、杭锦支行、乌审支行、鄂托克支行。二级支行：阿拉腾支行、猛格支行、金珠支行、锦绣苑支行、伊煤路支行、东颐支行、康巴什支行、棋盘井支行、东煤支行。2020年，实现拨备前利润8.63亿元，同比增加1.75亿元，增长25.49%，超额完成区分行年度计划和年度目标；实现净利润3.65亿元。调整优化盈利结构，实现利息净收入10.4亿元，较2019年年末增加1.64亿元，增幅18.76 %；实现手续费及佣金净收入1.77亿元，较2019年年末增加0.13亿元，增幅7.71 %。

【不良贷款】 2020年，共清收处置不良贷款2.32亿元，常规清收2.1亿元。其中：现金清收0.39亿元，转化0.5亿元，核销0.98亿元，以物抵债0.23亿元。年末，不良贷款余额4.32亿元，较年初减少1.96亿元；不良率1.1 %，较年初下降0.75个百分点，不良率优于全区平均水平，实现了资产质量的进一步好转。

【中间收入】 2020年，实现中间业务收入18784.88万元，同比增加1010.47万元，增长5.68%。进一步打造新增长点，银行卡业务、国际业务、网金业务、个金业务、结现业务、机构业务较2019年同期增加，分别增加1437万元、316万元、284万元、261万元、230万元、103万元。

【各项存款】 2020年年末，各项存款时点余额437.15亿元，市场占比较2019年年末提升0.83个百分点；增量20.14亿元，增长4.83%，同业四行排名第二位；各项存款日均余额424.67亿元，同业四行市场占比较年初提升0.38个百分点，日均增量24.96亿元，增长6.24%，同业四行占比32.3%，排名笰2位，较年初提升1个位次。

【各项贷款】 2020年年末，各项贷款累计投放271.73亿元，同比多投84.62亿元。各项贷款余额392.07亿元，同业四行市场占比较2019年年末提升2.09个百分点；增量52.33亿元，增长15.4%，创近10年以来最好水平，同业四行增量占比58.73%，排名第一位。

【信贷业务】

公司贷款 2020年年末，公司贷款余额352.77亿元，较年初增加54.8亿元，增量同业四行排名第一位，比建行增加61.19亿元。

个人贷款 2020年年末，个人贷款余额15.9亿元，增长0.4亿元，近7年来首次实现正增长。累计投放7.3亿元，其中一手房贷款投放市场占比35%，同业排名第一位。

【存款业务】

储蓄存款 2020年，个人客户总量及个人有效客户分别较年初增加5.7万户和3.8万户。年末，储蓄存款时点增量、日均增量分别达到14.26亿元和21.12亿元，同业四行均排名第二位，分别较年初上升1个位次。

公司存款 2020年年末，公司存款时点余额85.3亿元，市场占比较年初提升5.9个百分点，时点增量12.95亿元，增长17.9%，增量同业排名第二位，增量系统贡献度同比提升15个百分点。

机构（同业）存款 2020年年末，机构存款时点余额69.32亿元，超越农行，同业排名升至第二位。同业存款时点余额17.09亿元，较年初增加12.93亿元，余额和增量均排名同业第二位，分别较年初上升1个位次。

【中间业务】

信用卡业务　将e分期业务作为市分行分期付款业务的重点发展方向，在传统的电话外呼营销及到店客户营销的基础上，利用“职场营销”及“e分期营销日”两大渠道，扩大发展规模，累计成功营销600多家企事业单位，导入白名单客户2100多户，发放e分期22800万元。加强积分兑换活动的推动，在拓展新增e支付商户的同时为商户开通积分兑换功能，以线上线下双渠道积分兑换模式带动收入增长。制定5万元以上积分兑换精准营销项目方案，推动积分兑换工作取得实效。年末，信用卡板块实现中间业务收入实现6537万元，较2019年增加1437万元，增长28.16%，贡献度提升6.1个百分点。

公司投行业务　通过对辖内目标客户开展营销并为其提供全方位的金融资产服务，深化与重点客户的合作，得到伊泰、汇能、蒙泰、鄂绒等优质客户的认可，推动顾问类业务及信息服务业务增收。围绕品牌项目，将银团贷款作为增收扩源的突破口，实现有效突破。共实现公司投行中收4231万元，连续8年保持系统第一位。

个金板块中间业务　加强理财销售推动，以月为周期举办理财对抗赛，对于获胜支行给予中间业务收入奖励及支持，充分调动支行营销积极性。加快业务转型，将保险、基金等重点产品的销售作为常态化工作开展。紧抓年末关键节点，全力推动贵金属产品快速上量，实现贵金属专业中间业务收入727万元，系统排名第一位。年末，个金板块中间业务收入达到3764万元，同比增长7.4%，连续两年保持正增长，高于系统平均水平1.2个百分点。

【转型发展】

“第一个人金融银行”　在储蓄存款、中间业务收入等核心指标保持增长的态势下，个人客户总量和结构不断优化。2020年年末，全量个人客户达到128.1万户，净增5.7万户，其中个人有效客户净增3.8万户，占比66.7%，高于系统平均水平2个百分点。“境内外汇业务首选银行”初显成效，国际业务领域各项指标实现快速增长。年末，国际结算量27296万美元，超额完成区分行年度经营计划；跨境人民币业务取得历史性突破，跨境人民币结算量80909万元，是2019年结算量的5.5倍；实现国际业务中收646.24万元，同比增加316.19万元，增长195.8 %，同业排名第一，总量、增量和增幅均创近年来最好水平。

GBC工程　在智慧招标领域，成功中标为鄂尔多斯市公共资源交易中心的合作银行，并开立保证金账户，为双方加强业务合作奠定坚实基础。在智慧“三农”领域，率先在鄂托克旗投产上线农村集体“三资”管理平台，为59家农村股份经济合作社开立账户，成为系统内首家上线农村集体“三资”管理平台的二级分行。智慧医疗领域，与鄂尔多斯市中医医院开展合作，成功投产上线智慧医疗系统和资金对账平台，并建立代发工资业务，填补市分行在银医合作领域的空白。

深改工作　围绕重点城市行、重点县支行竞争力提升工程，坚持高标引领、高标定位，以争第一为目标，做好三年战略规划工作。强化支持保障，从经营授权、资源配置、业务指导、人才培养、体制机制改革等方面，细化工作措施，切实推动战略落地见效。同时紧跟区分行工作导向，结合经营实际，制定《鄂尔多斯分行支行特色化经营方案》，确保支行特色化经营开好局、起好步。

【信贷经营】

信贷资产质量　突出“早、优、准”，扎实做好防逾期防劣变工作。对存量贷款，从客户经营、财务、交易、资金、还款安排、担保措施等方面入手，采取现场与非现场结合、监测分析与行内行外信息交流结合等手段，通过大户风险分析会、重点客户约见、龙头企业专人进驻、债权人委员会等方式，逐户逐品种进行风险排查和研判，切实抓好到期前贷款的监测和账户管理，充分利用现有信贷政策，主动采取展期、再融资、重组转化等手段防控融资劣变，最大程度地做好风险的缓释和转化。

信贷基础管理　严格抓好客户准入管理，根据前台部门的“营销目标客户库”，从实质风险可控的角度综合评价法人客户是否符合准入标准，防止“病从口入”。深入落实总分行“三道口、七彩池”分池分区分块的管理要求，以重点移出、重点移入“两个池子”为抓手，做好信用风险主动防控。年末，重点移出客户池移出6.36亿元，完成区分行任务的101.3%。强化大户风险管控，累计共组织召开大户风险会诊分析会12次，就6户集团客户及29户单一客户制定风险控制措施和管控策略。对贷款大户会诊决议的事项以及管控措施及时下发，对执行情况通过督办形式进行跟踪落实，确保既定的风险管控措施目标落实到位。

信贷领域案防　年内，在审查审核中心设立“反假岗”，把“真实性”治理作为2020年加强信贷管理工作的重要内容，共对13户客户、余额3.42亿元的融资进行排查，未发现存在“真实性”问题。组织开展区分行“从严治贷强化年”活动，抓好信贷人员培训。

【内控案防】

风险排查　深入落实行长李峰在风险全面排查会议上的讲话精神，第一时间组织各专业部门全面梳理排查要点，分层次、多维度组织开展排查工作，实现对本行机构、业务、人员的排查全覆盖。对于检查出的问题，严格按照“双线整改”要求，实行销号管理，边查边改，立查立改，举一反三。对于暂时不能整改的问题逐个、逐户、逐笔进行分析研判、制定整改措施、明确整改时限，直至问题得到解决、风险得到排除。

案件防控　严格按照《案件防范会议规程（试行）》要求，结合市分行案防形势，按季度组织召开案防会，会后认真落实会议剖析问题整改。市分行领导严格落实“下沉一级”要求，及时参加重点联系支行的案防分析会，实现全覆盖，并提出针对性整改意见和措施，促进支行案防会质量提升。深入抓好案件及案件风险事件排查，统筹确定2020年度案件风险专项排查计划，确保对监管重点、总分行明确案防要点和市分行案件暴露薄弱环节的全覆盖；推动信贷、核算、关键岗位、个人信息安全领域“四个专项行动”，以及从业人员履职监督、全行人员及队伍建设“两项强化措施”具体任务清单落地，从源头做好案件及案件风险治理。对2019年监督检查整改工作开展后续评价，检查发现问题整改率达到100%。

内部控制管理　深入开展“制度治理年”系列活动，引导全行员工维护制度尊严，强化制度执行。推进《内部控制手册》落地应用，组织各专业条线、各支行做好内控职责与具体岗位和人员有效匹配，压实内控责任。持续加强员工异常行为管理。开展员工信用卡套现、办理第三方支付机构POS套现、违规担保等专项排查和风险全面排查，扎实做好异常行为员工帮扶转化，逐人制定帮扶措施。

建设银行

【建设银行鄂尔多斯分行领导名录】

党委书记、行长：李耀和（4月离任）
　　　　　　　　王开宇（蒙古族，4月任职）
副　　行　　长：张志恒
　　　　　　　　刘建平
　　　　　　　　张振庆
纪 检 组 组 长：张剑飞

【概况】 建设银行鄂尔多斯分行属建设银行内蒙古自治区分行下辖二级分行，下辖城区17个支行、旗县7个支行，共32个营业网点。2020年，建行鄂尔多斯分行核心业务指标继续领跑同业，全行资产负债稳健增长，资产总额 518.7 亿元，增长 9.7%，负债总额 513.3 亿元，增长 9.6%。主要经营指标均衡发展，一般性存款日均余额 476.8 亿元，较年初增长 29.7 亿元；各项贷款余额 378.2 亿元，较年初增长 9.2 亿元；实现中间业务净收入 2.1 亿元；实现税前利润 11.9 亿元。不良贷款额 0.25 亿元，不良贷款率 0.07%，较年初实现双降。

【支持复工复产】 2020 年，累计向 21 户大中型企业发放非贴贷款 73 亿元，累计发放贴现贷款 30.96 亿元（含小微企业贴现）。普惠贷款新增 7.14 亿元，其中发放“云义贷”119 笔，金额 6786 万元。通过调整还款计划，助力受疫情影响严重、出现临时性资金困难的企业缓解临时还款压力；通过贷款定价调整，为企业及存量政府购买服务贷款降低贷款利率，降低企业融资成本。

【新金融行动】 按照总分行要求，聚焦“三个能力”建设，深化新金融行动，提高数字化经营水平，坚持贯彻执行区分行工作会提出的“1237”发展思路，狠抓工作落实，持续推进“三大战略”。住房租赁提质，共办理保证金监管 7502 笔，监管保证金 2433 万元；完成公租房系统全流程办理 270 笔；办理存房业务 24 笔；完成住房租赁平台交易 58 笔，成交金额 62.22 万元。普惠金融上量，截至 2020 年年末，普惠金融小微企业贷款余额 10.45 亿元，新增 7.14 亿元，贷款新增系统第三；年末普惠金融贷款余额占比较年初提升 1.86 个百分点。贷款客户数 2607 户，新增 1007 户，系统位次第四；小微快贷不良率 0.04%，小微贷款资产质量优良。金融科技赋能，社会化平台系统内排名第五，对私有效用户系统内排名第四。上线“政融支付”收费事项（15 项），全行 STM（超级柜员机）交易查询量 115832 笔，总用户数 15734 户。“裕农通”提质增效，助力乡村振兴。建设并维护裕农通服务点 731 个，实现鄂尔多斯市辖行政村全覆盖。挂牌成立 2 所“建行大学·裕农学堂”，打造乡村教育金融赋能新模式。

【风险管理】 全年共处置不良资产 4.87 亿元，实现已核销资产现金回收 1.2 亿元。全年未发生严重声誉风险事件。进一步深化“平安建行”创建，全行未发生一起刑事治安案件和重大安全责任事故。协助完成包商银行改革重组，助力化解金融体系风险。

【内控合规】 坚持“严管就是厚爱”，认真贯彻执行总分行合规管理工作要求，纵深推进人人尽责的合规管理。重点做好员工行为管理、反洗钱能力提升、违规问责惩戒、监管发现问题整改、合规警示教育等工作。推动全行合规工作再上新台阶，努力实现全年“两个确保、五个减少”（确保法律法规、监管规定在建行得到遵循，确保行内规章制度得到有效落实；减少监管类案件、减少重大违规事件、减少监管处罚、减少违规财产损失、减少违规负面舆情）的合规管理目标。

（张承志）

农业银行

【中国农业银行股份有限公司鄂尔多斯分行领导名录】

党委书记、行长：李旭东（1 月离任）
　　　　　　　　侯振民
副　　行　　长：曲志勇
　　　　　　　　白永峰
纪　委　书　记：王　刚（7 月离任）
　　　　　　　　陈　颖

【概况】 农行鄂尔多斯分行共有 21 个机关内设部室，14 个一级支行，45 个营业网点，24 个自助银行。2020 年，各项存款时点余额 408.46 亿元，日均余额 445.42 亿元；各项贷款 276.82 亿元，增量 27.48 亿元；实现营业收入 108520 万元，净利润 55507 万元。

【支持脱贫攻坚与乡村振兴】 制定《鄂尔多斯分行 2020 年脱贫攻坚评价方案》，截至 2020 年末，全市精准扶贫贷款余额 134058.21 万元，较年初增加 33860 万元，支持带动贫困人口 779 人。通过落实疫情期间延期还款政策，整改期限与贫困户经营周期不匹配问题，执行直接财政直接贴息政策，做好扶贫小额信贷业务。采取政府风险补偿基金、与政策性担保公司合作等方式解决农牧民贷款担保问题，加大农户贷款投放力度，全行农户贷款较年初新增 12 亿元。落实内蒙古分行与市政府签订的乡村振兴战略合作协议，向政府推荐的各类乡村振兴项目投放 10.6 亿元，其中通过联合体模式投放 6.1 亿元，支持 13 个联合体，主要从事绒山羊和细毛羊养殖、玉米、葵花、蔬菜种植产业。2020 年新增农牧业法人客户 19 户，促进龙头企业发展，发挥龙头企业对产业发展与脱贫致富的作用。

【疫情防控及复工复产】 全额满足疫情防控企业融资需求，支持农副产品稳产保供，助力各类企业复工复产，服务农村牧区春耕备耕。2020 年，投放各项贷款 163 亿元，其中新增投放贷款 82 亿元。

【深化服务提质和网点转型】 精简一级支行机关人员，下沉网点 92 人。其中落地营销岗位人员 73 人，占比 79.34%，网点专职营销人员占比提高至 69%。鄂尔多斯市分行机关在原城区支行职能上收的基础上，新增 18 项职能上收内容，扩大 59 项职能上收范围，14 个部室上收 104 项工作职能。组建三农客户经理、对公客户经理和个人客户经理“三支队伍”，其中三农客户经理队伍 18 支 37 人，对公专兼职客户经理 61 人，个人客户经理 164 人。

（张海洋）

农业发展银行

【中国农业发展银行鄂尔多斯市分行领导名录】

党 委 书 记、行　长：李文君（11 月离任）

党委副书记、副行长：牛　泽

纪 委 书 记、副行长：黄智慧（蒙古族）

【概况】 中国农业发展银行鄂尔多斯市分行内设办公室（党委办公室）、资金计划部、政策性业务部、创新与投资业务部、信贷与风险管理部、内控合规部（法律事务部）、财务会计部、信息科技部、人力资源部（党委组织部）、纪委办公室等 10 个部室。下辖东胜区支行、达拉特旗支行、准格尔旗支行、乌审旗支行、杭锦旗支行、鄂托克旗支行 6 个支行，其中伊金霍洛旗、鄂托克前旗无该行机构，分别由东胜区支行、鄂托克旗支行代理。2020 年，各项存款余额 13.51 亿元，各项存款日均余额 21.4 亿元，各项贷款余额 107.54 亿元，其中，累放民营小微企业贷款 0.19 亿元，累放扶贫贷款 19.45 亿元；拨备后盈利 0.67 亿元。

【重大风险攻坚战】 针对个别地方政府因还款集中或财力有限等原因造成的还本付息困难，积极通过无还本续贷、贷款展期、调整还款计划等措施缓解政府还款困难，全年累计为 4.2 亿元贷款办理延期还本，为 5.5 亿元贷款办理延期付息。充分落实让利于企，全年减免利息费用共计 511.7 万元，有 160 户企业充分享受“农发行红包”，其中：减免利息 461.58 万元；减免评估、登记、公证、担保等费用 31.61 万元，减免客户网银结算、工本费及询证函等各类费用 18.51 万元。

【信贷基础管理】 认真履职，坚持准确评价、合理测算，确保客观评级与合理授信，严把评级授信审查关，完成信用等级评定；严格信贷事项审查、审议、审批工作，充分发挥信贷审查风险防控作用，不断提高信贷审查质量和效率；进一步规范贷后管理例会工作，强化例会时限要求，及时发现和处置风险信号，充分发挥贷后管理例会职能作用。严格落实贷后管理例会制度，一定程度上提高农业发展银行鄂尔多斯市分行风险预警能力及贷后管理水平；严格审核信贷审批书明确的各项贷前条件落实情况，发挥贷款发放前审核的刚性约束作用，加强对项目后续分步落实的贷前条件审核力度，确保每一笔贷款发放合规；认真核对法律审查意见书要求落实的内容；加强资金支付审核，加强资金支付报备管理。严格按照资金支付报备管理有关规定，对满足条件的贷款资金在支付核准前实行报备。

【支农资金】 2020年，累放贷款36.28亿元，累收贷款40.79亿元。截至2020年年末，各项存款余额13.51亿元。

鄂尔多斯银行

【鄂尔多斯银行】

党　委　书　记：李志强

党委副书记、行长：左中海

【概况】 鄂尔多斯银行股份有限公司（以下简称鄂尔多斯银行）有分支机构111家，主要分布在鄂尔多斯市所辖7个旗2个区，在呼和浩特市、包头市、锡林郭勒盟、乌海市四地设有分行，另设立8家村镇银行（共23个网点）。截至2020年年底，全行资产总额1015.72亿元，较年初增加47.96亿元，增长4.96%；负债总额926.72亿元，较年初增加48.46亿元，增长5.52%；各项存款803.75亿元，较年初增加58.67亿元，增长7.87%，其中储蓄存款余额440.94亿元，较年初增加113.58亿元，增长34.7%；各项贷款余额643.3亿元，较年初增加34.54亿元，增长5.67%；实现各项收入53.39亿元，实现拨备前利润8.78亿元；资本充足率和核心资本充足率分别为11.63%和8.22%。

【补充资本】 2020年，获得30亿元专项债，资本充足率达到11.63%。

【内控建设】 鄂尔多斯银行开展内控合规管理年专项行动，以内控制度建设为抓手，深入落实监管部门合规建设要求，对全行的制度进行全面梳理、补充完善，共修订64项制度、增加42项制度。全年完成审计项目55个，累计检查管理部室17个63次，检查东胜及康巴什地区分支机构25个101次、旗县分支机构2个6次、异地分支机构4个30次，内部审计、安全保卫和案件防控工作扎实推进，实现建行以来第十三个安全运营年。

（徐明明）

鄂尔多斯农村商业银行

【鄂尔多斯农村商业银行股份有限公司领导名录】

党　委　书　记：高屹东（1月任职10月离任）

党委书记、董事长：李文君（党委书记10月任职，董事长12月任职）

党委副书记、行　长：张　伟（1月任职4月离任）

王在在（党委副书记4月任职，行长6月任职）

党委委员、监事长：裴　晶（蒙古族，1月任职）

党　委　副　书　记：李海渊

党委委员、副行长：王玉梅（1月任职）

闫智晶（1月任职）

高志广（1月任职）

杨　毅（党委委员3月任职，副行长10月任职）

贺林平（党委委员3月任职，副行长10月任职）

党委委员、副行长、董事会秘书：

王瑞峰（1月任职）

党委委员、纪委书记：丁建强（1月任职）

副行长（退二线）：常　征

【概况】 鄂尔多斯农村商业银行股份有限公司（以下简称鄂尔多斯农商银行），为客户提供存款、贷款、支付结算、代理代发业务、承销政府债券等金融服务。鄂尔多斯农商银行下辖65家营业网点，服务覆盖全市东胜区、康巴什区、伊金霍洛旗、达拉特旗、准格尔旗、鄂托克旗6个旗区和乌海市，相对控股阿尔山农商银行，在河南省固始县、山东省乳山市发起设立2家天骄村镇银行。截至2020年年底，累计投放各项贷款45.91亿元，其中：涉农贷款全年累放12.59亿元，较年初下降0.02亿元，同比下降0.03%，涉农贷款余额50.12亿元，占贷款余额的23.81%，未完成内蒙古自治区联社下达的占比26%的目标任务；小微企业贷款全年累放29.98亿元，较年初下降6.17亿元，同比下降3.31%，小微贷款余额180.11亿元，占各项贷款余额的85.56%；普惠小微贷款全年累放10.95亿元，贷款余额16.22亿元，较年初增加0.01亿元。

【风险管控】 2020年，制定、修订各项制度191项。强化审计职能，完善审计体系，防范金融风险，共对呆账核销、消费者权益保护、抵债资产、总行重要印章、固定资产和财务收支、薪酬、反洗钱、新增授信、关联交易、资金业务、招投标等内容实施15项专项审计，在规范业务、监督整改的同时，督促一、二道防线共同履职，强化风险控制。切实加强安全保卫工作，加大安全检查力度，及时排查整改风险隐患，开展安全检查261次，组织网点开展各类突发事件应急演练60余次，全行消防安全知识讲座1次。

【普惠金融】 鄂尔多斯农商银行大力创新发展电子银行业务，通过电子渠道提升普惠金融服务实效。持续推进银行卡业务，截至2020年年底，全行累计发放银行卡102.93万张，卡内吸附存款69.86亿元，当年新开立银行卡55015张。组织社保卡业务发行工作，提供包括信息采集、制卡、发卡及补卡等各环节服务，累计发放社保卡6.85万张。强化信息化工程建设，持续提升网上银行、手机银行等业务系统不断升级、完善，实现手机充值、查询、手机号码支付及党费缴存等便民服务功能，截至2020年年底，全行手机银行及网银客户累计达13.5万余户。将定点服务与ATM（自动取款机）相结合，打通金融服务“最后一公里”，仍保留泊江海、巴音敖包、漫赖、柴登、万利镇等地区服务点，坚持为农区少数年迈、贫困、弱势百姓提供全方位的金融服务，基本实现辖区内金融服务的全覆盖。

（侯城波）

人保财险

【人保财险鄂尔多斯市分公司领导名录】

党委书记、总 经 理：张海刚
纪委书记、副总经理：王向东
副　　总　　经　　理：乔光锋
张全胜
赵瑞龙

【概况】 中国人民财产保险股份有限公司鄂尔多斯市分公司经营的主要业务有农业保险类、财产险类、家庭财产保险类、工程险类、责任险类、意外险类、信用保证保险类、机动车辆保险类、货物运输保险类、特殊风险保险类、健康险类、综合保险类等12个大类近400个险种。2020年全市设立旗、区、煤田支公司16个，营销服务部41个，营业部4个，共计62个机构。2020年，人保财险鄂尔多斯市分公司保费收入突破7.76亿元，缴纳各项税款8981万元，代扣代缴车船税款6596万元，处理各类赔案5.69万件，支付赔款3.99亿元，累计承担风险金额0.68万亿元。

【温暖工程】 2020年，市公司组织并开展2期“温暖工程”活动，覆盖所辖12个部门、12家支公司、2个专营公司，2个内设营业部，共出台15条举措，提出17条意见。2020年，全市累计开展七大项增值服务包括洗车、保养、喷漆、代送检、代驾、安全检测、酒店。服务商数量从2019年18家扩展至45家，服务客户数从3200人扩展到2.6万人，会员人数从6.3万人扩展至9.5万人，线上化服务能力持续提升。节假日期间，市公司与当地公安交警部门合作开展警保联动“快处快赔”、省心理赔旅途无忧、爱车智能体检和“您为人民奉献，人民保险为您服务”暖心行动，搭建线上线下“心服务”站。公司联合东胜区交管大队在鄂尔多斯野生动物园设置心服务站，在鄂尔多斯野生动物园共服务游客6万人次，发放宣传折页500余份，发放口罩600只，设立车辆免费检测点1个，共投入服务人员18人。

【商业性玉米收入保险】 达拉特旗政府在王爱召镇试点开展4万亩商业性玉米收入保险项目。项目采用“政府+保险+银行+农业公司+农户”的方式运营。由当地政府总牵头，由中化农业公司提供全程种植服务，统耕、统种、统防、统治、统收、统销，由银行提供贷款，保险公司负责承担因自然灾害造成的减产和因价格降低导致减收的风险。2020年，公司保费收入225万元，承保面积3.7万亩，项目整体赔付率约70%，该业务也被分公司纳入2020年创新项目。

人寿保险

【中国人寿保险股份有限公司鄂尔多斯分公司领导名录】

党委书记、总经理：刘　斌
副　总　经　理：王虎伟
　　　　　　　　薛光清
　　　　　　　　李文飞

【概况】 中国人寿保险股份有限公司鄂尔多斯分公司的业务范围涵盖人身保险、健康保险、意外伤害保险等业务。公司内设12个销售和管理部门，下设16个旗、区（煤田）支公司、营销服务部。

【个险业务】 2020年，实现总保费收入16.5亿元，其中首年期交达成25259万元，达成率87%，同比增长5.02%；十年期及以首年期交上达成14244万元，达成率74%，同比增长12.69%；标准保费达成1200万元，达成率72%，同比增长10.35%；保障型达成7891万元，达成率75%，同比增长0.9%；短期险达成4844万元，达成率93%，同比增长1.09%，大个险业务所有指标均实现了稳步增长，各项指标无论总量及达成率均居全区系统绝对前列。

【团险业务】 截至2020年年末，大短期险保费收入3951.13万元，同比增长21.6%，达成年目标的119.7%，总量位居全区第一；全市大短期险业务增幅显著，创费能力稳中向好。

【银保业务】 银保渠道完成首年期交保费2489.44万元，达成年度预算目标的166%，同比增长17%；完成五年期保费362.57万元，达成年度预算目标的73%，同比增长69.42%。渠道业务得到持续稳固发展。

【市场对标】 2020年，根据总公司市场对标考核数据显示，鄂尔多斯分公司在全国136家重点城市分公司中“双领先”排名前十位，“双领先”优势不断扩大，坚决捍卫市场“双领先”地位，继续保持在全区系统的领先地位。在地区市场与主要竞争对手新单期交对标比值为1.78、持证人力对标比值为0.96。

【风险管控】 2020年，风险管理部组织开展带病投保违规查处工作、重点风险专项治理工作、保险中介市场乱象整治工作、“五虚”（虚假承保、虚假退保、虚挂保费、虚列费用、虚假理赔）问题综合治理工作、合规风险专项排查整治工作、人身险保险产品销售专项自查整改工作、“抓整改，促长效”工作以及保险市场乱象整治“回头看”工作，每一项排查都编制排查工作方案，汇总各条线排查结果形成公司排查报告报上级公司或监管机构。通过一系列工作的落实，进一步强化全体销售人员和管理人员合规意识，风险管控能力得到进一步加强。

【运营服务】 截至2020年年底，累计处理理赔案件10332件，累计赔付金额8245.96万元，其中短期险赔付9090件，赔付金额3882.63万元；寿险赔付1242件，赔付金额4363.33万元。所有案件的平均出险支付时效控制在60天以内，重疾管理由2019年的0.53%降为0.28%，县支公司重疾达标率87.5%，位列全区最高；保全业务自动审核率、线上业务推广处理率分别达到98.9%、99.35%，位列全区前列。新一代系统的推广使用顺利实施，销售人员通过保全管家向客户提供快捷服务。

【服务品牌】 中国人寿鄂尔多斯分公司坚持“用心经营、诚信服务”的经营理念，倾力打造以客户为尊的服务体系，在系统首创“国寿客户节”，并推出具有鲜明特色、内涵丰富的“国寿1+N”服务品牌，持续为客户提供附加值服务，发挥保险的社会稳定器作用；公司以服务国家全民健康战略为契机，不断强化品牌建设，塑造服务形象，确保品牌知名度和美誉度的有效提升；依托省级集中管理的流程和平台，以提升质量为重点，加强业务质量管理和“95519”电话中心建设；以提升素质为重点，深入开展柜面“双争”活动，加强三级运营队伍的教育培训和日常管理，提升客户服务水平和服务能力。

（王伟平）

国有资产监督管理

【鄂尔多斯市国有资产监督管理委员会领导名录】

党委书记、主　任：牛建雄

党委委员、副主任：杜　强

苗继光

康占飞

纪检监察组组长：何东霞

【概况】 鄂尔多斯市国有资产监督管理委员会（简称市国资委）是市人民政府组成部门之一，内设办公室、企业领导人员管理科、产权管理科、资本运营与规划发展科、企业改革与政策法规科、财务监督与预算收益科、党建工作办公室等7个科室；下设信息中心1个二级事业单位。市国资委监管的市直国有企业共7家，包括市国有资产投资控股集团有限公司、市城市建设投资集团有限公司、市水务投资控股集团有限公司、鄂尔多斯机场管理集团有限公司、市鄂能投资集团有限公司、市文化旅游发展集团有限公司和市转型发展投资有限公司。2020年，7家市直国有企业总资产1187亿元，净资产679亿元。国有资本重点布局在能源、交通管网、城市基础设施建设、生态环保、供水、民航、金融等产业。

【国资国企改革】 制定《关于推动市直国有资本布局优化调整、深化国有企业改革的实施方案》，修订市直国有企业主业目录，整合重组六大国有企业，对交通、核心区供水、文旅等板块进行资源整合，市国投集团光伏、风电、油气等能源类资产股权整合至市新能源公司；市鄂能集团公司的荣乌高速东察段公路整体划转至市国投集团公司下属的市交通投资公司；市城投集团所属市城市水务公司和康巴什所属供水产业划转至市水投集团；将空港休闲体育公园等文旅资源划转至市文旅集团。剥离国有企业办社会职能和解决历史遗留问题，鄂尔多斯市涉及“三供一业”分离移交工作全部完成，9个旗区全部制定退休人员社会化管理工作具体方案并签订移交协议。

【国有资产监管】 推进阳光监管，梳理完善市国资委主要业务工作流程16项。落实出资监管企业工资总额管理办法，指导企业制订年度工资总额预算方案，核准企业用工成本和工资总额。加强国有企业预决算管理，制定国有资产监督管理管委会监管企业财务决算、预算报告管理办法。建立国资监管信息平台，完成167家市直国有企业资产产权在线登记，对企业国有资产按照公路、铁路、桥梁、车辆、水资源、能源、金融等重点行业进行分类统计。与内蒙古自治区产权交易中心开展合作，成立内蒙古产权交易中心鄂尔多斯市分中心。

科技　教育　体育

科学技术

【鄂尔多斯市科学技术局领导名录】

副　　局　　长：康俊莲

　　　　　　　　贾汝敬

纪检监察组组长：王玉成

【概况】 鄂尔多斯市科技局内设办公室、政策法规与监督科、战略规划科、资源配置与管理科、高新技术科、农村与社会发展科、科技合作科（外国专家局）、成果转化与管理科等8个科室，下设科技信息研究所、科技成果管理所、技术市场管理办公室、生产力促进中心（科技创业服务中心）等4个所属事业单位。2020年，全市共选派各级科技特派员535人，实施科技开发项目91项，带动农牧民、企业和合作社等服务对象实现经济效益1.7亿元。累计结对帮扶312人，带动2382人脱贫致富。2020年，以“荒漠化防治与绿色发展”为主题，推进鄂尔多斯市国家可持续发展议程创新示范区创建。编制上报《鄂尔多斯市可持续发展规划（2020—2030年）》《鄂尔多斯市国家可持续发展议程创新示范区建设方案（2020—2022年）》，待国务院批复。制定出台《“科技兴蒙”行动重点专项鄂尔多斯市创建国家可持续发展议程创新示范区实施方案》《“科技兴蒙”行动重点专项创建呼（和浩特）包（头）鄂（尔多斯）国家自主创新示范区（鄂尔多斯国家高新区）实施方案》，实施“科技兴蒙”行动重点专项，争取自治区科技经费支持1亿元，市财政配套资金1亿元。践行习近平总书记对科技特派员制度推行20周年作出的重要指示精神，印发《鄂尔多斯市科技特派员服务“三农”助力脱贫攻坚和乡村振兴实施方案》《鄂尔多斯市科技特派员及专项资金管理办法（试行）》，建立市级、旗区、乡镇“三层一线”科技服务体系。

【创新载体建设】

研发机构建设　推进国家可持续发展议程创新示范区、呼（和浩特）包（头）鄂（尔多斯）国家自主创新示范区建设。新增企业研究开发中心22家，支持伊泰煤基新材料研究院创建国家重点实验室，1家众创空间晋级为国家科技企业孵化器。

科技合作　与上海交通大学签订科技合作框架协议。征集企业合作项目159项。推动建设“鄂尔多斯市驻深圳人才联络服务中心”。在工程爆破、铝材研究等领域，企业通过科技合作、收购等方式面向蒙古国、德国开展科技合作。

培育科技型企业　高新技术企业数量增长27家，达到132家，科技型中小企业达到111家。

【技术攻关和成果转化】

科技计划项目　围绕鄂尔多斯市重点产业、特色产业、主导产业和新兴产业，征集储备入库的科技重大专项、科技成果转化项目、应用技术研究与开发资金和科技合作项目205项。全年共争取自治区各类科技计划项目102项，获财政项目资金5832.5万元，获得奖补项目100项，资金1263.5万元。

科技成果转化机制　获批自治区科技示范服务机构3家，自治区技术转移服务机构1家，获得补助资金110万元。搭建完成鄂尔多斯科技创新项目库、企业库、人才库和众创空间线上管理系统。

成果转化和推广示范　推荐市高新区进入国家“科技抗疫——先进技术推广应用‘百城百园’行动”名单，争取国家“科技助力经济2020”重点专项项目4项，获资金支持200万元。

【科技创新】

政府财政科技投入　2020年，争取事业发展项目经费4.5亿元，较2019年增长335%。启动实施2020年度鄂尔多斯市《关于促进科技创新若干政策》奖补工作，奖补资金3792万元。

创新创业活动　举办第二届全市科技创新创业大赛，给予获奖企业资金支持260万元。在第九届中国创新创业大赛中，获内蒙古赛区决赛二等奖1项、三等奖2项，赛事优秀组织奖2项，6家企业入围全国赛。举办科技创新CEO特训营·鄂尔多斯、国家科技领军人才鄂尔多斯行、鄂尔多斯市科技创新创业研讨会、鄂尔多斯市导师能力提升培训班等活动。

营商环境　推进“放管服”改革，梳理市科技局行政权力事项，参加中国营商环境评价“包容普惠创新”指标填报工作。开展技术合同认定工作，全市技术合同登记69项，技术交易额达到12.87亿元，争取后补助项目补助资金743.5万元。

科普宣传　广泛开展自治区《关于加快推进“科技兴蒙”行动支持科技创新若干政策措施》等科技创新政策宣讲解读，4500余人参加。与鄂尔多斯文体交通广播合作，开通“科技之声”科普宣传栏目。开展10期“科技下乡”活动，覆盖农牧民5000余人。开展微课堂视频授课，拍摄制作种植养护技术微视频课程95个，在“鄂尔多斯发布”“鄂尔多斯新闻网”等媒体定时播出。组织采编《全市高新技术企业风采集》，宣传高新技术企业科技创新好经验、好做法，发挥高新技术企业对经济高质量发展的示范引领作用。

【人才引进和培养】 引进英国氢能源专家团队到鄂尔多斯市开展科技创新研究。认定第八批市级产业创新创业人才团队、高层次人才和人才团队。获批自治区科技特别贡献奖1人，科技进步奖16项。鄂尔多斯市科技服务体系建设项目荣获2019年度生产力促进奖（创新发展）二等奖，1人荣获2019年度生产力促进奖（服务精英）二等奖。

教育　体育

【鄂尔多斯市教育体育局领导名录】

党　组　书　记：屈　明
副　　局　　长：郑　军
　　　　　　　　张　韬
　　　　　　　　康　富
　　　　　　　　徐俊卿
　　　　　　　　朝　戈
纪检监察组组长：郝建平

【概况】 鄂尔多斯市教育体育局是鄂尔多斯市人民政府工作部门。内设办公室、人事科、行政审批科（政策法规科）、发展规划与财务科、基础教育科、职业教育与成人教育科、民族教育科、督导室（市人民政府教育督导委员会办公室）、教师工作科、安全管理科、德育科、学校体育卫生与艺术教育科（足球管理办公室）、群众体育科、竞技体育科、产业发展规划科、机关党委、市委教育工作领导小组秘书组秘书科等17个科室；下属考试中心、教育事业发展中心、教育教学研究室、电化教育馆、群众体育活动中心、体育中心、足球运动管理中心、体育彩票管理中心、蒙古族中学、鄂尔多斯理工学校、蒙古族学校、第一中学、第二中学、第三中学、特殊教育学校、职业中等专业学校等16个事业单位。

【师资队伍建设】 出台《鄂尔多斯市中小学绩效工资实施方案（试行）》，中小学教职工绩效工资总量提高至6万元。开展市级以上校园长、教师培训30余项，累计培训7000余人。开展2020年全市教体系统先进集体和先进个人评选表彰工作，树立新时代师德师风典型。启动实施全市教体系统师德师风建设工程，安排专项经费，对800名教师进行师德师风教育培训。将师德水平纳入对教师的量化考核指标，考核结果作为奖励性绩效工资的发放依据，进一步调动教师立德树人的积极性。在全市范围内全面推行县管校聘管理改革工作，指导督促旗区充分借鉴先进地区和伊金霍洛旗试点的经验做法，结合实际制定工作方案，稳步实施。常态化推进义务教育阶段师资队伍交流轮岗，全年交流校长24人、教师612人。组织召开全市民族学校使用统编《语文》教材工作培训会，组织40名教师分两期赴首都师范大学，进行为期1个月的集中培训。为深入贯彻自治区教育厅等四部门《关于加强民族语言授课学校国家统编教材师资队伍建设的若干措施（试行）》，经市委、市人民政府同意，市教育体育局等四部门印发《全市加强民族语言授课学校国家统编教材师资队伍建设实施方案》，计划通过建立双语教学辅导员队伍、特岗计划、同城走教、师德建设、培养培训、引领指导、结对帮扶等13条措施统筹补足配齐双语教师，提高教师队伍综合素质，及早建设一支政治过硬、素质优良、数量充足的“三科”专任教师队伍。

【基础教育】 推进义务教育阶段学生评价改革，从2020年秋季入学的初一新生开始，在2023年高中阶段学校考试招生录取中，执行基于初中学业水平考试成绩、综合素质评价的模式，切实扭转仅以学业考试成绩作为评价录取依据的倾向。调整完善教育督导指标体系，在督学指标中提高立德树人分值（由原来的31分增至45分，督学指标总分200分），取消“中高考成绩”指标（14分），引导学校进一步树立正确的“成绩观”“分数观”，培养学生综合素质。全市第二期特殊教育提升计划顺利收官，残疾儿童少年义务教育入学率达95%。促进学生全面发展，建立全市德育工作平台，开设37期新家庭教育大讲堂；成立全市教体系统心理咨询服务热线平台，开设46期网络微课“心语小课堂”；以活动月的创新形式，深入170多所学校巡回举办全市科技动漫节，加强科技教育。结合疫情防控，指导学校、家庭将劳动教育渗透在防控措施、爱国卫生运动和居家生活中，培养学生劳动习惯和技能。开展中小学生研学（劳动）实践教育基地（营地）创建工作，联合市文旅局对全市39家单位进行实地指导查看，并向自治区推荐6个研学基地、3个研学营地、3个精品课程和5条精品研学线路。印发多个指导文件，持续加强教学研究指导，推进统编教材教学顺利实施。组织民族学校与普通学校建立一校对一校的“结对子”关系，在教育教学方面开展广泛合作交流；建立“结对子”关系的学校教师，建立一师对一师的“手拉手”教学交流关系，通过帮教带教、听课评课、集体备课、经验交流等活动，推动民族学校与普通学校共建共享教学资源，共同提高教学水平。

【职业教育】 全年共下达职业教育专项资金6201万元，深入推进校企合作、产教融合，校企合作订单班招生规模扩大至400人，市体育职业中学运动训练、理工学校机电一体化和汽车维修、鄂托克前旗职业高中汽车运用与维修、乌审旗职业中学前教育专业获批教育部第三批“1+X”证书制度试点专业。经争取，自治区发改委同意鄂尔多斯市列为全区产教融合试点城市。

【平安校园建设】 建立全市学校安全工作联席会议机制，持续开展防范学生意外伤亡、溺水、校园欺凌、扫黑除恶、食品安全等重点领域安全管理专项整治行动，销号解决100余项安全隐患。狠抓“三防”建设，所有公办学校幼儿园实现视频监控联网，一键报警设备安装率90%以上，“护学岗”覆盖率提高至96.7%，“4D”标准化厨房创建完成率75%。强化消防安全，新增104所学校通过消防审核验收。严格执行各项考试规定，完成中高考等9个大类16项考试任务，未出现安全责任事故。

【校舍建设】 2021年，全市新建改扩建中小学幼儿园27所，完工8所。开展义务教育薄弱环节改善与能力提升工作，土建项目开工7所学校13个项目，完工2所学校4个项目；为43所学校购置设备5900万元。完成14所城镇小区配套幼儿园治理工作，全市普惠性幼儿园覆盖率达到86%，公办幼儿园在园幼儿占比达到68%，均超过国家和自治区的要求。组织编写《鄂尔多斯市中小学校幼儿园规划建设条例》，经市人大常委会审议、自治区人大常委会批准，于2021年3月1日起施行。

【校外培训机构治理】 全市校外培训机构全部纳入白黑名单管理制度。截至2020年年底，全市校外培训机构数1280所，有证照1078所，无证照202所，责令停办147所，正在整改196所；公布校外培训机构白名单1127所、黑名单23所，公布体育经营场所白名单143所。全市校外培训机构都使用《中小学生校外培训服务合同(示范文本)》。在扶持疫情防控方面，按照《鄂尔多斯市新型冠状病毒感染的肺炎疫情防控指挥部关于印发鄂尔多斯市金融支持稳企业保就业实施方案的通知》要求，向市金融办报送有贷款需求的校外培训机构和体育经营活动场所246家，获批7家，共贷款121万元。

【体育】 出台《鄂尔多斯市推动全民健身与全民健康深度融合的实施方案》，筹建2所全民健身馆、1所智慧体育公园，举办全市第二届农牧民健身运动会等多项品牌赛事，“鄂尔多斯市成吉思汗大赛车”活动获“2020年度全区全民健身特色品牌赛事”称号，伊金霍洛旗被评为“内蒙古自治区全民健身示范旗”。组织50个体育协会完成脱钩改革。推进内蒙古自治区第十五届全民运动会筹备工作，完善运动会总体方案和场馆布局方案，注册储备运动涉及22个大项2928人，引进高水平运动员290人，承办、参加全区青少年锦标赛等比赛，积累赛事经验。全市体育产业活动单位增至1154家。足球赛事体系不断健全，全年累计举办、承办、参加近1100场比赛，全市参赛运动员共计8500余人，参赛队伍近500支，共建成138所国家级、50所自治区足球特色学校（幼儿园）。

（王　辉）

应用技术学院

【鄂尔多斯应用技术学院领导名录】

党　委　书　记：尤俊成（10月任职）
党委副书记、院长：铁　勇（鄂温克族，5月任职）
党　委　副　书　记：秦闻苹
党委委员、纪委书记、监察专员：李少东
党委委员、副院长：何　鹏
金　良（女，8月任职）
刘　建（8月任职）

【概况】 鄂尔多斯应用技术学院，是在内蒙古大学鄂尔多斯学院、内蒙古工业大学矿业学院、内蒙古医科大学鄂尔多斯学院等办学资源基础上组建的一所全日制普通本科院校。内设党政办公室（挂档案馆、合作交流办公室、审计处牌子），组织部、宣传部（挂工会牌子）、统战部、纪检监察室、人事处、计划财务处、教务处、学生工作处（挂团委、武装部、就业指导中心牌子）、科学技术处（挂学报编辑部牌子）、后勤管理处、保卫处、资产管理处等13个行政管理部门。设有机械与交通工程系、信息工程系、土木工程系、化学工程系（挂分析测试中心牌子）、数学与计算机工程系（挂网络信息中心牌子）、旅游管理系、艺术系、医学系、继续教育中心（挂鄂尔多斯市卫生学校牌子）、马克思主义教学部、体育教学部等11个教学系部和教学督导室、图书馆2个教辅机构。开设交通运输、机械工程、汽车服务工程、化学工程与工艺、材料化学、应用化学、土木工程、工程造价、矿物资源工程、自动化、电气工程及其自动化、电子信息科学与技术、计算机科学与技术、数据科学与大数据技术、音乐表演、舞蹈表演、护理学、医学检验技术、眼视光学、医学影像技术、旅游管理与服务教育、社会工作、财务管理等23个本科专业。2020年，招生2032人，学院共有学生6761人，康巴什校区4051人，东胜校区2710人。与内蒙古工业大学联合办学已经启动，2020年8月，内蒙古工业大学从鄂尔多斯应用技术学院遴选17名硕士研究生担任指导教师。

【科研工作】 2020年，申报各级各类项目199项，立项18项，获批科研经费155.5万元。自然科学方面，申请国家自然科学基金13项，项目均通过初审；人文社科方面，内蒙古社会科学基金立项2项，鄂尔多斯市委政策研究室课题立项1项；横向委托项目方面，组织立项2项。

【学科专业建设】 2020年，大飞机学院招生200人，高出普通理科二本分数线82分，下设电子信息科学与技术（电子系统与机载设备方向）、机械工程（机务方向）、交通运输（机场现场运行管理、航空管制方向）3个航空类本科专业。

（冀海东）

生态环境职业学院

【鄂尔多斯生态环境职业学院领导名录】

党　委　书　记：王　恒
党委副书记、院　长：王德强
党　委　副　书　记：牛奋明
党委委员、纪委书记：安云山
党委委员、副　院　长：吕喜和
段明光
钱淑琴

【概况】 鄂尔多斯生态环境职业学院设有生态工程系、生物技术系、经济管理系、机电工程系、市政工程系、中职教育部、基础部、质量保障与评价中心、继续教育与培训中心9个教学机构和科技服务中心、图文信息中心、实训中心3个教辅机构。共开设电子商务、财务管理、动物医学、发电厂及电力系统、给排水工程技术、环境工程技术、会计、机电设备维修与管理、旅游管理、绿色食品生产与检验、汽车运用与维修技术、食品加工技术、市政工程技术、物流管理、现代纺织技术、休闲农业、园林技术、园艺技术，电子信息工程技术、机电一体化技术、计算机应用技术、空中乘务、供用电技术等23个专业。

【学科专业建设】 2020年，新增供用电技术专业，专科专业数量达到23个。

【教育教学】 学院修订完善各项教学管理制度，规范教育教学行为，健全教学质量监控体系，充实教学督导力量。深化产教融合、校企合作，培育产教融合型企业，提高人才培养质量，学院不断深化教学教改，大力推行“产教融合，校企合作”的培养模式。特别是在推进校企合作方面进行了积极的探索和实践，主动对接全市相关行政事业单位、行业协会、企业，学院和50多家企业建立了长效稳固的校外实训基地。有合作企业的专业数占专业设置总数比例为23.08%，合作企业订单培养人数占全日制高职在校生人数比例为

11.91%，企业录用顶岗实习毕业生比例达 73.01%。

【招生就业】 2020 年，录取专科生 695 人，职高生 702 人，毕业专科生就业率达到 93%。职高毕业生升本科率为 13%。

【科研工作】 学院建立并运行的各专业科研团队 15 支。申报创新创业及高层次人才团队 2 个，高层次人才及团队 1 个。2020 年学院被授予“内蒙古自治区科普教育基地”和“内蒙古自治区科普示范基地”，申报了中国自然科学基金依托单位，启动了“植物病虫害监测”“检验检测类”自治区重点实验室申报工作。学院以第一承担单位申报各级各类科研项目 28 项，已立项 13 项，其中：自治区级 3 项，市级 5 项，其中横向科研课题 5 项。与中农高科等企事业单位达成合作意向 5 项，进入实质性合作 3 项，涉及资金近 30 万元。学院获国家授权专利 12 项，2 项发明型专利进入实质审查阶段，获得“2020 年度鄂尔多斯市创新创业大赛”三等奖 1 项。1 项科技成果通过认定，3 项科技成果实现转化，获得自治区、市优秀论文奖 4 项，1 人被评为市级先进科普工作者。2020 年纵向科研经费到款额 36 万元，横向技术服务到款额 8 万元。

【师资队伍建设】 专任教师 178 人，其中女教师 92 人，占比 51.69%；男教师 86 人，占比 48.31%。副高级职称 50 人，中级职称 87 人，初级职称 34 人，未定职级 7 人。公共基础课教师 55 名，专业课教师 123 名，其中双师型教师 70 人。聘请校外专任教师 46 名，其中公共基础课教师 17 名，专业课教师 29 名。副高级职称教师 4 人，中级职称教师 7 人，初级职称教师 6 人，未定职级教师 29 人。学院共派出专任教师参加培训、进修、学习共计 24 人次，1 名教师获得内蒙古自治区高校优秀思政课教师，1 名教师获得自治区级优秀研究成果二等奖，1 名教师获得自治区级教学名师，1 名教师获得自治区级教坛新秀，1 个教师团队获得“优秀教学团队”称号，1 名教师获得内蒙古自治区高等学校优秀共产党员，1 名教师获得自治区级优秀团干部，2 个班集体被评为全区高校优秀班集体。1 名教师获得鄂尔多斯市优秀教师，1 名教师获得鄂尔多斯市三八红旗手，1 名教师获得优秀职业教育论文一等奖，1 名教师获得鄂尔多斯市优秀共产党员，1 名教师获得全市优秀教育工作者，1 名教师获得鄂尔多斯市纪检监察系统高质量办案年活动先进个人，1 名教师获得鄂尔多斯市纪检监察系统监督检查先进个人，1 名教师获得鄂尔多斯市抗疫宣传先进个人。建成鄂尔多斯市首批高校思想政治工作“王东名师工作室”。

【图书资源和信息化建设】 2020 年，学院现有纸质图书 14.446 万册，当年新增 0.536 万册，生均年进书量 3.19 册。电子图书 21.5 万册。更新中国知网等数据库，做好校园网络维护、安全隐患排查等工作。

鄂尔多斯职业学院

【鄂尔多斯职业学院领导名录】

党委书记：闫凤鸣
党委副书记、院长：巴图查干（蒙古族）
党委委员、纪委书记：马红英（女）
副院长：王　贵
党委委员、副院长：刘　松（蒙古族）
陶文辉（女）
党委委员、教务处处长：郝霄鹏

【概况】 鄂尔多斯职业学院（前身原伊克昭盟师范学校、伊克昭盟教育学院、内蒙古广播电视大学伊克昭盟分校）是 2007 年 4 月经自治区人民政府批准，2009 年 4 月在教育部备案，由鄂尔多斯市人民政府举办的一所公办全日制普通高等职业院校。学院位于鄂尔多斯市康巴什区，占地 1015 亩，总建筑面积 14.3 万平方米，是鄂尔多斯市花园式学校、园林式单位、自治区普通高校学生工作和就业工作先进单位、鄂尔多斯市文明单位、鄂尔多斯市平安校园。设机电工程系、信息工程系、资源工程系、化学工程系、建筑工程系、人文管理系、汽车工程系、基础部、思想政治理论课教学科研部9个教学系部及内蒙古电大鄂尔多斯分校和1个国家职业技能鉴定所。共开设专业50个，开展招生的专业有煤矿开采技术、应用化工技术、矿山机电技术、汽车制造与装配技术、学前教育、酒店管理、旅游管理等专业37个。2020年，鄂尔多斯职业学院建成自治区精品课程4门、院级精品课程8门、初步建成5门课的网络数字教学资源库。有各级各类在籍学生1万余人，其中全日制高职学生5239人。有教职工276人，其中专任教师220人。有自治区草原英才、自治区技能大师4人，自治区教学名师、自治区教坛新秀11人，自治区优秀教学团队4个，鄂尔多斯“草原英才”、鄂尔多斯英才、鄂尔多斯青年优秀人才12人。投资3亿元建成高起点、高标准的化工、机电、煤炭、机械制造及自动化、汽车制造与装配技术、建筑工程等实验实训室95个，多媒体教室92个，图书馆藏书22万余册，中文纸质期刊337种，电子图书24万册，3000兆网络覆盖全校园。建立“鄂尔多斯市大学生创业培训基地”“深圳城市学院鄂尔多斯培训基地”“巴彦淖尔市地税系统职工继续教育培训基地”等培训基地5个。学院获批成立社会培训评价机构，被确认为自治区退役士兵职业技能培训承训机构。完成复转军人的再就业培训。开展志愿服务，电大基本实现旗区教学点“全覆盖”，建成20个“农村电大书屋”，加入国家社区教育联盟，获批准成为国家数字化学习资源中心鄂尔多斯分中心。

【教育教学改革】 依托地区优势产业，重新调整组建系部，优化专业结构，新增无人机应用技术、信息安全与管理技术2个专业。完善校企协同育人机制，修订完善人才培养方案38个，推广教育部验收通过的4个现代学徒制试点专业建设经验。实施“1+X”职业技能等级证书制度试点，幼儿照顾等11个职业技能证书项目获批试点建设，数控车铣等4个职业技能等级证书批准设立考核站点。加强疫情防控期间教学管理，开展在线教学课程门数累计1246门，参加在线学习学生人次数累计277182人次。推进教学质量工程建设，6个院级重点专业和2个市级重点专业建设稳步推进。创新行动计划骨干专业建设项目通过验收，遴选为国家骨干专业。完成电气控制系统及应用、大学英语自治区精品在线课程建设工作。贯彻落实中央教育评价改革方案，主动承接高教“放管服二十条”改革举措，申报职业教育提质培优行动计划，27个项目通过教育厅审核。成立语言文字工作小组，建立健全工作网络，推进汉字规范化工作，筹备语言文字达标校工作，申请建立鄂尔多斯职业学院普通话测试站。深入开展第23届推广普通话宣传周系列活动，加大宣传推广普通话力度，让普通话成为校园语言。

【招生就业】 2020年，招生就业实现网络化、信息化、全员化，疫情防控期间送考上门，强化单招扩招服务，招收各类学生2720名，其中扩招招生947名。推进五年制高职“3+2”招生，构建中高职院校一体化办学体系。搭建专升本衔接立交桥，与河套学院等5所本科院校合作，131名学生进入本科院校就读。合作举办职业本科教育，招收学生60名。举办“百企进校园”、专项招聘、网络招聘等招聘会，全力提升就业服务质量。落实精准帮扶政策，建档立卡贫困家庭毕业生全部实现就业。组织学生参加创新创业大赛，“鸡咯哒小吃店”项目在第六届中国国际“互联网+”大学生双创区赛中获得铜奖。动员学生参加网络直播职业技能培训，开展带货助农直播，激发创新创业活力。加强校外实训基地建设，推进“订单培养”“冠名培养”，推进现代学徒制人才培养模式，新建校外实训基地11个，为学生实习实训就业搭建平台。

【科研创新和社会服务】 健全完善科研管理体系，制定《鄂尔多斯职业学院科研工作奖励办法》《鄂尔多斯职业学院横向课题管理办法》等制度，推动协同创新和科研成果转化。获批立项自治区级科研项目16项，主编各级各类教材、出版专著8部，获得国家专利27项，发表核心期刊论文20余篇。投入科研经费36万元。加强平台与团队建设，建立2个产学研合作基地、1个校企合作工作室。建立学术规范制度和不端行为查处机制，成立以院长担任组长的学风建设领导机构，促进学风建设机构、学术规范制度和不端行为查处机制“三落实”“三公开”。开展各类培训和技术技能鉴定，与鄂尔多斯市退役军人事务局、鄂尔多斯市邮政管理局、内蒙古博大实地公司等企事业单位合作开展社会培训，被自治区邮政管理局、自治区人社厅确认为第二批承担邮政快递从业人员职业技能提升补贴性培训任务的培训机构。学院被确定为全国职业教育社会培训合作联盟副理事长单位，成为内蒙古唯一入选院校。

【学生服务管理】 以校园文化和社会实践活动为载体，深入开展“青年大学习”“绽放战役青春 共建青春鄂职”国旗下的演讲、“向上向善好青年”评选表彰等主题教育。组织参加第十二届“挑战杯”大学生创业计划竞赛、举办学院第二届互联网+大学生创新创业大赛，做好千校万岗就业帮扶工作，举办线上招聘活动8场，覆盖人数1100人，激发学院青年学生创新创业意识。做好奖助贷勤补免工作，为1662名学生建立贫困生档案，发放各类资助金、补贴补助近500万元。

民族幼儿师范高等专科学校

【内蒙古民族幼儿师范高等专科学校领导名录】

党委书记：王建平

党委副书记、校　长：张宝成

党委委员、纪委书记：杨 昊

党委委员、副 校 长：额尔登布拉格(蒙古族)

【概况】 内蒙古民族幼儿师范高等专科学校内设党政办公室、组织部、宣传统战部、监督检查室、教务处、科研处、人事处、学生工作处、招生就业处、财务国资处、后勤管理处、保卫处等12个党政管理机构；学前教育系、音乐系、美术系、基础教育部、中专部等8个教学机构；图书馆、网络信息中心、继续教育部、学前教育研究所等4个教辅机构；工会、团委等2个群团机构。共开设学前教育、早期教育、特殊教育、舞蹈表演、舞蹈教育、音乐表演、音乐教育、美术教育、艺术教育、动漫设计、小学教育、英语教育等12个专科专业；开设舞蹈表演、音乐等2个中专专业。

【学科专业建设】 2020年，学前教育专业获批国家级骨干专业，批准立项内蒙古自治区高水平专业群建设项目1个。

【教育教学】 修订完善各项教学管理制度，规范教育教学行为，健全教学质量监控体系，充实教学督导力量。深化产教融合、校企合作，培育产教融合型企业，提高人才培养质量，学校不断深化教学教改，推行“产教融合，校企合作”的培养模式。启动学前教育专业认证工作，带动其他师范专业协同发展。立足学校实际，改进完善专业设置机制，成立专业建设指导委员会，指导专业设置、建设、调整，建立学校、政府有关部门、行业企业定期研究分析、预测评估制度，促进专业建设内涵式发展。启动教学质量和专业水平提升工程，开始实施“520”建设工程。2020年，完成校内第一轮“教坛新秀”评选活动。加强在线课程平台建设，推动教育信息技术与教育教学深度融合。幼儿语言活动与指导、幼儿卫生学2门精品课程申请认定自治区级精品课程，申报全区提质培优三年行动计划“分级遴选5000门左右职业教育精品在线开放课程项目”并获得立项。

【招生就业】 2020年，学校招收三年制和“3+2”学生1530人，报到人数1496人，报到率97.78%。2020年，学校毕业生总计1199人，初次就业率达到87.63%。鄂尔多斯市就业465人，就业率38.78%；自治区内就业850人，就业率71.43%；其他地区就业143人，就业率11.93%。

【科研工作】 2020年，学校获批研究经费74万元，匹配相应的研究经费，科研项目经费首次突破100万元。成立“社科联”“科协”等研究平台，对教师的科学研究水平提升起到巨大的促进作用。年内，学校承担各级各类科研项目22项，其中内蒙古自治区哲学社会科学规划重点项目1项，实现省部级项目特别是重点项目“零的突破”。全年发表论文62篇，核心期刊论文4篇，主编专著和教材6部。

【师资队伍建设】 2020年，学校获批鄂尔多斯草原英才1名、鄂尔多斯英才1名，“学前教育教学团队”获评自治区高校优秀教学团队，“民族幼儿师范教育发展研究创新团队”入选“鄂尔多斯市产业创新创业人才团队”，到账经费50万元，实现创新人才团队“零的突破”。推荐2人参加自治区正高级职称评审，12人通过副高级职称评审（含转系列9人）。通过面向社会公开招聘的方式，引进高层次人才10名；柔性引进及外聘专家53人。

【图书资源和信息化建设】 2020年，学校有纸质图书28.4万册，新增0.81万册；有电子图书36万册。更新中国知网等数据库。做好校园网络维护、安全隐患排查等工作。

文化　旅游　卫生　新闻

文化与旅游

【鄂尔多斯市文化和旅游局领导名录】

党组书记、局长：赵子义（兼市文物局局长）
副　局　长：苏永华
王聿慧
刘洪兴（蒙古族）
谢永锋（女，蒙古族）
赵毕力格（蒙古族）
刘满山
纪检监察组组长：王建平

【概况】 鄂尔多斯市文化和旅游局，为市政府工作部门，为正处级建制，加挂市文物局牌子，内设办公室、政策法规科、人事科、财务科、艺术科（乌兰牧骑事业科）、公共服务科、科级教育科、非物质文化遗产科、产业发展科、资源开发科、行政审批科（市场管理科）、对外交流与合作科、文物保护与督查科、博物馆管理科及机关党委等14个机构；直属市文化市场综合执法局、市旅游市场综合执法局、鄂尔多斯民族歌舞剧院、市群众艺术馆、市图书馆、鄂尔多斯博物馆、鄂尔多斯青铜器博物馆、鄂尔多斯革命历史博物馆、市文物考古研究院、鄂尔多斯大剧院、市文化艺术创作研究所、鄂尔多斯画院、市旅游信息中心、市演出服务中心等14个事业单位。

【艺术创作演出】 2020年，紧扣全面建成小康社会、铸牢中华民族共同体意识等重大主题，新创舞台剧、歌曲、舞蹈、小戏小品等作品200余件。《原生态民族音乐会》入选文化和旅游部“庆祝建党100周年舞台艺术精品创作工程”,《这片草原》《乌兰牧骑的热喜》《沙泉绿韵》3部作品入选“自治区庆祝建党100周年舞台剧目”，民族风情乐舞《天骄圣地·鄂尔多斯乌音嘎》入选“2020年度自治区舞台艺术精品工程”。承办第三届内蒙古地方戏优秀剧目暨沿黄省区地方戏展演，组织参加内蒙古民间舞蹈大赛、全区乌兰牧骑新人新作比赛等重要艺术活动，获80余项大奖。组织开展乌兰牧骑开展惠民演出和交流演出800余场次。

【公共服务体系】 完成东胜区、康巴什区9个社区文化中心整改任务，全市基层综合文化服务中心实现全覆盖。持续推进图书馆总分馆建设，建成各级分馆983个。新改建旅游厕所108座。举办全市农牧民文艺会演、广场舞大赛等示范性群众文化活动，舞蹈《收获》《乃日颂》等4个节目获全区农牧民文艺会演最佳节目奖。舞蹈《美丽八月》荣获全区广场舞大赛一等奖。“鄂尔多斯文化云”上线运行，乌审旗建成全区首家县级数字文化馆。鄂尔多斯智慧文化旅游公共服务平台不断优化升级，推出“云游鄂尔多斯”服务，并作为全区唯一建成运营的文旅智慧服务平台，在自治区民族手工艺品和文创旅游商品展示活动上进行集中展示。

【文物保护利用】 组织开展黄河流域不可移动文物资源普查，启动建设萨拉乌苏国家考古遗址公园博物馆，实施阿尔寨石窟、十二连城遗址等一批重点文物保护工程。完成鄂尔多斯革命历史博物馆维修工程。完善全市长城“四有”（设置长城专门保护管理机构和人员，建立长城记录档案，树立长城保护标识，划定长城保护范围和建设控制地带）档案建设，纳林塔战国秦长城被纳入国家首批长城重要点段名录。对全市494处各级文物保护单位进行全覆盖安全隐患排查。在央视播出《成吉思汗灵榇西迁》纪录片，推出《黄河从草原上流过——内蒙古黄河流域古代文明展》等一批精品展览。

鄂尔多斯市国家级重点文物保护单位一览表

表2

序号	文物保护单位名称	批次	公布日期	旗区	年代	类别	备注
1	成吉思汗陵	第二批	1982年2月23日	伊金霍洛旗	1954年迁建	古墓葬	—
2	萨拉乌苏文化遗址	第五批	2001年6月25日	乌审旗	旧石器时代	古遗址	—
3	阿尔寨石窟	第五批	2003年3月2日	鄂托克旗	西夏—明	石窟寺及石刻	—
4	朱开沟遗址	第六批	2006年5月25日	伊金霍洛旗	新石器时代至商	古遗址	—
5	独贵龙运动旧址	第六批	2006年5月25日	乌审旗	1919—1921年	近现代重要史迹及代表性建筑	—
6	秦直道遗址	第六批	2006年5月25日	东胜区、伊金霍洛旗、达拉特旗	秦	古遗址	—
7	霍洛柴登古城遗址	第六批	2006年5月25日	杭锦旗	汉代	古遗址	—
8	十二连城遗址	第六批	2006年5月25日	准格尔旗	隋至唐	古遗址	—
9	城川古城遗址	第六批	2006年5月25日	鄂托克前旗	唐	古遗址	—
10	明长城、秦长城、隋长城、战国秦长城、宋长城	第五、六批	2001年6月25日 2006年5月25日	伊旗、鄂前旗、达旗、东胜区、准旗、鄂旗	战国、明、秦、隋	古遗址	其中伊旗纳林塔秦长城为第五批国家保护文物
11	准格尔召	第七批	2013年5月3日	准格尔旗	明	古建筑	—
12	寨子圪旦遗址	第七批	2013年5月3日	准格尔旗	新石器时代	古遗址	—
13	沙日特莫图庙	第七批	2013年5月3日	杭锦旗	清代	古建筑	—
14	桌子山岩画	第七批	2013年5月3日	鄂托克旗	新石器时代	石窟寺及石刻	与乌海共同成为一处

鄂尔多斯市市级文物保护单位一览表

表 3

序号	文物保护单位名称	批次	公布日期	旗区	年代	类别
1	黄陶勒盖城址	第一批	2007 年 6 月 5 日	伊金霍洛旗	汉	古遗址
2	乌兰敖包城址	第一批	2007 年 6 月 5 日	伊金霍洛旗	汉	古遗址
3	瓦片梁遗址	第一批	2007 年 6 月 5 日	乌审旗	汉	古遗址
4	昂拜淖古城	第一批	2007 年 6 月 5 日	乌审旗	汉	古遗址
5	育草站古墓群	第一批	2007 年 6 月 5 日	乌审旗	汉	古墓葬
6	蒙古大汗国九足白徽遗址（伊克萨）	第一批	2007 年 6 月 5 日	乌审旗	明	其他
7	梅林庙	第一批	2007 年 6 月 5 日	乌审旗	清	寺庙
8	大石砭庙	第一批	2007 年 6 月 5 日	乌审旗	清	寺庙
9	察汉淖墓地	第一批	2007 年 6 月 5 日	鄂托克旗	汉	古墓葬
10	黑龙贵节度使墓	第一批	2007 年 6 月 5 日	鄂托克旗	五代	古墓葬
11	巴图湾抗联旧址	第一批	2007 年 6 月 5 日	乌审旗	近代	近现代建筑
12	乌兰陶勒盖古墓群	第一批	2007 年 6 月 5 日	杭锦旗	战国	古墓葬
13	阿日柴达古墓群	第一批	2007 年 6 月 5 日	杭锦旗	战国	古墓葬
14	桃红巴拉尔古墓区	第一批	2007 年 6 月 5 日	杭锦旗	战国	古墓葬
15	石子湾古城	第一批	2007 年 6 月 5 日	准格尔旗	北魏	古遗址
16	丰州城遗址	第一批	2007 年 6 月 5 日	准格尔旗	宋代	古遗址
17	城坡古城遗址	第一批	2007 年 6 月 5 日	准格尔旗	汉	古遗址
18	西沟畔匈奴墓	第一批	2007 年 6 月 5 日	准格尔旗	战国	古墓葬
19	呼和淖古城	第一批	2007 年 6 月 5 日	鄂托克前旗	汉代	古遗址
20	昭君坟遗址	第一批	2007 年 6 月 5 日	达拉特旗	秦	古墓葬
21	城拐子城址	第二批	2013 年 11 月 11 日	达拉特旗	汉代、元代	古遗址
22	架子坡遗址	第二批	2013 年 11 月 11 日	达拉特旗	唐代	古遗址

续表 3

序号	文物保护单位名称	批次	公布日期	旗区	年代	类别
23	老爷庙遗址	第二批	2013 年 11 月 11 日	达拉特旗	夏代、商代	古遗址
24	王爱召遗址	第二批	2013 年 11 月 11 日	达拉特旗	明代	古遗址
25	巴音敖包遗址	第二批	2013 年 11 月 11 日	东胜区	元代	古遗址
26	阿顿胡日也城址	第二批	2013 年 11 月 11 日	鄂托克旗	汉代	古遗址
27	巴格陶利城址	第二批	2013 年 11 月 11 日	鄂托克前旗	唐代	古遗址
28	巴音查干遗址	第二批	2013 年 11 月 11 日	鄂托克前旗	新石器时代	古遗址
29	查干巴拉城址	第二批	2013 年 11 月 11 日	鄂托克前旗	唐代	古遗址
30	哈扎布拉格西沙遗址	第二批	2013 年 11 月 11 日	鄂托克前旗	新石器	古遗址
31	呼拉胡城址	第二批	2013 年 11 月 11 日	鄂托克前旗	唐代	古遗址
32	苏力迪城址	第二批	2013 年 11 月 11 日	鄂托克前旗	隋唐五代	古遗址
33	拜图—陶利—特布德烽火台	第二批	2013 年 11 月 11 日	鄂托克前旗	明代	古遗址
34	海尔森城址	第二批	2013 年 11 月 11 日	杭锦旗	汉代	古遗址
35	白敖包遗址	第二批	2013 年 11 月 11 日	伊金霍洛旗	新石器晚期至夏商时期	古遗址
36	电石湾城址	第二批	2013 年 11 月 11 日	伊金霍洛旗	汉代	古遗址
37	架子圪旦遗址	第二批	2013 年 11 月 11 日	伊金霍洛旗	新石器时代、仰韶文化晚期	古遗址
38	城圐圙城址	第二批	2013 年 11 月 11 日	准格尔旗	宋辽金	古遗址
39	大口遗址	第二批	2013 年 11 月 11 日	准格尔旗	新石器时代	古遗址
40	古城渠遗址	第二批	2013 年 11 月 11 日	准格尔旗	宋辽金	古遗址
41	榆树壕遗址	第二批	2013 年 11 月 11 日	准格尔旗	汉代、元代	古遗址
42	红旗梁墓群	第二批	2013 年 11 月 11 日	东胜区	汉代	古墓葬
43	八一水利墓群	第二批	2013 年 11 月 11 日	鄂托克旗	汉代	古墓葬
44	巴音敖包墓群	第二批	2013 年 11 月 11 日	鄂托克旗	汉代	古墓葬

续表 3

序号	文物保护单位名称	批次	公布日期	旗区	年代	类别
45	白音敖包墓群	第二批	2013 年 11 月 11 日	杭锦旗	汉代	古墓葬
46	铬针峁子墓群	第二批	2013 年 11 月 11 日	乌审旗	汉代	古墓葬
47	庙梁墓群	第二批	2013 年 11 月 11 日	乌审旗	南北朝	古墓葬
48	白圪针墓群	第二批	2013 年 11 月 11 日	伊金霍洛旗	汉代	古墓葬
49	城塔墓群	第二批	2013 年 11 月 11 日	准格尔旗	西周	古墓葬
50	哈什拉召	第二批	2013 年 11 月 11 日	达拉特旗	清代	古建筑
51	大额尔和图敖包	第二批	2013 年 11 月 11 日	鄂托克旗	元代	古建筑
52	苏米图敖包	第二批	2013 年 11 月 11 日	鄂托克旗	清代	古建筑
53	鄂托克旗王爷府	第二批	2013 年 11 月 11 日	鄂托克旗	清代	古建筑
54	新召巴音敖包	第二批	2013 年 11 月 11 日	鄂托克旗	元代	古建筑
55	查干庙、敖包、苏力德	第二批	2013 年 11 月 11 日	乌审旗	清代	古建筑
56	特格音敖包	第二批	2013 年 11 月 11 日	乌审旗	待定	古建筑
57	乌审旗革命烈士纪念塔	第二批	2013 年 11 月 11 日	乌审旗	现代	近现代及代表性建筑
58	席尼喇嘛纪念塔	第二批	2013 年 11 月 11 日	乌审旗	现代	近现代及代表性建筑
59	马良城、顾寿山纪念碑	第二批	2013 年 11 月 11 日	鄂托克前旗	现代	近现代及代表性建筑
60	珠日和敖包	第二批	2013 年 11 月 11 日	康巴什新区	近现代	近现代及代表性建筑
60	乌兰哈达岩画	第二批	2013 年 11 月 11 日	鄂托克旗	石器时代	石窟寺、石刻及其他
62	希日高勒岩画	第二批	2013 年 11 月 11 日	鄂托克旗	新石器	石窟寺、石刻及其他
63	伊盟中学礼堂	第一批	2009 年 12 月 21 日	东胜区	当代	近现代重要史迹及代表性建筑

鄂尔多斯市自治区级文物保护单位一览表

表 4

序号	文物保护单位名称	批次	公布日期	旗区	年代	类别
1	准格尔旗王府	第三批	1996 年 5 月 28 日	准格尔旗	清	古建筑
2	查布恐龙足迹化石区	第三批	1996 年 5 月 28 日	鄂托克旗	距今约 1.2 亿年	古遗址
3	扎尔庙古城遗址	第三批	1996 年 5 月 28 日	杭锦旗	汉	古遗址
4	油松王	第三批	1996 年 5 月 28 日	准格尔旗	树龄距今约 800 年	其他
5	中央民院旧址	第三批	1996 年 5 月 28 日	鄂托克前旗	1945—1946 年	近现代重要史迹及代表性建筑
6	中共三段地工委旧址	第三批	1996 年 5 月 28 日	鄂托克前旗	1936 年	近现代重要史迹及代表性建筑
7	敖楞讨勒亥汉墓群	第三批	1996 年 5 月 28 日	达拉特旗	汉	古墓葬
8	郡王府	第三批	1996 年 5 月 28 日	伊金霍洛旗	清	古建筑
9	翁滚梁古墓群	第三批	1996 年 5 月 28 日	乌审旗	明	古墓葬
10	三岔河古城及墓群	第三批	1996 年 5 月 28 日	乌审旗	西夏	古墓葬
11	新庙	第四批	2006 年 9 月 4 日	伊金霍洛旗	清	古建筑
12	郭梁墓群	第四批	2006 年 9 月 4 日	乌审旗	南北朝至唐	古墓葬
13	海流图庙	第四批	2006 年 9 月 4 日	乌审旗	清	古建筑
14	陶庙	第四批	2006 年 9 月 4 日	乌审旗	清	古建筑
15	十里梁墓群	第四批	2006 年 9 月 4 日	乌审旗	五代至宋	古墓葬
16	乌审召	第四批	2006 年 9 月 4 日	乌审旗	清	古建筑
17	卢家社墓群	第四批	2006 年 9 月 4 日	东胜区	汉	古墓葬
18	百眼井遗址	第四批	2006 年 9 月 4 日	鄂托克旗	西夏至元明	古遗址
19	苏里格庙	第四批	2006 年 9 月 4 日	鄂托克旗	清	古建筑
20	阿贵塔拉石窟	第四批	2006 年 9 月 4 日	鄂托克旗	元	石窟寺及石刻
21	迪雅阿贵庙	第四批	2006 年 9 月 4 日	鄂托克旗	清	古建筑

续表 4

序号	文物保护单位名称	批次	公布日期	旗区	年代	类别
22	查干巴拉噶苏城址	第四批	2006 年 9 月 4 日	鄂托克前旗	唐	古遗址
23	乌兰道崩城址	第四批	2006 年 9 月 4 日	鄂托克前旗	唐	古遗址
24	巴郎庙城址	第四批	2006 年 9 月 4 日	鄂托克前旗	唐	古遗址
25	大池城址	第四批	2006 年 9 月 4 日	鄂托克前旗	唐	古遗址
26	苏坝海子墓群	第四批	2006 年 9 月 4 日	鄂托克前旗	汉至南北朝	古墓葬
27	王震井	第四批	2006 年 9 月 4 日	鄂托克前旗	1944 年	近现代重要史迹及代表性建筑
28	哈勒庆壕城址	第四批	2006 年 9 月 4 日	达拉特旗	汉	古遗址
29	展旦召	第四批	2006 年 9 月 4 日	达拉特旗	清	古建筑
30	伊克昭盟行政公署办公楼	第四批	2007 年 7 月 12 日	东胜区	当代	近现代重要史迹及代表性建筑
31	乌兰木伦遗址群	第五批	2014 年 9 月 29 日	康巴什区	旧石器时代	古遗址
32	三套石圈遗址	第五批	2014 年 9 月 29 日	伊金霍洛旗	夏、商时期	古遗址
33	寨子上遗址	第五批	2014 年 9 月 29 日	准格尔旗	新石器时代	古遗址·聚落址
34	城壕城址	第五批	2014 年 9 月 29 日	准格尔旗	东周、秦、汉	古遗址
35	广衍县古城及周边墓葬群	第五批	2014 年 9 月 29 日	准格尔旗	秦、汉	古遗址
36	苗齐圪尖城址	第五批	2014 年 9 月 29 日	东胜区	秦、汉	古遗址
37	木凯淖尔遗址	第五批	2014 年 9 月 29 日	鄂托克旗	汉	古遗址
38	水泉子城址	第五批	2014 年 9 月 29 日	鄂托克旗	汉	古遗址
39	新其日嘎城址	第五批	2014 年 9 月 29 日	鄂托克旗	汉、西夏	古遗址
40	敖伦布拉格城址	第五批	2014 年 9 月 29 日	杭锦旗	汉	古遗址
41	古城梁城址	第五批	2014 年 9 月 29 日	杭锦旗	汉	古遗址
42	车家渠城址	第五批	2014 年 9 月 29 日	伊金霍洛旗	汉	古遗址
43	古城壕城址	第五批	2014 年 9 月 29 日	伊金霍洛旗	汉	古遗址

续表 4

序号	文物保护单位名称	批次	公布日期	旗区	年代	类别
44	红庆河城址	第五批	2014 年 9 月 29 日	伊金霍洛旗	汉	古遗址
45	美稷古城及周边墓葬群	第五批	2014 年 9 月 29 日	准格尔旗	汉	古遗址
46	柳沟城址	第五批	2014 年 9 月 29 日	达拉特旗	汉、元	古遗址
47	包勒浩晓城址	第五批	2014 年 9 月 29 日	鄂托克旗	隋、唐	古遗址
48	陶斯图城址	第五批	2014 年 9 月 29 日	鄂托克旗	西夏	古遗址
49	呼和淖尔城址	第五批	2014 年 9 月 29 日	乌审旗	西夏	古遗址
50	康家渠城址	第五批	2014 年 9 月 29 日	达拉特旗	元	古遗址
51	伊连陶劳盖文化遗址	第五批	2014 年 9 月 29 日	鄂托克旗	元	古遗址
52	拖雷伊金祭奠遗址	第五批	2014 年 9 月 29 日	鄂托克旗	元	古遗址
53	乌仁都西敖包	第五批	2014 年 9 月 29 日	鄂托克旗	清	古遗址
54	凤凰山墓群	第五批	2014 年 9 月 29 日	鄂托克旗	汉	古墓葬
55	马山窑子墓群	第五批	2014 年 9 月 29 日	准格尔旗	汉	古墓葬
56	庙塔石窟寺	第五批	2014 年 9 月 29 日	准格尔旗	清	石窟寺
57	乌兰阿贵石窟寺	第五批	2014 年 9 月 29 日	杭锦旗	清	石窟寺
58	阿会石窟	第五批	2014 年 9 月 29 日	东胜区	清	石窟寺
59	奇国贤故居	第五批	2014 年 9 月 29 日	乌审旗	民国	近现代建筑
60	巴图湾革命旧址（巴图湾革命旧址、巴图湾中共乌审旗委办公地旧址）	第五批	2014 年 9 月 29 日	乌审旗	民国、中华人民共和国	近现代建筑
61	巴图湾水电站	第五批	2014 年 9 月 29 日	乌审旗	近现代	近现代及代表性建筑
62	包头临时县政府旧址	第五批	2014 年 9 月 29 日	达拉特旗	1937 年	近现代及代表性建筑
63	恩格贝抗日将士纪念碑	第五批	2014 年 9 月 29 日	达拉特旗	近现代	近现代及代表性建筑
64	包子塔古村落	第五批	2014 年 9 月 29 日	准格尔旗	明代	古建筑

【历史文化遗存】 截至2020年年底，鄂尔多斯市有国家级重点文物保护单位14处、自治区级文物保护单位64处、市级文物保护单位63处。全市共发现不可移动文物遗址点959处，各类古建筑50处，古墓葬208处。

【非物质文化遗产保护传承】 组织开展黄河流域非物质文化遗产资源普查，推进国家文化生态保护实验区申报工作，实施鄂尔多斯市非物质文化遗产展览馆改造提升工程。鄂尔多斯市乌审走马竞技和六十棵榆树祭成功入选第五批国家级非物质文化遗产代表性项目名录推荐项目名单。公布第六批市级非物质文化遗产代表性项目和传承人，新增14名自治区级非物质文化遗产代表传承人。

鄂尔多斯市第五批国家级非物质文化遗产代表性项目一览表

表5

序号	项目名称	项目类别	批次	地区
1	乌审走马竞技	传统体育、游艺与杂技	第五批	乌审旗
2	六十棵榆树祭	民俗	第五批	鄂托克前旗

鄂尔多斯市第六批市级非物质文化遗产代表性项目一览表

表6

序号	项目名称	项目类别	批次	地区
1	达拉特祝赞词	民间文学	第六批	达拉特旗
2	达拉特乌兰道	传统音乐	第六批	达拉特旗
3	乌审“洪根雅托嘎”演奏技法	传统音乐	第六批	乌审旗
4	鄂尔多斯蒙古族沙嘎游戏	传统体育、游艺与杂技	第六批	鄂托克前旗
5	蒙古式传统射箭	传统体育、游艺与杂技	第六批	市直
6	蒙古族传统马术	传统体育、游艺与杂技	第六批	伊金霍洛旗
7	传统手工漆画	传统美术	第六批	伊金霍洛旗
8	传统玻璃画	传统美术	第六批	伊金霍洛旗
9	鄂尔多斯传统沙画	传统美术	第六批	市直
10	达拉特蒙古族服饰制作技艺	传统技艺	第六批	达拉特旗
11	达拉特蒙古族马海制作技艺	传统技艺	第六批	达拉特旗
12	达拉特传统撒花	传统技艺	第六批	达拉特旗
13	鄂尔多斯奶酒酿造技艺	传统技艺	第六批	乌审旗、伊金霍洛旗
14	鄂尔多斯蒙古族传统家具制作技艺	传统技艺	第六批	乌审旗、鄂托克旗

续表 6

序号	项目名称	项目类别	批次	地区
15	蒙古族铁器制作技艺	传统技艺	第六批	乌审旗、鄂托克旗
16	鄂尔多斯毛毡制作技艺	传统技艺	第六批	乌审旗
17	乌审奶食品传统制作技艺	传统技艺	第六批	乌审旗
18	豆面制作工艺	传统技艺	第六批	东胜区、伊金霍洛旗
19	蒙古族传统银饰制作技艺	传统技艺	第六批	鄂托克旗
20	蒙医骑马健身疗法	传统医药	第六批	乌审旗
21	传统蒙医羊脑方剂疗法	传统医药	第六批	鄂托克旗
22	蒙医痔疮熏药疗法	传统医药	第六批	鄂托克旗
23	嘎拉塔尔尼治疗法	传统医药	第六批	鄂托克前旗
24	鄂尔多斯蒙古族传统香囊疗法	传统医药	第六批	康巴什区
25	提博气诊疗法	传统医药	第六批	市直
26	达拉特蒙古族传统婚礼	民俗	第六批	达拉特旗
27	银肯敖包祭	民俗	第六批	达拉特旗
28	鄂尔多斯历法	民俗	第六批	乌审旗
29	乌审蒙古族年俗	民俗	第六批	乌审旗
30	腾格里珠拉	民俗	第六批	伊金霍洛镇
31	鄂尔多斯蒙古族刺绣（达拉特蒙古族刺绣）	传统技艺	第六批	达拉特旗
32	炒米制作技艺	传统技艺	第六批	乌审旗

鄂尔多斯市第六批市级非物质文化遗产代表性传承人一览表

表 7

序号	姓名	出生年月	性别	民族	项目类别	项目名称	批次
1	张嘎	1958 年 12 月	男	蒙古族	民间文学	乌审蒙古族口头诗	第六批
2	格日乐图	1965 年 2 月	男	蒙古族	民间文学	蒙古语口传叙事诗《成吉思汗的两匹骏马》	第六批
3	乌云达来	1965 年 6 月	男	蒙古族	民间文学	祝赞词	第六批
4	其其格	1976 年 12 月	女	蒙古族	传统音乐	达拉特乌兰道	第六批
5	斯庆稍	1955 年 1 月	女	蒙古族	传统音乐	鄂尔多斯古如歌	第六批

续表 7

序号	姓名	出生年月	性别	民族	项目类别	项目名称	批次
6	孟根珠岚	1951 年 5 月	女	蒙古族	传统舞蹈	顶碗舞	第六批
7	阿日并巴雅尔	1955 年 6 月	男	蒙古族	传统体育、游艺与杂技	鄂尔多斯沙嘎游戏	第六批
8	敖特更其木格	1967 年 2 月	女	蒙古族	传统体育、游艺与杂技	吉仁牌	第六批
9	满达呼	1953 年 10 月	男	蒙古族	传统美术	蒙古文书法	第六批
10	单志凌	1953 年 10 月	男	汉族	传统美术	鄂尔多斯传统手工彩绘	第六批
11	王交和	1957 年 10 月	男	汉族	传统美术	传统玻璃画	第六批
12	樊进才	1963 年 11 月	男	汉族	传统美术	鄂尔多斯传统沙画	第六批
13	娜仁其其格	1971 年 3 月	女	蒙古族	传统技艺	达拉特蒙古族服饰制作技艺	第六批
14	娜仁高娃	1977 年 1 月	女	蒙古族	传统技艺	达拉特蒙古族马海制作技艺	第六批
15	赵贵明	1952 年 11 月	男	汉族	传统技艺	达拉特传统墩花	第六批
16	庞古	1962 年 2 月	男	汉族	传统技艺	老油坊卧式木制榨油传统制作技艺	第六批
17	张改花	1953 年 6 月	女	汉族	传统技艺	豆面制作技艺	第六批
18	杨美	1951 年 11 月	女	汉族	传统技艺	豆面制作技艺	第六批
19	沙仁达来	1979 年 6 月	男	蒙古族	传统技艺	炒米制作技艺	第六批
20	吉仁太	1973 年 2 月	男	蒙古族	传统技艺	鄂尔多斯奶酒酿造技艺	第六批
21	萨日娜其其格	1974 年 6 月	女	蒙古族	传统技艺	鄂尔多斯奶酒酿造技艺	第六批
22	热西尼玛	1953 年 12 月	男	蒙古族	传统技艺	鄂尔多斯蒙古族传统家具制作技艺	第六批
23	斯庆巴图	1970 年 5 月	男	蒙古族	传统技艺	鄂尔多斯蒙古族传统家具制作技艺	第六批
24	哈斯苏都	1964 年 12 月	女	蒙古族	传统技艺	乌审奶食品传统制作技艺	第六批
25	斯庆图亚	1966 年 7 月	女	蒙古族	传统技艺	鄂尔多斯毛毡制作技艺	第六批
26	胡日嘎代	1951 年 9 月	男	蒙古族	传统技艺	蒙古族铁器制作技艺	第六批
27	王兴旺	1956 年 6 月	男	汉族	传统技艺	蒙古族铁器制作技艺	第六批
28	苏雅拉巴图	1969 年 2 月	男	蒙古族	传统技艺	蒙古族传统银饰制作技艺	第六批
29	胡毕斯哈拉图	1967 年 3 月	男	蒙古族	传统技艺	什拉米制作技艺	第六批
30	脑日布	1945 年 5 月	男	蒙古族	传统技艺	蒙古族毛质织制技艺	第六批
31	图孟吉日嘎	1972 年 3 月	男	蒙古族	传统技艺	蒙古包制作	第六批

续表 7

序号	姓名	出生年月	性别	民族	项目类别	项目名称	批次
32	乌兰其其格	1963 年 5 月	女	蒙古族	传统技艺	鄂尔多斯西部蒙古族头饰及制作技艺	第六批
33	杨永锋	1960 年 4 月	男	蒙古族	传统医药	鄂尔多斯蒙古族传统香囊疗法	第六批
34	贡庆布仁	1979 年 8 月	男	蒙古族	传统医药	蒙医骑马健身疗法	第六批
35	特门巴特尔	1953 年 6 月	男	蒙古族	传统医药	传统蒙医羊脑制剂疗法	第六批
36	岱庆巴特尔	1970 年 10 月	男	蒙古族	传统医药	痔疮蒙医熏洗疗法	第六批
37	旺楚格	1962 年 11 月	男	蒙古族	民俗	达拉特蒙古族传统婚礼	第六批
38	巴图青克勒	1952 年 1 月	男	蒙古族	民俗	乌审蒙古族年俗	第六批
39	巴音吉日嘎勒	1950 年 8 月	男	蒙古族	民俗	鄂尔多斯历法	第六批
40	塔木扎布	1952 年 5 月	男	蒙古族	民俗	鄂托克十三敖包祭	第六批
41	达布希拉图	1977 年 4 月	男	蒙古族	民俗	成吉思汗祭典	第六批
42	苏雅拉图	1972 年 12 月	男	蒙古族	民俗	成吉思汗祭典	第六批
43	那仁达来	1973 年 3 月	男	蒙古族	民俗	成吉思汗哈日苏勒德祭祀	第六批
44	达仁巴拉	1954 年 3 月	男	蒙古族	民俗	阿拉克苏勒德祭祀	第六批
45	苏雅拉图	1968 年 10 月	男	蒙古族	民俗	拖雷伊金祭奠	第六批
46	查格都尔	1955 年 10 月	男	蒙古族	民俗	鄂尔多斯婚礼	第六批

【文化遗产保护】 截至 2020 年年底，鄂尔多斯市国家级非物质文化遗产代表性项目 8 个、自治区级非物质文化遗产代表性项目 92 个、市级非物质文化遗产代表性项目 212 个，包含民间文学、传统音乐、传统舞蹈、传统戏剧、曲艺、传统体育、游艺与杂技、传统美术、传统技艺、传统医药、民俗等十大类别；鄂尔多斯市国家级非物质文化遗产代表性传承人 9 人、自治区级代表性传承人 113 人、市级代表性传承人 326 人。

【文化场馆】 2020 年，全市拥有文化馆、群众艺术馆 10 个、乡镇文化站 52 个，公共图书馆 9 个、博物馆 22 个。

【鄂尔多斯博物馆】 2020 年，鄂尔多斯博物馆共征集文物 48 件（套）。其中有青铜器、陶瓷器、革命文物等。共举办展览 10 场次。其中《不忘初心、牢记使命——主题教育展》馆内持续展览；外展《八百年不熄的神灯——祭祀成吉思汗的鄂尔多斯蒙古族历史文化》先后赴沈阳张氏帅府博物馆、河北廊坊博物馆、山西晋城博物馆进行巡展；与鄂尔多斯青铜器博物馆合作外展《草长鹰飞——北方草原汉墓壁画珍品展》赴河南洛阳博物馆巡展；与鄂尔多斯机场合作，先后举办《长河万里 塞外风来——内蒙古西部区博物馆联盟馆藏精品文物展》《百年光影——见证鄂尔多斯》两场展览；联合内蒙古博物院、乌兰察布市博物馆等内蒙古黄河沿岸七盟市十余个博物馆，筹办“黄河从草原上流过——内蒙古黄河流域古代文明展”。全年共接待观众232415人次，其中，未成年观众69336人次；旅游团体424人次，完成接待讲解工作753场次。其中，公务讲解375场次，义务接待观众378场次。

鄂尔多斯博物馆举办的展览一览表

表8

序号	展览名称	引进（推出展览）地	展出时间	展览性质
1	《长河万里 塞外风来——黄河几字湾摄影作品展》	鄂尔多斯机场	2020年5月18日至8月15日	对外交流展览
2	《草长鹰飞——北方草原汉墓壁画珍品展》	洛阳博物馆	2020年5月18日至8月18日	对外交流展览
3	《丹青绘盛世 翰墨颂党史——油画藏品展》	鄂尔多斯博物馆一楼大厅	2020年7月1日至9月1日	引进展览
4	《第二届鄂尔多斯市美术教师作品展》	鄂尔多斯博物馆一楼大厅	2020年9月10日起	引进展览
5	《黄河从草原上流过——内蒙古黄河流域古代文明展》	鄂尔多斯博物馆6号展厅	2020年9月19日起	对外交流展览
6	《百年光影 见证鄂尔多斯》	鄂尔多斯机场	2020年9月27日起	对外交流展览
7	《农耕、游牧·碰撞、交融——鄂尔多斯古代史陈列》	鄂尔多斯博物馆	2012年起	常规展
8	鄂尔多斯古生物展	鄂尔多斯博物馆	2012年起	常规展

【鄂尔多斯图书馆】 2020年，鄂尔多斯图书馆新购入藏图书17211种35499册，报刊620种9726册。年末，鄂尔多斯图书馆馆藏纸质文献835670册，可用数字资源46.66太字节。全年服务读者658566人次，新办读者借书证3929个，书刊借阅182225人次、376003册次，馆外流通分馆和服务点借阅图书50400人次、9500册；数字资源下载量622907人次，门户网站访问量1159431人次；微信公众号推送相关信息790条，点击率233180人次；举办各类公益讲座8场，播放电影14场，服务读者1500人次；培训工作2次。“你阅读 我买单”全民阅读工作线上线下共下单阅读4349册，合计148890元。

鄂尔多斯图书馆举办的展览活动一览表

表9

序号	时间	活动名称
1	2020年1月17日至2月8日	“书香盈岁月 新桃换旧符”新春年俗展
2	2020年2月19日	以“武汉加油 中国加油”为主题的儿童绘画展
3	2020年3月24日	《美丽的草原我的家》蒙古风情少儿绘画展览
4	2020年5—6月	孟金龙先生书画作品展
5	2020年7—8月	举办“多彩鄂尔多斯，多才康巴什——康巴什读者书法作品展”

续表 9

序号	时间	活动名称
6	2020 年 9 月 20 日	“最美家乡康巴什”手绘石头画、玉石摆件书法主题艺术展
7	2020 年 9 月 22 日至 10 月 22 日	鄂尔多斯市图书馆“一书一世界 一画一少年”第六届少儿绘画展
8	2020 年 9 月 30 日至 11 月 1 日	喜迎国庆 追梦草原 全市书法名家十人展
9	2020 年 11 月 3 日	鄂尔多斯市图书馆《国家珍贵古籍名录》15 部蒙藏文古籍文献展

鄂尔多斯市图书馆受赠一览表

表 10

序号	时间	活动名称
1	2020 年 12 月 8 日	南京知青倪志斌向鄂尔多斯市图书馆和草原知青博物馆赠书
2	2020 年 10 月 14 日	鄂尔多斯市图书馆举行《泉石庐诗集》发布会
3	2020 年 9 月 14 日	原伊克昭盟盟委书记陈启厚向鄂尔多斯市图书馆赠送地方文献
4	2020 年 9 月 3 日	鄂尔多斯市委政研室向地方文献部赠书
5	2020 年 7 月 24 日	2020 年鄂尔多斯市拥军优抚宣传月赠书活动
6	2020 年 7 月 21 日	准格尔旗史志编纂委员会办公室向鄂尔多斯市图书馆赠送地方文献
7	2020 年 6 月 17 日	神木学者蔡向升先生向鄂尔多斯市图书馆赠书
8	2020 年 6 月 12 日	2019 年度中国好书《春归库布其》入藏鄂尔多斯市图书馆地方文献部
9	2020 年 5 月 20 日	著名作家张秉毅向鄂尔多斯市图书馆赠书
10	2020 年 4 月 10 日	著名作家肖亦农向鄂尔多斯市图书馆赠书

【鄂尔多斯文化馆】 2020 年，举办各类培训班 57 期，培训学员 32050 人次，服务群众 5 万人次，共开展群众性文化活动 64 场次，举办公益性展览 7 次，参观参与 8700 人次，组织开展文化惠民演出 64 场次，受益观众 37600 人次，举办公益性讲座 38 次，受益观众 21700 人次。

【演出服务】 2020 年，共组织演出 814 场次，受益观众 66 万人次。完成 800 余场次演出任务。获奖演出项目有:《原生态民族音乐会》入选文化和旅游部“庆祝中国共产党成立 100 周年舞台艺术精品创作工程”；原创舞蹈作品《顶碗舞》入选首届“中国舞蹈优秀作品集萃”;《这片草原》《乌兰牧骑的热喜》《沙泉绿韵》3 部作品入选自治区庆祝“建党 100 周年舞台剧目”名单，入选剧目数量居全区前列；民族风情乐舞《天骄圣地·鄂尔多斯乌音嘎》入选 2020 年度自治区舞台艺术精品工程名单；鄂尔多斯民族歌舞剧院青年合唱团荣获“第十七届中国·内蒙古草原文化节 2020 内蒙古首届合唱大赛最佳合唱团”称号。

【文化艺术创作】 2020 年，全市文化艺术创作情况。鄂尔多斯市专业艺术院团围绕铸牢中华民族共同体意识、庆祝中华人民共和国成立 70 周年、脱贫攻坚等重大主题，创作演出《这片草原》《原生态民族音乐会》《山那边》《乌兰牧骑的热喜》《婚》《鄂尔多斯乌音嘎》等130余件文艺作品。

【文旅产业发展】 2020年，开展文化旅游消费惠民活动，发放3万张鄂尔多斯文旅优惠卡，开展鄂尔多斯文化惠民演出季等系列活动，持续拉动文旅市场消费。与深圳文化产权交易所共建鄂尔多斯市文化金融服务中心，举办全市文化金融及文旅产品策划培训班4期。抓好重点文旅项目建设，推动响沙湾悦沙岛沙漠水世界、准格尔黄河大峡谷休闲度假区等一批重点项目投入运营，推出《鄂尔多斯婚礼》《英雄》《大漠传奇》《漫瀚梁上一台戏》等一批旅游演艺产品。组团参加中国旅游商品大赛、中国非物质文化遗产博览会等重要展会活动。

【资源开发利用】 完成全区文化旅游资源普查试点工作，启动编制全市"十四五"文化旅游发展规划和黄河文化保护传承弘扬"1+3"规划，编制完成全市草原旅游、沙漠旅游、红色旅游专项规划。持续推进沿黄风光文化旅游带、沙漠生态文化旅游带、草原民族风情文化旅游带、红色研学文化旅游带和"东康伊"城市文化旅游休闲度假区"四带一区"建设，实施响沙湾、准格尔黄河大峡谷、鄂尔多斯草原等一批重点景区改造提升工程，新增国家A级旅游景区3家，全市A级旅游景区达到46家。组织开展演艺、非物质文化遗产、文创、图书、文博"五进"景区活动100余场。乡村旅游蓬勃发展，在自治区率先推行重点乡村旅游标识标牌建设工程，推出"乡约天骄圣地"乡村旅游服务小程序，打造东海心村、灶火壕、哈沙图村、巴润哈岱等一批乡村旅游示范村和集聚区。2020年，接待游客1150.5万人次，实现旅游收入327.3亿元，分别同比恢复66.3%、64.4%。

鄂尔多斯市AAAA级或AAAAA级旅游景区一览表

表11

序号	景区名称	曾用名	详细地址	等级	评定年度	最近复核年度	景区主管单位	景区运营单位
1	响沙湾旅游景区	—	达拉特旗树林召镇	AAAAA	2010	2020	内蒙古自治区鄂尔多斯市达拉特旗文化和旅游局	内蒙古响沙湾旅游有限公司
2	成吉思汗陵旅游区	—	伊金霍洛旗伊金霍洛镇	AAAAA	2010	2019	鄂尔多斯市成吉思汗陵旅游区管理委员会	鄂尔多斯市成吉思汗陵旅游区管理委员会
3	蒙根花万通生态旅游区	万通生态旅游区	达拉特旗白泥井镇	AAAA	2013	2019	内蒙古自治区鄂尔多斯市达拉特旗文化和旅游局	鄂尔多斯市万通农牧业科技有限公司
4	银肯塔拉沙漠绿洲自然生态旅游区	—	达拉特旗展旦召苏木展旦召嘎查	AAAA	2013	2019	内蒙古自治区鄂尔多斯市达拉特旗文化和旅游局	鄂尔多斯市银肯塔拉生态旅游有限公司
5	恩格贝旅游区	内蒙古自治区鄂尔多斯市达拉特旗恩格贝生态示范区	达拉特旗	AAAA	2005	2018	内蒙古鄂尔多斯市达拉特旗	鄂尔多斯市恩格贝沙漠生态旅游文化有限责任公司
6	碧海阳光温泉旅游区	—	鄂托克旗	AAAA	2012	—	鄂托克旗文化和旅游局	鄂托克旗碧海阳光温泉文化旅游有限责任公司

续表 11

序号	景区名称	曾用名	详细地址	等级	评定年度	最近复核年度	景区主管单位	景区运营单位
7	布龙湖温泉度假区	—	鄂托克旗	AAAA	2014	—	鄂托克旗文化和旅游局	鄂托克旗布龙湖旅游有限责任公司
8	鄂尔多斯草原旅游区	鄂尔多斯市世珍园遗鸥湿地保护旅游发展有限公司鄂尔多斯草原旅游区	杭锦旗西南 9 公里处	AAAA	2014	2019	杭锦旗文化旅游管理局	内蒙古蒙之旅度假旅游有限公司鄂尔多斯草原旅游区
9	三盛公水利风景区	黄河三盛公国家水利风景区	杭锦旗桥头镇	AAAA	2016	2019	内蒙古自治区黄河工程管理局	内蒙古三盛公旅游开发有限公司
10	七星湖旅游区	鄂尔多斯市库布齐沙漠公园七星湖景区	杭锦旗独贵塔拉镇道图嘎查	AAAA	2008	2019	亿利集团有限公司	亿利库布齐沙漠生态旅游有限公司
11	萨拉乌苏旅游区	—	乌审旗无定河镇巴图湾村	AAAA	2013	2019	乌审旗旅游事业服务中心	内蒙古萨拉乌苏旅游文化发展有限公司
12	成吉思汗察罕苏力德游牧生态旅游区	鄂尔多斯察罕苏力德游牧生态旅游景区	乌审旗苏力德苏木塔来乌素嘎查	AAAA	2010	—	乌审旗旅游事业服务中心	乌审旗察罕苏力德生态游牧旅游有限责任公司
13	康巴什旅游区	—	康巴什区青春山文化景区	AAAA	2012	2018	内蒙古文化产业投资集团有限公司	鄂尔多斯市康巴什文化旅游发展有限公司
14	苏泊罕草原旅游景区	—	伊金霍洛旗苏泊尔嘎镇苏泊尔嘎嘎查六社	AAAA	2012	2020	伊金霍洛旗文化和旅游局	鄂尔多斯市苏泊罕大草原旅游景区有限责任公司
15	鄂尔多斯文化产业园景区	蒙古源流旅游区	伊金霍洛旗阿镇可汗路北	AAAA	2016	2020	鄂尔多斯蒙古源流文化产业园区管委会	鄂尔多斯蒙古源流文化产业发展有限公司
16	颐和生态文化博览园	乌兰活佛府	伊金霍洛旗阿勒腾席热镇北山植物园内	AAAA	2016	2020	伊金霍洛旗人民政府	伊金霍洛旗乌兰活佛府管理局
17	准格尔召旅游区	—	准格尔旗准格尔召镇西召村	AAAA	2014	2018	准格尔旗文化旅游广电局	内蒙古准格尔召民族文化旅游开发有限公司
18	油松王旅游区	—	准格尔旗纳日松镇松树墕村	AAAA	2008	2018	准格尔旗纳日松镇政府	准格尔旗旅游文化投资有限公司
19	水镜湖休闲度假旅游区	—	准格尔旗布尔陶亥苏木李家塔村	AAAA	2013	2018	鄂尔多斯市水镜湖农业旅游开发有限公司	鄂尔多斯市水镜湖农业旅游开发有限公司
20	准格尔黄河大峡谷旅游区	—	准格尔旗魏家峁镇杜家峁村	AAAA	2018	2018	准格尔旗文化旅游投资有限公司	准格尔黄河大峡谷文化旅游有限公司

续表 11

序号	景区名称	曾用名	详细地址	等级	评定年度	最近复核年度	景区主管单位	景区运营单位
21	大沙头生态文化旅游区	—	鄂托克前旗敖勒召其镇	AAAA	2012	2019	内蒙古兴宇旅游文化投资有限公司	内蒙古兴宇旅游文化投资有限公司
22	城川红色文化旅游区	—	鄂托克前旗城川镇	AAAA	2018	2018	鄂托克前旗文化和旅游局	鄂托克前旗文化旅游集团
23	马兰花草原旅游景区	上海庙欢乐大草原旅游区	上海庙镇	AAAA	2014	—	内蒙古上海庙旅游开发有限公司	内蒙古上海庙旅游开发有限公司
24	九城宫草原漫瀚文化旅游区	鄂尔多斯市九城宫生态园 / 九城宫草原漫瀚文化旅游区	东胜区罕台镇九成宫村	AAAA	2009	2019	东胜区文化和旅游局	鄂尔多斯市九城宫旅游度假区有限责任公司
25	东联动漫城	鄂尔多斯秦直道旅游区 / 大秦直道文化旅游景区	东胜区罕台镇西 10 公里	AAAA	2010	2019	内蒙古东联控股集团有限公司	内蒙古东联控股集团有限公司
26	鄂尔多斯野生动物园	—	东胜区铁西区三园路 1 号	AAAA	2013	2019	东胜区文化和旅游局	鄂尔多斯市紫辰生态科技发展有限公司
27	万家惠欢乐世界游乐园	—	东胜区铁西区永昌路 47 号	AAAA	2016	2019	东胜区文化和旅游局	鄂尔多斯市万家惠欢乐世界旅游文化产业发展有限公司
28	鄂尔多斯羊绒工业旅游区	—	东胜区罕台镇轻纺街 1 号	AAAA	2016	2019	内蒙古鄂尔多斯资源股份有限公司	内蒙古鄂尔多斯资源股份有限公司
29	鄂尔多斯草原丝路文化景区	—	康巴什区民族团结广场西北方向，西接康伊大街，南接博雅街，北接团结路	AAAA	2019	2018	鄂尔多斯市康巴什区文化和旅游局	鄂尔多斯市沣美商业管理有限公司

【市场培育监管】 不断优化营商环境，全面贯彻落实“放管服”改革，完成国家和自治区营商环境测评工作任务。加快“互联网 + 文旅执法”建设，持续推进全国文化市场、旅游服务监管平台应用，建成全市文化旅游综合执法监管平台和“扫黄打非”云监管平台。深入开展文化旅游行业领域“扫黑除恶”“扫黄打非”等各类专项整治行动，全年累计出动文旅市场执法人员 1.5 万余人次，检查文旅经营场所 6700 余家次。做好假日文旅市场工作，督促文旅行业严格落实“预约、错峰、限量”等疫情防控措施。实施服务质量提升行动，准格尔旗生力国际酒店获评四星级旅游饭店，蓝天国际旅行社、星光国际旅行社获评全区 AAAAA 级旅行社。举办星级旅游饭店、旅行社、旅游景区、导游员等系列技能服务培训 500 余人次。深入开展文明旅游主题宣传活动，累计发放宣传品 1.3 万余份。

【对外交流合作】 采取“走出去、请进来”“线上线下”互动宣传、传统媒体与新媒体相结合等多种方式，开展系列文旅主题宣传。策划举办鄂尔多斯文化旅游集中营销活动，邀请百家旅行社到鄂尔多斯市集中营销推介踩线。联合延安市推出“红动蒙陕”区域合作宣传营销推介会活动，持续打响鄂尔多斯红色旅游品牌。在内蒙古广播电视台《雷蒙时间》《亮丽风景线》等节目推出系列鄂尔多斯文旅宣传片，在呼和浩特白塔机场、京呼高铁、呼鄂动车投放文旅广告，充分展示城市形象。

【乡村旅游】 2020年，伊金霍洛旗伊金霍洛镇入选全国乡村旅游重点镇。

【“一区四带”】 “一区四带”是以“东康伊”中心城区为引领的城市文化旅游休闲度假区和沿黄风光文化旅游带、沙漠生态文化旅游带、草原风情文化旅游带、红色研学文化旅游带，“一区引领、四带联动”的旅游业发展空间格局。

“东康伊”城市旅游休闲区　依托鄂尔多斯中心城区国家级全域旅游示范区康巴什区、自治区级全域旅游示范区东胜区和文化底蕴深厚的伊金霍洛旗3个旗区优美的城市环境、便捷的区位交通、丰富的文化休闲场所和10处AAAA级旅游景区(康巴什旅游区、草原丝路文化康镇、鄂尔多斯野生动物园、东联动漫城、鄂尔多斯羊绒工业旅游区、九城宫旅游区、万家惠欢乐世界、准格尔召旅游区、鄂尔多斯市文化产业园景区、颐和生态文化博览园)，大力发展城市主题景区、旅游休闲街区、旅游度假区、旅居康养社区，将该区域建设成鄂尔多斯旅游休闲城市的休闲中心、消费中心、产业发展中心，“呼包鄂银榆”的区域旅游集散中心。

沿黄风光文化旅游带　依托鄂尔多斯728公里黄河流经水域，准格尔旗、达拉特旗、杭锦旗和鄂托克旗沿黄区域类型多样的地质景观、多元融合的民俗风情，以及3处AAAA级景区（黄河大峡谷景区、三盛公水利风景区、库布齐沙漠神泉景区）、4处国家级重点文物保护单位（寨子圪旦遗址、十二连城遗址、桌子山岩画、长城遗址），打造沿黄风景道、沿黄文化旅游景区和生态文化旅游村，努力建设内蒙古黄河文化和旅游发展的增长极和示范带、国家黄河国际旅游带的重要段落。

沙漠生态文化旅游带　依托杭锦旗、达拉特旗和准格尔旗的库布齐沙漠，乌审旗、鄂托克前旗、鄂托克旗的毛乌素沙地资源，和该片区已经形成的1处AAAAA级（响沙湾景区）、6处AAAA级旅游景区（七星湖旅游区、恩格贝生态旅游区、银肯塔拉沙漠绿洲生态旅游区、蒙根花万通生态旅游区、水镜湖休闲度假旅游区、大沙头生态旅游区），提升沙漠景区品质，丰富沙漠生态度假产品，积极培育具有较高知名度的沙漠体育赛事和节庆活动，带动沙漠生态治理产业化发展，打造具有国际知名度的沙漠生态文化旅游休闲度假带。

草原风情旅游带　依托杭锦旗、鄂托克旗、鄂托克前旗、乌审旗、伊金霍洛旗壮美的草原景观、传统的民俗风情和1处AAAAA级（成吉思汗陵旅游区）、7处AAAA级旅游景区（鄂尔多斯草原旅游区、苏泊罕草原旅游区、马兰花草原旅游区、察罕苏力德游牧生态旅游区、油松王旅游区等），着力培育成吉思汗陵文化旅游集聚区，丰富草原景区文化内涵、体验产品，提升牧家乐发展品质，打造以草原自驾观光、民俗风情体验、生态休闲“微度假”为特色的文化旅游带。

红色研学文化旅游带　依托鄂托克前旗“1+6”红色教育培训基地、鄂托克旗桃力民爱国主义教育基地等丰富的革命文化遗产资源，联动多个红色旅游、乡村旅游节点，打造区域性红色旅游经典线路，努力打造“陕甘宁蒙”地区重要的红色旅游发展带。

卫生　健康

【鄂尔多斯市卫生健康委员会领导名录】

党组书记、卫健委主任：王　凯

卫 健 委 副 主 任：王琳琦
徐 健
刘 郑
高 峰
纪 检 组 组 长：乔景平

【概况】 鄂尔多斯市卫生健康委员会，是鄂尔多斯市人民政府组成部门，内设办公室、人事科、规划发展与信息科、财务审计科、法规与综合监督科、体改科、宣传科、疾病预防控制与爱国卫生运动管理科、医政医管科、基层卫生健康科、卫生应急办公室、科技教育科、食品安全与药物政策科、妇幼健康科、职业健康科、人口家庭与老年健康科、行政审批科、蒙中医管理综合科、蒙中医管理业务科、公立医院党建工作指导委员会办公室、机关党委等21个科室。下设鄂尔多斯市中心医院、鄂尔多斯市中医医院、鄂尔多斯市蒙医医院、鄂尔多斯市第二人民医院、鄂尔多斯市第四人民医院、鄂尔多斯市妇幼保健院、鄂尔多斯市卫生计生综合监督执法局、鄂尔多斯市疾病预防控制中心、鄂尔多斯市计划生育药具管理中心、鄂尔多斯市老龄工作委员会办公室、鄂尔多斯市“120”医疗救援指挥中心、鄂尔多斯市中心血站、干部保健中心、卫生人才管理与考试中心、卫生统计与信息管理中心、公立医院管理中心、干部人事档案管理中心、计划生育协会、市爱国卫生运动委员会办公室19个二级单位。截至2020年年底，全市医疗卫生机构总数：1747个，其中公立医院24个，民营医院72个，乡镇卫生院89个，社区卫生服务中心37个，妇幼保健机构9个，疾病预防控制机构10个，卫生监督机构9个，社区卫生服务站65个，村卫生室599个，个体诊所（含门诊部医务室、卫生所）821个，体检中心、影像中心、实验室共7个，防治所3个，市中心血站1个，市“120”医疗救援指挥中心1个。全市医疗卫生机构共有床位12625张（公立医院床位7434张，床位占比58.9%；民营医院床位3180张，床位占比25.2%），每千人口医疗卫生机构床6.05张。全市医疗卫生机构总诊疗量922.7万人次（其中公立医院诊疗量429.1万人次，基层医疗卫生机构370万人次，民营医院诊疗量123.6万人次）。全市卫生技术人员总数为16950人〔执业（助理）医师6671人，注册护士6647人，非执业医师和非注册护士3632人〕。每千人口拥有卫生技术人员8.1人，其中执业（助理）医师3.19人，注册护士3.18人。

【医药卫生体制改革】

分级诊疗制度建设　2020年，共建成城市医疗集团2个、医共体8个、专科联盟2个。准格尔旗医共体建设入选2020年自治区全面深化改革十大经典案例，并在国家现场会作典型发言。

现代医院管理制度　二级以上公立医院全部完成医院章程编制工作，完善院级党组织会议、院长办公会议等议事决策规则，建立医德医风工作机制，健全院内质量安全体系。年内，开展“讲医改”活动71场次，参加人数达到1.7万人次。

工资待遇　解决2015年前市直公立医院719名控制编制人员工资待遇问题，每年增加拨款2600余万元。完成市直公立医院院长任期届满考核，初拟书记、院长选派方案。

互联网＋医疗服务　开展预约诊疗服务10.53万人次，开展远程医疗服务3961人次。市中心医院通过电子病历系统功能应用水平五级评审。

【健康鄂尔多斯建设】 启动实施健康鄂尔多斯行动，成立行动推进委员会，印发实施方案，聚焦健康主要影响因素、突出问题和重点人群，推出14个专项行动，并建立考核指标体系。推进健康城市建设试点工作，居民健康素养水平提高至20%以上。进一步加强基础建设，争取中央预算内投资项目6个，总资金1.04亿元，均开工建设。争取市级财政支持项目4个，总投资7.58亿元。

推动重点学科建设，制定市级医学重点学科建设管理办法、考评指标体系及申报指南，评选出14个重点学科予以立项。推进健康码和预检分诊系统的普遍应用，完成全民健康信息平台和“120”医疗救援指挥中心调度系统的升级改造。完善中蒙医药体系建设，2所中蒙医院晋升为三级甲等医院，3个旗区成功创建全国基层中蒙医药工作先进旗，组建中蒙医城市医疗集团2个、中蒙医专科联盟6个，新建基层标准化中蒙医馆18个，覆盖率达82.5%。全面推进线上、线下培训工作，重点完善“鄂尔多斯卫生健康在线学习”平台，全年网页浏览量达1000万余人次，注册学员1.2万余人。2020年，鄂尔多斯市被纳入全国县域医疗卫生人员服务能力提升工程试点城市。

【公共卫生工作】

基层医疗卫生服务区域中心建设　科学规划乡级卫生服务中心，打造基层医疗卫生服务区域中心8个，每个中心辐射周边3—4个卫生院。

适龄儿童免疫规划　2020年，鄂尔多斯市适龄儿童免疫接种率达95%以上；完成标准化门诊建设55家，示范门诊建设9家，所有接种门诊全部实现扫码接种。

尘肺病防治　与各旗区签订《尘肺病防治攻坚行动目标责任书》，完成1953例尘肺病随访、回顾性调查和866家用人单位现状调查。

全国计划生育优质服务创建工作　2020年，3个旗区创建为全国计划生育优质服务先进单位。有序开展0—3岁婴幼儿照护工作，市本级被确定为自治区示范盟市，3个旗区被确定为自治区级示范机构。

母婴安全行动和健康儿童行动　2020年，8家医疗机构危重孕产妇、新生儿、儿童救治中心标准化建设通过自治区验收，2所医院被评为自治区妇幼健康服务先进集体。

适龄妇女免费“两癌”检查　2020年，完成全市适龄妇女免费“两癌”检查项目，完成率达到94.61%。

“救助贫困大学生”和“关爱女孩”行动　2020年，为300名贫困大学生和女孩每人发放救助金2000元。

家庭签约服务和家庭病床建设　全市780家基层医疗机构全部开展家庭医生签约服务，常住人口签约率达57.02%，慢性病患者、老年人、孕产妇等重点人群签约率达76.5%。年内，开展预约上门服务，共开放家庭病床37张，为693名老人进行免费体检并提供医疗服务，获评自治区计生家庭保险工作先进单位。

【卫生监督】 2020年，鄂尔多斯市卫生健康综合行政执法支队对康巴什区各级各类医疗机构、公共场所、集中式供水单位、学校等进行拉网式排查，监督覆盖2.1万余户次，共下达2000余份卫生监督意见书，落实整改任务数千条；开展院感防控专项监督，对全市的各级设有发热门诊的医疗机构开展院感防控专项监督；持续两个月分期分批对全市复工复产企业的疫情防控工作进行执法监督；学校复课期间，组织卫生监督员深入各学校开展复学复课专项监督；根据疫情防控形势建立长效监管机制，持续巩固常态化疫情防控成果。

【“120”医疗救援】 2020年，累计接听电话总量13.4万余次，同比增长18.0%，其中呼入电话7.17万余次，同比增长22.1%，呼出电话3.2万余次，同比增长14.3%，摘机平均时间5秒，速度提高16.7%，平均处理警情时长缩短至53秒，速度提升11.7%，调派急救车2.24万车次，同比增长6.6%，救治病患15335人次，院外死亡1088人，参与各类大型会议活动保障12次。

【爱国卫生运动】

国家卫生城市创建　国家卫生城市按照“发现问题—限期整改—督查验收—长效保持”的常态化管理工作机制持续巩固提升。

各级卫生城镇创建　2020年，杭锦旗及龙口镇、暖水乡、城川镇、铜川镇、罕台镇、伊金霍洛镇、图克镇、蒙西镇8个乡镇创成国家卫生县城（乡镇），鄂尔多斯市在全区率先实现国家卫生县城全覆盖。达拉特旗、准格尔旗、鄂托克前旗、鄂托克旗、乌审旗、上海庙镇通过国家卫生县城（乡镇）复审。截至年底，全市共培育43个自治区卫生乡镇（苏木），394个自治区卫生村（嘎查），创建率分别达84.3%和53.6%。

健康教育与健康促进　根据疫情防控指挥部总体要求，结合辖区鼠疫和新型冠状病毒感染的肺炎疫情形势，以多种形式全方位、多层次宣传普及疫情传染病防治知识；鄂尔多斯市爱国卫生运动委员会、精神文明建设委员会联合印发《鄂尔多斯市控烟行动工作方案的通知》及《关于加强无烟单位建设工作的通知》，在全市全面开展无烟党政机关、企事业单位创建。2020年，新创建市级无烟示范党政机关24家，创建率42%，结合全市第四个"健康促进月"活动，开展"控烟及建设无烟党政机关"健康巡讲进机关6场；以"一周两月""世界无烟日""世界害虫日"等各类健康促进活动为载体，开展群众性健康教育与促进工作；围绕"健康素养66条""合理膳食""控烟""健康鄂尔多斯""鼠疫防控""新冠肺炎防控"等主题，制作并印发多种主题宣传折页、海报、购物袋等。

"健康细胞工程"　以整体推进、重点突破、培育示范亮点等方式，全面推进鄂尔多斯市"健康社区""健康家庭""健康学校"等健康细胞建设工作。全市共建成健康单位706个。以建促培，以点带面，着重培育打造健康城市示范单位55个。

【干部保健】 2020年，鄂尔多斯市干部保健中心开展健康教育工作，努力提高领导干部自我保健意识，统一为地级干部（包括离退休地级干部）订阅《保健医苑》《养生保健指南》《饮食科学》《新保健》等健康教育资料。完成重要会议、大型活动和等级接待中的医疗保障工作任务。根据重点保健对象的身体状况和需要给予个性化配药，按季节配备常用药品、保健药箱。做好干部健康体检工作，完成保健对象380人次的体检，体检率达90%以上，在体检结束后，邀请市中心医院内科专家对重点保健对象进行巡诊服务，结合近期及往年的体检结果对领导干部的身体状况现场进行全面的分析和健康教育及用药的指导。在年初疫情严重时，干部保健中心经各方协调为重点保健对象发放口罩、消毒液等防疫物资，年底针对疫情时有反复的情况，为所有的保健对象发放包括外科口罩、N95口罩、酒精、酒精湿巾、消毒凝胶、洗手液在内的健康包。

【公立医院管理】 2020年，鄂尔多斯市公立医院管理中心为6家市直属公立医院分别"量体"制定年度目标任务，并将考核结果与院长年薪、任免、奖惩和公立医院绩效工资总量等挂钩。

【卫生人才管理】

卫生专业技术高级资格考试　2020年，卫生专业技术高级资格考试报名894人，审核通过688人。

护士执业资格考试　2020年，护士执业资格考试网上报名共计818人，审核通过766人。办理并发放2019年护士执业资格证、考试登记表各418份。

全国卫生专业技术资格考试　2020年，全国卫生专业技术资格考试网上报名3631人、审核通过3083人；卫生人才评价42人，审核通过38人。办理发放2019年国家卫生专业技术资格证书、考试登记表各1311份。

国家医师资格考试　2020年，报名共1580人，通过审核1240人。7月11—23日组织实施国家医师资格实践技能考试，共计1284人参加中医、蒙医类别考试。办理发放2019年国家医师资格证书、考试登记表、授予申请表各415份。

【计划生育药具管理】 2020年，全市共有各类发放网点儿1200多个。截至年底，全市使用药具人数为125699人，全年发放药具56.02万元。

【为老服务】 2020年，鄂尔多斯市老龄委走访慰问高龄、失能、失智、失独老人70余户。

【鄂尔多斯市蒙医医院工作概况】 鄂尔多斯市蒙医医院设有27个临床科室、7个辅助科室以及18个行政后勤科室，有国家级重点专科1个（传统疗术科），自治区重点专科3个（传统疗术科、皮肤科、心身医学科），设置床位480张。

公立医院改革　与内蒙古国际蒙医医院结成对口支援单位，成为内蒙古国际蒙医医院分院，建立远程医疗协作网，发展多学科专科联盟；按照自治区卫健委关于三级蒙中医医院帮扶贫困县县级医院对口关系工作的要求，继续同杭锦旗蒙医综合医院开展对口支援工作；推进专科联盟建设，选择皮肤科、传统疗术科与各旗县蒙医医院开展专科联盟活动；与伊金霍洛旗、鄂托克前旗、鄂托克旗、乌审旗、杭锦旗蒙医综合医院建立医联体，并与3个社区卫生服务中心组建城市医疗集团；与北京同仁医院持续开展合作，在7—10月过敏性鼻炎高发期，通过鄂尔多斯市蒙医医院微信公众号每日播报花粉浓度值，提醒广大鼻炎患者及时做好防护工作；同内蒙古自治区中医院肛肠科及内蒙古医科大学附属医院消化内镜科建立合作关系，两院专家每月到鄂尔多斯蒙医医院进行坐诊开展诊疗活动；与国际蒙医医院针推科、心身医学科、整骨科、关节科建立合作关系，同时建立远程医疗合作，开展远程会诊，远程教学。

临床用药管理　按照《内蒙古自治区医疗机构传统蒙药制剂备案管理的通告》要求，由蒙药制剂备案工作领导小组完成院内146个品种备案工作。2020年，采购草药619万元、西药596万元，检验原料药材145批次，不合格项目重复检验18次，不合格率为12.4%，检验成品285种，不合格率6.4%；根据《抗菌药物临床应用指导原则》要求，重点加强围手术期抗菌药物，严格实行抗菌药物分级管理制度，明确医师使用抗菌药物的处方权限。全年住院抗菌药物使用人数598人，使用率为17.09%。40例I类切口手术患者中预防使用抗菌药物人数为16例，使用率40%。

【鄂尔多斯市中心医院工作概况】 鄂尔多斯市中心医院是鄂尔多斯市唯一的三级甲等综合医院，提供医疗卫生服务，承担医疗、护理、医学科研、人才培养、健康管理、预防保健等工作。医院设置康巴什部和东胜部，总建筑面积26万平方米，开放床位1700张。

医联体建设　畅通转诊渠道，电子病历书写系统启用双向转诊单。促进优质医疗资源下沉，选派优秀医护人员到基层开展培训，2020年，接收57名临床、医技、护理人员到院进修学习。受疫情影响全年向下级医院转诊1313人次，向上级医院转诊64人次，在慢性病医院义诊3次。开展远程会诊84例，其中开展新冠病毒肺炎远程会诊1例，开展慢性难愈合创面疾病的现状及糖尿病足溃疡、压疮的创新诊疗培训班2次，组织在线培训90余次。续签城市医疗集团合作协议。资源共享，帮助中医院、蒙医院完成消毒供应工作。

学科建设　2020年，医学影像学等7个学科列入全市学科建设项目（超声医学、放射影像、心血管内科学、普通外科学、肿瘤内科学、骨外科学、临床药学）。鄂尔多斯市财政局给予医院7个建设学科每年1300万元2/3的专项资助（867万元），另外1/3经费医院自筹，纳入医院年度预算。各学科与引进团队签署协议建立合作关系，落实各项计划。

医疗技术提升　ECMO（体外膜氧合器）技术已独立成熟应用，东胜部成功开展脑血管夹层病变阶段慢性闭塞再通支架置入术、微通道下单侧入路双侧显微减压治疗腰椎管狭窄症、一期后路固定病灶及腰大肌脓肿显微清除颗粒植骨融合术、经皮通道显微镜辅助下寰枢椎固定、颈椎病、颈椎间盘突出症等。开展超声内镜、内镜下早癌切除。康巴什部完成全市首例颅内动脉慢性闭塞介入再通手术，完成首例心脏破裂修补术，开展经桡动脉入路行椎动脉支架置入术、关节镜下交叉韧带重建半月板修复手术、胸腰椎骨折经皮微创治疗术。开展NBI（内镜窄带成像术）联合放大胃镜技术、磁控胶囊胃肠镜。

医疗设备购置　安装启用3.0T核磁共振。新SPET-CT（单光子发射计算机断层扫描技术）、256排CT投入使用。PET-CT（正电子发射计算机断层显像技术）安装完备、开机启用。购置新放疗机安装完备。

科研工作　持续推进科技创新，3项内蒙古自然科学基金项目顺利结题，申报国家自然科学基金项目8项。申报内蒙古自然科学基金项目40项，获得资助7项。申报内蒙古自治区科技计划项目5项，获得资助1项。申报内蒙古医科大学百万工程项目41项。获得自治区科学技术进步三等奖2项。发表核心期刊论文24篇，发表SCI论文6篇。

医疗质量管理　2020年，出院患者手术占比34.6%，同比提高4.56%；三、四级手术占比66.80%，同比提高2.52%；微创手术占比32.85%，同比提高0.16%；抗菌药物使用强度37.3—抗菌药物使用强度，门诊患者均次费用增幅控制在合理范围内。在医疗质量、运营效率、持续发展、满意度评价等方面均有进步，入围第三届中国医院百强院。

医院感染管理　提升预防和控制感染水平，严格进行医院感染监测、评估和传染病隔离。严抓手卫生和个人防护，推进新冠疫苗注射，保护易感人群，各项感控指标达标，有效降低院内感染风险。

改善医疗服务　推行分时段预约诊疗和集中预约检查检验，住院患者医技检查分时段预约率达100%。建立远程医疗中心，向医联体内医疗机构提供远程会诊、远程影像、远程超声、远程心电、远程病理、远程查房、远程监护、远程培训等服务。设立医务社工岗位，负责协助开展医患沟通，提供诊疗、生活、法务、援助等患者支持服务，设立患者服务中心，统筹协调解决患者相关需求。完善胸痛中心、卒中中心、创伤中心、危重孕产妇救治中心建设。改善医疗服务工作获全国10项大奖。

【鄂尔多斯市中医医院工作概况】 鄂尔多斯市中医医院是一所集中医医疗、预防、康复、保健为一体的综合性三级中医医院。医院编制床位480张，开放床位400张。开设针灸科、骨伤科、妇产科、儿科、肾病科、心血管病科、肺病科、脾胃病科、脑病科等27个一级临床科室；14个行政职能科室，15个护理单元，11个医技科室；自治区中医特色优势重点专科3个（针灸科、妇产科、肾病科），自治区中医特色优势重点专科在建项目3个（脾胃病科、脑病科、骨伤科），市级重点学科2个（康复医学科、肿瘤科），市级重点专科7个（肿瘤科、皮肤科、肺病科、心血管病科、内分泌病科、儿科、肛肠科）。2020年，门诊诊疗人次225504人次，较2019年减少32%；门诊人次222994，较2019年减少15%；日均门诊人次数为864人次，较2019年降低11.2%；出院人次为7556人次，较2019年减少8%；手术人次631人次，较2019年增长10%；实际占用总床日数59864天，较2019年减少5%；平均住院日7.9天，较2019年增长4%；体检人次8357人次，较2019年增长26.9%。

医联体建设　与自治区中医医院签订肛肠专科联盟、中西医结合风湿免疫专科联盟；与自治区人民医院签约医联体协议，成为自治区人民医院内镜中心分中心；与准格尔旗中蒙医院、达拉特旗中蒙医医院组建鄂尔多斯市中医内分泌、中医心血管病专科联盟；成为自治区食管规范诊治联盟单位；挂牌成立中国医疗保健国际交流促进会营养与代谢管理分会的医学营养减重教学基地；

推进分级诊疗工作。牵头联合康巴什区、东胜区各社区卫生服务中心组成区域医疗集团；与康巴什区慢性病医院及5个社区卫生服务中心等多家医疗机构签订双向转诊和对口支援合作协议。

医疗质量管理　落实各项核心制度、执行医务人员准入及技术准入制度，落实急诊检查时限性与危急值报告制度；持续强化医疗安全教育及相关法律法规培训；大型设备CT检查阳性率82.3%，DR（数字化X射线摄影系统）检查阳性率50.4%，B超检查阳性率为80.1%；完善投诉管理机制，全年共调处投诉事件25人次，处理率100%，满意度100%；修订质量考核实施细则，建立健全医疗质量管理委员会、医疗质量管理职能部门、科室质控小组三级质量管理体系；全年共开展质控资料检查12次，印发《医院全面质量考核通报》12期。推进运行病历检查工作常态化。利用电子病历管理质控系统对运行病历进行实时、全程的监控评价，重点对输血、疑难、危重、超30天等重点病历进行督查，严格落实出院病历按期归档制度；全年共检查监管病历23次，监管检查运行病历3977份，住院病人当日运行病历监管检查率达100%，检查出有问题病历677份。制定并完善医院各类应急预案，印发应急管理预案手册；充实卫生应急队伍，开展各类应急演练及实战训练，不断提高应急反应能力和现场处置能力；成立重症医学科，提高危急重症病人的救治水平和抢救成功率。

重点专科建设　在原有自治区中医特色重点专科3个、在建项目3个，鄂尔多斯市重点专科7个基础上，新增康复医学科和中西医肿瘤中心两大市级重点学科；与北京中医药大学东方医院签署肿瘤科合作协议，每年投入150万元用于学科建设；面向社会公开招聘康复专业技术人员8名，并分两批赴河南中医药大学一附院、郑州大学一附院进修学习；通过政府集中采购价值1030.7万元的康复医疗设备。

科教科研　开展新冠病毒诊疗方案、中医经典理论相关法律法规等各学科院内医、药、护、技培训80余次；开展“三基”、麻醉药品及精神药品的使用、中医护理技术等业务考核10余次；参加自治区远程培训30余次；医技科室进临床讲课12次；组织实习生、进修生进行气管插管、中医技能等培训10余次；申报自治区级继教项目6项；外出进修、规培、参加学术活动39人次；接收医学院校、基层医疗机构医务人员实习进修42人次；全年共申报自治区自然科学基金项目4项，自治区关键技术攻关计划项目4项，其中6项发明创造专利获国家专利证书；肿瘤科开展肿瘤微波消融术、肿瘤外周血管介入术等6项；骨伤科开展微创MIPPO（微创经皮钢板骨桥接术）技术、“膝关节镜下重建交叉韧带”技术；脑病科开展宫氏脑针疗法；外科开展胸、腹腔镜联合行食管癌根治术，腹腔镜下经腹腔腹膜前疝修补术等5项；各病区开展气交灸疗法；功能科开展女性盆底超声检查、儿童性早熟检查、胃肠超声造影检查；检验科开展血气分析、纤维蛋白降解产物检查。

三甲医院创建　12月21日，成功创建“三甲”医院，“大综合、强专科、多特色”发展格局基本形成，“1351”发展规划基本实现，完成“十三五”期间的既定目标。

【鄂尔多斯市疾病预防控制中心工作概况】 鄂尔多斯市疾病预防控制中心是集疾病预防与控制、突发公共卫生事件应急处置、疫情及健康相关因素信息管理、健康危害因素监测与干预、实验室检测检验与评价、健康教育与健康促进、技术管理与应用研究指导于一体的公共卫生技术服务机构。

鼠疫防治　截至2020年年底，判定疫源地面积31532平方公里，检出鼠疫菌2102株；市本级和4个疫源旗（杭锦旗、鄂托克旗、鄂托克前旗、乌审旗）均建立符合要求的鼠疫检测实验室和鼠疫野外监测站，具备鼠疫细菌学、血清学和分子生物学检验检测能力；市本级布病检验检测能力得到提升，新增血培养试验、酶联免疫和荧光偏振检测方法。

艾滋病防治　鄂尔多斯市艾滋病处于低流行态势，以性传播途径为主，有向年轻化发展的趋势。2020年，广泛开展艾滋病防治知识宣教和行为干预，暗娼和吸毒人群的艾滋病防治知识知晓率均在90%以上，重点人群有效干预覆盖措施达98%；全市高校尿液自助检测售卖机全覆盖，随访检测率和抗病毒治疗率在90%以上。

结核病防治　完成初诊患者筛查登记4138例，登记管理活动性肺结核患者444例，病原学阳性检出率达69.1%，耐多药筛查289例。市疾控中心筹集经费采购抗酸染色剂、结核菌培养基等实验室用品，进一步减轻患者经济负担。自治区政府提供抗耐药结核病药物，鄂尔多斯市政府在医保报销后又对患者提供额外诊疗补助，使患者实际支出不大于10%，减轻患者经济负担。

实验室检测　全年开展新冠病毒咽拭子标本监测16553份，检出核酸阳性病例11例；抗体92份；环境标本1077份。

职业卫生工作　2020年，超额完成重点职业病监测项目（网报职业健康体检87377人次）、职业性尘肺病随访与回顾性调查（1953人）、职业病危害现状调查（834家企业）、工作场所职业病危害因素监测项目（270家企业）等工作。

慢性病防治　启动“健康鄂尔多斯”八大行动（心脑血管疾病防治行动、癌症防治行动、慢性呼吸系统防治行动、糖尿病防治行动、老年健康促进行动、传染病及地方病防控行动、职业健康保护行动中小学健康促进行动），管理糖尿病38608人、高血压140144人，接受健康管理的65岁及以上常住居民数119901人，电子建档率86.82%。完成年度儿童口腔窝沟的封闭和涂氟项目、伤害监测和心脑血管疾病监测项目工作任务，死因和肿瘤监测覆盖所有旗区。2020年，全民健康生活方式工作均已完成。全市9个旗区全部创建自治区级慢病示范区。

卫生应急工作　更新突发公共卫生事件各类重大传染病应急预案40个，配合市政府编写鄂尔多斯市突发公共卫生事件市旗两级应急工作一体化方案，建立全市疾控系统应急工作一体化领导小组；中心应急物资保障始终保持在自治区要求物资储备数量的30%以上，建立全市30支突发公共卫生事件应急队伍。开展各类应急演练6次。

放射卫生防护工作　完成鄂尔多斯市2020年职业性放射疾病监测工作中的放射诊疗机构职业健康管理基本情况、放射工作人员职业健康检查情况、监测医院放射工作人员职业健康管理情况的调查工作和2020年放射性危害因素监测项目工作中的医疗卫生机构医用辐射防护监测和非医疗机构放射性危害因素监测工作。同时获全区“放射卫生工作十年突出贡献单位”称号。

地方病防治　鄂尔多斯市8个旗区碘缺乏病持续消除，8个旗区尿碘实验室建设全部完成并具备碘营养监测能力；乌审旗大骨节病病区旗区、4个饮水型高砷旗区（达拉特旗、准格尔旗、杭锦旗、乌审旗）均实现消除目标，消除率为100%；8个饮水型氟中毒病区旗区（东胜区、伊金霍洛旗、达拉特旗、准格尔旗、杭锦旗、乌审旗、鄂托克旗、鄂托克前旗）全部达到控制标准，控制率为100%。摸清鄂尔多斯市饮水型氟砷含量、居民饮茶型茶氟含量及水中碘含量分布情况。

消杀工作　制订多项相关消杀预案及技术指南、维护调试消杀设备、规范消杀流程并设计各类消杀记录表格，指导培训并进行疫点疫区的终末消毒、督导各类重点场所、重点行业、重点人群、复工复学疫情防控情况，全年累计进行现场消毒达60万平方米。对市直及旗区22家医疗保健机构的消毒效果进行现场监测和指导工作，监测项目包括物体表面和医务人员手样、使用中消毒液、室内空气、紫外线灯辐照强度、生物指示剂和医疗机构层流净化室的综合性能。共采集样品1260份，报告显示，总体合格率为97.8%。

病媒生物防制工作　2020年，承担国家病媒生物抗疫国债项目，项目周期1年，项目经费120万元，承担鼠、蜱的生态学监测和鼠的病原学监测任务。

学校卫生工作　依规指导学校开展健康体检和因病缺勤缺课工作，完成学生健康和教学环境监测年度工作任务，开展鄂尔多斯市9个城区38所学校13037名中小学生近视调查，初步掌握全市中小学生近视底数，为政府决策提供科学依据。协助学习完成复学开学疫情防控指导工作。

免疫规划工作　建立符合国家要求的免疫规划信息管理系统，实现疫苗从储存、配送到接种全程冷链实时监测和预警；全市178家对接单位实现扫码接种，儿童疫苗报告接种率达95%以上。

传染病防控　依法依规开展传染病疫情监测，确保全市各级各类医疗卫生机构传染病网络报告运行正常，规范处置达拉特旗、东胜区和鄂托克前旗新冠肺炎疫情；完成各类协查179人次；开展各类培训和演练30余次；派出专业技术人员300余人次指导全市复工复产；发布健康提示13篇；组建由公安、工信、交通、市场监管组成综合流调队伍，各司其职，保证在24小时内完成个案调查工作；与自治区、盟市级、旗区级建立大数据平台。

【鄂尔多斯市第二人民医院工作概况】 鄂尔多斯市第二人民医院，是由鄂尔多斯市人民政府主办的集医疗、科研、教学、预防、保健、康复于一体的传染病专科医院。

重点学科建设　2020年，开展肝病介入手术108例，开展消化内镜手术595例，开展重症患者床旁血液净化73例，肝脏弹性扫描1132人。新开展肺癌微波消融治疗及血浆双重吸附、血浆置换联合血浆双重吸附技术。开展的纤维支气管镜检查结合新的结核病实验室检查技术、T细胞诊断技术、结核菌培养技术等极大地提高肺结核临床的诊断率。开展首例髋关节置换术、首例小儿尺桡骨骨折闭合复位弹性髓内针内固定术，开展超声引导下射频消融技术治疗膝关节退行性病变及坐骨神经。

落实医政政策　认真执行《内蒙古自治区医疗服务项目规范和价格（2018修订版）》《国家医疗保险、工伤保险和生育保险药品目录（2019年版）》《医疗服务实施范围和支付标准》，配合各级医保部门规范医疗行为。严格落实国家基本药物制度，规范基本药物采购机制，认真执行抗菌药物使用规范。制定《鄂尔多斯市感染性疾病专科联盟实施方案》《鄂尔多斯市感染性疾病专科联盟章程》，依托传染病专科联盟建设，扎实开展双向转诊，建立稳定的技术帮扶和分工协作关系，截至年底，与旗区6家二级医院和3家三级医院签订医疗联盟协议。进一步落实医疗保障举措，实现异地就医结算管理，自治区内异地门诊刷卡、住院直报，自治区外住院直报。

医疗质量管理与医疗服务行为　成立病历质量检查小组和体检报告质量管理小组，全年归档病历1665份，质控查阅病历442份。根据国际疾病分类与代码（ICD-10）、手术操作分类（ICD-9-CM-3）对每份出院病历进行疾病分类编码。不定期对临床科室参保住院患者进行巡查，深入病房了解参保患者住院及诊治情况，累计巡查住院患者1000余人次，查阅760份病历的用药、诊疗及清单，控制不合理费用及药占比，对自费、高值耗材、进口贵重药品告知参保患者并签订知情同意书，对巡查发现的问题及时整改。

【鄂尔多斯市第四人民医院工作概况】 鄂尔多斯市第四人民医院，是鄂尔多斯市唯一的二级精神专科医院，集精神病预防、治疗、康复、科研、培训、指导为一体，内设精神医学科、心理医学科、睡眠医学科、少儿心理科、物质依赖科等科室。2020年，门诊人次81959人（未包括下乡号9510人次），较2019年增长9%，门诊次均费234.94元；出院人次996人，平均住院日85天；药占比44.55%，检查化验占比13.82%，医务收入占比41.60%。总收入6863.35万元，医疗收入3917.59万元，总收入减少22.04%，医疗收入减少23.31%。

学科建设及人才引进　2020年，精神卫生学市级重点学科成功审批；市级项目“长效保障，安康草原，预防精神分裂症复发的高效社区管理治疗模式”在全国推广；创新人才团队开展的自治区科技项目“蒙药复方苏格木勒-4治疗失眠症临床研究及其药效物质和作用机理表征”、市级项目“抗失眠蒙药苏格木勒-4药效物质基础及新剂型研发”“基于氨基酸代谢组学研究苏格木勒抗失眠作用机理”取得阶段性成果，待发SCI（科学引文索引）论文2篇；与市中心医院肖斌博士、韩国釜山大学开展了小分子药物“老药新用”研究，在发SCI论文1篇；扩展专科联盟建设，成功引进内蒙古医科大学附属医院、内蒙古自治区人民医院、甘肃中医药大学附属医院专家团队开展学科建设工作；成功引进副高及以上职称专家4名（主任医师2名、副主任医师2名）。作为依托单位筹备成立市医学会心理卫生专业委员会、精神专业委员会睡眠医学青年委员会，承办第三届鄂尔多斯精神医学高峰论坛等会议。

医疗服务与质量控制　2020年，医院未发生医疗纠纷和医疗事故。完成医疗设备采购1650万元，采购PSG（多导睡眠监测）睡眠监测系统、经颅直流电、海斯曼心理检测系统（网络版）等设备，在医疗质控方面，例行开展行政查房工作，形成《质控季报》3期，完成不良事件整改87件。实验室获得市艾滋病检测点实验室资格。在药品及处方管理方面，全年药品收入1745万元，国家集采药品23种，完成率100%，基药销售金额占比达65%。

严重精神障碍管理及社会心理服务体系建设　在册严重精神障碍患者9307人，报告患病率4.48‰；规范管理率96.91%；面访率98.11%；体检率78.73%；服药率94.18%，规范服药率80.82%，对高风险、行动不便患者入户205户，完成国贫救助6.6万元；发放残联鉴定补贴4.5万元；完成免费服药26万元；减免残疾人入户鉴定挂号费、检查费10万元。健康讲座71场，为1492名贫困患者发放免费药品26万元。完成32名精神科转岗医师考核工作。建立市级心理健康人才库，纳入专业人员750人；搭建基层心理服务云平台；通过工会等定期举办心理健康讲座，普及率达80%；自治区下达重点工作任务完成率95%以上。

【鄂尔多斯市中心血站工作概况】 2020年，采集血液14401人次，采集血液总量22833.5个单位，同比增长5.9%。其中团体招募献血6394人次，街头自愿献血7262人次。一次献血400毫升的7592人次，占献血人次的52.72%。机采血小板742人次，1423个治疗量，同比增长15.7%。向临床提供全血47.5个单位，红细胞类血液制品23021.5个单位（其中：洗涤红细胞悬液215.5个单位，去甘油解冻红细胞50个单位）同比增长6.5%，单采血小板1387个单位治疗量同比增长18.5%，冷沉淀2732个单位治疗量同比增长15.1%，全年总报废率控制在1.8%。截至年底，无偿献血返还38人次，返还血量5.159万毫升，返还金额57179元。

血液检测　2020年，酶免检测共14413人份，阳性193份，检测合格率98.67%，完成血液初复检率100%的目标值。核酸检测共检测标本14338人份，阳性6份，合格率99.95%，有效缩短经血传播疾病的窗口期，并且使发往临床的各种血液制品100%通过核酸检测结果为合格的血液产品。另外还增加人类T淋巴细胞白细胞病毒检测，该项业务是承担国家卫健委的前哨监制，为以后开展此项检测提供基础数据，按照检测标本的15%比例进行，2020年共检测2797人份，不合格1份，合格率99.97%。自2017年以来发现该病毒在人类可引起多种疾病如T细胞白血病/淋巴瘤（ATL）、巨粒细胞白血病等疾病。全年所有参加国家临检中心室间质评、自治区血液质量控制中心室间质评、自治区CDC（疾病预防控制中心）室间质评成绩均为优秀。

（刘彩梅　高峰）

广播电视

【鄂尔多斯市广播电视台领导名录】

党组书记、台　长：刘　党
党组副书记、总编辑：李　芸（女）
副　　台　　长：秦晓军
　　　　　　　　张　斌
副　总　编　辑：乌　宁（蒙古族）
　　　　　　　　田　坪
纪　委　书　记：刘向东（满族）

【概况】 鄂尔多斯广播电视台有蒙古语综合广播、汉语综合广播、文体交通广播、曲艺评书广播4个广播频率；蒙古语新闻综合频道、新闻综合频道、经济服务频道、城市生活频道4个电视频道；1个新媒体集群（由台属官方网站、台属“两微一端”与各频率频道所属微博微信等平台组成）；1个手机台共10个宣传平台。四套广播节目全天共播出78小时，自办节目56个。四套电视节目全天共播出68小时，自办节目23个。

【新闻宣传】

主题宣传　鄂尔多斯广播电视台充分发挥主流媒体宣传主阵地职责使命，围绕全面建成小康社会、决战决胜脱贫攻坚、新冠肺炎疫情防控、“六稳六保”、文明城市创建、铸牢中华民族共同体意识、制止餐饮浪费、优化营商环境等重大主题和重点工作，开设“深入学习贯彻党的十九届五中全会精神”“只争朝夕 决战决胜脱贫攻坚”“众志成城　抗击疫情”“铸牢中华民族共同体意识”“创城有我”“走向我们的小康生活”“回眸十三五”等58个专栏，播出《乌审旗推行“三级书记”承诺制推进脱贫攻坚》《蒙古族护士朝乐孟图雅战“疫”一线15天》等广播电视新闻12580多篇（条）。特别是在新冠疫情防控宣传工作中，全台干部职工认真落实习近平总书记“疫情就是命令，防控就是责任”的指示精神，春节放假第一天就“逆行”回到岗位，冲锋在前、全力奋战。蒙、汉语全媒体新闻中心第一时间恢复《鄂尔多斯新闻联播》栏目，《健康鄂尔多斯》由周播栏目改为日播栏目，各频率频道与新媒体充分发挥各自优势，广泛开展宣传引导，全台共播发各类抗疫稿件4200余条。4个广播频率6档品牌节目累计播出120余小时，凝聚起众志成城、抗击疫情的强大舆论引导合力。与市教育体育局联合开展义务教育“线上教学”播出工作，在3个电视频道累计播出370小时，为全市广大师生提供畅通的线上教育教学服务。

对外宣传　2020年，在内蒙古台蒙汉语广播、电视发稿量均位居全区第一。在央视《新闻联播》《朝闻天下》《新闻直播间》《焦点访谈》等栏目中共播出《深入实践“两山”理念　推动生态文明建设迈上新台阶》《塞外新潮牧羊人》等稿件37条（期）。在中央国际广播电台播发蒙古语新闻59条。配合央视完成《直播黄河》《坐着高铁看中国》等大型直播活动，立体式展现鄂尔多斯高质量发展的成就和经验。

公益宣传　通过游动字幕、音视频短片、角标等多种形式，宣传中央、自治区党委和市委、市政府各项决策部署与重点工作。围绕疫情防控、脱贫攻坚、安全生产、生态环保等主题，精心制作“爱上夏日的鄂尔多斯”“最美逆行者”“使用国家统编教材 您应该知道哪些？”等

120余条公益广告（标语、公告），下载公益广告300多条，播出5万余次。

重大活动 完成广播电视大型直录播活动100余场次，举办2020年全市蒙汉语春晚、少儿春晚、鄂尔多斯市第二十一个记者节表彰大会以及第三届鄂尔多斯语言艺术节等49场大型晚会、活动。高质量完成441分钟视频译制任务等。

【媒体融合】 深入贯彻中办、国办下发的《关于加强推进媒体深度融合发展的意见》精神，坚持"移动优先，全媒体传播"思路，整合广播电视新闻采编力量，建成以新闻选题策划、新闻素材采集、新闻稿件编辑为链条的全媒体新闻集成平台，台属微博、微信"鄂尔多斯头条"、汉语客户端"鄂尔多斯手机台"、蒙古语客户端"鄂尔多斯之音"、台属官方网站"鄂尔多斯之声"等新媒体集群先后开设"弘扬蒙古马精神·身边的榜样"等专题、专栏20个，将传统媒体采制得有深度、有分量、有内涵的新闻进行加工、编辑，推出《鄂尔多斯抗"疫"战报15天6次上央视！说了些什么？》《真的好！鄂尔多斯这里的羊肉你吃过吗？》等新媒体原创作品700余条。其中"FM896鄂尔多斯之声"抖音号发布的"鄂尔多斯最美逆行者摘下口罩的那一刻"播放量达到2.2亿次，收获900万次点赞。鄂尔多斯之声微信公众号在内蒙古媒体微信排行榜中位列前20名。"FM896鄂尔多斯之声"抖音号（粉丝65.7万人）、快手号（粉丝17.5万人）粉丝数在鄂尔多斯市媒体号中位列首位。着力打造"鄂尔多斯手机台"App这一自主平台，截至年底，下载量达42万人次，在做好手机台资讯的同时，推动移动端直播常态化，进行《"中华民族一家亲 同心共筑中国梦"民族团结进步颁奖盛典》《现场直播！致敬逆行者！内蒙古第二批援鄂医疗队今日抵达鄂尔多斯！》等33场直播，关注人数多次突破10万人以上。文体交通广播媒体融合改革试点稳步推进，创新用人、分配机制，将人财物向新媒体倾斜。各频率频道也线上线下联动，传统端与移动端融合，将节目多角度、多形式、多平台进行传播，传播速度和群众关注度进一步提高，新媒体矩阵影响力进一步凸显。

【安全播出】 全年累计安全播出时长达76302小时。

【基础设施建设】 实施四套自办调频广播覆盖工程和所属台站的功能提升改造工程。在人口密集乡镇新建9个无线覆盖发射站点和28个频点，二期续建3个发射站点12个频点。完成新闻大厦消防安防改造、东胜彩电大楼维修改造、一号演播大厅、神山发射台改造提升工程等。与第三方专业机构建立融媒体传播质量评估合作。提高全台安全运行保障能力，提升广播电视硬件设施和媒体融合发展装备水平。

《鄂尔多斯日报》

【鄂尔多斯日报社领导名录】

党委书记、社长：詹剑彬
副　社　长：罗成蕃
　　　　　　任　君
副 总 编 辑：马利军
　　　　　　郭紫欣
　　　　　　哈斯巴雅尔（蒙古族）
纪 委 书 记：李建敏（女）

【概况】《鄂尔多斯日报》是中共鄂尔多斯市委机关报。2020年，鄂尔多斯市日报社出版发行《鄂尔多斯日报》蒙古文版、《鄂尔多斯日报》及《鄂尔多斯日报·都市版》汉文版2张报纸，主管主办鄂尔多斯新闻网、鄂尔多斯蒙古语新闻网2个网站，运营维护"天骄云""鄂尔多斯日报""鄂尔多斯新闻"3个客户端和11个微博微信抖音平台。

【全媒体新闻宣传】 2020年，鄂尔多斯日报社围绕市委中心工作，大力推进媒体深度融合发展，进一步优化新闻工作流程，发挥新媒体传播功能，传统媒体、新兴媒体融合互动，有效提高主流媒体的传播力、引导力、影响力、公信力。开展习近平新时代中国特色社会主义思想宣传报道；开展疫情防控和“六稳”“六保”宣传报道；组织决胜全面小康、决战脱贫攻坚宣传报道；做好铸牢中华民族共同体意识宣传报道；做好法治建设、文明创建主题宣传报道；重要会议、防范化解重大风险、污染防治、优化营商环境、重大项目、复工复产、双拥模范城创建、回眸“十三五”等各项主题报道和战疫报道。

【媒体融合】 深化策采编发评体制改革，紧盯技术前沿，保持内容定力，推进。受市委宣传部委托，承担“学习强国”鄂尔多斯通信站和“鄂尔多斯发布”系列公众号的运维工作，鄂尔多斯通信站学勤率、覆盖率和供稿采用率均在全区12个同级管理组中名列前茅；“鄂尔多斯发布”实现该平台在自治区级新闻奖上零的突破；“天骄云”融媒体平台在继续完善“新闻+政务服务商务”功能的基础上，完成二期工程的招标工作；鄂尔多斯新闻网完成改版升级。全年向《人民日报》《内蒙古日报》推送稿件30多篇，同时为中央、自治区媒体提供大量的新闻素材和新闻初稿，发掘多个采访点和采访线路。

（郝鹏　李林春）

开发区

恩格贝生态示范区

【恩格贝生态示范区管委会领导名录】

党工委书记、管 委 会 主 任：杨志忠

党工委委员、管委会副主任：赵兴国

刘根外

【概况】 恩格贝生态示范区成立于2010年，正处级事业单位，位于鄂尔多斯市达拉特旗恩格贝镇。内设综合办公室、财政局、文化旅游体育部、建设环境保护部、农牧林水部、经济服务部和公共事业管理部7个部门，下设恩格贝沙漠科学馆1个二级事业单位。

【生态文明建设】 2020年，示范区深入贯彻落实习近平总书记在黄河流域生态保护和高质量发展座谈会上的重要讲话精神，全面深入推进黄河流域生态保护和高质量发展先行示范区创建工作，常态化开展植树基地苗木补植、养护工作，核心区绿化景观提升、污水处理厂污水收集管网、恩格贝志愿者公园绿化工程、百合花海等一批新建、续建项目完成投资建设，示范区内森林覆盖率、植被覆盖率、生物多样性持续提升。

【基础设施建设】 持续加大园区水电路讯等基础设施投资建设力度，北入口绿化景观提升、恩格贝假日酒店整体改造、北地质环境治理、沙漠峡谷地质遗迹保护等一批强化园区基础设施承载能力的工程项目完成建设，完成政府性投资2300万元；完善项目库建设工作，恩格贝水保综合治理引洪治沙项目、绿色农畜产品基地建设、内蒙古鄂尔多斯国家地质公园基础设施建设项目、鄂尔多斯市中小学研学实践教育基地、恩格贝沙漠峡谷地质遗迹保护工程等5个项目列入国家发改委项目库和2020年鄂尔多斯市黄河流域生态保护和高质量发展项目库。

【生态文明培训教育基地建设】

生态文明培训教育中心建设　示范区全力推进生态文明培训教育中心建设，优化产业结构，不断培育和壮大转型发展新动能。

生态文明培训教育基地基础设施建设　恩格贝沙漠科学馆消防、恩格贝沙漠科学馆展品提升、恩格贝抗日将士纪念碑环境整治、鄂尔多斯市生态文明教育培训中心等一批建设项目顺利启动。

生态文明培训教育课程体系建设　筹备出版《中国古今名人沙漠诗词选粹》一书，完善中（国）蒙（古国）俄（罗斯）青年交流研学方案，编印恩格贝爱国主义教育基地宣传册、完成第三批国家级抗战纪念设施、遗址和著名抗日英烈、英雄群体申报工作，全年共完成达拉特旗交易中心、鄂尔多斯市东胜区人社局等企事业单位党日活动23批次、1000余人次。

【沙漠生态旅游】 示范区以A级景区质量提升整改工作为抓手，全面加强产业宣传营销，不断补齐基础设施短板，组织文旅活动，全面开展项目招商引资。完成恩格贝假日酒店整体改造提升项目、沙湖娱乐项目区、烧烤营地、三驼园维修改造工程、内蒙古鄂尔多斯国家地质公园基础设施建设项目有序推进，与飞行部落签订合作项目合作协议、完成恩格贝政务宣传片、恩格贝景区宣传片及景区宣传PPT拍摄工作，录制完成恩格贝生态示范区电视专题片，完成对恩格贝青少年培训中心的通网工作。推出党日活动、亲子游、团队建设、研学等各类行程；并通过新媒体、旅游线上宣传活动、旅游日等多种宣传方式进行旅游宣传，提高恩格贝旅游的知名度和美誉度。

【对外交流】 加强与报刊、广播、电视、互联网等新闻媒体的联络，建立长效的对外宣传渠道，及时为媒体提供信息资源，提高示范区在媒体上报道的数量、质量，继续做好“两微一网”的维护和更新工作。截至年底，在示范区微信公众平台上共编辑发稿800多条，点击量达到近300万次。继续规划建设中日友好林植树基地，对接中日、中韩等国际志愿者植树计划，拓展与中亚、中美、中蒙俄等国之间的对外民间友好交流，全力推进国际友好交流基地建设工作。

【沙漠农业】 加大对农业产业投入力度，提升设施农业区环境氛围，稳步扩大试验示范种类，完成智能大棚、温室大棚的种植工作，完成对观光棚的水路、电路、塑料棚布、钢架、墙体等的维修改造、更新、砌筑等工作；清理棚舍内外周边的环境卫生，新引进航天育种、日本网纹甜瓜等品种进行试验示范，在林沙经济园进行补植工作，引进6个品种的耐寒耐旱的果树品种132株进行试验种植。

（韩海英）

达拉特经济开发区

【内蒙古达拉特经济开发区党工委、管委会领导名录】

党工委书记：白文科
党工委副书记、管委会主任：包树桐（蒙古族）
管委会副主任：陈　愿
李文焕
付　忠
纪检监察组组长：王永利

【概况】 内蒙古达拉特经济开发区于2001年3月经内蒙古自治区人民政府批准成立，属《中国开发区审核公告目录（2018年版）》自治区69家、鄂尔多斯市8家自治区级开发区之一。开发区成立以来，先后被确定为国家增量配电业务改革试点园区、国家产业转型升级示范园区、内蒙古工业十强开发区、自治区沿黄河沿交通干线经济带重点开发区、自治区承接产业转移示范园区、自治区新型工业化产业示范基地、自治区试点示范智慧园区和自治区绿色园区。2020年，达拉特经济开发区辖达电—亿利和三垧梁2个园区，土地利用面积88.26平方公里。其中，达电—亿利工业园区9.14平方公里，三垧梁工业园区79.12平方公里。截至年底，园区累计投入建设资金60亿元。其中，修建道路85公里，完成绿化336万平方米，亮化43公里；建成500千伏电力枢纽站1座、220千伏变电站4座、110千伏变电站11座，10千伏以下线路410公里；建成天然气门站3处、液化项目3个；园区配水厂年供水能力5000万吨；污水处理厂一期日处理污水2万吨、日产再生水1.5万吨，浓盐水处理项目日处理浓盐水6000吨；灰渣场一期490万吨库容项目建成运营；园区消防站投入使用；网络通信实现全覆盖；推进现代物流园、智慧园区及灰渣场二期项目建设。

【产业发展】 开发区产业定位以煤电铝材造、清洁能源化工、绿色建材（陶瓷）、新材料及现代物流业为主，截至年底，已入驻企业118家，引进项目131个。

煤电铝材造产业　建成电力总装机419.6万千瓦和100万吨氧化铝、53万吨电解铝、4.2万吨高纯铝产能，在建100万千瓦发电机组及20万吨高新铝合金项目。

清洁能源化工产业　现代煤化工循环产业链，已建成180万吨甲醇、40万吨乙二醇、20万吨稳定轻烃、25万吨二甲醚产能，在建30万吨聚甲氧基二甲醚、60万吨醋酸、20万吨甲醇钠项目。氯碱化工循环产业链，已建成50万吨PVC（聚氯乙烯）、45万吨烧碱、33万吨PVC深加工产能。生物化工产业链，已建成4.8万吨黄原胶、300吨阿维菌素产能，在建500吨甲氨基阿维菌素苯甲酸盐、500吨曲右霉素等项目。

绿色建材（陶瓷）产业　建成12条陶瓷生产线，在建2160万平方米发泡墙体陶瓷砖项目和8条陶瓷生产线。

新材料产业　建成聚苯硫醚产能1000吨、石墨烯导电浆料1000吨，在建1000吨石墨烯粉体材料、1950吨高品质光电通信新材料、10万吨碳化硅晶体材料、12万吨高聚合物有机硅、18.8万吨高端化学及能源材料项目。

现代物流产业　建设支撑达拉特经济开发区、服务周边区域的现代物流服务体系，推动一、二、三产融合发展，打造中西部国家物流枢纽中心。

【园区整合】 2020年，根据自治区园区优化整合有关要求，达拉特经济开发区拟整合为三个区块，规划总面积为172.03平方公里，其中将达电—亿利工业园和三垧梁工业园作为核心区整合为树林召工业园（面积88.26平方公里），形成以树林召工业园区为核心、风水梁产业园（面积16.77平方公里）和昭君新能源产业园（光伏基地，面积67平方公里）为重点的“一区三园”空间布局。拟整合后的达拉特经济开发区完成工业总产值271.6亿元，同比增长35.8%。其中，树林召工业园完成工业总产值268.3亿元，同比增长34.9%，固定资产投资23.4亿元，同比下降63.1%；完成税收13.0亿元，同比下降4.4%。

鄂托克经济开发区

【鄂托克经济开发区管委会领导名录】

党 工 委 书 记：黄伯韡

管委会副主任：王福义

訾　军

苏雅拉图（蒙古族）

【概况】 鄂托克经济开发区位于鄂托克旗，规划总面积85平方公里。2001年经自治区人民政府批准建设，为自治区一类重点工业园区。截至2020年年底，鄂托克经济开发区有入驻企业95家，形成电力装机容量308万千瓦、焦化480万吨、硅系合金150万吨、多晶硅1万吨、电石130万吨、PVC 80万吨、尿素205万吨、甲醇12万吨生产能力。2020年，实现工业总产值523.8亿元，其中规模以上工业实现484亿元，同比增长7.9%；销售收入达到546.3亿元，同比持平；固定资产投资38.1亿元，同比增长15.5%；财政总收入达到46.46亿元，同比增长6.1%。

【项目建设】 开发区顺利通过首批国家级工业园区循环化改造示范试点和国家级循环经济标准化验收，累计获得上级专项资金支持8000余万元。全年共计实施亿元以上项目11个，建元煤化国内首套焦炉煤气制26万吨乙二醇项目即将投产，德克斯科技10.5万吨氰尿酸项目进入试生产；建元煤化己内酰胺项目、焦炉煤气综合利用，东日新能源40万吨煤焦油深加工、10万吨煤系针状焦和10万吨负极材料，蒙西矿业捣固焦联产10万吨甲醇，百顺通年产5000辆电源半挂车，君奥化工12万吨氰尿酸建设项目进展顺利。开发区产业链、价值链开始由中低端向高端发展，煤炭资源初级加工向下游精细化工产业集群发展已具备规模。

【基础设施建设】 园区国土空间规划、棋盘井镇控制性详细规划编制工作全面展开，完成棋盘井镇总体规划及局部调整，全年共调整土地利用规划179.4公顷。4万吨工业废水、1万吨高盐水深度处理、1万吨生活污水处理设施稳定达标运行，东项目区供水管网及配套工程正在紧张施工；嘎沙图110千伏变电站、220千伏变电站扩容项目全部投运；东项目区纬五街及棋盘井西街改造工程全部完工、经一路正在施工；完成5G基站建设6处，项目区基本实现5G全覆盖；职工文化活动中心工程即将全部完工、棋蒙政务服务中心投入运行；2019年棚户区征收改造项目和2020年棋盘井保障性安居住房工作有序推进，共争取专项债券资金3亿元；全年铺设给排水管网5公里，维护各类管网30余公里；棋盘井蒙古族小学、第四小学选址工作已完成。全年共计完成政府类基础设施建设投资1.53亿元。全力推进银企对接，鄂尔多斯银行、鄂尔多斯农商行为电冶集团、建元煤化及开发区中小企业授信金额20多亿元。

【环境整体质量】 围绕黄河流域生态保护和高质量发展战略，全力推进乌海及周边地区生态环境综合整治。聚焦用发展的理念解决环保问题，碳氢能源矿热炉尾气制12万吨甲醇项目运行稳定，同辉20万吨食品级二氧化碳项目已开工，循环利用项目示范引领作用显著。聚焦企业环境综合治理和城镇环境综合治理两大领域，深入开展环境专项整治七项行动，全面巩固提升绿化美化、基础保障和管理规范成果，镇区、园区的整体环境得到了改善。健全完善《开发区环境综合整治网格化管理办法》和《开发区各行业主管部门环境综合整治标准化实施方案》，紧盯粉状物料全封闭、超低排放改造、特别排放限值改造、无组织排放和挥发性有机物（VOCs）等整治重点，全面完成44项企业环境污染防治整治任务。东项目区空气自动监测站投入运行。全年完成绿化投资1460万元，新增绿化面积14万平方米，开发区绿化率达到16.9%。全市棋盘井蒙西环境综合整治现场会在开发区成功召开，开发区全年空气质量优良率达到83.6%，同期上升4%。

【安全生产】 全面开展安全生产专项整治三年行动，进一步压实企业主体责任和部门监管责任，强化对重点行业、重点时段的安全检查；园区安全风险评估和清查企业安全风险现状（现场）评价工作全面开展；投资100万元的安全生产信息化监管系统已运行，安全生产信息化、智能化监管手段进一步提升。继续强化首席安全生产顾问机制和专家查隐患机制，对建筑施工、设备检维修、危险化学品、道路交通等重点行业领域开展专项整治行动，突出整治非法外包、以包代管行为。全年共检查企业266家次，查出隐患1524项，已整改1487项，到期整改率100%；公开招聘10名安全生产相关专业技术人才，安监队伍进一步加强；持续推动安全生产标准化创建达标工作，截至年底，开发区危化企业安全生产标准化三级达标企业21家，二级达标企业1家，小微企业标准化达标15家。

（杨雨贺）

准格尔经济开发区

【准格尔经济开发区领导名录】

党 工 委 书 记：杨 勇
管 委 会 主 任：李富生（兼党委副书记）
侯相君
王晓铃（女）
管委会挂职副主任：武耀华
何培荣

【概况】 准格尔经济开发区重点发展无机非金属材料产业、低阶煤综合利用产业、农副产品深加工产业、新兴产业、生产性服务产业等五大产业。园区累计引进企业70家，现生产企业32家，规模以上企业5家，吸纳1.2万人就业。2020年10月获评国家级绿色园区。2020年，准格尔经济开发区完成工业总产值204.58亿元，增长1.86%；实现销售收入198.18亿元，增长0.52%；创造利润51.89亿元，增长2.21%；实现税收33.04亿元，固定资产投资达到66.15亿元，财政总收入14.52亿元，一般公共预算收入5.44亿元，可用财力2.69亿元。

【招商引资】 2020年，协议引进诚天高岭土、馨垲耀高岭土、果计划沙棘加工、兴洋电子级高新硅基材料等17个"延链""补链"项目（10个亿元以上），协议引进资金20.96亿元，计划2021年陆续开工建设。

【项目开工建设】 2020年，集中力量推动3个续建项目复工、10个新建项目开工，7个项目建成投产，完成投资4.75亿元。

【项目建成投产】 认真做好项目建设服务，协调解决存在的问题，推动新建的御华瓷业微晶球、莫来石生产线建成投产。

【转型发展】 积极推进"一院两地"创新合作模式，内蒙古先进陶瓷设计院启动，并获得专项资金5000万元，研发测试设备正在安装调试，中试设备正在招投标。编制产业总规和无机非金属材料产业规划，做大做强、做精做优无机非金属材料产业。支持企业自主创新，佳汇、高原露2家企业被认定为全国高新技术企业，王道、励泰等3家企业入库自治区科技型中小企业，高原露递补为农牧业产业化国家重点龙头企业。申报自治区高新技术特色产业基地，落实人才引进资金20万元，引进硕士研究生11人、博士研究生2人、国家级研究员4人、教授级高工5人、享受国务院津贴人员3人。

【投资环境】

基础设施建设　2020年，准格尔经济开发区推动准格尔旗国资燃气热力公司污水处理厂浓盐水零排放及扩容改造项目开工建设，工业污水处理能力达100吨/时，计划2021年6月建成投运。复兴路、兴业路具备开工条件，纬五路正在办理环评手续，实施了4个项目供气、供电、供水等配套工程，完成高速北（沙纳线）污水及中水管网设计和项目护坡工程。开展铁路集运支线前期工作，启动智慧园区建设，提升园区基础设施保障能力。

项目前期服务　项目配套基础设施日臻完善，施工许可审查、消防设计审查验收具备线上办理条件，启动园区供热、供电等8个专项规划编制和智慧园区前期工作，进一步提升园区服务保障能力。启用陶瓷园区公寓，为圣岳、铁辰、御华等8家新入园企业提供办公和住所，降低企业运行成本。协助举办中国硅酸盐学会耐火材料分会2020年度工作学术会议，博览中心国礼瓷、大汗窑、无机非金属材料、低阶煤综合利用、农副产品加工等5个展厅展出。

专项资金　精准落实各项助企纾困政策，新增减税减费5726.68万元，争取专项债券8460万元、专项资金5050万元，帮助企业获得贷款及贴息资金约2亿元、补贴资金264万元，申报市级产业创新创业人才团队和自治区"草原英才"无机非金属材料创新平台人才引育工程。

用地保障　推进项目用地选址、建设用地报批和土地出让等前期手续办理，有效盘活存量土地。重新编制沙圪堵镇总体规划和控制性详细规划，提高项目建设用地保障能力，完成铁辰、茂安林草地和建设用地审批，出让国有土地4宗，完成迎新玻璃54.56公顷用地报批。

【城镇发展】

民生保障　硬化临时停车场约1.2万平方米，新增补划停车位1250个，更换垃圾桶、垃圾箱1800个。开展人居环境专项整治，及时制止偷倒乱倒污水垃圾行为，实施美稷公园淤泥清理及坝体加固工程，依法取缔废品回收站19家，拆除违章建筑19处，完成旧医院家属小区、丽锦家园等街巷排水排污管网建设，实施4条非棚改区街巷硬化及配套管网工程，购置环卫清扫专用车辆，提高机械化作业综合覆盖率，提升城镇治理水平。

协调解决历史遗留问题　基本解决了高家圪旦、部分魏家壕征地遗留问题和31个老旧居民小区“办证难”的问题，为居民办理不动产证1990本。

城市生活水平　对棚改范围内土地按标准进行补偿，棚户区改造任务基本完成，完成棚改片区停车场、公园和城市绿地规划设计，积极推进准格尔陶瓷小镇培育引建；博雅苑被确定为全市第三批民族团结进步教育基地；新华书店入驻开发区，为广大群众和青少年提供了学习平台。

【生态环境】 推动旗国资燃气热力公司实施污水处理厂浓盐水零排放及扩容改造和热电厂超低排放技改项目，推进灰渣固化处置场改扩建工程，实施生活垃圾卫生填埋场项目，6家企业完成“阳光排放口”建设，生活污水处理厂实现总氮、总磷在线监控；深入实施蓝天碧水净土保卫战，全国第二次污染源普查得到通报表扬，中央环保督察、自治区“回头看”反馈问题全部按期销号，完成自治区环保督察6个问题整改落实；环境监测得到有效提升，6个社区1241户居民更换2183台环保炉具，环境空气质量自动监测站建成投运，全年空气质量优良率达88.76%，提高16个百分点。制定水污染防治行动计划（简称“水十条”）实施细则，实施中水回用工程，生活污水完成提标改造。加强工业固废无害化处置，完成重点行业用地信息采集和土壤采样工作，及时向社会公开。

【安全生产】 每月专题部署安全生产工作，聘请化工专家弥补安全监管人员力量不足，委托第三方机构开展安全检查，全年累计查出并整改完成安全隐患1319条，下达行政处罚决定书3份，共处罚款11.8万元；督促企业落实安全生产主体责任，九鼎化工增加氨火炬和酸性气体火炬，氨合成完成自动化改造，东屹化工6台电石炉完成自动化出炉改造，进一步提升了企业本质安全水平；坚决贯彻落实安全生产专项整治三年行动，重新编制《准格尔经济开发区生产安全事故应急预案》和《准格尔经济开发区危险化学品事故专项应急预案》，开展“电石炉喷炉事故应急演练”和“液氨球罐泄漏事故应急演练”，建立安全监控平台24小时应急值班值守制度，确保安全生产工作万无一失。

（崔宇峰）

上海庙经济开发区

【上海庙经济开发区领导名录】

党工委书记：刘树禄
党工委副书记、管委会主任：尤俊宝
党工委副书记：左生荣
何钧业
石　君

【概况】 上海庙经济开发区位于鄂尔多斯市西南部，地处蒙、陕、宁三省区交界处的鄂托克前旗上海庙镇境内，是全国十四个大型煤炭基地宁东—上海庙基地的重要组成部分，也是自治区沿黄经济带重点煤化工园区之一。2020年，开发区实际运行8个正科级建制职能部门，分别为党政办公室、党群工作部、经济发展局、财政局、建设局、环境保护局、安全生产监督管理局、人力资源和社会保障局。2020年，完成工业总产值103.11亿元，销售收入101.46亿元，工业增加值40.98亿元，固定资产投资51.18亿元，上缴税金13.23亿元。

【重点项目】 2020年，开发区重点推进项目27项，均为企业投资项目，其中新建4项、续建14

项、开展前期工作9项，总投资1182亿元，截至10月底，完成投资34.5亿元，到年底完成投资42亿元。

电厂项目　盛鲁电厂项目1号机组于2020年9月22日正式投产，2号机组于2020年11月底投产。国电双维电厂项目主厂房、锅炉、烟囱到顶，间冷塔吊装完成60%。长城电厂项目于2020年8月17日正式开工建设，厂房、锅炉基础已出零米。国家能源上海庙电厂项目主厂房、锅炉基础开挖已完成。

煤化工项目　恒坤化工规划建设520万吨焦化多联产项目，一期130万吨焦化联产1.2亿立方米焦炉煤气制液化天然气项目正常生产；二期260万吨捣固焦及综合利用项目前期手续均已取得，已完成工程总量的15%；三期130万吨焦化项目正在办理立项等前期手续。华星40亿立方米煤制气项目核准申请已报至国家能源局待批复。

其他项目　无压烧结碳化硅陶瓷及原料生产项目第一条3万吨生产线已基本建成，具备运行条件。10万吨活性炭及环保装备制造一体化项目成品库、炭化车间基础施工完成。

招商引资和项目储备　全年新引进项目2个，即上海庙粉煤灰循环经济产业园项目和100万吨煤矸石综合利用项目，总投资约5亿元，均在开展可研编制等前期工作。推动旗人民政府与南京万德斯环保科技股份有限公司就灰渣皮带管输、一般固废综合利用、矿井水综合处置利用等方面签订了战略合作框架协议。全年共储备各类项目94个，总投资约2870亿元，其中已立项11个，开展前期17个，达成协议20个，招商项目46个。

【基础设施建设】 盛鲁电厂运煤铁路专用线项目建成运行。国电双维电厂运煤铁路专用线和上海庙能源化工基地西部铁路专用线已取得核准文件，正在开展土地组件报批工作。镇区至污水处理厂、垃圾填埋场、敖银线道路工程均建成投运。内蒙古兴源碳材科技有限公司110千伏输变电工程建成投运，建成变电站1座、110千伏输电线路14.2公里；昌能供热公司储煤棚项目建成投运。

【安全生产监管】 年内园区未发生生产安全事故，安全生产形势保持稳定良好态势。通过加强安全生产责任体系建设，夯实基层基础建设，深化安全隐患排查治理，共排查治理各类隐患860项。完成园区安全风险定量评估，扎实推进标准化创建达标和“双机制”“双导则”有效落实。深入推进安全生产专项整治三年行动，基本完成前两个阶段目标任务。

【环境治理】 主动配合上级环保督察工作，制定《上海庙经济开发区配合内蒙古生态环境保护督查组协调保障工作方案》《上海庙经济开发区配合内蒙古环境保护督查任务清单》，督察期间共向旗生态环境督察联络组提供各类资料6批次。加强环境监管，全年共对园区各企业进行监督检查120余次，聘请环保专家排查企业环境安全隐患8次，下达责令整改通知书14份，现场检查单70余份。配合市生态环境局开展“2020年雷霆斩污”专项检查3次，共查出涉及园区12家企业的20项环境问题，已完成整改17项，整改率85%。委托第三方公司对园区重点企业开展了污染物监督性监测工作，出具监测报告10份。筹建园区第1处空气质量自动监测站。

（罗月仙）

鄂尔多斯高新技术产业开发区

【概况】 全年实现销售收入27.8亿元，同比增长39%；固定资产投资5.82亿元；财政总收入2.1亿元，同比增长61.5%；争取上级转移支付3.2亿元；新增注册企业118家。在科技部2020年全国国家高新区综合评价排名上升到第108位。

【招商引资】 对接项目150余项，签约项目51

项，储备项目55项。年初计划实施重点项目18项，开复工14项，纳入市级调度亿元以上重点项目8项全部复工，完成投资4.5亿元。其中，鄂尔多斯国际绿色互联网数据中心1B项目、赛诺伯特区块链人工智能项目投入运营。

【创新资源】 启迪孵化器再次获批国家小型微型创业创新示范基地，在孵企业实现年销售额1.1亿元。引进河南理工大学鄂尔多斯煤炭清洁利用开发研究院等2家研究院，建成光能、晶泰等6家自治区级企业研发中心。编制科技兴蒙行动实施方案并获批专项资金1亿元。完成“高端人才引领型”特色载体推动中小企业创新创业升级项目的终期绩效评价工作。申请知识产权179项，授权专利71项，分别完成年度任务的179%和142%；新认定高新技术企业7家，高新技术企业数量达14家，较2019年增长50%；培育科技型中小企业入库50家，占全市44%，较2019年增长85%；组织实施科技计划项目28项，争取资金1.38亿元。引进各类高端创新创业人才20人、团队5个。

【基础建设】 云计算产业园完成5栋数据机房建设，交付面积7.7万平方米，新增19万台标准服务器承载能力；3号、5号、6号、8号数据机房配套市政工程已基本完工，电子商务IDC（互联网数据中心）数据机房市政配套工程完成管网工程建设。科教孵化园标准化B1、B2厂房完成主体建设，标准化厂房装修改造项目、孵化器科技成果转化合作平台项目基本完成。配合完成全国文明城市创建各项基础配套工程，持续改善科教孵化园市容市貌。推进产业拓展园高新二路等道路绿化一期工程。

【综合服务保障】 多措并举化解政府债务1.27亿元，完成年度任务的231%。统筹推进产业、教育、健康、党建等综合扶贫工作，拨付19万元用于改善村民生活条件，推出打瓦壕“金银米饭”产品，带动村集体收入两年内由3万元突破到76.5万元，脱贫成果跃居帮扶村所在旗区前列。优化营商环境取得新成效，编制出台《高新区企业服务100问》《入园企业一次性告知单》等，搭建线上企业服务平台、设立“一站式”全周期服务窗口，让企业少跑腿、办成事。做好项目要素保障，完成土地供应44.85公顷，调入15.9公顷用地指标，完成土地例行督察、批而未供等整改任务，协助开展国土空间规划、土地三调等工作，稳步有序办结立项、规划、环评等手续。开展各类安全生产和环境保护大检查20余次，查处各类隐患25条并全部整改完成，全年无安全责任事故及环境污染事件发生。切实做好信访工作，为农民工追款400余万元，70余起市长热线及劳动监察案件办结率100%。

空港物流

【鄂尔多斯空港物流园区领导名录】

党工委书记、管委会主任：边　东

党工委副书记、机关党委书记：郭　军

党工委委员、管委会副主任：史占军

王其劳

【概况】 鄂尔多斯空港物流园区是一个集临空临港、综合保税、科技研发、加工制造、现代物流、电子商务等功能于一体的现代服务业产业园区。园区党工委、管委会下设9个职能部门、2个事业单位、5个市垂管部门、7个直属国有实体企业。2020年，园区完成固定资产投资7.1亿元，同比增长4.6%；完成工业总产值1.9亿元，同比增长13.8%；完成销售收入29.5亿元；实现税收收入2.6亿元，一般公共预算收入0.7亿元，同比增长13.4%，主要经济指标均好于预期。

【产业培育】 面对疫情影响，园区创新招商举措，举办网络招商推介会、鄂尔多斯市加工贸易暨鄂尔多斯综保区招商推介会，先后到京津冀、珠三角、长三角以及呼包银榆等地区开展招商75

批次，累计签约引进项目 96 个，新增注册企业 158 家。

【项目建设】 全年推动实施重点项目 10 个，4 个市级亿元以上重点项目全部开复工，综保区标准化物流基础设施、香港韩仁电子以及亿兆华盛、曙光中科大数据项目均实现运营；秦北羊绒、祥嘉颐养苑、机场平行滑行道项目完成主体建设；通号电气、和兴利、蒙发平行进口汽车等项目均有序推进。

【开放平台】 鄂尔多斯综合保税区获批一般纳税人资格试点，成为全区首个试点地区。注资 1000 万元启动综保区退税资金池，签约引进鄂绒等本土外向型龙头企业、内蒙古中凯特种汽车等项目稳定运营，完成进出口额 6252 万美元。空港跨境商品直营中心销售额突破 1200 万元，与内蒙古新华集团合作，启动东胜新华书店空港跨境分店，形成消费新热点。

【营商环境】 深化"放管服"改革，出台"支持外贸企业发展""助力企业复工复产"等政策，在防疫物资、生产材料、融资及用工等方面提供服务和保障，累计为 28 家企业落实补贴资金 329 万元。持续深化"一窗受理，集成落实"服务模式，受理各类事项 1360 项，办结率 100%。实行项目集中联动初审转报机制，协调解决各类事项 68 项，投资促进与企业服务中心"中央加速器"功能优势凸显。

【体制机制】 坚持政企分开、政资分开，进一步完善园区 7 家国有企业绩效薪酬机制。从公益性岗位职工和直属国有企业职工选聘 25 人，推进党政人才和企业经营管理人才、专业技术人才的合理流动。制定《关于支持在职干部职工攻读研究生学历学位教育的实施方案》，并就 2019 年、2020 年符合条件人员落实支持政策，调动干部职工学习深造的积极性。空港创新创业基地获评自治区级 2020 年"四众创业"支撑平台项目。

（王海荣）

东胜经济科教（轻纺工业）园区

【东胜经济科教（轻纺工业）园区领导名录】

党工委副书记、管委会主任：刘虎云

管委会副主任：刘利军

栗丹平

刘　斌

【概况】 鄂尔多斯东胜经济科教（轻纺工业）园区位于东胜区，形成绒纺产业、生物医药、食品加工、健康养生、酒文化产业等多元支撑的产业格局。绒纺产业片区规划面积 4.7 平方公里，已建成 1.5 平方公里，主要依托"鄂尔多斯"品牌，全面发展从原料收储到终端产品交易的完整产业体系，打造全国一流的集原绒交易、产品研发、生产加工及交易展示于一体的绒纺产业集聚区。生物医药产业片区规划面积 0.6 平方公里，已建成 0.1 平方公里，重点发展生物制药、中蒙药、医疗器械及物流配送等。食品产业片区规划面积 2 平方公里，已建成 1 平方公里。重点围绕龙头企业带动、知名品牌创建，努力建成集农副产品深加工、批发零售物流配送于一体的放心食品加工供应基地。酒文化产业规划面积总规划 4.1 平方公里，已建成 1.5 平方公里。"鄂尔多斯"白酒创牌于 1953 年，内蒙古老字号。围绕酒产品研发、酒文化创意博览、酒类生产、工业休闲旅游、仓储物流等板块，设计年生产能力 5 万吨，努力建成西部地区独具特色的酒文化产业园。健康养生产业片区规划面积 2 平方公里。推动发展候鸟式、旅居式的休闲养老，已引进鑫海颐和城、中华情两大健康养生项目。鄂尔多斯东胜经济科教（轻纺工业）园区内设党政办、党群工作部、人社局、经济发展局、建设局、财政局、环保安监局等 7 个部门，属地代管现代羊绒产业园。2020 年，东胜经济科教（轻纺工业）园区实现工业总产值 25.7 亿元。公共财政预算收入 0.7 亿元，完成固定资产投资 0.51 亿元。

【园区建设】 绒纺产业片区规划面积4.7平方公里，已建成1.5平方公里，有涉绒企业50家，其中大型企业1家，规模以上4家。2020年生产各类羊绒制品600万件，实现产值17.5亿元。主要依托“鄂尔多斯”品牌，全面发展从原料收储到终端产品交易的完整产业体系，打造全国一流的集原绒交易、产品研发、生产加工及交易展示于一体的绒纺产业集聚区。生物医药产业片区规划面积0.6平方公里，建成0.1平方公里，重点发展生物制药、中蒙药、医疗器械及物流配送等。现已入驻亿利制药、饮片公司等3个项目，其中亿利制药2020年生产复方甘草片5.4亿片，生产索米痛片3.15亿片，实现产值0.63亿元。食品产业片区规划面积2平方公里，已建成1平方公里。重点围绕龙头企业带动、知名品牌创建，努力建成集农副产品深加工、批发零售物流配送于一体的放心食品加工供应基地。入驻企业和个体工商户63家，生产100余种食品，地区市场占有率70%，2020年，实现产值2.98亿元。酒文化产业片区规划面积4.1平方公里，已建成1.5平方公里。“鄂尔多斯”白酒创牌于1953年，内蒙古老字号。围绕酒产品研发、酒文化创意博览、酒类生产、工业休闲旅游、仓储物流等板块，设计年生产能力5万吨，努力建成西部地区独具特色的酒文化产业园。2020年，生产原酒1000吨，实现产值2亿元。健康养生产业片区规划面积2平方公里。推动发展候鸟式、旅居式的休闲养老，已引进鑫海颐和城、中华情两大健康养生项目，建有床位2530张。

【项目建设】 2020年，园区计划实施重点项目7项，其中新建5项，续建2项，项目总投资1.4665亿元，全年计划完成投资1.1145亿元，完成投资0.50655亿元。其中，罕台轻纺街与九成宫路污水管网应急抢修工程、滨河大道南段道路人行道铺装工程、酒业园区经二路道路人行道铺装工程、鄂尔多斯西街北侧绿化工程、布日都梁众和佳苑小区维修工程等9项完工。罕台中小纺织园10千伏线路配电工程正在协商办理相关事宜。

【国际羊绒羊毛大会】 2020年9月25—27日，在东胜区全民健身中心主体育馆成功举办第三届中国(鄂尔多斯)国际羊绒羊毛展览会。大会展区由品牌展区、商务洽谈区、服饰展区等九大展区组成，展销面积达2万平方米，参展展位228个。来自全国16个省(区市)的194家采购商现场商谈采购，并通过国际电商云展数字外贸服务平台，与国外153家采购商进行线上采购洽谈。本届大会项目签约仪式以“网络直播+空中签约”的形式举办，其间28家企业签署15个合作项目，含尼泊尔、利比亚、孟加拉国、叙利亚、英国等多个国内外企业，订单协议总金额达4.43亿元；网红直播带货金额达0.021亿元；拍卖鄂尔多斯市优质羊绒23.5吨，共计0.15亿元；云展意向订单达0.168亿元；现场交易额达0.087亿元，意向订单324项，共计2.1亿元。

蒙西高新技术工业园区

【概况】 蒙西高新技术工业园区位于鄂尔多斯市鄂托克旗境内，南接乌海市，北靠巴彦淖尔市，西与阿拉善盟隔黄河相望，包兰铁路、京藏高速纵贯园区，是内蒙古西部重要的交通枢纽。园区规划面积140平方公里，建成区面积70平方公里。2001年，经自治区人民政府批准为自治区级高新技术工业园区。先后获评国家级循环经济示范园区、国家级生态工业园区、国家首批新材料成果转化及产业化示范基地、国家能源互联网示范基地、国家循环经济标准化试点示范基地、第二批增量配电业务改革试点、国家绿色园区七大“国字号”品牌。被命名为自治区高新技术产业化基地、自治区高层次人才创新创业基地、自治区机电和高新技术产业出口基地、自治区新型工业化产业示范基地、自治区党建工作示范基地，是鄂尔多斯园林城镇之一，空气质量领跑乌海及周边地区。园区共引进培育重点企业61家，其中规模以上企业23家、上市企业5家。拥有国家级高新技术企业9家，国家级绿色工厂2家。形成了新型化工、特种冶金、电力、高新材料、现代物流五大主导产业。形成的主要产能有金属制品160万吨，氧化铝20万吨，PVA（聚乙烯醇树脂）14万吨，特种纤维3万吨，PVC70万吨，糊树脂10万吨，电石197万吨，水泥及水泥熟料848万吨，高岭土7万吨，焦炭370万吨，甲醇10万吨，苯加氢8万吨，精萘8万吨，二萘酚6万吨，二三酸2万吨，土壤改良剂20万吨，电力总装机容量达196千伏安。2020年，蒙西高新技术工业园区实现工业总产值259.6亿元；销售收入270.2亿元；税收20.01亿元。

【招商引资和项目建设】 2020年，实施重点工业项目11个，总投资75.7亿元。其中，新建项目7个，总投资52.2亿元。双欣节能科技年产52.5万吨电石项目，美力坚色剂系列产品及配套中间体项目，蒙西化工白灰窑燃烧系统及二氧化碳回收技术改造项目、晓清环保工业污水处理厂高盐水结晶分盐项目、德晟原料场大棚封闭改造项目已开工建设；中谷二期30万吨PVC配套30万吨烧碱项目、易航环保一般工业废渣管网输送工程正在办理前期手续。续建项目4个，总投资23.5亿元。兴宇气体工业气充装站项目进入试生产阶段，清源环保年产2万吨纯三氯化铁净水剂项目正在安装设备；高能清蓝危废处理综合利用项目、伊晨环境工业固体废弃物高植化利用项目已完成场平及临建。

【污染防治】 围绕黄河流域生态保护和高质量发展战略，全力推进乌海及周边地区环境综合整治，完成36项污染防治攻坚任务。加大环保执法检查力度，下达行政处罚6起，处罚金额27万元。环境监测能力不断增强，5家企业完成在线设备验收，14家企业完成在线设备比对，企业自行监测公布率达到100%，重点传输有效率达99.97%。26家企业完成排污许可证办理。清理违规小煤场5家。截至年底，园区空气质量优良率达83.95%，位居乌海及周边地区第一位。

【服务企业】 坚持打造“尊商、亲商、安商、富商”的营商环境，出具两书两证共32项，协助企业完成4个项目的土地挂牌手续。园区大数据管理中心、防洪河道治理工程及君正能源化工公司、蒲瑞芬环保科技公司、双欣环保公司、双欣环保PVA输送包装系统数字化改造、蒙西铝业年产40万吨氧化铝智能制造产业化项目、美力坚年产40.5万吨染料和有机颜料中间体项目获自治区重点产业（园区）发展专项资金支持。加强政银企对接，协调农行内蒙古分行和江苏分行，帮助美力坚科技化工公司取得授信贷款5亿元。创新拉动作用不断增强，组织企业申报专利28项，其中发明专利9项，实用新型专利19项。蒙西氧化铝和蒲瑞芬环保科技公司2家企业成功申报国家级高新技术企业。成功通过国家绿色园区复评，通过了循环经济标准化验收。

【基础设施和民生保障】 投资2577万元，实施发展大道、迎宾路、防洪河道治理等工程。投资1534万元，完成供水二期第二部分工程建设并投运，居民饮用水安全得到保障。坚持“一路一景、一街一品”的园林绿化格局，对重要节点进行绿化提升改造，种植宿根牧草13万余平方米。

江苏工业园区

【鄂尔多斯江苏工业园区管理委员会领导名录】

党工委副书记、管委会主任：郭　平（兼任鄂尔多斯圣圆煤化工基地党工委副书记、管委会主任）

管委会副主任：杨　勇（蒙古族）
越福泉（蒙古族）
边永祥

【概况】 鄂尔多斯江苏工业园区是根据2011年签订的《内蒙古自治区人民政府江苏省人民政府关于加强能源和其他优势产业战略合作框架协议》及市政府、伊金霍洛旗政府、江苏省国信集团、鑫南集团《关于合作建设鄂尔多斯江苏工业园区框架协议》，于2012年3月由市政府批复成立。2013年5月，为进一步优化全市工业布局，撤销伊金霍洛旗阿镇现代装备制造业基地并纳入江苏园区实行一体化管理。园区以装备制造、新兴产业为主导，重点打造矿用装备、天然气及化工设备、新能源装备、新材料等产业。2016年，按照国家六部委下发《关于开展开发区审核公告目录修订工作的通知》要求，市委、市政府研究决定，将鄂尔多斯江苏工业园区与鄂尔多斯圣圆煤化工基地（2012年批复设立煤化工园区）合并为蒙苏经济开发区，并列入开发区目录。截至2020年年底，园区共引进项目48个，总投资360亿元。固定资产投资完成154.62亿元（其中，项目完成投资120.14亿元，基础设施完成投资34.48亿元），实现工业总产值120.06亿元，实现税收5.73亿元。年内，园区投产项目25个，完成工业总产值24.94亿元，销售收入20.17亿元，税金0.4亿元，固定资产投资3.25亿元，从业人员数量达2000余人。

【招商引资】 2020年，园区新签约招商项目9个，项目储备增加28个，接待来访客商50余批次，年内落地新开工项目8个，办理前期手续项目7个。

【基础设施建设】 园区西部8平方公里技防工程已完工；110千伏变电站、生活污水处理厂开工建设；园区消防站、市政路网（标准地内）及绿化亮化工程完成立项（可研编制评审）及土地、规划预审（勘测定界报告编制）、稳评、环评等工作；对西部8平方公里建成区进行1∶500地形航拍勘测，并制作三维模型图；协调相关部门解决新开工项目厂区大门开口及临时用水、用电等事宜；配合旗自然资源局调整完成园区土地利用总体规划，完成新开工10个项目（共计323亩）土地确权、土地预审及已批复土地的招拍挂工作，并协助完成正泰易达18.06公顷林地获国家林业局批复，协助扬子中天、科试、神传矿用、德澎橡塑、益鑫得完成项目草地报批12.3138公顷。

【标准地建设】 2020年，为项目入驻储备标准化土地2711亩。截至年底，完成“标准地”选址、土地规划调整、环评审批备案工作；推进园区规划修编、项目立项；编制完成重大项目社会稳定风险评估报告和土地勘测定界技术报告；已完成林地手续组件，报至市林草局审批；备案基本草原自治区林草局，完成手续；征地工作达成拆迁协议并签字22户，已拆迁17户；确定“标准地”片区绿化方案，旗环卫部门对片区进行常态化保洁。

【项目服务】 实行全方位“保姆式”项目服务，对投产项目主要围绕克服疫情影响做好投产项目复工复产各项工作，主要协调解决部分企业项目的疫情防控期间原料产品运输、人员管控等方面工作，确保入园投产项目复工复产率达到100%；引导企业提高创新积极性，其中清研沙柳公司作为全国林业资源综合利用推广典型案例（内蒙古有1家）获得自治区科学技术进步二等奖，申报国家专利奖，并在内蒙古股权交易中心科创板优选层挂牌；鄂尔多斯市神传矿用设备制造有限公司获得“高新技术企业”称号。对新开工和续建工业加强监测、调度，实时跟进，分头深入企业认真走访调研，切实帮助企业项目解决发展建设及生产经营中遇到的困难和问题。重点协调九泰热力公司解决东片区入驻企业供暖问题；与中石化华北分公司、中石油昆仑燃气公司对接解决正泰易达气源紧张问题，产能比2019年提高30%以上；协调解决部分企业项目环保、消防、融资、子女入学等各类问题，园区全年共计为企业项目协调解决困难问题30余项。2020年列入市旗重点项目库的8个重点项目开复工率达到100%。

【综合管理】 严格落实环保“三同时”制度，全年开展12次集中检查和1次专项督查，及时督促整改发现的问题。按照安全生产三年专项行动的要求，严格落实建设项目安全设施“三同时”制度与安全检查“三结合”，持续开展安全隐患排查，全年制作安全生产宣传横幅30幅，宣传海报30份，宣传单500余份，出动宣传车3辆。全年对园区企业进行48家次的安全大检查，聘请专家检查1次，查出一般事故隐患65处，完成整改65处。

鄂尔多斯纳林河工业园区

【鄂尔多斯纳林河工业园区管理委员会领导名录】

管 委 会 主 任：杨忠宏

管 委 会 副 主 任：王春瑜

斯庆毕力格（蒙古族）

派驻纪检监察组组长：张凤平

【概况】 鄂尔多斯纳林河工业园区位于内蒙古自治区鄂尔多斯市乌审旗东南部无定河镇，处于陕蒙交界，东与国家新兴能源基地陕西省榆林市接壤，西与宁夏相望，北与“沿黄沿线经济带”衔接，是呼（和浩特）包（头）鄂（尔多斯）金三角地带的组成部分。园区依托纳林河矿区优质的煤炭资源和无定河丰富的水资源而建，规划面积24.1平方公里，建成区面积12平方公里。有投产企业5家，分别是中煤远兴能源有限公司年产60万吨煤制甲醇项目，内蒙古博大实地化学有限公司年产50万吨合成氨、80万吨尿素项目，内蒙古星星能源有限公司年产20万吨液化天然气项目，乌审旗蒙大矿业有限公司年产800万吨煤炭项目，乌审旗力威建材有限责任公司年产100万吨废渣综合利用水泥粉磨站项目。园区设有党工委和管委会，合署办公。内设党政办公室、纪检监察审计室、党群工作部、环境保护局、安全生产监督管理局、建设局、经济局等7个机构。2020年，全年生产甲醇66万吨、尿素106万吨、液化天然气19.7万吨、煤炭800万吨。完成固定资产投资3亿元，实现工业总产值61亿元。各企业产品产量实现投产以来最高值，综合能耗下降2%左右。

【项目建设】 2020年，园区实施重点建设项目4个。其中市级调度重点项目2个，中煤远兴合成装置消缺改造项目总投资6072万元，已完成投资并正式投入使用，该项目改造后可实现年产75万吨精甲醇的目标。浩吉铁路纳林河铁路货运站到纳林河二号矿井专用线装车系统完成投资1.03亿元，于12月30日全线通车，标志着纳林河工业园区进入新的发展阶段。旗级推进重点项目2个，分别为卓正煤化工100万吨/年醋酸项目和园区渣场二期工程。卓正煤化工60万吨/年甲醇100万吨/年醋酸项目在市旗两级领导的关注下，与山东兖矿集团合作建设的条件基本具备，但由于受市场环境以及山东兖矿集团重组，卓正煤炭资源被收回等因素影响，年内没有实质性进展。渣场二期工程于2020年4月底全面开工建设，总投资约600万元，已建成投运。博大实地浓盐水结晶分盐项目完成投资6700万元，于2020年11月22日正式投入试运行且运行较为稳定，生产出的结晶盐符合国家相关标准。

【安全环保】 强化企业主体责任，全力推进安全生产标准化建设，生产企业全部实现标准化管理。突出监管，会同上级应急管理部门，采取专家查隐患、企业互查等方式，对博大实地、中煤远兴、星星能源等重点企业和危险化学品、建筑施工、特种设备、消防等重点行业领域展开拉网式排查，深入企业开展安全监管检查40次，查出隐患334项，完成整改275项，59项进行整改。继续加强对入园企业的环境监管，会同旗环保局和上级环保部门集中检查园区内煤化工、天然气化工、水泥制造、煤矿等入园企业，对各种环境违法行为进行有力打击，消除环境隐患，杜绝污染事件的发生。配合内蒙古环保督查回头看和市雷霆斩污等各项环保检查，发现环保问题13项，全部整改。

【基础设施建设】 园区经一北路、经一西路道路及配套设施建设动工建设，11月底前完工。纳林河二号矿井装车站至博大实地货场铁路专用线工程在办理征地等前期手续。园区幼儿园主体工程完工，计划2021年年初投入使用。园区新建医院及配套设施工程完成前期报批手续、招投标工作等，预计2021年年初开工建设。纬四路及配套设施工程、特勤消防站建设工程、幼儿园消防通道及停车场工程、纬一路东段道路及配套设施工程、西环东路道路及配套设施工程、创业路与经一北路管网连接工程在办理前期报批手续。

（王智慧）

大路煤化工基地

【鄂尔多斯大路煤化工基地领导名录】

党 工 委 书 记：韩　涛

管委会副主任：吕建军

杨永军

杨福森

靳　峰（挂职）

贺　琼（挂职）

骆　静（8月挂任）

纪 检 组 组 长：魏永华

乔维林

【概况】 鄂尔多斯大路工业园始建于2005年，2012年被鄂尔多斯市人民政府批复为市级园区（鄂府函〔2012〕539号）；2018年2月被国家六部委正式列入《中国开发区审核公告目录（2018版）》；2019年入围国家产业转型升级示范区，是国家规划布局的四个国家级现代煤化工产业示范区内重点建设园区之一。园区先后被科学技术部和国家科学技术奖励办公室授予中国产学研合作促进奖，评定为全国模范劳动关系和谐工业园区、自治区级绿色园区、自治区级高新技术特色工业产业化基地、自治区“草原英才”创新创业基地；2020年8月，完成自治区对园区升级方案的现场核查并取得批复，顺利晋级自治区级工业园区（内政字〔2020〕70号）；2020年10月，大路工业园被自治区党委组织部评为“全区党建工作示范园区”。园区总体规划已经鄂尔多斯市人民政府批复，工业园区规划建设面积140平方公里。其中，精细化工区面积20平方公里，重点发展各类精细化工及下游产业，合理发展新能源配套材料产业，构建高端精细化工和硅基新材料产业体系；煤化工区面积58平方公里，重点发展煤制油、煤制甲醇、煤制气等清洁能源和煤制烯烃、芳烃、乙二醇等煤化工及下游产品，延伸发展煤基新材料产业，配套发展以煤炭为主题的物流业，打造健康、完善、可持续发展的煤化工产业体系。资源综合利用区面积62平方公里，重点发展粉煤灰提取氧化铝、铝精深加工产业，延伸发展环保产业，积极发展化工装备制造业，构建“资源—产品—再生资源”相结合的煤—电—灰—铝循环产业体系。另外准格尔旗为园区配套建设30平方公里的市政服务区，规划建设内容为产学研基地、行政办公区、金融商务区和配套生活服务区。大路煤化工基地党工委和管委会合署办公，为副处级建制。党工委是准格尔旗委的派出机构，代表旗委在基地实施党的领导和建设工作，管委会是准格尔旗政府的派出机构，代表旗政府对大路煤化工基地实施行政领导，全面负责组织实施基地的建设和管理工作。大路煤化工基地党工委和管委会内设9个职能机构，均为科级建制。2020年，大路煤化工基地共引进工业项目13个，其中已签订协议项目8个，总投资183.3亿元，分别为慧达科技渣资源化综合利用、上海英泰新型材料产业园、广东碳材料研究院石墨烯类新型碳材料、江苏清源30万吨工业废物综合利用和国家电投2×100万千瓦火电、沌开环保11.2万吨工业杂盐综合利用、内蒙古茂融云科技工业大数据中心和久泰15万吨碳酸酯类电子化学品等项目。有投资意向项目5个，总投资642.85亿元，分别为恒力（鄂尔多斯）煤基新材料一体化、协鑫集团纳米硅新材料产业园、东华能源35万吨乙醇、天润化肥3000吨环氧丁烷和20000吨碳酸二甲酯工业示范项目等项目。2020年大路煤化工基地工业总产值521.22亿元，工业增加值246.55亿元，产品销售收入 554.42 亿元，上缴税金 72.97 亿元，实现利润 98.32 亿元，固定资产 38.34 亿元，各类化工产品 422.61 万吨，一般公共预算收入 2.84 亿元。

【重点项目建设】 2020 年，园区现代煤化工、精细化工、新材料、环保及物流园等项目持续推进。截至年底，园区共引进重点项目 89 个，其中，投产项目 53 个、在建项目 14 个、拟建项目 22 个。煤化工及下游产能近 500 万吨。主要有煤制油 16 万吨、煤制甲醇 210 万吨、聚烯烃 60 万吨、合成氨 30 万吨、尿素 52 万吨、二甲醚 10 万吨、稳定轻烃 19 万吨、乙二醇 12 万吨、聚合氯化铝 10 万吨、氯烃 5 万吨、精制蜡 12 万吨、橡塑及胶黏剂助剂 5 万吨和口罩 8000 万片。园区配套及其他产业发展稳步提升，主要有多晶硅 5000 吨、催化剂 1.5 万吨、热电 2×300 兆瓦和压力容器 6 万吨等。新增投产项目 7 个。有曜园 5 万吨橡塑及胶黏剂助剂、麦蒂克 8000 万片口罩、城业大路工业园区西区废渣处理、昶龙大路西铁路专用线和伊泰、久泰、东华高浓盐水零排放技改等项目。在建项目 14 个。总投资超 1000 亿元，分别为伊泰 200 万吨煤制油、北控 40 亿立方米煤制气、中石化 80 万吨煤制聚烯烃、久泰 50 万吨乙二醇、开滦 40 万吨乙二醇、神华 30 万吨高铝粉煤灰综合利用、富世辉 1 万吨光稳定剂、易高 24 万吨乙二醇 2 号线、易高 2500 吨碳素材料、骏成 900 吨碳纳米管及 1.8 万吨锂离子电池正负极导电剂、铁海大院东物流园、昶龙大路西物流园、慧达煤化工渣资源化综合利用和天河水务高含盐废水处理技术改造等项目。拟建项目 22 个。分别为久泰扩建 50 万吨乙二醇、久泰 20 万吨合成气制乙二醇、久泰馨远合成气一步法制芳烃及流化氧化脱氢制二烯烃、久泰乙烯深加工、久泰 15 万吨碳酸酯类电子化学品、沌开环保 11.2 万吨工业杂盐综合利用、内蒙古茂融云科技工业大数据中心、齐信 10 万吨二硫化碳、绿邦源危废综合处置中心、铁海大院东物流园、国通 7200 吨 FFS〔Form（自动成型）、Fill（开口充料）、Seal（加热封口）〕膜、建投通泰 2×350 兆瓦电厂、东华 35 万吨煤制乙醇、恒力（鄂尔多斯）煤基新材料、上海英泰（鄂尔多斯）新型战略复合材料产业园、江苏清源鄂尔多斯大路工业园工业废物综合利用项目、国家电投 2×100 万千瓦时火电项目、广东煤基碳材料公司石墨烯类新型碳材料、脑包湾至大路工业园区天然气分输管线、友河废旧催化剂提炼有色金属、天垣环境废有机油回收再利用等项目。

【工程建设】 2020 年，建设重点基础配套项目 12 项，道路里程 27.7490 公里，总投资 5.6633 亿元，年内完成投资 1.1348 亿元。沿黄公路连接工程建成通车，大路工业园全方向对外通连最后一段彻底打通；南工业园纬一路与东工业园区连接段工程建成通车，成为南工业园和东工业园区交通连接主要通道；南工业园区纬三路西段、中段已具备通车条件，伊泰煤制油、久泰三期、垣吉化工等企业周边通行能力加强；消防队物资储备库及周边硬化已完成并投入使用，园区消防保障水平得到提升；连接一线、连接二线、锦园北路、世纪大道人行道改造完成并投入使用，薛大通道整体形象大为改观；南工业园区纬一路、职业中学、大路公园南侧路灯改造完成；南工业园区纬七路中段、西段，西工业园区纬一路、经二路地下管网铺设完成；煤电铝园区纬二路与西环路连接段沙砾垫层铺筑完成。

【环境保护】 编制完成园区 2035 年总体规划环境影响报告书并获得自治区批复，成功申报自治区应对气候变化及低碳发展专项资金项目。单台 65 蒸吨及以上燃煤锅炉超低排放改造，化工企业挥发性有机物泄漏检测与修复治理工作全部完成。伊泰、久泰、东华高盐水结晶分盐项目调试运行。加强危险废物管理，全年完成转移委托处置 6169 吨。园区整体环境质量监测稳定达标，全年优良天数328天，优良率90.8%，蓝天、碧水、净土保卫战取得良好成效。

鄂尔多斯铜川汽车博览园

【鄂尔多斯铜川汽车博览园领导名录】

书　　　　记：李瑞江（兼管委会主任）

副　书　记：辛　健

派驻纪检组组长：赵　君

【概况】 铜川汽车博览园党工委和管委会是东胜区委、政府的派出机构，负责开展园区党的建设、行政管理各项工作。园区党工委、管委会内设党政办公室、党群工作部、财政局、经济发展局（招商局）、环境保护安全生产监督管理局、建设局、公用事业管理局7个职能机构，均为科级建制。2020年，鄂尔多斯铜川汽车博览园固定资产投资2.5亿元，实现销售总收入170亿元，全年完成财政总收入1.25亿元，完成一般公共预算收入0.41亿元。

【重点项目】 2020年，园区实施重点项目16项，完成投资1.89亿元。其中竣工8项：高原圣果扩建项目、尼桑启辰销售店项目、天骏停车场项目、长安UNI4S店项目、房车旅游体验店项目、汽车综合超市项目、长风欧尚4S店、春风摩托销售；实施中3项：天骏重卡维修市场项目、东方洲际汽车市场项目、信息大厦项目；开工后停工4项：煤机小件维修项目、尤凯恩名车服务中心项目、现代全自动化综合豆制品的生产加工项目、万通健康养老项目；未开工1项：临工工程机械7S店项目，因手续不全未能开工。

【服务企业】 帮助企业解决各类问题50多件。成立3个专业招商服务小组，察民情、体民意、找问题，上门发放问卷调查152份，收集各类意见建议912条，整理出有利于提升营商环境8方面的意见和建议。全面落实“六稳六保政策”，利用园区行业微信群发布各类惠企政策40多条，疫情防控期间开展线上电商营销培训2次。

【环境保护】 加强园区扬尘污染防治工作，拆除违规使用小锅炉，责令26家企业停止使用小锅炉。园区54家处理危险废物企业全部建成危废库并投入正常使用。开展鼠疫和新冠肺炎疫情期间消毒工作，对园区所有垃圾堆放点进行消毒处理，有效切断病毒传播途径。组织世界环境日进企业宣传活动，发放宣传单200余份，悬挂宣传条幅20余条，更换宣传展板2块。

【安全生产】 落实安全生产责任制，排查企业176家次，排查出安全隐患257条，全部完成整改。悬挂防灾减灾宣传条幅27条，更换2处防灾减灾宣传展板。开展“安全生产月”专项活动，举办应急安全知识讲座1次、健康专题讲座1次、安全生产应急演练1次。悬挂安全生产宣传条幅35条、宣传彩旗6面，展示安全生产宣传展架6个，发放安全生产宣传相关资料4000份。编制完成园区安全生产应急预案，并进行专家评审。对汛期隐患点进行摸排梳理，重点盯防。联合企业开展1次消防安全应急演练。制定《铜川汽车博览园安全专项整治三年行动实施方案》，根据实施方案细化安全生产三年攻坚的任务清单，按照时间节点逐步开展三年攻坚安全生产工作。

【基础设施】 投资108万元，完成奥利星污水管网改造工程、润兴西街污水管网连接工程、奥利星老年公寓门前污水管网连接工程、铜川二路污水管网改造工程及广恒巨恒小区新建路灯工程。投资19.9万元，完成春节街路亮化工程。投资31万元，完成3条主要街路交通信号灯设置。投资34.5万元完成园区水资源论证。投资42.16万元，完成铜川村路与包府路的连接线工程。投资19万元，完成柳林沟遗址文勘项目，确保企业投资项目正常开工。办理完成109南二路建设工程前期选址手续，为办理环评、立项、开工等手续奠定基础。

企业选介

鄂尔多斯市国有资产投资控股集团有限公司

【鄂尔多斯市国有资产投资控股集团有限公司领导名录】

党委书记、董　事　长：高利平
党委副书记、总　经　理：薄永明
党委委员、监事会主席：耐尔拉图（蒙古族）
党委委员、纪 委 书 记：丁彦东
党委委员、工 会 主 席：武晓英（女，3月退休）
党委委员、副 总 经 理：陈子峰
副　　总　　经　　理：王炳浩（蒙古族）
　　　　　　　　　　杨光荣（蒙古族）
总　　会　　计　　师：贾凤勇
董　事　会　秘　书：尤　宇
总　　工　　程　　师：王　彪
党委委员、党委办公室主任：龚　飞

【概况】 鄂尔多斯市国有资产投资控股集团有限公司是经内蒙古自治区政府批准成立，于2001年注册登记的全资国有企业，注册资本为40.01亿元，是鄂尔多斯市人民政府授权的国有资本投资运营公司。公司内设党委办公室、纪检监察室、行政管理部、企业管理部、规划发展部、资本运营部、财务管理部、审计稽核部等8个部门。集团实际履行出资人职责的出资企业共32家，其中全资13家（分别为鄂尔多斯市交通投资有限公司、鄂尔多斯市能源投资开发有限公司、鄂尔多斯市新能源开发利用有限公司、鄂尔多斯市农牧业投资发展有限公司、鄂尔多斯市金控企业管理有限公司、北京中投汇通科技有限公司、上海国成股权投资有限公司、鄂尔多斯市铁路有限公司、鄂尔多斯市高等级公路投资建设有限公司、内蒙古北方油气投资开发公司、鄂尔多斯市国投长滩煤业公司、鄂尔多斯市艾力酒店有限公司、鄂尔多斯市高新技术产业投资有限责任公司），控股8家〔分别为内蒙古东乌铁路有限责任公司、内蒙古三新铁路有限责任公司、鄂尔多斯市乌阿公路有限责任公司、鄂尔多斯市融资担保有限公司、鄂尔多斯市金盾守押护卫服务公司、内蒙古西部天然气股份有限公司、环球那达慕（北京）投资股份有限公司、鄂尔多斯市天物供应链管理有限责任公司〕，参股11家（分别为内蒙古华胜能源有限公司、中诚信鄂尔多斯信用信息服务有限公司、鄂尔多斯市昊华精煤有限责任公司、鄂尔多斯市东方煤电投资有限责任公司、通号鄂尔多斯电气工程公司、鄂尔多斯市东铜铁路物流有限公司、神华新准铁路有限责任公司、神华新街能源有限责任公司、神华包神铁路有限责任公司、内蒙古蒙西高新技术集团有限公司、内蒙古蒙西鄂尔多斯铝业有限公司）。产业主要涉及交通运输、能源开发、现代金融服务、现代物流、信用信息、高新技术等领域。经营和管理市属国有资本在各类企业中所投资形成的国有股权；从事交通运输业（公路、铁路、管道输送）、煤炭产业、金融服务业、制造业、农牧业、建筑业、资源性产业、高科技产业、文体产业、商业服务业的投资、建设、运营和管理。截至2020年年底，公司总资产617亿元，净资产270亿元。

【重点项目】

省道31线大饭铺至龙口段高速公路项目　该项目是内蒙古自治区中部出省通道之一，项目建成后，对打通优质煤炭外运通道、实现省际通道对接、完善蒙晋两省高速公路网、发挥高等级公路的规模效益、带动沿线资源开发、促进区域经济社会发展具有重要意义。项目起于准格尔旗薛家湾镇大饭铺，止于准格尔旗龙口镇马栅村，全长44.7公里，总投资36.3亿元。项目于2016年8月开工建设，2020年12月底开通运营。

海勒斯壕铁路专用线项目　项目建于鄂尔多斯市伊金霍洛旗煤炭物流园区巴准线海勒斯壕南站北侧，西端与东乌铁路连接，东端与巴准铁路连接，铁路专用线铺轨长度18.794千米，铁路正线长3.75千米，项目总用地621.7亩，近期发送量为1000万吨/年，远期为1100万吨/年。预计总投资6.5亿元，其中，铁路建设部分2.9亿元，集运站装车部分3.6亿元。2019年6月，由鄂尔多斯市能源投资开发有限公司牵头负责项目建设运营。2019年11月，进行设计方案优化调整，最终确定为5000吨装车、万吨到发方案。截至2020年年底，完成项目核准、土地利用总体规划、用地预审等手续。

浩吉铁路陶利庙南站铁路专用线项目　项目位于鄂尔多斯市乌审旗（县）苏力德苏木（镇）陶利嘎查（村）浩吉铁路陶利庙南站。是鄂尔多斯市能源投资开发有限公司与乌审旗国投公司合作建设的一条主要提供煤炭外运服务的铁路专用线，是乌审旗煤炭外运服务的重要交通基础设施，是浩吉铁路集疏运系统的重要组成部分。专用线自陶利庙南站北端咽喉站房同侧接轨引出，折向东，于车站东北侧设集运站。发送煤炭在陶利庙南站装车后，经浩吉铁路运往华中及以远地。项目货运量预测近、远期发送量分别为500万吨、远期1000万吨。

国电电力杭锦旗特高压外送基地风电3号项目100兆瓦风电项目　该项目为上海庙至山东直流特高压输电通道配套可再生能源基地配套新能源项目，由鄂尔多斯市能源投资开发有限公司与国电电力内蒙古新能源开发有限公司共同开发建设。项目位于杭锦旗伊和乌素苏木境内，容量为100兆瓦，同时设计配套220千伏升压站一座，项目可研总投资为6.92亿元，年可发电3.17亿千瓦时。2020年年底，已完成土地征拆、项目主标段招标工作。

杭锦旗阿门其LNG（液化天然气）项目　该项目为北方油气公司与杭锦旗同圆能源扶贫公司组建成立鄂尔多斯市北方油气扶贫开发有限公司（北方油气占比51%），实施“气化杭锦”天然气项目并承担天然气扶贫任务，统筹开发杭锦旗境内的边远气井。项目总投资5009万元，日处理天然气10万立方米/日，该项目作为“气化杭锦”的一项惠民工程，初期计划以阿门其日格村为中心，向四周具备通气条件217户村民，采取集中式铺设管道等方式实现天然气进村入户，待规模成熟后逐步扩大供气范围并辐射全市。2020年，已完成项目设备、现场管道安装等工作，完成总工程量的90%。

现代物流项目　2020年，鄂尔多斯市天物供应链管理有限责任公司北方港和南方两港业务协调推进，海进江规模进一步扩大。新开发罕台川北站、赤峰林东站和辽宁阜新南站等铁路站台，“蒙煤东进”通道进一步畅通，铁路运输布局稳步推进。在重庆、天津、佛山、上海新设立物流中转库，物流仓储服务持续赋能。“站点互联，仓储补链，铁海江多式联运”现代智慧物流体系不断健全、功能持续丰富。

【融资工作】　2020年，鄂尔多斯市国有资产投资控股集团有限公司完成融资 89.3 亿元，新增银行授信 103 亿元，其中，新增浙商银行授信 18 亿元、兴业银行授信 40 亿元、招商银行授信 15 亿元、浦发银行授信 30 亿元。30 亿元中期票据于 2020 年 4 月 15 日在中国银行间市场交易商协会获得注册通过。30 亿元公司债券于 2020 年 4 月 22 日获得上海证券交易所批复。30 亿元超短融资券于 2020 年 10 月 30 日报送至银行间市场交易商协会审核。鄂尔多斯市国有资产投资控股集团有限公司主体信用及跟踪信用等级连续四年获评“AA+”，评级展望稳定。

【现代金融服务业】 深化与内蒙古股权交易中心业务合作，积极参与伊金霍洛旗和鄂托克旗县域金融服务体系及资本市场建设工作，发挥内蒙古股权交易中心鄂尔多斯市办事处作用，不断拓宽和创新对中小微企业直接融资服务渠道和服务模式，将项目储备库的入库企业逐一进行了梳理，同时将新优选的 18 户企业登记入库，现库容各类企业 159 户。帮助鄂尔多斯市 228 家优质中小微企业在内蒙古股权交易中心实现挂牌；持续开展中小微企业续贷续保业务，推进“银担”“银政担”风险共担合作模式，为鄂尔多斯市 17 户中小微企业提供融资性贷款担保 1.49 亿元，在保余额 13.08 亿元。

鄂尔多斯市城市建设投资集团有限公司

【鄂尔多斯市城市建设投资集团有限公司领导名录】

党 委 书 记、董事长：白志明（5 月退休）
党委副书记、总经理：赵晓虎（5 月主持工作）
党委委员、监事会主席：尹晓东（蒙古族）
党委委员、纪委书记：苏　勇
党委委员、副总经理：赵　斌
副　　总　　经　　理：刘永胜
总　　经　　济　　师：马志强
财　　务　　总　　监：周海军

【概况】 鄂尔多斯市城市建设投资集团有限公司是由市人民政府于 2001 年 5 月出资设立的国有独资公司，注册资本 20.74 亿元，主要从事土地开发、城市基础设施建设和运营、房地产开发、路桥投资与建设、环境检测、园林绿化、节能环保产业投资与运营等业务。拥有市政总承包二级、建筑工程总承包二级、房地产开发二级、公路总承包三级、水利水电总承包三级、装修专业承包二级、钢结构专业承包三级、环保工程专业承包三级、河湖整治专业承包三级和水质、环境检测等资质。集团下设诚泰建设公司、城投房地产公司、宏泰达能源公司、绿标环境科技公司 4 家全资子公司，机场高速公司（占股 51%）1 家控股子公司及华屹天然气管道公司（占股 10%）、国礼陶瓷公司（占股20%）、伊政煤田灭火公司（占股 35%）3 家参股子公司。下设党群工作部、办公室、纪检监察室、企管人事部、财务管理部、战略投资部、造价审计部、政策法规部、质量安全环保部 9 个职能部门。市城投集团自成立以来，主要实施康巴什区城市基础设施建设、乌兰木伦景观河、乌兰木伦河 3 号桥、4 号桥、市本级公租房、机场高速公路、第十届全国民运会运动员村等一批重点项目。2020 年，实现营业收入 7.2 亿元，同比增长 59.5%，完成投资 3.87 亿元，同比增长 15.2%，实现利税 0.57 亿元。截至 2020 年年底，公司总资产 348.65 亿元，净资产 254.06 亿元，资产负债率 27.1%，处于合理区间。

【城市基础设施建设】 2020 年，完成乌兰木伦河 3 号桥项目桥梁主体建设任务，累计完成产值 3.45 亿元。深入旗区参与新型城镇化建设，通过创新工程承揽模式，新建储备一批优质工程建设项目，鄂托克旗桃力民红色文化教育基地、老旧小区改造工程、鄂托克前旗第三小学和乌审旗嘎鲁图物流园区立交桥等 8 个项目顺利完工，鄂托克经济开发区供水管网、杭锦旗农村牧区污水处理项目有序推进，2020 年累计完成产值 3.51 亿元。

【城市运营保障能力】2020年，进一步提升城市供排水能力，推进智慧水务建设，启动康巴什区居民智能远传水表更换项目，实现多渠道网络便捷缴费，减少缴费人员聚集；推进污水厂提标改造二期工程，针对疫情加大次氯酸钠等消毒药剂投放，保证出水水质安全。2020年，完成供水807.46万吨，处理污水522万吨，中水回用率达到100%。按照市人民政府2020年第25号会议纪要精神，水务公司经营权于2020年7月移交市水投集团。保障机场高速公路平稳运营，疫情防控期间严格落实免收通行费政策和“一断三不断”“免费不免服务”相关要求，全力保障机场高速公路安全畅通，其间共免收通行费1230万元。做好疫情防控同时，积极响应国家推广普及ETC工作，完成ETC（电子不停车收费）车道改造工作，2020年累计通行车辆334.88万辆，同比增长12.8%，实现收费收入6754.39万元。

【市场化转型发展】围绕全市产业发展规划，立足企业经营实际，继续探索扩展产业转型项目，进一步优化产业布局，夯实多元化转型发展基础。房地产板块，高质量推进乌兰木伦河南岸房地产项目，“诚园”“玉园”项目全部交付，2020年共完成投资1.6亿元，实现销售收入0.72亿元。环保产业板块，大路工业园区渣场项目一期工程全面建成，累计完成投资2.42亿元。1号库区于2020年10月投入运营，2020年实现排渣64万吨，实现收入1847万元；推进农村牧区垃圾处理项目建设，完成12座垃圾处理站和2座垃圾填埋场主体建设，完成产值3937万元；环境检测领域辐射面继续扩大，2020年完成85项检测项目资质扩项，开展检测业务4200余次，出具检测报告1700余份，实现营业收入658万元。能源产业板块，稳步推进能源岛项目，完成项目公司组建和工商注册，深入旗区开展项目选址调研，选定站点42座，2020年重点以康巴什区作为试点推动项目落地，康巴什区康惠路、乌仁都西路、赛车城片区3个站点获批；有序推动煤炭资源配置项目，其中巴彦淖井田各资源配置企业就增资扩股事宜达成统一意见，完成增资扩股协议签订；参与华屹天然气管道公司运营，2020年输气量4.92亿立方，实现收入5320万元。

【企业内控管理】不断强化制度建设，将2020年作为集团“制度建设年”认真开展制度修订工作，新建和完善制度51项，确保企业运营管理规范高效。全面推进依法治企建设，将法务前置贯穿公司经营管理各个环节，2020年共审查经济类合同470份、政策类文件22件，处理诉讼案件6起，有效规避法律风险，维护公司合法权益。持续加强安全生产，严格落实安全生产主体责任，2020年深入生产一线开展检查40次，发现隐患问题179条，下达隐患整改单22份，整改率达到100%，开展安全生产培训教育，组织安全培训74次，全员安全意识进一步加强。2020年，集团及各子公司安全生产形势整体平稳，未发生安全生产事故。不断提升内审质量和效率，强化对重点项目和关键领域的专项审计工作，完成乌兰木伦3号桥、“诚园”、“玉园”等重大项目跟踪审计和各子公司财务收支审计工作，内审的“免疫系统”作用得到充分发挥。继续完善绩效考核机制，设立分类考核标准，进一步优化指标分值和权重设计，实行绩效与奖惩挂钩机制，集团部门和子公司的工作主动性充分调动。加强人才队伍建设，重视高层次人才培养锻炼，2020年成功申报初级职称22人、中级职称33人、高级职称4人，2名职工分别获评国家先进内审工作者和鄂尔多斯市高层次人才优秀青年，企业人才结构进一步优化。

（赵　健）

水务投资控股集团有限公司

【鄂尔多斯市水务投资控股集团有限公司领导名录】

党委书记、董事长：戴连飞

党委副书记、总 经 理：敖特根巴特尔
党委委员、监事会主席：王 伟
党委委员、纪委书记、监察专员：白 昊
常 务 副 总 经 理：杨永华
党委委员、副总经理：张慧平
副总经理、工会主席：王玉成
总 工 程 师：刘海东

【概况】 鄂尔多斯市水务投资控股集团有限公司是由鄂尔多斯市国有资产监督管理委员会代表市人民政府出资成立的市属国有独资企业，下辖水务、现代农牧业、生态环保三大业务板块 17 个分、子公司（其中参股公司 3 家）。截至 2020 年年底，集团总资产规模达 62.94 亿元，净资产 39.68 亿元，营收 2.58 亿元，实现利润 2425.81 万元，上缴税费 7277 万元。在水务领域上，投资建设可为中心城区（东康阿）提供 70% 生活饮用水，年供水能力 3600 万立方米的哈头才当至康巴什供水工程，并于 2020 年 7 月 15 日全面接手城市水务公司的生产运营管理，在康巴什区率先实现从水源地到水龙头的一体化调度、管理及运营；投资建设基本覆盖达拉特旗三垧梁、亿利 PVC、杭锦旗独贵塔拉、鄂托克旗蒙西、鄂托克前旗上海庙、乌审旗图克等中西部主要工业园区，年供水能力 2.5 亿立方米的 4 处工业引黄供水工程；投资建设黄河南岸 3 处蓄滞洪区工程（昭君坟蓄滞洪区、蒲圪卜蓄滞洪区、杭锦淖蓄滞洪区）、康巴什乌兰木伦湖 4 号坝和乌兰木伦下湖区景观工程等公益水利项目。在农牧业领域上，主导合作建设鄂尔多斯市万通现代农牧业科技示范园，作为鄂尔多斯国家级农业科技园区核心区于 2019 年通过科技部验收，并于 2020 年获批国家农村产业融合发展示范园，为现代农牧业转型升级发挥良好的示范带动作用。在生态领域上，2020 年开工投资建设鄂尔多斯拦沙换水试点工程、鄂尔多斯市沿黄旗区大型集镇污水处理项目及生物质综合利用项目，为推动黄河流域生态保护和高质量发展贡献水投力量。

【保障供水】 2020 年，全年实现向乌审旗图克、达拉特旗三垧梁、亿利 PVC、杭锦旗独贵塔拉、鄂托克旗蒙西、鄂托克前旗上海庙等中西部主要工业园区供水 4500 万吨，为工业供水提供足量用水保障；全年实现向东胜区、康巴什区供应优质生活饮用水 2100 万吨，全力保障城市核心区的用水需求和用水安全。

【鄂托克旗水务公司实现留存收益】 二级子公司鄂托克旗水务公司多措并举破解公司发展难题，于 2020 年 4 月弥补完以前年度亏损首次实现留存收益。截至 2020 年年底，实现留存收益 1000 万元。

【鄂尔多斯拦沙换水试点工程】 5 月 9 日，在鄂尔多斯市达拉特旗恩格贝镇黑赖沟流域天地永沟二号坝址举行鄂尔多斯拦沙换水试点工程开工动员会，项目正式开工建设。该项目对构建完善的黄河水沙调控体系，提升黄河流域鄂尔多斯段水环境质量、有效缓解全市水资源短缺压力具有积极的促进作用和重要的现实意义。截至 2020 年年底，第一批黑赖沟流域拦沙坝完成 70% 工程量，完成投资 1 亿元。

【水务公司新三板挂牌上市】 6 月 12 日，公司决定以市水务公司为上市主体改制挂牌，并成立上市工作领导小组，全面启动水务公司新三板挂牌上市。标志着作为鄂尔多斯市首家启动新三板挂牌上市的国有水务企业迈出了走向资本市场实质性的第一步。

【上海庙能源化工基地输配水续建工程】 2020 年 7 月 13 日，一级子公司鄂托克前旗上源水务公司上海庙能源化工基地输配水续建工程完工，并通水试运行成功。续建工程的建成可有效保障鄂托克前旗上海庙工业园区内国电双维电厂及山东能源内蒙古盛鲁电厂工业用水需求。

【中心城区供水一体化进程】 7 月 15 日，全面接手城市水务公司的生产经营管理，率先实现康巴什区水务一体化，推进鄂尔多斯市中心城区供水一体化改革。

【鄂尔多斯市沿黄重点苏木乡镇污水处理项目】 7月22日，与鄂尔多斯市诚泰建设有限公司合作组建成立项目公司，并成功中标实施鄂尔多斯市准格尔旗、杭锦旗、达拉特旗共10处苏木乡镇的生活污水处理项目。该项目的实施在有效改善区域生态平衡，提升人居环境的同时，从源头上减少向黄河的污水直排，已达到保护母亲河的目的。截至2020年年底，污水处理厂主体工程及配套部分管网建设已完工，进入调试阶段，完成投资1亿元。

【工业供水工程取水许可证】 8月7日，二级子公司鄂托克旗水务公司经水利部黄河水利委员会审查，获批工业供水工程取水许可证，批复工业供水工程总取水量2009.46万立方米/天，水源类型为黄河干流地表水。

【打通决战决胜脱贫攻坚战“最后一公里”】 2020年，为打通决战决胜脱贫攻坚战“最后一公里”，解决海子湾村打卡沟长期以来因雨雪天气引发的山体滑坡、路面塌陷等问题，联通东胜与伊金霍洛旗“边界农户”往来的交通要道，促进“消费扶贫”，公司为扶贫村海子湾村修建包联后的第二条乡村水泥路。该路段全长1公里，于8月20日建成通车。

【生物质综合利用项目】 8月27日，与鄂尔多斯市恒瑞环科制造有限责任公司合作组建成立项目公司，在万通园区和集团总部试点成功的基础上，在伊金霍洛旗红庆河镇利用沙柳、柠条等农林废弃物实施生物质供热改造项目，为红庆河镇区居民供热，并于11月17日完成生物质锅炉点火启动工作，供热面积达10万余平方米，覆盖红庆河镇区及周边村社。

【正式挂牌达拉特旗蒙根花国家农村产业融合示范园】 9月4日，万通农牧业科技园区作为核心区被国家发改委等7个部门正式批复为“达拉特旗蒙根花国家农村产业融合示范园”，成为鄂尔多斯市唯一一个、自治区四个获批园区之一。

【“泉迹”矿泉水投产】 9月30日，一级子公司内蒙古锶之源饮品有限公司矿泉水项目生产启动仪式在鄂托克旗乌兰镇举行，“泉迹”含锶矿泉水项目正式投产。

【康巴什区更换智能远传水表业务】 12月10日，一级子公司鄂尔多斯市城市水务有限责任公司开通线上、线下居民智能远传水表申请更换业务受理“双通道”，启动为康巴什区居民住户更换智能远传水表业务。

鄂尔多斯机场管理集团有限公司

【鄂尔多斯机场管理集团有限公司领导名录】

党委书记、董事长：刘建东

监 事 会 主 席：孙建平

纪 委 书 记：白布特（蒙古族）

【概况】 鄂尔多斯机场管理集团有限公司内设纪检监察室、规划发展部、综合管理部、人力资源部、资本运营部、审计部/监事会办公室、党群工作部、安全质量部、建设管理部等9个职能部门。下设鄂尔多斯伊金霍洛国际机场有限公司、鄂尔多斯空港运输有限公司、鄂尔多斯市空港实业有限公司、鄂尔多斯市成吉航空服务有限公司、鄂尔多斯市机场酒店有限公司、鄂尔多斯机场保安服务有限公司和鄂尔多斯机场物业服务有限公司等7家全资子公司和1个控股公司鄂托克前旗敖勒召其通用机场有限公司。2020年，鄂尔多斯机场管理集团有限公司未发生责任原因造成的航空性事故与事故征候，未发生责任原因造成的5万元（含）以上交通事故及其他非航空性事故。机场旅客满意度分值达4.48分，未发生责任原因造成的重大服务质量投诉事件和社会关注度高的负面影响和事件。2020年，受新冠肺炎疫情影响，机场旅客吞吐量为136.5万人次，同比减少49.4%；货邮吞吐量为5012.1吨，同比减少50.1%；保障运输飞行 13405 架次，同比减少 40.47%。共运营航线 49 条，通航城市 50 个。全年营业收入 10544.04 万元，营业成本 27788.12 万元，利润总额−20572.15 万元，净利润−20573.57 万元。

【运输保障任务】 3 月 18 日、3 月 20 日、3 月 27 日和 3 月 31 日，内蒙古自治区援助湖北医疗队 4 批次 846 名队员完成救援任务，先后乘坐 8 架包机抵达鄂尔多斯国际机场。鄂尔多斯国际机场以“最高礼遇、最深敬意、最佳形象”完成航班保障和地面运输任务。4 月 12 日，完成内蒙古自治区援助湖北司法行政工作组返程运输保障任务。内蒙古自治区援助湖北司法行政工作组 60 名警务人员乘坐国航包机航班顺利抵达鄂尔多斯国际机场。

【ARJ21 型客机交付保障】 5 月 1 日，一架喷涂“天骄圣地 鄂尔多斯”字样的 ARJ21-700 型国产商用喷气客机在鄂尔多斯国际机场成功交付，是中国商飞向天骄航空交付的第 4 架 ARJ21 飞机，也是中国商飞在鄂尔多斯国际机场向天骄航空交付的第 1 架飞机。

【C919 客机转场试验飞行保障】 5 月 27 日，中国商飞国产 C919（B-001C）客机从鄂尔多斯国际机场起飞转场，为期 2 天的转场试验飞行顺利结束，鄂尔多斯机场圆满完成转场试验飞行保障任务。

【管制员模拟机复训基地（安庆分基地）揭牌】 6 月 29 日，鄂尔多斯机场管理集团有限公司与海航机场集团合作的管制员模拟机复训基地在安庆正式揭牌成立。

【机场新建平行滑行道项目通过验收】 鄂尔多斯国际机场新建平行滑行道项目分别于 11 月和 12 月通过竣工验收和行业验收。

（张蕴韬）

鄂尔多斯市鄂能投资集团有限公司

【鄂尔多斯市鄂能投资集团有限公司领导名录】

党委书记、董事长：郝健邦（蒙古族）
党委副书记、总经理：呼福华
党 委 副 书 记：李介敦
党委委员、监事会主席：王宽荣
总 经 理：折占海
徐志龙
黄奇良
张二亮
柴 程（蒙古族）
王贵荣
财 务 总 监：王 霞（女）

【概况】 鄂尔多斯市鄂能投资集团有限公司前身为“鄂尔多斯市铁路集疏运有限公司”，2012 年 9 月由鄂尔多斯市人民政府出资联合社会资本注册成立，2016 年 4 月正式运营，2017 年 3 月被鄂尔多斯市人民政府确定为市级管理企业，是直属鄂尔多斯市国有资产监督管理委员会管理的国有独资企业。2019 年 3 月，批复成立集团公司党委。集团公司注册资本金 5 亿元，经营范围涵盖能源投资、煤炭开发运销、铁路集疏运系统建设运营和物流运输等行业领域。集团公司内设党委办公室、纪检监察室、行政办公室、财务部、法务部、审计部、企业规划发展部、安全生产质量监督部 8 个职能部门；旗下拥有子公司 7 个，其中全资子公司 2 个，分别为政亿能源有限公司、煤炭产业投资有限公司；控股子公司 4 个，分别为优晟物流有限公司、政联能源有限公司、政德运销有限公司、政嵘能源有限公司；参股子公司 1 个，为政华能源有限公司。2020 年，集团公司（含控股公司、参股公司）合计实现营业收入 56.61 元，累计缴纳税款 4558.04 万元；利润总额（剔除缴纳煤炭资源价款产生的利息）实现 928.64 万元；带动周边地区实现税费贡献约 15.68 亿元。截至 2020 年年底，集团公司总资产 24.06 亿元，净资产 9.8 亿元。截至 2020 年年底，与国家能源集团乌海能源、国电投宁夏铝业临河发电、华电内蒙古能源包头发电、华电乌达热电、华能宁夏大坝发电、湖北煤炭投资、湖南大唐燃料、大唐华银株洲发电、大唐石门发电等300余家次大中型企业建立合作关系，累计帮助市内中小煤炭企业销售煤炭8327.12万吨、物流运输煤炭746.83万吨。

【能源投资开发建设】 2020年，鄂能投资集团有限公司能源投资主要为准格尔煤田中部矿区老三沟外围煤炭资源（其中鄂能投资集团有限公司拥有资源量11.5338亿吨、内蒙古能源建设投资集团有限公司资源量4亿吨）的开发建设，作为集团公司实现可持续发展的重要依托，该煤炭资源首期20%资源价款共计12亿元的缴纳工作已经完成，并取得资源勘查许可证（探矿权证）；就合作开发事宜与内蒙古能源建设投资（集团）有限公司组建合资公司政联能源有限公司。同时，该煤炭资源相关地质勘查成果转让事宜与内蒙古地质矿产集团达成意向，探转采手续办理持续推进。积极推进与内蒙古自治区东胜煤田呼吉尔特矿区达海庙井田（中煤能源集团有限公司拥有资源量5.5亿吨、鄂能投资集团有限公司13.9亿吨、内蒙古蒙泰集团有限公司1.32亿吨）开发主体中煤能源集团有限公司筹备组建股份公司推进探矿权办理等工作。

【铁路集疏运系统建设运营】 2020年，通过对接市发改委、准格尔旗自然资源局等相关单位，鄂能投资集团有限公司大路西铁路专用线（集装站）项目完成《工程预可行性研究》编制工作，具备可行性研究招标条件。由于全市积极推进动车经呼（和浩特）准（格尔）鄂（尔多斯）铁路进京工作，相关部门对该铁路运力安排和沿线站点布局进行调研规划，暂缓对该相关项目的前期审批工作，大路西铁路专用线项目暂缓推进。

【煤炭贸易】 2020年，鄂能投资集团有限公司继续深化“鄂尔多斯煤”东出、西输、南下、北上的发展战略，稳步推进宁夏地区灵武华电、西夏热电、大坝电厂等既有电厂煤销业务，打通长期煤炭销售渠道；依托浩吉铁路等国铁网络，进一步扩大“两湖一江”市场，拓展西南煤炭市场；成功将兰州铁路局国铁车辆引入鄂尔多斯市地铁线路，将首列“鄂尔多斯煤”销往大唐甘肃发电厂，占据“鄂尔多斯煤”西部地区电煤市场。新增拓展国家能源集团煤焦化公司西来峰电厂和乌海能源公司电煤业务，与大唐长春第二热电公司达成合作，走出东北电厂业务的第一步。为切实解决当前煤炭贸易主营业务受限，以及现金流短缺的难题，也为促进煤炭开采以及下一步煤电联营等业务发展，与东胜区国有控股企业绿通能源公司和准格尔旗国有独资企业国兴能源公司合作组建成立“政嵘能源有限公司”，自成立以来各项业务发展稳步推进。2020年，集团公司（含控股公司、参股公司）合计销售煤炭1773.95万吨。

【物流运输】 2020年，鄂能投资集团有限公司以向市内广大中小煤炭企业和周边客户提供全方位、标准化的煤炭运销服务为主，充分利用铁路和公路物流资源优势，全面探索“公铁航联运”新模式，协调地方铁路，帮助煤炭企业增加发运量，有力保障煤炭的外运需求，同时积极探索网络货运平台“互联网+物流”新模式，进一步提升物流运输组织效率，提高物流运输运营质量。子公司优晟物流公司先后获得“鄂尔多斯市十佳物流企业”“中国煤炭运销诚信企业”荣誉称号。全年物流运输煤炭152.77万吨。

【安全生产】 鄂能投资集团有限公司认真贯彻“安全第一、预防为主、综合治理”安全生产方针，按照“党政同责、一岗双责、齐抓共管、失职追责”的原则，层层签订《安全生产目标管理责任书》，严格落实安全生产责任制，将安全生产贯穿到经营管理全过程。2020年，研究制定印发安全生产工作计划、实施方案、教育培训计划，进一步细化年度重点工作任务。安排安全生产专项经费5万元，切实加大安全生产投入力度。结合市安委办、市国资委关于安全生产大检查、安全生产集中整治、“安全生产月”、“安全生产万里行”等专项行动工作要求，认真安排部署安全生产各类专项行动，全面提升职工安全素质，营造安全生产的浓厚氛围。2020 年，共召开各类安全生产工作会议 13 次。

鄂尔多斯市文旅集团

【鄂尔多斯市文化旅游发展集团有限公司领导名录】

党支部书记、董事长：孙志刚
党支部副书记、总经理：赵宇华
党支部委员、监事会主席：布　和（蒙古族）
副总经理：王彩霞（女）
党支部委员、副总经理：廉咏梅
副总经理：赵　睿
派驻纪检组组长：聂　俊

【概况】 鄂尔多斯市文化旅游发展集团有限公司是鄂尔多斯市委、市人民政府按照建设文化旅游强市，全面推进国家全域旅游示范区和旅游业改革创新先行区的战略部署，于 2017 年 3 月注册成立的国有独资公司，注册资本金 9 亿元（初始注册资本金 3000 万元），是鄂尔多斯市唯一一家市级国有文化旅游企业。内设党政综合部、纪检监察室、企管人事部、财务综合部、政策法规与审计部、战略投资部、运营管理部 7 个部门。下设二级公司 6 家，其中全资公司 5 家，包括鄂尔多斯爱之蒙酒店管理公司、鄂尔多斯爱之蒙文化会展公司、鄂尔多斯文旅爱之蒙传媒公司、鄂尔多斯爱之蒙旅行社公司、鄂尔多斯爱之蒙旅游开发公司，参股公司 1 家，为鄂尔多斯隆胜野生动物园有限公司。2020 年，引领生产经营、带动资源整合，巩固发展“红色引擎·聚力发展”“6721”党建业务融创工作模式，形成“酒店管理、教育培训、传媒会展、旅游商贸”四大主营板块和“空港休闲体育公园、乌兰木伦公园、婚庆文化馆、隆胜野生动物园”四大支撑项目的经营布局，实现“疫情防控与市场疲软”双重压力下“资产整合与经营收入”逆势双向增长目标。在做好保就业、保民生基础上，账面总资产达到 95384 万元，同比增长 728%，含空港休闲体育公园总资产达到 115613 万元，同比增长 904%；账面总负债 1923 万元，主要为经营性负债，含空港休闲体育公园总负债 1977 万元；账面净资产 93461 万元，同比增长 867%，含空港休闲体育公园净资产达到 113636 万元，同比增长 1076%；全年实现营业收入 3676 万元，同比增长 20%。利润总额−649 万元，较考核目标高出 113 万元；人工成本利润率−48.07%，较考核目标高出 3.93%；经济增加值率−12.17%，较考核目标高出 4.83%；国有资本保值增值率 93%；销售利润率−18%，剔除政策性亏损因素完成指标；资产负债率 13%，较考核目标高出 24%；净资产收益率−6%；营业收入增长率 20%，属于行业良好值。

【酒店管理】 引进先进的管理经验及人才队伍，建立酒店管理标准化服务模式和服务流程；爱之蒙迎宾酒店装修改造工程获得建筑装饰领域行业最高奖“中国建筑工程装饰奖”，荣获“携程 2020 年最受欢迎酒店”称号；高质量完成自治区疫情防控督导、煤炭资源违规违法问题专项巡视、营商环境专项巡视等多个后勤保障任务；拓展承接警校、市中心医院康巴什部后勤保障服务，实现联合运营、联合采购、联合营销，酒店管理公司全年实现收入 2952.27 万元，同比增长 26.37%，整体扭亏为盈。

【教育培训】 开发针对党政机关、企事业单位的党日、团建主题培训课程和线路，培训市场拓展迅速，党校教学服务公司、警校教学服务公司完成培训 2.5 万人次，盈利达 172 万元。

【传媒会展】 通过线上线下的方式，同步承办鄂尔多斯网上文博会、“草原新文创”直播带货、中国（内蒙古）氢能产业发展高峰论坛等展会活动，统筹东阿康广告资源，与伊金霍洛旗、康巴什区合作城区广告载体项目有序推进。

【旅游商贸】 积极推进鄂尔多斯市智慧研学精品工程，开发“问道库布齐”“蒙古人的一天”“东阿康一日游·两日游”等特色旅游、研学线路；举办“问道库布齐”之行者无极·穿沙问道800里走活动；在兴泰商务广场、泰华锦江商业街开设“爱之蒙商城”线下实体店和万国优品店，同步构建“爱之蒙商城”线上平台，形成农特、文创等产品500多种，累计销售额440余万元，公司全年实现收入536.4万元，同比增长382.59%，整体扭亏为盈。

【重点项目】 2020年，争取“空港休闲体育公园、乌兰木伦公园、婚庆文化馆”三个文旅资产。截至年底，空港休闲体育公园资产划转完成，乌兰木伦公园、婚庆文化馆资产划转正在推进。合法合规、高效稳妥地收购隆胜野生动物园公司36.69%的股权，并积极履行出资人职责，组建新的董事会、监事会，完善法人治理结构。集团资产从1.15亿元增长到11.56亿元，行业整合引领效应初步凸显。

鄂尔多斯市转型发展投资有限责任公司

【鄂尔多斯市转型发展投资有限责任公司领导名录】

董　事　长：张建军
总　经　理：徐浩鑫（蒙古族）
监事会主席：胡亚格（蒙古族）
派驻公司纪检组组长：杨　勇
副　总　经　理：张宝宏（蒙古族）
　　　　　　　訾晓军（蒙古族）
　　　　　　　夏　禄

【概况】 鄂尔多斯市转型发展投资有限责任公司由市财政局于2015年12月出资成立，注册资本10亿元。2018年，经市人民政府研究批准，划由市国资委监管。公司主营基金管理、股权投资和现代金融服务。下设综合部、投资运营部、财务部、战略规划部、审计部、金融业务部、党群部、纪检监察室8个部门。2020年有全资子公司4个，分别是鄂尔多斯市数字经济发展投资有限责任公司、鄂尔多斯市绿色发展投资有限责任公司、鄂尔多斯市国源汇恒企业管理有限责任公司、鄂尔多斯市奎腾沟矿业有限责任公司；控股子公司1个，即鄂尔多斯市新汇民基础设施投资有限责任公司；参股子公司1个，即鄂尔多斯银行股份有限公司。截至2020年年底，公司拥有资产总额99.43亿元，净资产62.51亿元，负债36.92亿元，资产负债率37.13%，经济增加值率−3.93%，国有资产保值增值率100.17%，净资产收益率0.17%，实现利润总额1208.44万元，人工成本利润率168.14%，成本费用利润率8.33%，预计上缴国有资本经营收益309.40万元。先后设立基础设施产业基金、绿色鄂尔多斯发展基金和鄂尔多斯民营经济产业发展基金。充分发挥基金投后赋能作用，恒星化学项目带动银团贷款，久泰能源项目母公司完成上市前股份改制，尚德药缘公司投资估值由7.6亿元升至14.05亿元，双欣环保完成中国证券内蒙古监管局的上市辅导备案，产业基金的杠杆作用有效发挥、成效显著。通过乡村振兴风险补偿基金带动金融机构发放贷款10亿元，产权交易中心实现进场交易额达4.5亿元，财政投资项目管理平台纳入管理项目金额达1258亿元，煤炭供应链贸易实现营业收入13000万元，“强化债券全流程管理，有效支撑项目建设”的做法获得国务院通报表扬，在数字经济、绿色矿区治理、教育产业、煤炭供应链贸易等诸多方面取得快速发展。

【产业基金引导】 新增民营经济产业发展引导基金规模6.36亿元，其中，设立支持高新区尚德药缘创新抗癌药物项目研发建设的0.36亿元产业基金（转型出资0.12亿元，社会资本出资0.24亿元）；设立支持准旗久泰能源50万吨乙二醇项目的3亿元产业基金（转型出资1亿元，社会资本出资2亿元）；设立支持恒星化学年产12万吨有机硅聚合物项目的3亿元产业基金（转型出资1亿元，社会资本出资2亿元）。通过“引导基金”股权投资发挥基金的投后赋能功能，推动被投企业快速发展。恒星化学项目投资规模从1.8亿元增至7.2亿元，并带动建行等银团贷款，解决企业后续资金问题；久泰能源项目母公司内蒙古久泰新材料科技有限公司完成上市前股份改制工作；尚德药缘获批的临床试验项目签署的投资协议由1个增加至5个，公司投资估值由“引导基金”投资时的7.6亿元升至最新一轮融资的14.05亿元；通过基金受让双欣环保大股东双欣能源持有的股权，优化双欣环保股权架构，完成中国证券监督管理委员会内蒙古监管局的上市辅导备案。

【助力乡村振兴战略】 对接市财政局，乡村振兴风险补偿基金补充到位资金5000万元，规模扩至1亿元，累计发放担保贷款达到10亿元，受益农牧户、合作社和涉农涉牧小微企业共4360户（家）。通过规范运作、合理搭配贷款客户种类、错配贷款期限等方式，进一步降低贷款风险，基金运作两年以来，尚未发生代偿事件。立足全市农村牧区和农牧业产业实际，市农牧业融资担保公司与农业银行、农商银行合作，推出多种贷款产品，协调降低贷款利率，较普通农牧贷款利率下降近30%，担保费率由1%降低到0.5%，截至年底，完成担保业务144笔，担保余额3215.5万元，有效解决龙头企业、合作社、农牧民融资难融资贵问题，为全市乡村振兴战略顺利实施注入强大动力。

【金融风险抵御】 按照市委、市人民政府和市纪委工作部署要求，承接鄂尔多斯银行1.86亿股股权，妥善化解因违规股权产生的1.85亿元债务，公司正式成为鄂尔多斯银行股东，持股比例11.55%，进一步优化银行股权结构，有效防范地方法人金融机构风险和地区债务风险。协调农业银行申请贷款7.7亿元，通过债务置换、展期、降息等举措，帮助有关旗区代偿新发展基金债务（“十个全覆盖”），及时化解地方政府违约风险，债务年利率由6.695%降低到4.4%，为政府节约债务综合成本900万元。着力解决中小企业融资问题，与青岛半岛港湾控股集团成立合资公司开展应急转贷业务，化解中小企业贷款逾期风险，降低银行不良信贷，促进地方金融产业健康发展。

【资本要素市场运作】 认真落实数字鄂尔多斯发展规划，组建成立鄂尔多斯市数字经济发展投资公司，重点开展大数据基础设施、云平台、云应用建设和大数据、物联网、互联网+、区块链等业务，逐步承接数字鄂尔多斯（煤炭监管平台等）、智慧城市建设等数字资产项目。依托内蒙古产权交易中心鄂尔多斯市分中心，主动对接市直有关部门和各旗区企业，加大走访力度，丰富交易种类，扩大业务范围，累计实现进场交易103宗，交易额达3.48亿元。财政投资项目可视化云端管理平台纳入管理项目2410个，项目金额达1258亿元。

【干部队伍能力建设】 立足改组国有资本运营公司，编制公司国资国企改革两年攻坚行动方案和“十四五”发展规划，扎实推进劳动、人事、分配三项制度改革，制定公司薪酬管理、工资总额管理、员工绩效考核管理三项办法，配套出台公司招聘培训、劳动用工流动、职业经理人管理等七项办法，进一步优化公司管理层级，科学设置内设机构，合理配备管理人员，构建起员工能进能出、岗位能上能下、收入能增能减的市场化人力资源体系，加快企业现代化改革进程。加强人才队伍建设，注重“四类干部”培养和选拔任用，推荐5名“四类干部”成为入党积极分子。通过第八届内蒙古“草原英才”高层次人才合作交流会，引进中科院深圳先进院博士团队，推进离网式污水处理装备产业化基地落户鄂尔多斯市。建立健全包括金融、投资、工程、咨询、党务等各类人才的信息库120多人。引导鼓励员工考取相关职业资格证书及评定职称，累计为取得相关证书和职称的4名职工发放补贴1.85万元，公司取得基金管理、法律会计、人力资源等资格证书16人，专业人才比例达30%。

【创新工作】

打造公司党建文化品牌　公司创新打造“立足转型·服务发展”党建品牌，就是立足于助推全市经济转型升级，强本固基、正本清源、凝心聚力，激发全体党员干部干事创业的热情，并将党建文化与基金管理、股权投资、现代金融服务等主责主业有机融合，服务全市经济高质量发展。

探索推进市场化人力资源体系　立足改组国有资本运营公司，邀请北大纵横人力资源咨询公司，突出效益导向，推进公司劳动、人事、收入三项制度改革，进一步规范薪酬管理，实现薪酬动态调整机制，通过“小步快跑”合理拉开干部职工薪酬差距，建立市场化薪酬机制，基本完成员工能进能出、管理人员能上能下、收入能增能减的制度建设。

产业基金运作模式多样　设立民营经济产业发展引导基金，重点支持现代能源经济和战略新兴产业，大力推广“园区＋基金”“产业＋基金”发展模式，基金项目覆盖鄂尔多斯市高新技术产业园区等5个园区。针对被投资企业不同的项目成长预期、股东背景和融资渠道，采取“股权增资＋股东借款”“纯股权增资”“委托投资”三种方式进行投资，同时与金融机构形成投贷联动的合作机制，吸引更多社会资本投资到项目中，解决企业融资难的问题，帮助企业发展壮大。

建立“周调度、月总结”工作机制　周调度就是以周报的形式，每周五向公司领导班子汇报重点工作完成情况；月总结就是每月召开一次运营工作调度会，研究讨论经济指标完成情况和工作中存在的问题，提出下一步的工作计划和建议，确保工作方向不跑偏、工作任务全落实。

打通专业人才晋升渠道　以投资、审计、财务、风控、法务等专业为试点，建立企业内部专业技术人才晋升通道，逐步与市场化薪酬对标，使专业人才可以获得更多报酬。建立职业经理人制度，使市场化选聘成为企业管理人员选聘的重要方式，畅通内部提拔、外部选聘“双渠道”，着力提升公司专业化水平，推动公司业务快速发展。

中国石油内蒙古鄂尔多斯市销售分公司

【概况】 中国石油内蒙古鄂尔多斯市销售分公司前身为内蒙古石油总公司伊克昭盟石油分公司，1998年6月上划中国石油天然气集团公司，1999年10月重组改制，是中国石油天然气股份有限公司的全资公司，隶属中国石油内蒙古销售公司。分公司机关设为五部三中心，旗县下设11个经营部、1个管理团队。中国石油内蒙古鄂尔多斯市销售分公司运营加油站144座、便利店144座，15万立方米大型现代化油库1座。2020年，销售成品油60.44万吨，纯枪量40.5万吨，非油店销售收入9968万元，非油毛利1623万元。

【营销创效】 突出“早”字，深入市场调查研究，分级开展客户维系和开发；提早部署春耕用油，同比增加2772吨。把握油价变化趋势，争取政策，采取差异化营销策略，在保持正毛利前提下全力扩大直批，直销价格到位率同比增加6.58个百分点；开展“线上购油送”“感恩携手、高质同行”促销活动，推广宣传直销App；建立市场动态沟通机制，依托大数据平台，灵活动态调整优惠站点和优惠幅度，纯枪价格到位率同比提高2.97个百分点，零售质量进一步提升；建立新型竞合关系，多次挽回价格底线，共同稳定市场价格，纯枪相对市场份额同比提升5.84个百分点；全力推进五进发卡活动，通过“天使卡”“教师卡”等专属卡片和行业优惠，共办理个人卡

7396张。

【非油销售模式】 拓宽化肥、电子产品、农副食品、广告业务等销售业务，通过线上线下、跨界融合、地摊儿经济等多种渠道增加非油收入。试点开展东胜正邦站汽服业务，完善服务功能，累计销售汽机油8.25万元。推动促销活动常态化，开展各类促销活动23次。

【提质增效】 深入开展全员、全方位、全过程提质增效专项行动，制定46条具体措施，表单化管理，推动取得实效。争取落实疫情防控期间社保医保、电气费、税费等政策减免674.53万元，返还及减免水利建设基金187.8万元，援企稳岗补贴66.22万元。优化第三方支付，引导顾客使用费率较低的微信、支付宝方式，财务费用较同期节约272万元。坚持“员工能干的事情自己干”，组织62座站自行地面划线、油库自行粉刷工艺围栏，共节约费用4.34万元。

【网络开发建设】 与交投公司、西部天然气公司多次谈判和现场调研，达成合资合作意向。完成33座加油站卫生间改造、6座便利店改造、康巴什6#站洗车房建设、13座站增设柴油尾气净化加注机、油库管线试压及油气回收在线监测项目。全年投资计划完成率94.2%。

鄂尔多斯集团

【鄂尔多斯集团领导名录】

董事局主席、总裁、党委书记：王林祥
常务副总裁：赵　魁
党委副书记：侯永旺
执行董事：王林祥
赵　魁
王　臻
张奕龄
赵玉福
王　鹏
张晓慧
侯永旺
鲁卫东

【概况】 鄂尔多斯集团，其母体企业成立于1981年。近40年来，鄂尔多斯集团坚守“创世界名牌，办百年强企”的企业理想，遵循“资源转换升级”的经营战略，由单一的羊绒产业延伸至煤炭、电力、冶金、化工、能源等各大领域，形成羊绒纺织服装、棋盘井循环经济产业集群两大事业板块，产业涵盖羊绒服装、煤炭、电力、冶金、煤化工、氯碱化工、天然气化工、水泥、多晶硅、地产置业以及海外产业等领域，形成“多元联动，多业循环，多极支撑”的经营格局。截至2020年年底，集团总资产逾700亿元，年实现销售收入500亿元以上，利税超50亿元，连续二十多年稳居中国企业500强、中国民营企业100强、内蒙古民营企业前三名之列。作为行业标志性品牌，“鄂尔多斯”的品牌价值达1420.68亿元，位居中国纺织服装品牌榜首。2020年，鄂尔多斯集团实现销售收入617亿元，实现利润32亿元。鄂尔多斯品牌价值达到1036.75亿元。

【职工代表大会】 2020年3月10日，鄂尔多斯控股集团第十二届二次职工代表大会以视频会议召开。大会审议并通过题为《升级老产业拓展新事业在持续改进中全力开创高质量发展新局面》的总裁工作报告及企业文化建设和工会工作报告、财务预决算报告。

【品牌建设】1月8日，由天猫小黑盒主办的第二届“中国新品消费盛典”在上海隆重举行，ERDOS荣获“年度经典焕新品牌”大奖，同时LIUWEN×ERDOS联名系列再度入选“天猫年度新品Top100”。在获奖的国内外知名品牌中，ERDOS是唯一的服装类品牌。7月27日，鄂尔多斯品牌2020年度经销商沟通大会在北京召开。鄂尔多斯资源股份有限公司总经理王臻携品牌事业部管理团队，与来自全国各地的部分经销商代表30余人深度交流、沟通，对风雨突变的2020上半年度进行总结，共同谋划鄂尔多斯品牌的未来发展大计。8月5日，由世界品牌实验室主办的第十七届“世界品牌大会”在北京举行，鄂尔多斯品牌以1036.75亿元品牌价值再度蝉联纺织行业榜首。10月10日，时尚界最具意义的年度盛典之一，The Green Carpet Fashion Awards（绿毯时尚颁奖盛典）在中国第一高楼上海中心举行。本次颁奖盛典上，内蒙古鄂尔多斯资源股份有限公司荣获绿毯时尚大奖——THE GCFA ECO STEWARDSHIP AWARD（绿毯生态保护奖）。10月15日，ERDOS“善”主题发布会“善待世界”于上海上生新所举办。鄂尔多斯资源股份有限公司董事长、总经理王臻，“善”代言人华晨宇、善SHAN全产业链贡献者以及关注可持续时尚的各界人士出席活动，从不同维度探讨时装行业乃至更广泛语境下的可持续话题。10月25日，《第一财经》杂志在上海举办第三届“未来商业秀”，同期发布“2020年度新国货榜样”，“鄂尔多斯”荣获“国货之光”大奖。截至12日零时，鄂尔多斯“双十一”线上销售额达到1.97亿元。2020年“中国品牌年度大奖”评选揭晓，鄂尔多斯以行业领先品牌荣膺入榜，再度获颁该奖项，荣获“中国品牌年度大奖羊绒时装NO.1”荣誉称号。岁末年初，《纺织服装周刊》以媒体的视角回望行业发展轨迹，连续第11年发布“中国纺织服装行业年度精锐榜”，鄂尔多斯资源股份有限公司荣誉入选“十大时尚引领榜样”榜单。

【产品技术研发】

羊绒产业　3月，鄂尔多斯资源股份有限公司制定的回用山羊绒原料、回用山羊绒制品两项企业标准完成并发布实施。4月，由鄂尔多斯资源股份有限公司主导及参与制、修订的两项纺织行业标准FZ/T 24013—2020耐久型抗静电羊绒针织品和FZ/T 61010—2020山羊绒毯两项行业标准发布实施。5月，鄂尔多斯资源股份有限公司科技重大专项“羊绒产业创新与绿色发展关键技术研究与示范工程项目”，通过验收。6月，Testex瑞士纺织检定有限公司上海公司监督审核组一行对鄂尔多斯资源股份有限公司STeP可持续纺织生产认证机织（东华、东昊）扩项进行现场审核，并通过认证。至此，鄂尔多斯资源股份有限公司STeP认证完成从纤维到成品的选、洗、梳、纺到针、机织生产的完整产业链的可持续纺织生产认证。7月，鄂尔多斯资源股份有限公司申请的“羊绒双层水波纹面料、其制备方法以及羊绒双层织物”发明专利获得授权。由鄂尔多斯资源股份有限公司提出制定的ISO国际标准化组织新工作项目——《纺织品 分梳山羊绒品质标识规范》提案成功获得立项，这是鄂尔多斯集团自主提出制定的第四项国际标准。8月，鄂尔多斯资源股份有限公司申请的全球回收标准认证，顺利通过审核，获得认证。9月，鄂尔多斯资源股份有限公司申请的“退维方法、织物及其制备方法”发明专利获得授权。12月，鄂尔多斯资源股份有限公司“国家级绿色工厂”“绿色设计产品”顺利通过首次三年复核。

电冶技术创新　2020年1月，鄂尔多斯市瀚博科技有限公司被《聚氯乙烯》编辑部授予“聚氯乙烯副理事长单位”；3月，由鄂尔多斯工业技术研究院、瀚博科技有限公司及化工事业部生产管理部联合编制团体标准《氯乙烯聚合用引发剂过氧化二碳酸二（2—乙基己基）酯（EHP）》《氯乙烯聚合用引发剂 过氧化新癸酸异丙基苯酯（CNP）》《氯乙烯聚合用引发剂过氧化新癸酸叔丁基酯（BNP）》通过两轮的答辩和专家组的评审，公开发布征求意见；5月，由电冶集团承担的“碳纤维与高抗冲纳米粒子项目”获批内蒙古自治区关键技术攻关项目；6月，电冶集团工业技术研究院获批鄂托克旗人才组织部人才科人才项目奖；7月，电冶集团被鄂尔多斯市授予“研发中心及人才基地建设”荣誉称号，电冶集团“电石法聚氯乙烯无汞催化剂团队”被授予“鄂尔多斯市高层次人才创新创业团队”荣誉称号，电冶集团工业技术研究院颜艺专、赵长森获得鄂尔多斯市高层次人才“青年优秀人才”荣誉称号；8月，鄂尔多斯电冶集团工业技术研究院赵长森获得鄂尔多斯市“最美科技工作者”荣誉称号；11月，由电冶集团承担的“创建鄂尔多斯国家可持续发展议程创新示范区——循环经济工业园区矿热炉节能减排关键技术研发与应用”项目，经过专家组的评审，成功获批自治区“科技兴蒙”行动重点专项项目。

【投资合作】 1月10日，鄂尔多斯资源股份有限公司羊绒集团阿尔巴斯标准化示范牧场签约仪式在鄂尔多斯罕台现代羊绒产业园举行。签约合作的标准化示范牧场位于阿尔巴斯苏木脑高岱嘎查的2万亩集体草牧场上，是一个集示范、科研、培训、优质优价收储于一体的标准化示范牧场。6月15日，绒纺事业部原料经营中心与阿拉善左旗银根苏木、阿拉善左旗莱芙尔绒毛有限公司正式签订牧场建设合作协议。西部地区优质羊绒产区之一的阿拉善牧场推广中心正式落地。8月22日，鄂尔多斯集团1436超细羊绒牧场西藏推广中心揭牌暨2020年优质优价补贴发放仪式在西藏阿里地区措勤县举行。这是鄂尔多斯集团首次将牧场建立在号称“天上阿里”的高海拔地区。9月25—27日，第三届中国(鄂尔多斯)国际羊绒羊毛展览会在鄂尔多斯市东胜区举办，作为赞助方的鄂尔多斯集团再度受邀参加盛会。

【领导关怀】 2月17日，内蒙古自治区党委常委、常务副主席马学军到电力冶金集团考察疫情防控与安全生产工作。2月20日，内蒙古自治区党委书记、自治区人大常委会主任石泰峰一行深入鄂尔多斯集团调研，要求集团在做好疫情防控的同时，统筹推进各项工作，确保企业平稳有序生产。3月17日下午，中共中央办公厅、国务院办公厅复工复产调研工作组一行在鄂尔多斯市调研期间，深入鄂尔多斯现代羊绒产业园，就复工复产情况进行调研。3月28日，内蒙古自治区副主席黄志强一行到鄂尔多斯集团调研，强调要深化金融供给侧结构性改革，要建立与地方经济发展相配套的金融体系，促进自治区金融与经济良性互动、协调发展。4月8日下午，内蒙古自治区政协副主席魏国楠一行到集团实地察看企业复工情况。4月26日，内蒙古自治区人大常委会副主任王波一行到集团专题调研疫情对企业生产经营的影响、企业复工复产以及企业当前遇到的困难和问题等情况。5月1日上午，内蒙古自治区副主席艾丽华到鄂尔多斯集团参观调研。6月6日，自治区副主席欧阳晓晖一行到鄂尔多斯集团调研人才工作。7月22日，内蒙古自治区政协副主席常军政一行深入鄂尔多斯羊绒服装集团实地察看企业生产情况，并详细了解集团目前订单、生产及销售等情况。8月10日，内蒙古自治区副主席包钢带领自治区联防联控联治督导组到电冶集团调研，对电冶集团的产业链不断发展壮大、大力发展绿色环保产业、经济发展稳定增长等表示充分肯定。8月19日下午，国家知识产权局商标局副局长姚坤一行到鄂尔多斯集团调研商标及知识产权相关工作。9月1日，中央统战部副部长、全国工商联党组书记徐乐江率调研组一行到鄂尔多斯集团专题调研民营企业参与生态治理与修复、转型发展等情况。9月17日，工信部节能与综合利用司司长高云虎到电冶集团就节能减排、资源综合利用、工业自动化进行专题调研。11月18日上午，中华全国总工会副主席、书记处书记江广平一行到鄂尔多斯罕台现代羊绒产业园，就工会改革任务落实和产业工人队伍建设等情况进行调研。

伊泰集团

【内蒙古伊泰集团有限公司领导名录】

党委书记、董事长：张东海

党委副书记、董事：刘春林
党 委 委 员：葛耀勇
张东升
张晶泉
郎 军
张立峰
纪 检 委 书 记：张立峰
董 事：刘春林
葛耀勇
张东升
张晶泉
齐亚平
庞军林
王三民
吕贵良
监 事 会 主 席：张振金
监 事：赵 欣
王春迎
张 威
职 工 监 事：边志宝
尹伟光
杨德清
董 事 会 秘 书：刘向华
总 裁：张东海
副 总 裁：刘春林
葛耀勇
张东升
张晶泉
总 会 计 师：刘春林
总 工 程 师：庞军林
刘尚利

【概况】 内蒙古伊泰集团有限集团公司内设董事会办公室、行政管理部、人力资源与战略企划部、财务管理部、投资管理部、安全监察质量管理部、环境管理部、审计监察部、煤炭生产管理部、煤化工管理部、资本运营与合规管理部等11个职能部门和招采中心、供电中心、财务共享中心3个共享服务中心。全资公司4家〔伊泰（集团）香港有限公司、内蒙古伊泰航空服务有限公司、内蒙古伊泰煤基新材料研究院有限公司、伊泰航空服务（深圳）有限公司〕；控股子公司7家（内蒙古伊泰煤炭股份有限公司、内蒙古伊泰广联煤化有限责任公司、中科合成油技术有限公司、内蒙古伊泰西部煤业有限责任公司、内蒙古伊泰财务有限公司、科领环保股份有限公司、内蒙古伊泰生态农业有限公司）；参股公司10家（北京博士之星投资顾问有限公司、伊泰伊犁矿业有限公司、伊泰新疆能源有限公司、伊泰伊犁能源有限公司、内蒙古伊泰煤制油有限责任公司、内蒙古伊泰石油化工有限公司、内蒙古伊泰化工有限责任公司、内蒙古伊泰大漠马业有限责任公司、北京伊泰博杰云创文化产业有限公司、内蒙古伊泰信息技术有限公司）。2020年，伊泰集团公司注册资本金12.5亿元。其中内蒙古伊泰投资股份有限公司占99.64%，杭锦旗峰泰物流有限责任公司占0.16%，鄂尔多斯市通九物资有限责任公司占0.12%，内蒙古满世煤炭集团股份有限公司占0.08%。2020年，集团公司总资产1041.27亿元，其中固定资产384.80亿元；全年实现营业收入351.78亿元，实现净利润-3.5亿元，上缴税费50.05亿元。截至2020年年底，内蒙古伊泰集团在册合同制员工6317人，其中M5（M是职级中级。M5是中级第5级）及以上管理人员17人、M3/4管理人员484人、BPO6/7人员208人、BPO4/5及M1/2人员860人。（备注：M为管理类岗位、B为职能业务类岗位、P为专业技术类岗位、O为技能操作类岗位）

【生产经营情况】 2020年，集团公司生产矿井8座，包括酸刺沟煤矿、红庆河煤矿、塔拉壕煤矿、宏景塔一矿、大地精煤矿、宝山煤矿、凯达煤矿、宏景塔二矿。公司生产产品煤5497万吨，销售煤炭7461万吨（其中外运销售4496万吨、地销

2965万吨），铁路发运煤炭7681万吨，销售化工品134万吨，实现销售收入351亿元、净利润-3.5亿元，上缴税费50亿元，总资产1041亿元。

【企业管理】

煤炭生产管理改革　根据国家相关政策及公司管理改革方向，在公司采矿权、所有权、利税关系和隶属关系不变的前提下，按照所有权与生产管理分离的原则，公司将所有井工矿进行了整体托管。组织完成托管范围和业务界面的划分、岗编设置、人员调整、劳动合同变更等工作，并全程参与托管合同的起草工作，重点明确了定价机制及结算模式，保障煤炭生产管理改革的顺利推进。

标准化制度流程体系建设与职能职责优化　持续优化完善公司级制度流程体系，审核财务、投资、安全质量、招采、生产等专业类的86个公司级制度，对各部门的职能职责的完善性、合理性进行评估；组织完成对招采中心、财务管理部、行政管理部等部门职能的优化调整，确保制度流程适用、有效。

公司业务管理　推动红庆河煤矿现场管理系统提升项目，通过信息化手段防控现场管理漏洞。排队、过磅等关键控制环节实现了无人化，实现阳光装运及业务链的闭环管理，大幅度提升了现场管理水平；针对新OA系统，梳理流程模板600余项，迁移数据32万多条，实现公文管理、合同管理、督办管理与档案系统的无缝集成以及OA模块全面移动化，解决原办公系统兼容能力弱、流程贯通性差等问题，进一步提高了办公效率。

合同管理体系　加强公司合同管理，规范经营行为，防控经营风险，实现合同从签订、履约、验收到归档的全生命周期信息化管理。针对不同单位及业务类型，配置了30个单位类型、41类业务合同模板、104个业务流程，实现了不同单位、不同业务的个性化需求。与投资管理系统和财务共享系统进行集成，实现合同与投资和财务的内控联动，为公司每年1万多份合同提供信息化、专业化服务与支持。

【大路煤制油二期200万吨项目】按照集团公司的总体部署，贯彻落实“技术成熟、装备可靠、成本最优”的指导思想，2020年项目以设计工作为主，推进组织机构搭建、项目管理文件编制及业务流程建立，总体设计修编、重大技术方案论证，两台费托合成反应器制造，林草地报批，甘泉堡装备调拨，场平、强夯、大件运输道路、反应器桩基、基础及吊装等施工。2020年项目完成投资6323万元。截至2020年年底，项目累计完成投资9.55亿元，其中设备材料购置累计投资完成2.16亿元，土建工程累计投资完成0.73亿元，其他基本建设累计投资完成6.66亿元。

旗　区

东胜区

【领导名录】

中共东胜区委员会

书　记：张占林

副书记：刘凤云

　　　　王小平

常　委：丁勇智

　　　　王力平

　　　　韩耀庭

　　　　冀　平

　　　　何万智

　　　　贺海云

　　　　杨光耀

　　　　边光霞（女，蒙古族）

　　　　徐海东

　　　　杜　娟（女）

人大常委会

主　任：郝军海（蒙古族）

副主任：胡晓晔（女）

　　　　刘月光

　　　　王文希

　　　　魏牡丹（女）

人民政府

区　长：刘凤云

副区长：丁勇智（7月挂职）

　　　　何万智

　　　　杨光耀

　　　　杜　娟（女，3月挂职）

政协委员会

主　席：伊　平（女，蒙古族）

副主席：董学忠

　　　　刘兰香（女）

　　　　武飞雄

　　　　图　雅（女，蒙古族）

纪律检查委员会

书　记：冀　平

【概况】 东胜区位于内蒙古自治区鄂尔多斯市中部偏东，是鄂尔多斯市经济、科技、文化、金融、交通和信息中心之一，也是“呼（和浩特）包（头）鄂（尔多斯）”经济金三角重要一极。东胜1983年撤县设市，1987年被国务院批准为对外开放城市，2001年随鄂尔多斯市成立撤市改区，总面积2160平方公里，建成区面积78平方公里，辖3个镇、12个街道办事处、3个开发区，常住人口57.42万人，户籍人口27.39万人，有汉族、蒙古族、回族等21个民族，城镇化率达到94%。2020年，全区三产比例为0.2∶34.4∶65.4，完成地区生产总值702.2亿元；完成财政收入148.46亿元，其中完成一般公共财政预算收入54.02亿元；全区城镇常住居民人均可支配收入52111元。地区综合实力位居全国市辖区百强第

45位，先后获得“全国文明城市”“国家卫生城市”“中国人居环境建设示范区”等十多项荣誉称号。

【自然资源】 东胜区物产丰富，境内煤炭储量约639.18亿吨，煤层厚，埋藏浅，宜于斜井或平洞开采。依据东胜区第二轮矿产资源总体规划（2008—2015年）数据内容，砖瓦用黏土查明资源量约1007万立方米，石英砂储量达20万吨。东胜区森林总面积达7.34万公顷，其中乔木林地1.75万公顷，灌木林地5.6万公顷，森林覆盖率达33.77%，区域生态环境的承载力、支撑力迅速提升，实现经济发展与生态建设的良性互动、人与自然的和谐发展。

【农牧业】 东胜区立足实际，着力打造现代化农业品牌，鼓励引导龙头企业和种养殖大户大力实施标准化生产，开展以无公害农产品、绿色食品、有机食品为主的“三品一标”认证和商标注册。2020年，东胜区推荐申报区域公用品牌1个、企业品牌9个、产品品牌12个。大力推进新型经营主体发展，农村集体产权制度改革已基本完成，27个村全部成立了村集体股份经济合作社，15个村完成登记赋码工作，33家种养殖大户录入全国家庭农牧场名录系统，培育了1家国家级农民合作社示范社、1家自治区级农民合作社示范社。粮食产量保持稳定，完成农作物播种面积6.81万亩，其中玉米4.62万亩、马铃薯1.02万亩、杂粮杂豆0.77万亩、蔬菜0.3万亩、其他农作物0.1万亩，总播面积较上年增加0.11万亩，总产量较上年基本持平。

【工业】 2020年，受新冠肺炎疫情影响，东胜区规模以上工业总产值同比下降12.9%，其中，重工业产值同比下降11.7%，轻工业产值同比下降29.2 %。规模以上工业中，非煤工业产值占规模以上工业产值的比重达49.2%。全区55家规模以上工业企业实现主营业务收入520.4亿元，实现利润总额32.7亿元，产品销售率达101.4%。启动蒙泰2×66万千瓦热电联产项目，实施5座煤矿技改工程。全力以赴稳定煤炭生产销售，完成秋冬季煤炭保供任务，煤炭总产能8680万吨，电力装机142万千瓦。以鄂尔多斯羊绒集团为龙头的绒纺企业组团联合发展，形成集原料、设计、生产、流通、销售于一体的完整产业链，年内收储原绒5000吨、产销羊绒制品600万件，获评“中国羊绒产业名城”称号。建成鄂尔多斯装备制造工业园区，构建汽车整车及零部件制造、能源装备制造、电子产品制造、节能环保和新材料五大产业链，累计完成固定资产投资888.4亿元，工业总产值达1246.8亿元，成功跻身自治区级工业园区行列。

【城镇建设】 2020年，东胜区聚焦房地产领域“三难”问题，回应群众关切，着力推动各项民生工程及重点项目建设，加快补齐城市公共基础设施短板，进一步提升城市精细化管理水平，城市品质得到进一步提升。G65高速包头至东胜段改扩建、109国道常青路拓宽改造等重点交通项目建成通车。改造乌审街等市政道路3条，打通安厦街等城市断头路8条，维修市政管网300余公里。对准格尔路、达拉特路等12条主次干道、10条背街小巷进行整体维修维护，累计完成黑色路面炒补约4.1万平方米，维修环保砖及盲道砖约5.2万平方米。智慧路灯改造工作稳步推进，累计更换LED灯头1.4万盏。建成园林智慧滴灌系统，完成16个公园、6条街道及部分节点的提升改造工作，新增绿地面积50万平方米，改造提升绿地1000万平方米。环卫作业市场化运行全面推行，生活垃圾分类实现城区公共机构全覆盖。新建和翻建5座公共水冲厕所、5座垃圾转运站，对75座公共卫生间进行全面升级改造。新建乌素生活垃圾无害化处理厂已完成初期验收、投入使用。建成1811套公共租赁住房。完成老旧小区改造27个、既有建筑节能改造小区28个，住宅小区加装电梯成功破题。房地产领域“三难”问题整治取得重大进展，采取设立资金共管账户、“税证分离”等举措，推动“回迁难”“入住难”房屋建成交付近2.8万套，推动近8万套房屋具备办理不动产登记条件，问题整治率达92%。

【现代服务业】 东胜区立足区位、交通等优势，形成达拉特北路、伊金霍洛西街与铁西三大商圈，营业额亿元以上的综合商场5家，超1万平方米的专业市场12家，大型农畜产品批发市场8家。注册含物流市场主体936家，注册资金约为157.9亿元，快递品牌18个，专业化功能区5个。大力发展商贸物流，编制《加快推动东胜区现代商贸物流产业发展实施方案》，加快推进四级物流体系建设，改造提升零担专线物流园、电商快递物流园等物流园区。全年快递服务企业业务量完成712.86万件，同比增长26.12%，业务收入累计完成2.2亿元，同比增长32.92%。结合脱贫攻坚工作的深入推进，开展电商扶贫，打造“0477”小程序同城线上服务平台，开发扶贫产品专区、鄂尔多斯特产专区。市场化打造线下实体店，拓宽农副产品销售渠道，打造“10度农场”线下实体店，为农产品销售搭建平台，线上线下销售突破120万元。

【金融保险】 2020年，东胜区有各类金融机构120家，其中，银行25家，金融机构人民币存款余额1915.05亿元，同比减少4.93%，占全市47.64%，银行业贷款余额2196.77亿元，同比减少1.08%，占全市的64.64%；小额贷款公司35家，实现贷款余额62.24亿元，同比减少23.03%；担保公司2家，实现担保余额2.32亿元，同比减少56.60%，年内累计新增担保额1.57亿元，同比减少14.80%；证券公司6家，年内累计开户总数7310个，同比增长64.16%，年内累计交易额718.58亿元，同比增长40.67%，实现利润2441.68万元，同比增长79.26%；典当行12家；各类保险公司40家，其中，地区财险25家，保险费收入12.37亿元，同比增长10%，占全市46%，累计赔款支出5.74亿元，占全市41%；寿险15家，保险费收入31.88亿元，同比增长3%，占全市62%，累计赔款支出4.02亿元，占全市60%。

【科技】 东胜区有国家级高新技术企业22家，工程技术研究中心1个，企业技术中心3个，博士后科研工作站4个；自治区级企业研发中心11家，工程技术研究中心4家，企业技术中心9个，院士专家工作站5个，重点实验室1个，国家级科技产业基地1个，自治区级科技企业孵化器1个。共推进申报“科技助力经济2020”重点专项项目1个、中央引导地方发展专项资金项目3个、自治区科技创新引导奖励资金项目2个、“科技兴蒙”重点专项项目2个、市本级科技创新奖补资金项目26个，共申请专项资金3465万元，共获批专项资金3155余万元。引进、培育高层次创新创业人才730余名，其中，海外高端人才9名，中科院5名，博士后2名，博士5名，全日制硕士学位高层次人才320名。

【教育】 东胜区共有各级各类学校幼儿园143所，其中公办学校80所（普通高中1所、九年一贯制学校3所、初中10所、小学30所、公办幼儿园36所）、民办学校63所（普通高中2所、职业高中1所、九年一贯制学校2所、初中3所、注册民办幼儿园55所）；在校（园）学生幼儿95289人（在园幼儿23951人，在校小学生49484人，在校初中生17845人，在校高中生4009人），其中义务教育阶段非东胜户籍学生人数占比达到57.6%；在校（园）教职工10024人（幼儿教职工4191人，小学教职工3245人，初中教职工1471人，九年一贯制学校教职工532人，高中教职工585人）。深入落实立德树人根本任务，多形式开展“铸牢中华民族共同体意识”主题教育，狠抓教育公平与改革，教育教学质量不断提升，全市中考成绩前100名和前200名学生中东胜区均占45%以上，高考全区本科、一本上线率分别为82%和39.6%。

【体育】 东胜区有体育单项协会14个、体育单项俱乐部13个，成规模的晨、晚练站（点）91个，社会体育指导员1800名。体育设施场地18类1070个，体育场地面积134.6万平方米，人均面积2.61平方米。东胜区万佳体育场和东胜区网球馆均免费对外开放，充分利用场馆设施优势，组织开展丰富多彩的全民健身活动。利用现有专业教练团队及各协会、俱乐部的力量开展运动项目技能培训班，分期举办乒乓球、羽毛球、网球、篮球、足球、游泳、围棋、轮滑、武术、健身气功等14个单项专项体育公益技能培训，参加各类项目的爱好者达640余人；由于疫情因素，各健身站点分散组织广场健身操培训，参加培训人数600余人；开展三级社会体育指导员培训，经考核合格向100余人发放三级社会体育指导员证书。发展一级社会体育指导员14人，二级社会体育指导员20人，各级体育社会指导员共134人。

【文化旅游】 持续巩固国家公共文化服务体系示范区创建成果，完善文化旅游公共服务网络，建成文化馆分馆24处，图书馆分馆141处，新打造铁东24小时图书馆，新建改建旅游厕所10座，打造“东胜文旅云”智慧平台，为镇（街道）派驻业务指导员和综合服务队，创作编排群舞音乐《蒙古丽人》《大爱的光芒》《记着你》等文艺作品29件，创作《北京喜讯到边寨》《相聚在诗情画意的地方》等一批具有鲜明时代特征的优秀文艺节目,《大爱的光芒》《记着你》在“学习强国”平台刊播,《大爱的光芒》新华社客户端累计阅读量超过103万人次,《记着你》荣获自治区抗疫主题最佳作品奖。共有国家A级景区6处，其中AAAA级旅游景区5处，AA级旅游景区1处，全国工农业示范点2处，自治区星级乡村旅游接待户5家，市级农牧家乐典型示范户8家，市级乡村旅游示范村4个，星级酒店12家，旅行社（包含分社和服务网点）90余家，成功创建为第二批自治区级全域旅游示范区，完成东胜博物馆数字化保护利用和预防性保护项目，完成文旅项目投资1.36亿元；先后举办“中国旅游日”、“乐享鄂尔多斯”草原音乐美食季、月季文化旅游季、冰雪文化旅游季、诗歌那达慕等活动，全年累计接待游客261.5万人次，带动旅游收入69.63亿元。

【卫生】 东胜区共有医疗卫生机构396个，其中医院40个、卫生院6个、疾病预防控制中心1个、妇幼保健院1个、社区卫生服务中心10个、村卫生室15个、诊所265个、其他医疗机构58个；拥有医疗卫生机构床位数4566张，其中，医院拥有床位数4501张，基层医疗卫生机构拥有床位数65张；拥有卫生技术人员5781人，其中执业医师2078人，执业助理医师172人，注册护士2547人，其他专业技术人员984人。2020年，深入实施《健康东胜行动（2019—2030年）》，全面推动14项专项行动，居民健康素养水平达到22.6%；顺利通过创建全国基层蒙医药中医药工作先进区初审和自治区慢性病示范区验收；铜川镇、罕台镇被命名为国家级卫生乡镇，泊江海子镇命名为自治区级卫生乡镇，医疗卫生基本实现全覆盖，农村牧区医疗得到有效保障。严格落实“三个一批”“六重”保障措施，健康扶贫圆满收官。组织实施兑现计划生育各项奖励扶助政策，累计兑现发放650余万元，惠及7427人。落实全面两孩政策，推行婚育情况承诺制，全区生育登记系统运行正常，一孩登记1113人，二孩登记1006人，再生育审批33人。加强母婴设施建设，建成公共场所母婴室14处，配置率达到100%。全面做好新冠肺炎疫情医疗防控各项工作，加强重点人群监测管理，制订医疗救治预案，组建救治专家团队，加强后备医院建设，推进核酸实验室建设，累计完成预检分诊150.8万人次，核酸检测6.2万人次，为0.72万名重点人群接种新冠病毒疫苗，5名医务人员驰援湖北武汉。

【社会保障】 社会保障覆盖范围持续扩大，全区参加养老、医疗、失业、工伤、生育保险参保人员分别达13.3万人、27.8万人、4万人、6.8万人、5.3万人。完成企业职工养老金16连调，7500人受益。积极落实阶段性减免企业社会保险费政策，为4445户参保企业减免养老保险费40837万元，减免工伤保险费1208万元。社保资金累计滚存结余44.84亿元（养老保险资金滚存结余317016.84万元、医疗保险资金滚存结余115733万元、失业保险资金滚存结余15400万元、工伤保险资金滚存结余200.61万元）。手机微信小程序及App异地就医备案工作进入常态化。推进城镇居民医疗保险管理权限下放，12个街道办事处3个镇已全部实现居住地实时参保。完成社会救助提标工作，特困人员基本生活标准：城市特困人员由每人每月1100元提高到1500元、农村特困人员由每人每年9480元提高到10200元，完全丧失生活自理能力的照料护理标准由每人每月1047元提高到1100元，部分丧失生活自理能力的照料护理标准由每人每月403元提高到460元；城市低保由每人每月675元提高到790元，农村低保人员由每人每年6169元提高到6720元。共有低保户2142户3735人，发放低保金1416.3万元；共有特困供养人员516人，发放生活补贴534.95万元、护理补贴129.95万元；共有高龄老人17450人，发放津贴1038.03万元；共有孤儿7人，发放生活补贴24.8万元，事实无人抚养儿童40人，发放生活补贴56.93万元。全年新增就业5815人，城镇登记失业人员再就业940人，就业困难人员就业1294人，转移农村劳动力6209人，城镇登记失业率控制在3.36%。

【社会稳定】 扎实推进“平安东胜”建设，以“扫黑除恶”“云剑—2020”等专项行动为重点，持续保持对犯罪分子的严打高压态势，年内各类刑事案件破案数同比增长46.9%；创建“平安共建”社会动员体系，派出所创新实施特种行业“监督式”和“星级式”双轨运行管理模式，组建“3+N”金牌矛盾化解调处机构靶向化解矛盾，联动物业小区保安组建专兼职巡逻队，基本实现街区共建共治共享。以“解决信访问题年”专项行动为抓手，深入学习推广“枫桥经验”，持续深化信访制度改革，推进“阳光信访、法治信访、责任信访”建设，高质量完成上级交办和本级排查重点信访事项化解办结任务。

【人民生活】 2020年，东胜区城镇常住居民人均可支配收入52111元，同比增长1.2%。其中，工资性收入32462元，同比增长0.7%；经营净收入8804元，同比增长3.4%；财产净收入5769元，同比增长1.1%；转移净收入5076元，同比增长1.3%。城镇常住居民人均消费支出31639元，同比下降0.5%。

（王　莉）

达拉特旗

【领导名录】

中共旗委员会

书　记：奇·达楞太（蒙古族，7月离任）

王　枫（7月任职）

副书记：高怀京（1月任职）

苏智雄

常　委：王　平

马　林（3月离任）

赵咏峰（3月任职）

苏振平

崔永平

乌尼尔（蒙古族）

王　蛟（蒙古族）

王书宏

尚振飞（3月任职）

曹俊杰（3月任职）

周春田（6月任职）

人大常委会

主　　　　　　任：杜建勇（蒙古族）

副　　主　　任：王亮华（女）

党组成员、副主任：陈柏树

邱金来

人民政府

旗　长：高怀京

副旗长：马　林（3月离任）

王　平

赵咏峰（4月任职）

曹俊杰（挂职，3月任职）

周春田（挂职，6月任职）

王　帅

黄建军

白国东（挂职，7月离任）

杜晓彦

政协委员会

党组书记、主　席：刘永福

党组成员、副主席：苏　忠

副　　主　　席：赵谦宇

林冬梅（女　蒙古族）

朝格图（蒙古族）

【概况】 达拉特旗位于内蒙古自治区西南部，黄河中游南岸，鄂尔多斯高原北端。北与包头市隔河相望，东南西分别与准格尔旗、东胜区、杭锦旗接壤。东西长133公里，南北宽66公里，总面积8188平方公里。全旗分布有9个镇、1个苏木、132个村、6个街道办事处。全旗户籍总人口为372034人，比2019年减少27人，其中，少数民族19362人，占全旗总人口的比重为5.2%。城镇人口68503人，总人口的比重为18.41%。乡村人口303531人，总人口的比重为81.59%。回族604人，占总人口的0.16%。满族881人，占总人口的0.237%。朝鲜族12人，达斡尔族22人，鄂温克族8人，壮族14人，藏族15人，维吾尔族8人，苗族23人，土家族17人，彝族42人，锡伯族5人，其他53人。2020年，实现地区生产总值319.7亿元，同比下降1.9%。分产业看：第一产业增加值44.87亿元，同比增长3.8%；第二产业增加值138.43亿元，同比下降4.7%，其中工业增加值112.68亿元，同比下降3.9%，建筑业增加值25.75亿元，同比下降8.4%；第三产业增加值136.4亿元，同比下降0.4%。地区生产总值中第一、二、三产业比例为14.0 ∶ 43.3 ∶ 42.7。有煤、芒硝、石英砂、耐火黏土、泥炭等矿产。其中煤炭年产量3947.9万吨。

【农业】 全年现价农林牧渔及服务业总产值753603.97万元，其中，农业产值465320.32万元，林业产值6969.17万元，牧业产值265946.64万元；渔业产值7614.74万元，农林牧渔服务业产值7753.09万元。全年农作物总播种面积158649.2公顷。其中，粮食作物播种面积115888公顷；经济作物播种面积42761.2公顷。粮食总产量779586吨，其中谷物产量761973吨，豆类产量2211吨，薯类（折粮）产量15402吨。经济作物中蔬菜及食用菌产量295568吨，瓜果类产量56780吨。

【畜牧业】 牧业年度牲畜存栏237.7万头（只），其中：大牲畜8万头、羊221.6万只、猪8万只；年末牲畜头数存栏206.85万头（只），其中大牲畜9.75万头、羊190.88万只、猪6.22万头。全年肉类总产量50907.11吨。牛奶产量21.1万吨，禽蛋产量3580吨。全旗农牧业机械总动力86.4万千瓦，比2019年年末同口径增长8.5%。拥有农用拖拉机18465台，播种机6450台，农用排灌动力机械15740台，农用水泵14850台，节水灌溉类机械1590套。全年农作物机耕面积220.7万亩，机播面积246.22万亩，机电灌溉面积75万亩，机械植保面积58万亩，机收面积212.33万亩。

【气象】 全年总日照时长2935.4小时，总降水量359.1毫米，相对湿度53%。全年平均气温8.1℃，年极端最高气温36.4℃，年极端最低气温-25.3℃。

全年大风日数5天，极大风速20.8米/秒，平均风速1.9米/秒。全年积雪天数43天，最大积雪深度13厘米，冻土深度131厘米。

【林业】 完成生态建设任务25.5万亩，其中灌木平茬完成19.5万亩，京津风沙源治理二期工程完成0.7万亩，天保工程完成0.3万亩，森林植被恢复项目完成2.48万亩（包括结合“三大绿色生态廊道”建设，完成光伏基地绿化1149亩，重点交通沿线绿化1147亩，沿黄河国堤绿化486亩，其他常规造林22018亩），全民义务植树完成1万亩，地方工程完成1.52万亩。实施京津风沙源治理二期工程草原任务贮草棚建设17800平方米、暖棚4000平方米、青贮窖4500立方米。制作发放防火宣传纸杯、抽纸、传单、手册等4万余份，在重点火险区安插宣传旗、树立宣传牌、张贴条幅共210面（个），发送防火警示短信2万条。在春节、清明节等重点时点前后，开展大型宣传活动5次。在重点林区人工清除林下杂草800亩，苏木镇、国有林场开设防火隔离带1200公里。在重点祭祀区摆放祭祀火桶1100个。全年完成育苗检疫面积1.47万亩，产地检疫率100%。完成调运检疫苗木606.91万株，木材534立方米，检疫复检苗木482.33万株，复检木材657立方米。共完成林业有害生物防治1.76万亩，无公害防治面积1.72万亩，无公害防治率97.7%。采取无人机与加农炮协同防治为主，人工防治为辅的方式，完成草原虫害防治面积6.06万亩，灭效达到95%以上。完成草原鼠害防治面积5.62万亩，防治效果达到95%以上。办结涉林行政案件228起，处罚154人，40家单位，罚款1122.5万元。刑事案件立案83起，逮捕嫌疑人6人，移送起诉20起，撤案30起。

【水利】 治理小河流域14.8公里，修建加固堤防29.67公里，完成投资5076万元。完成7座淤地坝除险加固工程，项目总投资650万元。黄河二期防洪工程达拉特旗段全部完工。用水总量控制在4.03亿立方米以内，农田灌溉水有效利用系数达到0.52。落实10个项目黄河水指标503万立方米。实施31处涉贫饮水安全巩固提升工程，投资1320万元，受益农牧民15687人，受益贫困人口714人；实施氟超标防治工程1处，投资384万元，解决3077人（含贫困人口237人）饮水不安全问题；实施砷超标防治工程1处，投资53万元，受益人口274人（含贫困人口4人）。京津风沙源治理二期2019项目、侯家沟清洁型小流域项目全面完工，2个项目总投资1480万元。十大孔兑沙棘项目完成沙棘造林8万亩，完成投资960万元。全年累计完成水土流失治理面积70平方公里。

【工业】 全年全部工业增加值112.68亿元，比2019年下降3.9%。规模以上工业企业54家，较2019年增加6家。规模以上工业增加值按可比价比2019年下降5.6%。工业产品产销率99.8%。规模以上工业总产值完成292.3亿元，增长2.9%。全旗规模以上工业企业原煤产量3947.9万吨，比2019年下降26.1%；发电量226.1亿千瓦时，比2019年下降1.9%。规模以上工业企业实现主营业务收入296.8亿元，同比下降3.6%；利润总额27.4亿元，同比下降3.6%。亏损企业14户，比2019年增加3户。

【城镇建设】 全旗具有建筑业资质等级的建筑施工企业19户；施工企业房屋建筑施工面积186520平方米，比2019年增长53.9%；全年完成产值115350.7万元，同比下降10.9%。

【商贸流通】 社会消费品零售总额424535.5万元，同比下降6.4%。按销售单位所在地分：城镇完成323121.6万元，同比下降6.1%，乡村完成101413.9万元，同比下降7.4%；按消费形态分：餐饮收入58266.9万元，同比下降24.2%，商品零售366268.6万元，同比下降2.8%。全年全旗批发零售和住宿餐饮限额以上法人共27户，其中，批发零售法人22户，住宿餐饮法人5户；限额以上大个体4户，其中，住宿餐饮大个体3户，批发零售大个体1户。全年线上消费品零售总额完成24048.1万元，同比下降24.4%。按销售单位所在地分：城镇完成20694.9万元，同比下降21.3%；乡村完成3353.2万元，同比下降39.1%。按消费形态分：餐饮收入5075.3万元，同比下降26.8%；商品零售18972.8万元，同比下降23.7%。

【交通电信】 全旗境内公路总里程3291.6公里，其中，高速公路248.5公里、一级公路139.4公里、二级公路597.8公里、三级公路381.6公里、四级公路1924.3公里。全年公路货运量2419.21万吨，同比下降7.5%；货物周转量486456.25万吨公里，同比增长8.6%；公路客运量567.79万人，同比下降33.4%；旅客周转量76159.45万人公里，同比下降36.8%。全旗铁路通车里程461.36公里。铁路货运量2060.12万吨，同比增长12.7%；货物周转量448813.8万吨公里，同比增长173%；铁路客运量28399人，同比下降34%；旅客周转量57万人公里，同比下降33.7%。全旗机动车保有量113480辆，其中，汽车107905辆，摩托车1787辆，挂车3788辆。营运车辆13343辆，非营运车辆100136辆。全年邮政业务收入1713.3万元。共有邮电所18个，邮路单程长度515公里。邮政业完成邮政包裹业务24.68万件，订销报纸累计份数243.33万份、杂志累计份数9.27万份，办理汇兑85笔。

【旅游】 全旗共接待游客177万人次，同比下降44%。实现旅游总收入159838万元，同比下降84%。

【财政金融】 全旗公共财政预算收入完成200878万元。按征收部门划分：税务部门完成171210万元、财政部门完成29668万元。按征收范围划分：旗本级征收收入165789万元、达拉特开发区征收收入35089万元。全旗公共财政预算支出500092万元。完成政府性基金收入69407万元，政府性基金支出完成100183万元。金融机构存款余额239.22亿元，同比增长4.1%。金融机构贷款余额151.79亿元，同比增长6.7%。各项保费总额达到6.8亿元，比2019年同期减少4.9%。其中财险保费2.87亿元，比2019年同期增长10.2%，寿险保费3.9亿元，比2019年同期减少13.8%；恒泰证券完成证券交易额61.1亿元，比2019年同期增长37.1%。

【科技】 科技型企业现拥有专利449项，16项科技成果获得国家自治区行业认证，累计转化科技成果375项。新奥石墨烯2项科技成果获得国际石墨烯IGCC（整体煤气化联合循环发电系统）委员会认证证书，荣信化工1项科技成果获得自治区科学技术进步三等奖。

【教育】 有各类学校67所，学龄儿童入学率100%。普通高中班数99个，在校学生4766人，专任教师429人。职业高中班数61个，在校学生2606人，专任教师106人。初中班数212个，在校学生9837人，专任教师890人。小学班数323个，在校学生27765人，专任教师1784人。特殊学校班数9个，在校学生71人，专任教师25人。幼儿园班数445个（其中民办园177个），在园幼儿11109人（其中民办园在园幼儿3245人），公办园专任教师857人。

【文化】 文化主管部门共有局属二级单位6个，分别为文化馆、乌兰牧骑、图书馆、文物管理所、文化旅游综合执法局和电影管理站。另外还有各苏木镇、街道文化站14个、书店69家、广播电视台、报社和史志办。以上单位从业人员共210人。乌兰牧骑演出128场次，电影管理站放映电影1960场。图书馆总藏量24.9万册（件）。文物藏品431件（套），全旗非物质文化遗产名录共25个。苏木镇综合文化站累计组织文艺活动299次，举办展览16次，共有藏书16.7万册。全旗城网有线电视用户17274户，农网有线电视用户14425户，广播电视覆盖率95.65%。

【卫生】 有卫生机构374个，其中：公立医院2个，民营医院10个，疾控中心、妇幼保健所、卫生监督所各1个，卫生院22个，社区卫生服务中心7个，社区卫生服务站9个，村卫生室173个，个体门诊122个。核定床位2799张（医院1217张、卫生院522张、其他卫生机构1060张），专业技术人员2452人。

【社会保障】全旗基本养老保险参保19.33万人。其中，企业养老保险参保2.94万人，城乡居民参保15.30万人，机关事业单位养老保险参保1.09万人。待遇领取7.66万人，共计111415万元。其中，企业养老保险待遇领取1.09万人，发放待遇37600万元；城乡居民养老保险待遇领取6.04万人，待遇发放37384万元；机关事业单位养老保险待遇领取5258人，待遇发放36431万元。基金收入共计90771.58万元。其中，城乡居民养老保险基金收入42036.58万元，企业养老保险基金收入26484万元，机关事业单位养老保险基金收入22251万元。工伤保险参保人数2.56万人，享受待遇154人，基金收入568万元，基金支出800万元。生育保险享受待遇912人，待遇支出66万元。年末城镇职工医疗保险参保人数46460人，享受待遇人员5961人，各项医疗保险基金收入合计23944万元，各项医疗保险基金支出23096万元。城乡居民医疗保险参保人数269013人，享受待遇人员138757人，保险基金收入30163万元，保险基金支出19880万元。享受城镇居民最低生活保障人数532人，城镇低保标准为790元/月，享受农村居民最低生活保障人数4641人，农村低保标准6720元/年。农村散居五保户人数1018人，农村集中五保户人数126人。公办社会福利机构3家，床位数405张，民办社会福利机构6家，床位数1135张。

【人民生活】居民人均可支配收入34164元，名义增长3.0%，全体居民人均消费性支出18665元，名义增长−6.0%；城镇常住居民人均可支配收入45098元，名义增长1.0%，城镇常住居民人均消费性支出23754元，名义增长−7.1%；农村牧区常住居民人均可支配收入20968元，名义增长6.5%，农村牧区常住居民人均消费性支出12561元，名义增长−0.4%。

（王　昆）

准格尔旗

【领导名录】

准格尔旗委员会

书　记：乔允利（2月离任）
　　　　王　瑞（6月任职）

副书记：王　枫（蒙古族，7月离任）
　　　　苏日嘎拉图（蒙古族，10月任职）
　　　　鲁占清

常　委：张银银（女，蒙古族）
　　　　白　雁（蒙古族）
　　　　宋　彦（蒙古族）
　　　　赵晨霞（女）
　　　　希　尼（蒙古族）
　　　　汪永志
　　　　张志远
　　　　贾广华（3月任职）
　　　　王景隆（3月任职）
　　　　宝　通（蒙古族，6月任职）

人大常委会

主　任：李银成

副主任：董五半
　　　　陈　杰
　　　　夏美斌
　　　　安　霞（女，蒙古族）

人民政府

旗　长：王　枫（蒙古族，8月离任）
　　　　苏日嘎拉图（蒙古族，9月提名旗长候选人）

副旗长：王建华（6月离任）
　　　　张银银（女，蒙古族）

贾广华
刘光明
屈树清
尹占义
宝　通（蒙古族，6 月挂职）、
王景隆（3 月挂职）

政协委员会

主　席：王　源（蒙古族）

副主席：赵永君
王俊凤（女）
万明盖（蒙古族）
李　栓

【概况】 准格尔旗地处蒙、晋、陕三省区交界地带，位于内蒙古自治区西南部、鄂尔多斯市东端，北、东、南分别与内蒙古自治区包头市土默特右旗，呼和浩特市托克托县、清水河县，山西省忻州市偏关县、河曲县隔黄河相望；南与陕西省榆林市府谷县为邻，西与内蒙古自治区鄂尔多斯市伊金霍洛旗、东胜区、达拉特旗接壤。总面积 7550.7876 平方公里，其中陆地面积 7358.1522 平方公里、水域面积 192.6354 平方公里。旗政府驻地薛家湾镇。2020 年，完成地区生产总值 751.9 亿元，同比下降 9.8%；一般公共预算收入 82.7 亿元，同比增长 0.1%；全年一般公共预算支出 86.78 亿元，下降 3.8%。固定资产投资增长 4.2%，城乡居民人均可支配收入分别增长 0.5% 和 5.7%。年内，全面落实上级各项助企纾困政策，新增减税降费 10 亿元，减免社会保险费 4 亿元，降低企业用电成本 2.34 亿元。推行集中审批、容缺审批等助力举措，开复工亿元以上重点项目 35 个，完成投资 115.6 亿元。建立重点企业融资需求项目库，开展融资私董会 29 场次，促成融资 15.8 亿元，有效解决中小企业融资难问题。优化财政支出结构，保基本民生、保工资、保运转，“三公”经费支出压减 4.2%。

【固定资产投资】 2020 年，全旗 500 万元以上固定资产投资同比增长 4.2%。其中民间投资同比下降 38.7%，民间投资占总投资比重 48.7%，较上年同期降低 33.8 个百分点。全旗亿元以上开工项目 45 个，比上年增加 6 个，亿元以上项目投资比上年增长 6%。其中：第一产业投资同比下降 76.1%，第二产业投资同比下降 2%，第三产业投资同比增长 28.7%。主要工业行业投资中，制造业投资同比下降 87.7%；采矿业投资同比下降 24.9%；电力、燃气及水的生产和供应业投资同比增长 41.1%。第三产业投资中，房地产投资同比下降 12.9%；交通运输仓储和邮政业同比增长 7.6%；水利、环境和公共设施管理业投资同比增长 77%；教育投资同比增长 217%。

【农牧业】 2020 年，农牧业生产稳中有进，一产增加值实现 12.6 亿元，同比增长 2.8%。全年实现农林牧渔及服务业总产值 21.31 亿元，其中：农业产值 12.43 亿元，林业产值 0.84 亿元，牧业产值 7.15 亿元，渔业产值 0.35 亿元，农林牧渔服务业产值 0.54 亿元。全旗完成农作物播种面积 44325.45 公顷，全年粮食总产量 21.92 万吨，同比下降 0.1%。牧业年度全旗牲畜总数达到 68.43 万头（只），较上年增加 2.89 万头（只）。

【林业】 2020 年，准格尔旗林业和生态建设实现森林面积、蓄积量双增长。截至年底，全旗森林总面积 408.48 万亩，同比增长 1.32%，其中：有林地面积为 141.25 万亩，灌木林地为 267.23 万亩；活立木蓄积量 220.46 万立方米，同比增长 1.69%；森林覆盖率 36.07%，同比提高 0.1 个百分点。全旗有疏林地 1.137 万亩，未成林造林地 33.4125 万亩，宜林地 5.6415 万亩，苗圃地 0.252 万亩，无立木林地 63.435 万亩，林业辅助生产用地 0.768 万亩，可以造林的宜林地块很少，尤其是集中连片地块。全年完成林业生态建设 7.63 万亩，其中完成造林 5.63 万亩、森林质量提升 2 万亩。

【工业】 2020 年，准格尔旗有规模以上工业企业 105 家，全年规模以上工业总产值同比下降

11.9%，销售产值同比下降 11.3%，工业产品产销率 100%。规模以上工业企业实现营业收入 787.5 亿元，同比下降 14.7%；利润总额 164.8 亿元，同比下降 31%；亏损企业 25 户，比上年下降 3.8%；亏损企业亏损额 25.6 亿元，同比增长 62%。全年主要产品产量完成：产销原煤 26248 万吨，下降 11.8%；全年发电 308.65 亿千瓦时，下降 5.6%，其中火电 278.41 亿千瓦时，下降 5.2%，水电 30.24 亿千瓦时，下降 8.6%；生产甲醇 266.35 万吨，增长 10.5%。全旗用电量为 94.74 亿千瓦时，下降 4.1%，其中工业用电 86.47 亿千瓦时，下降 4.6%。全年规模以上工业企业综合能源消费量为 1247.61 万吨标准煤，同比下降 0.1%。

【建筑业】 2020 年，全旗具有资质等级的建筑施工企业 14 个。全年总承包和专业承包建筑业总产值 9.04 亿元，同比下降 39.7%；竣工产值 4.15 亿元，同比下降 44.2%。建筑业企业房屋建筑施工面积 5205 平方米，同比下降 41.1%。

【商业】 2020 年，全年全旗社会消费品零售总额同比下降 5.5%。按经营地统计：城镇社会消费品零售额同比下降 6.3%，乡村社会消费品零售额下降 2.5%。按消费类型统计：商品零售额同比下降 4%，餐饮收入同比下降 14.6%。限额以上企业社会消费品零售总额同比下降0.6%。按商品类值分：粮油、食品类完成零售额同比增长 29.0%；中西药品类同比增长 92.2%；文化办公用品类同比增长 51.4%；汽车类同比下降 5.0%。

【城乡建设】 2020 年，准格尔旗加快推进新型城镇化建设，启动薛家湾北山北片区规划建设，薛大快速通道提升改造一期工程全部完工，年度棚户区改造任务基本完成，老旧小区、市政道路管网改造和天然气入户工程有序推进。全旗道路建成面积 477.83 万平方米，燃气普及率达 81.39%，污水处理率达 97.1%，生活垃圾无害化处理率达 98.42%。新增绿地面积 27.7 万平方米，全旗建成区绿地率达 41.46%，人均公园绿地面积达 19.48 平方米。城镇面貌在建管并重中不断改善。智慧准格尔建设稳步推进，城市公共服务和精细化管理水平不断提高，蝉联全国文明城市。农村人居环境持续改善，沙圪堵镇、十二连城乡、兴胜店村获评全国文明村镇。

【水利】 2020 年，准格尔旗完成壕赖沟小流域水保项目建设，新增治理面积 20 平方公里；风沙源二期工程顺利开工，批复新增治理措施面积 15 平方公里，总投资 1100 万元；布尔陶亥苏木生态水源工程完成主体工程建设；投入抗旱水源工程建设资金 240 万元，兴建抗旱水源工程 5 处。全年群众自筹抗旱救灾资金 1300 万元，抗旱浇灌面积 20.1 万亩，挽回粮食损失 3.6 万吨，挽回经济损失 0.58 亿元，有效解决 2400 人饮水困难。

【环境保护】 2020 年，准格尔旗环境质量在标本兼治中不断提升。统筹山水林田湖草沙系统治理，开展黄河流域生态保护和高质量发展规划编制工作，启动黄河西岸地质环境治理项目等重点生态工程建设，完成林业生态建设 7.6 万亩、草原建设 22.2 万亩、水土流失综合治理 3 万亩。巴润哈岱村被评为国家森林乡村。全面落实河长制，流域环境明显改善。强化矿区生态环境治理，计提矿山地质环境治理恢复基金 29.3 亿元，完成矿区复垦绿化 1.7 万亩，建成自治区级绿色矿山 24 座。持续加大“散乱污”企业治理力度，全旗全年空气质量优良天数为 321 天，优良率达到 90.42%，比上年下降 2.48%。龙王沟水环境治理工程建成投用，5 个国控断面地表水水质全部达标；扎实开展企业用地土壤污染状况详查工作，土壤环境质量总体稳定。

【三大攻坚战】 2020 年，准格尔旗三大攻坚战取得决定性成效。如期高质量完成脱贫攻坚任务，建立完善扶贫资产“三本台账”，累计形成扶贫资产 3.59 亿元。坚决防范化解重大风险，争取地方政府新增债券 5.5 亿元、抗疫特别国债 2 亿元，连续 3 年超额完成政府隐性债务化解任务，拖欠民营企业、中小企业无分歧账款全部清偿。污染防治攻坚战阶段性目标任务顺利完成。

【交通】 2020年，全旗实施续建项目1个，建设总里程44.6公里；实施新建项目3个，建设总里程67.23公里。全旗公路通车里程4499.197公里，其中高速公路里程274.07公里。铁路通车里程达710公里。

【旅游业】 2020年，全旗国家AAAA级旅游景区5个、旅行社7家，其中具有出境经营权的旅行社1家。全年全旗接待游客81.3万人次，实现旅游收入7.2亿元。准格尔旗获评2020中国最佳民族民俗文化旅游目的地、中国最美黄河峡谷风情旅游目的地、中国最具特色文化旅游节庆。

【金融保险】2020年，全旗金融机构总数达到21家，各类营业网点104个；各项存款余额664.07亿元，同比增长6.8%，其中：城乡居民储蓄存款余额426.81亿元，同比增长5.5%；各项贷款余额467.94亿元，同比增长16.3%。全年全旗保险业实现保费收入89090万元，同比下降0.5%。其中财产险保费收入32655万元，人寿险保费收入56435万元。全年保险赔付总额37091万元，同比增长101.7%。其中，财产险赔付29895万元，人寿险赔付7196万元。

【教育】 2020年，准格尔旗新续建学校幼儿园项目19个，建立研学实践教育基地6处；招聘引进教师384名；与国内名校合作办学，挂牌成立首都师范大学大路实验学校、幼儿园。全年发放各类资助金3043.3万元，办理生源地助学贷款810.1万元。全旗普通高中高考报名人数为1793人，文理科本科上线共计1484人，本科上线率82.8%。2020年年末，全旗共有各类学校和幼儿园96所，在校学生及幼儿60034人，教职工6074人，其中专任教师5352人。其中：幼儿园55所，在园幼儿13221人，教职工1673人，其中专任教师1413人；小学26所，在校学生27298人，教职工2151人，其中专任教师2038人；普通中学13所，在校学生16333人，教职工1951人，其中专任教师1619人；职业高中1所，在校学生3113人，教职工272人，其中专任教师256人；特殊教育学校1所，在校学生69人，教职工27人，其中专任教师26人。

【科技】 2020年，准格尔旗全年科技投入8671万元，占一般公共预算支出1%；争取上级科技专项资金2475万元。全旗有效期内高新技术企业19家，自治区级企业研发中心10家，自治区级工程技术研究中心3家。其中：新增自治区级企业研发中心2个，5家企业通过国家级高新技术企业认定。入库国家级科技型中小企业6家。久泰能源与清华大学开展技术开发合作。麻地梁煤矿成为自治区首个实现5G+智能开采的煤矿。

【文化】 2020年，全旗拥有文化馆1个，乡镇、街道文化站14个，公共图书馆2个，博物馆1个。全旗累计建设地面数字电视发射基站23个，“户户通”用户达6万户，广播“村村响”164套。全旗广播、电视综合覆盖率分别达到99.4%和99.12%。乌兰牧骑精神不断充实丰富，围绕脱贫攻坚和全面建成小康社会等主题，开展基层演出83场次、文艺辅导36次，惠及群众5万人次。漫瀚调音乐剧《牵魂线》参加自治区展演包揽8项大奖，漫瀚调现代戏《山那边》成功首演并赴自治区调演。准格尔旗成功蝉联全国文明县城，沙圪堵镇、十二连城乡及兴胜店村、薛家湾供电局、准能集团、建行准格尔分行被评为全国文明村镇、文明单位。

【卫生】 2020年，全旗共有公立医院4家，妇幼保健机构1个、疾病预防控制机构1个，苏木乡镇卫生院13个，社区卫生服务中心7个，社区卫生服务站5个、固定村卫生室120个。全旗卫生机构床位数1594张，卫生技术人员2640人。年内，招聘引进专业技术人员和卫生人才263名。投资1280万元，免费为全旗65周岁以上老年人接种新冠肺炎和流感疫苗，为全旗13周岁以上在校女学生接种宫颈癌疫苗。

【体育】 2020年，全旗共有各类体育场地902块（片、间），体育场地总面积965467平方米，其中室内场地318个，总面积64827平方米；室外场地221个，总面积900640平方米；全民健身场地363条（个），其中全民健身中心1个、健身房22个、全民健身路径325条、健康步道15个。全年举办各类体育赛事15项。

【社会保障】 2020年，全旗参加城乡居民养老保险132788人；参加职工基本养老保险77385人；参加城乡居民医疗保险241415人；参加工伤保险52802人；参加生育保险41069人。全年为全旗12457名企业离退休（遗属）人员累计发放待遇42149万元；为全旗5950名行政事业单位离退休（遗属）人员累计发放工资48003.86万元；为全旗51045人发放城乡居民养老金及支付其他待遇32783万元。年末全旗享受城镇最低生活保障776人，享受农村最低生活保障6709人。城镇最低生活保障标准提高到每人每月790元，农村最低生活保障标准提高到每人每月560元。全旗公办社会福利机构2家，床位260张；公建民营民办社会福利机构3家，床位380张；民办社会福利机构3家，床位794张。

【人民生活】 2020年，全旗全体居民人均可支配收入41424元，同比增长1.9%。城镇常住居民人均可支配收入51380元，同比增长0.5%；农村牧区常住居民人均可支配收入20944元，同比增长5.7%。全旗全体居民人均消费性支出25444元，同比下降2.6%。城镇常住居民人均消费性支出30332元，同比下降2.2%；农村牧区常住居民人均消费性支出15239元，同比下降0.6%。

【就业培训】 2020年，全旗培训城乡劳动力1682人，推荐就业83人，城镇实现新增就业4002人，其中准格尔旗籍大学生实现就业1533人，失业人员实现再就业412人，就业困难人员就业443人，城镇登记失业率2.4%。全年发放创业担保贷款5165万元，发放疫情防控期间以工代训补贴761万元。全旗失业保险参保人数为47569人，征缴失业保险费3304.21万元。

（李海峰）

伊金霍洛旗

【领导名录】

中共伊金霍洛旗委员会

书　记：华瑞峰（蒙古族）

副书记：苏新亚
　　　　王雁军

常　委：何向国（蒙古族）
　　　　刘槐予
　　　　金　山（蒙古族）
　　　　白剑刚
　　　　李治成
　　　　李春晖
　　　　阿拉腾达来（蒙古族）
　　　　赵　炜
　　　　田永东（6月挂职）
　　　　苏俊杰（3月挂职）
　　　　呼敏生

人民代表大会常务委员会

党组书记、主　任：郝永耀

党组成员、副主任：高永亮
　　　　杨达赖（蒙古族）
　　　　王允枫

副　　主　　任：韩　丽（女）

人民政府

旗　长：苏新亚

副旗长：刘槐予
　　　　白剑刚
　　　　田永东（挂职）
　　　　苏俊杰（挂职）
　　　　李晓刚

闫彩煜（女）

张 勇

孟都巴雅尔（蒙古族）

政协委员会

党组书记、主 席：巴图吉雅（蒙古族）

党组副书记：阿拉腾达来（蒙古族，6月任职）

党组成员、副主席：张子珍

高晓红（女）

副 主 席：史文英

解礼渊（女）

纪律检查委员会

纪委书记、监委主任：金 山（蒙古族）

【概况】 伊金霍洛，汉意为“圣主的院落”，因一代天骄成吉思汗陵园坐落于此而闻名于世，享有“天骄圣地、煤海绿洲”的美誉。地处鄂尔多斯市中南部，东与准格尔旗相邻，西与乌审旗接壤，南与陕西省神木市交界，北与鄂尔多斯市府所在地康巴什区隔河相望。全旗总面积5600平方公里，辖7个镇、138个行政村。2020年年末，全旗户籍总人口18.02万人，其中少数民族1.5万人。境内自然资源种类多、储量大、品位高，煤炭资源量多、质好、易采，具有“三低一高”（低硫、低灰、低磷和高发热值）的优质特点，已查明煤炭资源储量约560亿吨，保有储量325亿吨，年产煤炭2亿吨，是全国第三大产煤县和国家重要的能源战略基地之一，也是内蒙古重要的清洁能源输出基地。区位优越、交通便捷。地处呼（和浩特）包（头）鄂（尔多斯）榆（林）城市群腹地，是鄂尔多斯市城市核心区的重要组成部分，公路总里程达4259公里，铁路运营里程达238公里，鄂尔多斯伊金霍洛国际机场和鄂尔多斯火车站坐落境内，可直达北京、上海、广州、西安等大中型城市，是呼（和浩特）包（头）鄂（尔多斯）榆（林）及周边地区重要的立体化交通枢纽。生态良好、环境优美。现有林地面积303.1万亩，草原面积650万亩，森林覆盖率达36.4%，植被覆盖率达88%，成功申创成吉思汗国家森林公园，是“中国十佳绿色城市”“中国绿色名旗”“国家园林县城”。文化悠久、历史灿烂。境内有全国重点文物保护单位、国家AAAAA级景区成吉思汗陵旅游区和蒙古源流文化产业园、苏泊罕大草原旅游区、内蒙古佛教文化博览园3个国家AAAA级旅游景区，有全区保存最完整的郡王府，有距今4000多年的“朱开沟文化”遗址和距今2000多年的战国秦长城遗址，有全国最大的沙漠淡水湖红碱淖和北方地区罕有的红海子湿地等一大批历史、文化、宗教和自然景观。这里是世界蒙古族传统礼仪保存最为完整的地区，传承千年的“成吉思汗祭祀”和流传悠久的“鄂尔多斯婚礼”已被载入第一批国家级非物质文化遗产名录。

【经济运行】 全力扩大有效投资，建立重点项目统筹推进联动机制，实施500万元以上重点项目252个，完成投资115亿元。30个市级调度亿元以上重点项目全部开工、完成投资56.3亿元，开复工率全市第一、投资完成率全市第二。招商引资签约项目42个，到位资金33.2亿元。争取14.3亿元债券资金用于保障重点项目建设，资金争取额全市第一。全力保障能源供应，实施煤炭保供规范化专项行动，产销煤炭2.1亿吨，发电量117.3亿千瓦时、煤制天然气4.5亿立方米，分别增长8.8%和3.9%。全力稳定市场主体，实施援企稳岗行动，为各类企业减免税费9.5亿元，发放补贴880.3万元，金融支持“三农三牧”和中小微企业贷款余额分别增长11.2%和19.6%。规模以上工业企业产值、营业收入和利润总额分别达到687.5亿元、791.2亿元和240.6亿元。全力激发消费活力，在全市率先发放1000万元“惠民电子消费券”和1.4亿元应收账款债权流转凭证，促进消费市场持续回暖。

【产业转型升级】 新能源产业破题起步，牵头申报燃料电池汽车示范城市，总投资100亿元的远景现代能源装备产业园开工建设，天骄绿能50万千瓦光伏发电项目完成总工程量的75%。汇能14.2亿立方米煤制气二期、信诺正能30万吨产业链延伸等项目建设进展顺利。现代能源经济研究院课题研究成果在石拉乌素、红庆河等煤矿开展转化应用，49家在产煤矿全部在智慧能源服务平台上线交易，实现交易额57亿元，增加税收6734万元。现代服务业加快发展，双满福源、景宏天清等酒店启动运营，肯德基、必胜客、居然之家等知名连锁品牌入驻，商业业态更加完善。空港物流园区、札萨克物流园区获评“2020年度全国优秀物流园区”。

【三大攻坚任务】 脱贫攻坚收官。创新开展“四联一增”产业扶贫和企地合力助推消费扶贫行动，投入资金4974万元，实施云东肉羊、敏盖村肉牛养殖等产业扶贫项目15个，打造扶贫专馆专区9个、扶贫车间2个，龙头企业与贫困户实现利益联结全覆盖，带动贫困户年均增收5000元以上，村集体经济收入全面“破五清零”。金融风险有序化解。顶住财政收支矛盾加剧压力，化解政府隐性债务21.1亿元，超额完成年度任务，获得上级化债奖励资金9040万元。民营企业中小企业8.9亿元无分歧账款全部清偿，获评“全区清理拖欠民营企业中小企业账款工作先进集体”。帮助地方金融机构化解不良贷款18.9亿元，不良率低于全市平均水平3个百分点。污染防治成效显著。中央、自治区环保督察反馈问题全部整改，市级下达污染防治任务基本完成。实施各类生态建设工程18万亩，乌兰木伦村等3个村被认定为“国家森林乡村”。建成国家和自治区级绿色矿山17座。伊金霍洛旗生态建设经验入选“建设美丽中国实践案例”，“伊金霍洛荒漠化治理模式”为全国提供了成功样本。

【农牧业和气象】 全年农林牧渔业总产值16.05亿元，比2019年增长8.6%。其中，农业产值7.76亿元，增长12.7%；林业产值1.32亿元，下降11.4%；牧业产值6.08亿元，增长9.9%；渔业产值0.2亿元，下降0.7%；农林牧渔服务业产值0.68亿元，增长3.1%。全年农作物总播种面积3.4万公顷，比2019年增长2.6%。其中，粮食作物播种面积2.3万公顷，增长1.5%；经济作物播种面积1.1万公顷，增长5.4%。粮食总产量稳定在9万吨以上，达到9.6万吨，比2019年增长1.3%。年末牲畜总头数57.2万头（只），比2019年年末增长14.5%。其中，猪5万头，增长97.8%；羊49.4万只，增长6.1%；大牲畜2.8万头，增长232.0%。年末，全旗农牧业机械总动力22.5万千瓦，比2019年年末增长5.8%。拥有拖拉机5065台，农用水泵9610台，节水灌溉类机械246套，机动脱粒机580台。全年农作物机耕面积37.7万亩，机播面积34.9万亩，机电灌溉面积29.4万亩，机收面积19.8万亩。全年总日照时长2978.7小时，总降水量322.8毫米，最长连续降水量25.7毫米（8月28—31日），日最大降雨量20.2毫米（8月12日）。全年平均气温7.7℃，年极端最高气温34.1℃（6月5日），年极端最低气温−23.6℃（12月30日、12月31日）。全年无霜期总天数277天，终霜日期2020年4月11日，初霜日期2019年10月7日。

【工业和建筑业】 全年全部工业增加值比2019年下降8.8%。规模以上工业总产值下降8.5%。规模以上工业总产值分经济类型看，国有企业总产值下降37.0%，集体企业下降84.1%，股份制企业下降8.2%，外商及港澳台商投资企业增长114.8%。分门类看，采矿业下降9.3%，制造业下降19.4%，电力、热力、燃气及水生产和供应业增长5.5%。从主要工业产品产量来看，全旗规模以上工业企业原煤产量20843万吨，比2019年下降5.4%；油品产量59万吨，下降10.0%；煤制天然气产量4.5亿立方米，增长3.9%；发电量117.3亿千瓦时，增长8.8%。全年规模以上工业企业实现营业收入791.2亿元，比2019年下降 9.4%；实现利润 240.6 亿元，下降 15.2%；实现利税 386.6 亿元，下降 10.9%；营业收入利润率为 30.4%。全年建筑业增加值增长 27.9%。年末具有资质等级的总承包和专业承包建筑业企业 17 家，与 2019 年持平。全年建筑业施工企业房屋建筑施工面积 4.0 万平方米，比 2019 年下降 31.3%；房屋建筑竣工面积 2.5 万平方米，下降 53.2%。

【固定资产投资】 全年 500 万元及以上项目固定资产投资比 2019 年增长 5.0%。分产业看，第二产业投资增长 12.0%，第三产业投资下降 5.3%。分投资规模看，5000 万元及以上项目投资增长 4.2%，500 万—5000 万元项目投资下降 66.1%。全年房地产开发投资比 2019 年增长 203.4%。其中住宅投资增长 240.4%，办公楼投资下降 93.3%，商业营业用房投资增长 133.0%。

【国内贸易和旅游】 全年社会消费品零售总额比 2019 年下降 6.1%。限额以上单位商品零售额中，粮油、食品类零售额增长 19.6%，日用品类增长 42.5%，烟酒类下降 75.8%，汽车类下降 29.5%，石油及制品类下降 4.8%，饮料类增长 42.8%，家用电器和音像器材类下降 21.7%，服装、鞋帽、针纺织品类增长 48.3%。年末全旗拥有星级酒店 1 家，与 2019 年年末持平；各类旅行社 23 家，比 2019 年年末增加 1 家。拥有国家 A 级旅游景区 8 个，与 2019 年年末持平。其中 AAAAA 级景区 1 个，AAAA 级景区 3 个，AAA 级景区 2 个，AA 级景区 2 个。全年接待各类游客 319.2 万人次，下降 31.1%；实现旅游收入 31.9 亿元，下降 40.1%。

【交通运输】 2020 年年末公路总里程 4815 公里，比 2019 年年末增加 59 公里；铁路通车里程 264.4 公里，与 2019 年年末持平。鄂尔多斯伊金霍洛国际机场运营航线 49 条，比 2019 年年末减少 7 条；通航城市 50 个，比 2019 年年末减少 10 个。全年铁路旅客运输总量 48.5 万人次，比 2019 年下降 30%；铁路货物运输总量 14239.2 万吨，下降 0.7%。鄂尔多斯伊金霍洛国际机场民航旅客吞吐量 136.5 万人次，比 2019 年下降 49.4%；民航货邮吞吐量 0.5 万吨，下降 50.1%。

【财政和金融】 全年一般公共预算收入 75.7 亿元，比 2019 年增长 0.7%。其中，税收收入 63.6 亿元，下降 3.4%，占一般公共预算收入的比重为 84.0%；非税收入 12.1 亿元，增长 29.1%，占一般公共预算收入的比重为 16%。一般公共预算支出 86.1 亿元，比 2019 年增长 5.8%。年末金融机构人民币各项存款余额 539.9 亿元，比 2019 年年末增加 27 亿元，增长 5.3%；金融机构人民币各项贷款余额 211 亿元，比 2019 年年末增加 28.4 亿元，增长 15.6%。

【教育和卫生】 年末全旗拥有各类学校 26 所（不含学前和幼儿教育），其中中学 8 所，小学 18 所；专任教师 2119 名，其中中学 913 名，小学 1206 名；在校学生 22828 人，其中中学 5430 人，小学 17398 人。公办幼儿园 22 所，教职工 854 名，在园幼儿 6756 人；民办幼儿园 9 所，教职工 194 名，在园幼儿 2300 人。市一中分校、第八小学等 4 所学校建成投用，高考本科上线率由 75.1% 提高到 88.6%。年末全旗拥有医疗卫生机构 166 个，其中医院 14 个，专业公共卫生机构 4 个，基层卫生机构 148 个。医疗卫生机构拥有病床 1284 张，其中医院 871 张，专业公共卫生机构 100 张，基层卫生机构 313 张；拥有卫生技术人员 1542 人，其中执业医师、执业助理医师 584 人，注册护士 580 人，药剂人员 101 人，技师 102 人，其他卫生技术人员 175 人。旗医院改扩建工程、蒙医综合医院附属工程全面推进，通过国家卫生县城第四轮复审。

【城乡发展环境】 加快品质城市建设步伐，投入 1 亿元完成 25 个老旧小区维修改造和平安小区北片区、汽车城综合管网改造，步梯楼加装电梯工程稳步实施，居民生活更加舒心、更加便捷。乌兰木伦河三号桥主体完工。高标准建设水岸新城中心公园，精心打造母亲公园、乌兰木伦湖南岸等生态绿化景观，新增改造绿地面积66万平方米，人均公园绿地面积达到84.8平方米。房地产领域“入住难”“回迁难”“办证难”等群众关心的历史遗留问题解决率达到99.5%，居全市前列。东胜东至台格庙铁路开展前期工作，察汗淖集运站及铁路专用线、阿镇至圣圆煤化工基地快速通道全面开工。建成5G基站100个。新建改造供电线路342公里，完成15个村45个社中低压配电线路改造。“东水西调”一期工程建成投用，年供水能力达到5500万立方米。

【乡村振兴】 旗镇两级投入3.3亿元，实施农村牧区饮水安全、道路交通事故预防等48个民生实事项目。围绕“三区五业”发展布局，打造美丽乡村示范村5个、特色村4个、达标村3个，创建全市乡村振兴“五星”示范嘎查村2个。乐享农牧业一期15万头生猪养殖项目基本建成，敏盖羊绒加工厂、红庆河地产食品加工园等一批带动性强、利益联结紧密的产业项目投入运营，伊金霍洛肉牛和红庆河布拉鸽入选“全国名特优新农产品名录”，哈达图淖尔村获评全国“一村一品”示范村。农村牧区人居环境整治三年行动收官，生活污水集中处理率达到85%，无害化卫生厕所普及率居全区第三，垃圾集中清运处理实现全覆盖，嘎查村“三清一改”任务全部完成。哈沙图村获评“中国美丽休闲乡村”。伊金霍洛旗村级民主管理模式成为全区唯一入选“全国乡村治理典型案例”的县级案例，农村牧区公共服务建设经验入选“自治区首批农村牧区公共服务体系十大典型案例”。

【改革创新】 营商环境持续优化，电子营业执照全面推行，启用智慧政务云平台，开通“旗长热线”，政务服务网上可办事项达到93%，企业开办时间压缩至2.5个工作日以内，市场主体、注册资本和注册商标分别增长10%、48%和29%。深化“标准地+承诺制”改革，打造2711亩“标准地”，保障优质项目实现“拿地即开工”。制定出台国有企业负责人绩效考核、薪酬制度和工资总额管理办法，推进城投、文旅等国有企业低效无效资产剥离处置，国有企业整体运营效益大幅提升，较2019年减亏50%以上。蒙古源流文化产业园区荣获“2020年度中国版权最佳版权实践奖”。引进中国科学院深圳先进技术研究院，天骄众创园新孵化企业和社会组织46家，成功申报高新技术企业2家，申请专利、知识产权35项，内蒙古大学化工学院高性能稀土纳米粉体材料和水煤浆添加剂项目完成中试，神东8.8米超大采高智能综采工作面成套装备研发与示范项目获全国工业领域最高奖。

【民生保障】 全年全体居民人均可支配收入42675元，比2019年增长2.8%；全体居民人均消费性支出24030元，下降3.0%。按常住地分，城镇常住居民人均可支配收入52132元，增长1.5%；城镇常住居民人均消费性支出27928元，下降1.7%；农村牧区常住居民人均可支配收入21605元，增长7.7%；农村牧区常住居民人均消费性支出15143元，下降4.8%。年末参加城乡居民社会养老保险人数57190人，比2019年年末增长0.3%。参加城镇职工养老保险人数43634人，下降9.4%。参加基本医疗保险人数164668人，下降6.6%。其中，参加城乡居民基本医疗保险人数125162人，下降6.6%；参加职工基本医疗保险人数39506人，下降6.5%。参加失业保险人数33639人，增长6.6%。参加工伤保险人数43691人，增长13.3%。年末纳入居民最低生活保障人数3197人，比2019年年末增长4.2%。其中，纳入城镇居民最低生活保障人数341人，下降7.3%，纳入农村居民最低生活保障人数2856人，增长5.7%。全年发放居民最低生活保障金1913.7万元，比2019年增长12.5%。其中，发放城镇居民最低生活保障金281.4万元，增长13.1%；发放农村居民最低生活保障金1632.3万元，增长12.5%。年末城镇居民最低生活保障标准达到790元，比2019年提高115元；农村居民最低生活保障标准达到560元，比2019年提高43元。青青客舍高端人才公寓和劳动力资源市场建成投用，新增城镇就业2500人。自治区首家残疾人托养和综合服务中心投入使用。

【综合治理】 开展安全生产专项整治三年行动，全年未发生较大以上生产安全事故。扫黑除恶专项斗争圆满收官，“平安伊金霍洛”二期工程建成投用，刑事、治安案件分别下降29.7%和7.5%。修订出台《矿区移民安置补偿办法》，矿区群众合法利益得到更加有力保障。旗镇村三级矛盾纠纷多元化解服务中心投入使用，信访批次和人数分别下降59%和64%，中央巡视组移交信访事项妥善化解，新时代“枫桥经验”伊金霍洛实践取得显著成效。民族团结进步创建深入推进，中华民族共同体意识不断增强。退役军人服务工作走在全区前列，连续5届荣获“自治区双拥模范城”称号。“多元化社区警务引领县域社会治理”等2个案例入围全国第六届社会治理创新博鳌论坛。

【自身建设】 认真落实政府系统全面从严治党、从严治政主体责任和“一岗双责”责任制，煤炭资源领域专项巡视、集中核查反馈问题整改和人防系统腐败问题专项治理取得阶段性成效。持续精文减会，政府系统文件和会议数量分别下降5.4%和17%。政府带头过“紧日子”，压减旗级一般性支出预算16.5%，审减节约财政资金3.7亿元。自觉接受人大法律监督、工作监督和政协民主监督，高质量办理旗人大代表建议57件、政协委员提案72件。完成第七次全国人口普查任务。法治政府建设成效得到中央全面依法治国委员会督察组充分肯定。

（王海鷗　张瑞芳）

乌审旗

【领导名录】

中共乌审旗委员会

书　记：额登毕力格（蒙古族）

副书记：赵飞录

　　　　苏日嘎拉图（蒙古族，4月离任）

常　委：兰　天

　　　　苏新发

　　　　张志雄

　　　　冯志明

　　　　赵咏峰

　　　　李忠林

　　　　阿拉腾图雅（女，蒙古族）

　　　　黄　丹

　　　　林永刚

人大常委会

主　任：宝音满都呼（蒙古族）

副主任：栗秀峰

　　　　王永清

　　　　王·吉日格勒（蒙古族）

　　　　何乌兰（女，蒙古族）

人民政府

旗　长：赵飞录

副旗长：张志雄

　　　　李忠林

　　　　阿古拉（蒙古族，6月挂职）

　　　　林永刚（3月挂职）

　　　　高　虎

　　　　周　帅

　　　　巴音青克乐（蒙古族）

　　　　刘　郑（挂职，7月离任）

政协委员会

主　席：郝　伟

副主席：雷·哈斯（女，蒙古族）

　　　　李·吉日木图（蒙古族）

王 刚

乌云毕力格（蒙古族）

纪律检查委员会

纪委书记、监委主任：兰 天

【概况】 乌审旗位于内蒙古自治区最南端，鄂尔多斯市西南部，地处毛乌素沙漠腹地。全旗总面积11645平方公里，下辖6个苏木镇、61个嘎查村。2020年，全旗总人口为117547人，比2019年同期增加585人，其中少数民族34035人，占全旗总人口的比重为28.95%。2020年，全旗完成地区生产总值316.89亿元，按第四次全国经济普查修订数据后同口径可比价计算，比2019年增长1.2%。分产业看，第一产业增加值17.36亿元，增长3.4%；第二产业增加值219.8亿元，增长0.7%；第三产业增加值79.73亿元，增长2.0%。三次产业增加值比例调整为5.4 ∶ 69.4 ∶ 25.2。2020年，全旗地方财政总收入累计完成744495万元，同比下降4.6%，其中，公共财政预算收入301234万元，同比增长15.4%；上划中央税收收入197833万元，同比下降20.3%；上划自治区税收收入169891万元，同比下降8%；上划市级税收收入75537万元，同比下降11.8%。全年地方财政支出504001万元，同比增长16.4%，其中，社会保障和就业支出44766万元，同比增长3.1%；卫生健康支出30021万元，同比下降17.2%；教育支出54096万元，同比增长15%。

【农业】 全旗农作物播种面积达到96.92万亩，其中粮食播种面积达到61.66万亩，经济作物播种面积达到35.25万亩。全年粮食总产量24.08万吨。全年现价农林牧渔及服务业总产值30.02亿元，其中，农业产值15.93亿元，林业产值0.53亿元，牧业产值12.79亿元，渔业产值0.22亿元，农林牧渔服务业产值0.55亿元。全旗农牧业机械总动力523021.67千瓦；拥有联合收割机287台；拖拉机5956台；农用排灌机械14891台（套），其中节水灌溉类机械1506套。

【畜牧业】 全年畜禽存栏达到1395852头（只）。

【林业】 2020年，全旗森林面积576万亩，森林覆盖率32.92%。全年共完成林业生态建设任务15.47万亩，其中新造林5.5万亩、退化林分修复8.87万亩、森林抚育1.1万亩。

【水利】 2020年，全旗水利重点项目有12项，总投资21358万元，完成水利水保投资10799万元。全年，共受理61个项目的建设项目取水许可申请，出具35份水行政许准予决定书，核发15份取水许可证并且全部实现网上录入登记管理。验收15个项目取水许可现场，完成了全年水资源税水量核定工作。全旗共计核发合规灌溉机电井证3837张，组织编制《鄂尔多斯市乌审旗地下水生态保护规划》《乌审旗水资源综合利用规划》。

【工业和建筑业】 2020年，全旗实现规模以上工业增加值按可比价比2019年增长3.1%，全旗规模以上工业企业24家，总产值达到370.43亿元，同比下降6.51%。销售产值374.82亿元，同比下降6.23%。工业产品产销率达101.2%。规模以上工业企业实现主营业务收入378.6亿元，同比下降7.6%；利税总额64.1亿元，同比下降18.2%；利润总额29.9亿元，同比下降47.8%。全旗具有资质等级的建筑施工企业4家。建筑业企业房屋建筑施工面积3.15万平方米，竣工面积2.89万平方米。

【固定资产投资】 全旗500万元以上固定资产投资同比增长6.5%。其中民间投资同比增长468.6%，民间投资占总投资比重7.87%。全旗5000万元以上项目39个，5000万元以上项目投资额比2019年增长8.85%。从三次产业来看，第一产业完成投资同比增长897%，占全部投资比重为2.12%；第二产业完成投资同比下降25.2%，占全部投资比重为63.68%；第三产业完成投资同比增长297.8%，占全部投资的比重为34.2%。从行业投资看，基础设施投资比2019年增长96.2%；制造业投资比2019年下降18.6%；房地产开发投资比2019年增长776.6%。

【城镇建设】2020年，全旗集中供热面积461万平方米。全旗污水处理率达95.04%，燃气普及率达99.49%，生活垃圾无害化处理率达99.17%。建城区绿化覆盖率达到45.42%，绿地率达到42.85%，人均公园绿地面积达28.31平方米。

【体育】2020年，承办乌审旗职工运动会等6个职工比赛，举办那达慕等20场次群众性比赛。全旗社会体育指导员达到1231名，其中国家级社会体育指导员9人、一级社会体育指导员42人、二级社会体育指导员71人、三级社会体育指导员1109人。全旗共有5家游泳馆、2家健身房、12家台球厅和38家体彩销售网点。全年体育彩票总销量为4630万元。

【基础设施建设】2020年，G242线嘎鲁图至补浪河二级公路主体完工，通史至第二净化厂三级公路大修和10条村社公路通车。乌审500千伏输变电工程开工，新改造农网376公里。新建通信基站42座，嘎鲁图镇区开通5G网络。无定河、乌审召镇区管网工程基本完工。

【防范化解重大风险】2020年，化解政府隐性债务14.7亿元，民营企业无分歧账款应清尽清，为农牧民置换高利率贷款1.5亿元，争取上级债券资金8.9亿元。评估收回嘎鲁图至大草湾蒙陕界一级公路等国有资产。协调金融机构展期降息27.04亿元，不良贷款率持续下降。

【环境保护】2020年，全旗城市环境空气质量全年好于国家二级标准优良天数315天，污染天数26天，其中无重度污染。全旗二氧化硫均值为15微克/立方米，同比下降16.6%，二氧化氮均值为17微克/立方米，同比上升13.3%，可吸入颗粒物年平均浓度49微克/立方米，同比下降7.5%，全旗城镇集中式饮用水源地的水质达标率100%。

【交通】全年各种运输方式完成货运量4077.96万吨，同比增长7.53%。其中，铁路货运量2065.76万吨，同比增长12.95%；公路货运量2012.2万吨，同比增长2.48%。完成公路货物周转量241699万吨公里，同比增长1.54%；公路客运量21112人，同比减少86%；旅客周转量429万人公里，同比减少86%。全旗公路通车总里程达4168.84公里，公路密度为35.8公里/百平方公里。2020年年末，全旗拥有出租车200辆、客运班车61辆、公交车22辆。

【商业】全旗社会消费品零售总额同比下降6.6%。按销售区域分，城镇消费品零售额同比下降6.8%；乡村消费品零售额同比下降6.1%。

【旅游业】2020年，全旗A级旅游景区5个。其中，AAAA级旅游景区2个，AAA级旅游景区2个，AA级旅游景区1个，全旗旅行社3家。全年共接待游客110万人次，同比下降16.6%。实现旅游收入31亿元，同比下降26.6%。

【金融保险】2020年，全旗金融机构各项人民币存款余额1175657.7万元，比2019年年末增加246368.7万元，同比增长26.51%，其中，单位存款余额351467.38万元，比2019年年末增加107907.38万元，同比增长44.3%；个人储蓄存款余额824186.45万元，比2019年年末增加138459.45万元，同比增长20.19%。年末全旗金融机构各项人民币贷款余额1250822万元，比2019年年末增加208650.02万元，同比增长20.02%。全旗共有保险机构13家，全年保险收入22024万元。

【科技】2020年，组织企业申报自治区、市级各类科技计划项目12项，争取上级各类科技专项资金89.46万元。新建成自治区级科技特派员工作站1处、自治区级企业研发中心2处，中煤蒙大新能源化工有限公司等3家企业通过高新技术企业复审，全旗高新技术企业达到10家。

【教育】2020年，全旗有各类学校、幼儿园49所，其中，完全中学1所，高级中学1所，职业中学1所，九年一贯制学校2所，初级中学1所，小学

11所，幼儿园32所。在校中小学生幼儿24291人。小学适龄儿童入学率达100%。教职工2602人，其中专任教师1965人。注册民办幼儿园21所，共有幼儿3546人。招考引进教师205名，乌审召小学等4个教育项目完工，新建蒙古族第二实验小学和改扩建第一幼儿园项目抓紧实施。

【文化】 2020年，全旗登记备案艺术表演团体92个，专业文艺团队2个（乌兰牧骑、马头琴乐团），文化馆1个（包括1个总管、6个分馆），公共图书馆1个。截至2020年年底，全旗拥有地面数字主站2个、基站5个，有线数字电视用户38500户，广播电视覆盖率达97.8%。

【扶贫工作】 2020年，全旗落实扶贫资金1900万元，实施33项产业项目，19家驻地企业参与消费扶贫。全旗建档立卡贫困户349户845人，全部稳定脱贫。

【卫生】 2020年，全旗共有公立医疗卫生单位15个，6个旗级医疗卫生单位（旗人民医院、旗蒙医医院、旗妇幼保健计划生育服务中心、旗疾病预防控制中心、旗卫生计生综合监督执法局、健康教育所），8个苏木镇卫生院（6个中心卫生院、2个普通卫生院），1个社区卫生服务中心。有60个嘎查村卫生室；6个社区卫生服务站。有民营医院4家（广济、博仁、静心园康复中心、新康中医院）、个体诊所26个（西医3个、藏医1个、蒙中医10个、口腔五官4个、中西综合诊所8个）。全旗医疗机构有职员1116人，其中卫生专业技术人员891人；持有执业资格人员：执业医师267人、注册护士303人，药师51人，技师51人；嘎查村卫生室共有从业人员81人；全旗医疗机构编制床位数为678张，实有床位数为506张。考聘医技人员46人，为5579名适龄妇女免费体检，旗人民医院传染病区和残疾人康复中心主体完工，投入6500万元更新医疗设备。建成鼠疫防控监测站。

【疫情防控】 累计排查中高风险地区往来人员5.6万人次，开展核酸检测2.06万人（份），免费接种新冠肺炎疫苗7664针剂，未发生输入性病例。

【就业】 2020年，城镇新增就业1456人。失业人员再就业167人，就业困难人员实现再就业184人。全旗实有登记失业人员1709人。城镇登记失业率为3.08%，比2019年增加0.03个百分点。

【社会保障】 2020年，全旗参加城镇职工基本养老保险23608人，参加城乡居民养老保险39391人。参加城镇农村医疗保险84230人。参加生育保险18280人。参加工伤保险21354人，参加失业保险16267人。城镇最低生活保障标准为每人每月200—790元，享受人数为388人，全年累计发放金额245.62万元。农村牧区最低生活保障标准为每人每月200—560元，享受人数为2239人，全年累计发放金额915.74万元。全旗各类收养性福利事业单位2家，床位300张，收养各类人员120人。

【人民生活】 2020年，全体居民人均可支配收入36540元，同比增长3.4%；城镇常住居民人均可支配收入达到48290元，同比增长1.3%；农村牧区常住居民人均可支配收入达到21836元，同比增长8.4%。全体居民人均消费性支出20522元，同比增长0.1%；城镇常住居民人均消费性支出23332元，同比增长2.1%；农村牧区常住居民人均消费性支出16701元，同比下降1.7%。城镇居民家庭食品消费支出占家庭消费总支出的比重为19.3%，农村为25.7%。城镇居民人均住房建筑面积41平方米，农牧民人均住房面积45平方米。每百户城镇居民拥有家用汽车76辆，较2019年增加1辆；每百户农牧民拥有家用汽车71辆，较2019年增加2辆。

【乌审旗开通铁路客运列车】 1月10日，包西线鄂尔多斯境内新增包头东—乌审旗6859/6860普速列车一对，乌审旗境内一共停靠4个站，分别是：图克、大牛地、乌兰陶勒盖、乌审旗站。此趟线路的开通，结束了乌审旗不通铁路客运列车的历史。

【乌审旗以最高礼仪欢迎抗疫英雄回家】 4月15日下午，援鄂英雄郭小兵完成援助任务，经过14天休养，平安返回乌审旗。乌审旗以最高的礼遇、最隆重的仪式欢迎战疫英雄平安归来。旗委副书记、政府旗长赵飞录等旗领导参加欢迎仪式。赵飞录在致辞中首先代表旗委、政府和13万名各族干部群众，对郭小兵平安归来致以崇高的敬意和诚挚的问候，并向家属表示衷心的感谢。

【乌审旗第十三届鄂尔多斯蒙古族民风民俗旅游风情节暨第十四届察罕苏力德那达慕】 8月21日，第十三届鄂尔多斯蒙古族民风民俗旅游风情节暨第十四届察罕苏力德那达慕在察罕苏力德生态旅游区开幕。此次系列活动紧扣“统筹抓好常态化疫情防控与旅游业可持续发展、提振旅游消费、促进消费回补和潜力释放”这一主题，开展系列参与体验活动。活动包括国家非物质文化遗产“察干苏力德祭”、烤全牛展演免费品尝活动、那达慕大会等，此外还安排了察罕苏力德草原狂欢夜、文化独贵龙展演、马头琴表演、乌兰牧骑展演及乌审味道、物资交流大会、乌审旅游商品展示展销等精彩活动。

【“绿色乌审”治沙群体被授予“北疆楷模”荣誉称号】 9月29日，自治区党委宣传部在呼和浩特举办“绿色乌审”治沙群体先进事迹发布会，授予他们“北疆楷模”荣誉称号。自治区党委常委、宣传部部长白玉刚，自治区副主席李秉荣出席发布会并颁发“北疆楷模”奖牌、证书和奖章。地处毛乌素沙地腹部的乌审旗，是毛乌素沙地内面积最大、分布最广、受危害最严重的地区。新中国成立之初，乌审旗只有464亩人工林和1938棵零星树，荒漠化和沙化土地占国土总面积90%以上，森林覆盖率仅为2.6%。在植树造林、改造自然的征程中，乌审人民敢想敢干，守望相助，创造性地把生态建设与经济建设、社会建设、文化建设、党的建设有机结合，形成“绿色乌审”发展理念，实现从“沙进人退”到“人沙和谐”的历史转变，涌现出以谷起祥、宝日勒岱、殷玉珍、盛万忠、乌云斯庆等为代表的一大批治沙英雄，为推动“绿色乌审”在新时代实现“绿色崛起”奠定了坚实的生态基础。

【巴图湾水库除险加固工程开工】 10月30日，巴图湾水库除险加固工程开工现场会在乌审旗巴图湾水库召开。自治区水利厅和市水利局相关负责人参加了现场会。巴图湾水库位于乌审旗境内黄河支流无定河的上游，工程始建于1972年。是一座以工业供水为主、兼顾防洪、灌溉、发电、水产养殖、生态等综合利用的大(2)型水利枢纽工程。此次的除险加固工程总投资1.54亿元。该工程在建成后将使无定河两岸绿色生态长廊建设更加完善、生态安全屏障作用更加凸显。

（布日古德）

杭锦旗

【领导名录】

中共杭锦旗委员会

书　记：金广军（蒙古族）

副书记：王羽强

　　　　贾玉宝

人民代表大会常务委员会

主　任：刘俊杰

副主任：张增明

　　　　哈文华（蒙古族）

　　　　刘玉前

　　　　席向春（女）

人民政府

旗　长：王羽强

副旗长：乔小军

任光飞

韩瑞平（挂职，6月任职）

云小平（挂职，4月任职）

郝生荣（蒙古族）

包德博信其木格（女，蒙古族）

阿拉腾巴特尔（蒙古族）、刘志军

政协杭锦旗委员会

主　席：乌力吉吉日嘎拉（蒙古族）

副主席：巩智勇

冯玉宽

武　娜（女）

格吉乐图（蒙古族）

纪律检查委员会监察委员会

书记、主任：李文明

【概况】 杭锦旗地处内蒙古自治区鄂尔多斯市西北部，东与达拉特旗、东胜区接壤，南与伊金霍洛旗、乌审旗为邻，西与鄂托克旗毗连，北与巴彦淖尔市隔黄河相望。地跨鄂尔多斯高原与河套平原，地理坐标位于北纬39° 22′ 22″ —40° 52′ 47″ 、东经106° 55′ 16″ — 109° 16′ 08″ 。杭锦旗位于黄河“几”字湾南岸，黄河流经杭锦旗249公里，库布齐沙漠横亘东西。杭锦旗总面积1.89万平方公里，辖2个工业园区、5个镇、1个苏木、76个嘎查村、13个社区，总人口14.6万元，其中蒙古族人口2.7万元，是一个以蒙古族为主体，汉族占多数的民族地区。北距鄂尔多斯机场100公里、包头机场200公里、中蒙边境甘其毛都口岸370公里。包兰铁路、乌锡铁路、塔韩铁路纵横交错，荣乌高速、京藏高速、316省道、109国道、242国道、S24兴巴高速、S215一级公路等主干道贯穿全境。地势南高北低，东高西低。境内地形地貌由黄河冲积平原、沙地沙漠、波状高平原和础砂岩丘陵镶嵌排列，具有明显的带状分布规律；北部是黄河南岸的冲积平原，平均宽度约10公里，地势平坦，海拔在1012—1080米，西高东低，杭锦淖尔隆茂营村毛布拉格孔兑沟入黄河处，为杭锦旗最低点，海拔为1012米。地质结构为陷落地堑盆地，为厚层细沙及黏土状的第四纪洪积—冲积—湖积物覆盖，厚度达数百米；中北部是横跨全旗的库布齐沙漠，境内东西长180公里，南北宽40—70公里，面积为7668.50平方公里，占全旗土地总面积的40.54%，海拔1040—1360米，西高东低，风沙地貌十分发达，形成以新月形沙丘链、沙垄和蜂窝状沙丘为主的浩瀚的沙漠景观。伏沙为风积、残积物堆积，沙丘多就地形成，沙源来自下伏物质就地吹扬风积，其次是邻近地区的风积物；库布齐沙漠以南的中南部地区是波状高平原和丘陵地带，丘陵分布在东西两端，中部为波状高平原，海拔一般在1068—1619.5米，东西两端的丘陵区侵蚀、切割强烈，水土流失严重。东部丘陵区塔然高勒管委会境内的乌兰补拉格海拔1619.5米，是杭锦旗的最高点；东南部为毛乌素沙地边缘，海拔为1193—1550米，以固定和半固定沙丘为主，流动 沙丘很少。沙丘形态以新月形沙丘和新月形沙丘链为主。库布齐沙漠起源于西部，横亘东西，将全旗分为北部沿河区、南部梁外区。梁外位于库布齐、毛乌素沙漠的中间地带，属于荒漠、半荒漠草原；以草原、天然林保护区为主，草原辽阔。沿河紧靠黄河南岸，属东西狭长的黄河冲积平原，地势平坦、水源充沛，土壤肥沃。截至2020年年底，杭锦旗户籍人口142817人，总户数65261户。其中，城镇人口26523人，占总人口18.58%；农村人口116294人，占总人口81.42%。按性别分，男性72600人，占总人口50.83%；女性70217人，占总人口49.17%。杭锦旗是一个多民族地区，杭锦旗有19个民族，其中，汉族人口114750人，占总人口的80.35%；蒙古族人口27682人，占总人口 19.38%；其他少数民族人口为 385 人，占总人口的 0.27%。2020 年，杭锦旗地区生产总值完成 128.83 亿元，扣除价格因素，同比增长 2.3%。一般公共预算收入 6.2 亿元，增长 17.8%；固定资产投资增长 5.1%；城乡常住居民人均可支配收入分别达到 45525 元、21520 元，增长 1.4%、7.5%。分产业看，第一产业完成 24.25 亿元，同比增长 3.2%；第二产业完成 57.41 亿元，同比增长 2.9%，其中：全部工业完成 47.07 亿元，同比下降 3.8%，建筑业完成 10.34 亿元，同比增长 54.2%；第三产业完成 47.18 亿元，同比增长 1.3%。三次产业结构比例为 18.8 ∶ 44.6 ∶ 36.6。

【农牧业】 全年农林牧渔及服务业总产值 40.2 亿元，其中，农业产值 25.5 亿元，林业产值 1.4 亿元，牧业产值 12.5 亿元，渔业产值 0.3 亿元，农林牧渔服务业产值 0.5 亿元。

种植业　农作物总播面积预计达到 113.98 万亩，同比增长 4.7%。粮食作物播种面积 67.89 万亩，同比增长 6.1%；粮食产量 369300 吨，同比增长 0.1%，其中，小麦产量 959 吨，玉米产量 347302 吨。

畜牧业　2020 年，牲畜总头数 1367809 头，其中：大牲畜 44752 头，羊 1293273 只，猪 29784 头。

【工业】 2020 年，规模以上工业企业 34 家，工业增加值按可比价同比下降 2.7%，实现工业总产值 162.43 亿元，同比下降 9.8%。分行业看，采矿业 7.05 亿元，化学原料和化学制品制造业 79.94 亿元，医药制造业 1.77 亿元，非金属矿物制品业 0.34 亿元，金属制造业 0.05 亿元，电力、热力生产和供应业 49.48 亿元，燃气生产和供应业 22.16 亿元，水的生产和供应业 1.64 亿元；完成销售产值 162.92 亿元，同比下降 12.0%；工业产品产销率 100.3%，产销衔接良好。规模以上工业企业实现主营业务收入 180.42 亿元，同比下降 5.4%；利税总额 4.15 亿元，同比下降 25.6%。亏损企业 8 户，比 2019 年增加 3 户，企业亏损面 21.6%。

【固定资产投资】 2020 年，全社会固定资产投资项目 69 个（新建项目 16 个、续建 53 个），杭锦旗固定资产投资同比增长 5.1%。按产业分：第二产业同比增长 16.2%，第三产业同比下降 29.9% 。民间投资同比下降 72.4%，房地产开发投资同比下降 71.7%。

【交通邮政】 截至 2020 年年末，杭锦旗境内公路总里程达到 5384.47 公里。其中，高等级公路里程 439.55 公里。高等级公路中，高速公路 253.74 公里、一级公路 185.81 公里。铁路里程 108 公里。全年公路货运量 201.68 万吨，货物周转量 12136.55 万吨公里。公路客运量 6.52 万人次，旅客周转量 1200.57 万人公里。全年邮政业务收入实现 784 万元，同比增长 9.0%。

【商业】 全年完成社会消费品零售总额 14.29 亿元，同比下降 5.7%。按销售地区分，城镇零售总额完成 10.89 亿元，同比下降 5.8%；乡村零售总额完成 3.40 亿元，同比下降 5.6 %。限额以上企业实现社会消费品零售总额 0.86 亿元，同比下降 1.7%。按商品类值分，中西药品类完成零售额 0.32 亿元，同比增长 21.6%；汽车类完成零售额 0.54 亿元，同北下降 11.7%。

【文化】 2020 年，杭锦旗旗直文化部门 1 个，各苏木镇文化站 7 个。文化旅游系统工作人员 125 人。其中，专业技术人员 81 人。图书馆总藏书量 12.3 万册（件），杂志 78 种、报纸 15 种。地面数字电视发射台 15 座（自有 3 座、租用 12 座），中央广播电视无线数字地面发射台 4 座，调频广播发射台 4 座。数字电视用户 2 万户，其中：地面数字无线用户 1.2 万户，有线电视用户 8000 户。电视综合覆盖率达到 90%，广播综合覆盖率达到 90%。

【旅游】 杭锦旗有旅游企业 51 家。其中，旅行社 6 家，AAAA 级景区 3 家，AAA 级景区 1 家，AA 级景区 2 家，景点 1 家，星级酒店 3 家，自治区级星级农牧家乐 13 家，市级农牧家乐接待户 4

家，旗级农牧家乐12家，休闲观光旅游农牧业庄园6家。全年累计接待游客人数是53.81万人次，实现旅游收入2.84亿元。

【教育】 2020年，杭锦旗有各类学校29所(民办2所)。其中，幼儿园19所（公办幼儿园17所，其中，包括4所分园，民办幼儿园2所），小学5所（民族小学1所），中学5所（初级中学1所，九年一贯制学校2所，完全中学2所）。杭锦旗在校学生人数15059人，其中，在校幼儿3815人，在校小学生7159人，在校中学生4085人（初中生3019人，高中生1066人）。杭锦旗有专任教师1628人，其中，幼儿园专任教师434人，小学专任教师632人，中学专任教师562人（初中专任教师401人，高中专任教师161人）。

【卫生】 2020年，杭锦旗有旗直医疗、预防、保健、爱国卫生、卫生监督机构6个，基层卫生院12所，社区卫生服务中心1个，嘎查村卫生室78个，民营医院1所，个体医疗诊所47个。拥有卫生专业技术人员750名，其中高级职称110人、中级职称129人、初级及其他人员511人；具有硕士研究生学历的7人、大专以上学历的494人；各类卫生技术人员中，执业及助理医师278人，护理人员271人、其他专业技术人员201人。卫生专业技术人员699人，其中，高级职称110人，中级职称129人，初级及其他人员460人。杭锦旗有病床631张，其中，旗直410张，基层172张，妇幼保健49张。平均每千人口拥有床位数4.5张。平均每千人口拥有医务人员5.1名。

【体育】 国家级社会体育指导员6人、自治区一级社会体育指导员35人、市二级社会体育指导员62人、旗三级社会体育指导员418人。年内举办2项重要体育赛事。杭锦旗有1个旗级全民健身中心、1个旗级乒乓球馆。体育场地面积32.73万平方米，人均拥有体育场地面积2.82平方米。完成体育彩票销售1573.15万元。

【财政金融】 2020年，杭锦旗地方财政一般公共预算收入累计完成62339万元，同比增收9437万元，较2019年同期增长17.8%。分地区看：旗本级完成52031万元；同比增收10285万元，增长24.6%；工业园区完成10308万元（其中：新能源工业园区3453万元，独贵园区6855万元），同比减收848万元，下降7.6%。分部门看，税务部门完成43173万元，同比增收3484万元，同比增长8.8%；财政部门完成19166万元，同比增收5953万元，同比增长45%。2020年，杭锦旗公共财政支出累计完成347897万元，同比增加支出57498万元，同比增长19.8%。

【人民生活】 全年居民人均可支配收入实现34255元，同比增长3.5%，其中，人均工资性收入14116元，同比下降1.4%；经营净收入18231元，同比增长5.5%；财产净收入414元，同比增长9.2%；转移净收入1494元，同比增长36.2%。全年居民人均消费支出18608元，同比下降6.1%；其中食品消费支出占家庭消费总支出的比重为30.75%，每百户居民拥有家用汽车76辆，较2019年上涨10%。全年城镇常住居民人均可支配收入实现45525元，同比增长1.4%，其中，人均工资性收入34140元，同比增长2.8%；经营净收入10534元，同比增长2.8%；财产净收入1035元，同比增长4.3%；转移净收入-185元，同比下降141.3%。全年城镇常住居民人均消费支出21496元，同比下降5.5%，其中食品消费支出占家庭消费总支出的比重为28%，每百户城镇居民拥有家用汽车95辆，较2019年上涨6.7%。全年农村牧区常住居民人均可支配收入实现21520元，同比增长7.5%。转移净收入2011元，同比增长72.1%。全年农村牧区常住居民人均生活消费支出15339元，同比下降5.2%，其中食品消费支出占家庭消费总支出的比重为36%，每百户农牧民拥有家用汽车56辆，较2019年增长16.7%。

【环境保护】 城市环境空气质量全年好于国家二级标准优良天数339天，其中：轻度污染21天，中度污染 1 天，无重度污染，严重污染天数 2 天。优良天气达到 93.9% 以上。杭锦旗二氧化硫浓度为 20 微克 / 立方米，二氧化氮浓度为 15 微克 / 立方米，PM2.5 浓度为 21 微克 / 立方米，城镇集中式饮用水源地的水质达标率 100%。

【就业和社会保障】 全年新增就业人员 1198 人，城镇登记失业率为 3.1%。2020 年，城镇职工基本养老保险参保 24694 人（包括企业在职参保人员 9209 人，机关事业单位在职 7705 人，企业离退休人员 4214 人，机关事业单位离退休人员 3566 人），工伤保险参保 13677 人，城乡居民社会养老保险参保 66192 人。失业保险人数 9085 人，征收基金 875.34 万元，发放人数 280 人，发放失业保险金 154.07 万元。2020 年，杭锦旗城乡居民医疗保险参保 100414 人。全年统筹基金收入 10833.78 万元，统筹基金支出 11288.76 万元，累计报销 38400 人次。

2020 年年末，享受城镇低保对象 250 人，享受农村低保 1582 人。全年发放城镇低保资金 189.04 万元，发放农村低保资金 741.72 万元。

【荣誉奖励】 2020 年，杭锦旗以全国排名第 45 位的综合成绩荣获“第六届全国文明城市”称号，成为年内全自治区唯一获此殊荣的旗县。

（薛福茹）

鄂托克旗

【领导名录】

中共鄂托克旗委员会

书　记：曹文清（10 月免职）

副书记：王国泉（1 月任职）

　　　　武占宽

常　委：乌仁其木格（女，蒙古族，3 月免职）

　　　　姜　雷（6 月任职）

　　　　贾　瑞

　　　　尚二平

　　　　张志明（7 月免职）

　　　　秦　磊（3 月任职）

　　　　赵　栓

　　　　李大军

　　　　格日勒图

人大常委会

主　任：单立新（蒙古族）

副主任：康占林

　　　　巴雅尔图（蒙古族）

　　　　萨仁托雅（女，蒙古族）

　　　　王海涛

人民政府

旗　长：王国泉（1 月任职）

副旗长：姜　雷（6 月挂职）

　　　　贾　瑞

　　　　秦　磊（3 月挂职）

　　　　哈永宏（蒙古族）

　　　　李瑞敏

　　　　姚　刚（6 月挂职期满）

　　　　满成云（蒙古族）

　　　　三力儒

　　　　张　军

　　　　乌云巴根（蒙古族）

政协委员会

主　席：吕瑞亨

副主席：敖腾巴雅尔（蒙古族）

　　　　乌　都（蒙古族）

　　　　白牡丹（女，蒙古族）

纪律检查委员会

纪委书记、监委主任：李大军（1 月任职

　　　　12 月离任）

【概况】 鄂托克旗位于内蒙古自治区鄂尔多斯市西部，地处北纬 38° 18′—40° 11′、东经 106° 41′—108° 54′，东邻杭锦旗，西连宁夏平罗县陶乐镇并与石嘴山市和阿拉善盟隔河相望，南接乌审旗，西北界乌海市，是鄂尔多斯高原的重要组成部分。全旗南北长209公里，东西宽188公里，总面积2.1万平方公里。下辖6个苏木镇、75个嘎查村、363个自然村；2个自治区重点工业园区，2个国家级自然保护区。总人口16万。以畜牧业为基础、工业占主导的多元产业集中区。2020年，全旗完成地区生产总值373.04亿元，同比增长3.6%。分产业看，第一产业增加值10.23亿元，同比增长2.7%；第二产业增加值276.83亿元，同比增长4.8%；第三产业增加值85.98亿元，同比增长0.1%。三次产业占比为2.7 ∶ 74.2 ∶ 23.1；人均地区生产总值22.8万元，同比增长3.6%。全旗一般公共预算收入28.5亿元，同比增长1.3%。税收收入24.3亿元，同比增长0.6%，占比85.3%；非税收入4.2亿元，同比增长5.4%，占比14.7%。全旗累计完成一般公共预算支出44.4亿元，同比下降2.5%。其中：用于民生事业支出26.3亿元，同比下降1.8%，占一般公共预算支出的59.2%。农村牧区剩余劳动力转移就业5381人，城镇新增就业1968人，就业困难人员、失业人员实现再就业433人，城镇登记失业率保持在3.31%以内。全旗主城区居民消费价格累计上涨12.3%，高于鄂尔多斯市平均水平2.6个百分点，高于自治区平均水平0.7个百分点。从不同口径价格指数看，食品价格指数上涨9.7%，消费品价格上涨3.5%，非食品价格下降0.2%，工业品价格下降1.5%，服务价格上涨0.2%。

【农牧业】 2020年，全旗农林牧渔及服务业总产值18.09亿元，按可比价格计算比2019年增长10%，其中，农业产值8.1亿元，林业产值0.54亿元，牧业产值8.7亿元，渔业产值0.29亿元，农林牧渔服务业产值0.46亿元。全旗农作物总播种面积31717.8公顷，其中粮食作物播种面积23040.8公顷，经济作物播种面积8677公顷（油料播种面积2226公顷，蔬菜及食用菌播种面积61.7公顷）。全年粮食总产量126690吨，同比增长7.2%。油料产量4735.3吨，同比下降39.2%；蔬菜及食用菌产量2978.3吨，同比下降37.3%。2020年，全旗拥有农业机械总动力173808.91千瓦，同比增长5.94%。全旗拥有20马力以上的拖拉机3451台，同比增长5.70%，其中大中型拖拉机1853台（30马力以上）。农用排灌机械4149台，同比增长2.98%，其中：节水灌溉类机械614套；联合收获机59台，同比增长7.27%。机械耕地面积占农作物总播种面积的比重为99.08%，机械播种面积占比为87.79%，机械收割面积占比为75.51%，农业耕种收综合机械化水平达到88.62%。

【工业】 2020年年末，规模以上工业企业91户，较2019年增加7户，规模以上工业总产值同比增长2.1%，销售产值同比基本持平，工业产品产销率98.6%。全年规模以上工业增加值按可比价比2019年增长6.4%，按轻重工业分：轻工业增长19.9%、重工业增长9.7%；按行业分，采矿业增加值增长13.6%、化学原料和化学制品制造业增长8.0%、黑色金属冶炼和压延加工业下降8.2%、电力及热力生产和供应业增长10.9%。全年规模以上工业企业实现营业收入792.4亿元，同比基本持平；利润总额98.1亿元，同比增长28.2%。亏损企业21户，比2019年增加3户。企业亏损面23.1%，比2019年年末扩大1.7个百分点；亏损企业亏损额2.8亿元，同比下降56.9%。

【建筑业】 2020年年末，全旗具有资质等级的建筑施工企业5个，全年总承包和专业承包建筑业总产值1.01亿元，同比下降2.6%，竣工产值1.01亿元，同比增长2.6%。建筑业企业房屋建筑施工面积0.8万平方米，同比下降55.8%；竣工面积0.8万平方米，同比增长55.8%。

【固定资产投资】 全旗500万元以上固定资产投资同比增长5%，其中民间投资同比增长16.4%，民间投资占总投资比重87.5%。全旗亿元以上项目34个，亿元以上项目投资额同比增长1.4%。从三次产业投资看：第一产业投资同比增长

314.3%，第二产业投资同比增长 25.1%，第三产业投资同比增长 367.1%。主要工业行业投资中，制造业投资同比增长 19.7%；电力、燃气及水的生产和供应业投资同比降低 20.8%。第三产业投资中，道路运输业同比增长 10%；水利、环境和公共设施管理业投资同比增长 275.5%；教育投资 0.65 亿元，同比增长 97.5%。

【国内贸易】 2020 年，全旗实现社会消费品零售总额 30.25 亿元，比 2019 年下降 6.2%，其中，城镇消费品零售额 23.2 亿元，同比下降 6.3%；乡村消费品零售额 7.05 亿元，同比下降 5.9%。在限额以上单位商品零售额中，通过公共网络实现的商品销售同比增长 2.5%，中西药品类商品零售额同比增长 66.2%；在限额以上营业额中，客房收入同比增长 21.2%，餐费收入同比增长 144.9%。

【交通和旅游】 2020 年，全旗公路总里程达到 3890.5 公里，按技术等级分：高速公路 196.7 公里、一级公路 247.3 公里、二级公路 196.3 公里、三级公路 989 公里、四级公路 2110.4 里、等外公路 150.7 公里。全旗 75 个嘎查村沥青（水泥）路通畅率 100%、农村公路列养率 100%、客车通达率 100%，全旗拥有纯电动公交车达 34 台。全旗有 A 级旅游景区 3 家，其中：AAAA 级 2 家、AAA 级 1 家。全旗旅行社 2 家，全旗旅游直接从业者 238 人。全旗实现旅游收入 1.83 亿元，共接待游客 19.31 万人次。

【金融和保险业】全旗共有金融机构营业网点 56 个，共有从业人员 603 人，其中法人金融机构 3 家。2020 年年末，全旗金融机构各项存款余额（人民币）167.85 亿元，同比增长 12.58%。2020 年年末，全旗金融机构各项贷款余额 179.67 亿元，同比增长 49.97%，其中，非金融企业及机关团体贷款 143.42 亿元，同比增长 56.76%；住户贷款 36.25 亿元，同比增长 27.87%。全旗 10 家保险公司实现保费收入 9594 万元，从业人员 997 人，其中：内勤人员 83 人，营销人员 914 人。

【教育和科技】 2020 年全旗共有各类学校 14 所（不含幼儿园）。其中：普通高中 1 所，完全中学 1 所，职业中学 1 所，九年一贯制学校 1 所，初中 2 所，小学 8 所。全旗共有中小学专任教师 1617 人，其中：高中 293 人，初中 441 人，小学 883 人。全旗在校学生 17041 人（不含幼儿园），其中：高中 1406 人，初中 3936 人，小学 11699 人。全旗拥有国家级科技载体平台 25 个，其中：高新技术企业 19 家、高技能人才培训基地 2 个、特色产业基地 1 个、星创天地 1 个、863 计划成果产业化基地 2 个。拥有自治区级科技载体平台 26 个，其中：重点实验室 1 个、企业研究开发中心 13 个、企业技术中心 5 个、工程技术研究中心 5 个、院士工作站 1 个。有众创空间 1 个。拥有市级科技载体平台 4 家。众创空间 1 家、农牧业特色科技产业化基地 3 个。

【文化、体育和卫生】 2020 年全旗拥有影剧院 1 个，文化馆 1 座，图书馆 2 座，博物馆 3 座。拥有广播电视台 1 座，广播人口覆盖率 100%，电视人口覆盖率 100%。全年开展各类文化活动 300 余场，乌兰牧骑下乡惠民演出 103 场次，直接参与的人数和观众达到 70 余万人次。全旗社会体育指导员队伍达到国家级 4 个，一级社会体育指导员 20 个，二级社会体育指导员 63 个，三级社会体育指导员 150 个。2020 年年底，全旗共有体育协会俱乐部 18 家，会员人数达到 1000 余人，成立鄂托克旗“章嘎图”博克协会和鄂托克旗剑羽羽毛球协会，全年举办各类体育比赛和全民健身活动 18 项，直接参加人数 6000 余人次。全旗共有公立医院 3 家，社区卫生服务中心 2 个，社区卫生服务站 6 个，乡镇卫生院 10 个，村卫生室 48 个，疾病预防控制中心 1 个，卫生监督所 1 个。公立医院床位数 412 张，乡镇卫生院床位数 85 张。卫生技术人员 970 人，其中，注册医师 352 人，注册（助理）医师 418 人，注册护士 350 人。

【环境保护】 2020 年，乌兰镇二氧化硫均值为 13

微克/立方米，二氧化氮均值为15微克/立方米，可吸入颗粒物年平均浓度21微克/立方米。城区环境空气质量全年优良天数336天，轻度污染天数12天，中度污染天数2天，无重度污染天。全旗森林覆盖率达到25.14%（2019年），草原平均植被覆盖度达到44.19%。2020年全年完成林业工程11.1万亩，其中：完成天保工程人工造林0.5万亩，沙源工程人工造林0.5万亩，造林补贴项目4.5万亩，地方工程造林0.6万亩，森林质量精准提升示范项目5万亩。完成草原工程106.82万亩，其中：完成沙源工程围栏建设70万亩、飞播牧草10万亩、棚圈建设50处，草原生态修复项目6.62万亩（包括围栏封育5.32万亩、柠条种植1.3万亩），多年生牧草种植0.2万亩，一年生牧草种植20万亩。

【人民生活和社会保障】 2020年抽样调查资料显示，全旗全体居民人均可支配收入38984元，同比增长2.7%。按常住地分，城镇常住居民人均可支配收入49594元，增长1.2%；农村牧区常住居民人均可支配收入21933元，增长8.3%，快于城镇7.1个百分点；城乡居民收入倍差2.26，较2019年缩小0.16。2020年，农村牧区居民人均经营净收入占可支配收入的59.3%，增速为22.5%。全旗参加基本养老保险的各类人员达74107人，其中，企业职工养老保险参保人数32089人，机关事业单位养老保险参保人数6346人，城乡居民养老保险参保人数35672人。参加城镇职工医疗保险50989人，城乡居民医疗保险参保71530人，参加生育保险43682人。全旗享受城镇最低生活保障212人，享受农村最低生活保障384人。城镇最低生活保障标准提高到每人每月790元，农村最低生活保障标准提高到每人每年6720元。全旗公办社会福利机构3家，床位380张；民办社会福利机构2家，床位180个。

（巴图巴根）

鄂托克前旗

【领导名录】

中共鄂托克前旗委员会

书　记：辛晓瑞（7月离任）
　　　　布仁其木格（女，蒙古族，7月任职）

副书记：布仁其木格（女，蒙古族，7月离任）
　　　　吴　云（10月任职）
　　　　崔景翔

常　委：都日斯哈拉（蒙古族）
　　　　白　同（3月任职）
　　　　孙　军（3月任职）
　　　　马家鑫（6月任职）
　　　　陶　迪（女，蒙古族）
　　　　张　铭
　　　　白永峰
　　　　李　伟
　　　　罗建勋
　　　　乔智平

人大常委会

党组书记、主任：刘　渊

副主任：阿拉腾宝（蒙古族）
　　　　张永清
　　　　白旭升
　　　　王　琳（女）

人民政府

旗　长：布仁其木格（女，蒙古族，7月离任）
　　　　吴　云（10月任职）

副旗长：都日斯哈拉（蒙古族）
　　　　白　同
　　　　孙　军（3月挂职）
　　　　马家鑫（6月挂职）
　　　　贺永东（蒙古族）
　　　　孙有君
　　　　吕耀峰

政协委员会

党组书记、主席：高荣堂

党 组 副 书 记：陶　迪（女，蒙古族）

副　　主　　席：石吉日木图（蒙古族）

图　娅（女，蒙古族）

蔡　成

于国强（蒙古族）

纪律检查委员会

书　记：乔智平

【概况】 鄂托克前旗于1980年建旗，位于鄂尔多斯市西南部，地处蒙陕宁三省区交界，地理坐标北纬为37° 38′—38° 45′、东经105° 31′—108° 30′。2020年，全旗土地总面积1.222万平方公里，鄂托克前旗土地总面积为122.21万公顷。其中耕地2.23万公顷，占比1.82%；水域及水利设施0.26万公顷，占比0.21%；林地25.41万公顷、占比20.79%，草地75.07万公顷、占比61.5%；城镇村及工矿用地0.5万公顷、占比0.41%，交通运输用地0.75万公顷、占比0.61%；其他土地17.98万公顷，占比14.71%。主要由毛乌素沙地和鄂尔多斯梁地两大地貌构成，属中温带干旱、半干旱大陆性气候，平均海拔在1300—1400米，全年降水量204.0毫米（年平均254.3毫米），无霜期163天（年平均161天）。全旗辖1个自治区重点工业园区、4个镇、68个嘎查村、17个社区。年末户籍总人口为81687人，其中，城镇人口为24244人，乡村人口为57443人。其中，男性人口为41031人，占总人口的比重为50.2%；女性人口为40656人，占总人口的比重为49.8%。汉族人口为57329人，占总人口的比重为70.2%；蒙古族人口为24209人，占总人口的比重为29.6%；其他少数民族149人，占总人口的比重为0.2%。境内探明煤炭储量143亿吨，远景储量500亿吨以上，2020年产量1432.33万吨；天然气探明储量8620亿立方米，2020年产量51.99万吨；石油分布面积2800平方公里，2020年产量1500吨。盐、芒硝、石膏、方沸石、优质紫砂陶土等储量丰富。草原、湿地、沙漠、河谷、遗址等文化旅游资源独特，有古河套人遗址、唐宥州古城、明长城等历史古迹和延安民族学院、三段地工委、王震井等红色革命旧址，建成国家AAAA级旅游景区3处、AAA级旅游景区1处。依托丰富的红色文化资源和深厚的民族文化底蕴，建成红色培训教育基地7处，构建起以延安民族学院城川纪念馆和城川民族干部学院为核心、辐射周边的红色研学产业体系。全年接待游客68.9万人次，同比增长46.5%，实现旅游综合收入21.4亿元，同比增长45.2%。公共文化服务设施设置率、覆盖率和公共文化服务受益率均达到100%。全旗拥有国家三级文化馆（群众艺术馆）、国家一级图书馆各1个，镇综合文化站4个，嘎查村文化室68个；规模性民间文艺组织36个，示范文化户184户，草原书屋86个；全国重点文物保护单位2个，文物遗址113处。建成全国县级文明城市、国家卫生旗、全国园林旗、全国科普示范旗，自治区双拥模范旗、自治区食品安全示范旗，荣获“首批全国社会治理创新优秀地区”称号。2020年，完成地区生产总值140.5亿元，增长2.1%；三次产业比例为11.0 ∶ 59.8 ∶ 29.2；规模以上工业增加值增长5.2%；固定资产投资增长5.0%；社会消费品零售总额下降6.4%；公共财政预算收入11.9亿元，同比增长0.2%；全体居民人均可支配收入为37123元、同比增长3.3%，人均生活消费性支出22292元、同比下降8.2%；城乡常住居民人均可支配收入分别达到48403元和22223元，分别增长1.1%和8.3%。

【农牧业】 鄂托克前旗坚持生态优先、绿色发展的思路，以乡村振兴为总抓手，聚焦产业结构调整、新型经营主体培育、农牧业服务体系和生态建设，全旗农牧业经济保持了“稳中有进、进中向好”的良好态势。农牧业生产抗风险能力显著提升，现有政策性险种15个，参保农牧户1.1万余户次，总保额2352万元，其中农作物投保率达83%。2020年，一产产值达26.18亿元，同比增长10.5%。农牧民年人均可支配收入达22223元，同比增长8.3%。全旗农作物播种面积53626.7公顷，粮食作物总播面积25236公顷，经济作物播种面积28390.7公顷，油料播种面积96.8公顷。蔬菜及食用菌播种面积1908公顷。粮经比例优化为47 ：53。粮食产量117154.5吨，同比增长4.64%；油料产量325.3吨，蔬菜产量65244.4吨，水果(含果用瓜)产量122227.5吨。牲畜存栏头数126.3万头（只），同比增长14%，其中，生猪存栏1.1万头，牛存栏5.5万头，羊存栏119.7万只。

项目建设　建成高标准农田333公顷，在建467公顷。建成塑料拱棚146栋；蔬菜冷藏保鲜库1.5万立方米；标准化育苗中心3家，5.2公顷年育苗能力500万株以上，完成蔬菜瓜果集约化穴盘育苗3600余万穴。培育肉羊羔羊短期舍饲育肥示范合作社68家，育肥羔羊9.78万只，发放种公羊300只，肉羊年供种能力、人工授精能力分别达到0.35万只、6万只以上，示范带动全旗80%肉羊养殖户发展羔羊短期舍饲育肥。完成1.506万只绒山羊基础母羊采样与生产性能测定，发放绒山羊种公羊352只。培育农牧业专业合作社4家、示范户222户，培训配种员60人次，完成牛冷配1万头。

产业化制定　实施《推进农牧业产业结构调整加快市场体系建设的实施方案》《鄂托克前旗2020年推进羊绒产业高质量创新发展专项方案(试行)》。争取上级农牧业产业发展项目29项，总资金1亿元以上，用于肉羊肉牛养殖、果蔬种植、基础设施建设等；旗财政投入资金6000万元，用于塑料拱棚、果蔬冷藏保鲜库、种公羊引进繁育、科技推广服务等；完成三道泉子村、特布德嘎查等5个2019年市级乡村振兴示范嘎查村村庄建设规划编制，统筹安排优势特色农畜产品发展项目、农机购置补贴、社会化服务等农牧业产业项目15个，资金近3000万元。申请市级乡村产业振兴扶持项目贷款3725万元、扶持经营主体129个。

农牧机械　2020年，全旗农牧业机械总动力27.25万千瓦时，增长5%；拥有拖拉机4025台，增长2%。农牧业综合机械化水平达87%，农牧业机械作业收入占农牧民总收入的比重达10%。全年争取到中央财政农机购置补贴资金1115万元，自治区财政农机购置补贴资金85万元，受益农牧民292户，补贴各类机具395台套，其中动力机械93台、耕整地机械13台、种植施肥机械7台、农用搬运机械87台、排灌机械1台、植保机械3台、收获机械102台、收获处理机械2台、畜牧业机械85台、农用北斗终端2套。截至2020年年底，全旗累计拖拉机及配套机械拥有量10329台（套）；农机化作业服务组织28个，农机维修厂及维修点16个，农机经销点12家；农机户9342户，获得农机职业技能鉴定证书28人，乡村农机技术人员2870人。

品牌打造　鄂托克前旗辣椒、羊肉、牛肉、炒米成功入选全国名特优新农产品名录。“鄂托克前旗羊肉”被评定为第四届、第五届中国农业博鳌论坛指定用品，在第十八届中国国际农产品交易会上成功举行区域公用品牌发布会。6家品牌授权企业先后建成区内外直营店、体验店等33家。

科技服务　外聘专家、实用技术人才7名，选聘技术人员40名，组建4支科技服务队。线上结合乡村振兴战略“四级”指挥平台进行技术培训，线下联合企业、合作社提供全程化技术指导服务，全年培训、指导农牧民8000余人次。科技推广种植业标准化生产16667公顷，建设标准化养殖场（户）1727个、88.4万头（只），培育产业示范基地4处、示范户170户，实验示范新品种87个，全旗种、养殖业标准化生产技术覆盖率分别达到70%和60%。

【森林草原】

生态建设 鄂托克前旗生态建设按照“生态优先，绿色发展”的总体要求，深入实施林业和草原重点项目、重点区域绿化工程，强化生态保护修复，发展绿色富民产业。旗境内东南部形成以“乔灌草、带网片相结合”的人工防护林体系，西北部形成以“原生植被恢复”为主的生态屏障，生态环境日益优化。2020年，全旗森林总面积293937公顷，森林覆盖率24.05%。森林管护面积513647公顷，其中国有林面积7627公顷、集体（个体）所有林面积506020公顷。全旗林业用地面积598497公顷，其中有林地17455公顷，疏林地1026公顷，灌木林地276482公顷，未成林造林地22573公顷，宜林荒山荒地232093公顷，其他林用地48868公顷。至2020年，鄂托克前旗累计造林222806.67公顷，其中人工造林88166.67公顷、飞播造林96000公顷、封沙育林24000公顷、退化林分改造10007公顷、森林抚育3934公顷和森林保险699公顷。

森林防护 2020年，完成中央环保督查“回头看”占用草原整改任务31项；完成自治区草原利用现状监测图斑现地核实368项；完成森林督察现地图斑核实245个。完成森林病虫害防治面积7140公顷，草原鼠虫害防治面积24987公顷。完成全旗圃苗木产地检疫833公顷，调运检疫苗木3558.5万株，种子1.06吨，产地检疫率100%，全年共发布森林病虫害预测预报13期，测报准确率达90%，监测覆盖率达100%。联合4个镇进行森林草原防火演练和防火宣传，共清理重点区域可燃物33公顷，开设防火隔离带120公里，重要节点全天候进行巡护蹲守，全旗未发生大的森林草原火灾。

森林保险 2020年，森林保险项目理赔面积49333公顷，理赔金额347.9万元。

占用林地审批 2020年，共办理征占用林地审批53件，面积631.2822公顷，其中临时占用林地29件，面积439.1983公顷；永久占用林地24件，面积192.0839公顷。审批临时占用草原申请事项32件，涉及草原面积454.3631公顷；永久占用草原申请事项34件，涉及草原面积167.1314公顷。

草原监测 2020年，全旗天然草原平均覆盖度33.67%，草群平均高度21.24厘米，总产草量39.59827吨。

草原确权 2020年，全旗应确权草原面积114.55万公顷，颁发农牧民草原承包权证、草原经营权证书5929个，68个嘎查13412户，涉及草原面积112.26万公顷，颁证率为98%。

草原生态奖补 2020年，全旗落实新一轮草原生态保护补助奖励机制总面积99.12万公顷，其中禁牧面积27.96万公顷，草畜平衡面积71.16万公顷，发放草原生态补奖资金4934.27万元。

【水利水保】

工程项目 2020年，全旗共计完成水利水保建设投资9180万元。实施牧区节水灌溉工程，改造节水灌溉面积817.2公顷，使3个镇274户904人受益。实施国家水土保持重点工程和京津风沙源水利水保工程，完成水土保持综合治理面积1.56万公顷。实施干旱硬梁区储水窖工程，建成10立方米储水窖122处，解决122户427人饮水安全问题。实施饮水型氟砷超标地方病防治工程，改造集中式供水工程4处，安装集中式水处理设备4套、置换水源井1眼、新建水源井管理房1处，铺设水管道10600米、安装单户水处理设备2032套，解决4个镇30个嘎查村6852人饮用水氟超标的问题。实施农村牧区苦咸水改造工程，建成集中式净化处理工程2处，水源置换工程2处，分散工程615处，10吨储水窖333座，安装单户净水设备418台，解决4个镇20个嘎查村4729人饮用苦咸水的问题。实施脱贫攻坚饮水安全工程，维修集中供水工程52处，累计置换水源井3眼，更换水泵11台，更换变频控制柜16台，改造输水管道63公里，维修井房及井台39处，解决建档立卡贫困户663户1744人的饮水安全问题。

水资源管理　2020年，全旗实际取水总量为11047万立方米，万元工业增加值用水量15立方米/万元（按2015年不变价格计算），农田灌溉水有效利用系数为0.624。全年核发取水许可证18套，置换水源井566眼，核定水量1277.5万立方米，征收水资源税1534.1万元；共审批水土保持方案33个，征收水土保持补偿费2430.6万元。

河湖长制　严格落实水域岸线和水生态空间管控，完成全旗境内15条河流和6个湖泊水域岸线管理保护范围划定。落实河湖长巡河巡湖工作，旗、镇、嘎查村三级河湖长全年累计开展巡河376次、巡湖88次，采取现场直办和反馈协调等方式对巡查发现的各项问题予以解决。建立河湖“清四乱”常态化规范化管理机制，全年开展检查、排查16次，清理河湖管理和保护范围内行洪障碍物9次，清理河湖垃圾530吨、淤积3200立方米。

【工业】 2020年，鄂托克前旗第二产业增加值84.04亿元，同比增长1.9%；全部工业增加值完成67.7亿元，增长0.8%，其中规模以上工业企业16家，实现营业收入82.7亿元，增长13.6%；规模以上工业增加值完成39亿元，增长5.2%。工业用电量完成8.7亿千瓦时，增长21.6%。全旗原煤产量达1432.3万吨，增长1.3%；焦炭产量97.8万吨，增长1.1%。液化天然气产量52万吨，增长7.4%。

重点项目　2020年，鄂托克前旗市级调度亿元以上项目5项，总投资223.2亿元。其中煤电项目3项、天然气项目1项、其他项目1项，计划完成投资35亿元；开复工5项，开复工率100%，完成投资35.1亿元，完成计划投资100.29%。

主要行业指标　全旗煤炭行业可比价增加值增速0.6%，占全旗规上工业增加值比重72.8%；焦化行业可比价增加值增长25.9%，占全旗规上工业增加值比重13.2%；天然气供应业可比价增加值增速下降13.3%，占全旗规上工业增加值比重7.0%。

工业企业效益　全旗规模以上工业企业资产总额249.2亿元，资产负债率64.7%；营业收入82.7亿元，同比增长13.5%；利润总额8.6亿元，同比增长40%；每百元主营业务收入成本70.8元，较同期降低1.1元。

【非公有制经济】 2020年，全旗新增非公有市场主体1237户，其中第一产业新增140户、第二产业新增125户、第三产业新增972户。截至2020年年底，全旗非公有市场主体总数达8215户，其中第一产业839户，占比10.21%；第二产业834户，占比10.15%；第三产业6542户，占比79.63%。

私营企业　2020年，全旗新注册私营企业265户，注册资本93799万元。截至2020年年底，全旗共有私营企业1793户（其中分支机构88户）；同比增长9.4%；注册资本866299万元，同比增长6.86%。

农民专业合作社　2020年，全旗新登记农民专业合作社65户，出资总额9928万元，成员总数470人。截至2020年年底，全旗共有农民专业合作社470户（其中分支机构2户），同比增长14.36%；出资总额73940.96万元，同比增长14.59%；成员总数3478人，同比增长13.84%。

个体工商户　2020年，全旗新开业个体工商户共907户，注册资金7518.6万元，主要集中在批发零售业、住宿餐饮业、居民服务和其他服务业、制造业等行业；本期注销个体工商户535户。截至2020年年底，全旗共有个体工商户5940户，同比增长6.76%；注册资金41968.2万元，同比增长11.1%。

【电商物流】 全旗在嘎查村（社区）共规划建设基层电商物流服务站28个，汇集特色产品400

多种，通过线上线下销售、代购代销模式运营。2020年，全旗共有货运公司11家、快递公司15家。上海庙鄂西物流园完成投资4亿元，平整场地46.7公顷，硬化停车场4.5万平方米。

【邮政电信】 全年实现邮电业务收入8023.2万元，其中邮政业务收入578.3万元、电信业务收入7444.9万元。鄂托克前旗着力推动全旗农村牧区及偏远地区信息化建设，加快实现农村牧区4G网络全覆盖。2020年，建成电信网络4G基站41个、3G基站1个，新增宽带用户2703户（农村牧区1008户），新建铁塔14座（行政村14座），新建简易发射架5座。截至年底，全旗运营网络基站673个，其中4G基站360个，2G、3G基站313个，建成铁塔243座，本地网固定电话用户7981户，联通、电信、移动手机电话用户81420户，宽带用户22021户。

【金融】 鄂托克前旗有各类银行业金融机构6家，其中国有商业银行3家（中国农业银行、中国银行、中国邮政储蓄银行），市级地方法人机构支行1家（鄂尔多斯银行），地方法人金融机构2家（农村商业银行、蒙银村镇银行），设立营业服务网点26个，ATM机53台，银行业从业人员331人。截至年底，各项存款余额74.0028亿元，较年初增加11.15亿元，增幅17.73%；贷款余额57.0086亿元，较年初增加17.90亿元，增幅47.75%，其中不良贷款余额0.56亿元，较年初下降0.02亿元，不良贷款占比0.98%，占比较年初下降0.5%，银行业金融风险均低于金融风险防控标准。鄂托克前旗地方金融组织为2家小额贷款公司（元通小额贷款有限责任公司、施达小额贷款有限责任公司），元通小额贷款有限责任公司正常开展业务。截至年底，全旗小额贷款公司贷款余额为7628万元，其中涉农贷款7115万元。

【保险】 鄂托克前旗有保险市场主体11家。截至年底，各项保费总额17115.69万元，理赔总额4964.47万元。

【城镇建设】 鄂托克前旗主城区敖勒召其镇市政道路硬化率达99%，污水和生活垃圾处理率分别为98.1%、98.4%，供水用水、集中供暖、燃气供应普及率分别为99.5%、95%、99.5%，建成区绿地率、绿化覆盖率分别为37.53%、42.09%，人均公园绿地面积22.64平方米。

公共设施 2020年，为4个镇配备垃圾清运勾臂车4辆、大型垃圾箱165个。

敖勒召其镇城区改造 改造人行道1.6万平方米；改造供热管网18.2公里。新建敖镇镇区污水管网2.1公里、雨水管网2.1公里，完成公共厕所改造16处。

园林绿化 敖勒召其镇城区东南部生态修复工程——乡土植物园绿化工程基本完成，乡土植物园占地面积17公顷，水域面积4.2公顷，平均水深2米，储水量8.1万立方米。绿化面积9.3公顷，硬化铺装面积3.1公顷，建筑面积4000平方米。种植樟子松、白蜡、白皮松、红叶海棠等乔木1万株，种植花灌木2.7万株，配套种植绿篱、草坪及地被植物等绿化面积6.9万平方米；完成硬化铺装、沥青园路及卵石湖岸4.5万平方米，建成中水湖4.2万平方米、公厕3座，桥、假山、音乐喷泉等景观9座。草博馆基础工程完工。敖勒召其镇出入口、街道及景观节点绿化提升工程，会议中心附属绿化、部分行道树种植、花海种植（9.9万平方米）、敖城线隔离带绿化及主要节点景观提升等工程全部竣工，改造提升绿地面积14万平方米。

建筑工程 全旗具有资质等级的建筑企业13个，建筑业总产值同比增长5.66%。全年实施在建工程项目50项（房建工程29项、市政工程21项），总投资8.35亿元，完成投资4.65亿元。其中2020年新建工程项目33项（房建工程17项、市政工程16项），建筑面积10.4283万平方米。

【交通运输】 全旗公路总里程3124.2公里，其中高速公路86.6公里，一级公路101.8公里，二级公路365.7公里，三级公路303公里，四级公路2231公里，等外公路36.2公里。铁路通车里程66公里。2020年，鄂托克前旗实施的交通建设项目累计里程241公里，总投资约9.8亿元，其中昂素至城川和城川至三段地两条红色旅游公路累计143公里，主体工程完工，完成投资9.5亿元。农村公路建设项目11条，累计完成98公里，完成投资0.3428亿元。城川镇乌定希泊日嘎查农村公路、马鞍桥村砂石路、呼和陶勒盖砂石路、阿日勒嘎查砂石路和昂素镇通村砂石路工程等5个项目计31.6公里，完成投资880万元；城川镇巴彦希里嘎查至敖昂线K20+000农村公路、克泊日一队至巴彦柴达木农村公路、乌定希泊日嘎查农村公路、伊克柴达木嘎查至昌黄牧业社砂石公路、敖勒召其镇三道泉子K18+000至布拉格牧业社砂石公路和昂素镇哈日根图嘎查宝日呼德牧业社至扎日格牧业社砂石公路等6个PPP（政府和社会资本合作）项目计66.4公里，完成投资2548万元。全年各种运输方式完成货运量2178.7万吨，比上年增长9.8%，其中铁路发送货物1113.8万吨，增长12.6%；公路货运量1064.9万吨，增长7%。全年各种运输方式完成客运量2.5万人次，同比下降65.8%。全年完成货物运输周转量375124万吨公里，同比增长8.1%，全旗营运性机动车拥有量1184辆，其中客车46辆，出租车183辆，危险货物运输车辆317辆，普通货物运输车辆638辆。

公路　2020年，鄂托克前旗上海庙能源化工基地至鄂托克旗棋盘井一级重载公路（水泉则至新上海庙段）全长8.219公里，主线完工具备验收通车条件；S216线敖勒召其至掌高图（蒙陕界）公路主线全长126.054公里（境内100.037公里），建成通车；S317线陕西横山至上海庙公路、敖勒召其至陶利一级公路建设项目（昂素至陶利段全长30公里）路基垫层完工。

铁路　盛鲁电厂铁路专用线项目，线路全长4.834公里，总投资1.32亿元。该项目于2018年12月开工，2019年3月复工，2020年8月底全面建成并通车试运行。

航空　鄂托克前旗敖勒召其通用机场属一类通用机场，总投资0.78亿元。于2018年4月开工建设，2019年7月18日正式通航，实现航空运输“零的突破”。建成飞行区跑道长1200米、宽33米，站坪建有3个B类停机位，可供Y-12及其以下机型起降。2020年，通用机场共保障飞行8637架次，其中短途运输飞行487架次，航校训练飞行8115架次，无人机飞行35架次，完成旅客吞吐量2776人次，无安全事故。

【医疗卫生】　鄂托克前旗有各类医疗卫生机构100所，其中公立医院2所（二级乙等综合医院和二级甲等蒙医综合医院各1所），专业公共卫生机构3个（旗疾控中心、妇幼保健计划生育服务中心、卫生计生综合监督执法局），国企医院1所，民营医院1所，乡镇卫生院7所，社区卫生服务中心（站）6个，嘎查村卫生室43个，门诊部1个，学校、企业医务室9个，个体诊所26个，卫生所1个。全旗卫生系统在岗职工总数805人，每千人口拥有执业（助理）医师3.49人、注册护士2.762人，每万人口拥有公共卫生人员13.61人；共有床位523张，每千人口拥有床位数7.19张。

健康扶贫　2020年，全旗贫困人口门诊、住院就医1337人次，医药总费用386.31万元，基本医保报销252.77万元，大病保险报销21.39万元，民政医疗救助38.92万元，商业健康补充保险报销0.73万元，兜底保障19.69万元，个人自付52.82万元。门诊、住院统筹报销比例达到医疗总费用的86.33%。

医疗服务　全旗有6.03万人签约家庭医生，贫困人口签约率为100%，重点人群签约率达96%。

鼠防工作　自治区专项资金40万元、市专项资金50万元和旗配套资金63万元已全部落实。旗委政府投入300万元建设鄂尔多斯市鼠疫应急演练培训基地，市级业务主管部门投入50万元配备部分检测设备，保障基地的正常运行。2020年，制定印发《鄂托克前旗全面加强鼠疫防控工作方案》《鄂托克前旗鼠疫疫情防控应急预案》等指导性文件，建立鼠疫防控"三道防线"。踏查面积7200平方公里，打样方数64公顷，鼠密度7.44只/公顷。检验各种动物898只，检验各种蚤235匹/235组；捕获长爪沙鼠476只，用间接血凝试验检验长爪沙鼠血清122份，结果均为阴性。未发现鼠间鼠疫流行。在镇区周边人群较集中地区、主要公路两侧100米范围内以及鼠密度较高的疫源地等重点区域进行保护性灭鼠，累计灭鼠面积达1600公顷，投放烟雾炮6吨；不断加大对医务人员、干部职工和农牧民等人群的宣传培训，在鼠疫疫区、公共场所、公路旁边设立鼠疫防治警示牌31块。在历史鼠疫疫区，以嘎查为单位成立了鼠疫防治哨点户，及时发现和报告有关鼠疫的相关信息。印发鼠疫宣传资料、宣传品总量达6万余份，举办鼠疫防控知识培训班，全旗农牧民家庭基本实现鼠疫防控知识宣传教育全覆盖。

新冠肺炎疫情防控　2020年1月25日，鄂托克前旗委、政府成立鄂托克前旗新型冠状病毒感染的肺炎疫情防控指挥部，制定出台疫情防控工作方案、应急预案、隔离观察、流调消杀等各项相关规定，全面打响疫情防控阻击战。常态化开展传染病防治法、防控措施的宣传培训工作，全年共组织新冠肺炎疫情防控培训59次，应急演练29次，培训医务人员803人次，医务人员传染病防控知识培训覆盖面达到100%。

建立标准化隔离点。确定阿吉泰健康养生园为密切接触者集中隔离点，蒙医综合医院康复中心为无症状感染者集中隔离点，兴宇唐苏格沙漠温泉酒店为备用集中隔离点，共可容纳300人以上，并足额配备医务人员、社区服务人员、公安干警、消防安全管理等人员，落实各项隔离场所防控要求，确保疫情发生时随时启用。储备有创呼吸机3台、无创呼吸机11台、心电监护仪38台、ICU多功能床4张、救护车8辆（其中，负压救护车1辆）、负压担架1张。使用320.5万元的中央专项资金采购卫生应急物资，其中旗级卫生应急物资采购投入145.3万元，基层卫生应急物资采贮投入175.2万元。其中旗级卫生应急物资采购投入145.3万元，基层卫生应急物资采购投入175.2万元。卫生应急库共储备医用口罩161295个，医用N95口罩15453个，医用防护服7881套，医用隔离面罩8619个，医用隔离衣6855套，一次性防护帽18557个，医用手套18447双，84消毒液3000公斤，75%医用酒精2000公斤，次氯酸钠1000公斤，α－干扰素965支，利巴韦林5815支。卫生应急物资储备量能够满足疫情发生后一个月需求。全力建设核酸检测实验室，鄂托克前旗医院PCR（聚合酶链式）实验室于6月18日通过验收，旗蒙医院与旗疾控中心联建的PCR实验室于10月14日通过验收，标志鄂托克前旗具备独立开展核酸检测的能力。6月18日开始，全旗共开展新冠肺炎核酸检测13422人次，抗体检测8392人次，结果均为阴性。加强医疗机构预检分诊，2020年，累计预检分诊排查23.14万人次，其中发热病人2167人次，均排除新冠肺炎病例。

【教育】 全旗有各类学校、幼儿园共25所，其中完全中学2所、民族职业高中1所、九年一贯制学校1所、完全小学6所，公办幼儿园10所、注册民办幼儿园5所。有早期教育指导中心1所、青少年学生校外活动中心1所，教研、电教中心各1所。全旗有在校学生及幼儿13534名（蒙古语授课2643名），其中幼儿3526名（蒙古语授课734名）、小学生5702名（蒙古语授课908名）、初中生2273名（蒙古语授课430名）、普通高中生874名（蒙古语授课122名）、职业高中生1159名（蒙古语授课449名）。全年学前适龄儿童入园率达98.32%，小学、初中适龄人口入学率和巩固率均为100%，高中适龄人口入学率达97.4%。中小学、幼儿园在岗教职工1642名，其中专任教师1357名（蒙古语授课402名），专任教师学历合格率幼儿园、小学、初中均为100%，普通高中98.04%，职业高中97.62%。

【体育】 鄂托克前旗拥有全民健身乒羽馆、游泳馆大型体育场所2个，全民健身中心1个，全民健身活动场1个，健身设施覆盖具备条件的嘎查村（社区），全年健身活动人数达6.5万人次，体育彩票销售额1300万元。全旗建有单项体育协会14个，累计建成体育场地321处，青少年后备人才训练基地4处，业余体校1所。全年累计开展球类、健身操、各类运动会等健身活动10场次，其中主办建旗40周年球类比赛、全旗第十二届“体彩杯”健身操大赛等旗级活动5场次，承办全旗第九届党员干部职工运动会、全市检查系统运动会等5场次。组织外出参加全市第十四届乒乓球邀请赛、第二届农牧民健身运动会等7项比赛，荣获团体项目第二名2个、第三名1个，单项比赛第一名1个和第二名2个，体育精神文明奖和道德风尚奖各1个。

【科技】 2020年，鄂托克前旗共推荐自治区科技重大专项项目4项，自治区高端外国专家引进项目1项，市级科技成果转化项目2项；指导28家企业储备市级科技计划项目33项，市级科技特派员项目4项。组织农牧业科技型企业、高新技术企业参加2020年旗级“马兰英才”申报工作会议，推荐“马兰英才”个人11名，获评2020年市级科技特派员专业技术人才11人，创新创业人才团队1个，高层次人才创新创业基地3个。全旗获得“鄂尔多斯市2020年度优秀科普工作者”2人，获得“鄂尔多斯市第二届创新创业大赛先进个人”1人。2020年，全旗共有各类有效专利342件，其中发明专利19件、发明授权20件，实用新型专利266件、外观设计专利37件。

【文化】 鄂托克前旗公共文化设施建有国家一级图书馆1座，国家三级文化馆1座，民间博物馆3座；公共文化信息资源共享中心1个，镇级服务点4个，配备基层流动文化服务车11辆；镇综合文化活动中心4个，嘎查村（社区）文化活动中心70个；实施“数字文化走进蒙古包”工程安装数字文化基站110个（“移动便捷式加油站”105个、“一级数字加油站”5个），提供24小时数字文化信息资源便民服务；培育民间文艺组织47个，农牧民家庭文化户190户，草原书屋86个。形成旗、镇、村、户四级公共文化服务网络，实现“城镇十分钟文化圈”和“农村牧区十公里文化圈”文化资源共建共享目标。

群众文化 2020年，持续丰富群众文化生活，全年到4镇及嘎查村基层服务点开展文化下乡服务工作30余次。开展“4·23”马兰花读书节一系列活动，举办大型阅读活动10场次，包括朗诵比赛、书法比赛、讲故事比赛、读书分享会等；举办“双百活动”（“百日消夏”广场文化活动、“百团千场”送文化下乡活动）101场次、农牧民丰收节暨那达慕活动1场；举办建旗40周年系列文化活动之“2020年新年音乐会”“2020年农牧民春节联欢晚会”和“重走来时路·初心永不变”旗乌兰牧骑建队40周年专场文艺演出暨“乌兰牧骑事业发展座谈会”。全年创作文艺作品64个。旗文化馆创作文艺作品21省（台、段），其中自编自创的歌曲（词）4首、器乐合奏5首、舞蹈7支、小品2台、好来宝1段、快板2段。旗乌兰牧骑累计创作文艺作品43个，涵盖音乐、舞蹈、歌曲、曲艺等多个类别，其中制作庆祝旗乌兰牧骑建队40周年歌曲专辑《马兰花开》收录历年创作歌曲14首；制作老队员傲特更其劳个人作品集《草原露珠——追寻艺术心路》、歌曲专辑《故乡情》、小品专辑《草原上的故事》。2020年，在第二届全区乌兰牧骑新人新作比赛中，鄂托克前旗乌兰牧骑的器乐合奏《心中的草原》荣

获器乐组表演奖金奖、创作奖，独舞《希日塔拉》荣获舞蹈组表演奖铜奖；在第十届华北五省（区、市）舞蹈大赛内蒙古赛区选拔赛中，鄂托克前旗乌兰牧骑的舞蹈作品《筷子舞》《巴雅思乐》荣获提名奖，集体荣获优秀组织奖。

文物保护　鄂前旗历史文化遗存有全国重点文物保护单位1处、自治区级文物保护单位10处、市级文物保护单位8处、旗级文物保护单位27处，文物遗址112处，馆藏文物4982件（套）。全年开展实地文物安全巡查90余次，在城川城址竖立蒙古文汉文保护标志2块，巴嘎陶利城址竖立保护标志1块，长城沿线人类活动密集处竖立保护界桩250根，自治区级以上文物保护单位竖立告示牌20块。2020年7月开始，鄂托克前旗文管所联合内蒙古自治区文物考古研究所和鄂尔多斯市文物考古研究院组成联合考古队，抢救性考古发掘公路建设用地经过的敖勒召其镇三段地墓地。共发掘面积3400平方米，发掘墓葬16座，围沟3处、灰坑2处等遗迹；出土陶器、玉器、青铜器等遗物百余件，为研究鄂尔多斯地区、特别是鄂托克前旗的历史社会状况等提供重要的实物资料。

非物质文化遗产　全旗有非物质文化遗产项目自治区级8项、市级20项、旗级76项，非物质文化遗产代表性传承人国家级2人、自治区级15人、市级33人、旗级125人，国家级文化之乡（中国鄂尔多斯文化之乡、中国鄂尔多斯搏克文化之乡、中国筷子舞艺术之乡、中国蒙古族三弦文化之乡）4个、自治区级文化艺术之乡（鄂尔多斯婚礼文化之乡、圣火祭祀文化之乡、民间筷子舞之乡）3个、市级文化艺术之乡（民间筷子舞之乡、民间马文化之乡、圣火祭祀文化之乡、鄂尔多斯搏克之乡）4个，国家级非物质文化遗产保护基地（中国鄂尔多斯马文化保护基地、中国鄂尔多斯婚礼文化传承基地）2个，非物质文化遗产综合展示厅2个，鄂尔多斯原生态短调民歌微信教学基地1个。“六十棵榆树祭”入选第五批国家级非物质文化遗产代表性项目名录，曹纳木入围“中国非遗年度人物”100人候选名单；参加第九届“鄂尔多斯婚礼文化日”荣获团体鄂尔多斯蒙古服饰表演第一名；承办鄂尔多斯乃日、鄂尔多斯蒙古服饰、鄂尔多斯蒙古刺绣传承人研修班；苏木亚入选第七批自治区级非物质文化遗产代表性项目代表性传承人名单；阿日并巴雅尔、达仁巴拉2名传承人入选第六批市级非物质文化遗产代表性项目代表性传承人名单；鄂尔多斯蒙古族沙嘎游戏，传统医药嘎拉塔尔尼治疗法2个项目公布为市级第六批非物质文化遗产项目；公布第四批旗级非物质文化遗产代表性传承人名单。

【旅游】　鄂托克前旗建成以延安民院城川纪念馆和城川民族干部学院为中心的“1+6”红色培训教育基地7处；国家级AAAA景区3家、AAA景区2家，AA景区1家；国家水利风景区1处；中国传统村落1个，中国少数民族特色村寨1个；特色景观旅游名镇村国家级2个、自治区级3个。市级乡村旅游示范村9个；自治区星级农牧家乐13户，市级农牧家乐典型示范户29户，旗级规模以上农牧家乐35户；旅行社3家。全年累计接待游客68.88万人次，实现旅游综合收入21.37亿元。2020年，编制《鄂托克前旗红色旅游发展专项规划》《大沙头生态文化旅游区红色旅游配套设施建设规划》《城川红色拓展基地总体规划》《城川红色拓展基地修建性规划》《鄂托克前旗高潮畔村旅游扶贫专项规划》。打造红色旅游精品线路5条。建成旅游服务中心3个、旅游厕所10座，设置旅游路牌27块。鄂托克前旗水洞沟景区与宁夏水洞沟景区实现一票通，正式启动运营。《打响红色旅游品牌推进红色旅游高质量发展——鄂托克前旗红色旅游发展典型案例》作为内蒙古自治区唯一入选案例，入选全国红色旅游发展典型案例。

【地方媒体】鄂托克前旗自办有电视、广播、报纸《今日鄂前旗》（内部刊物）等传统媒体，运营客户端“i前旗”（新闻模块）、“i前旗智慧移动平台”、微信公众号“鄂托克前旗发布”“鄂前旗融媒发布”“鄂前旗蒙古语融媒体”、微博“鄂托克前旗发布”、抖音“鄂托克前旗发布”等新媒体。

内宣 2020年，电视平台播发新闻265期1593条；广播平台播发新闻251期822条，专栏节目播发420期。报纸平台刊发85期1480余篇稿件，发行报纸29400份。微信平台发布信息6226篇，点击量达687万人次；微博平台发布信息4140篇，点击量620万人次。生产推送抖音产品47个、微视频产品229个、H5（H5是指第5代HTML，HTML是“超文本标记语言”的英文缩写。H5产品是指用H5语言制作的一切数字产品）产品22个、图文包50个，原创作品555个，占总发布量的26.5%。先后完成策划方案100多个。

外宣 2020年，被采用外宣新闻稿件与产品共960条，其中市级主流媒体采用620条，区级主流媒体采用230条，中央级主流媒体采用110条。同步重点选择性上传“草原云”“天骄云”“i前旗”客户端稿件7200多篇（个）。进行活动直播10次，点击总量40万人次，其中“鄂托克前旗2020中国农民丰收节暨那达慕大会”活动直播点击量33万人次。

融媒体 2020年，鄂托克前旗融媒体中心指挥调度平台于3月20日启动建设，8月完工；与内蒙古自治区旗县级融媒体运营服务中心搭建“草原云”平台软件服务模块。组建“马兰融媒”志愿服务队，开展文明实践志愿服务活动10场次。12月23日，鄂尔多斯市新时代文明实践中心试点工作现场推进会在鄂托克前旗举办，鄂托克前旗新时代文明实践中心与旗融媒体中心两个中心联动做法作为典型进行大会发言。

【社会保障】2020年，鄂托克前旗实现全民社会养老保险、医疗保险和城乡居民最低生活保障实现全覆盖，职工工伤保险、生育保险、失业保险基本覆盖。

社会保险 2020年，鄂托克前旗参加城镇职工基本养老保险11903人，基金收入9956万元，基金支出12221万元；参加机关事业单位养老保险5330人，基金收入10269万元，基金支出11508万元；参加城乡居民养老保险29932人，覆盖率108%，基金收入7931万元，基金支出6677万元；参加工伤保险8114人，覆盖率100%，基金收入238万元，工伤保险支出406万元；累计办理跨省转移419人，其中涉及城镇职工272人，机关事业单位人员123人，城乡居民24人，转移资金1662万元。养老金社会化发放率100%。

医疗保障 2019年1月，旗人民政府机构改革正式组建成立鄂托克前旗医疗保障局。成立后，以构建多层次医疗保障体系为目标，全面推行城乡医保并行、医前救助、大病救助、商业补充大病保险等模式，基本实现医疗保险异地实时结算。2020年，全旗参加城镇职工基本医疗保险14840人，覆盖率达100%；城乡居民基本医疗保险57816人，覆盖率达96%；生育保险参保人数7005人。基金总收入为15435万元，其中城镇职工基本医疗保险总收入9333万元、城乡居民基本医疗保险总收入6102万元；总支出为13981万元，其中城镇职工医疗费支出5983万元、城乡居民医疗费支出7998万元；基金总结余为22579万元，其中城镇职工基本医疗保险基金结余17918万元、城乡居民基本医疗保险基金结余4661万元。

医保扶贫服务 2020年，有1337人次在“一站式”系统结算，总费用3863115.89元，基本医疗报销2527692.19元；享受大病商业保险救助76人次，救助资金213868.7元；享受大病医疗救助380人次，救助资金386037.6元；享受脱贫保险救助7人次，救助资金7307.38元；

享受兜底救助1082人次，救助资金196720.1元。开通异地就医定点医疗机构5家，持续推广异地就医结算业务，方便疾病患者及时结算，减少报销周期。全年直接结算1282人次，统筹医疗金额直接支付396万元，其中直接结算人次190人次、金额112万元；区外直接结算2292人次、金额1452万元（跨省异地就医疗系统备案人数为1905人）。

就业创业　2020年，城镇登记失业人员831人，登记失业率3.1%。全旗城镇新增就业965人。建成大学生创业孵化基地，发放创业担保贷款2793万元，扶持203人成功创业，创业带动就业406人。免费开展农牧民就业技能培训260人、城镇就业技能培训200人、创业培训142人。累计支付各类创业就业补贴34.2万元，惠及486人。为162家企业及个体工商户、3876人发放以工代训补贴232.56万元。全旗失业保险参保人数7702人，失业保险基金收入554.8万元，发放失业保险金46.44万元，代缴失业人员医疗保险费8.89万元，发放企业稳岗补贴77家1770.67万元、惠及企业职工7618人。全年共举办劳动力人才交流洽谈会3次，专场招聘会11次，共有180家用工企业提供就业岗位3434个，511位应聘者与用人企业达成用工意向。开发扶贫公益性岗位348个，发放公益性岗位补贴365.29万元，认定扶贫车间3个，培训贫困劳动力14人，为贫困人员每人每年创收增收2.1万元。

社会救助　全旗有公办社会福利机构1家，床位190张。2020年，全面完成脱贫攻坚兜底保障任务，全旗建档立卡贫困户中享受农村低保173户333人，纳入低保渐退期46户83人；享受特困供养3户3人，领取临时救助605人；纳入困难残疾人生活补贴82人；纳入重度残疾人护理补贴88人；领取高龄津贴78人。城乡低保、特困人员供养、护理补贴提标任务全面完成，全旗城乡居民最低生活保障1331户2175人，累计发放低保金1001.1万元；全旗享受城市最低生活保障户数265户421人；享受农村最低生活保障1066户1754人。全旗有城乡特困人员122人，累计发放救助供养资金126.1万元，为54名特困供养人员发放照料护理补贴资金43.4万元；困难群众临时救助1053人，累计发放救助资金167.9万元；救助流浪乞讨人员106人次，共支出救助资金6.64万元。残疾人“两项补贴”覆盖困难残疾人611名、重度残疾人1160名，累计发放补贴369.02万元。为167名“三民”定补人员发放全年补助资金240.83万元；为80名60年代精简人员和社救人员发放全年补助金2.68万元；为4名孤儿发放基本生活保障金8.1万元，为21名事实无人抚养儿童发放基本生活保障金27.84万元；为全旗75周岁以上2669名老年人发放全年高龄津贴396.49万元。

住房保障　2020年，全旗累计建成公共租赁住房2507套17.1万平方米。截至年底，全部分配入住，解决住房困难人员5265人。全面完成敖勒召其镇1579户保障性住房合同续签工作，查处各类违规住户11户。全年累计发放城镇低收入家庭217户464人的租赁补贴专项资金49.788万元。2020年，城川镇城中村棚户区改造项目共269套，总投资1.87亿元；通过公开招投标的方式完成采购。该项目安置房源住宅312套3.45万平方米，中标金额为7558万元，截至年底住宅工程已竣工验收，正组织回迁安置。实施敖勒召其镇赛马场老旧小区改造项目，项目总投资558.22万元，截至年底完成竣工验收；实施敖勒召其镇邮政集资楼及和效家园1号、2号楼改造项目，项目总投资432.06万元，截至年底完成竣工验收。

教育资助　2020年，全年发放各类贫困学生教育资助金401.07万元，受益3093人次，其中资助建档立卡贫困家庭在校子女205人次35.05万元。办理大学生生源地信用助学贷款608人463.6万元。组织社会爱心人士、社会组织、企业等开展捐助贫困生活动13场，累计资助贫困生138人次，发放物资计18.16万元。

【脱贫攻坚】 2020年，鄂托克前旗聚焦问题整改，聚力推动脱贫攻坚与乡村振兴战略、农牧业产业结构调整相结合，健全完善精准防贫机制，巩固脱贫攻坚成效，在现有建档立卡贫困人口全面脱贫的基础上，有效防止返贫和新贫发生，贫困发生率为零，脱贫攻坚工作取得决定性成效。

产业扶贫 2020年入库项目68个，按照择优实施的原则，投入市级产业扶贫资金1511万元、旗本级配套600万元，重点支持敖镇易地搬迁产业扶贫农产品深加工、上海庙镇果蔬冷藏保鲜一体化、城川镇大池村特色养殖、城川嘎查农副产品包装和昂素镇饲料加工及育肥羊养殖示范5个项目建设，与全旗663个建档立卡贫困户建立紧密的利益联结，以一镇一业、一村一品，推动脱贫攻坚与乡村振兴有机结合，促进贫困户产业结构调整，提升减贫带贫效益。

健康扶贫 为每名建档立卡贫困人口补助或代缴医保参保费用255元，贫困人口基本医疗参保全覆盖；实施健康扶贫“三个一批”行动计划，贫困人口门诊慢性病实际报销比例80%左右，大病和重特大病住院实际报销比例90%以上。

教育资助 全面核查全旗建档立卡贫困家庭子女教育情况，贫困学生建档立卡率100%，累计向各教育阶段建档立卡、农村低保、特困供养和残疾等四类学生发放教育补贴326人次235万元，未发生因贫失学、辍学问题。

社会保障 对全旗663户1744名建档立卡贫困户、5户15名建档立卡边缘户和1户1人重点监测户逐户逐人逐项核查其家庭情况，将符合救助条件的172户331人建档立卡贫困户纳入低保范围，实现应保尽保、应救尽救。

消费扶贫 制定印发《鄂托克前旗关于进一步加强企地合力助推脱贫攻坚乡村振兴行动方案》《鄂托克前旗深入开展消费扶贫助力打赢脱贫攻坚战实施方案》，动员87家企业与68个嘎查村结对共建，11家驻地央企、国企共签订企地合作长期框架性协议5个，涉及嘎查村44个；签订具体采购合同11个，涉及直接参与生产供应的嘎查村32个，已经完成实际采购63.7万元，为边缘户、建档立卡贫困人口直接销售各类农产品7.1万元。

就业扶贫 出台《鄂托克前旗公益性岗位管理办法》，把就业扶贫作为产业扶贫的有益补充，建立健全就业扶贫长效机制，通过扶贫车间吸纳灵活就业30人，通过购买公益性岗位解决了全旗256名建档立卡贫困劳动力的就业问题，实现了有就业能力、有就业愿望的贫困人口就业全覆盖。

扶贫对象动态管理 按照扶贫对象动态管理工作时间节点，入户走访摸底排查全旗663户建档立卡贫困户，核实一户一档、管理手册、收支测算、人员自然变更等情况，并采集基本情况及帮扶措施。2020年，鄂托克前旗无新增贫困户、返贫户、边缘易致贫户和脱贫不稳定户，无清退脱贫不享受政策户。

【生态环境】 2020年，鄂托克前旗入选第四批国家生态文明建设示范县；完成整改2016年中央环保督察、2017年自治区生态环境大检查和2018年中央环保督察“回头看”反馈问题共计38项；落实2020年自治区第二生态环境保护督察组转办信访问题12项，完成整改10项，持续推进2项。

大气污染防治 鄂托克前旗空气质量共监测366天，有效天数为355天，空气质量优良以上天数比例为94.1%，较上年同期提高0.5个百分点；PM2.5平均浓度为24微克/立方米，较上年同期下降4微克/立方米。完成燃煤锅炉改造企业1家和粉状物料堆场全封闭建设企业1家；检查油品质量2批次，完成总量初审项目9个。

水污染防治 完成城川镇和昂素镇污水处理厂建设，建成5个建制村的生活污水治理项目，

完成 3 个集中式饮用水水源地水质年度监测任务。土壤污染防治　建成城川镇无害化垃圾填埋场；完成 6 个嘎查村的农村环境综合整治；安装完成西鄂尔多斯毛盖图藏锦鸡儿自然保护区重点区域高清视频监控设备。

环境监测监控　全年监督性监测和例行监测共出具监测报告 14 份，获得监测数据 533 个；辖区内重点污染源企业自动监控数据传输有效率达 95% 以上，联网企业均完成监测设备比对工作；新增联网企业 3 家，其中已验收 2 家，持续推进 1 家。

环境保护执法　全年依法检查企业 651 家次，查处环境违法行为 31 起，实施行政处罚 31 起，“12369”环保投诉受理平台接处各类信访案件 18 起，投诉处理率 100%。

【食药安全】 2020 年，共检查食品药品生产经营单位 10439 家次，查处违法案件 52 件，查获过期食品 0.21 吨，罚没款 25.8 万元；开具食用农畜产品合格证 3068 张，持合格证上市的食用农产品 450 吨；快检食品共 6120 批次，合格率 98.6%，抽检食品 430 批次（工业加工食品 310 批次、食用农畜产品 120 批次），合格率 99.6%；抽检药品 10 批次、医疗器械 4 批次、化妆品 3 批次，合格率 100%。全旗 28 家中小学幼儿园食堂全部达到 A 级，700 多家餐饮服务单位“明厨亮灶”率达到 98% 以上。

【改革创新】 2020 年，鄂托克前旗深入贯彻落实中央、自治区党委和市委各项改革决策部署，围绕建设“草原文明城、品质鄂前旗”的目标要求，狠抓改革谋划、方案把关、协调推进、督察落实，一批市委和旗委重点推进的改革任务落地见效，各领域改革取得积极进展，市对旗“五位一体”考核继续位居优秀旗区行列。深化农村牧区综合改革，创新建立农村牧区人居环境“分级负责、分区管护、多元保障”长效治理新模式，推动环境整治制度化、常态化发展。承办鄂尔多斯市乡村振兴暨产业扶贫、人居环境整治现场会和鄂尔多斯市新时代文明实践中心试点工作现场推进会，鄂托克前旗被确定为国家数字乡村试点地区。成功创建“全区文艺工作者红色文艺创作基地”，鄂托克前旗红色旅游入选全国红色旅游发展典型案例。不断创新社会治理，成功打造“泰稳和德”社会治理品牌，率先实现专职网格员选举；集信息采集、查询统计、定位导航、网格管理等功能于一体的“智慧综治”手机 App 启动运用；城川镇黄海子村成功入选 2019 年度国家级乡村治理体系建设示范村。健全生态保护和修复制度，启动昂素镇百万亩柠条基地种植行动，大力推进造林扶贫专业合作社改革，31 个合作社助力 74 户贫户脱贫；敖勒召其镇马场井村安置区入选全国“十三五”时期易地扶贫搬迁典型案例；内蒙古上海庙矿业榆树井煤矿入选 2020 年度全国绿色矿山名录，鄂托克前旗生态文明制度改革入选自治区第二批全面深化改革优秀案例，并被授予第四批国家生态文明建设示范旗称号。

【人民生活】 2020 年，公共财政预算支出的 52% 以上用于民生事业，贫困户人均纯收入同比提高 21.81%，贫困发生率下降为零。城乡常住居民人均可支配收入分别达到 48403 元和 22223 元，分别增长 1.1% 和 8.3%。

【重大项目】 2020 年，鄂托克前旗实施亿元以上重大工业项目共 10 项，其中新建项目 3 项、续建项目 7 项，总投资 313.91 亿元；2020 年计划投资 30.29 亿元，实际完成投资 41.63 亿元，完成计划投资的 137%。

山东能源盛鲁电厂工程项目　总投资 58.41 亿元。2020 年计划投资 4 亿元，实际完成投资 3.35 亿元。1 号机组于 9 月 22 日投产，2 号机组于 11 月 27 日投产。

华能内蒙古长城发电有限责任公司上海庙煤电项目　总投资 64 亿元。2020 年计划投资 5 亿元、实际完成投资 4.58 亿元。完成厂区道路，1 号、2 号锅炉基础承台浇筑，汽轮机基础承台浇筑等工程。

国电双维电厂工程　总投资69.2亿元。2020年计划投资10亿元，实际完成投资18.24亿元。1号机组间冷塔钢架第14层吊装完成70%，主厂房结构到顶，锅炉钢架吊装完成，并安装设备；2号机组间冷塔钢架第七层吊装完成50%，主厂房结构到顶，正在墙体砌筑，锅炉钢架吊装完成，正在安装设备；启动锅炉房墙体砌筑完成，烟囱外筒壁到顶。

内蒙古恒坤化工有限公司年产260万吨捣固焦及综合利用项目　总投资32.3亿元。2020年计划投资3.4亿元，实际完成投资0.75亿元。厂区道路完成610米，筛焦楼基础开挖完成63%，污水处理土建完成80%，开闭所土建已完成60%。

国家能源集团内蒙古上海庙电厂2×1000兆瓦机组新建工程项目　总投资64.71亿元。2020年计划投资3亿元，实际完成投资1.6亿元。主厂房、锅炉进行基础浇筑施工。

内蒙古兴源碳材科技有限公司高性能无压烧结碳化硅材料及高性能无压烧结碳化硅陶瓷制品循环经济项目　总投资10亿元。2020年计划投资1.5亿元，实际完成投资2.2亿元。一号原料库、分级车间建成，车间烧结炉安装完成；二号车间烧结炉砌筑完成70%，成品加工车间、陶瓷车间主体完成，安装设备；110千伏变电站通过电力质检部门验收。

内蒙古悦江环保科技有限公司10万吨活性炭、环保装备制造一体化项目　总投资3亿元。2020年计划投资0.6亿元，实际完成投资0.75亿元。办公楼、宿舍楼3层梁、板、柱浇筑完成，1号成品库、炭化车间、皮带输送长廊基础施工完成。

海川能源科技有限公司鄂托克前旗石英砂深加工项目　总投资1.29亿元。2020年计划投资0.45亿元，实际完成投资1.5亿元，已投产。

内蒙古雅海能源开发有限责任公司年产60万吨液化天然气项目　总投资10亿元。2020年计划投资1.5亿元，实际完成投资7.66亿元。土建工程完成60%，安装工程正在进行储罐、液化装置、净化装置、工艺冷箱、空冷器、管道等设备的焊接安装作业。

鄂尔多斯市佳源新能源有限公司鄂托克前旗15兆瓦分散式风电项目　总投资1亿元。2020年计划投资0.84亿元，实际完成投资1亿元。风机吊装完成，待并网投产。

【机构改革】 鄂托克前旗共设置行政事业机构229个，其中行政机构64个（纪检监察机关1个，党的工作机关8个，设在党政部门的机关8个，政府工作部门27个，群团8个，人大常委会机关6个，政协系统部门1个，镇4个，管委会1个），事业单位165个（含相当正科级事业单位20个、相当副科级事业单位40个）。2020年，行政机构设置数量与2019年相比减少3个。撤销鄂托克前旗政协联络办和鄂托克前旗政协学习提案经济工作委员会、鄂托克前旗政协文史文卫工作委员会；新增设鄂托克前旗人大农牧和环资城乡建设工作委员；鄂托克前旗森林公安局调整为鄂托克前旗公安局下设机构，鄂托克前旗环境保护局上划鄂尔多斯市直属机构。撤销各镇农牧业服务中心、计划生育技术服务中心、城镇与社会事业管理服务中心等13个事业单位，新设各镇综合保障和技术推广中心、党群服务中心8个事业单位。各镇统一按“六办、一局两中心”设置机构。对部分事业单位进行精简撤并、优化重组。撤销鄂托克前旗接待办公室、鄂托克前旗互联网信息办公室、鄂托克前旗电子政务中心、鄂托克前旗农牧业产业化办公室、鄂托克前旗农村牧区合作经济经营管理站、鄂托克前旗家畜改良工作站、鄂托克前旗水产管理站7个事业单位；上划鄂托克前旗环境监察大队、鄂托克前旗环境监测站2个事业单位；新增设鄂托克前旗农村牧区合作经济和产业发展站、鄂托克前旗畜牧和水产工作站（饲草饲料站）、鄂托克前旗农村牧区人居环境工作站、鄂托克前旗机关事务管理服务中心、鄂托克前旗保密技术和专用通信服务中心、鄂托克前旗第三小学6个事业单位。

【红色培训教育基地建设】 2020年，鄂托克前旗修复建设以延安民族学院城川纪念馆为核心，以三段地革命历史纪念馆、阳早寒春三边牧场陈列馆、城川红色国际秘密交通站陈列馆、王震井纪念园、滴哨沟战场纪念园、马良诚顾寿山烈士陵园、中国百年民族理论民族政策场景式教学馆、鄂尔多斯国防教育展馆等8个现场教学点为补充的“一核引领、多点联动”的红色教育基地布局。在提升原有教育培训功能的基础上，按照研学、实训、拓展、体验的标准化要求，打造集党性教育、国防教育、爱国主义教育、青少年素质拓展、应急救援培训等为一体的综合性拓展训练基地，作为红色教育基地的补充，进一步丰富红色教育培训的多样性。突出红色教育培训的创新性、实训性、实践性，围绕基层党建、脱贫攻坚、乡村振兴、生态保护、民族团结等主题，在各镇打造实践教学点、红色研学户58家，引导学员贴近群众，了解基层，学用结合。全年累计接待游客突破130万人次，实现教育培训和红色旅游收入近40亿元。2020年，鄂托克前旗红色培训教育基地承接内蒙古自治区、北京、广西、海南、深圳、新疆、陕西等地的干部教育培训主体班次444期19274人次，其中城川民族干部学院承接主体培训班133期6088人次，旗内承接干部主体培训班211期8675人、青少年研学班次100期4511人，共接待游客12.5万人次。

（田　军）

康巴什区

【领导名录】

中共区委员会

书　记：杨　云（9月离任）

李　冬（10月任职）

副书记：王雪峰（10月任职）

吴　云（10月调离）

常　委：田生华

柴继亮

白广华（3月调离）

韩占泉

乌兰托娅（女，蒙古族）

李胜清

康　平

汪　明

人大常委会

主　任：李晓庆

副主任：孙和国

毛友刚

阿荣高娃（女，蒙古族）

袁梓苑（女，蒙古族）

人民政府

区　长：李　冬（9月离任）

王雪峰（10月任代理区长）

副区长：田生华

柴继亮

曹瑾鑫（挂职）

刘学军

张　平

刘淳芳（女）

贺　斐（挂职）

政协委员会

主　席：阿拉腾敖日格乐（蒙古族）

副主席：邱晓丽（女）

郝凤林（女）

史雪松

李　强

纪律检查委员会

纪委书记、监委主任：李胜清

【概况】 康巴什区是鄂尔多斯的政治、文化、科教中心，位于鄂尔多斯中南部，属北温带半干旱大陆性气候区，与伊金霍洛旗隔河相望，距东胜主城区25公里，距成吉思汗陵旅游区15公里。与东胜区、伊金霍洛旗阿拉腾席热镇共同组成鄂尔多斯市城市核心区。康巴什区前身为青春山经济技术开发区（自治区级），于2004年批准更名为康巴什新区并启动建设，2006年市府迁址入驻，2016年6月8日国务院正式批复设立县级行政区，2017年四大班子组建完毕。康巴什区下辖4个街道办事处、19个社区，总面积372.55平方公里，建成区面积39.87平方公里。2020年，康巴什区完成地区生产总值89.95亿元，按第四次全国经济普查修订数据后的同口径可比价格计算，同比增长5%。分产业看，第一产业增加值下降4.7%，第二产业增加值下降0.8%，第三产业增加值增长5.7%。三次产业的结构比为0 ：10.2 ：89.8。全年完成地方财政总收入18.5亿元，其中：一般公共预算收入完成7.6亿元，同比增长6.1%。其中：中央7.25亿元，省级1.81亿元，市级1.95亿元，旗区本级7.57亿元。一般公共预算支出19.4亿元，同比增长21.2%。截至2020年年底，康巴什区常住人口118796人，其中户籍人口44529人，较2019年增长4556人，增长率为11.4%，其中，男性22401人，占户籍人口50.3%；女性22128人，占户籍人口49.7%。全年全社会固定资产投资同比增长95.3%。按三次产业投资看，第一产业投资占总投资比例为0，第二产业投资占总投资比例为2.5%，第三产业投资占总投资比例为97.5%。全年规模以上工业企业增加值下降0.2%，规模以上工业企业总产值同比下降2.5%。发电量40亿千瓦时，同比上升5.3%。2020年8月，康巴什区入围“2020中国最具幸福感城市”候选城市名单。

【城市建设】 截至2020年年底，全区建成区面积39.87平方公里，道路面积839.7万平方米，供热面积983.78万平方米。全区燃气普及率达100%。城镇污水集中处理率达到99.57%，生活垃圾无害化处理率达99.9%；全区具有资质等级的建筑施工企业10家，建筑业企业房屋建筑施工面积7万平方米。2020年，康巴区重点项目第八小学、实验小学新增教学楼、国防动员和民兵训练基地、支路七八十、社会停车场、二小体育馆项目完工投用；东纬三路、东经四路、综合福利中心、十四幼儿园、北区一幼等项目稳步建设；北师大高中等25个项目办理前期手续，全年累计完成投资2亿元。2020年，对辖区湖滨路隔离带及两侧绿带，市府南、北街等主要道路和二号桥、四号桥、鄂尔多斯大街、天骄路等重要道路节点进行了景观提升，对伊克敖包、康镇、榆兰园及市财政局南绿地等多个公园及机关庭院进行品质化提升，全年改造提升景观面积86万平方米。全年栽植各类草花60余种，共计2033万株，盆花81万盆，打造立体花球、花柱、花树等172个；种植花田花海约1500余亩。2020年，水管网建设主要以主干道、公园、绿地、小区的延伸覆盖及支管网建设为主，铺设中水管网171.65公里（其中主管网56.6303公里、支管网115.02公里），完成泵房3座（分别为经二路泵站，经三路泵站，东康线泵站），中水覆盖绿化面积达到1053.66公顷。

【环境保护】 康巴什区2020年优良天数327天，污染33天，无重度污染，优良率90.8%，较2019年提升4个百分点。其中二氧化硫为9微克/立方米，与2019年持平；二氧化氮为22微克/立方米，同比下降4.35%；可吸入颗粒物为51微克/立方米，与2019年持平；一氧化碳为1毫克/立方米，与2019年持平；臭氧为146微克/立方米，同比下降7%；细颗粒物为23微克/立方米，同比上升15%。城镇区域环境噪声等效声级昼间均值为47.1分贝，道路交通噪声等效声级昼间均值为62.4分贝。乌兰木伦景观湖、乌兰木伦景观湖出库断面、乌兰木伦河高家塔断面月均达到地表水Ⅲ类。持续保持“零黑臭水体”，污水处理厂增加余氯、粪大肠菌群在线监测，共产生中水432.8万吨，回用率100%。康巴什区对工业危险废物进行“全过程”监督，完成3家工业企业危废库视频监控安装和14家企业年度危险废物网上申报登记，开展汽修行业废机油、喷漆设施专项检查，打造有害垃圾临时储存场所。结合疫情防控，在辖区5家医疗机构医疗废物收集点安装视频监控，对市中心医院、高速路口医疗废物收集点进行严格监管，疫情防控期间实行医疗废物统计日报告，全年累计规范安全处置工业危险废物25.8吨、医疗废物145.5吨。

【城市经济】 截至2020年年底，康巴什区共有运营住宿网点59家，房间总数4151间，床位达到8074张，较2019年度增长38%，形成以星级酒店、商务快捷酒店为主导，小型宾馆为支撑的酒店住宿市场供应体系。餐饮网点达到662家，年内新增77家。各类批发零售商业网点达910家，年内新增11家。全年共组织80余场次促销活动，参与企业74家商户200余家，销售额约7000万元。截至年底，共销售轻油2.9万吨，销售总额2.19亿元，较2019年同期增加0.23万吨，增长7.81%。共有电子商务企业11家，快递、物流网点45个，从业人员近400人。全年完成31个快递驿站网点布置，基本满足居民就近收发快递的需求。截至年底，快递进港量1509.8万件，出港量103.5万件，快递业营业额约2651万元。朋伙物流配送中心全面启动，入驻综合代理商15家，货品批发及四通一达快递、邮政、报业物流总部均已设点投递，配送货品4.5万余种，年寄递量达108万单。探索直播销售模式提升市场活力，开展“品味康巴什”线上促消费活动，组织电子商务相关培训2场，为10家商户进行直播推荐，制作完成宣传短视频48个，累计观看量突破百万人次。共有高新技术企业5家，科技中小型企业4家，设立院士专家工作站2个，国家级科技企业孵化器1个，市级众创空间3个。组织申报高新技术企业6家，自治区级科技项目6项，市级科技项目12项，完成4家市级科技计划项目验收工作，获批各级奖补资金147万元。举办科技系列活动4次，约200家企业和高校，近万人次参与活动。

【文化旅游】 康巴什区拥有文化馆1个，街道文化站4个，民办博物馆3个，艺术表演团体2个，社区综合文化服务中心14个，大型公共文化场馆7个，文化主题公园18个，公共文化建筑总面积达53万平方米，文化主题公园面积达798公顷，街道及社区户外文化活动场所均大于2000平方米。2020年，共组织开展各类群众文化活动500余场。全年开展文化指导员下社区文艺培训辅导240次，培训群众6020人次。指导编排群众文艺作品41部。2020年，康巴什区制定《2020年“我们的中国梦”文化进万家春节元宵节文化旅游系列活动方案》《“走进幸福康巴什·悦享文旅新生活”2020年文化旅游活动安排总体方案》。具体组织第四届鄂尔多斯诗歌那达慕暨康镇民俗文化大集、城市冰雪那达慕、鄂尔多斯市2020年春节联欢晚会康巴什分会场排演、中国旅游日暨第九届鄂尔多斯牡丹文化旅游推广活动、“时尚草原城品质康巴什”百日消夏广场文艺演出、“乐享鄂尔多斯”草原音乐美食季以及“群众文化进景区 文旅融合聚活力”等各类特色文化旅游活动和演出近500场次，现场观众参与人数达20万人次，线上观众约300万人次。年内，康巴什区共计接待游客326.1万人次；过夜游人数74.45万人次；实现旅游综合收入约11.04亿元，同比增长1%。

【金融保险】 2020年，康巴什区银行业金融机构人民币存款余额347.84亿元，比2019年下降5%，占全市比重为8.65%。年末全区银行业金融机构人民币贷款余额129.4亿元，比2019年下降5%，占全市比重为3.81%。截至年底，全区保险业实现保费收入1345万元，比2019年下降

25.5%，全年保险业累计赔付支出 793 万元，比 2019 年下降 5.23%。其中财产保险收入 1275.15 万元，累计赔付支出 790.9 万元；人寿保险收入 69.85 万元，累计赔付支出 2.1 万元。

【教育】 2020 年，康巴什区新开中小学 1 所，康巴什区第八小学。全区共有各级各类教育机构 42 个，其中，市直学校 8 所（本科类院校 1 所，职业类院校 3 所，高中 1 所，民族类院校 3 所），区属教育机构 34 个（中学 5 所，小学 8 所，公办幼儿园 13 所、民办幼儿园 5 所、早教及校外教育机构 3 个）。秋季报名总人数 25356 人，其中幼儿园 6850 人，小学 11931 人，中学 6575 人。截至年底，区直属各级各类学校在校学生共 25356 人，较 2019 年新增 3336 人，其中幼儿园 967 人，小学 1452 人，初高中 917 人。全区共有教师 2382 人（幼儿园 636 人、小学 865 人、中学 800 人、少年宫早教中心教师 81 人）。其中本科及研究生以上学历 2272 人，占教师总数 95.4%；旗区级以上教学能手及优秀教师 750 人，占教师总数 31.5%。2020 年，全区共引进招聘教师 321 人，其中从部属院校、“双一流”、原“985、211”院校招聘 218 人。共举行大型教师培训 69 次，培训 2 万余人次；与北京校长智库研究院合作，重点打造 8 个中小学名师工作室，着力提升教师队伍能力素养；与北京和谐达学管理咨询有限公司合作，打造了一批由 12 名心理健康教师、40 名班主任、100 名家长组成的“三位一体”心育网络队伍。

【卫生健康】 截至 2020 年年底，全区共有 46 家医疗卫生机构（市级 13 家、区级 33 家）。年末拥有医疗卫生机构床位数 1463 张，病床使用率为 45.62%。医疗卫生机构技术人员 1983 人（其中区级 348 人），其中执业（助理）医师 800 人（其中区级 96 人），注册护士 745 人（其中区级 151 人），每千常住人口拥有执业（助理）医师 5.07 人、注册护士 4.721 人。全区各级各类医疗机构全年总诊疗人数达 117.3 万人次（其中基层医疗机构诊疗量达 18.9 万人次），全年出院人数 26008 人次。全年家庭医生签约服务 10.03 万人次，覆盖率 63.56%。年内，与属地市直医院签订《城市医疗集团协议》，完善分级诊疗格局，区属基层医疗机构年门诊量达 9 万人次。基层医疗机构基本药物配备达到 70%。深入实施国家“优质服务基层行”，1 所社区卫生服务中心达到国家推荐标准，3 所社区卫生服务中心达到达标标准。对健康扶贫边缘人员台账施行动态管理，现管理人员 173 名。对辖区内 2 户未转移农民取水井进行水质检测，对 21 户 55 名未转移农民开展家庭医生送健康上门服务。施行健康扶贫边缘人员定期免费诊疗服务。健康扶贫边缘人员家庭医生签约服务覆盖率达 100%。创建自治区慢病防控示范区、自治区健康促进示范区和自治区学校卫生工作先进单位。属地无甲类传染病报告，传染病网络直报覆盖率、及时审核率和及时报告率均达 100%。智慧家庭医生签约服务，签约服务对象 96458 人，签约率为 62%，规范化居民电子健康档案 141377 份，建档率达 90.22%。新冠肺炎疫情防控方面，属地开诊有 23 家医疗机构，均规范设置预检分诊和发热门诊，已完成可满足 30 天满负荷运转的医疗防控应急物资储备，已开展重点人群新冠疫苗接种工作。落实核酸检测“应检尽检”和“愿检尽检”要求，对重点环境和重点人群开展“主动检测”措施，已累计进行人员核酸检测 55881 人份。

【社会保障】 2020 年年底，全区城镇职工养老保险、城乡居民养老保险、工伤保险、失业保险四项参保人数分别达到 12079 人、4278 人、11522 人、8309 人，四项保险基金滚存结余分别达到 8.46 亿元、2.80 亿元、0.14 亿元、0.21 亿元。全年支付各类待遇 2577.15 万元，为 57 名特殊人员代缴养老保险费 1.11 万元，阶段性减免企业养老保险 4595 万元、工伤保险 159 万元、失业保险

163万元，将尘肺病重点行业纳入工伤保险范畴。低保标准提高为每人每月790元；特困人员供养金提高为每人每月1500元；全失能特困人员照料护理补贴提高为每人每月1100元。2020年，全区实现城镇新增就业2068人，下岗失业人员再就业74人，就业困难人员再就业77人，农村劳动力转移就业505人，参加就业创业培训234人，大学生就业见习23人，零就业家庭保持动态清零，城镇登记失业率控制在2.52%以内。2020年，康巴什区在回迁老人较集中的兴旺社区和达尔罕社区进行试点，投入资金50万元购买为期1年的社区居家养老服务。项目内容包括助餐、智能化养老、生活照料、精神慰藉、家政服务等方面。

【人民生活】 全年全体居民人均可支配收入48863元，同比增长1.3%。全体居民人均消费性支出28775元，同比下降2.8%。城镇常住居民人均可支配收入达到51909元，同比增长0.6%。从主要收入构成看，工资性收入为39545元，经营净收入为5632元，财产净收入为4890元，转移净收入为1842元。城镇常住居民人均消费性支出30844元，同比下降2.1%。其中，食品烟酒支出占22.5%，衣着支出占8.8%，居住支出占24.9%，生活用品及服务支出占7.1%，交通通信支出占19%，教育文化娱乐服务支出占7.8%，医疗保健支出占7.2%，其他用品和服务支出占2.7%。

（新 力）

附 录

数字鄂尔多斯发展规划（2019—2025年）

前 言

建设数字中国是新时代国家信息化发展新战略。习近平总书记强调，加快数字中国建设，就是要适应我国发展新的历史方位，全面贯彻新发展理念，以信息化培育新动能，用新动能推动新发展，以新发展创造新辉煌。

自治区党委、人民政府把握数字中国建设新趋势、新要求，以内蒙古国家大数据综合试验区建设为契机，抢抓机遇，加快推进数字内蒙古建设，作为推进质量变革、效率变革、动力变革，实现高质量发展的重要路径。

数字鄂尔多斯是新时代鄂尔多斯信息化发展的新战略，涵盖经济、政治、文化、社会、生态等各领域信息化建设，将成为新时代我市新旧动能转换的重要引擎，成为建设国家现代能源经济示范区的重要支撑，成为促进社会治理能力现代化、提升人民群众幸福感的重要途径，为探索资源型城市转型发展提供新方案，为数字中国、数字内蒙古建设作出鄂尔多斯贡献。

根据《国家信息化发展战略纲要》《国家数字经济发展战略纲要》等，参考《数字内蒙古建设发展规划（2018—2025年）》制定本规划。规划期2019年至2025年。

第一章 基础与形势

第一节 发展现状

“十三五”以来，市委、市人民政府高度重视信息化发展，以智慧城市建设为抓手，出台系列政策措施，持续优化发展环境，以大数据产业为切入点推进数字经济建设，深入开展“互联网+政务服务”和信息惠民建设，全市数字化基础能力、应用水平和发展环境大幅提升，为全面开启数字鄂尔多斯建设打下了坚实基础。

（一）信息基础设施承载能力大幅提升。宽带骨干网络实现速率提升和结构优化，2018年互联网出口带宽达到1950G，较2017年底增长超过80%，直达北京双路由8000G光缆传输专线已投运；网络设备IPv6（互联网协议第六版）支持率为80%。区域大型数据中心和灾备中心初步建成，具备30万台物理服务器的承载能力，机柜上架率高于60%，实际运营PUE（电源使用效率）低于

1.3。宽带网络建设稳步推进，固定宽带接入用户数达43.3万户，家庭普及率达到65%，100Mbps以上宽带接入用户占比66.7%；移动电话用户规模294万户，普及率达83.6%，基站共享率达85.68%；行政村基本实现光纤进村，覆盖比例达99.9%。三网融合全面推进，数字电视用户数45万户，高清电视用户数18万户，广电网络宽带用户数5万户。

（二）政府数字化水平显著提升。建成“一网一库两平台N终端”（“一网”即政务服务网；“一库”即政务服务信息资源库；“两平台”即政务服务管理平台和便民服务应用平台；“N终端”即个人计算机终端、自助终端、移动终端、电话终端、电视终端）的政务服务平台，形成覆盖市、旗区、苏木乡镇（街道）、嘎查村（社区）四级的政务服务体系，政务服务和监管水平得到有效提升。建成全市统一的视频联网应用平台，视频监控约28.5万路，高清探头比例达到60%，社会重点公共区域视频联网率达到98%。初步搭建基于网格化的智慧城管系统，实现一张地图上报、调度、处理事件。上线“鄂尔多斯掌上公交App”，来车信息实时预报率达到95.2%，公共交通服务持续优化。搭建完成综合交通运行监测与应急协调平台，监测公交车、出租车、“两客一危”车辆运行情况。数字环保一期工程投入使用，实现部、厅、市、县、工作站环境监管“五级联动”，生态环境在线监测体系不断完善，实现对国控重点污染源企业100%在线监测；全市9个旗区、5个园区大气环境自动监测率达到100%。

（三）信息惠民成效加快显现。教育网络基础设施较为完善，学校多媒体教室覆盖率达到100%，智慧课堂覆盖率为20.75%，同频互动课堂覆盖率达到100%，有效解决城乡教育资源不均衡问题。医院信息化水平全面提升，所有二级以上医院统一建设了HIS（医院信息系统）、LIS（检验室信息系统）、PACS（影像归档和通信系统），电子病历建档率76.23%，调阅率50%以上。试点区域率先推进远程会诊，基层医务所覆盖率超80%。建成一体化智慧养老服务平台，覆盖9个旗区，提供健康管理、老年人用品商店、生活缴费、便民生活咨询等18个大类145个小类智慧养老服务。社会保障卡覆盖全市88.2%的常住人口，实现医保刷卡消费和住院实时结算，开通水电费缴纳等便民服务。

（四）数字经济不断壮大。数字产业化重点突出，云计算大数据产业发展势头良好，高技术产业、战略性新兴产业增长较快，增速分别为23%和5.9%。电子信息制造业以鄂尔多斯市源盛光电有限责任公司为主，2018年产值达到79亿元。软件与信息服务业初步发展，集聚电子商务、动漫、蒙文、教育等领域信息化企业。产业数字化稳步推进，特色成效显著，建成鄂尔多斯煤炭数字综合平台、羊绒大数据平台、尿素（易肥网）数字综合平台等行业平台。2018年煤炭交易中心交易额达300.86亿元，年均复合增长率超过30%。2017年全市处于两化融合起步阶段的企业占31.1%，单项覆盖占52.84%，集成提升占10.37%，创新突破占5.69%，整体平均值44.26。电子商务发展成效显著，2018年全市网络零售额21.88亿元，农村电商销售额2.71亿元。

（五）制度环境不断优化。全市初步建立数字化发展组织机制和制度规范体系。组织机制建设方面，2013年成立“鄂尔多斯市大数据产业发展和智慧城市建设工作领导小组”并下设办公室，2017年设鄂尔多斯市大数据发展局，承担大数据产业发展和智慧城市建设领导小组的日常工作。政策和制度建设方面，先后出台《鄂尔多斯市人民政府关于贯彻落实内蒙古自治区国家大数据综合试验区建设的实施方案》（鄂府发〔2019〕98号）、《鄂尔多斯市“十三五”时期信息化和信息产业发展规划》（鄂府发〔2017〕145号）、《鄂尔多斯市推进智慧城市建设工作实施方案》（鄂府办发〔2017〕119号)、《鄂尔多斯市智慧城市项目建设管理办法》(鄂府发〔2017〕208号)等文件，是自治区首个针对智慧城市建设出台管理办法的盟市。

第二节　存在问题

尽管我市数字化建设取得一定成效，但是，对标数字中国、数字内蒙古建设的新形势新要求，我市在机制体制统筹、数字经济激活、信息系统和数据资源整合利用、数字化发展环境营造等方面仍存在不足。

（一）创新驱动能力不足。创新能力不强仍然是制约我市数字城市建设和数字经济发展的重要短板，虽然引进了一批大数据和云计算相关企业，但整体创新能力依然薄弱，尤其是原创性、前沿性、超前引领性创新能力不突出，创新活力不足，存在数字化人才短缺、技术创新能力不强、创新创业氛围不够等问题。

（二）数据共享利用度不高。各旗区、各部门信息系统存在功能交叉、共性系统重复建设、重建设轻运营等现象，一些“僵尸”信息系统尚未清理，个别部门内部系统未实现互联互通，缺乏有效整合和集约建设。政务数据资源整合初具规模，但数据高效流通和利用的深度明显不足，数据资源增值利用效果尚未充分发挥。

（三）数字经济发展潜力未释放。我市规模以上信息技术与信息服务企业较少，电子信息制造、数字文化、电子商务等领域企业结构较为单一，规模效应未显现，数字化产业的基础支撑能力整体较弱，新一代信息通信技术融合带动煤炭、化工、农牧、羊绒、旅游等传统优势产业转型能力不足。

（四）基础设施有待进一步升级改造。我市固定宽带家庭普及率低于全国平均，牧区移动宽带网络覆盖仍存盲点，部分自然村尚无4G网络覆盖，甚至仅通过2G网络实现通信。个别苏木乡镇（街道）和部分嘎查村政务外网尚未覆盖。全市大数据中心承载业务较为分散，缺少活跃的互联网业务，数据中心影响力不足。

（五）机制体制有待进一步完善。我市已成立“鄂尔多斯市大数据产业发展和智慧城市建设工作领导小组”，但领导小组全局统筹和推进作用没有得以充分发挥，核心原因在于组织实施管理、资金统筹管理、项目建设绩效考核机制和第三方评价评估机制等不健全。

第三节　面临形势

（一）我国全面进入数字化转型新阶段。十八大以来，我国步入高质量发展阶段，建设数字中国作为我国信息化发展的新举措，是贯彻落实习近平新时代中国特色社会主义思想，特别是网络强国战略思想的重要举措，是抢抓信息革命机遇、构筑国家竞争新优势的必然要求，是推动信息化发展更好服务经济社会发展、加快建成社会主义现代化强国的迫切需要。福建、广东、浙江、山东、广西等地方全面参与和深入推进数字中国建设，在核心技术攻关、信息通信、数字经济等多个领域实现历史性突破，大、智、移、云驱动实体经济加速转型升级和提质增效。国家战略布局和各地区先行先试为数字鄂尔多斯建设提供了宝贵思路、路径和模式借鉴。

（二）数字内蒙古开启我区信息化发展新征程。2019年两会期间，习近平总书记在参加内蒙古代表团审议时强调，要探索以生态优先、绿色发展为导向的高质量发展新路子，守护好祖国北疆亮丽风景线。自治区以国家大数据综合试验区建设为抓手，在推动数据资源创新应用、发掘数据资源要素潜力等方面先行先试，加快构建创新体系，重点突破数字经济，纵深发展数字政府，全面升级基础设施，稳步推进区域协同。数字内蒙古建设为我市数字化转型提供了良好的发展机遇和政策支撑，也对我市转型发展提出了更高要求。

（三）数字鄂尔多斯成为重塑城市竞争力的最佳突破口。我市资源禀赋独特、生态环境优良、比较优势明显，作为国家重要的清洁能源输出基地、现代煤化工基地，以及呼包银榆经济区重要城市和呼包鄂城市群中心城市，肩负着煤炭、电力、羊绒、旅游、物流等传统产业转型升级的重要使命。全市正着力转方式调结构、加快新旧动能转换、推动大数据关键技术研发和产业发展、深化大数据在各行业的融合发展和创新应用，努力建设内蒙古国家大数据综合试验区的先行区和数字内蒙古发展的引领区。当前是我市紧抓数字革命的重要窗口期，数字鄂尔多斯建设是经济社会各领域的全面重塑与能力提升、实现高质量发展的必然选择。

第二章 总体要求

第一节 指导思想

以习近平新时代中国特色社会主义思想为指导，全面贯彻党的十九大和十九届二中、三中全会精神，认真落实习近平总书记系列重要讲话和考察内蒙古重要讲话和指示批示精神，统筹推进“五位一体”总体布局和协调推进“四个全面”战略布局，坚持以人民为中心的发展思想，牢固树立新发展理念，以供给侧结构性改革为主线，以推进互联网、大数据、人工智能同实体经济深度融合，做大做强数字经济为发展核心，以构建业务协同的数字政府、服务便捷的智慧社会为重点应用方向，以加快构建创新体系、加速数据要素流通、加强网络安全防护、加大智能基础设施部署力度为发展保障，为建设人民满意的服务型政府、建设现代能源经济示范区、打造祖国北疆亮丽风景线上的璀璨明珠提供强有力支撑。

第二节 基本原则

坚持数据驱动，优政善政。坚持用数据说话、用数据决策、用数据管理、用数据创新，不断完善大数据治理体系，大力发挥数据对政府治理、经济转型、社会服务的支撑作用，切实提高政府治理和公共服务的精度和效能。

坚持以人为本，惠民便民。聚焦民生诉求最迫切的领域，着力打破部门、行业信息壁垒，统筹部署一批关键性智慧应用平台，努力提供更加高效便捷的数字化惠民服务。

坚持创新引领，以用兴产。把创新作为数字化转型发展的第一动力，深化理念、机制、制度、技术、应用、协同等创新。加快大数据相关产业培育和前瞻布局，推广一批典型应用、成熟应用，探索“以用兴产、以产促用”良性互促发展模式，以信息化培育新动能，用新动能推动新发展。

坚持夯实基础，保障安全。加快构建泛在互联、融合智能、集约共享、安全可靠的新一代信息基础设施和智能化的市政基础设施，支撑数字鄂尔多斯高质量发展。坚持发展与安全并举，加强信息安全和个人隐私保护，推动网络信息安全与数字鄂尔多斯建设良性互动、协调共进。

坚持市场主导，政府引导。充分发挥市场在资源配置中的决定性作用，有效激发市场主体在数字鄂尔多斯建设、运营、管理中的积极性和创造力。发挥政府引导作用，制定有效的政策措施，促进高质量建设数字鄂尔多斯。

第三节 战略定位

数字鄂尔多斯建设以数据要素高效流通、数字政府和智慧社会加快构建为重点突破方向，以传统产业数字化转型为重中之重，全力建成“三区一城”发展战略。

全区数据要素高效流通示范区。以机制体制创新突破、业务系统协同联动、数据与产业深度融合为数据流通的重要发力点，打通数据多元采集渠道，推动多维数据整合共享，加速数据开放流动，创新数据开发利用，持续释放数据要素价值，全面实现数据要素有序流通和高效利用，率先建成全区数据要素高效流通示范区。

西北地区智慧社会建设样板区。发挥我市智慧城市建设的先行优势和基础优势，进一步推动互联网、大数据、人工智能等技术与社会治理和公共服务深度融合应用，发挥数据在社会公共服务资源配置中的重要作用，创造更多、更智能的社会治理和民生服务方式，提升群众获得感和幸福感，在西北地区率先建成智慧社会先行样板。

全区数字经济发展引领区。以供给侧结构性改革为转型主线，以大数据产业为转型支撑，推动大数据相关技术与资源开发利用深度融合，在煤炭、化工、羊绒等领域广泛开展智能制造、工业互联网、两化融合、大数据应用等，率先建成全区数字经济发展引领区，有力支撑现代能源经济示范区建设。

全国资源型城市数字化转型先行城。通过构建全区数字经济发展引领区、全区数据要素高效流通示范区、西北地区智慧社会建设样板区，将我市率先打造为全国资源型城市数字化转型先行城。

第四节　发展目标

到 2025 年，数字鄂尔多斯初步建成，基础设施和数据资源体系进一步完备，建成区内领先的数字基础设施基地；数字政府基本建成，政府治理、运行、决策的效能显著优化；数字服务普惠全民，人民的获得感、幸福感、安全感显著提升；产业数字化转型取得明显成效，数字经济成为发展新动能和新增长极，建成全区数据要素高效流通示范区、西北地区智慧社会建设样板区、全区数字经济发展引领区，成为全国资源型城市数字化转型先行城。

基础设施全面智能化。到 2022 年，固定宽带家庭普及率达到 90%；企事业单位用户宽带接入能力普遍达到 1000Mbps；移动宽带用户普及率达到 90%，在全区率先推进 5G 网络商用和应用示范，用户普及率达到 30%；数据中心装机能力达到 100 万台，PUE 达到 1.2 以下。到 2025 年，固定宽带家庭普及率达到 98%，5G 网络实现城区全覆盖，用户普及率超过 60%，物联网全面部署，多功能信息杆柱成为数字鄂尔多斯重要市政智能设施，城市新建道路地下综合管廊智能化覆盖率不低于 80%，基础设施智能化水平西部领先。

数据资源集约一体化。到 2022 年，建成全市统一的公共信息平台，信息资源目录体系基本完备，基础数据库和主题数据库基本健全，数据共享与更新机制全面建立，信息资源目录可共享率超过 80%，数据开放制度基本完善，信息资源目录可开放率达到 50%。到 2025 年，全市信息资源目录可共享率达到 95%，信息资源目录可开放率达到 70%。实现政务数据跨部门、跨领域、跨层级共享交换和高效开放利用，全面激活数据潜力。

数字政府高效协同化。到 2022 年，政务系统协同效率显著提升，政府治理和监管能力极大改善，城市智能运行中枢初步建成，一体化在线政府基本建成，行政事业单位业务系统上云率超过 85%；行政许可事项网上可办率超过 95%，公共信用服务平台覆盖 90% 以上市场主体，重点污染源实现 100% 在线监测。到 2025 年，基本建成鄂尔多斯数字孪生城市模型平台，实现真实城市在数字空间的虚实融合，形成政务服务主动式供给、公共安全和交通出行智能预判、生态环境全要素动态监测、城市运行自动化决策等高效协同能力。

智慧社会服务普惠化。到2022年，社会公共服务普惠化便捷化水平极大改善，形成广覆盖、多渠道、智能化、个性化的线上线下融合的智慧医疗、社保、教育等公共服务体系，初步建成3—5个试点智慧社区，居民电子健康档案覆盖率超过95%，智慧课堂覆盖全市50%以上的中小学。到2025年，基于人工智能、5G等新技术的社会化供给的公共服务创新模式不断涌现，基本建成城乡一体、普惠均等、触手可及的智慧社会格局，群众获得感和幸福感显著增强。

数字经济深度融合化。到2022年，新一代信息技术产业规模进一步壮大，推动产业集聚发展。数字技术与工业融合成效显著，形成1–2个行业影响力显著的工业互联网平台。力争建成一批“数字化车间”和“智能工厂”样板。建成2个电子商务集聚区、1个大宗商品电子交易市场。智慧农业、智慧物流、智慧旅游等新业态成效显著。到2025年，工业互联网、大数据、人工智能等新技术得到广泛应用，产业数字化、网络化、智能化加速转型，成为自治区特色产业数字化转型示范地区。

数字鄂尔多斯建设主要预期指标

指标名称	2018年	2020年	2022年	2025年	备注
一、信息基础设施类相关指标					
固定宽带家庭普及率（%）	65	75	90	98	预期性
城镇地区宽带接入速率（Mbps）	—	50	100	1000	预期性
5G网络覆盖率（%）	—	10	50	100	预期性
数据中心PUE值	＜1.3	＜1.25	＜1.2	—	预期性
二、数据资源类相关指标					
信息资源目录可共享率（%）	—	70	80	95	预期性
信息资源目录可开放率（%）	—	30	50	70	预期性
三、数字经济类相关指标					
累计通过两化融合管理体系评定的企业数量（家）	5	7	9	12	预期性
智能制造试点项目数量（个）	—	1	3	5	预期性
电子商务交易额（亿元）	21.88	26.48	32.04	42.65	预期性
农村网络零售额（亿元）	2.71	3.28	3.97	5.28	预期性
四、数字政府类相关指标					
行政事业单位业务系统上云率（%）	—	≥75	≥85	≥95	预期性
基本公共服务事项网上可办率（%）	—	90	95	100	预期性
行政许可事项网上可办率（%）	—	90	95	100	预期性
五、智慧社会类相关指标					
社保卡覆盖率（%）	88.20%	90	95	100	预期性
居民电子健康档案覆盖率（%）	—	90	95	100	预期性
数字校园建设覆盖率（%）	—	50	80	100	预期性

第三章　总体架构

第一节　主要任务框架

数字鄂尔多斯建设以加快构建技术创新体系、加速数据资源流通、着力推进数字政府建设、全面推进智慧社会建设、培育壮大数字经济、部署智能基础设施、筑牢网络安全屏障的“四横三纵”为主要任务体系，全面支撑全区数字经济发展引领区、全区数据要素高效流通示范区、西北地区智慧社会建设样板区、全国资源型城市数字化转型先行城的“三区一城”战略定位。

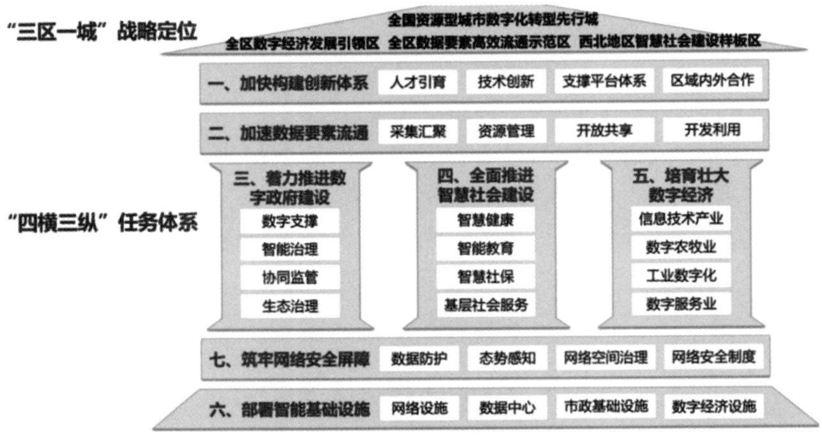

图 1　数字鄂尔多斯的主要任务框架

第二节　系统总体架构

以集约建设、智能运行、上下协同为基本原则，坚持系统思维，把握整体性、关联性、层次结构性、动态平衡性、开放性等特性，数字鄂尔多斯通过构建统一云平台、城市大数据资源池、智能运行中枢，全面支撑全市数字政府、智慧社会、数字经济等业务应用建设。

城市统一云平台“一云承载、全市共用”。全市统筹建设“云上鄂尔多斯”平台，面向市级和旗区两级业务应用提供“一云承载”服务。市级部门新建非涉密信息系统须依托“云上鄂尔多斯”平台建设，原则上市级部门已建非涉密信息系统均应逐步迁移至“云上鄂尔多斯”平台。旗区不再建设独立的旗区云，基于“云上鄂尔多斯”平台构建旗区云。

城市大数据资源池“统一开发、两级共用”。全市统筹建设市和旗区两级互联互通的鄂尔多斯公共信息平台，承载数据资源的共享交换与统一开放。市级各部门、旗区各部门与鄂尔多斯公共信息平台全面对接实现互联互通，除有法律、行政法规和党中央、国务院政策文件明确规定不共享开放的，其他政务信息系统一律接入公共信息平台。市级建设全市基础数据库和主题数据库，旗区根据需要建设特色主题数据库。

数字鄂尔多斯智能运行中枢“统筹建设、全市共用”。全市统筹建设提供共性技术支撑和业务协同支撑的各类系统和平台，形成数字鄂尔多斯智能运行中枢，包括智慧鄂尔多斯大脑、统一身份认证系统、统一视频共享服务平台、社会公共信用平台、时空信息“一张图”平台、统一非税支付平台、智慧鄂尔多斯 App（应用程序）平台等共性平台系统，为市级应用和旗区应用提供服务。共性支撑平台按照业务类型由统筹部门建设，市级其他部门、各旗区不得新建以上共性支撑平台。

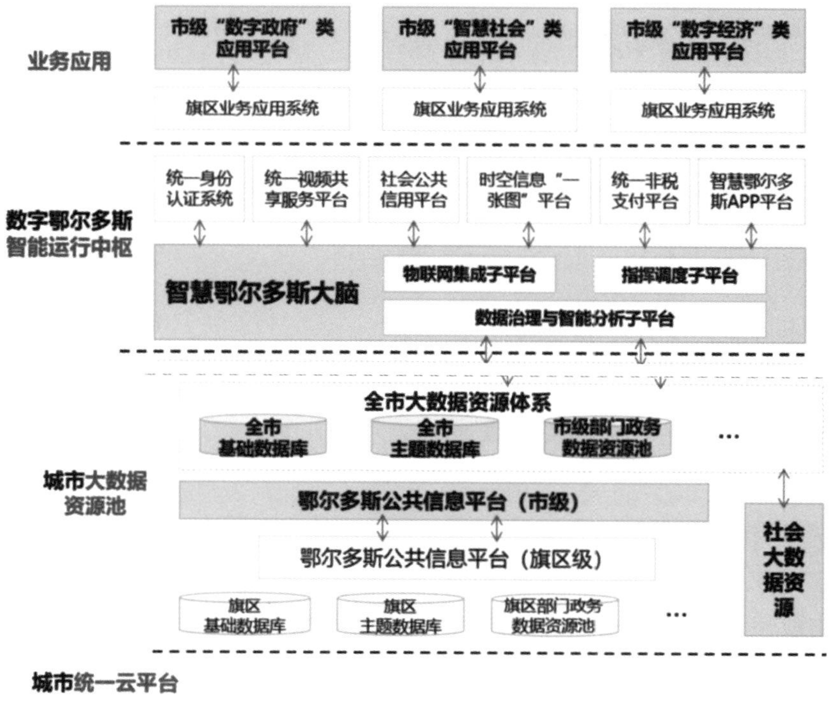

图2 "云上鄂尔多斯"平台

数字鄂尔多斯各领域业务应用"系统整合、上下协同"。市级各部门和各旗区应依托"云上鄂尔多斯"、全市基础数据库和共性平台建设业务应用系统。市级各部门负责各自政务信息系统整合，构建部门统一数据与应用平台，新建信息系统须在统一平台上开发和部署。旗区负责辖区的政务信息系统整合，新建业务系统须征得市级业务主管部门同意，实现与市级系统的上下协同、互联互通。

第三节 组织实施架构

坚持统筹协调、运管分离、可持续运营原则，推动在管理体制、建设运营模式等方面积极变革，构建统一领导、高效运行、有序推进的"1+1+N"的数字鄂尔多斯实施架构。

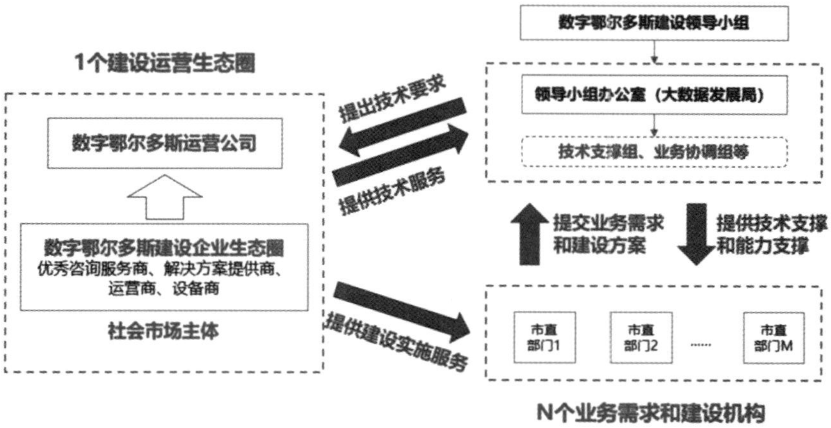

图3 数字鄂尔多斯实施总体框架

"1"：技术支撑和业务协调机构。在数字鄂尔多斯建设领导小组的统筹协调和指导下，依托领导小组办公室组建一个技术支撑和业务协调机构，负责全市数字鄂尔多斯建设项目的技术方案和资金使用情况把关和审核，从技术架构角度和避免重复投资角度推动信息化项目的集约建设。

"1"：建设运营生态圈。依托市属大型信息通信服务企业，并联合咨询服务商、解决方案提供商、电信运营商、设备提供商以及本地大型数据中心企业、重点行业参与互联网运营的企业、软件研发企业、系统集成及运维企业等社会各类市场主体，共同组建一个市场化为主的建设运营生态。以市属大型信息通信服务企业为主导，开展全市数字鄂尔多斯相关项目的建设运营。

"N"：业务需求和建设机构。全市各市直部门或企事业单位作为数字鄂尔多斯相关项目建设的业务需求和建设方案的提出者，负责业务领域相关项目的建设落地工作。

第四章　主要任务

第一节　加快构建创新体系

加快构建适应数字鄂尔多斯发展的创新体系，以数字人才本地培养和外部引入、健全技术创新体系、完善支撑平台体系、强化区域合作为关键路径，形成人才、技术、平台、协作"四位一体"的数字发展环境。

（一）加强数字人才引育

加快本地数字化人才培养。探索政府、企业、人才三者联动机制，以政府项目带动企业人才需求，以人才供给支撑项目实施。探索跨界人才联合培养制度，构建"高校—科研机构—企业"联动的人才需求对接和定向培养机制，共同建设人才培养和实训基地，面向数字经济发展需求，发展订单制、现代学徒制等多元化人才培养模式，培养应用型、技术技能型人才。鼓励鄂尔多斯应用技术学院等本地院校优化调整学科设置，加大信息技术、工业互联网、电子商务等专业人才培育力度，协助建设大数据实验室和科研教学平台，实现课程上云、资源上云、实训上云、科研上云。鼓励相关行业领域龙头通过校企联合培养人才，打造一批数字化人才实训基地，扩大人才资源储备。不断推动以云泰教育基地为代表的云计算人才培训示范基地建设，重点培养实用型大数据人才。

引进高层次人才团队。依托"人才鄂尔多斯"战略，大力引进海内外高层次领军人才和团队，落实高层次人才引进的相关优惠政策。围绕数字鄂尔多斯战略建设需求，编制数字化相关行业高层次人才需求目录。积极与国内外知名大数据公司开展合作，通过退休返聘、项目合作、短期兼职、远程服务等"柔性引才"方式，吸纳一批高端智库资源服务数字鄂尔多斯发展。对接国家重点院士工作站、重点实验室、工程实验室等资源，集群式引入人才团队在鄂尔多斯落地。完善人才激励机制，支持数字经济相关企业采用期权、股权激励等方式吸引高级管理人才和技术骨干。搭建全市统一的数字人才综合服务平台，实现数字人才供需对接等一站式服务。

（二）健全技术创新体系

加强科研机构引入和培育。围绕大数据、云计算、人工智能等领域，积极引进国家科研机构和重点实验室、工程实验室设立分支机构。对接京津冀蒙区域协同创新高地建设，加快培育一批数字经济和大数据领域相关国家级、自治区级重点实验室、工程实验室和科技创新中心。吸引大型企业、高等院校、行业研究机构等在鄂尔多斯设立具有多主体投资、多样化模式、企业化运作的数字经济和大数据领域相关新型研发机构。支持大数据企业联合高校及相关科研机构设立大数据企业技术研发机构。通过市场主导与政府引导相结合的方式，培育引入企业、高等院校、研究机构、社会组织等创新主体集群，建设一批信息产业企业孵化器、众创空间。面向行业技术创新需求，培育一批专业化、社会化、网络化的示范性信息技术服务机构。

完善数字技术产品创新体系。探索建立我市大数据科研机构发展激励机制，完善科研成果转化政策，围绕数据采集、存储、整理、分析、应用等环节，引导我市大数据科研机构加强技术研发。鼓励行业企业成立信息技术公司，研发一批与煤炭、羊绒、生态环保、文化旅游等重点行业领域业务流程及数据应用需求深度融合的大数据解决方案，对外提供技术服务。

专栏 1　数字化人才引育服务工程

搭建全市统一的数字人才综合服务平台。为鄂尔多斯市政府、企业和数字人才提供信息发布、个性化服务和垂直行业数字人才供需对接等一站式服务，为高层次人才、创新创业人才提供个性化、保姆式服务。与国内领先数字人才就业平台开展对接，实施数字人才大数据分析，完成鄂尔多斯数字人才需求与全国、自治区数字人才资源库的无缝衔接，实现面向全国的就业信息精准匹配和精准投放。

组织编制数字鄂尔多斯人才需求目录。组织编制数字鄂尔多斯人才需求目录，明确岗位名称、紧缺指数、预计年薪、岗位职责、任职要求等信息，定期更新发布在数字人才综合服务平台上。

（三）完善支撑平台体系

建立大数据产业发展服务支撑平台。整合自治区和鄂尔多斯市大数据产业发展政策、大数据企业资源、公共服务资源，面向大数据行业及企业提供产业资金引导、政策支撑、试点示范分享等创新服务。支持建立大数据产业和应用相关研究咨询机构、行业组织，整合产业链上下游和产学研用各环节优势资源。鼓励龙头企业整合各类创新资源，构建面向大数据相关领域的公共技术和服务平台，开放平台数据、计算能力、开发环境等基础资源，为企业和用户提供研发设计、人力资源、市场推广、测试认证等公共服务。建设内蒙古高性能计算公共服务平台，研发高性能计算机应用，深化对各领域的应用支撑。

（四）加强区域内外协作

加强自治区内协同。在数字内蒙古总体布局下，立足于建成全区数字经济发展引领区的总体定位，强化与呼和浩特市、包头市、乌兰察布市错位协同发展，与呼和浩特市技术创新、包头市智能制造、乌兰察布市数据产业形成有效协同互补。以大数据综合实验区建设为机遇，发挥鄂尔多斯优势，围绕大数据创新应用、信息技术与农牧业、旅游业、能源等传统产业深度融合等重大方向，联合自治区内资源，策划举办数字经济产业峰会、数字经济主题创新创业大赛等高端合作交流活动，进一步扩大鄂尔多斯数字化创新区域影响力。

加强区域内外合作。主动融入“一带一路”建设和京津冀协同发展，加强与京津冀、长三角、珠三角等发达地区及其他国家大数据综合试验区在基础设施、产业、人才、应用等领域的交流合作，共同建设数字经济产业生态，助力构建更为紧密高效的区域数字化合作发展格局。

第二节　加速数据要素流通

以鄂尔多斯公共信息平台为数据流通的基础支撑，推动构建数据资源采集汇聚、共享开放和开发应用于一体的数据资源要素流动体系，建立资源共享、政企互联、安全可靠的大数据体系，凸显数据要素在数字鄂尔多斯建设中的“血液”作用，全面激活数据资源潜力。

（一）提升数据采集汇聚能力

建立政务数据采集汇聚与治理体系。研究制定鄂尔多斯市政务数据治理标准规范，明确政务数据资源定义、范围、采集存储方式、筛选标准、清洗规则等内容。按照“谁生产谁治理”“谁提供谁负责”的原则，推动全市各级各部门依托市公共信息平台，按规范开展政务数据资源的梳理及关联整合，对自身原始业务数据进行标准化处理，形成符合政务数据资源要求的部门政务数据资源池，并定期更新维护。按照“一数一源”的原则，对各部门政务数据资源进行规范性检查、前后一致性比对、综合校验，确保数据的准确性与完备性。

拓宽全市数据采集渠道。加快推进证照、档案、公文等资源的数据化，实现与现有数据资源融合一体的资源体系。鼓励工业、能源、农牧业、文化旅游等行业企业采集积累生产和服务过程数据，形成企业和行业数据库。加强感知设施和业务系统建设，基于通信网、物联网、互联网、视频监控、社交网络等平台，实现业务数据、运行数据的实时采集和动态更新。政府部门加强与数据采集服务企业开展数据服务合作，提高数据采集效率、质量和鲜活度，实现社会数据有序采集汇聚。

（二）健全数据资源管理体系

构建数据资源目录管理体系。按照国家和自治区数据资源目录体系要求，编制和维护本市政务资源目录体系，形成协调统一、动态更新、共享校核、权威发布的政务数据资源目录。建立政务信息资源目录动态更新机制和联动机制，建立政务信息化项目审批和政务信息资源目录编制、更新的关联机制。积极引导企业、行业组织等建立健全行业数据和社会数据目录体系。

建设城市大数据资源池。完善鄂尔多斯人口、法人单位、自然资源和空间地理、宏观经济、电子证照、社会信用等基础信息资源库建设，并实现与自治区基础信息库对接。完善重点领域主题数据库建设，建设公共服务、城乡建设、社区治理、生态环保、应急维稳等领域相关专题数据库。进一步提升煤炭、电力、农牧业、文旅等行业大数据资源的规模和质量，为开展各领域大数据应用提供有力数据保障。

（三）加速数据资源共享开放

健全数据共享交换与开放制度体系。推动出台《鄂尔多斯政务信息资源共享管理办法》，加强对各部门政务数据的统筹管理和顶层设计，制定全市统一的政务数据共享交换规则与流程，各部门根据权责界定本部门政务数据的生产责任和使用权限，建立政务数据共享考核评估机制和管理办法，定期考核评估各部门政务数据共享工作。坚持“开放为常态、不开放为例外”的原则，明确公共数据开放范围、边界和使用方式，逐年制定公开公共数据的开放清单和开放计划。制定数据标准、审查原则、发布方式等，以季度为单位向社会公布数据开放成效，确保分级分类安全开放，提高数据开放质量。

建立完善数据共享交换与开放平台。完善鄂尔多斯公共信息平台功能，构建“内外网分离、两级架构、上下贯通”的数据共享交换与开放平台，推动在市级、旗区两级的数据资源集中汇聚与交换共享，推动公共数据资源有序开放，实现地理信息、道路交通、公共服务、经济统计、资格资质、环境保护等数据资源开放。对接自治区公共信息资源开放平台，整合各部门数据开放服务网站服务入口，建设一站式的市级公共信息资源开放平台，向公众提供数据产品查询、数据下载、应用接口等服务。

（四）推动数据资源开发利用

提升城市级大数据融合应用能力。依托智慧鄂尔多斯大脑，构建一体化的数据治理与数据智能分析平台，通过建立数据治理标准规范，提供城市元数据管理、数据处理、数据集成、数据关系模型构建等，满足城市大数据治理需求；通过提供数据处理、机器学习、深度学习等数据分析处理服务，满足上层应用的数据分析、挖掘等需求。利用智慧鄂尔多斯大脑的一体化数据使能平台，对经济、民生、安全、交通、公用事业等重点领域实现分模块展现，形成鄂尔多斯“城市仪表盘”。推进各类政务服务信息汇总统计分析，展示政务服务总体态势、运行情况、事项提醒等专题分析信息，打造“管理驾驶舱”。在环境治理、安全生产管理、地质灾害预警预测、基于人口密度的公共服务资源配置优化、土地利用规划、产业经济监测和预测等领域，开展政务大数据分析服务应用试点，逐步形成各领域业务需求驱动的大数据治理决策模式。

鼓励政府数据与社会数据融合开发应用。鼓励社会企业依托鄂尔多斯公共信息平台，通过平台对接、数据接口、数据集导入、应用接口调用等方式，依法依规汇集、调度政务数据、行业数据和社会数据。依托智慧鄂尔多斯大脑，开发功能完整、可靠性高的业务组件和技术支撑组件，支撑全市市场监管、质量安全、节能环保、财税金融、医疗健康、医疗保障、社保就业等领域智慧应用创新。

第三节 推进数字政府建设

遵循集约整合、全面互联、协同共治、共享开放原则，围绕政府服务方式变革、政府治理模式创新、政府监管效能提升、生态环境管理智能，构建形成大平台共享、大数据慧治、大系统共治的数字政府架构，全面提升政府治理能力和企业、群众获得感。

（一）夯实数字政府基础支撑能力

升级完善全市统一电子政务外网。利用现有基础网络资源，推进全市统一电子政务外网建设，市到旗区实现 1Gbps 双链路连接，旗区到苏木乡镇不低于 100Mbps。除国家另有规定外，行政机关不得新建业务专网，已经建成的非涉密政务专网并入市统一电子政务外网。有序推进政务骨干网和接入网络带宽扩容，升级网络支撑 IPv6 接入，逐步满足业务量大、实时性高的网络应用需求。

搭建“云上鄂尔多斯”平台。依托空港物流园区和高新技术产业开发区大数据中心，搭建物理分割、逻辑统一的“云上鄂尔多斯”平台。完善云平台等级保护制度，确保系统安全。支持市级各部门、各旗区按需购买云计算服务，原则上各旗区不再建设独立旗区云平台，已建成的旗区政务云平台逐步向“云上鄂尔多斯”平台整合。全面推动各级政府部门和各行业现有非涉密业务系统整合上云。

构建全市一站式网上政务服务平台。整合各级人民政府及部门分散的政务服务资源和网上服务入口，加快推动各级政府部门专业业务系统与智慧政务平台的互联互通、数据共享，推动政务服务数据、行业数据和社会数据向我市政务服务平台（智慧政务平台）汇聚。拓展网上办事广度和深度，延长网上办事链条，实现从网上咨询、网上申报到网上预审、网上办理、网上反馈“应上尽上、全程在线”。推动政务服务向“两微一端”等延伸拓展，为群众提供多样性、多渠道、便利化服务。推进线下“只进一扇门”与线上“一网通办”相融合，加快实现“前台综合受理、后台分类审批、综合窗口出件”。通过优化办事系统、简化办事材料、精简办事环节，让更多政务服务事项“最多跑一次”。加强苏木乡镇街道便民服务中心、村庄（社区）服务站点建设，推动基于互联网、自助终端、移动终端的政务服务入口全面向基层延伸，打造基层“一站式”综合便民服务平台，进一步提高基层响应群众诉求和为民服务的能力。

构建数字鄂尔多斯智能运行中枢。统筹推进智慧鄂尔多斯大脑建设，面向全市提供物联网、大数据、人工智能等技术支撑能力，打造成全市统一的共性使能平台，避免各部门重复投入，形成面向全市各部门、各旗区的基础技术支撑体系。基于智慧鄂尔多斯大脑建设，探索构建城市数据中台、业务中台、技术中台等新建设模式。围绕政务服务、社会治理和民生服务等领域不同业务应用的协同运行需求，统筹建设统一身份管理与认证系统、统一视频共享服务平台、公共信用服务平台、全市时空信息“一张图”平台、统一非税支付平台等各类业务协同的大系统大平台。聚合与市民生活息息相关的各类政务服务信息和便民公共服务信息，依托PC（个人计算机）端、移动端、家庭固定端（机顶盒）等各类渠道，形成一站式网上政府服务平台、统一App等统一服务入口。

全面推动政务业务系统整合。整合分散、独立的内部信息系统，定期清理与实际业务流程脱节、功能可被替代的信息系统，以及使用范围小、频度低的信息系统。市级各部门负责内部政务信息系统整合，新建业务系统需基于全市统一的共性支撑平台开发和部署。各旗区人民政府负责辖区的政务信息系统整合工作。

（二）建设现代化智能治理体系

构建全时全域的公共安全智能防控体系。整合公安部门现有系统，汇聚医疗、交通等领域的社会数据、警务数据、政务数据、互联网数据，形成公共安全综治维稳大数据体系，基于全市统一视频共享服务平台，利用深度学习、大数据分析等技术，为公安部门提供态势感知、动态管控、预警分析、精准打击等服务。继续完善智慧警务云平台，全面提升打击犯罪、国家安全、治安防控、重大安保、公安内部管理调度和行政管理服务等业务的智能化水平。建立公共安全治理一体化指挥调度系统，向上与国家、自治区平台，向下与旗区平台互联互通，增强智能决策、协同联动和迅速响应能力。

优化智能交通管理服务体系。建设智能交通运行监测平台，采集车辆、人口、社区、商圈、学校、医院、交通枢纽等各类数据，依托数据分析、仿真模拟等手段，为城市交通路网规划、公共交通线网布局、市民出行精准服务、城市道路智能管理提供决策支撑，提高社会整体出行效率。推进智能信号灯部署，根据实时交通流量实现信号灯智能控制，预判并提前干预车辆行驶轨迹，对急救车等特殊车辆提供路线定制和绿波通行服务。利用现有平台实时发布交通信息和停车信息，实现市民错峰出行引导和停车诱导。推广公交电子站牌、手机扫码等信息服务模式，提升公交出行实时路网信息服务水平。依托互联网企业，优化线上线下实体网站、网点、移动App等多样化、自助式的售取票服务。

推行“规建管”智能一体化模式。基于全市时空信息“一张图”平台，建设“规建管”智能一体化的数字孪生城市模型平台，全面融合发改、规划、国土、环保、建设、交通、市政、林草、农牧业、水利等部门专项规划，解决规划冲突、缺乏协调等问题，深入推进“多规合一”，实现现实城市与数字城市的一一映射，为城市治理和服务提供可视化展示平台。在规划阶段线上整合城乡、土地利用、生态环境保护等规划规范要求，形成并联审批和智能决策的规划体系；在建设阶段追踪工程施工、监管、备案等环节，提升施工质量和效率；在运行管理阶段基于城市智能运行中枢，提升城市精细化治理水平。

提升城市综合管理智能化水平。完善网格化城管平台建设，加强与公安、交通、住建、环保等部门业务系统的协同，完善网格员、手持终端、移动执法车等网格化部署，建成“问题主动发现、动态跟踪处置、全民共管共治”的一体化智慧城管平台。深化人工智能图像识别、语音识别和视频分析等技术在城管各领域的应用，通过视频监控对违章建筑、渣土车违规、商贩违章占道等行为精准识别，实现高效快速处置。推动智慧照明设施建设改造，根据车流、人流和周围环境，实现亮度智能调节、远程照明控制、故障自动报警，逐步集成环境监测、定位报警、信息发布等功能。通过城管App的“随手拍”功能，构建全民参与、共建共管、共治共享的管理格局。

（三）加强数字化协同监管能力

健全数字化市场监管体系。依托公共信用服务平台，汇聚企业生产经营、流通、金融、税务等数据以及个人金融、消费、行政服务等数据，建立健全社会信用主体市场监管体系，进一步推动机构组织和个人信用信息在行政审批、政府采购、公共服务、商事服务等领域应用。创新互联网+市场监管模式，搭建智慧市场监管平台，加大食品、药品、特种设备、产品质量生产经营者诚信信息数据库和企业失信举报机制建设力度，落实“黑名单”制度，加强失信企业透明公开公示。

打造快速响应的智能应急体系。依托鄂尔多斯公共信息平台和全市时空信息“一张图”平台，汇聚整合公安、城管、交通、消防、气象、环保等部门数据资源，对自然灾害、能源化工企业安全生产等重点领域实时监控，构建云（云计算）+网（互联网）+端（智能终端）+案（应急方案）的立体化智能应急体系。建立覆盖市、旗区、苏木乡镇各级应急管理部门及企业的智慧应急平台，集重大危险源监控、危化企业重点设备监控、安全生产监管执法、隐患排查治理、预测预警分析、应急救援指挥和公共服务等功能于一体。建立现代化消防体系，构建集消防地理信息、执勤实力、器材装备、重点单位、应急物资储备、火灾统计等功能于一体的消防基础数据库，实现全市消防事件预判及消防设备精准管理。

推动智慧党建和公检法协同化建设。统筹完善鄂尔多斯党建网建设，以贯彻落实党的组织路线为指导，以网上组织体系建设为重点，以互联网为载体，以党建大数据分析为主要手段，建成功能完备、技术先进、高效管用、安全可靠、辅助决策的党建综合管理服务平台，促进线上线下融合，逐步推进我市党建工作数字化、信息化、智能化。借助互联网、大数据、人工智能等技术，推进智慧法院、智慧检务、智慧司法建设，提升公检法一体化协同能力，搭建公安部门、检察院、法院专网间信息共享与交换平台，提升执政为民服务水平。加快推进行政权力依法规范公开运行平台和监察平台升级改造，打造全市统一的智慧监察体系。

（四）创新数字生态治理模式

提升自然资源数字化管理水平。以国土资源“一张图”为基础，搭建全市统一自然资源智能化管理平台，融合山、水、林、田、湖、草、沙等自然资源的物联感知、资源开发利用、生态修复等信息，实现全市统一监管。建立能源、金属等矿产资源“天上看、地上查、地下控、网上管”智能化立体监管网络，建立矿产资源分布、管理高精度可视化数字模型，推进矿产资源管理智能化。大力推进林草大数据平台建设，汇聚林业和草原各类数据资源形成“林草一张图”，建设林业与草原灾害预警响应、资源综合监管、生物多样性监测、自然生态保护管理等智能化应用。整合水旱灾害、水利工程、水污染防治、供水管网、水土保持、水文气象、地理空间等水利相关数据，建设水利大数据平台，推动防洪抗旱智能决策，满足防汛调度管理及时、精准和科学的要求。建设无缝隙、精准化、智慧型气象监测和预报预测体系，大力发展以智能信息获取、精准气象预报、开放气象服务、精细科学管理、深度产业融合、持续科技创新为标准的智慧气象。

建设完善数字环保体系。建设天地一体、上下协同、信息共享的全域立体环境监测网络，实现对自然资源、大气、土壤、噪声、辐射、污染源等环境要素的时空分析、精准治理、重点区域管控，形成覆盖城区、旗区、重点园区和乡镇的动态监测体系。整合市、旗区两级污染源在线监控平台，运用在线、视频、工况、卫星遥感监控"四位一体"监控方式，加强对企业排污口、废气烟囱等重点区域的实时监测和数据采集。基于市公共信息平台，进一步推进环境数据实现跨部门、跨层级共享，建设完善环保大数据平台，支撑大气污染防治与应急、水环境管理、土壤环境污染防治等决策应用。完善环保网格化执法系统，加强基层执法数据采集，推动人工执法向数据执法转变。

推进资源节约利用智能化水平。综合运用互联网、物联网、大数据等技术，建立和完善节能、节水、节约原材料等数字化管理系统，推进资源全面节约和循环利用。推动互联网＋再生资源回收、互联网＋能源使用监测等，促进绿色生活。建设能耗在线监测系统，对重点用能单位能耗数据进行实时在线监控和动态分析，为监管工作提供及时有效的数据支撑。开展绿色建筑行动，推动公共机构建筑、采暖、空调、照明系统节能改造及节能运行。

第四节　推进智慧社会建设

围绕医疗、医保、教育、养老、社保、就业、扶贫等重点民生领域，发挥市场在资源配置中的决定性作用，通过资源整合、渠道多样、模式创新等，破解资源不均衡、不充分难题，形成均等普惠、优质便捷的智慧社会格局，增强人民群众获得感、幸福感。

（一）构建普惠精准的智慧健康服务

推进"互联网＋医疗健康"建设。以全民健康信息平台建设为抓手，实施健康医疗大数据应用工程，加快推进二级以上公立医院普遍提供分时段预约诊疗、智能导医分诊、候诊提醒、检验检查结果查询、诊间结算、移动支付等线上便民服务。鼓励医疗机构开展"云诊室"互联网医疗服务，开展远程医疗、健康咨询、健康管理服务，推广智能产品和服务在健康监测、康复护理、智能看护、应急救援等领域应用，构建覆盖诊前、诊中、诊后的线上线下一体化医疗服务模式。推进远程医疗覆盖全市所有医疗联合体和有救治能力的苏木乡镇卫生院，提升基层医疗服务能力和效率，推动构建有序的分级诊疗格局。支持高速宽带网络覆盖乡、村医疗机构，建立互联网专线保障远程医疗需要。

建立智慧医保体系。建成标准统一、数据汇聚、规范协同的"内部管理、业务管理、生产经办、数据分析"医保大数据支撑体系。推行医保智能审核和"一站式"结算，依托国家医保标准化体系和集约化平台，建立横向、纵向共享通道，实现信息共享和业务协同，促进医保与医疗、医药"三医联动"。构建医保专题数据库和医保大数据平台，建立健全医保数据交互管理机制，逐步实现医保大数据的聚合贯通、深度挖掘及在线应用。构建医保公共服务信息化体系，提供标准化医保业务服务、价格与采购服务、政策服务等。构建医保智能监管和宏观决策支持信息化支撑体系，全面支持医保智能监控、基金监管、内部控制、目录管理、价格管理等业务工作。

建立"互联网＋养老"服务体系。积极引入社会资本参与智慧养老服务，以企业为主体，建设智慧养老服务平台，结合老年人个性化护理需求，向老年人家庭提供助洁、助行、助浴、日间照料、医疗等服务信息。鼓励养老服务机构、社会组织和企业开发应用智能终端和居家社区养老服务智慧平台、信息系统、App应用、微信公众号等，提供健康体检、远程看护、亲情关怀、健康干预、健康评估反馈及居家环境监测等服务。建设数字养老院，利用可穿戴设备实时智能监控管理老人健康状况，向家属或指定紧急联系人即时报警并跟进情况处置进度，同时收集老人健康信息提供更精准服务。建设完善养老行业监管平台，加强平台与协查单位信息互通，加强对养老机构服务质量和运营情况的监督。建立老龄工作信息汇总和共享机制。

（二）发展智慧公平的教育文化服务

发展互动式、个性化的智慧教育。搭建智慧教育教学云平台，提供覆盖全市各级各类学校的教学及管理应用，不断整合社会机构提供的智慧教育服务。推进新一代信息技术在智慧教育的创新应用，支持建设在线智能教室、虚实互动实验室等体验式智能化教学环境。推广“专递课堂”“名师课堂”“网络课堂”等模式，支持中小学校建设“录直播教室”，推进名校优质教育资源跨学校、跨区域共享。依托社会力量建设基于人工智能的学情分析系统，实现智慧组卷、自动判卷、自动答疑辅导、智能测评等功能，通过大数据分析，准确发现学生学习薄弱环节，智能推荐适合学生水平的个性化学习内容。推广慕课在线服务，汇聚各方力量提供精品大规模在线开放课程，达成优质的个性化学习体验，满足学习者、教学者和管理者的个性化需求。加强平安校园建设，推进校园视频监控网络建设和全面覆盖，完成与市公安、教育部门的监控平台实时对接，强化校园安全防控水平。

推进文化资源数字化转型。整合全市文化资源和服务信息，建设数字文化公共服务平台，通过PC端、移动端进行全媒体推送，线上为市民提供图书馆、文化馆、博物馆、档案馆等服务。支持市图书馆、文化馆、博物馆、档案馆等场馆的数字化升级，建设无线网络、安全监控、业务管理和数字体验互动等系统，提升数字服务供给能力。推进“互联网＋传统文化”建设，利用城市形象短视频、全息投影、拼接投影、AR/VR（增强现实／虚拟现实）等技术手段，加强对鄂尔多斯本地历史文化、民俗文化、红色文化等的宣传推广，推动文化科技深度融合，提升交互体验。

（三）完善智慧化基本社会保障体系

推进智慧社保服务体系建设。搭建智慧社保平台，打通社保相关业务系统，整合社保、就业、劳动维权等板块涉及的就业失业登记、参保登记、养老登记、单位用工备案等业务服务入口，面向各类社会主体提供一站式社保服务。健全完善社保业务基础数据库，通过信息比对、调查摸底、数据集中管理和动态更新等措施，记录、核查和规范管理各类群体参加社会保险情况。加快梳理社保公共服务事项标准化流程，依托一站式网上政府服务平台，推动社保公共服务事项全面上网，面向市民提供个人信息查询、社会保障卡、就业服务、人事人才、劳动关系等公共服务事项的办事指南查询、办事表格下载、业务咨询、业务办理进度查询、办理结果反馈等一站式服务，形成线上线下一体化社保服务模式。

完善智慧就业服务体系。整合热线、微信等服务平台，拓展移动应用、自助终端等多元化就业信息发布渠道，搭建就业创业公共服务平台，提供项目开发、就业指导、投融资、技术研发、应用推广等就业服务，积极培育构建创业创新发展生态体系。建设覆盖全市的就业失业信息监测体系，实时采集、发布就业需求和失业预警信息。加强公共就业服务信息化建设，整合职业介绍和人才交流服务公共资源，积极推动就业信息全国联网。依托鄂尔多斯应用技术学院打造“互联网＋就业＋创业＋培训服务”网络平台，为有培训和就业服务需求的高校毕业生提供免费优质的基础实用技能培训和多样化的就业创业服务。

完善精准扶贫大数据平台。构建市、旗区、苏木乡镇三级互联互通的扶贫信息网络，建设完善贫困人口的建档立卡信息数据库，探索基于区块链技术链式管理全市贫困人口个人信息、帮扶计划、帮扶落实、资金管理、业务监督等信息，保证全程记录、顺序时间戳、不可篡改、可追溯、防伪造等特性。依托市公共信息平台，推动精准扶贫大数据平台与各部门相关业务系统对接，实现全市扶贫信息的交换共享与融合。通过运用大数据分析技术，实现帮扶对象动态管理、帮扶资源合理配置、帮扶过程监测监督、帮扶结果评估反馈的扶贫业务全过程信息化管理和精准扶贫，实现人员信息、管理数据、工作记录等业务信息真实可靠、随时可查。

（四）强化基层智慧化治理与服务

大力推进智慧社区建设。建设智慧社区管理服务融合平台，围绕社区基层管理服务各项业务需求，整合现有信息系统，完善与“互联网＋政务服务”平台、网格化城管平台等重要管理服务系统平台的对接，建设智慧社区主题数据库，推进社区数据采集、政务服务、基层党建、养老服务、物业管理服务、家政服务、住房租赁、协商自治等各项业务的统一平台管理、一体化服务，实现基础数据统一采集分类上报，推进市、旗区、街道、社区四级治理联动和服务协同。推进“智慧社区”建设试点，加快智慧社区建设统筹部署，推进试点建设，加强总结经验，鼓励公共服务机构、商业服务企业、社会组织等社会力量参与建设投资和运营，在健康医疗、教育服务、家政服务、养老服务、特殊人群关爱服务、社区安防、电子商务、社区物流等领域，形成线上线下相结合的社区服务新模式，在全市复制推广。推进平安社区建设，数字化管理车辆信息和出入人员，促进警民在线互动，丰富公安情报线索收集和治安防范预警信息发布渠道。

加快数字乡村建设。以服务乡村振兴大局为宗旨，选取试点乡村开展数字乡村建设，提升农牧业生产经营效率，提高农村牧区社会治理水平，改善农牧民生活品质。统筹规划乡村信息通信基础设施建设，加快提升农村牧区信息化硬件设施能力。加快实施农村牧区“雪亮工程”，深化平安乡村建设。加强农牧产品电商基础设施建设，强化农牧产品质量全程追溯监管，引导优势特色产业与农牧产品电子商务融合发展。推进农牧业发展信息化应用，通过移动物联网技术推送农牧业技术、科普知识、农事气象等信息，实现农牧业技术指导“最后一公里”落地。推进信息进村入户工程建设，益农信息社覆盖全市所有行政村，积极开展公益、便民、电商和培训服务，推进“互联网＋公共法律服务”，促进信息服务延伸到村、信息精准到户。支持和推进乡村数字化治理体系建设，探索开发、运行网格化乡村治理信息化平台，推进嘎查村民自治和村务公开。加快智慧教育、智慧医疗等服务向乡村延伸，实现乡村与城区公共服务均等化。

第五节　培育壮大数字经济

以云计算大数据产业为核心驱动力，以工业、农牧业、服务业数字化转型为重点任务，形成大数据带动产业转型升级、高质量发展的新格局，构建以数据为关键要素的多点产业支撑、多元优势互补、多极市场承载的数字经济体系，支撑现代能源经济示范区和绿色经济新体系建设。

（一）发展以大数据为核心的信息产业

做大做强绿色数据中心。重点引入专业数据中心服务商建设企业西部数据中心，逐步形成政务数据中心与专业数据中心、市级数据中心与旗区数据中心一体化的云计算数据中心建设布局，打造国家数据灾备基地和西北大数据中心基地。依托大型数据中心基地，探索建设大规模超级计算中心，辐射西北地区。发展绿色数据中心，鼓励数据中心采用太阳能、风能和其他可再生能源为数据中心供电，推进智能电网、分布式供能、直流供电、能源管理、热场管理、余热利用、自然冷源、水循环利用等技术在数据中心建设运营中的应用。给予绿色数据中心直供电、大工业用电、多路市电引入、电力多边交易等用电优惠和政策支持，政府机关、企事业单位须优先采购绿色数据中心提供的服务，将数据中心纳入节能监察范围。推动整机柜服务器、规模化数据中心、绿色智能服务器等新型 IT（互联网技术）设备在数据中心的应用。

大力发展数据存储和云计算产业。重点布局数据存储产业，推动中国北方云基地建设，实施大数据云计算企业引进工程，引导产业集聚发展。争取国家大型数据灾备中心在我市落地，面向各省区市、国家部委和行业企业提供应用承载、数据存储、容灾备份等服务。探索建设服务“一带一路”沿线国家的离岸数据中心，开展离岸数据存储、数据交换对接等合作。大力发展云渲染、高性能计算等产业，培养视效人才，打造承接各类视效业务的“主阵地”。推动云计算服务产业发展，鼓励社会组织、企事业单位和中小企业采购云服务，持续推动“企业登云”工程。

重点发展大数据应用产业。依托内蒙古国家大数据综合试验区创建契机，发挥数据资源采集汇聚、创新应用优势，打造数据资源高效流通和挖掘应用示范区。建设鄂尔多斯大数据清洗加工基地、大数据分析处理基地，引进培育数据清洗、脱敏、建模、分析挖掘、可视化等大数据企业。重点建设全国领先的能源大数据、羊绒大数据、物流大数据、电商大数据等一批精品数据平台，着力推广行业大数据应用。构建面向大数据相关领域的公共技术和服务平台，为企业和用户提供研发设计、人力资源、市场推广、测试认证等公共服务。培育大数据交易相关产业，发展数据商品交易、算法交易、数据服务交易、商业数据衍生品交易等，逐步构建大数据交易产业生态体系。

推动电子信息制造业发展。加快发展显示照明设备、汽车电子、物联网传感元器件、终端设备设计制造等产业，推动电子信息产业由零部件制造向高端产品研发制造发展，打造自治区重要的电子信息产品研发制造中心。扶持和发展新型显示设备制造产业，完善上下游产业链，加大上游显示材料、元器件核心技术及关键生产工艺技术的引进和研发力度，壮大中下游面板、模组及终端产品，着力打造产业生态，形成兼具研发、生产、销售于一体的新型显示设备制造产业集群。发展大数据硬件制造业，支持绿色数据中心制冷、配电等相关设备研发与制造，发展数据中心设计、施工、系统集成、运维服务等相关产业，形成以数据中心为核心的配套装备制造产业群。

积极布局新兴技术领域。积极布局北斗、人工智能、5G 等新兴技术产业领域，推进技术创新、企业孵化、人才集聚、成果转化等，不断催生新产品新模式。发挥北斗产业化应用示范基地优势，积极拓展北斗技术在智慧放牧、智慧文化旅游、重大设施建设、生态文明建设、应急救援和政府决策、服务民生等方面的应用开发服务。重点发展新一代人工智能产业，鼓励企业实施人工智能应用项目，支持研发和推广智能化水平和可靠性较高的智能产品或模块。抢抓 5G 商用机遇，培育和强化 5G 在 VR/AR、4K/8K 高清视频、智能电视、远程医疗、智能网联汽车等领域的应用，推动 5G 应用产业发展。

发展区块链技术应用产业。引进一批区块链应用企业，开展区块链创业孵化、应用推广、技术培训等服务，推动区块链在农牧产品溯源、金融征信、供应链服务、共享储能、数据共享等领域应用落地。建立分布式能源共享区块链平台，实现电力用户、电网企业、供应商等不同主体数据共享，为能源结算、电力交易等提供新助力。运用区块链技术开展政务数据共享联盟链应用探索，政府部门作为联盟链节点，实现数据权属可界定、数据来源可验证、数据使用可追溯、数据内容防篡改。基于区块链数据共享机制，在产权登记、司法存证、精准扶贫等领域开展融合应用。

优化信息产业布局。重点依托高新技术产业开发区、空港物流园区和装备制造工业园区三个园区，形成高端要素集聚平台，引领全市信息产业发展。高新技术产业开发区重点发挥人才创新创业集聚区、战略性新兴产业发展先导区的优势，大力发展大型互联网数据中心和灾备中心，集聚大数据应用、云计算服务、信息技术外包服务、信息传输服务等产业，打造综合性信息产业基地；空港物流园区发挥物流、航空、综合保税以及信息技术等产业集聚优势，重点推广物联网、大数据、人工智能等技术应用，打造电子商务、跨境贸易、智慧物流、高端制造等特色应用产业基地；鄂尔多斯装备制造工业园区依托鄂尔多斯市源盛光电有限责任公司等龙头项目，引进相关配套产业，不断向电子产品制造业上下游延伸，同时大力发展智能制造产业，打造电子产品制造业和智能制造产业集群。

（二）加快推动工业数字化升级

积极布局工业互联网应用。积极推进煤炭、化工等优势行业的工业互联网标识解析体系建设，推动供应链系统和企业生产系统精准对接，实现跨企业、跨地区、跨行业的产品全生命周期管理，促进信息资源集成共享。加快建设行业领域工业互联网平台，面向采矿业、制造业、电力、热力、燃气生产和供应等重点行业提供数据采集、数据集成、数据分析、开源工具、微服务、应用开发等平台服务，为工业转型升级提供关键平台支撑和大数据应用服务。不断探索商业模式创新，通过资源出租、服务提供、产融合作等手段，提升工业互联网平台效益，实现长期可持续运营。搭建工业大数据平台，汇集分析全市工业生产大数据，监控全市工业各行业运行情况。

深入推进两化融合管理体系。在能源、化工、羊绒等优势产业领域，深入开展两化融合管理体系试点推广应用，不断扩大两化融合管理体系贯标试点，引导企业开展周期性两化融合自评估、自诊断与自对标，推动重点行业大中型企业的业务流程再造和组织方式变革，构建开放式、扁平化、平台化的组织管理新模式，促进集团管控、设计与制造集成、产供销一体、业务和财务衔接等关键环节的集成应用，提高企业研发、生产、管理和服务的智能化水平。

提升工业数字化服务能力。针对能源、化工、纺织等行业数字化升级需求，选取信息化基础较好的行业企业，培育和发展一批高水平的数字化整体解决方案，面向全行业推广复制经验。依托鄂尔多斯应用技术学院和重点行业企业，培育一批工业数字化升级的企业技术中心、工程研究中心和重点实验室等创新服务平台，提高煤化工、羊绒纺织等行业关键环节和重点领域的创新能力和科技成果产业化水平。搭建工业数字化创新服务平台，联合产业链上下游，开展关键共性技术研究应用、标准制定和产业化分类应用示范，为企业提供开放共享的信息技术服务。

加快能源产业数字化。以打造现代能源经济示范区为目标，加快智能电网建设，推动智能物联网、大数据在电力生产、传输、存储、消费等环节的应用，实现配电设备状态监测、预警、检修、指挥调度等智能化，提升电力业务数字化运营效率，并推动储能设施、分布式能源、智能用电终端协同发展，建设能源互联网示范基地。提升能耗监测与能源管理水平，加强能耗数据采集汇聚，推动智能抄表、智慧照明等技术在工业生产领域的应用，实现实时监控、能耗分析、异常报警，推动企业节能减排、按需错峰使用。培育节能服务新业态，积极发展基于智能物联网的智能抄表、能源审计和节能诊断等专业服务，实现电力能源从生产、应用到服务的全产业链布局，同时带动智能电表、电动汽车、智能充电桩等关联产业发展。

推进煤炭化工数字化。着力推进生产过程智

能化，以内蒙古中煤蒙大新能源化工有限公司、内蒙古伊泰集团有限公司等龙头企业为试点，在煤制油、煤制甲醇、煤制烯烃等重要领域，加快人机智能交互、工业机器人、智能物流管理等技术和装备的应用，促进制造工艺的仿真优化、数字化控制、状态信息实时监测和自适应控制。深化工业大数据应用，实施煤炭化工领域大数据云计算创新应用试点，推动形成基于消费需求动态感知的研发、制造和产业组织方式，推动软件与服务、设计与制造资源、关键技术与标准的开放共享。积极开展煤炭行业工业互联网建设，争取在我市开展煤炭行业标识解析二级节点建设，形成一批可复制、可推广的工业互联网应用新模式。

推动羊绒产业数字化。依托“京东互联网+新经济”项目，发挥龙头企业技术、应用和生态整合能力，共建羊绒产业大数据示范中心。建设羊绒大数据平台，通过羊绒大数据分析消费者购买习惯、羊绒产品热销地区分布等数据，辅助政府和企业决策。鼓励引进互联网企业融合共建平台，加强羊绒大数据应用，推动羊绒品牌建设，提高行业话语权和全球定价权。推进羊绒行业智能制造，引导羊绒企业实现生产全流程数字化转型。支持骨干企业利用互联网采集用户个性化需求，推进设计研发、生产制造和供应链管理等关键环节的柔性化改造，发展个性化定制、众包设计、云制造等新型制造模式，提升优质羊绒生产能力，提高精深加工水平，重振鄂尔多斯羊绒产业。

（三）以大数据推动农牧业转型

推动农牧业基础设施数字化。选取一批重点农区和牧区，开展智慧农牧业试点示范工程建设，推进物联网传感器、卫星遥感、地理信息、全球定位等数字技术应用，实现精准施肥、远程监控、智慧放牧等。开展农牧业物联网标准化建设试点，依托智慧农牧业试点，选择不同区域和生产环境的农区和牧区，合理确定农牧业物联网建设内容和设备集成，打造一批特色鲜明、成效突出的农牧业物联网全产业链示范应用样板。推动畜牧产品主产区的肉牛、肉羊、家禽规模养殖场智能化改造，建立基于物联网的畜禽全生命周期质量安全管控和疫病监测预警系统，推动养殖环境监控、智能养殖机器人等数字技术应用，促进高效生态畜牧业发展。

开展农牧业综合信息服务。建设农牧业生产大数据应用平台，实现各业务应用系统的互联互通、数据共享和一站式服务，面向全市提供农业大数据查询、可视化决策等服务。完善农牧产品追溯体系，实现农牧产品生产监管、生长周期监测等，推动主要投入品生产经营主体和农业生产主体信息透明、运行透明、流向透明。推进农牧业网站、“12316”服务平台、农牧业“两微一端”等农牧业综合信息平台的建设，提供全国农业信息联播、农业政策法规、市场动态、专家咨询、农技普及、农业气象等信息服务。推进农村、牧区基层信息服务站、益农信息社和信息员队伍建设，形成嘎查村为节点、旗区为基础的农村综合信息服务体系。

培育农牧业数字化新业态。培育“互联网+”订单农业，鼓励农业龙头企业与互联网企业合作，建立产销衔接服务平台，实现农产品从田头到餐桌、从初级产品到终端消费的无缝对接。发展农村电商新业态，开展农牧业电子商务试点，引导平台型企业与农产品优势特色产区合作，推行线上线下农产品流通模式。鼓励利用电子商务平台宣传和销售地理标志产品，鼓励电子商务平台服务“一村一品”，提升农牧产品的知名度和市场竞争力，促进品牌农牧产品走出去。完善农畜产品物流设施，健全农牧产品冷链物流体系。引导社会力量兴办家庭农场和农业生态观光园，开展农业创客空间、中央厨房、共享农庄等分享型农业经营活动，为农业农村发展增添新动能。

（四）培育数字服务新业态

发展智慧旅游。发展全域生态旅游，打造草

原文化、沙漠文化体验式旅游，推进智慧景区建设，提升全市景观、道路、公共服务设施的智能化水平，打造涵盖旅游产品推广、个性化服务预定、旅游体验增强的一体化智能服务体系。完善旅游大数据服务平台，实时获取分析游客活动数据和旅游服务数据，为旅游产业提供智慧化支撑手段和科学分析依据。建立旅游市场监管和征信奖惩机制，营造良好的市场环境。加强与互联网旅行商合作，持续加大互联网营销力度。建立网络舆情监测机制，依托统一视频共享服务平台，建设旅游产业运行监测与应急指挥平台，构建高效完善的旅游管理体系。

发展电子商务。把握“一带一路”发展机遇，发挥呼包鄂城市群的重要城市、丝绸之路数据港的重要国际口岸城市等优势，依托鄂尔多斯跨境电商公共服务平台，着力发展跨境电商服务，争取设立国家级跨境电子商务综合试验区。依托空港物流园区、高新技术产业开发区建设区域性电子商务聚集区，积极培育煤炭、煤化工产品大宗商品电商垂直平台。健全和拓展农村电商物流网络，推动“电子商务进农村”全覆盖，加快县域电子商务运营服务中心、乡镇级和村级服务站（点）建设，打通工业品下行和农产品上行最后和最初一公里。加大电商和物流企业引入力度，加强与京东、苏宁等国内知名电商物流企业合作，持续引导各类中小微企业开展羊绒制品、农畜产品和民族文化用品等产品的网络直销。在空港物流园区等园区内设立智能化分拣设施，打造电商和物流区域枢纽。支持本地化生活、公共服务等专业领域电子商务应用，大力发展社区电子商务，扩大市民卡在电子商务应用的范围。

发展数字文化。充分挖掘我市特色自然资源、民族资源、文化资源优势，丰富数字媒体、数字出版、3D 动漫、虚拟现实游戏和视频等数字内容供给，打造特色鲜明的草原数字文化创意产品。发挥高岭土、陶土等资源优势，结合 AR/VR 技术，建设交互式、沉浸式的陶土体验中心，传扬陶土文化。支持数字化广播影视作品制作与推广，促进数字影视、数字音乐、动漫网游、互联网新媒体、文化艺术设计等数字文化新业态发展。开发设计集艺术性和实用性于一体、适应现代生活需求的数字文化创意产品，增强群众的文化体验感，提升数字文化创意产品附加值。

发展智慧物流。推进传统物流企业的信息化改造，推广使用自动化、智能化的物流设施设备，推动无车承运、物流追踪与物资管理、智能调度与高效储运、无人搬运与智能码垛、物流无人机等新技术、新产品应用，提高物流作业能力和效率。健全物流公共信息服务平台功能，加强多式联运物流信息的跨行业互联共享。重点推进煤炭、化工、汽车等制造业物流管理与运作水平的提升，加强运输、储存、加工、配送等物流环节的组织和管理，促进制造业与物流业的有机融合与联动发展。积极引进国内外大型物流企业建设农副产品、冷链食品的区域分拨中心，鼓励物流骨干企业、行业协会、公共服务机构等各类市场主体参与智能仓储、冷链物流等公共基础设施建设，加强物流数据采集分析，推动电子商务和物流信息化集成发展。

第六节　部署智能基础设施

紧抓自治区“国家大数据基础设施综合试验区”建设契机，加快建成高速、移动、安全、泛在的新一代信息基础设施，大力发展大型数据中心和灾备中心，加速市政基础设施数字化转型进程，积极布局数字经济试验基础设施，着力打造“国家数据灾备基地”、西北绿色能源云计算大数据服务基地和西部地区信息基础设施样板区。

（一）完善泛在互联的网络设施

提升固定宽带网络能力。提升互联网流量承载能力和互联互通能力。前瞻扩容骨干网出口带宽，完善与北京的直达链路，提升网间互通能力，推进城域网优化和扩容。加快推进网络提速降费，显著提高用户宽带接入能力。推进“全光网城市”建设，深入推进光纤网络的全域覆盖，扩大农村地区光纤接入覆盖，逐步实现城乡宽带网络接入速率达到千兆。鼓励和支持各电信运营商间共享移动基站、管道、机房和光缆等设施资源，避免重复建设。

加快推进下一代移动通信网络深度覆盖。大力推进5G网络和应用建设，率先在机场、火车站、部分汽车站、政务服务中心等人流密集区域和部分工业园区等区域试点建设5G网络，逐步实现5G网络城区全覆盖。在智慧矿山、智慧畜牧、VR/AR应用、无人驾驶等领域开展5G试点应用，打造垂直行业全国示范。继续实施“宽带乡村”工程，持续加大乡村、牧区、林区等非人流密集区域移动网络深度覆盖。

统筹部署下一代信息基础设施。推动政府、学校、企事业单位互联网网站系统的IPv6（第六代网络协议）升级改造，引导商业网站系统向IPv6平滑演进过渡。完善北斗卫星地面增强网覆盖，利用卫星在偏远牧区提供信息服务，探索远程放牧、远程供水等应用。积极布局浮空平台、高中空航摄飞机、低空无人机等网络技术，积极引进卫星遥感、地面遥测等技术。推进NGB（下一代广播电视网）规模建设进程，加快推动地面数字电视覆盖网建设和高清交互式电视网络设施建设。

加快推进物联网设施部署。基于NB-IoT（窄带物联网）、eMTC（中等速率物联网）、4G、5G等网络，建设多场景、立体覆盖的移动物联网，促进“万物互联”。充分利用现有移动网络基站站址，扩大窄带物联网覆盖规模，重点实现城区全覆盖，支撑智慧城市、数字农牧业等物联网应用。加强中等速率物联网基站建设与信号覆盖，满足中等速率、语音通信、移动性和海量连接应用场景下的可穿戴设备、健康监测、室内定位等物联网应用需求。鼓励能源、羊绒等工业企业部署建设灵活、高效、稳定的工业网络。

（二）推动市政基础设施智能化转型

建立空天地一体的感知体系。利用传感、遥感、导航定位、大数据、人工智能等技术，在大型公共建筑、地下管网、城市照明、交通、电力、供水、供气、通信等城市基础设施领域，全市全域部署RFID（射频识别技术）标签、多类条码、复合传感器节点等感知设施，建立空天地一体、全要素动态监测的感知体系。聚焦水、电、气、管网等城市生命线，推动城市公共基础设施管理智能化，有序推进电表、水表、燃气表等智能化改造。

统筹推进感知设施集约部署。统筹各部门感知设施部署需求，通过位置和载体共用、设施集成、数据共享等方式，实现感知设施的集约化建设和共建共享。推进多功能信息杆柱、智能灯杆、智慧管网、智能公交站、智能垃圾箱等新型智能化公共设施建设，推动感知设施与公共设施的共址部署。整合交通、综治、安监、环保、教育、社区等领域视频监控需求，推动公共区域视频监控设施补点和升级，形成全域覆盖、统筹部署的视频监控网络。推进城市感知设施规划与土地利用总体规划、公共建筑、住宅建筑、市政设施、交通、交通网、内河航道等规划同步进行，实现“多规合一”。

（三）布局数字经济试验基础设施

依托区域和资源优势，聚焦卫星遥感、智能网联汽车、无人驾驶、无人机、地质矿业数字化应用、偏远农村牧区数字化应用等方向，大力建设野外试验场、物理仿真实验室和数字仿真实验平台等实验场地基础设施，为全国相关研究机构和企业提供性能试验、可靠性试验以及试验场地数据采集、存储和分析等服务。率先建设能源数字化转型试验基础设施，搭建地质勘探、储量评价、动态勘查、安全管理、灾害预警、应急救援、虚拟现实模拟实训等方面的技术创新实验场地和仿真实验室，为全国煤炭数字化转型提供云端试验室。

第七节　筑牢网络安全屏障

坚持发展与安全并重，建立健全安全防护体系，加强关键设施与重要数据防护，提升网络安全态势感知和风险防控能力，强化网络空间和舆情治理，完善网络安全保障能力，切实保障网络和信息安全。

（一）加强关键设施与重要数据防护

提升数字基础设施安全保障能力。加强各行业、各领域关键信息基础设施的识别认定和监测评估，加强对关键信息基础设施产品和服务的安全审查。接入自治区关键信息基础设施安全防护和监管平台，增强数据中心、云平台等数字基础设施的安全监测和防御能力。重点提升能源、化工、制造等工业控制系统安全防护能力。积极采用国产安全可控的技术和产品，推进核心技术和关键设备的自主可控。使用符合规范的国产密码基础设施，加强基础信息网络、交通运输网络、能源基础设施网络、城市基础设施网络密码应用。

强化数据安全技术支撑。加强防攻击、防篡改、防泄露、防窃取、防病毒能力建设，完善数据容灾备份，保障重要信息系统及关键数据资源的安全。明确数据采集、传输、存储、共享、交换、使用、开放等各环节保障网络安全的范围边界、责任主体和具体要求，切实加强对涉及国家利益、公共安全、商业秘密、个人隐私等重要信息的保护。采用数据泄露防护、完整性保护、去标识化等技术，建立敏感数据保护体系。推进网络安全支撑体系建设，提供统一的密码管理、身份认证等服务。

（二）提升态势感知和风险防控能力

提升网络安全态势感知能力。接入自治区网络安全态势感知平台，综合运用多源异构数据进行挖掘分析，采用机器学习、深度学习等算法监测各类漏洞和攻击等网络安全风险，实现对网络和信息安全数据的汇聚共享和关联分析，增强网络信息安全风险监测、研判、预警、处置和溯源能力。

健全网络安全应急处置机制。建立健全高效统一的网络安全风险通报机制、安全测评机制和应急处置机制，规范软件漏洞收集验证、预警发布及应急处理行为。完善网络安全事件应急预案，组建网络安全专家组和应急处置技术支撑队伍，建设重大网络安全事件应急指挥平台，实现对网络安全重大事件的统一指挥协调和响应处置。

（三）强化网络空间治理能力

加强网络空间和舆情治理。对接自治区互联网舆情应急指挥体系，积极主动回应关切，妥善应对处置各类网络舆情。对接自治区网络综合治理体系，推动政府依法监管、网站自净、社会监督、网民自律有机结合，确保网络空间天朗气清。动员多元主体参与网络治理，构建事前、事中、事后闭环监管体系，推进互联网行业自律自治，强化互联网企业的主体责任，引导企业公平竞争、自我管理和改善服务。培育积极健康、向上、向善的网络文化，用社会主义核心价值观和人类优秀文明成果滋养人心、滋养社会，营造风清气正的网络空间。

（四）完善网络安全保障制度体系

完善安全管理机制。落实网络安全检查、等级保护、风险评估、应急处置等制度。健全网络与数据安全相关标准体系和评估体系，建立关键信息基础设施安全保护、大数据应用安全、云平台防护、网络安全审查等管理制度。建立数据应用违规惩戒机制，加大对数据滥用、侵犯个人隐私等行为的管理和惩戒力度。

规范数据应用安全管理。强化党政机关网络、云平台和网站安全防护管理，完善政府、行业、企业间网络安全信息共享机制，规范网络安全重要信息报送和发布制度。围绕数据生命周期，探索建立包括组织建设、制度流程、技术工具和人员能力等方面的数据安全管理机制。建立企业社会化数据应用审查机制，引进培育专业的第三方机构，开展数据应用合规性监督和审计，加强流通环节风险评估，保障相关主体合法权益。开展重点行业数据安全监督检查，保障电信、互联网、工业等重点领域的数据安全。提升数据跨境流动监管水平。

第五章 保障措施

第一节 加强机制统筹与联动

加快完善统一组织领导机制。成立由市人民政府主要领导、分管领导、市直各有关部门主要负责人组成的数字鄂尔多斯建设领导小组，负责研究部署、统筹协调数字鄂尔多斯建设中的各项重大工作，形成统一、高效、畅通的协调推进机制。各旗区人民政府应成立或确立相应的牵头协调和推进机构，负责推动落实规划提出的各项工作，形成上下联动、协调一体的数字鄂尔多斯建设领导体系。

构建数字鄂尔多斯建设运营生态。组建市属国有控股企业——数字鄂尔多斯建设运营公司，在市大数据发展局的组织指导下，负责数字鄂尔多斯关键项目的实施，以及数字鄂尔多斯全部建成项目的运营运维管理，保障项目可持续运营。

构建智库支撑和产业协作机制。成立数字鄂尔多斯专家咨询委员会，由国内知名专家和本地行业专家共同组建，为数字鄂尔多斯建设建言献策、把脉诊断，提供战略方向、专业技术、工程实施等方面的决策咨询，为数字鄂尔多斯建设运营提供科学指导。鼓励产学研共同成立鄂尔多斯大数据产业联盟，为数字鄂尔多斯建设提供产业支持。

深化业务部门协同联动机制。探索建立市级CIO（信息化主管）制度，确定各部门信息化主管领导和信息化科室负责人为本部门信息化主管人，负责贯彻执行领导小组关于数字鄂尔多斯建设工作的各项任务。

第二节 完善法规与标准规范

建立健全政策法规制度。制定数字鄂尔多斯新技术、新应用、新业态发展的相关政策。修订《鄂尔多斯市智慧城市项目管理办法》，制定出台《数字鄂尔多斯项目管理办法》。研究制定《鄂尔多斯市政务信息资源共享管理办法》，加快建立信息资源规范，确保信息权威准确，不符合标准、不支持共享的系统原则上不得启动建设、不得投入使用。研究政府公共信息资源运营办法，探索推进政府公共信息资源市场化运营，挖掘数据价值。启动研究并制定发布政府公共信息资源运营和开放办法，推动逐步扩大政府公共数据开放范围，提高开放数据质量。联合市场主体研究制定公共数据流通交易办法，促进大数据资源安全利用和增值开发。制定出台数字鄂尔多斯信息安全管理办法，加强个人信息保护，通过政府立法、制度等方式，全面加强用户网络数据和个人信息防泄露、防篡改和数据备份等安全防护措施，加大对数据滥用、侵犯个人隐私等行为的惩戒力度。

加强标准规范指引。加强信息化领域现有国家标准、行业标准规范的研究梳理工作，建立健全数字鄂尔多斯建设标准体系，重点做好信息基础设施、数据存储与共享、信息化应用、信息安全等标准执行和落实。聚焦重点应用方向，加大政策精准扶持，鼓励市场主体以应用创新为抓手，主导和参与推进相关行业技术标准和管理规范制定、应用推广和产业化发展，提高重点行业龙头企业数字化转型标准话语权。

第三节 加大财政金融支持力度

加大财政资金扶持。加大政府财政资金支持力度，统筹使用各类专项资金，重点支持大数据基础性、公共性、示范性项目建设，重点扶持本地中小企业发展和鼓励引进外地行业龙头企业。将数字鄂尔多斯建设资金纳入年度地方财政预算，由数字鄂尔多斯建设领导小组办公室会同财政部门统筹数字鄂尔多斯项目资金管理，逐年加大财政投入力度，提高资金使用效益。积极争取智能制造、服务型制造、工业互联网等国家、自治区重大或试点示范项目的政策、资金支持。全面落实高新技术企业、集成电路设计企业、软件企业、创投企业、股权激励、科技成果转化等国家各项税收优惠政策。

创新投融资政策。加大社会资金募集力度，加强重点项目扶持，助力数字鄂尔多斯建设。设立信息化建设引导基金，建立和完善基金的进入和退出机制，实现基金持续、滚动发展。吸引各类银行、保险、信托、基金、产业集团等多元化社会资本参与数字鄂尔多斯建设。进一步扩大政府采购数字公共服务，鼓励社会资本和专业机构探索市场化经营。支持符合条件的信息服务企业在境内外资本市场上市融资，通过多种融资方式降低融资成本。支持金融机构信贷投放向数字鄂尔多斯重大建设领域倾斜。鼓励金融机构开发适用于新一代信息技术新产业新业态的产品和服务，支持数据资产作为生产要素投资入股。

第四节 营造良好发展氛围

加大宣传力度。综合运用“两微一端”（微博、微信，新闻客户端）等新媒体手段，加强政策和典型经验宣传，加大对数字鄂尔多斯建设的宣传引导，增强公众认知度。定期以问卷调查、意见征集、满意度评估等方式征集公众对数字鄂尔多斯建设的意见。鼓励公众通过智慧鄂尔多斯 App、微信微博、热线电话等多种渠道，全程参与数字鄂尔多斯基层治理、乡村治理、污染治理，实现共建共治共享。

提升全民数字素养。积极组织开展面向政府、企业及市民的数字化转型专题讲座和培训，全方位树立大数据意识。组织开展全民信息化科普活动，通过办展办会、市民信息技能大赛等方式，逐步提高全市居民信息化基本素养，为我市经济社会全方位数字化转型营造良好氛围。围绕大数据创新创业、智慧应用创新发展、经济结构转型发展等关键领域，积极策划开展一批区域性交流活动如大数据高峰论坛、5G 创新大赛、人工智能应用大赛等，提升鄂尔多斯聚才汇智区域的影响力，激发创新活力。

第五节 强化审核与考评督查

建立重大项目联合审核备案机制。实行数字鄂尔多斯建设项目全口径联合审核制度，由数字鄂尔多斯建设领导小组办公室牵头负责具体组织实施，每年对各部门拟新建、运营维护的数字鄂尔多斯项目进行立项审核并纳入统一备案管理，依托数字鄂尔多斯专家咨询委员会，加强项目需求、技术方案、投融资、互联互通、数据共享等核心内容审核。未通过项目立项评审的，原则上不予批准项目资金，避免项目建设各自为政，消除“数据孤岛”。

实施项目全流程绩效评估。各旗区、市直各部门要明确责任主体，细化任务分工和重大项目责任到人，按照“项目化、清单化”和“定人、定责、定目标、定时间、定任务、定标准”要求，明确推进计划、项目安排以及预期成效。由数字鄂尔多斯建设领导小组办公室牵头，研究制定数字鄂尔多斯评估评价指标体系，并联合市网信、发改、财政等部门，每年定期开展项目绩效评估，加强财政支出绩效、购买服务规范性、项目运营效益等综合考评，出具绩效评估考核意见，落实到责任人和责任单位，并将绩效评估结果纳入各部门年度综合考核，推动资源高效利用。

专栏 2　科研机构引培工程

科研机构引入工程。立足国家级煤炭清洁高效利用创新中心和国家可持续发展议程创新示范区建设基础，引进国家能源大数据、生态大数据等相关科研机构和重点实验室、工程实验室设立分支机构，到 2022 年，大数据、云计算、人工智能等领域，国家级、自治区级重点实验室、工程实验室和科技创新中心超过 3 家；到 2025 年，大数据、云计算、人工智能等领域，国家级、自治区级重点实验室、工程实验室和科技创新中心超过 10 家。

新型研发培育工程。支持大数据企业联合鄂尔多斯应用技术学院等高校及相关科研机构设立大数据企业技术研发机构，建设一批科技企业孵化器、众创空间，到 2022 年，大数据领域新型技术研发机构、企业孵化器和众创空间超过 10 家；到 2025 年，大数据领域新型技术研发机构、企业孵化器和众创空间超过 30 家。

专栏 3　创新支撑平台建设工程

大数据产业发展服务平台建设工程。整合国家、自治区和鄂尔多斯市大数据产业发展政策、大数据企业资源、公共服务资源，面向大数据行业、企业和用户提供产业资金引导、政策支撑、试点示范分享、研发设计、人力资源、市场推广、测试认证等创新服务。开放平台数据、计算能力、开发环境等基础技术资源，重点面向鄂尔多斯大数据相关企业提供服务，降低鄂尔多斯大数据相关企业创新创业成本。

专栏 4　区域合作示范工程

举办大数据创新应用峰会。围绕大数据创新应用、信息技术与农牧业、旅游业、能源等传统产业深度融合等重大方向，定期举办主题峰会或创业创新活动，促进鄂尔多斯与全国各地政府、企业、科研机构等在大数据技术、应用和产业发展等领域的工作交流，搭建企业成果发布平台，促进经验分享和项目合作，提升鄂尔多斯城市形象，加强区内外协同合作。

专栏 5　数据资源建设工程

基础数据库完善工程。到 2022 年，基本建成人口、法人单位、自然资源和空间地理、宏观经济、电子证照、社会信用等基础信息资源库，并实现与自治区、国家基础数据库的对接。

专项数据库建设工程。到 2022 年，基本建成公共服务、城乡建设、社区治理、生态环保、应急维稳等专题数据，形成煤炭、电力、农牧业、文旅等行业大数据，为各领域应用提供强有力支撑。

专栏 6　数据开放应用建设工程

鄂尔多斯公共信息平台升级改造。优化市级公共信息平台，加快建设旗区级公共信息平台，实现市和旗区两级互联互通，推进依职能按需共享业务模式，升级完善数据共享、数据交换、数据分发等系统功能，承载全市数据资源的共享交换与统一开放。

专栏 7　数字政府基础支撑能力夯实工程

“云上鄂尔多斯”平台。建设全市统一的政务云平台——“云上鄂尔多斯”平台，为全市各级政府部门按需提供云计算基础服务，包括提供虚拟机和存储服务、机位托管和机柜托管、网络宽带租赁、数据库租赁、操作系统及应用软件、综合展示服务、安全服务等。

智慧鄂尔多斯大脑。开发城市级物联网集成子平台，实现各部门、各领域感知数据集中汇聚和管理。建设集大数据、人工智能于一体的数据治理与数据智能分析子平台，提供数据检索、处理、集成、分析挖掘、可视化、建模等共性数据服务，提供视频、图像、语音、文字分析识别和认知推理等人工智能服务。建设业务协同的指挥调度子平台，面向决策层提供覆盖事件、人、道路、车辆、自然资源、公共设施等关键要素的全方位视图。

统一身份管理与认证系统。依托自然人和法人基础数据库，建设身份认证系统，整合统一数字证书、生物特征识别等多种认证源，为群众提供网络身份认证，为全市重点领域提供 CA 等密码认证，为全市网上办事大厅、各种移动端应用以及有需要的其他部门、企业应用提供可信的身份认证。

统一视频共享服务平台。以雪亮工程等重点工程为切入点，加大社会资源的联网力度，建设全市统一视频共享服务平台，为全市各部门提供视频调阅、视频分析、视频应用集成等一体化视频服务。

公共信用服务平台。以市民个人信息、法人组织信息为基础，综合各类信用数据，建立公共信用评价模型，计算个人、企业信用分数，为各类应用系统提供信用认证支撑。

时空信息“一张图”平台。基于全市空间地理信息基础数据库，整合政府资源、社会公共资源等各类信息，建设全市时空信息“一张图”平台，

面向全市政府管理、社会生活提供统一的地图和空间位置信息服务。

统一非税支付平台。提供全市统一的网上非税支付渠道，支撑非税业务网上缴费，实现随时随地便捷支付。

一站式网上政务服务平台。基于统一身份管理与认证系统，优化升级政务服务门户网站，实现网上为市民提供教育、就业、住房、社保、医疗、医保、交通等政务服务，办理水费、电费、燃气费、移动话费、电信话费、有线电视费等公共事业缴费服务；实现网上一站式为企业提供注册登记、项目投资、资质认定、税费办理、创新创业等政务服务。

智慧鄂尔多斯 App 平台。整合各部门建设的服务类 App，对接各类政务服务，不断引入市场化的便民生活服务 App，构建涵盖群众事项办理、停车、乘车、气象、空气质量、公共事业缴费、医疗、医保、社保、公积金、就业、旅游、社区、法律咨询、法治宣传、体育健身、出入境证件预约申请和查询等各类信息服务的全市统一 App 服务平台，打造“指尖生活”城市。

专栏 8　现代化治理体系构建工程

智慧警务云平台。依托市大数据中心，完善市警务云平台，扩大数据资源存储容量，增加计算能力，为大数据计算，视频结构化，人脸识别计算提供支撑，满足各业务警种系统建设虚拟机需求。推动技侦平台、PGIS 平台、警务综合平台、公路治安检查平台、危管物品等公安局现有系统整合上云，整合业务数据，提升警务效能。

智能交通运行监测平台。基于公共信息平台，接入跨部门、跨地区的路网交通相关数据，通过提取处理、数据整合、数据联合分析等，生成路网运行监测的核心指标数据结果，实现对路网交通运行状态、车辆运行状态等路网运行信息的监测与管理。

数字孪生城市模型平台。综合应用 GIS、BIM、CIM 等技术，构建数字孪生城市模型平台，促进规划、建设、管理各阶段数据的共享互通和动态更新，实现空间规划精确模拟、建设实施实时仿真、管理运行主动调控。

智慧城管平台。依托智慧鄂尔多斯大脑，深化人工智能图像识别、语音识别和视频分析等技术在城管各领域应用，通过视频监控对违章建筑、违章占道等行为精准识别，实现高效快速处置。

专栏9　数字化监管与协同治理强化工程

智慧市场监管平台。依托现有信息化基础，强化对食品、药品、特种设备、工业产品等重点产品质量安全监管的信息化支撑，构建统一的大数据支撑平台、应用体系和分析系统，包括市场监管大数据中心、一体化综合协同门户、审评审批平台、行政执法平台、风险评价和监测平台、综合信息管理平台、检验检测和质量管理平台、实时监控平台、重要产品追溯平台、公众服务平台等。

智慧应急平台。重点推进煤矿、危险化学品、地震、水利、地质灾害、草原等重点领域和灾害点现场感知网络建设，接入消防、地震、水旱、地灾、草原、道路、特种设备等行业领域感知信息，依托应急通信系统，建设智慧应急平台，涵盖防灾减灾、应急救援、安全生产等业务的监测预警、指挥救援、监督管理、决策支撑等。

智慧党建平台。运用云、网、端等新基础设施和现代信息技术，建设集纪检监察、组织建设、宣传思想、政法综治、统一战线“五位一体”的大党建综合业务平台，支持各系统接入，推动各部门互联互通和共建共享，实现党的政治建设、思想建设、组织建设、作风建设、纪律建设的智慧化管理、智慧化应用、智慧化服务和智慧化决策。

专栏10　自然资源数字化管理建设工程

自然资源智能化管理平台。以数字孪生城市模型平台为基础，基于BIM、电子地图标记、三维地形图模拟、卫星定位技术，集成鄂尔多斯市全域山水林田湖草沙自然本底、历史人文本底、土地资源、矿产资源、地质环境等全要素自然资源。整合经济社会发展规划、城乡规划、土地利用规划、生态保护红线划定方案等空间规划，绘制“一张蓝图”。

智慧气象建设项目。建设气象基础数据系统、气象预报预警系统、鄂尔多斯市突发事件预警信息发布中心、气象服务系统、雷电灾害防御安全监管系统、人工影响天气指挥系统、手机App智慧气象客户端。到2022年，建成覆盖全市主要交通干道和旅游景点的气象监测设施；到2025年，建成覆盖全市区域的气象监测设施。

林草大数据平台。建设林业和草原大数据库、林业和草原大数据标准体系以及可视化展示平台。进一步完善森林草原防火远程监控系统、火灾预测预警系统等示范应用。

水利大数据平台。利用现有的技术成果，最大限度实现水利信息业务平台的整合。基础建设方面形成统一的GIS平台、通用水资源管理软件、统一数据交换平台、统一用户管理、统一门户框架。

专栏11　智慧环保建设工程

环保大数据平台。接入环境监测网络数据，整合环境数据中心环境地理信息系统、环境污染在线监测信息系统、环境应急管理系统、环境质量监控系统、生态环境恢复系统、矿山生态管理系统、机动车尾气管理检测系统等系统数据，实现环境信息全要素、全天候、实时化、精细化在线监控管理和大数据挖掘分析。

环保网格化执法系统。建成全市环保数字化网格管理系统，从环境监测、监控、监管、监察等多方面工作协同为切入点，展开区域污染源监管。升级基层移动执法队伍及配套装备配置，加强基层执法视频、数据的集中采集回传和建档。

专栏12　资源节约智能化推进工程

能耗在线监测系统建设工程。对煤炭、电力、化工、建材等重点行业以及数据中心、政府单位、商业楼宇、学校等能耗数据进行实时在线监控，鼓励新建建筑采用节能、节水、再生资源回收等数字化系统，打造绿色建筑。到2022年，重点用能单位能耗监测覆盖率达到60%，新建绿色建筑覆盖率达10%；2025年，重点用能单位能耗监测覆盖率达到90%，新建绿色建筑覆盖率达50%。

专栏13　智慧医疗健康服务工程

市级全民健康信息平台升级。实现全市各级各类医疗卫生健康机构、公共卫生机构与市级全民健康信息平台互联互通，依托全市人口库，建成健康档案、电子病历等数据库，全面取消就诊卡，实现看病就医“一码通”，实现网上预约挂号、诊间缴费、健康档案调阅、诊疗信息查询、就诊咨询、健康教育知识获取等功能。增强平台的居民健康素养评估学习、健康城市指标检测等功能。

智慧医院建设。依托现有HIS、PACS、LIS平台，全市开展智慧医院建设，实现医院预约挂号、药品管理、费用支付、诊间结算等功能，提升医院医疗服务水平。选取重点医院，开展远程医疗和远程会诊，实现在线咨询、在线会诊、康复支持等功能。

公共卫生机构信息化建设。建设儿童青少年健康管理、职业卫生、健康体检、实验室管理等平台；建设集行政审批、现场监督、移动执法、行政处罚、投诉举报于一体的公共卫生机构管理系统；提升临床用血标准化管理、区域用血统计、献血服务台、献血者自助登记等信息化水平。

医保大数据平台。依托全市卫生信息平台和三级卫生网络，建立与医疗服务相衔接、与医疗保险相适应、与医保基金监管相协调的定点医疗机构业务数据库，建设医保大数据平台，使所有医疗服务信息全程可追溯，并实现医疗费用即时即报。

智慧养老服务平台。集中发布日常生活服务、健康管理、紧急救援、精神慰藉、服务预约等养老服务项目，引导社会养老服务机构开发适合老年人的智能化产品、健康监测可穿戴设备、健康养老移动应用服务，满足老年人全方位、多层次、多样化的养老服务需求。

专栏14　智慧公平教育文化服务工程

智慧教育教学云平台。面向全市师生提供教育教学服务，包括网络学习空间、安全管理、教务管理、教师专业发展、师生信息技术测评、师生评价、信息报送与采集、在线教学，以及大数据分析、智慧学习、智慧评价、智慧校园、智慧管理、虚拟实验等应用服务。

数字文化公共服务平台。依托鄂尔多斯市数字博物馆、数字图书馆、数字文化馆等，探索建立公共文化数字服务体系，建设一站式公共文化服务平台，通过PC端、移动端进行全媒体推送，为居民提供无所不在的文化服务。

专栏15　智慧社保服务工程

智慧社保平台。构建线上线下融合的社会保障和公共服务体系，实现社保信息查询、社保待遇发放、社保缴费、医保及时结算等功能，为参保人员提供个性化服务。

就业创业公共信息服务平台。采集全市就业创业相关数据，建设就业创业公共服务平台，发布全市人才优惠政策、就业政策等信息，扩大就业信息发布体系覆盖面，利用大数据精准投放就业信息，精准匹配企业用人需求和公众就业需求。

专栏16　基层治理服务示范工程

数字乡村试点示范工程。加快推进贫困县、偏远地区农村等盲点区域宽带和4G通信网络基础设施全面覆盖。推进移动物联网、互联网、卫星遥感等信息技术与乡村综合治理体系融合发展，广泛开展智慧放牧、公共安防、草原防火等在线监测和管理等应用建设。围绕肉羊、绒山羊、肉牛、生猪、水产（禽）、瓜果蔬菜、林沙等主导产业，推动农村电商发展。

智慧社区试点建设工程。全面推进数据融合、系统融合、技术融合，将不同层级、不同部门、分散孤立、用途单一的各类社区信息系统进行整合，对相关信息系统进行统一页面入口、统一身份认证或后端系统升级改造，实现社区层面信息系统互联互通，数据资源全面融合形成智慧社区主题数据库，与市级其他平台实现数据共享和高效流通。打造智慧社区便民生活圈，加强各类服务渠道整合对接，建立统一的智慧社区 App，为居民提供社区周边商圈信息，发布社区文体娱乐活动、社区公告等信息，打通整合社区居民和家政公司供需信息，发展智慧停车应用。到 2022 年，全市形成 3—5 个智慧社区示范样板，智慧社区大融合平台、智慧社区 App 在城区实现全覆盖，并向农村社区延伸，基层居民生活便捷度得到极大改善。

专栏 17　以大数据为核心的信息产业发展工程

绿色数据中心基地。推动以高新区云计算产业园为中心的绿色数据中心基地建设，鼓励采用绿色节能方式提高数据中心绿色节能水平，强化新建工程项目的绿色采购、绿色设计、绿色建设，推动节能环保技术产品在已建数据中心的替代应用，打造高标准、高质量、高可靠性的中国北方数据中心基地示范标杆。到 2022 年数据中心 PUE 达到 1.2 以下。

国家数据灾备基地和西北大数据中心基地建设工程。加强与各盟市数据中心的合作交流，进一步加快高新区云计算产业园和空港物流园区鄂尔多斯大数据中心基础设施建设。统筹鄂托克旗、鄂托克前旗等旗区大数据中心建设，实现市和旗区两级逻辑集中的一体化的云计算数据中心。实施大数据云计算企业引进工程，集聚一批云渲染、高性能计算企业，重点布局云计算、存储资源租用、应用软件开发部署云平台等服务产业。积极争取国家部委和企事业单位将鄂尔多斯作为全国性或区域性数据存储和灾备基地，建设面向远程灾备服务的灾备中心，积极承接自治区政务信息安全异地灾备、京津冀重点行业和大型企业远程灾备中心项目。到 2020 年，全市数据中心装机能力达到 30 万台；到 2022 年，引进和培育 10—15 家国内领先大数据云计算服务企业。

“企业登云”工程。选取一批登云行动领先的企业，作为推进试点，进一步拓展企业登云内容。推动本市重点行业云平台建设，带动行业内企业“登云”。与云服务商对接合作，组织本地企业开展“企业登云”培训，营造登云、用云的良好氛围。到 2022 年，全市重点行业基本建成云平台。

重点行业大数据应用示范工程。研发一批与煤炭、羊绒等重点行业领域业务流程及数据应用需求深度融合的大数据解决方案。选取一批重点企业，率先开展一批重点行业大数据应用示范项目，逐步推动大数据在研发设计、生产制造、经营管理、市场服务、设备增值服务等产业链全流程应用。

专栏 18　工业互联网推进工程

煤炭行业标识解析二级节点建设工程。积极争取工业互联网标识解析体系中的煤炭行业二级节点在我市布局，鼓励基于二级节点开展行业应用创新，培育工业互联网平台应用标杆工厂。为工业互联网连接的对象提供统一的身份标识和解析服务，完善煤炭产品从原材料供应、生产制造、物流运输、分发销售到使用的供应链信息关联，提供产品全生命周期的追溯等智能化服务。

能源互联网示范基地。以蒙西高新技术工业园区为试点，运用互联网及大数据预测分析技术，探索新能源发电、多能互补等能源互联网新模式，实现热、电的发、配、售一体化。建设以智能电网为基础的综合能源网络，实现电网运行状态在线监测与智能诊断，大幅提升可再生能源、分布式能源及多元化负荷的接纳能力。

智慧工厂示范。在电力、石油、天然气等重点领域，选取信息化基础较好的重点企业，深入开展智慧工厂示范，不断升级生产过程、管控系统和关键工序的智能化水平。开展传统生产线的数字化、智能化改造，推进“机器换人”“设备换芯”“生产换线”，发展基于互联网的网络化协同制造模式，形成基于消费需求动态感知的研发、制造、服务新方式。

数字化解决方案培育和推广工程。依托能源、化工、纺织等重点行业的优势企业，整合行业产、学、研各方资源，加强与自治区高校、京津冀高校交流合作，培育形成一批高水平的数字化解决方案，加快成果转化和应用推广。

工业大数据平台建设工程。建设经济运行分析、项目申报调度、煤化工行业监测等业务系统，整合现有业务数据资源，建设涵盖重点工业行业、中小企业、电子信息产业、工业园区运行调度等功能模块，逐步推动大数据在工业运行监测、精准治理、数据决策的应用。

专栏 19　农牧业数字化建设工程

农牧业生产大数据应用平台建设工程。建立农牧业生产、农畜产品市场运行及农畜产品加工等信息的采集报送机制，运用物联网和云计算技术，实现农牧业生产环境监控及生产经营数据的采集，将土壤信息感知设备、空气环境监测感知设备、外部气象感知设备、视频信息感知设备等各种感知设备的基础数据进行统一存储、处理和挖掘。

智慧农牧业试点示范工程。选取重点农区和牧区，利用物联网和智能感知技术，建立包含光照、大气、土壤、温度、降水等实时信息的数据库，根据监测对象选择配备智能化病虫预警监测设备，实现粮食主产区、设施农业集中区、重点牧场全覆盖，实现数字化监测、网络化传输、模型化预测、可视化预报，提高气象和生物灾害监测预警的时效性和准确性。

农牧业电子商务示范工程。重点探索冷链物流、标准体系、追溯体系、评价体系、监测体系建设以及多种电商模式。开展多种形式的电商产销对接和专项促销行动，推动农产品特别是贫困地区农产品上网销售，促进鄂托克阿尔巴斯山羊肉、黄河鲤鱼、奶食等区域品牌农牧产品走出去。

专栏 20　数字服务新业态建设工程

智慧景区工程。在成吉思汗陵、响沙湾、七星湖、康巴什等旅游区率先开展智慧景区试点。推动北斗系统在景区电子导览、电子地图等方面应用，对旅游车、旅游船等设施进行实时监测和定位，为游客推送定位导航服务。推动物联网、人工智能技术在景区监测的应用，覆盖景区停车场、观景点、旅游餐饮、旅游购物场所等。

旅游大数据服务平台。建设全市旅游大数据中心，深入开展客群基础特征、区域特征、消费特征等旅游大数据分析，精准制定旅游营销策略。依托智慧鄂尔多斯 App 平台，开发面向游客的智慧旅游服务界面，整合全域旅游信息资源，积极对接美团、去哪儿、携程等互联网旅行商渠道，搭建集食住行游娱购于一体的线上线下无缝对接平台，提升游客体验便利化。

行业性电子商务交易平台。培育煤炭、煤化工产品大宗商品电商垂直平台，推动内蒙古煤炭交易中心建设，打造全国性电子交易中心。鼓励羊绒、化工等企业与互联网企业合作，打造行业性电子商务交易平台。

物流公共信息服务平台建设工程。完善物流公共信息服务平台功能，加强多式联运物流信息的跨行业互联共享，实现重要物品配送的全程可追踪管理，建立健全智能仓储、冷链物流等公共基础设施，保障农副产品、水产品的市场通达能力。

智慧物流建设工程。推进空港物流园区智慧化建设，加快推广自动化立体仓库和智能仓储系统建设，加快自动导引车辆（AGV）、物流追踪与物资管理、无人搬运与智能码垛、物流无人机等新技术新产品应用。

专栏 21　信息基础设施提升工程

“全光网城市”建设工程。建设高速光纤网

络，实施"全光网城市"工程，继续深入推进政府机构、医疗卫生机构、大型园区、商务楼宇、宾馆酒店等单位和场所的光纤宽带接入，推进光纤网络的全域覆盖，推动低成本、高性能无线互联网基础设施建设。全面推广应用IPv6，推进已建信息基础设施IPv6升级改造。落实国家电信资费改革相关政策，鼓励公众通过光纤接入互联网。到2022年，固定宽带家庭普及率达到90%，企事业单位用户宽带接入能力普遍达到1000Mbps左右。

5G网络建设工程。提前开展5G站址规划及站址资源储备，将5G纳入城乡建设规划同步实施。面向5G网络密集组网需求，加大行政办公、交通枢纽、风景区等公共建筑与交通道路、路灯杆、指示牌等公共设施开放力度，推广“一杆多用”。率先在智慧矿山、智慧畜牧、智慧旅游、无人驾驶、平安城市等领域开展5G试点应用，打造特色垂直行业全国示范。到2022年，5G网络覆盖城区主要区域，开展重点领域应用试点。

“宽带乡村”工程。结合新农村新牧区建设工作，加快推进宽带乡村工程建设，灵活采用有线和无线相结合的方式推进光纤到户和4G深度覆盖。积极落实国家政策，加强对贫困地区、贫困人口的宽带扶贫力度，重点改善贫困地区学校、医疗机构等公益机构的网络接入条件。到2020年，行政村通宽带比例达到100%。

专栏22　市政基础设施智能化转型工程

多功能信息杆柱试点工程。率先在重点路段、重要商圈等人流集聚区推进多功能信息杆柱试点，建设集成智慧照明、通信基站、视频监控、LED信息发布、一键报警、充电桩、Wi-Fi、5G等多种设施于一体的多功能信息杆柱，提供多类信息服务。到2022年，在新建区域、人流集聚区打造试点示范；到2025年，多功能信息杆柱成为数字鄂尔多斯重要智能市政设施。

智慧管网建设工程。建设城市地下管网管理系统，完成包括地下综合管线和高架道路以及部分其他地下构筑物的数据建设，建设地下空间专业网格系统，实现给水管线等管网数据的统一管理和展示。到2022年，开展5个管线智能化监测试点，城市新建道路地下综合管廊智能化覆盖率不低于30%；到2025年，推广城市地下空间和管线综合管理系统的应用，城市新建道路地下综合管廊智能化覆盖率不低于80%。

专栏23　网络安全态势感知和风险防控建设工程

网络安全态势感知平台建设工程。以网络安全信息资源库、网络安全信息共享系统和网络安全威胁知识库为支撑，绘制鄂尔多斯市网络空间安全状况电子地图，提供网络安全风险报告。利用大数据技术对重要联网系统、网站应用的网络安全态势信息进行关联分析、数据挖掘和可视化展示。到2022年，完成网络空间安全状况电子地图。

重大网络安全事件应急指挥平台建设工程。建设重大网络安全事件应急指挥平台，接入自治区重大网络安全事件应急指挥平台，支撑部门协同、政企联动、全面参与的应急处置机制。

附件1　城市数据资源治理总体架构

以政务数据资源统筹管理、集约建设、共享利用为目标，以鄂尔多斯公共信息平台为数据共享交换抓手，以智慧鄂尔多斯大脑的数据治理与智能分析平台为数据治理流通抓手，形成数字鄂尔多斯城市大数据资源治理体系架构。

编制政务数据资源目录：市级部门全面梳理本部门内政务数据资源，并按照全市统一的规范要求，编制并动态更新本部门政务数据资源目录。市数据资源主管部门审核市级各部门报送的政务数据资源目录后，形成鄂尔多斯市政务数据资源目录。

构建城市大数据资源池：市级各部门根据政务数据资源目录，明确本部门政务数据资源应共享类型和范围，并按照全市统一的标准规范筛选原始数据，形成本部门政务数据资源池。市数据资源主管部门按全市统一要求，完善自然人、法人、地理空间、社会信用等基础数据库，以问题为导向建设若干主题数据库。

搭建数据治理与智能分析平台：依托智慧鄂尔多斯大脑，对全市数据资源进行统一清洗、处理集成、安全管理等，对外提供数据服务、智能分析服务、智能识别服务等能力，与市公共信息平台实现互联互通。各旗区人民政府依托鄂尔多斯市公共信息平台，参照市级大数据资源池总体架构，开展本旗区数据资源治理。

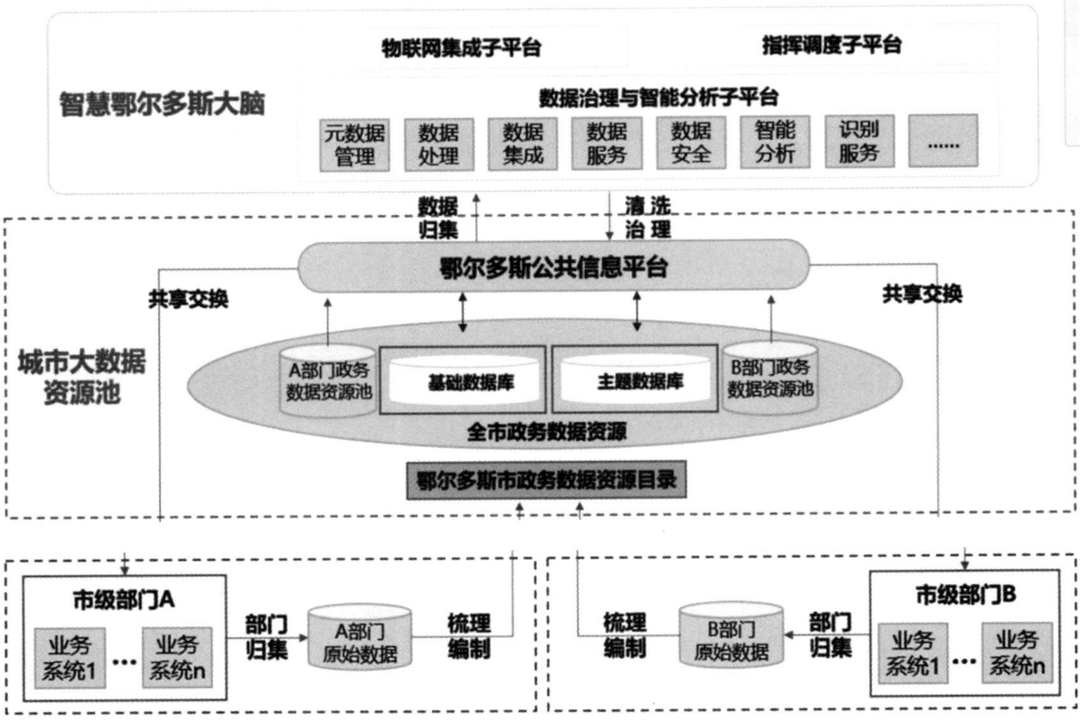

图 4　数字鄂尔多斯大数据资源治理体系架构

附件 2　数字鄂尔多斯项目实施流程

坚持联审立项、统筹实施、以评促建原则，推动数字鄂尔多斯建设在管理体制、项目建设、可持续运营模式等方面积极变革，构建统一领导、高效运行、有序推进的组织实施架构。

设置统筹管理协调机构。成立数字鄂尔多斯建设领导小组，下设办公室，在领导小组的统筹协调和指导下，开展数字鄂尔多斯相关项目的建设。

推行项目“联审立项”制度。市级各部门根据数字鄂尔多斯发展规划、行动计划提出项目建设需求，报送领导小组办公室，按照数字经济、数字政府、智慧社会等项目类型，依托数字鄂尔多斯专家咨询委员会，对项目建设进行技术初审，避免重复建设和重复投资。通过技术初审后的项目，由项目建设需求提出单位按照国家相关规定报发改部门立项。旗区新建业务系统项目报本级领导小组进行技术初审前，须附市级业务主管部门意见。

规范项目“统筹实施”要求。数字鄂尔多斯项目按照行业应用或共性平台统一划分，共性支撑平台由市统筹建设部门统一建设验收，行业应用系统由行业主管部门统筹建设验收。各级大数据发展部门作为技术支撑部门负责组织数字鄂尔多斯项目的技术验收工作。

建立完善“以评促建”机制。各项目在建成后进入项目运营期，运营期每年由市大数据发展局进行项目的成效和应用评价评估，将评价评估结果作为该项目所属部门后续项目的审核依据，形成管理闭环，有效保障项目可持续运营。

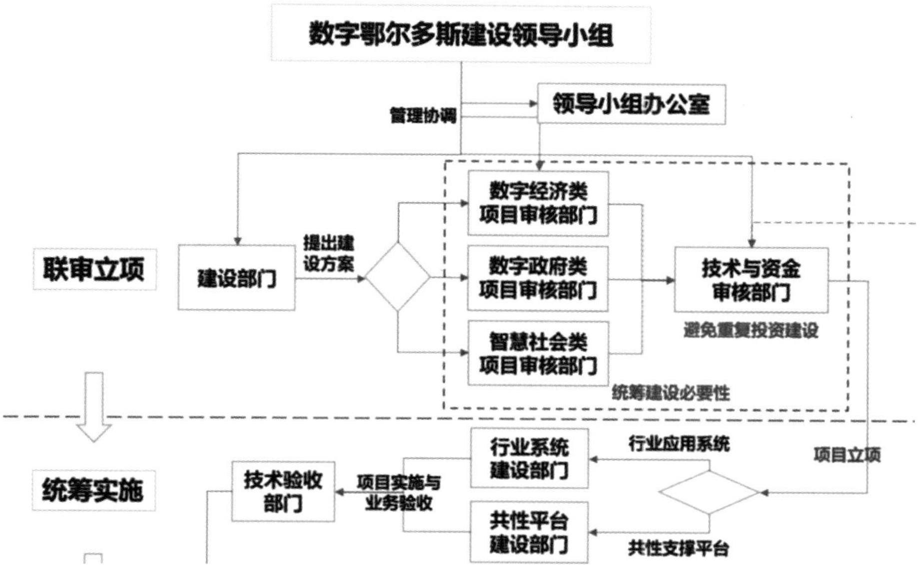

图5 数字鄂尔多斯组织机构及流程

附件3 数字鄂尔多斯建设领导小组成员名单

组　长：斯琴毕力格　市长

副组长：金　武　市委常委、副市长

倪嘉宇　市委常委、副市长

张众志　市人民政府秘书长、办公室主任

成　员：李　斌　市人民政府副秘书长

邱　林　市人民政府办公室副主任

陈　曦　市委宣传部副部长

章晓萍　市委网络安全和信息化委员会办公室主任

高志华　市发展和改革委员会主任

康　富　市教育体育局副局长

杨晓龙　市工业和信息化局局长

雷·斯仁　市民族事务委员会主任

邢铁清　市公安局副局长

辛宏亮　市民政局局长

刘　杰　市司法局局长

王　瑞　市财政局局长

王学志　市人力资源和社会保障局局长

李　云　市自然资源局局长

董介中　市生态环境局局长

余永崇　市住房和城乡建设局局长

王水云　市交通运输局局长

王　健　市水利局局长

周桂荣　市农牧局局长

张　涛　市商务局局长

赵子义　市文化和旅游局局长

马保荣　市退役军人事务局局长

王　凯　市卫生健康委员会主任
王树荣　市应急管理局局长
王苏和　市审计局局长
牛建雄　市国有资产监督管理委员会主任
韩玉光　市市场监督管理局局长
杨键军　市统计局局长
邬建勋　市能源局局长
韩玉飞　市林业和草原局局长
边子珍　市人民政府金融工作办公室主任
陈德华　市扶贫开发办公室主任
张文峻　市医疗保障局局长
马二喜　市信访局局长
马振平　市政务服务局局长
王建民　市城市管理综合执法局局长
薛海霞　市大数据发展局局长
乔爱平　市电子商务中心主任
孙志强　鄂尔多斯应用技术学院副院长
王　贵　鄂尔多斯职业学院副院长
张仲平　鄂尔多斯高新技术产业开发区管理委员会主任
边　东　鄂尔多斯空港物流园区党工委书记、管理委员会主任
冯德强　中国移动鄂尔多斯分公司总经理
李　频　中国联通鄂尔多斯分公司总经理
孙宝宏　中国电信鄂尔多斯分公司总经理
王耀禾　内蒙古广播电视网络集团有限公司鄂尔多斯分公司总经理
刘凤云　东胜区代区长
高怀京　达拉特旗代旗长
王　枫　准格尔旗旗长
苏新亚　伊金霍洛旗代旗长
赵飞录　乌审旗委旗长
王羽强　杭锦旗委旗长
贾　瑞　鄂托克旗委常委、副旗长
布仁其木格　鄂托克前旗旗长
李　冬　康巴什区区长

领导小组下设办公室，办公室设在市大数据发展局，负责承担领导小组日常工作，牵头推进数字鄂尔多斯建设，组织编制行动计划、项目管理及评价办法并监督执行，牵头建设数据资源和共性平台，承担技术指导审核工作。办公室主任由倪嘉宇兼任，常务副主任由薛海霞兼任。领导小组其他成员如有变动，由接替其行政职务的人员自行接替。

鄂尔多斯市文明行为促进条例

（2019 年 10 月 29 日鄂尔多斯市第四届人民代表大会常务委员会第十五次会议通过 2019 年 11 月 28 日内蒙古自治区第十三届人民代表大会常务委员会第十六次会议批准）

第一章　总　则

第一条　为了引导和促进文明行为，培育和践行社会主义核心价值观，提升公民文明素质和社会文明水平，推进城乡文明建设，根据有关法律、法规，结合本市实际，制定本条例。

第二条　本市行政区域内的文明行为促进工作，适用本条例。

本条例所称文明行为，是指遵守宪法和法律、法规规定，体现社会主义核心价值观，符合社会主义道德要求，维护公序良俗，引领社会风尚，推动新时代社会文明进步的行为。

第三条　文明行为促进工作坚持法治与德治相结合，遵循政府主导、社会参与、统筹推进、奖惩结合的原则，形成共建、共治、共享的长效机制。

第四条　市、旗区精神文明建设委员会统一领导本行政区域内的文明行为促进工作，其工作机构负责本行政区域内文明行为促进工作的指导协调、督促检查、评估考核。

第五条　市、旗区人民政府应当制定相关政策措施，推动文明行为促进工作与经济社会协调发展。

苏木乡镇人民政府、街道办事处应当按照上级人民政府和精神文明建设工作机构要求，做好本辖区内的文明行为促进工作。

嘎查村、社区应当加强文明行为的日常宣传和引导，组织开展各类群众性精神文明创建活动，倡导文明新风。

第六条　市、旗区有关部门、人民团体和具有管理公共事务职能的组织应当按照各自职责，共同做好文明行为促进工作。

第七条　企事业单位、社会组织和公民应当积极参与文明行为促进工作。

国家公职人员、教育工作者、社会公众人物应当在文明行为促进工作中发挥表率作用。

第二章　文明行为基本规范

第八条　公民应当爱国、敬业、诚信、友善，积极参与社会公德、职业道德、家庭美德、个人品德建设，遵守市民公约、村规民约等文明行为规范。

第九条　各民族公民应当互相尊重，互相学习，和睦相处，自觉维护社会稳定和民族团结。

第十条　维护公共秩序，爱护公共设施，遵守下列规定：

（一）升国旗、唱国歌和祭奠烈士应当庄严肃穆；

（二）观看体育比赛、文艺演出时，应当服从现场管理，遵守场馆秩序，爱护场馆设施；

（三）组织广场舞、露天表演及其他文体娱乐活动时，应当合理选择时间、场地，使用音响器材不得产生超过规定排放标准的噪声，干扰他人工作、学习、生活；

（四）等候服务依次排队，乘坐电梯先出后进，上下楼梯靠右通行；

（五）不在禁止吸烟的场所吸烟；

（六）不在建筑物、构筑物的外墙、楼道、楼梯和树木、电线杆、户外管线及其他户外设施上违法张贴、涂写、刻画；

（七）不擅自在城市道路、公园、广场、住宅小区等场所散发商业广告；

（八）不从建筑物、构筑物向外抛掷物品，影响环境卫生和公共安全；

（九）不擅自设置停车障碍，私占公共停车位；

（十）不大声喧哗、争吵谩骂、使用低俗语言；

（十一）不随地吐痰、便溺，不乱扔果皮、包装物、纸屑、烟蒂、口香糖等废弃物；

（十二）不攀爬或者跨越围墙、栅栏、绿篱等设施。

第十一条　维护交通秩序，文明安全出行，遵守下列规定：

（一）驾驶机动车行经人行横道时，应当减速行驶，遇行人正在通行时，应当停车避让；

（二）驾驶和乘坐机动车时，不得向车外抛洒物品；

（三）行人通过路口或者横过道路不得嬉戏、低头看手机，遇礼让车辆应当快速安全通过；

（四）机动车在医院、学校、居住（办公）区等噪声敏感区域和敏感时段不鸣喇叭；

（五）机动车和非机动车不得占用盲道、人行道、健走道和消防、医疗急救等公共通道；

（六）停放机动车和非机动车规范有序，服从管理，不得妨碍其他车辆、行人通行；

（七）驾驶机动车通过积水路段时，应当减速慢行，防止积水溅起、妨碍他人；

（八）驾驶非机动车时，应当按照交通信号灯指示通行，不违反规定进入机动车道、人行道行驶，不双手离把或者手中持物，不违反规定载人、载物，不逆向、超速行驶；

（九）不在车道内实施兜售、发送物品等妨碍交通安全的行为；

（十）乘坐公共交通工具，不干扰驾驶员安全行车和抢占座位，主动为老、幼、病、残、孕乘客让座；

（十一）公交车、出租车和网约车驾驶人应当文明待客、规范服务，保持车辆干净整洁，上下客时依规有序停靠，不甩客、欺客和拒载。

第十二条 厉行勤俭节约，保护生态环境，遵守下列规定：

（一）节约水、电、油、气等资源；

（二）减少废气、废水、废物等污染物排放；

（三）减少塑料购物袋、一次性餐具、一次性洗浴用具等物品的使用；

（四）按照有关规定对垃圾分类投放；

（五）野外宿营就餐时不污染破坏环境。

第十三条 保护旅游资源，文明旅游观光，遵守下列规定：

（一）尊重当地历史文化风貌、风俗习惯、文化传统和宗教信仰；

（二）保护英雄烈士纪念设施，不得在英雄烈士纪念设施保护范围内从事有损纪念英雄烈士环境和氛围的活动；

（三）爱护文物古迹，不在文物古迹上刻划、涂画、张贴，不攀爬、触摸文物，拍照摄像遵守规定；

（四）服从景区景点管理规定，爱护景区景点公共设施；

（五）排队购票，有序观光，不逃票；

（六）不惊吓景区景点的动物，不违反规定向动物投喂食物。

第十四条 维护社区环境，共建社区文明，遵守下列规定：

（一）邻里之间团结友爱，互相帮助，文明处理矛盾纠纷；

（二）不私接管线，不乱搭乱建，不损坏共用设施设备；

（三）不在住宅小区楼道等业主共有区域堆放物品，不占用公共绿地种菜，不在公共区域饲养家禽和家畜；

（四）不堵塞他人车库，不占用他人停车位；

（五）不在室外摆放悬挂有碍观瞻或者危害公共安全的物品；

（六）装修装饰作业，使用电器、乐器或者进行其他娱乐、体育锻炼等活动时，应当遵守有关规定，采取有效措施，避免干扰周边居民正常生活；

（七）不在建筑内的公用走道、楼梯间、安全出口等非指定区域停放电动车和为电动车充电。

第十五条 推进移风易俗，建设文明乡风，遵守下列规定

（一）喜事新办，不铺张浪费，不相互攀比，不恶俗闹婚；

（二）厚养薄葬，实施文明环保祭祀，不搞封建迷信活动

（三）文明用餐，合理消费，不强迫性劝酒，不酗酒。

第十六条 共建文明家庭，培育良好家风，遵守下列规定：

（一）弘扬孝德文化，尊敬长辈，赡养老人；

（二）夫妻和睦，男女平等，相互扶持，勤俭持家；

（三）关爱未成年人健康成长，培育文明行为习惯，传承优良家风家训。

第十七条　依法文明养犬，维护公共安全，遵守下列规定：

（一）按规定到指定机构申办登记证，注射疫苗；

（二）携犬出户时由成年人用束犬链牵领，为允许饲养的大型犬、烈性犬佩戴嘴套，主动避让他人；

（三）及时清理犬只粪便、制止犬吠，避免扰民；

（四）不携带犬只（导盲犬、搜救犬等工作犬除外）乘坐公共交通工具、进入人员密集公共场所；

（五）不虐待、丢弃犬只。

第十八条　自觉文明上网，净化网络环境，遵守下列规定：

（一）不浏览不良信息；

（二）不通过发帖、评论等方式侮辱、诽谤他人；

（三）不编造、传播虚假、低俗淫秽和损害他人合法权益的信息；

（四）不沉迷网络游戏。

第十九条　践行诚信要求，自觉守信履约，遵守下列规定：

（一）诚实守信，正当行使权利，自觉履行义务，不违约、不失信；

（二）从事经营活动，应当遵循平等、自愿、公平的原则，遵守相关法律法规、交易规则和商业道德，不得制假售假、以次充好，不欺骗误导消费者。

第二十条　恪守职业道德，爱岗敬业，遵守工作制度和操作规范，使用文明、规范用语，尊重服务对象，提高服务水平。

第三章　倡导与鼓励

第二十一条　倡导助人为乐，在他人出现困难时提供力所能及的帮助。

倡导公民采取合法、适当的方式实施见义勇为。鼓励单位和个人对正在实施见义勇为的人员，在能力范围内予以援助和保护。

第二十二条　倡导开展扶贫、济困、助残、救灾等慈善公益活动，依法保障慈善活动当事人的合法权益。鼓励有关单位和其他组织为开展慈善公益活动提供场所和其他便利条件。

第二十三条　倡导公民参与志愿服务活动。鼓励有关单位和其他组织为开展志愿服务活动提供场所和其他便利条件。

第二十四条　倡导全社会关爱空巢老人、失智老人、留守儿童、失独家庭、残疾人等社会群体

第二十五条　倡导无偿献血和自愿捐献造血干细胞、人体组织、器官、遗体。鼓励具备救护技能的公民对需要急救的人员实施紧急现场救护。鼓励在人口密集的公共场所设置自动体外除颤器等急救设备。

第二十六条　倡导全民阅读、全民健身、绿色出行、绿色消费、健康生活。

第二十七条　倡导全社会关注心理健康，鼓励心理咨询机构和心理咨询专业人士提供公益性服务。

第四章　促进与保障

第二十八条　各级人民政府应当建立文明行为促进工作考评机制，完善公共秩序、环境卫生、交通出行、文化体育、无障碍环境等公共服务设施，保障属于公共财政支出范围的文明行为促进工作所需经费。

机关、企事业单位、社会团体等应当结合

自身特点，制定单位内部文明行为促进措施，建设、完善文明行为促进基础设施，开展文明行为促进公益宣传，保障文明行为促进工作。

第二十九条　市、旗区应当开展文明城市、文明村镇、文明单位、文明家庭、文明校园、道德模范、身边好人、优秀志愿者、美德少年等精神文明创建评选工作，并按照有关规定表彰奖励

第三十条　市、旗区精神文明建设工作机构具体负责文明行为促进工作，履行以下职责：

（一）拟定文明行为促进工作相关规划和计划；

（二）指导、协调相关单位开展文明行为促进工作；

（三）督促、检查文明行为促进工作落实情况；

（四）督导相关单位受理并按照规定办理有关建议、投诉；

（五）指导、协调新闻媒体开展文明行为促进工作宣传和舆论监督；

（六）其他有关文明行为促进工作。

第三十一条　报刊、广播、电视、互联网等媒体应当宣传文明行为典型事例，曝光不文明行为，刊播公益广告，营造全社会促进文明行为的良好氛围

第三十二条　互联网信息管理部门应当完善互联网信息内容管理和监督机制，加强对网络不文明行为的监测预警和分析研判，协助公安机关查处网络信息传播违法行为。

第三十三条　教育主管部门和教育机构应当将文明行为纳入教育、教学内容，推进文明校园建设，建立文明行为规范，加强师德师风和未成年人思想道德建设，组织开展学校与家庭、社会的文明共建活动。

第三十四条　市、旗区人民政府有关部门应当加强车站、服务区、旅游景区、医疗机构、公园、广场、大型商场等人员密集的公共场所文明行为的宣传教育和监督管理。

公共场所经营管理单位应当依法制定并公示文明守则、公约，设置文明引导标识，按照有关规定配备公共厕所、无障碍卫生间、第三卫生间、母婴室、爱心座椅、轮椅等便民设施，保持环境整洁卫生，维护良好秩序，引导、规范文明行为。

第三十五条　市、旗区人民政府及有关部门应当加强行政执法管理，改进行政执法方式，规范执法行为，推进文明执法，提高执法效能。

行政执法部门之间应当建立信息共享和执法合作机制。

第三十六条　市、旗区人民政府应当加强社会信用体系建设，建立公共信用信息平台，制定统一的信用信息采集和分类管理标准

建立文明行为记录制度，将获得道德模范、优秀志愿者等称号的个人，受到表彰奖励的文明行为，受到行政处罚拒不履行或者其他情节严重、影响恶劣的不文明行为，纳入本市公共信用信息平台，实现信用信息共享。有关部门应当及时报送本部门采集的文明行为和不文明行为信息。

第三十七条　市、旗区人民政府及有关部门应当对实施见义勇为、参与慈善和志愿服务活动、无偿医疗捐献、关爱特殊群体的行为人进行鼓励和褒奖，完善相关人员权益保障的政策、措施和条件。建立健全文明行为先进人物的礼遇和困难帮扶制度，对生活有困难的道德模范、优秀志愿者、见义勇为人员等文明行为先进人物给予帮扶。

各级人民政府应当对见义勇为的人员及时依法确认。

鼓励单位在招考聘用工作人员时，同等条件下优先录用、聘用道德模范、优秀志愿者、见义勇为人员等先进人物。

第三十八条　各级文明行为促进工作主管部

门和单位可以从热心公益的人员中聘请文明行为义务协管员、监督员，协助做好文明行为宣传和不文明行为劝导工作，促进社会文明进步。

第三十九条　任何单位和个人有权对文明行为促进工作提出意见或者建议，劝阻不文明行为，有权向有关部门投诉和举报发现的不文明行为，接到投诉、举报的部门应当及时核实处理。

任何单位和个人有权对相关部门及其工作人员不履行或者不正确履行文明行为促进法定职责的行为进行检举和控告。

第五章　法律责任

第四十条　违反本条例规定的行为，法律法规已经作出规定的，从其规定。

第四十一条　违反本条例第十条第三项规定，使用音响器材产生超过规定排放标准的噪声，干扰他人工作、学习、生活的，由公安机关处警告；警告后拒不改正的，处200元罚款。

违反本条例第十条第五项规定，在禁止吸烟的场所吸烟的，由卫生健康部门责令改正；拒不改正的，处50元以上200以下罚款。

违反本条例第十条第七项规定，擅自在城市道路、公园、广场、住宅小区等场所散发商业广告的，由城市管理综合执法部门责令改正，并处200元罚款。

违反本条例第十条第八项规定，从建筑物、构筑物向外抛掷物品的，由城市管理综合执法部门责令清除，并处500元罚款。

违反本条例第十条第九项规定，擅自设置停车障碍，私占公共停车位的，由城市管理综合执法部门责令改正，并处200元罚款。

违反本条例第十条第十项规定，大声喧哗、争吵谩骂不听劝阻的，由公安机关处50元以上200元以下罚款。

违反本条例第十条第十一项规定，随地吐痰、便溺，乱扔果皮、包装物、纸屑、烟蒂、口香糖等废弃物的，由城市管理综合执法部门予以警告，责令当场清理，并可以处50元以上100元以下罚款。

第四十二条　违反本条例第十一条第三项规定，行人通过路口或者横过道路嬉戏、低头看手机的，由公安交通管理部门处警告或者50元罚款。

违反本条例第十一条第五项规定，机动车和非机动车占用盲道、人行道、健走道等公共通道的，由城市管理综合执法部门责令改正，并处50元罚款。

违反本条例第十一条第九项规定，在车道内实施兜售、发送物品等妨碍交通安全行为的，由公安交通管理部门处警告或者50元罚款。

第四十三条　违反本条例第十四条第四项规定，堵塞他人车库，占用他人停车位的，由城市管理综合执法部门责令改正，并处100元罚款。

违反本条例第十四条第五项规定，在室外摆放悬挂有碍观瞻或者危害公共安全的物品的，由城市管理综合执法部门责令限期改正；逾期不改正的，处50元以上200元以下罚款。

违反本条例第十四条第六项规定，装修装饰作业，使用电器、乐器或者进行其他娱乐、体育锻炼等活动，干扰周边居民正常生活的，由公安机关处警告；警告后拒不改正的，处200元罚款。

违反本条例第十四条第七项规定，在建筑内的公用走道、楼梯间、安全出口等非指定区域停放电动车和为电动车充电的，由城市管理综合执法部门责令改正，并处50元以上200元以下罚款。

第四十四条　违反本条例第十七条第二项规定，携犬出户时未由成年人用束犬链牵领和为允许饲养的大型犬、烈性犬佩戴嘴套的，由公安机关处50元以上200元以下罚款。

违反本条例第十七条第三、四项规定，未及时清理犬只粪便的，携犬进入人员密集公共场所的，由城市管理综合执法部门处200元罚款。

第四十五条　因不文明行为接受处罚时，行为人主动减轻或者消除违法行为后果的，可以从轻、减轻或者免除处罚；已经作出处罚的，行为人主动申请参加社会服务，经相关主管部门同意并完成相应社会服务的，可以折抵相应的罚款数额。

第四十六条　有关部门及其工作人员在文明行为促进工作中滥用职权、玩忽职守、徇私舞弊的，依法给予处分。

第六章　附　则

第四十七条本条例自2020年3月1日起施行。

鄂尔多斯市养老服务条例

（2020年8月28日鄂尔多斯市第四届人民代表大会常务委员会第二十次会议通过2020年9月23日内蒙古自治区第十三届人民代表大会常务委员会第二十二次会议批准）

第一章　总　则

第一条　为了健全养老服务体系，规范养老服务行为，促进养老服务业健康发展，保障老年人权益，根据《中华人民共和国老年人权益保障法》《内蒙古自治区老年人权益保障条例》等法律、法规，结合本市实际，制定本条例。

第二条　本条例适用于本市行政区域内养老服务及其监督管理工作。法律、法规已经作出规定的，从其规定。

本条例所称养老服务，是指在家庭成员承担赡养、扶助和保护义务的基础上，由政府和社会为老年人提供的生活照料、医疗保健、康复护理、文体娱乐、精神慰藉、紧急救援、安宁疗护等服务。

第三条　养老服务应当坚持政府主导、社会参与、市场运作、保障基本、适度普惠的原则，建立健全居家社区机构相协调、医养康养相结合的养老服务体系。

第四条　市、旗区人民政府应当将养老服务业发展纳入国民经济和社会发展规划，建立与经济社会发展水平、人口老龄化和养老服务需求相适应的经费保障机制，所需经费列入同级财政预算。

第五条　市、旗区人民政府统一领导本行政区域内的养老服务工作。

市、旗区人民政府民政部门主管本行政区域内的养老服务工作；卫生健康部门负责医养结合和老年人健康服务工作；发展改革、财政、自然资源、住房和城乡建设、应急管理、市场监督管理、医疗保障等部门按照各自职责，做好养老服务相关工作。

苏木乡镇人民政府、街道办事处组织实施本辖区内的养老服务工作。

嘎查村民委员会、居民委员会应当发挥基层群众性自治组织作用，做好老年人的服务保障工作。

第六条　工会、共青团、妇女联合会、残疾人联合会等人民团体和养老服务行业协会、公益慈善、志愿服务等社会组织，应当积极参与社会养老服务工作。

鼓励公民、法人和其他组织通过多种方式提供、参与或者支持养老服务。

第七条　广播、电视、报刊、网络等新闻媒体应当加强养老服务的公益宣传，弘扬养老、孝老、敬老的传统美德，形成尊重、关心、帮助老年人的社会风尚。

第二章　规划和建设

第八条　市、旗区人民政府民政部门应当会同自然资源部门，编制养老服务设施专项规划，报同级人民政府批准，纳入本级国土空间详细规划，并向社会公布。

市、旗区人民政府应当按照人均用地不少于0.15平方米的标准，分区分级规划设置养老服务设施。

养老服务设施用地非经法定程序不得改变用途。

第九条　新建居住区应当按照每百户不低于30平方米的标准，规划配套建设养老服务设施，并与住宅项目同步规划、同步建设、同步验收、同步交付使用。

已建成居住区无养老服务设施或者现有养老服务设施没有达到规划和建设指标要求的，市、旗区人民政府应当制定规划和年度计划，按照每百户不低于15平方米的标准，通过新建、改建、购置、置换、租赁等方式设置。

第十条　养老服务设施应当按照公共配套设施和老年人设施的建设标准、设计规范进行建设，符合环境保护、无障碍设施设置、交通空间、紧急疏散、应急救援、消防安全等要求。

第十一条　市、旗区人民政府应当制定无障碍设施改造计划，对已建成住宅区公共出入口、坡道、走道、楼梯、卫生间等服务设施进行适老化改造。

支持高龄、失能或者部分失能、残疾等老年人家庭开展适应老年人生活特点和安全需要的家庭住宅无障碍改造。

优先支持老年人居住比例高的多层住宅加装电梯。

第十二条　任何单位和个人不得擅自改变养老服务设施用途或者拆除、侵占、破坏养老服务设施。

因公共利益需要，经批准改变用途或者拆除的，应当按照不低于原有规模和标准的要求，就近及时补建或者置换。

第三章　居家社区养老服务

第十三条　市、旗区人民政府应当完善居家社区养老服务和基本公共服务体系，加强居家社区养老服务设施建设，增加居家社区养老服务内容，扩大服务对象范围。

旗区人民政府应当分片区设置居家社区养老服务设施，均衡覆盖城乡社区。

居家社区养老服务设施由苏木乡镇人民政府、街道办事处负责运营管理，也可以通过委托管理等方式交由专业组织、机构运营管理。

第十四条　市、旗区人民政府民政部门应当通过政府购买服务的方式，对长期需要由家属居家照护的失智、失能老年人，安排短期入住养老机构，或者由养老服务组织上门提供临时或者短期照护服务。

第十五条　苏木乡镇人民政府、街道办事处应当建立重点独居老年人定期巡访制度。

嘎查村民委员会、居民委员会应当开展辖区内老年人基本信息摸查、定期探访等工作，自行组织或者委托养老服务组织采取上门探视、语音视频等方式，定期对失智、失能和部分失能、高龄等独居老年人的生活状况进行巡访，及时提供相应援助。

第十六条　老年人的子女以及其他赡养、扶养义务人，应当履行对老年人经济上供养、生活上照料和精神上慰藉的义务。居家生活的老年人需要社会提供有偿服务的，由接受服务的老年人或者其赡养人、扶养人承担相应的费用。

老年人的子女以及其他赡养、扶养义务人，拒绝履行赡养、扶养义务的，嘎查村民委员会、居民委员会或者赡养人、扶养人所在单位应当给予批评教育，并督促其履行。

第十七条　居家社区养老服务组织应当配备与服务项目相适应的设施设备、场所和工作人员。

居家社区养老服务组织应当制定服务细则，明确服务项目、服务内容和收费标准等并公示，接受相关行政主管部门、服务对象和社会公众的监督。

第十八条　居家社区养老服务应当以居家老年人的服务需求为导向，坚持自愿选择、就近便利、安全优质、价格合理的原则。居家社区养老服务主要包括下列内容：

（一）日间托养、配餐助餐、代缴代购等生活照料服务；

（二）医疗康复、家庭护理、健康管理等卫生健康服务；

（三）心理咨询、关怀疏导、安宁陪护等精神慰藉服务；

（四）文化娱乐、体育健身、休闲养生等身心健康服务；

（五）安全指导、紧急救援、法律援助等安全保障服务；

（六）其他形式的养老服务。

第十九条　鼓励、支持各类养老机构建设、设置社区嵌入式小型养老机构，开展日间照料、短期托养和长期照护等居家养老服务。

支持企业、社会组织建设中央厨房，依托社区为老服务网点为老年人提供就餐、配送等服务。

鼓励个人利用自有房产等资源举办家庭化、小型化互助式的养老机构、老年餐桌和服务站等便民为老服务站点。

第二十条　鼓励、支持养老服务机构和养老服务组织通过内设医疗机构或者与医疗机构签订服务协议等方式，为失智、失能和部分失能、失独等居家老年人提供上门医疗康复护理服务。

鼓励、支持乡村医生、农村牧区养老机构中的护理人员发挥专业特长，为农村牧区居家失能老年人提供上门护理服务。

第二十一条　旗区人民政府应当推进以区域性养老机构为中心，以互助养老服务设施为网点的农村牧区养老服务体系建设，满足老年人养老服务需求。

苏木乡镇人民政府、街道办事处应当通过新建、改建、扩建养老服务设施，建设开放型、护理型、区域性农村牧区养老服务场所。

第二十二条　互助养老幸福院应当按照政策扶持、政府支持、村级主办、建管并重的原则，通过集中居住、分户生活、统一管理、邻里互助、亲友相助、志愿服务等方式，开展互助养老服务。

各级人民政府应当给予互助养老幸福院资金扶持，制定优惠政策，提供公共服务，组织开展培训，进行管理服务指导。

第二十三条　苏木乡镇人民政府、街道办事处应当健全农村牧区留守老年人关爱服务体系。嘎查村民委员会应当将关爱服务纳入村规民约，形成孝敬父母、尊重老人、互帮互助、邻里相亲的良好氛围。

第四章　机构养老服务

第二十四条　市、旗区人民政府应当有计划、分层级规划建设养老机构，满足老年人多样化的养老服务需求。

鼓励、支持社会组织、经济组织和个人创办养老机构。

第二十五条　设立养老机构应当符合国家有关规定和养老机构相关规范，依法办理登记手续，并向所在地民政部门备案。

市、旗区人民政府民政部门应当加强对养老机构的日常管理、监督和服务。

第二十六条　鼓励、支持养老机构建立社会工作制度，配备专业社会工作者和心理咨询师，定期开展专业社会工作服务和心理咨询服务。

第二十七条　养老机构应当建立老年人入住评估制度，根据老年人的生活自理能力实施分级分类服务。

第二十八条　养老机构应当参照国家统一的养老机构服务合同示范文本，与收住老年人或者其代理人签订服务合同，明确权利、义务，保障双方的合法权益。

养老机构应当按照相关强制性规定标准和服务合同约定，为入住老年人提供集中食宿、生活照料、文体娱乐、康复护理、精神慰藉等服务。

第二十九条　养老机构应当根据机构性质、结合本地区经济社会发展和服务质量水平，合理确定收费标准。

养老机构的服务项目和收费标准应当公示，接受服务对象、行政主管部门和社会的监督。

第三十条　养老机构应当配备与服务、运营相适应的从业人员。按照国家规定实行职业、专业技术资格管理的岗位，其从业人员应当取得相应资格。养老护理员应当接受专业技能培训。

养老机构应当加强从业人员职业道德教育。养老机构及其从业人员应当尊重老年人的民族风俗、宗教信仰和人格尊严，不得歧视、侮辱、虐待、遗弃老年人。

第三十一条　养老机构应当建立健全安全、消防、卫生、食品药品、设施设备等安全管理制度，承担安全生产主体责任，配备安全管理人员，定期开展安全检查，及时消除安全隐患。

养老机构应当制定自然灾害、公共卫生等突发事件应急预案，并定期组织演练。

第三十二条　政府设立的养老机构，在满足特困供养老年人养老需求的前提下，剩余床位可以向社会开放，优先保障计划生育特殊家庭老年人以及经济困难的孤寡、失智、失能、残疾、高龄老年人的养老服务需求。

公建民营的养老机构应当在保障特殊困难老年人养老服务需求的基础上，优先满足中低收入老年人的养老服务需求。

第三十三条　鼓励养老机构通过设立多个服务网点，或者运营管理社区养老服务设施等形式，为周围居住的老年人提供养老服务。

第三十四条　养老机构暂停或者终止服务的，应当于暂停或者终止服务六十日前，向备案的民政部门提交老年人安置方案，书面告知老年人及其代理人. 并向社会公告。

第五章　医养康养服务

第三十五条　市、旗区人民政府应当建立健全医养康养结合机制，促进医疗、康复和养老服务融合发展。

卫生健康部门应当会同民政部门整合医疗、康复护理和养老资源，支持医疗机构与养老服务组织建立医养联合体和多点执业绿色通道，支持符合条件的执业医师到养老机构设立的医疗机构执业。

第三十六条　养老机构可以按照有关规定依法设立综合医院、康复医院、蒙中医医院等，或者在其内部设立诊所、卫生所（室）、医务室、护理站，为老年人提供医疗服务。

养老机构内部设置诊所、卫生所（室）、医务室或者护理站的，应当按照国家医养结合机构审批登记相关规定向卫生健康部门备案，符合条件的纳入基本医疗保险定点范围。

养老机构应当建立预约就诊、转诊绿色通道等机制，为老年人提供便捷、高效、优质的医疗服务。

第三十七条　鼓励医疗机构与居家社区养老服务组织在设施设备、人员、服务等方面开展合作共建，为老年人提供医养结合服务。

医疗机构应当建立家庭医生签约服务机制，与有意愿的老年人家庭建立医疗签约服务关系，为老年人建立健康信息档案，提供上门巡诊、保健咨询、康复护理、健康查体、健康管理等基本服务。

社区卫生服务机构应当为社区行动不便的老年人提供上门诊疗、体检、康复服务。

第三十八条　医疗保障部门应当完善医养结合机构、老年人就医的基本医疗保险政策，优化报销程序和结算方式。

第三十九条　鼓励、支持蒙中医医疗机构开展老年人养生、医疗、护理、康复服务。

第四十条　鼓励、支持利用森林、草原、沙漠等生态资源、景观资源、食药资源和文化资源建设康养基地，开展康复疗养、健康养生、旅居养老等康养服务。

第六章　扶持保障

第四十一条　市、旗区人民政府应当依据国家相关规定，制定养老服务业的扶持政策。

市人民政府应当将留成用于社会福利的福利彩票公益金按照不低于百分之五十的比例集中用于养老服务。

鼓励有条件的嘎查村将集体经济收益按照一定比例用于解决本嘎查村老年人的养老服务需求。

第四十二条　市、旗区人民政府应当建立健全政府购买养老服务制度，将生活照料、康复护理、医疗保健、精神慰藉、家庭无障碍改造等服务内容纳入政府购买服务指导性目录，明确购买主体和承接主体，确定政府购买养老服务的种类、性质、内容和标准，建立健全政府购买养老服务的监督管理和绩效评价机制。

第四十三条　市、旗区人民政府应当建立健全老年人救助制度，对经济困难的失智、失能和部分失能、高龄、失独老年人给予救济和帮助。

第四十四条　市、旗区人民政府应当对符合条件的养老机构给予建设、运营补贴，对提供居家社区养老服务的社会组织给予运营补贴，并逐步提高补贴标准。

第四十五条　市、旗区人民政府及其有关部门应当依据国家和自治区相关规定给予养老机构、养老服务组织税收优惠和行政事业性收费减免。

养老机构、养老服务组织用水、用电、用气、用热收费执行居民生活类价格标准。

第四十六条　市、旗区人民政府及其有关部门应当完善养老服务专业人才培养政策，建立健全养老服务专业人才教育培训机制。

支持、引导有条件的中高等职业院校和相关培训机构开设养老服务相关专业和课程，开展专业人才培养和职业技能培训。

第四十七条　市人民政府应当逐步建立长期护理保险制度，开展长期护理保障工作，为需要长期护理的失智、失能和部分失能老年人提供基本护理保障。

鼓励、支持养老机构投保责任保险，对投保责任保险的，由市和旗区人民政府给予保费补贴。

鼓励、支持商业保险机构开发适合老年人需求的健康保险、意外伤害保险和护理保险等产品，满足个人和家庭个性化、差异化养老保障需求。

第四十八条　市、旗区人民政府应当建立养老服务信息平台，整合养老服务需求和养老服务资源供给，实现与户籍、医疗、社会保险、社会救助等信息资源共享。

市、旗区人民政府及其有关部门应当支持智

慧养老设备和软件产品的开发和应用，促进供需对接，为老年人提供紧急援助、健康医疗、服务预约、安全监测等服务。

第四十九条　市、旗区人民政府应当建立扶老助老志愿服务激励制度，完善志愿服务认证、评估体系，对志愿者的服务时间、服务内容、服务质量等进行记录与认定，逐步完善志愿服务奖励、回馈、互助等机制。

鼓励支持社会组织、企业和个人参加扶老助老志愿服务活动。

第五十条　市、旗区人民政府应当根据本地区经济社会发展状况和老年人特殊需求，不断完善优待政策，逐步提高优待水平。

（一）政府有关部门所属的服务窗口、社区事务受理服务机构应当为老年人办理相关事项提供咨询引导、操作指导、优先办理等服务；

（二）医疗机构应当通过完善挂号和诊疗系统、开设专用窗口或者快速通道、提供导医服务等方式，为老年人就医提供方便和优先服务；

（三）公共交通运营单位应当为老年人乘坐公共交通工具提供便利服务，老年人乘坐城区公共交通工具应当免费或者领取交通补贴；

（四）供水、供电、燃气、通信、邮政等相关企业应当为老年人提供优先和便利服务，并在服务网点或者场所设置明显的优待标志、标识；

（五）金融机构应当为老年人办理业务提供便利，设置老年人优先窗口，并提供引导服务；

（六）实行政府定价或者政府指导价管理的公园、旅游景点、公共文化体育设施等应当向老年人免费开放，并提供便利服务；

（七）司法行政部门应当完善老年人法律援助服务网络，为老年人就近申请和获得法律援助提供便利；

（八）为老年人购买人身意外伤害保险；六十五周岁以上的老年人每年免费体检一次；七十五周岁以上的老年人享受高龄津贴；

（九）其他优惠待遇事项。

第五十一条　老年人患病住院治疗期间，其子女所在单位应当给予其陪护假。独生子女的陪护假每年累计二十日、非独生子女陪护假每年累计十日，陪护假期间工资福利待遇不变。

第七章　监督管理

第五十二条　市、旗区人民政府应当加强对本行政区域内养老服务工作的管理与监督，制定相关政策，建立多部门联合监管机制。

市人民政府民政部门应当会同市场监督管理部门制定养老服务规范，规范养老服务行为。

第五十三条　市、旗区人民政府应当完善养老服务信用评价体系，建立养老机构、居家社区养老服务组织及其从业人员的诚信记录和信息共享机制，并通过信用信息公共平台和养老服务信息平台公开，接受社会查询。

市、旗区人民政府民政部门和其他有关部门可以根据养老机构、居家社区养老服务组织及其从业人员养老服务的信用状况，实行分级分类管理，对养老服务严重失信的相关责任主体依照有关规定实施联合惩戒。

第五十四条　市、旗区人民政府民政部门应当建立健全养老机构、居家社区养老服务组织的养老服务评估制度，定期组织第三方专业机构对人员配备、服务环境安全、设施设备条件、管理水平、服务质量、服务对象满意度、社会信誉等事项进行综合评估。综合评估结果应当向社会公开，并将其作为政府购买服务、发放财政补贴和分类管理的依据。

第五十五条　市、旗区人民政府有关部门应当监测和分析养老服务领域非法集资、诈骗、非法泄露老年人信息等违法行为的有关情况，加强风险提示。

第五十六条　市、旗区人民政府有关部门应当按照各自职责开展养老服务质量投诉处理，公布投诉电话、信箱、电子邮箱等，依法受理有关举报和投诉并及时处理。

第五十七条　市、旗区人民政府财政、审计部门应当按照有关规定对政府举办或者接受政府补贴的养老机构、居家社区养老服务组织的资金使用情况进行监督。

第八章　法律责任

第五十八条　违反本条例第八条第三款规定，未经法定程序擅自改变养老服务设施用地用途的，由旗区人民政府有关主管部门责令停止建设；尚可采取改正措施消除对规划实施的影响的，限期改正，处建设工程造价百分之五以上百分之十以下的罚款；无法采取改正措施消除影响的，限期拆除，不能拆除的，没收实物或者违法收入，可以并处建设工程造价百分之十以下的罚款。

第五十九条　违反本条例第十二条规定，未经法定程序，擅自改变养老服务设施用途的，由所在地人民政府或者民政部门责令限期改正；未经法定程序，擅自拆除养老服务设施的，由所在地人民政府或者民政部门责令限期恢复。

第六十条　违反本条例规定，养老机构有下列行为之一的，由旗区人民政府民政主管部门责令限期改正；情节严重的，处3万元以下的罚款；构成犯罪的，依法追究刑事责任。

（一）未按规定登记备案的；

（二）未与老年人或者其代理人订立养老服务合同的；

（三）未按照国家和自治区规定的技术标准和规范开展服务的；

（四）暂停、终止养老服务时未妥善安置入住老年人的；

（五）有歧视、侮辱、虐待、遗弃老年人或者其他侵犯老年人合法权益行为的；

（六）法律、法规规定的其他违法行为。

第六十一条　违反本条例规定，单位或者个人采用虚报、隐瞒、伪造等手段，骗取政府养老服务补助、补贴的，由市、旗区人民政府民政部门责令退回，并处骗取养老服务补助、补贴数额二倍的罚款；构成犯罪的，依法追究刑事责任。

第六十二条　违反本条例第四十五条第二款规定，供水、供电、供气、供热相关企业对养老机构未按照居民生活类价格标准收费的，由旗区人民政府价格主管部门依照有关法律法规规定处罚。

第六十三条　违反本条例规定，养老服务相关管理部门及其工作人员未依法履行监督管理职责或者有其他滥用职权、玩忽职守、徇私舞弊行为的，由上级主管部门或者其所在单位责令改正，对直接负责的主管人员和其他直接责任人员依法给予处分。

第九章　附　则

第六十四条　本条例自2021年1月1日起施行。

鄂尔多斯市农村牧区土地草原所有权承包权经营权分置办法实施方案

为进一步健全农村牧区土地产权制度，促进土地草原资源合理利用，构建新型农牧业经营体系，根据《内蒙古自治区党委办公厅、自治区人民政府办公厅〈关于完善农村牧区土地草原所有权承包权经营权分置办法的意见〉的通知》（内党办发〔2017〕5号）精神，结合鄂尔多斯实际，制定本实施方案。

一、指导思想

以习近平新时代中国特色社会主义思想为指导，全面贯彻党的十九大和十九届二中、三中、四中全会精神，围绕正确处理农牧民和土地草原关系这一改革主线，科学界定"三权"内涵、权利边界及相互关系，逐步建立规范高效的"三权"运行机制，不断健全归属清晰、权能完整、流转顺畅、保护严格的农村牧区土地草原产权制度，优化土地草原资源配置，培育农牧业新型经营主体，促进多种形式的农牧业适度规模经营，进一步巩固和完善农村牧区基本经营制度，为深入贯彻落实乡村振兴战略，促进全市农牧业提质增效，农牧民收入稳步提高，提供坚强保障。

二、基本原则

——尊重农牧民意愿。坚持农牧民主体地位，维护农牧民合法权益，把选择权交给农牧民，发挥其主动性和创造性，加强示范引导，不搞强迫命令、不搞一刀切。

——守住政策底线。坚持和完善农村牧区基本经营制度，坚持农村牧区土地草原集体所有，坚持家庭经营基础性地位，坚持稳定土地草原承包关系。

——坚持循序渐进。充分认识农村牧区土地草原制度改革的长期性和复杂性，保持足够历史耐心，审慎稳妥推进改革，由点及面开展。

——坚持因地制宜。充分考虑各地资源禀赋和经济社会发展差异，鼓励进行符合实际的实践探索和制度创新，总结形成适合不同地区的"三权分置"具体路径和办法。

——坚持市场取向。充分尊重市场规律，发挥市场在农村牧区土地草原资源配置中的决定性作用，努力实现经济和社会效益最大化。

三、重点任务

（一）全面完成农村牧区土地草原确权登记颁证工作。坚决落实市委、市政府对土地确权工作的安排部署，全面完成农村牧区集体土地草原所有权确权登记颁证工作，将农村牧区集体土地草原所有权确认到每个具有所有权的嘎查村、嘎查村民小组。在全面完成土地草原确权登记颁证工作的基础上，提倡通过流转合同鉴证、交易鉴证等多种方式对土地草原经营权予以确认，促进土地草原经营权功能更好实现。加强土地草原确权登记工作与不动产统一登记工作有效衔接，确保农村牧区土地草原承包经营权确权登记颁证成果在2020年纳入不动产统一登记体系。（责任单位：市农牧局、市自然资源局、市林草局等）

（二）健全土地草原流转规范管理制度。因地制宜加强农村牧区产权交易市场建设，2020年年底前，基本实现旗区级农村牧区产权流转交易市场全覆盖。根据国家和自治区农村牧区土地经营权流转交易市场运行规范要求，指导各旗区规范土地草原流转交易行为，健全市场运行规范，提高服务水平，为流转双方提供信息发布、产权交易、法律咨询、权益评估等服务。健全嘎查村、苏木乡镇、旗区三级土地草原流转管理服务体系，推广使用土地草原流转合同示范文本，引导流转双方签订规范的书面流转合同，流转合同由旗区交易中心备案。加强工商资本租赁农地草原监管和风险防范，探索建立工商资本租赁农地草原资格审查和项目审查制度，严格准入门槛。严格执行工商资本租赁农地草原分级备案制，工商资本租赁土地面积达1万亩以上（含1万亩）、租赁草原面积达10万亩以上（含10万亩）的报自治区农牧业行政主管部门备案；工商资本租赁土地面积为5000至1万亩（含5000亩）、租赁草原面积为5万至10万亩（含5万亩）的报市级农牧业行政主管部门备案。各旗区要结合实际建立相应的备案机制。严格工商资本租赁土地草原用途管制，坚决防止流转土地草原后开展非农非牧建设等问题发生。土地草原经营权流转和规模经营程度要与城镇化进程和农村牧区劳动力转移规模相适应，与农牧业科技进步和生产手段改进程度相适应，与农牧业社会化服务水平相适应。（责任单位：市农牧局、市林草局、市自然资源局等）

（三）加大对新型农牧业经营主体的支持力度。推动示范家庭农牧场、农牧民专业合作社示范社、农牧业产业化示范基地、农牧业示范服务组织建设，加快培育新型农牧业经营主体。引导新型农牧业经营主体与承包农牧户建立紧密利益联结机制，带动普通农牧户分享农牧业规模经营收益。积极开展土地草原经营权入股农牧业产业化经营试点。支持新型经营主体相互融合，鼓励家庭农牧场、农牧民专业合作社、农牧业产业化龙头企业等联合或合作，依法组建行业组织或联盟。完善新型农牧业经营主体扶持政策，创新财政支持新型农牧业经营主体方式方法，相关扶持政策向规范化、示范性农牧民合作社和家庭农牧场倾斜，支持各类农牧业社会化服务组织加快发展，规范开展服务。向家庭农牧场、农牧民合作社、农牧业产业化龙头企业提供便捷高效的工商注册登记服务，鼓励新型农牧业经营主体开展“三品一标”认证并给予政策扶持。整合教育培训资源，实施新型职业农牧民培育工程，加大对专业大户、家庭农牧场经营者、农牧民合作社带头人、农牧业企业经营管理人员、农牧业社会化服务人员和返乡农牧民工的培养力度，打造高素质现代农牧业生产经营者队伍。（责任单位：市农牧局、市林草局、市发改委、市教体局、市财政局、市人社局、市政府金融办、市市场监管局、市自然资源局、市税务局、人行鄂尔多斯市中心支行、鄂尔多斯银保监分局）

（四）积极探索“三权分置”的多种实现形式。各旗区要根据资源禀赋、经济社会发展水平、人地关系等实际情况，吸收借鉴发达地区成功经验，在农村牧区人口转移较多、农牧民土地草原流转愿望强烈的地区，探索实行统一连片流转和按户连片耕种等土地草原集中型方式，推动土地草原承包权和经营权直接分离，实现土地草原要素集聚和规模连片经营，有效解决土地细碎化等问题。在青壮年劳动力外出较多、留守老人和妇女不愿意完全放弃土地草原经营权的地区，探索实行土地草原股份合作、土地草原托管半托管等服务集中型方式，推动土地草原经营权在农牧户和新型经营主体之间共享，有效解决单家独户无法使用大型农机具、对接市场难等问题。有条件的地区稳妥推进进城落户农牧民土地草原承包权有偿退出试点。充分发挥农牧民首创精神，在把握方向、坚守底线的前提下，支持农牧民先行先试、改革创新，探索更加符合当地实际、遵循市场规律的农村牧区土地草原规模经营方式，促进农牧业提质增效、农牧民持续增收。（责任单位：市农牧局、市自然资源局、市人社局等）

四、政策要求

（一）坚决维护土地草原集体所有权。坚持

农村牧区土地草原集体所有权的根本地位，充分体现和保障农村牧区土地草原由农牧民集体所有。土地草原集体所有权人对集体土地草原依法享有占有、使用、收益和处分的权利。完善“三权分置”办法，要充分维护农牧民集体对承包地发包、调整、监督、收回等各项权能，发挥土地草原集体所有的优势和作用。农牧民集体有权依法发包集体土地草原，任何组织和个人不得非法干预；有权根据农牧民意愿，将农牧户退出或流转给农牧民集体承包的土地草原以及集体机动地直接组织生产经营，兴办股份合作社自主经营或对外发包、入股；有权因自然灾害严重毁损等特殊情形依法调整承包土地草原；有权对承包农牧户和经营主体使用承包土地草原进行监督，并采取措施防止和纠正长期抛荒土地、毁损土地草原、非法改变土地草原用途等行为。承包农牧户转让土地草原承包权的，应在本集体经济组织内进行，并经农牧民集体同意；流转土地草原经营权的，要向农牧民集体书面备案。集体土地草原被征收的，农牧民集体有权就征地补偿安置方案等提出意见并依法获得补偿。积极探索农牧民集体行使集体所有权的具体方式，健全集体所有权行使机制，通过建立健全集体经济组织依法民主议事机制，切实保障集体成员的知情权、决策权、监督权，确保农牧民集体有效行使集体土地草原所有权，防止少数人私相授受、谋取私利。

（二）严格保护农牧户承包权。稳定现有土地草原承包关系并保持长久不变，强化对农牧民土地草原承包权益的物权保护，土地草原承包权人对承包土地草原依法享有占有、使用和收益的权利。农村牧区集体土地草原由作为本集体经济组织成员的农牧民家庭承包，承包的土地草原可以由农牧民家庭经营，也可以通过流转经营权由其他主体经营，不论经营权如何流转，集体土地草原承包权都应当属于农牧民家庭。任何组织和个人不得取代农牧民家庭的土地草原承包地位，不得非法剥夺和限制农牧户的土地草原承包权。完善“三权分置”办法，要充分维护承包农牧户使用、流转、抵押、有偿退出承包土地草原等各项权能。承包农牧户有权占有、使用承包土地草原，依法依规建设必要的农牧业生产、附属、配套设施，自主组织生产经营和处置产品并获得收益；有权通过转让、互换、出租（转包）、入股或其他方式流转承包土地草原，流转权能、流转期限由流转双方在法律法规规定的范围内协商议定，任何组织和个人不得强迫或限制其流转土地草原；有权以承包土地草原经营权入股组建土地草原股份合作社，发展农牧业适度规模经营，并按承包土地草原的股份享受经营收益；有权依法依规就承包土地草原经营权设定抵押、自愿有偿退出承包土地草原，具备条件的可因保护承包土地草原获得相关补贴。承包土地草原被征收的，承包农牧户有权依法获得相应补偿，符合条件的有权获得社会保障费用等。不得违法调整农牧户承包土地草原，不得以退出土地草原承包权作为农牧民进城落户的条件。

（三）加快放活土地草原经营权。土地草原经营权人对流转土地草原依法享有在一定期限内占有、使用并取得相应收益的权利。在依法保护集体所有权和农牧户承包权的前提下，平等保护经营主体依流转合同取得的土地草原经营权。完善“三权分置”办法，要依法维护经营主体从事农牧业生产所需的各项权利，使土地草原资源得到更加有效合理的利用。经营主体有权使用流转土地草原自主从事农牧业生产经营并获得相应收益，经承包农牧户同意，可依法依规改良土壤、提升地力，修复草原、增强产草能力等，建设农牧业生产、附属、配套设施，并依照流转合同约定获得合理补偿；有权在流转合同到期后按照同等条件优先续租承包土地草原。经营主体再流转土地草原经营权或依法依规设定抵押，须经承包农牧户或其委托代理人书面同意，并向农牧民集体书面备案。流转土地草原被征收的，地上附着物及青苗补偿费等应按照流转合同约定确定其归属。承包农牧户流转出土地草原经营权的，不应妨碍经营主体行使合法权利。因农牧户个体或政策原因导致流转合同提前终止的，经营主体有权依法获得合理补偿。加强对土地草原经营权的保护，引导土地草原经营权流向种田能手、养殖大户以及家庭农牧场、农牧民合作社等新型经营主体和涉农涉牧龙头企业。支持新型经营主体提升地力、改善农牧业生产条件，依法依规开展土地草原经营权抵押融资。鼓励创新放活经营权的方式，根据各旗区二、三产业发展的不同阶段和劳动力转移水平，在引导土地经营权有序流转的同时，鼓励采用土地股份合作、土地托管、联耕联种、代耕代种等多种经营方式，探索更多放活土地经营权的有效途径。

（四）逐步完善“三权”关系。农村牧区土地草原集体所有权是土地草原承包权的前提，农牧户享有承包经营权是集体所有的具体实现形式，在土地草原流转中，农牧户承包经营权派生出土地草原经营权。支持在实践中积极探索农牧民集体依法依规行使集体所有权、监督承包农牧户和经营主体规范利用土地草原等的具体方式。逐步完善“三权”关系，充分发挥“三权”各自功能和整体效用，形成层次分明、结构合理、平等保护的格局，为实施“三权分置”提供有力支撑。

五、保障措施

（一）加强组织领导。各级党委、政府要高度重视，将推动“三权分置”工作列入重要议事日程，研究制定具体落实措施，健全“三权分置”办法的政策支持体系，层层分解任务，创造保障条件，确保各项任务落到实处。建立各级党委和政府统一领导、部门密切协作、群众广泛参与的工作机制。市农牧局要切实承担起牵头责任，对实践中出现的新情况新问题要密切关注，适时调整完善措施，及时向市委、市政府报告工作进展情况。各有关部门要主动支持配合，强化沟通协调，形成工作合力，推动“三权分置”有序实施。建立检查监督机制，严肃查处和纠正弄虚作假及侵害农牧民集体、承包农牧户和经营主体权益的行为。

（二）维护农村牧区社会和谐稳定。推进“三权分置”涉及多方利益，要坚持抓早抓小抓苗头，把矛盾纠纷解决在萌芽状态，防患于未然。完善多元化纠纷调解机制，综合运用人民调解、行政调解、司法调解手段，有效化解农村牧区土地草原承包经营纠纷。按照协商、调解、仲裁、诉讼等途径解决矛盾纠纷，建立嘎查村、苏木乡镇调解、旗区仲裁的农村土地承包经营纠纷调解仲裁体系，依法调解和仲裁，有效维护各权利主体的合法权益，切实保障农村牧区社会和谐稳定。

（三）营造浓厚舆论氛围。各级党委、政府要深入宣传“三权分置”的重要意义，加大对有关法律法规和政策的宣传力度，及时回应社会关切，凝聚改革共识。充分发挥广播、电视、报刊、网络等媒体作用，融合群众喜闻乐见的形式，生动形象地开展宣传，积极推广好经验、好做法，注重典型示范，营造稳步推进“三权分置”的良好舆论氛围和工作环境。加强干部培训，形成具有专业素质的政策指导队伍，提高执行政策的能力和水平。

鄂尔多斯市人民政府拟定地方性法规草案制定政府规章程序规定

第一章　总　则

第一条　为了规范市人民政府拟定地方性法规草案、制定政府规章程序，提高立法质量和效率，根据《中华人民共和国立法法》《规章制定程序条例》和《内蒙古自治区人民政府拟定地方性法规草案和制定政府规章程序规定》等法律、法规，结合本市实际，制定本规定。

第二条　市人民政府拟定地方性法规草案、制定政府规章适用本规定。

第三条　本规定所称地方性法规草案，是指依照本规定的程序起草、以市人民政府议案提请市人民代表大会或者市人民代表大会常务委员会审议的规范性文件。

本规定所称政府规章，是指市人民政府依照法定权限和本规定的程序制定、以市人民政府令发布实施的规范性文件。

第四条　地方性法规草案的名称一般使用“条例（草案）”“办法（草案）”和“规定（草案）”等称谓。政府规章的名称一般使用“办法”“规定”等称谓，但不得称“条例”。

第五条　市人民政府根据法律、法规的规定，可以对城乡建设与管理、环境保护、历史文化保护等方面的下列事项拟定地方性法规草案或者制定政府规章。法律另有规定的，从其规定。

（一）为执行法律、法规的规定，需要根据本地区的实际情况作具体规定的事项；

（二）属于地方性事务，需要制定地方性法规或者政府规章的有关事项。

第六条　拟定地方性法规草案、制定政府规章，应当贯彻落实党的路线方针政策和决策部署，符合宪法、法律、法规和其他上位法的规定，科学、合理规定公民、法人和其他组织的权利与义务、国家机关的权力与责任，保障公众通过多种途径参与立法活动，从本市具体情况和实际需要出发，突出地方特色，具有可操作性。

第七条　市人民政府统一领导拟定地方性法规草案、制定政府规章工作。

市司法行政部门负责拟定地方性法规草案、制定政府规章的组织、协调、指导和草案审查工作。

市人民政府各部门、旗区人民政府及有关单位应当按照各自职责和立法工作安排做好相关具体工作。

第八条　拟定地方性法规草案、制定政府规章所需经费由市财政保障。

第二章　立　项

第九条　市司法行政部门应当于每年第三季度，通过政府网站或报刊等媒体，向社会公开征集下一年度立法项目建议。公民、法人和其他组织提出立法项目建议，可以只提出立法项目名称和主要理由。

市司法行政部门应当向有关公民、法人和其他组织反馈立法项目建议采纳情况。

第十条　市人民政府各部门、旗区人民政府及有关单位认为需要拟定地方性法规草案或者制定政府规章的，应当于规定时间内向市司法行政部门报送下一年度拟定地方性法规草案或者制定政府规章的立项申请。

报请立项时，应当说明起草地方性法规草案或者制定政府规章的必要性、基本思路、主要措施、有关法律依据、起草地方性法规草案或者政府规章的组织及其工作进度安排、拟向市司法行政部门报送的时间等事项。

第十一条　市司法行政部门通过专题调研、协调会或者论证会等形式，审查、筛选和汇总研究征集的立法项目建议，拟订市人民政府年度立法计划。

市人民政府年度立法计划应当明确立法项目的名称、起草单位、完成时间等内容。

第十二条　市人民政府年度立法计划经市人民政府常务会议审议后执行。市人民政府常务会议审议前，市司法行政部门应当就其中的地方性法规草案项目征求市人民代表大会常务委员会法制工作机构的意见。

市人民政府年度立法计划应当向社会公布。

第十三条　拟在市人民政府年度立法计划外增加立法项目的，有关单位应当向市人民政府提出书面请示并经市司法行政部门审查后，报请市人民政府常务会议决定。

第三章　起　草

第十四条　地方性法规草案、政府规章草案由申请立项的部门或者单位起草。

涉及两个以上部门职权的，市人民政府可以确定由一个部门或者几个部门具体负责起草工作。

对规范政府共同行为等方面的地方性法规草案和政府规章草案，可以确定由市司法行政部门起草或者组织起草。

第十五条　起草地方性法规草案、政府规章草案可以邀请有关组织和专家参加，也可以委托有关专家、教学科研单位和社会组织起草。

第十六条　通过委托方式确定地方性法规草案、政府规章草案起草组织的，应当具备下列条件：

（一）有熟悉法律法规和相关专业知识的人员；

（二）有相关领域的实践经验和理论基础；

（三）具备与承担任务相适应的其他条件。

第十七条　地方性法规草案、政府规章草案起草单位应当与受委托的起草组织签订协议，明确任务、质量要求、完成期限、工作报酬、违约责任等内容。

第十八条　市司法行政部门应当指导、协调地方性法规草案、政府规章草案的调研、起草工作，可以参与起草单位的有关工作。

第十九条　起草地方性法规草案或者政府规章草案，起草单位应当深入调查研究，广泛听取有关机关、组织、人民代表大会代表、政协委员和社会公众的意见。

第二十条　地方性法规草案、政府规章草案应当经起草单位负责法制工作的机构审核、有关会议集体讨论通过，形成立法项目送审稿，由起草单位主要负责人签署并加盖公章行文报市人民政府。几个起草单位共同起草的，应当由各起草单位主要负责人共同签署并加盖各自单位公章联合行文报市人民政府。

第二十一条　报送立法项目送审稿时，应当提供以下材料：

（一）提请审查的请示；

（二）立法项目送审稿文本；

（三）立法项目送审稿的起草说明，包括立法的必要性、可行性，拟解决的问题，规定的主要措施及重要条款设置的说明，有关方面的意见及主要分歧意见的各方观点和协调处理情况等；

（四）条款的立法依据和立法参考材料；

（五）向各方面征询意见的复函以及单位之间协商、会签的材料，采纳和不采纳反馈意见情况的说明材料，召开听证会、论证会的应当附有听证会、论证会的记录、纪要、报告等材料；

（六）其他需要提交的有关材料。

第四章 审 查

第二十二条 立法项目送审稿由市司法行政部门负责审查。市司法行政部门应当从下列方面进行审查：

（一）是否符合本规定第六条规定的内容；

（二）是否与其他有关地方性法规、政府规章协调、衔接；

（三）是否正确处理有关机关、组织和公民对立法项目送审稿主要问题的意见；

（四）是否符合立法技术要求；

（五）其他需要审查的内容。

第二十三条 立法项目送审稿有下列情形之一的，市司法行政部门可以缓办、退回起草单位，或者建议起草单位重新起草：

（一）该立法项目未列入市人民政府年度立法工作计划，且未经市人民政府批准增加的；

（二）拟订地方性法规草案、制定政府规章的基本条件尚不成熟的；

（三）有关部门对立法项目送审稿规定的主要制度存在较大争议，起草单位未与有关部门协商的；

（四）提交的立法项目送审稿不符合本规定第二十一条、第二十二条规定要求的。

第二十四条 市司法行政部门可以将立法项目送审稿发送有关单位或者专家征求意见，也可以根据实际情况对立法项目送审稿作出修改后，征求有关单位或者专家的意见。

第二十五条 市司法行政部门应当将立法项目送审稿及其起草说明等向社会公布，征求意见。向社会公布征求意见的期限一般不少于三十日。

第二十六条 立法项目送审稿涉及重大利益调整或者存在重大意见分歧，对公民、法人或者其他组织的权利义务有较大影响，人民群众普遍关注，起草部门在起草过程中未举行听证会的，市司法行政部门经市人民政府批准，可以举行听证会。

第二十七条 有关部门或者机构对立法项目送审稿涉及的主要措施、管理体制、权限分工等问题有不同意见的，市司法行政部门应当进行协调，力求达成一致意见。对有较大争议的重要立法事项，可以委托有关专家、教学科研单位、社会组织进行评估。

经过充分协调不能达成一致意见的，市司法行政部门应当将主要问题、有关部门和机构的意见和处理建议报市人民政府决定。

第二十八条 市司法行政部门会同起草部门，对立法项目送审稿进行修改，形成立法项目草案和对草案的说明。说明应当包括制定立法项目的必要性、审查经过、拟解决的主要问题、确立的主要措施以及与有关部门的协调情况等。

第二十九条 立法项目草案和对草案的说明由市司法行政部门主要负责人签署，提请市人民政府审议。

第五章 决定、公布和备案

第三十条 立法项目草案由市人民政府全体会议或者常务会议决定。

立法项目草案按照规定需要向有关机关报告的，应当在提请审议前履行报告程序。

第三十一条 市人民政府审议立法项目草案时，由市司法行政部门负责人作说明，也可以由起草单位负责人作说明。

第三十二条 市司法行政部门应当根据审议意见，对立法项目草案进行修改后，报请市长签发。地方性法规草案以市人民政府议案提请市人民代表大会或者市人民代表大会常务委员会审议。政府规章以市人民政府令公布。

第三十三条 公布政府规章的命令，应当载明制定机关、令号、规章名称、通过日期、施行日期、市长署名以及公布日期 。

第三十四条　政府规章公布后三十日内，应当在《鄂尔多斯市人民政府公报》《鄂尔多斯日报》和市人民政府门户网站刊载。

在《鄂尔多斯市人民政府公报》上刊登的规章文本为标准文本。

第三十五条　政府规章应当自公布之日起三十日内，由市司法行政部门依照法律、行政法规的规定，向国务院、自治区人民代表大会常务委员会、自治区人民政府和市人民代表大会常务委员会备案。

第六章　解释、评估、修改和废止

第三十六条　政府规章解释权属于市人民政府。

政府规章解释由起草部门或者实施部门提出解释意见并经市司法行政部门审查，也可以由市司法行政部门直接提出意见，经市人民政府批准后公布。

政府规章的解释同政府规章具有同等效力。

第三十七条　政府规章有下列情形之一的，市司法行政部门或者实施机关应当组织开展立法后评估：

（一）施行满两年的；

（二）拟以政府规章为基础提出地方性法规草案的；

（三）需要进行较大幅度修改或者全面修订的；

（四）公民、法人或者其他组织有较多意见的；

（五）市人民政府认为需要评估的。

立法后评估报告或者建议作为政府规章修改、废止和以规章为基础提出地方性法规草案的参考依据。

立法后评估可以委托有关专家、教学科研单位、社会组织等实施。

第三十八条　市人民政府应当根据全面深化改革、经济社会发展需要以及上位法规定，及时组织开展政府规章清理工作。

政府规章有下列情形之一的，实施机关或者市司法行政部门应当及时提出修改、废止的建议：

（一）与上位法的规定不一致或者相抵触的；

（二）所规范的事项客观情况发生重大变化的；

（三）实施机关发生变化的；

（四）需要修改或者废止的其他情形。

第七章　附　则

第三十九条　本规定自2020年7月1日起施行。

鄂尔多斯市鼠疫控制应急预案（2020年版）

一、总则

（一）编制目的

为有效预防、快速应对鼠疫疫情的暴发和流行，切实提高应急处置能力，最大程度地减少鼠疫疫情造成的危害，保障公众身体健康与生命安全，维护经济社会持续健康，特制定本预案。

（二）编制依据

《中华人民共和国传染病防治法》《中华人民共和国突发事件应对法》《中华人民共和国国境卫生检疫法》《突发公共卫生事件应急条例》《国内交通卫生检疫条例》以及《国务院办公厅关于转发卫生部国家鼠疫控制应急预案的通知》（国

办发〔2007〕46号)、《内蒙古自治区地方病防治条例》《内蒙古自治区突发公共卫生事件应急办法》《内蒙古自治区鼠疫控制应急预案》(内政办发〔2020〕17号)、《鄂尔多斯市突发公共卫生事件应急预案》(鄂府办发〔2020〕10号)等法律法规和相关预案。

(三)工作原则

鼠疫疫情控制工作要坚持以人为本、预防为主、防治结合,政府主导、部门合作,属地管理、分级负责,科学应对、依法防控,社会参与、群防群控,快速反应、保障有力的原则。

(四)适用范围

本预案适用于我市行政区域内鼠疫疫情应急准备和应急处置工作。

(五)疫情分级

根据鼠疫疫情发生的地点、病型、例数、流行范围和趋势及对社会的危害程度,本预案将鼠疫疫情划分为特别重大(Ⅰ级)、重大(Ⅱ级)、较大(Ⅲ级)、一般(Ⅳ级)四级和动物间鼠疫疫情(Ⅴ级)。

1. 有下列情形之一的为特别重大鼠疫疫情(Ⅰ级):

(1)肺鼠疫在大、中城市发生,并有扩散趋势;

(2)相关联的肺鼠疫疫情波及2个以上的省(区),并有进一步扩散趋势;

(3)发生鼠疫菌强毒株丢失事件。

2. 有下列情形之一的为重大鼠疫疫情(Ⅱ级):

(1)肺鼠疫病例在呼和浩特市或者包头市政府所在地发生,并有扩散趋势;

(2)在1个旗(区)行政区域内,1个平均潜伏期内(6天,下同)发生5例以上肺鼠疫或败血症鼠疫病例;

(3)肺鼠疫疫情波及2个以上旗(区),并有进一步扩散趋势;

(4)在1个旗(区)行政区域内发生腺鼠疫流行,1个平均潜伏期内多点连续发生20例以上,或流行范围波及2个以上市(地)。

3. 有下列情形之一的为较大鼠疫疫情(Ⅲ级):

(1)肺鼠疫病例在除呼和浩特市和包头市以外的盟市政府所在地发生,并有扩散趋势;

(2)在1个旗(区)行政区域内,1个平均潜伏期内发生肺鼠疫或败血症鼠疫病例数1 ~ 4例;

(3)在1个旗(区)行政区域内发生腺鼠疫流行,1个平均潜伏期内连续发病10 ~ 19例或流行范围波及2个以上旗(区)。

4. 有下列情形之一的为一般鼠疫疫情(Ⅳ级):

(1)市人民政府所在地城市周边25km范围内发生动物间鼠疫疫情;

(2)腺鼠疫在1个旗(区)行政区域内发生,1个平均潜伏期内病例数1 ~ 9例。

5. 有下列情形之一的为动物间鼠疫疫情(Ⅴ级):

(1)从宿主动物或媒介蚤类中检出鼠疫菌;

(2)宿主动物或媒介蚤类中核酸检测阳性,同时抗原检测阳性;

(3)按照《鼠疫自然疫源地及动物鼠疫流行判定标准(GB16883—1997)》的规定,通过间接血凝试验查出阳性抗体,并达到动物鼠疫现疫流行的判定标准;

(4)在疫源检索过程中,在非已知的鼠疫疫源地检出间接血凝试验抗体阳性血清。

二、应急组织机构和职责

市旗(区)两级人民政府领导本行政区域的鼠疫防控工作,政府主要负责人要亲自挂帅,担起责任、坚守岗位、靠前指挥,采取切实有效措施,坚决遏制疫情扩散蔓延。市旗(区)两级人民政府相关部门在各自职责范围内负责鼠疫防控应急处置的有关工作，形成联防联控工作格局。当我市辖区内发生特别重大、重大、较大鼠疫疫情时，或涉及跨盟（市）的鼠疫疫情时，市人民政府成立市鼠疫应急指挥部（下称市应急指挥部），统一指挥协调鼠疫疫情应急响应行动。我市辖区内的一般鼠疫疫情由事发地旗区人民政府应急处置。

（一）市应急指挥部组成人员及其职责

1. 市鼠疫应急指挥部组成人员

总指挥：市人民政府市长

副总指挥：市人民政府各副市长

成员单位：市人民政府办公室、市卫生健康委员会、市委宣传部、市委网络安全和信息化委员会办公室、市发展和改革委员会、市工业和信息化局、市教育体育局、市科学技术局、市民政局、市财政局、市生态环境局、市自然资源局、市交通运输局、市农牧局、市林业和草原局、市商务局、市文化和旅游局、市应急管理局、市公安局、市司法局、市市场监督管理局、市医疗保障局、市铁路民航中心、市红十字会、市人民政府外事工作办公室、鄂尔多斯海关、鄂尔多斯军分区、武警鄂尔多斯支队、鄂尔多斯机场管理集团等部门、单位主要领导。各成员单位需确定一名联络员。

2. 市应急指挥部主要职责：负责领导、指挥和协调我市鼠疫疫情应急处置工作的统一领导、统一指挥，做出处理鼠疫疫情的重大决策，落实防控资金和协调物资保障，决定拟采取的重大措施；传达、落实上级和市委、市人民政府的指示、批示精神；决定启动和终止应急预案；组织、协调外部支援力量；完成市人民政府交办的其他任务。

（二）市应急指挥部办公室及其职责

市应急指挥部下设办公室，办公室设在市卫生健康委员会，负责市应急指挥部的日常工作和应急值班工作（值班电话：0477-8588120），管理本预案，指导鼠疫疫情应急准备工作，组织鼠疫疫情应急培训、演练，传达和贯彻市应急指挥部的指示，具体指挥和综合协调应急响应行动，协调指导事发地及有关单位开展应急处置工作，建立和管理鼠疫疫情应急专家组，统一协调实施应急防控措施，并现场指挥防控工作，督查防控措施的落实情况，根据鼠疫疫情突发公共卫生事件的性质，依法提出隔离、封锁鼠疫疫区的建议，紧急组织调拨消杀药品等应急物资，提出实行或停止鼠疫应急防控措施的建议，经市应急指挥部同意后依法发市鼠疫疫情信息，宣传鼠疫疫情的有关防控知识，组织开展爱国卫生运动，随时向上级部门报告疫情，完成市应急指挥部交办的其他任务，办公室主任由市卫生健康委员会主任兼任。

（三）市应急指挥部成员单位及其职责

市应急指挥部各成员单位在市应急指挥部的领导下，根据职工分别承担相应的工作任务。

1. 市人民政府办公室（市外事工作办公室）：协调市直各有关部门共同开展鼠疫防控，做好信息传递和工作落实情况的督查检查工作，并及时通报工作进展情况。做好鼠疫应急处置中的有关涉外事务，协助接待国际组织考察和争取国际援助等方面的工作。

2. 市委宣传部：负责组织广播电视台、报纸等新闻媒体，及时报道市卫生健康委员会发布的疫情信息，加强鼠疫应急处理的宣传报道、危机心理干预和防病知识宣传；协助市卫生健康委员会做好疫情处理情况的对外信息发布工作，必要时组织新闻发布会或新闻专题采访。

3. 市委网络安全和信息化委员会办公室：负责加强舆情信息发布的管理和引导。

4. 市发展和改革委员会：负责鼠疫应急、灾后重建项目的立项和上级专项资金争取工作，配合市直各有关部门及时组织调运应急生产、生活所需物资。

5. 市工业和信息化局：根据鼠疫疫情发展需要，组织企业生产或者请求国家、自治区有关部门协调采购相关药品和医疗器械。组织和协调电信运营商积极配合鼠疫疫情防治工作，保障疫区通信畅通。

6. 市教育体育局：负责做好在校学生、教职工的鼠疫防治知识宣传教育工作。

7. 市科学技术局：负责针对突发疫情，组织企事业单位、科研院所等科研力量开展应急防治技术科研攻关，通过一事一议等方式予以科研经费支持。

8. 市民政局：对符合救助条件的鼠疫患者提供医疗、生活救助。

9. 市财政局：及时安排和拨付鼠疫疫情日常监测和应急所需资金，并加强资金使用情况的监督。

10. 市交通运输局、市铁路民航中心、鄂尔多斯机场管理集团：按照《国内交通卫生检疫条例》及其实施方案，负责各自职责范围内的交通运输卫生检疫工作，负责组织汽车站、火车站、机场对进出人员进行体温测量、询问登记等交通卫生检疫工作。优先运送疫情处理人员、药品器械和有关生产生活物资。

11. 市农牧局：负责做好疫区家畜的动物鼠疫防疫工作，对农区采取灭鼠措施，降低鼠密度。

12. 市林业和草原局：负责疫区陆生野生动物异常情况的监测预警；开展草原灭鼠灭蚤相关工作，降低鼠密度、蚤指数。

13. 市商务局：疫情发生期内，组织生活必需品的市场供应，配合做好参加涉外经贸活动人员的宣传、登记、观察工作，防止鼠疫疫情在涉外经贸活动期间跨地区传播扩散。

14. 市文化和旅游局：组织旅游行业认真做好鼠疫疫情的预防和应急处理工作。

15. 市应急管理局：协调、指导市级应急救援队伍，配合开展应急救援工作。

16. 市公安局：协助做好疫区封锁，加强疫区治安管理和安全保卫工作。

17. 市市场监督管理局：加强市场监管，严把市场主体准入关，严厉查处集贸市场上非法收购、出售和加工宿主动物及其产品的单位和个人。指导集贸市场开办人与动物有关的产品经营者加强自律管理。

18. 市医疗保障局：推动制定鼠疫疫情防控医疗保险、医疗救助等政策并组织实施。

19. 市红十字会：充分发挥志愿者的积极作用，协助市直各有关部门在企业、社区、乡村和学校等广泛开展鼠疫预防知识的宣传普及工作，提高公众的自救互救和防护意识。组织开展专项募捐和人道救助活动。

20. 鄂尔多斯海关、鄂尔多斯边检站：涉及国境卫生检疫时，按照《中华人民共和国国境卫生检疫法》及其实施细则的规定办法，加强口岸卫生检疫。有人间鼠疫疫情发生时，要落实口岸体温检测和医学巡查，做好疫情报告、环境消毒、健康教育等工作。

21. 鄂尔多斯军分区、武警鄂尔多斯支队：负责完成辖区的疫情处理任务，并协助和支持市应急指挥部做好疫情控制工作。

22. 其他市直各有关部门根据本部门职责和鼠疫应急处理需要，组织做好紧急物资的储备、卫生检疫、市场监督管理和污染扩散的控制及市鼠疫应急指挥部交办的相关工作。

（四）旗区鼠疫应急指挥部组成及职责

各旗区根据工作需要成立相应应急指挥部，负责组织协调辖区鼠疫突发公共卫生事件应急处理工作，并在市应急指挥部的统一组织、领导下处置较大级别鼠疫突发公共卫生事件。

各旗区人民政府主要领导担任总指挥，分管卫生健康、林草、公安、交通运输的领导担任副总指挥，负责协调和指挥本行政区域内鼠疫疫情应急处理，做出本行政区域内鼠疫疫情处理的决策，决定拟采取的重大措施等事项。相应职责如下。

1. 组织协调有关部门参与鼠疫应急处理工作。

2. 根据鼠疫应急处理工作需要，调集本行政区域内各类人员、物资、交通工具和相关设施、设备投入疫情防控工作。

3. 划定控制区域：发生鼠疫疫情时，旗区级以上地方人民政府报经上一级人民政府决定，可以宣布疫区范围；经市人民政府核准，可以对本行政区域内疫区实施封锁。

4. 人群聚集活动和动物活动的控制：鼠疫发生地人民政府可以在本行政区域内采取限制或者停工、停业、停课措施，停止集市、集会，以及其他人群聚集和可疑携带病原的动物的活动。

5. 流动人口管理：对流动人口采取预防管理措施，对鼠疫患者、疑似鼠疫患者采取就地隔离、就地观察、就地治疗等措施，对密切接触者视情况采取集中或居家医学观察。

6. 交通卫生检疫：按照规定在“两站一场”设置临时交通卫生检疫站，检疫查验进出疫区和运行中的交通工具及其乘运人员和物资、宿主动物，对病人、疑似病人及其密切接触者实施临时隔离、留验，并向当地卫生健康部门指定的医疗卫生机构移交隔离、留验人员。

7. 信息发布和舆论引导：鼠疫事件发生后，事发地旗区要按照规定做好信息发布和舆情监测引导工作。信息发布要及时、准确、客观、全面。

8. 开展群防群控：苏木乡镇（街道）、嘎查村（社区）应协助卫生健康行政部门、医疗卫生机构和其他有关部门，做好疫情信息的收集、报告，人员转移或隔离及公共卫生措施的实施。

9. 宣传工作。组织广播、电视、报纸等新闻单位，及时报道疫情信息，加强防病知识宣传、危机心理干预，协助做好疫情处理情况的对外信息发布。

（五）应急处置专业机构和救治机构及其职责

1. 应急处置专业机构：

市级由市疾病预防控制中心承担，各旗区由本级疾病预防控制中心承担，具体任务如下。

（1）负责鼠疫疫情的监测，做好疫情信息收集、报告与分析工作，为预警提供依据。

（2）做好动物鼠疫的监测工作，发现动物间疫情后，及时进行预警，并对疫点及时进行处理。

（3）当发生人间疫情后，制订流行病学调查计划和疫情控制的技术方案；开展对鼠疫病人、疑似病人、病原携带者及其密切接触者的追踪调查；对人群发病情况、分布特点进行调查与分析；查明传染源和传播途径，提出并实施有针对性的预防控制措施；及时向本级人民政府、卫生健康行政部门和上级疾病预防控制机构报告情况。

（4）对鼠疫样本进行实验室检测、复核、确定并按程序报告实验室诊断结果。

（5）负责对全市鼠疫防控专业技术人员的应急培训和鼠疫疫情处理的技术指导和支援。

2. 应急处置救治机构：

市第二人民医院为市级定点救治医院，各旗区至少各确定一家救治医院。

具体任务：

（1）负责人间鼠疫的监测、发现、报告，开展病人接诊、隔离、治疗和转运工作；对疑似病人及时排除或确诊；对疑似就诊患者就地隔离诊疗，不得随意转运或推诿患者；对密切接触者实施医学观察和预防性治疗等。

（2）及时报告疫情，协助疾病预防控制机构完成标本采集、流行病学调查工作。

（3）做好医院内的感染控制工作，实施消毒隔离和个人防护，防止出现院内交叉感染；严格处理所有污染物，避免环境污染。

（4）加强本机构内医务人员的培训和演练。

（5）指导基层医疗卫生机构加强对鼠疫患者的筛查、报告、隔离、登记，不得私自留诊或拒诊。

（6）定点医疗机构负责本区域内鼠疫的集中救治；做好本机构医务人员相关诊疗、消毒隔离和个人防护等知识的培训，严格执行工作流程；做好医疗救治所需的人员、药品、设施、设备、防护用品等保障工作。

（7）做好医疗废物管理与处置。

（8）做好临床实验室生物安全管理和质量控制。

3. 卫生监督机构：

全市各级卫生监督部门是鼠疫应急处理工作的法定监督机构。具体任务：在卫生健康行政部门领导下，监督检查本辖区医疗卫生机构开展鼠疫防控工作情况。

三、疫情管理

（一）监测

1. 鼠疫监测

市卫生健康委员会按照自治区统一规定和要求，结合我市实际情况，组织开展鼠疫的主动监测，并加强鼠疫监测工作的管理和监督，保证监测质量。

各旗区卫生健康委员会按照全市统一规定和要求，结合本地区实际情况，组织指导苏木乡镇、村（嘎查）开展鼠疫的主动监测，并加强鼠疫监测工作的管理和监督，保证监测质量。

2. 监测体系

结合我市实际，建立市、旗区、苏木乡镇（街道）、嘎查村（社区）四级鼠疫监测预警体系，并指导各地实施。市疾病预防控制中心按照自治区鼠疫监测方案要求，制定全市鼠疫监测方案。鄂托克前旗做为国家级鼠疫监测点，按照鼠疫全国重点监测点监测方案要求开展鼠疫日常监测工作，鄂托克旗、杭锦旗、乌审旗按照自治区鼠疫监测方案和我市鼠疫监测方案要求开展鼠疫日常监测工作。疫源不明地区或新发现的鼠疫疫源地区应开展鼠疫自然疫源地调查工作。

3. 经费保障

各级人民政府要对鼠疫监测、疫情处理及鼠疫自然疫源地调查工作给予必要的经费支持。

（二）预警

市、旗区卫生健康行政部门应根据各监测点报告的鼠疫疫情危害性和紧急程度，及时发布、调整和解除预警信息。预警信息包括：鼠疫分型、预警级别、警示事件、应采取的措施、起始时间和发布机关等。

1. 预警发布单位：

各级卫生健康行政部门根据鼠疫疫情预警的分级，及时发布和调整预警信息。

Ⅰ级预警：国家卫生健康委员会，Ⅱ级预警：自治区卫生健康委员会，Ⅲ级预警：市卫生健康委员会，Ⅳ级预警：旗区卫生健康委员会。

2. 预警分级：

Ⅰ级预警：发布特别重大鼠疫疫情（Ⅰ级）、重大鼠疫疫情（Ⅱ级）时启动Ⅰ级预警。

Ⅱ级预警：发生较大鼠疫疫情（Ⅲ级）时启动Ⅱ级预警。

Ⅲ级预警：发生一般鼠疫疫情（Ⅳ级）时启动Ⅲ级预警。

Ⅳ级预警：发生动物鼠疫疫情（Ⅴ级）时启动Ⅳ级预警。

3. 发布对象：

Ⅰ级预警：由国家卫生健康委员会确定发布对象。

Ⅱ级预警：由自治区卫生健康委员会确定发布对象。

Ⅲ级预警：

（1）向疫情发生地人民政府、卫生健康行政部门发布。

（2）向市鼠疫应急指挥部成员单位发布。

（3）按照隶属关系和管理权限向疫情发生地所辖范围内各级各类医疗卫生机构发布。

（4）向盟市间联防组织和毗邻地区卫生健康行政部门发布。

（5）向社会公众发布。

（6）同时报送自治区卫生健康委员会和本级人民政府。

Ⅳ级预警：

（1）向疫情发生地各级各类医疗卫生机构发布。

（2）向旗区间联防组织或毗邻地区的卫生健康行政部门发布。

（3）向相关部门及社会公众发布。

（4）同时报送市卫生健康委员会和本级人民政府。

4. 发布时间

确定疫情并进行分级后，应及时发布预警信息，最长不超过24小时。预警时间持续至疫情发生当年年底，依据疫情形势决定是否延续至下一年度。

5. 发布形式

根据发布对象，可选择文件、会议、官网、各类主流媒体、公告等方式发布预警信息。

（三）疫情发现、确诊和报告

1. 信息管理

（1）完善全市鼠疫防治信息管理系统，构建覆盖市和旗（区）疾病预防控制机构的信息网络，承担鼠疫疫情相关信息收集、处理、分析、报告等工作。

（2）各级卫生健康行政部门负责辖区内鼠疫防治管理信息工作的组织实施、管理和平台建设，不断完善本辖区内鼠疫防治信息管理系统，为系统的正常运行提供必要的保障条件。

（3）执行职务的各级各类医疗卫生人员是人间鼠疫疫情的责任报告人。

（4）各级疾病预防控制机构承担责任范围内鼠疫疫情监测、信息报告与管理，负责收集、分析核实辖区内疫情信息和其他相关信息资料。各级疾病预防控制机构为网络直报的责任报告单位。

2. 人间病例发现、确诊和报告

（1）病例的发现

在鼠疫疫区、历史疫区或疑似鼠疫疫区内或10天内去过上述地区，应注意询问发病前是否去过鼠疫疫区，是否曾接触过病死鼠或其他野生动物，有无剥食野兔、旱獭等情况。凡诊断不明，且有下列症状之一的病人，均作为疑似鼠疫病人报告：

①发热且意识不清的病人；

②无外伤感染淋巴结肿大且伴有剧烈疼痛和高热的病人；

③高热并伴有咳嗽、胸痛、咳血的病人；

④高热并伴有皮肤水泡或溃疡的病人。

在鼠疫疫区、历史疫区、疑似鼠疫疫区或10天内去过上述地区，病程极短，急剧死亡者，应作为急死病人上报。

医疗机构负责采集病例的相关临床样本，按照生物安全要求尽快将标本送至当地疾病预防控制机构进行相关检测。

（2）病例确认

所有鼠疫病例的实验室检测结果须经自治区综合疾病预防控制中心复核，经专家组根据临床表现、流行病学史、实验室检测结果等进行评估确认。

（3）病例报告

各级各类医疗机构在发现疑似鼠疫病例后，立即上报属地疾病预防控制机构及卫生健康行政部门。属地疾病预防控制机构接到报告后应立即调查核实，在判定人间鼠疫疫情后，按规定时限在2小时内进行网络直报，同时报属地卫生健康行政部门接到报告后，立即向属地人民政府报告，并逐级向上一级卫生健康行政部门和人民政府报告，直至报到国家卫生健康委员会。

3. 动物鼠疫疫情的确认与报告

（1）监测点监测到动物鼠疫发生后，立即上报旗（区）疾病预防控制机构。旗（区）疾病预防控制机构接到报告后应立即核实，在判定发生动物鼠疫疫情后，责任报告单位在城镇须在6小时内，在苏木镇、嘎查村须在12小时内进行网络直报。

（2）在开展鼠疫疫情监测期间，鼠疫监测数据由旗区疾病预防控制机构随时报告，或按规定报告阶段性鼠疫监测数据，并视监测情况随时进行网络直报，报告间隔最长不得超过4个监测周期（28天）。发现异常情况时，相关数据及时进行网络直报。

四、应急处理

发生人间或动物间鼠疫疫情时，应严格按照分级响应的原则，做出相应级别应急响应。同时，根据鼠疫疫情发展趋势和防控工作的需要，及时调整反应级别，以有效控制鼠疫疫情和减少危害，维护正常的生产、生活秩序。

（一）动物间鼠疫疫情（Ⅴ级）应急处理应采取的措施

1. 启动突发公共卫生事件应急响应。旗（区）卫生健康委员会或市卫生健康委员会组织有关专家确认后，由旗（区）卫生健康委员会报旗区人民政府，旗（区）人民政府按照动物间鼠疫疫情（Ⅴ级）启动应急响应，同时发布Ⅳ级预警。

2. 及时规范进行疫情处理。原则上，根据发生动物间鼠疫疫情的疫源地类型、流行强度，与城镇、居民点、交通要道、重要地区、旅游景点等的距离，以及宿主动物的生态特点等，因地制宜确定处理范围，并按要求对疫点迅速开展灭鼠、灭蚤处理，达到无鼠、无洞、无蚤的标准。

3. 加大动物间鼠疫监测力度。以疫点为中心继续扩大检索范围，按照实验室生物安全规定开展各项实验室检测工作，对所获得材料“应检尽检”，提升实验室检验人员的素质和技能，提升检验质量。

4. 开展灭鼠灭蚤工作。林草、农牧部门以及爱国卫生机构要组织做好草原、农区、城市的保护性灭鼠灭蚤工作。充分发挥群防群控优势，动员草场、土地承包人、城乡居民等群众积极参与，专群结合，扩大灭鼠灭蚤范围，增加频度和深度，做到全覆盖无死角。同时，做好灭鼠前后的鼠密度和鼠害调查，为科学灭鼠和效果评价提供依据。疫源地范围内各野外施工地、工矿企业、旅游景点及军事区域，在相关业务的指导下做好责任范围及周边的灭鼠灭蚤工作。

5. 开展鼠疫疫情风险评估。根据疫情特点、发生区域和发展趋势，开展本地区发生人间鼠疫疫情风险评估工作。密切关注鼠疫疫情动态，重点关注疫源地内大型野外施工项目，并提出相应防控措施。

6. 宣传教育与风险沟通。加大鼠疫防控知识的宣传教育力度，通过多种途径和形式宣传“三不三报”。鼠疫疫源地及其毗邻地区要重点强化对农牧民、野外作业人员、游客等群体的健康行为干预，切实提高群众的自我防范意识和能力。积极开展舆情监测，普及疫情防控知识，及时向公众解疑释惑、回应社会关切，做好疫情防控风险沟通工作。要加强重点人群、重点场所以及大型人群聚集活动的健康教育和风险沟通工作。

7. 加强医疗卫生人员培训。旗（区）卫生健康行政部门要组织辖区各级各类医疗卫生机构开展鼠疫防治相关知识的培训，重点培训人间鼠疫的识别、诊断、治疗、疫情报告、应急预案实施、院内感染控制等知识，提高医务人员鼠疫的防治意识和诊疗能力，落实首诊医师负责制，做到早发现、早诊断、早报告、早隔离、早治疗和就地治疗。

8. 加强预检分诊和发热病人排查。各级各类医疗卫生机构要加强预检分诊管理，建立鼠疫患者排查和报告责任制，严格执行发热病人接诊、筛查流程，认真落实发热病人登记报告制度。基层医疗卫生机构加强对发热患者的筛查，发现不明原因发热的患者，采取就地隔离措施，做好病人信息登记和报告，严禁私自留诊或拒诊。

9. 毗邻地区的应急反应。发生鼠疫疫情地区卫生健康行政部门要及时向毗邻地区卫生健康部门通报疫情和已采取的措施。与发生鼠疫疫情相毗邻的地区，应根据疫情特点、发生区域和发展趋势开展本地区发生人间和动物间鼠疫疫情风险评估工作，主动分析本地区受波及的可能性和程度，并采取相应的防控措施。

（二）一般鼠疫疫情（Ⅳ级）应急处理应采取的措施

1. 启动突发公共卫生事件应急响应。旗（区）卫生健康委员会或市卫生健康委员会组织有关专家确认后报同级人民政府，旗区人民政府按照一般疫情（Ⅳ级）启动应急响应，同时由市卫生健康委员会发布Ⅲ级预警。旗（区）成立由政府主要领导任总指挥的疫情防控指挥部，全面履行属地主体责任，同时启动疫情零报告、病情日报告和工作进展情况日报告“三项报告”制度。

2. 全力救治患者。坚持“就近、就地治疗”“集中患者、集中专家、集中资源、集中救治”原则，将患者用负压救护车转至旗区级定点医疗机构，按照鼠疫诊疗方案开展救治，提高收治率，降低病死率。

3. 加强医院感染防控。医疗机构要加强隔离、消毒和防护工作，全面落实预防院内感染的各项措施。规范预检分诊，做好发热门诊、急诊及其他普通病区（病房）的院感控制。对鼠疫病例（包括疑似病例和确诊病例）以及感染者中的轻症病例实行隔离治疗，疑似病例应当进行单人单间隔离治疗。医疗机构应当严格按照《医疗机构消毒技术规范》，做好医疗器械、污染物品、物体表面、地面等的清洁消毒；按照《医院空气净化管理规范》要求进行空气消毒。在诊疗鼠疫患者过程中产生的医疗废物，应根据《医疗废物处理条例》《医疗卫生机构医疗废物管理办法》有关规定进行处置和管理。

4. 及时开展疫点疫区处理。严格按照《人间鼠疫疫区处理标准及原则》（GB 15978—1995）进行疫点疫区处理。原则上以鼠疫患者、疑似患者或鼠疫尸体所在住所为中心，将其周围可能被污染的区域划定为隔离圈，如一个庭院、一栋房子等。牧区可将一顶帐篷或相连的几顶帐篷划为隔离圈。患者（或尸体）发生在城镇社区时，可将其中一栋楼房或患者（或尸体）所在的一个独立单元划定为隔离圈。病患转运后，开展对隔离圈的消毒处置等工作，上级疾病预防控制机构做好指导。

5. 迅速开展流行病学调查。旗（区）疾病预防控制机构接到医疗机构或医务人员报告鼠疫疑似病例、确诊病例时，应当按照《鼠疫病例个案调查表》在24小时内完成流行病学调查，做好密切接触者的判定和登记，同时将流行病学调查分析报告报送本级卫生健康行政部门和市疾病预防控制机构；开展传染源的追溯调查。

6. 密切接触者的追踪和管理。由旗（区）卫生健康行政部门会同相关部门组织实施。对疑似病例、确诊病例的密切接触者实行集中或居家隔离医学观察，每日至少进行2次体温测定，并询问是否出现发热、咳嗽、咳血、淋巴结肿大等其他相关症状及病情进展。密切接触者医学观察期为与病例或感染者末次接触后9天。

7. 预防性投药。对于鼠疫患者的直接接触者、被疫区跳蚤叮咬者、接触染疫动物分泌物和血液者以及实验室操作发生失误时，可进行鼠疫预防性治疗。

8. 全面管控野生动物。除疫病研究、疫情防控等维护公共安全需要外，一律禁止猎捕野生动物，加强野外看守工作。从严惩处非法猎捕野生动物行为，打击乱捕滥猎野生动物行为。做好野生动物人工繁育单位的隔离、清洁、卫生消毒、监测检疫和疫病防范等工作，阻断疫源野生动物与家禽、家畜和人的接触途径。密切关注野生动物健康状况，扎实做好野生动物疫源病监测工作。

9. 加强嘎查村（社区）管控。发挥嘎查村（社区）动员能力，实施网格化、地毯式管理，群防群控、稳防稳控，有效落实以下综合性防控措施：

（1）组织动员。嘎查村（社区）要建立鼠疫疫情防控工作组织体系，以苏木乡镇（街道）和嘎查村（社区）干部、基层医疗卫生机构医生为主，鼓励居民和志愿者参与，组成专兼职结合的工作队伍，实施网格化、地毯式管理，责任落实到人，对嘎查村（社区）、自然村（居民小区）、家庭实行全覆盖，落实防控措施。

（2）健康教育。充分利用多种手段，有针对性地开展鼠疫防控知识宣传，重点宣传“三不三报”（不私自捕猎疫源动物，不剥食疫源动物，不私自携带疫源动物及其产品出疫区，报告病死老鼠、旱獭，报告疑似鼠疫病人，报告不明原因的高热病人和急死病人），使群众充分了解鼠疫防控知识，掌握防护要点，养成良好习惯，减少出行（尤其是野外），避免接触动物（尤其是野生动物）。

（3）信息告知。向公众发布就诊信息，出现咳嗽、胸痛、高热、淋巴结肿大（疼痛）等症状的患者到发热门诊就诊，疑似鼠疫病人到定点医院就诊。

（4）环境卫生治理。深入开展爱国卫生运动，嘎查村（社区）开展以环境整治为主、药物消杀为辅的病媒生物综合防制，对居民小区、垃圾中转站、建筑工地等重点场所进行卫生清理，处理垃圾污物，消除鼠、蚤等病媒生物滋生环境。及时组织开展全面的病媒生物防制与消杀，有效降低病媒生物密度。

（5）物资准备。嘎查村（社区）和家庭备置必需的防控物品和物资，如灭鼠灭蚤药、体温计、消毒用品等。

10. 其他措施。做好动物间鼠疫防控等工作。

（三）较大鼠疫疫情（Ⅲ级）应急处理应采取的措施

1. 启动突发公共卫生事件应急响应，市卫生健康委员会组织有关专家确认后报自治区卫生健康委员会和市人民政府，市人民政府按照较大疫情（Ⅲ级）启动应急响应，自治区卫生健康委员会发布Ⅱ级预警。市级成立由政府主要领导任总指挥的疫情防控指挥部，全面履行属地主体责任。同时启动疫情零报告、病情日报告和工作进展情况日报告“三项报告”制度。

2. 依法进行疫区封锁。对划定为疫区的苏木乡镇（街道）和嘎查村（社区）等可采取疫区封锁措施，限制人员进出，临时征用房屋、交通工具等。

3. 减少人员流动和聚集。

（1）严格预防通过交通工具传播。做好火车、汽车、飞机、城市公共交通等交通工具和车站、机场、客运站等重点场所的卫生管理工作，因地制宜进行通风、消毒，严格落实旅客体温筛检等防控措施。设立留验站，配备医疗物资和专业人员，对交通工具上发现的鼠疫患者和疑似患者进行留验观察和隔离治疗。做好出入境交通工具和人员的卫生检疫，防范疫情输入和输出。

（2）减少公众聚集活动。加强大型公众聚集性活动的管理，取消或延期各类大型活动，对文化旅游设施实行闭馆或停止开放，尽量减少大型公众聚集。宾馆、饭店、旅店、文化娱乐场所、商业经营单位、公共交通工具等公共场所或者其他人员密集场所，应当落实消毒、通风等防控措施，并对进入人员进行提醒和防控知识的宣传教育。

4. 加强摸排和管控重点人群。切实防止鼠疫疫情的输入和扩散，充分利用大数据等综合手段，加强农村牧区和城市社区网格化管理，挨门逐户全面排查，确保排查地域全覆盖、无死角，确保不漏一户、不漏一人。对10天内有疫点及周边地区旅行史，或到过动物鼠疫疫点的居民，要追踪到人、登记造册、上门观察，确保疫情早发现、早报告、早隔离、早治疗。

5. 加强重点单位、场所疫情防控。医院、企业、学校、车站、机场、码头、商场、超市、养老机构、福利机构以及监管场所等重点单位和场所要履行主体责任，落实好各项防控措施，严格通风、消毒和健康监测，加强个人防护和健康教育，发现异常情况，及时报告处置。

6. 加强监督指导。市旗两级卫生健康行政部门负责疫情防控的总体指导工作。要组织疾控、监督机构深入重点单位和场所开展宣传教育和健康教育，加强疫情防控技术指导和卫生监督，帮助相关单位落实传染病预防和疫情管理制度，指导开展灭鼠、灭蚤、消毒等工作。市级要派出专家组指导疫情处置、患者救治、院感防控、心理干预等工作。要派出督导组，督促指导各地区落实属地主体责任，落实落细各项防控措施。

7. 强化物资保障。市旗两级人民政府要全面掌握辖区药品、防护用品、消杀用品、救治器械、设备设施等防控物资供需情况，动态掌握物资需求和生产、流通、库存运输及资源保障，组织各类防控物资生产企业做好生产保障；要做好应急运输力和通行保障，确保疫情防控和生产生活物资运输及时顺畅；要统筹做好本地防控物资保障的协调工作，服从国务院、自治区统一调度，优先满足防控一线需要；各级市场监管部门要加强监管，严厉打击哄抬防控物资价格等扰乱市场秩序的行为。

8. 强化费用保障。市旗两级要按国家相关文件精神，落实患者救治费用补助政策，对参加防治工作的医务人员和防疫工作者发放临时性工作补助，妥善安排医疗卫生机构开展疫情防控工作所需的防护、诊断、治疗专用设备以及快速诊断试剂采购所需经费。要按照国家相关文件要求，确保确诊和疑似鼠疫患者不因费用问题影响就医，确保收治医院不因支付政策影响救治。

9. 强化疫情报告。各地区要及时公开透明发布疫情防控信息，对缓报、瞒报、漏报的要严肃追责。加强舆情分析研判，有针对性地回应社会关切，科学解疑释惑，澄清不实传言，消除不必要的恐慌情绪。

10. 全力救治患者。按照“就近，就地治疗”和“集中患者、集中专家、集中资源、集中救治”的原则，将患者用负压救护车转至定点医疗机构开展救治，把全市的专家集中起来实行“一人一案一班”，有效提高治愈率，降低病亡率。同时，组建一线专家组，直接参与疫情处置和患者救治，必要时请国家、自治区专家支援。组建备用专家组，加强培训，随时准备参加疫情防控。根据疫情进展，在定点医院的基础上，由市级确定多家医疗机构作为后备医院，做好接诊患者的准备。关心医务人员，实行最严格的医务人员和防疫人员安全防护措施，关心和保护好医务人员健康安全，做到防护设备配置、防护措施落实、人员待遇保障“三到位”。

11. 其他措施。做好动物鼠疫防控、院感防控、流行病学调查、密切接触者管理、预防性投药、野生动物管控、疫点划分处置等工作。

（四）重大鼠疫疫情（Ⅱ级）应急处理应采取的措施

自治区卫生健康委员会组织有关专家评估确认后报国家卫生健康委员会和自治区人民政府，自治区人民政府启动应急响应并发布Ⅱ级预警后，市、旗区人民政府均应成立鼠疫应急指挥部，同时启动疫情零报告、病情日报告和工作进展情况日报告“三项报告”制度。

（五）特别重大鼠疫疫情（Ⅰ级）应急处理应采取的措施

国家卫生健康委员会启动应急响应并发布Ⅰ级预警后，自治区、盟市、旗区三级人民政府均应成立鼠疫应急指挥部，并按照国务院或国务院有关部门的统一领导和部署，负责在本行政区域内迅速开展和认真落实各项鼠疫疫情的应急处理措施。

五、严防病例向外输出

在鼠疫疫情防控期间，按照属地管理原则，市、旗区卫生健康委员会要加强患者转院管理，各级各类医疗卫生机构要严格落实“十二不准”措施，坚决杜绝鼠疫患者远距离转移，严防疫情扩散蔓延。具体情形如下：

（一）不准有发热（病史）和/或淋巴结肿胀（疼痛）的就诊患者随便离院；

（二）不准有不明原因发热、急起高热、白细胞剧增等可疑症状的患者转院及出院；

（三）不准有不明原因急性淋巴结炎、淋巴结肿胀、剧烈疼痛并出现强迫体位等可疑症状的患者转院及出院；

（四）不准有不明原因重度血症、休克综合征等可疑症状的患者转院及出院；

（五）不准有不明原因咳嗽、胸痛、咳痰带血、咳血等可疑症状的患者转院及出院；

（六）不准有不明原因重症结膜炎并有严重的上下眼睑水肿等可疑症状的患者转院及出院；

（七）不准有不明原因血性腹泻，并有重症腹痛、高热及休克综合征等可疑症状的患者转院及出院；

（八）不准有不明原因皮肤剧痛性红色丘疹，形成血性水疱等可疑症状的患者转院及出院；

（九）不准有不明原因剧烈头痛、昏睡、颈部强直、谵语妄动、脑压高、脑脊液浑浊等可疑症状的患者转院及出院；

（十）不准有发病前10天到过动物鼠疫流行区且未解除隔离的患者转院及出院；

（十一）不准有发病前10天内接触过来自鼠疫疫区的疫源动物、动物制品，进入过鼠疫实验室或接触过鼠疫实验用品且未解除隔离的患者转院及出院；

（十二）不准有发病前10天内接触过具有（一）—（九）临床特征的病人且未解除隔离的患者转院及出院。

六、应急响应等级的确认、终止及评估

（一）鼠疫应急响应等级的确认

1. 按照本预案要求，特别重大鼠疫疫情（Ⅰ级）由国家卫生健康委员会予以确认；重大鼠疫疫情（Ⅱ级）由自治区卫生健康委员会或国家卫生健康委员会予以确认；较大鼠疫疫情（Ⅲ级）由盟市卫生健康委员会或自治区卫生健康委员会组织有关专家予以确认；一般鼠疫疫情（Ⅳ级）和动物间鼠疫疫情（Ⅴ级）由旗区卫生健康委员会或盟市卫生健康委员会组织专家予以确认。

2. 鼠疫疫情发生在城镇、交通要道、人口稠密地区、旅游景区、大型基础建设项目等范围内时，各级卫生健康行政部门在做出确认应急响应等级的同时，可报请上一级卫生健康行政部门做出应急响应等级是否升级的确认。

（二）鼠疫应急响应的终止

人间鼠疫疫情处理：按照中华人民共和国国家标准《人间鼠疫疫区处理标准及原则 GB 15978—1995》的要求全部完成相应应急处置工作，经验收大、小隔离圈内已达到灭鼠灭蚤标准及环境卫生标准，连续9天内无继发病例。

动物鼠疫疫区处理：按照中华人民共和国国家标准《人间鼠疫疫区处理标准及原则 GB 15978—1995》的要求，在牧区发现疫鼠、疫蚤时，处理范围应以疫点为中心，进行彻底灭鼠灭蚤，将预警作为前置条件，由市卫生健康委员会组织市级专业机构验收后达到无鼠、无洞、无蚤的标准。

特别重大鼠疫疫情（Ⅰ级）应急反应的终止由国务院或国家鼠疫应急指挥部批准后执行。

重大鼠疫疫情（Ⅱ级）、较大鼠疫疫情（Ⅲ级）、一般鼠疫疫情（Ⅳ级）、动物间鼠疫疫情（Ⅴ级）终止分别由自治区、盟市、旗区卫生健康行政部门组织有关专家进行分析论证，报本级人民政府或鼠疫应急指挥部批准后执行，并向上一级卫生健康行政部门报告。

（三）鼠疫疫情处理工作评估

1. 评估人员组织

对特别重大鼠疫疫情（Ⅰ级）、重大鼠疫疫情（Ⅱ级）、较大鼠疫疫情（Ⅲ级）、一般鼠疫疫情（Ⅳ级）处理情况的评估，分别由国家卫生健康委员会和自治区、盟市、旗区卫生健康行政部门组织相关人员组成评估小组，开展评估工作。动物间鼠疫疫情（Ⅴ级），由市、旗区卫生健康行政部门组织相关人员组成评估小组，开展评估工作。

2. 评估主要内容

疫区自然地理概况，发生疫情的原因，传染源、传播途径和流行因素，疫情发生、发展和控制过程，患者构成，治疗效果，染疫动物、蚤种类的分布，染疫动物密度和蚤指数，所采取措施的效果评价、应急处理过程中存在的问题和取得的经验及改进建议。评估报告报本级人民政府和上一级卫生健康行政部门。

七、保障措施

（一）加强疾控机构能力建设

按照国家和自治区《疾控预防控制中心建设标准》《疾病预防控制中心机构编制标准指导意见》要求，加强基础设施建设，加大投入力度，强化人才培养，深化内部改革，提升科研水平和业务能力，尽快达到国家和自治区标准，为鼠疫防控工作提供坚强的技术支持。

加强旗区级疾控机构实验室检测能力建设，提升鼠疫野外监测实验室能力，所有旗区级鼠防专业机构要具备开展核酸检测能力，做到实验室基础设施、检测设备和人员技术三个方面全面提高。同时要不断强化实验室管理制度规章化、标准化建设，全面提高鼠疫实验室生物安全水平。

由于鼠疫防控工作的重点在偏僻、贫困地区，工作苦任务重。鼠疫属于高致病烈性传染病，鼠防人员又面临生物安全的高度威胁，各地区应保证鼠疫防治人员的工资福利待遇，按时足额发放临时性工作补助等，同时在职称聘任上予以倾斜。

（二）加强动物间及人间鼠疫监测

完善市、旗、苏木（乡、镇）、村（嘎查）四级鼠疫监测预警体系。按照《全国鼠疫监测方案》和《内蒙古自治区鼠疫监测方案》的要求合理设置监测点，不断扩大监测范围，积极开展动物间鼠疫监测工作。逐步推广应用无人机开展疫源地踏查，开展鼠疫核酸检测等新技术，不断提高监测工作的效率和质量。各级医疗卫生机构要加强门、急诊及发热门诊的管理，尤其是基层医疗机构要切实发挥人间鼠疫监测的“哨点”作用，加强发热患者排查和报告，提高医务人员识别鼠疫患者的意识和能力。

（三）提高鼠疫的应急反应能力

按照国家、自治区的要求，规范鼠疫应急队伍、应急装备和应急物资储备，改善疾病预防控制机构或鼠疫防治专业机构的基础设施和实验室设备条件。加强鼠防和应急专业队伍建设，强化专业技术培训和应急演练，提升技术储备，提高流行病学调查、现场处置和实验室检测能力。各旗（区）每年至少组织一次鼠疫应急演练，以提高应急队伍的反应水平和能力。

（四）加强医疗救治能力建设

加强医疗卫生机构应对突发鼠疫疫情的应急准备，提高救治能力。市旗两级鼠疫定点医疗机构要具备开展鼠疫病原快速筛查的能力，完善临床救治应对机制，规范院内感染防护流程，改造和建设负压病房和负压实验室，配备一定设施设备，使其具备高水平的综合救治能力和生物安全防护条件，真正做到鼠疫病例就近就地治疗。强化医疗机构和医务人员责任意识，建立发热患者排查责任制，按照属地管理原则，旗区卫生健康行政部门要与辖区各级各类医疗机构、医疗机构负责人与医务人员签订责任状，逐层压实责任并纳入医疗机构绩效管理。

（五）强化医防结合的工作机制

卫生健康系统内部要建立鼠疫医防结合的紧密协作模式，加强疾控、医疗与卫生监督机构互联互通的工作机制。疾控机构要及时将预警信息发布至医疗机构，对医务人员开展鼠疫防治相关知识与法律法规的培训工作。医疗机构要积极作为，开展人间鼠疫主动监测。要设置本单位人间鼠疫监测员，搭建与疾控机构的互联互通桥梁，实时掌握该地区动物间鼠疫疫情动态，发现疑似鼠疫病例时要按规定及时通报疾控机构。卫生监督机构要及时对各级各类医疗机构鼠疫防控工作开展监督检查，确保各项防控工作落细落实。

（六）强化各部门间联防联控工作机制

完善鼠疫防控联席会议制度，进一步明确各成员单位的职责职能，并按职责职能主动研究鼠疫防控工作中的重大问题，各成员单位要做到与本单位工作同谋划、同研究、同布置、同落实，形成信息互通、密切配合、互相支持的联防联控工作格局。

（七）建立群防群控工作机制

以嘎查村（社区）为基本单位，实行网格化、地毯式管理，全面落实属地责任、部门责任、单位和个人责任，明确职责分工，将鼠疫防控的责任落实到每个网格单位，做到精准到旗区、管理到嘎查村（社区）、落实到户（单元），同时落实辖区机关、企事业单位、基层组织和个人的疫情防控责任，形成群防群治的工作格局。

（八）加强健康宣传教育

加大鼠疫防控知识的宣传教育力度，通过多种途径和形式，提高鼠疫防治知识知晓率。积极开展舆情监测，及对组织专家对社会热点和公众关心的问题进行答疑解惑，澄清网上不实信息，做好疫情防控风险沟通工作。对疫源地区居民和流动人员，尤其是外来务工人员宣传“三不三报”，提高群众自我防范意识。

（九）加强卫生监督能力建设

持续加强执法体系建设，不断完善市、旗区、苏木乡镇（街道）三级监督执法机构，明确职能职责，配足监督执法人员，配齐监督执法设备，加强制度化、规范化、信息化建设，加大资金投入，保障工作正常开展。

（十）实施表彰奖励

疫情处理结束后，应对鼠疫应急处置工作完成好的地区、单位和个人给予表彰奖励。

八、预案的修订和补充

本预案由市卫生健康委员会定期评估，并根据鼠疫疫情形势变化和实施中发现的问题及时修订和补充。各旗区人民政府要相应制定本地区鼠疫疫情应急预案。

本预案由市卫生健康委员会组织制定和负责解释，自印发之日起实施，《鄂尔多斯市人民政府办公室关于修订鼠疫防治应急预案的通知》（鄂府办发〔2019〕63号）同时废止。

鄂尔多斯市绿色矿山建设管理条例

（2020年6月23日鄂尔多斯市第四届人民代表大会常务委员会第十九次会议通过 2020年7月23日内蒙古自治区第十三届人民代表大会常务委员会第二十一次会议批准）

第一章 总 则

第一条 为了规范绿色矿山建设与管理，促进矿业绿色、健康、持续发展，根据《中华人民共和国矿产资源法》《中华人民共和国环境保护法》等相关法律法规，结合本市实际，制定本条例。

第二条 本条例适用于本市行政区域内新建、改扩建和已建生产矿山的绿色矿山建设和管理。法律、法规已经作出规定的，从其规定。

绿色矿山是指在矿产资源开发全过程中，实施科学有序的规划和开采，对矿区及周边生态环境扰动控制在可控范围内，实现矿区环境生态化、开采方式科学化、资源利用高效化、企业管理规范化和矿区社区和谐化的矿山。

第三条 绿色矿山建设应当坚持生态优先、绿色发展，按照政府主导、企业建设、部门协作、分类指导的原则进行。

第四条 绿色矿山建设应当执行国家、自治区相关行业标准。

新建、改扩建矿山应当达到绿色矿山建设标准；未达到标准的已建生产矿山应当限期达到绿色矿山建设标准。

第五条 采矿权人是绿色矿山建设的责任主体，应当履行绿色矿山建设义务。

第六条 市、旗区人民政府应当加强对本行政区域内绿色矿山建设管理工作的领导，统筹做好绿色矿山建设工作。

市、旗区人民政府自然资源主管部门对绿色矿山建设实施统一监督管理。生态环境、能源、财政、水利、林业和草原、应急管理等相关部门依照各自职责对绿色矿山建设实施监督管理。

苏木乡镇人民政府、街道办事处应当协助旗区人民政府有关部门对本辖区内的绿色矿山建设履行监督管理职责。

嘎查、村（居）民委员会应当协助苏木乡镇人民政府、街道办事处做好绿色矿山建设相关工作。

第七条 市、旗区人民政府及其相关部门应当广泛宣传绿色矿山建设，提高群众对绿色矿山建设的认识水平和参与程度，营造良好的舆论宣传氛围。

第二章 绿色矿山建设

第一节 矿产资源开发利用与节能减排

第八条 矿产资源开发应当与环境保护、资源保护、城乡建设相协调，推广应用绿色开采技术，最大限度减少对自然环境的扰动和破坏。

矿产资源开发应当达到开发利用方案中的开采回采率、采矿贫化率、选矿回收率、矿山水循环利用率和土地复垦率等指标。

共伴生矿产资源应当综合开发利用，按照减量化、再利用、资源化的原则，科学利用固体废弃物、废水等。

第九条 采矿权人在矿山开采、选矿中应当建立生产全过程能耗核算体系，采取节能减排措施，减少单位产品能耗、物耗、水耗，相关指标应当符合国家限额要求。

第十条 露天煤矿采煤作业、排土场占地、矿坑水疏排等应当符合相关设计要求，废渣、煤矸石、尾矿等处置应当符合安全、环保等相关规定。

露天煤矿应当建设规范完备的水循环处理设施和矿区排水系统，循环使用矿坑水。采掘场有旧巷火区或者开采容易自燃的煤层，应当采取灭火措施并设置煤层消防设施。

第十一条 井工煤矿开采应当减少对区域原始地质和水资源的破坏。新建、改扩建井工煤矿在环境敏感地区、生态脆弱地区、井下强含水层、地下水严重渗漏区域适宜采用充填开采、保水开采的，应当采用充填开采、保水开采。已建生产井工煤矿，鼓励采用充填开采、保水开采等开采技术。

充填开采应当优先利用煤矸石等固体废物充填采空区，减少煤矸石升井和地面堆存。充填区域的选择及充填开采方案应当与矿山地质环境保护与土地复垦方案相结合。

第十二条 井工煤矿开采过程中产生的矿井水应当清洁处理后综合利用，优先用于矿区补充用水、周边地区生产生态用水，加强洗煤废水循环利用，提高矿井水综合利用率。未经处理的矿井水不得外排。矿井水确需排放的，应当达到国家、自治区规定的排放标准。

第十三条 煤炭开采企业应当对煤系地层高岭土等共伴生矿产资源进行综合评价，制定煤与共伴生矿产资源综合利用方案，保证共伴生资源综合利用率不低于矿产资源开发利用方案设计的指标。

第十四条 煤炭开采企业应当制定煤矸石综合利用方案，并报当地生态环境、工业和信息化主管部门备案。鼓励煤炭开采企业或者其他综合利用单位采取井下充填、露天采坑回填、发电、生产建筑材料、制取化工产品、筑路、土地复垦等方式对煤矸石进行科学合理利用。

新建、改扩建煤矿以及选煤厂禁止建设永久性煤矸石堆放场（库）。确需建设临时性堆放场（库）的，其占地规模、选址应当与煤炭生产和洗选加工能力相匹配。煤矸石临时性堆放场（库）选址、设计、建设以及运行管理，应当符合国家、自治区一般工业固体废物污染控制标准和要求。

第十五条 石油天然气开采企业应当根据油气资源赋存状况、生态环境特征等条件，科学合理确定开发方案。废液、废气、固体废物应当进行无害化处置。生产过程中的采出水应当清洁处理后循环利用，不能循环利用的应当达标排放、回注或者采取其他有效利用方式。

第十六条 化工类矿山开采应当采用绿色选矿（或加工）工艺技术和节能省电设备。生产废水处理后用作生产补充水，减少新水摄取量。

第二节 矿山环境保护与生态修复

第十七条 采矿权人应当按照谁破坏谁治理、边开采边治理的原则，履行矿山地质环境保护与土地复垦义务。矿山环保、水土保持、地质环境治理等工程应当与主体工程同时设计、同时施工、同时管理使用。

第十八条 采矿权人应当按照环境影响评价报告、水土保持方案、矿山地质环境保护与土地复垦方案、涉河防洪评价报告等要求开展矿区环境治理。

第十九条 采矿权人应当加强矿产开采、储

存、装卸、运输过程中的污染防治。

鼓励煤炭企业建设铁路专用线，提高铁路运输能力，降低公路运输比例。

第二十条　严格限制在草原上新建露天矿山。确需在草原上新建露天矿山的，由市、旗区人民政府根据地区资源环境承载力评价结果，综合论证露天矿山开发必要性，并依据论证结果向登记机关出具意见。现有井工煤矿变更开采方式为露天开采占用草原的，参照上述规定执行。

第二十一条　采矿权人生产建设活动应当采取下列措施防治水土流失：

（一）控制和减少对原地貌、地表植被、水系的扰动和损毁，保护原地表植被、表土及结皮层、沙壳与地衣等；

（二）开挖、填筑、排弃的场地应当采取拦挡、护坡、截（排）水等防护措施；

（三）土建施工过程中应当采取苫盖、拦挡等水土保持临时防护措施；

（四）其他水土流失防治措施。

第二十二条　采矿权人应当按照国家、自治区规定时间，在矿山闭坑前或者闭坑后完成矿区生态修复工作。矿业权人的生态修复义务不因矿业权的灭失而免除。

无主矿山的生态修复工作，由旗区人民政府负责。

第二十三条　采矿权申请人或者采矿权人应当在办理建设用地申请或者采矿权申请手续时，编制矿山地质环境保护与土地复垦方案，随有关报批材料报有关自然资源主管部门审查。

采矿权申请人或者采矿权人在编制矿山地质环境保护与土地复垦方案过程中，应当听取当地政府和相关权益人的意见。

具体承担相应建设用地审查和采矿权审批的自然资源主管部门负责对方案进行审查。受理审查申请后，应当组织专家进行论证。

第二十四条　采矿权人在实施土地复垦工程前，应当依据审查通过的矿山地质环境保护与土地复垦方案进行土地复垦规划设计，将矿山地质环境保护与土地复垦方案和土地复垦规划设计一并报所在地旗区人民政府自然资源主管部门备案。

采矿权人应当依据审查通过的方案，开展矿山地质环境保护与土地复垦工作，每年年末向市、旗区人民政府自然资源主管部门报告当年矿山地质环境保护与土地复垦情况。

第二十五条　矿山地质环境治理应当根据矿山所在地区的土壤、水文、水资源、生物多样性、土地利用、土地毁损等情况，分类实施复垦：

（一）在水资源、表土资源相对富足地区的露天矿山，应当严格按照相关土地复垦规定，对占用或者挖损区域进行表层土剥离、保存和利用。排土（石）场应当符合设计要求，不得超高排弃。植被恢复应当符合地方林草产业规划。复垦验收的土地在土壤性质、地形坡度、水土保持、灌溉设施等方面应当满足相应土地利用类型的标准要求。

（二）在水资源、表土资源相对贫乏地区的露天矿山，应当因地制宜采取工程措施和生物措施相结合的方式进行地质环境治理和土地复垦，消除地质灾害隐患。排土（石）场应当设置雨水截（排）水系统。绿化应当与周围自然环境相协调。

（三）井工矿山地面塌陷治理应当分类实施，暂未达到稳定状态的，应当采取监测、警示和工程措施，消除安全隐患；达到稳定状态的，应当及时采取回填平整、植被重建等综合治理措施进行治理。

第二十六条　旗区人民政府应当对相邻矿山进行集中连片治理规划。集中连片治理区应当统一治理标准和要求，优化尾坑留置和边坡处置，实现复垦土地科学利用。

集中连片治理区内的矿山企业应当统筹使用矿山地质环境治理恢复基金，实施联合治理。

第二十七条　石油天然气开采项目建设、生产、运输等应当减少生态破坏，项目竣工应当按照矿山地质环境保护与土地复垦方案的要求进行土地复垦。

石油天然气矿山应当对技术关闭井、报废井实施安全封堵，并将相关资料报旗区人民政府自然资源、生态环境主管部门备案。

第三节　矿山现代化与和谐矿区建设

第二十八条　采矿权人应当选择国家鼓励、支持和推广的自动化、信息化和智能化开采技术和工艺，提高生产装备和现代化管理水平。

第二十九条　采矿权人应当组建科技研发队伍，建立产学研用相结合的科技创新体系，推广转化科技成果，加大技术改造力度，推动产业绿色升级。企业每年的研发和技改投入不得低于相关规定标准。

第三十条　采矿权人应当统筹建设矿山生产、安全、环保、取用水等监测监控系统，实现集中管控和信息联动。

第三十一条　煤炭采矿权人应当加快矿井智能化建设，逐步建立多产业链、多系统集成的煤矿智能化系统和智能感知、智能决策、自动执行的煤矿智能化体系。

第三十二条　采矿权人应当建立健全产权、责任、管理、文化等方面的企业管理制度和绿色矿山管理体系。

第三十三条　矿区整体环境应当干净整洁。矿区地面工程系统以及供水、供电、卫生、环保等配套基础设施完善。矿区容貌与周边地表、植被等自然环境相协调。

矿区应当按照规定设置标识、标牌。生产区、管理区、生活区、生态区等功能区应当合理布局、运行有序、规范管理。

矿区专用道路两侧、工业广场周边、办公区、生活区等适宜绿化区域应当进行绿化，并科学配置林草种类。

第三十四条　旗区人民政府、苏木乡镇人民政府和矿山企业应当加强和谐矿区建设。旗区人民政府应当建立政府、村民代表与企业共同参与的矛盾纠纷化解协调机制；采矿权人应当与矿山属地苏木乡镇人民政府、街道办事处、嘎查村（居）民委员会建立磋商和协商机制，妥善处理各类矛盾。

采矿权人应当积极承担社会责任，制定工作方案，在企业用工方面优先安排使用符合用工条件的矿区周边村民，积极开展扶贫救助等惠民活动。

采矿权人在生产生活中应当尊重当地少数民族风俗习惯。

矿区周边村民应当依法维护权益、表达诉求。

第三章　绿色矿山监督管理

第三十五条　市、旗区人民政府应当根据国家和自治区绿色矿山建设规划的要求，编制市、旗区绿色矿山建设规划。

绿色矿山建设规划应当与国土空间规划、矿产资源总体规划、生态环境保护规划、地质灾害防治规划、地质环境治理规划、水土保持规划、矿区总体规划等相衔接。

经批准后的绿色矿山建设规划，由市、旗区人民政府自然资源主管部门会同相关部门组织实施。

采矿权人应当根据市、旗区绿色矿山建设规划，编制本矿山的绿色矿山建设实施方案。

第三十六条　市、旗区人民政府相关部门在绿色矿山监督管理中，应当履行下列职责：

（一）自然资源主管部门负责绿色矿山申报、

第三方评估、审核公示、名录管理等工作；对矿山地质环境治理、土地复垦、矿山地质环境治理恢复基金和开采回收率、采矿贫化率、选矿回收率等实施监督管理。

（二）生态环境主管部门负责矿山生态环境保护工作，对矿山废水、废气、固体废物和噪声的达标排放情况实施监督管理。配合自然资源主管部门做好矿山生态环境恢复治理工作。

（三）能源主管部门负责能源产业发展规划的完善、先进开采技术和方法的推广、矿山开发项目建设的核准备案工作，对煤矿安全生产工作实施监督管理。

（四）财政主管部门对采矿权人的矿山地质环境治理恢复基金账户设立、基金支出、资金绩效等事项实施监督管理。配合自然资源主管部门做好矿山地质环境治理恢复基金计提的监督检查。

（五）水利主管部门对矿山开采取水、水土流失防治、防洪安全和非常规水综合利用实施监督管理。

第三十七条　市、旗区人民政府应当建立统筹协调、联控联治的区域一体化综合执法体系，对矿山企业进行监督管理。

第三十八条　旗区人民政府应当按照公开、公平、公正的原则，委托第三方评估机构开展绿色矿山评估。第三方评估机构应当按照国家、自治区绿色矿山评估的相关规定开展评估工作。

第三十九条　采矿权人应当按照国家、自治区规定，按时足额计提矿山地质环境治理恢复基金。

基金的计提、使用和管理应当遵循企业所有、政府监管、专户储存、专款专用的原则。

第四十条　旗区人民政府自然资源、财政主管部门是本行政区域内矿山地质环境治理恢复基金的管理责任主体，市自然资源、财政主管部门是本行政区域内矿山地质环境治理恢复基金的监督责任主体。

市、旗区人民政府自然资源、财政等主管部门应当对矿山地质环境保护与土地复垦方案、年度治理计划书的执行情况以及矿山地质环境治理恢复基金的计提、存储、提取、使用等情况进行监督管理。

市、旗区人民政府应当制定矿山地质环境治理恢复基金管理配套规定，明确基金的计提、存储、提取，使用的条件、范围、程序和监督管理的方式、权限等内容。

第四十一条　采矿权人应当根据矿山地质环境保护与土地复垦方案编制年度治理计划，明确年度治理内容、范围、基金使用计划。

采矿权人可以根据年度基金使用计划，向旗区人民政府自然资源主管部门提出使用矿山地质环境治理恢复基金申请。旗区人民政府自然资源主管部门收到申请15个工作日内，组织相关监管单位进行现场核查，经核查符合矿山地质环境保护与土地复垦方案的，出具使用意见，采矿权人可凭使用意见，从银行基金账户中划转相应基金的存款。

第四十二条　采矿权人的基金计提、使用、管理以及矿山地质环境保护与土地复垦方案的执行情况，应当列入矿业权人勘查开采信息公示系统。

对于未按照规定计提、使用、管理矿山地质环境治理恢复基金以及未按照矿山地质环境保护与土地复垦方案进行保护与土地复垦工作的采矿权人，应当列入矿业权人异常名录或者严重违法失信名单，责令其限期整改。

第四十三条　纳入绿色矿山名录的采矿权人应当持续开展绿色矿山维护。有以下情形之一的，由旗区人民政府自然资源主管部门逐级上报至自治区自然资源主管部门，建议将其移出自治区绿色矿山名录：

（一）矿山闭坑、政策性关闭的；

（二）采矿证注销、吊销的；

（三）绿色矿山监督检查不合格且一年内整改未达到绿色矿山建设要求的；

（四）采矿权人和第三方评估机构弄虚作假纳入绿色矿山名录的；

（五）列入严重违法失信名单等原因或者被相关行业主管部门认定不宜继续纳入绿色矿山名录的。

第四十四条　市、旗区人民政府应当按照“双随机、一公开”的方式，对已列入绿色矿山名录的矿山企业进行检查，检查结果向社会公告。

第四章　法律责任

第四十五条　违反本条例第八条第二款规定，采矿权人未达到方案确定的开采回采率、采矿贫化率、选矿回收率、矿山水循环利用率和土地复垦率等指标的，由市、旗区人民政府自然资源主管部门责令限期改正，处 5 万元以上 50 万元以下的罚款；逾期不改正的，由采矿许可证颁发机关依法吊销采矿许可证。

第四十六条　违反本条例第二十一条第三项规定，采矿权人在土建施工过程中未采取水土保持临时防护措施的，由市、旗区人民政府水行政主管部门责令限期改正，逾期不改正的，处 3 万元以上 30 万元以下的罚款。

第四十七条　违反本条例第二十二条，在矿山闭坑前或者闭坑后未完成生态修复的，由旗区以上自然资源主管部门责令限期修复，处 50 万元以上 200 万元以下的罚款；逾期仍未修复的，由自然资源主管部门依法确定有修复能力的单位代为修复，所需费用由违法者承担，并可以提起生态损害赔偿诉讼。

第四十八条　违反本条例第二十四条规定，未将矿山地质环境保护和土地复垦方案、土地复垦规划设计报所在地旗区人民政府自然资源主管部门备案的，由市、旗区人民政府自然资源主管部门责令限期改正；逾期不改正的，处 2 万元以上 5 万元以下的罚款。

第四十九条　违反本条例第二十五条第一项规定，采矿权人未按照规定对占用或者挖掘区域进行表层土剥离的，由市、旗区人民政府自然资源主管部门责令限期改正；逾期不改正的，按照应当进行表土剥离的土地面积处每公顷 1 万元的罚款。

第五十条　违反本条例第三十九条规定，未按照规定计提矿山地质环境治理恢复基金的，由市、旗区人民政府自然资源主管部门责令限期计提；逾期不计提的，处 1 万元以上 3 万元以下的罚款。

第五十一条　市、旗区人民政府以及其他负有绿色矿山建设管理职责的相关部门工作人员在绿色矿山的建设与管理中玩忽职守、滥用职权、徇私舞弊的，对相关责任人依法给予处分；构成犯罪的，依法追究刑事责任。

第五章　附　则

第五十二条　本条例自 2020 年 10 月 1 日起施行。

鄂尔多斯市中小学校幼儿园规划建设条例

（2020年10月27日鄂尔多斯市第四届人民代表大会常务委员会第二十二次会议通过 2020年11月26日内蒙古自治区第十三届人民代表大会常务委员会第二十三次会议批准）

第一章 总 则

第一条 为了加强中小学校、幼儿园规划和建设工作，促进教育事业优质均衡发展，根据《中华人民共和国教育法》《中华人民共和国义务教育法》《中华人民共和国城乡规划法》等法律法规，结合本市实际，制定本条例。

第二条 本市行政区域内中小学校、幼儿园的规划和建设工作，适用本条例。法律、法规已经作出规定的，从其规定。

第三条 中小学校、幼儿园的规划和建设应当遵循政府主导、属地管理、优先保障、科学规划、合理布局、统筹建设的原则。

第四条 市、旗区人民政府应当加强本行政区域内中小学校、幼儿园的规划和建设工作，将中小学校、幼儿园的规划和建设纳入本级国民经济和社会发展规划、城镇国土空间规划。

教育主管部门负责组织实施中小学校、幼儿园的规划和建设工作。

自然资源部门负责中小学校、幼儿园的规划管理、建设用地保障和不动产登记工作。

住房和城乡建设部门负责中小学校、幼儿园工程建设监督管理工作。

发展和改革、公安、财政、城市管理综合执法、文化和旅游、应急管理、市场监督管理等有关部门按照各自职责做好中小学校、幼儿园的规划和建设工作。

第二章 规 划

第五条 市、旗区人民政府教育主管部门会同自然资源、住房和城乡建设等部门，组织编制本辖区中小学校、幼儿园布局专项规划。

中小学校、幼儿园布局专项规划应当根据国民经济和社会发展规划、城镇国土空间总体规划、教育事业发展规划，综合考虑城市功能区分布、人口居住状况、学龄人口变化趋势、交通状况、现有教育资源和城镇化进程等因素科学编制。

编制中小学校、幼儿园布局专项规划，应当采取论证会、座谈会、听证会或者其他方式征求专家、有关部门和社会公众的意见。

第六条 中小学校、幼儿园布局专项规划经本级人民政府批准后向社会公布，专项规划主要内容应当纳入所在城镇国土空间详细规划；农村牧区中小学校、幼儿园用地规划应当纳入苏木乡规划和村庄规划。

第七条 经批准的中小学校、幼儿园布局专项规划，未经法定程序不得擅自修改。确需修改的，教育主管部门应当依照本条例规定重新报请批准并向社会公布。

第八条 市、旗区人民政府教育主管部门应当会同自然资源部门，至少每三年对中小学校、幼儿园布局专项规划实施情况进行一次评估，并向本级人民政府提交评估报告。

第九条 编制城镇国土空间详细规划和中小学校、幼儿园布局专项规划时，应当优先预留足量、适宜的中小学校、幼儿园建设用地。保障生均用地面积指标不低于国家和自治区标准，有条件的地方可以适当提高标准。中心城区、旗区人民政府所在地中小学校、幼儿园生均用地面积应当符合以下标准：

（一）幼儿园生均用地面积不低于35平方米；

（二）小学生均用地面积不低于40平方米；

（三）初级中学生均用地面积不低于45平方米；

（四）高级中学生均用地面积不低于50平方米。

中小学校、幼儿园的办学规模应当符合国家和自治区相关规定。苏木乡镇、农村牧区可以适当调整中小学校、幼儿园布点，增加学校服务半径或者建设乡村小规模学校和寄宿制学校。

第十条 旧城区改造、新城区开发、居住区建设、易地搬迁应当按照标准规划建设中小学校、幼儿园。

第十一条 现有中小学校、幼儿园用地面积、建筑面积和办学规模等未达到国家和自治区规定标准的，编制中小学校、幼儿园布局专项规划时应当作出相应的改建、扩建规划。

第十二条 对规划预留的中小学校、幼儿园建设用地，任何单位和个人不得擅自变更用地性质或者改变用途。

因国家重点工程建设、公共利益等原因确需调整建设用地性质或者用途的，应当征求教育主管部门同意，并按照不少于原规划中小学校、幼儿园建设用地有效面积的土地予以置换。置换的中小学校、幼儿园建设用地应当符合国家和自治区的相关规定。

第十三条 现有公办中小学校、幼儿园停办、合并、分立或者搬迁，需要对建设用地进行调整的，由市、旗区人民政府教育主管部门会同自然资源、财政等有关部门根据中小学校、幼儿园布局专项规划提出调整方案，报本级人民政府批准。

第十四条 中小学校、幼儿园校门口规划应当满足学生治安安全、交通安全、接送便捷和应急疏散需要，合理设置家长接送区和临时停车位。条件允许的，应当规划建设停车场。

在中小学校、幼儿园周边进行规划建设，应当遵守下列规定：

（一）周边1000米范围内，不得建设殡仪馆、污水处理厂、垃圾填埋场；

（二）周边500米范围内，不得建设看守所、强制戒毒所、监狱等羁押场所；

（三）周边300米范围内，不得建设车站、集贸市场等嘈杂场所；

（四）周边200米范围内，不得设立互联网上网服务营业场所、营业性电子游艺娱乐场所、歌舞娱乐场所等影响正常教学秩序和青少年身心健康的经营性场所；

（五）长输天然气管道、输油管道、架空高压输电线、高压电缆等不得穿越或者跨越中小学校、幼儿园；

（六）易燃易爆、剧毒、放射性、腐蚀性等危险物品的生产、经营、储存、使用场所或者设施，与中小学校、幼儿园的间隔距离应当符合国家和自治区有关规定；

（七）未经批准不得在中小学校、幼儿园围墙外倚建各种建筑物、构筑物和其他设施；

（八）不得进行其他可能影响中小学校、幼儿园教学秩序和安全的规划建设活动。

第三章 建 设

第十五条 市、旗区人民政府应当根据城镇国土空间详细规划和中小学校、幼儿园布局专项规划，有计划地建设中小学校、幼儿园，确保本辖区内适龄少年、儿童就近入学、入园。

第十六条　市、旗区人民政府教育主管部门应当会同发展和改革、财政等有关部门，提出中小学校、幼儿园年度建设计划，报请本级人民政府列入政府投资年度计划。

第十七条　市、旗区人民政府财政部门应当将中小学校、幼儿园建设资金列入财政预算，并及时、足额拨付到位。

任何单位或者个人不得侵占、截留或者挪用中小学校、幼儿园建设资金。

第十八条　市、旗区人民政府实行中小学校、幼儿园建设项目并联审批制度，发展和改革、自然资源、住房和城乡建设、财政等部门应当为列入年度建设计划的中小学校、幼儿园建设项目及时办理相关手续。

第十九条　支持、鼓励社会力量捐资、投资建设中小学校、幼儿园，并保障其建设用地。

非营利性民办中小学校、幼儿园建设用地，应当按照与公办学校同等原则，以划拨方式供地。

营利性民办中小学校、幼儿园建设用地，应当依照国家规定以出让方式供地。

第二十条　新建、改建、扩建或者重建中小学校、幼儿园，应当充分考虑教育教学需要和中小学生、学龄前儿童使用特点，满足下列条件：

（一）符合国家和自治区规定的设计、建设标准和规范，达到建筑工程质量、消防、抗震、防雷、环保、节能、日照、卫生、通风、安全等标准和规范的要求；

（二）按照国家规范配置无障碍设施，保障残疾学生、学龄前儿童的使用和安全；

（三）充分考虑现代教育的发展趋势，预留足够的信息技术设施、设备升级和智能化建设所需的空间；

（四）法律、法规规定的其他条件。

现有中小学校、幼儿园的改建、扩建或者重建应当安排在假期和休息日进行，严禁课间施工；情况紧急需要施工的，可以安排学生放假或者采取必要的隔离防护措施，保障师生安全。

第二十一条　新建居民住宅区规划建设的中小学校、幼儿园应当与居民住宅区同步规划、同步设计、同步建设、同步验收、同步交付使用。

分期开发建设的居民住宅区规划建设的中小学校、幼儿园应当与首期开发建设的居民住宅区同步规划、同步设计、同步建设、同步验收、同步交付使用。

第二十二条　新建居民住宅区未按照中小学校、幼儿园布局专项规划和土地出让合同设计中小学校、幼儿园的，发展和改革部门不予立项，自然资源部门不得办理规划手续，住房和城乡建设部门不得办理施工许可手续。

第二十三条　中小学校、幼儿园的建设可以采用政府统筹建设、开发建设单位配套建设等方式进行。

开发建设单位配套建设的，自然资源部门应当将配套建设中小学校、幼儿园的用地面积、建筑面积等指标纳入建设用地规划条件一并公告。

自然资源部门与开发建设单位签订国有土地使用权出让合同时，应当明确配套建设中小学校、幼儿园的建设位置、用地面积、建设规模、建设标准、建设工期、交付使用、产权归属、补偿措施、移交方式以及违约责任等内容。自然资源、住房和城乡建设、教育主管等部门应当监督开发建设单位全面履行相关协议。

第二十四条　居民住宅区竣工验收时，配套建设的中小学校、幼儿园不符合规划条件、设计方案、相关标准和土地出让合同约定要求的，相关部门不得办理验收手续。

第二十五条　配套建设的中小学校竣工备案后，合同约定移交教育主管部门管理使用的，应当及时移交。

配套建设的幼儿园竣工备案后，应当及时移交教育主管部门管理使用。

第二十六条　住房和城乡建设、公安、城市管理综合执法等有关部门，应当在中小学校、幼儿园门前设置相应的安全设施以及规范的警告、限速、禁鸣、慢行、让行等交通标志、标线，确保中小学生和学龄前儿童安全通行。

中小学校、幼儿园校门面向公路或者城市主要道路，车流量较大的，应当根据需要在该路段修建过街天桥或者地下通道。

校内、园内建设机动车停车场、停车位的，校内、园内道路应当实行人车分行，分别设立人行通道和机动车通道，保障师生安全。

第二十七条　捐资兴建的中小学校、幼儿园确需撤并、拆除或者改变用途的，应当征得捐赠人的同意。

第四章　法律责任

第二十八条　违反本条例第十四条第二款第七项规定，未经批准在中小学校、幼儿园围墙外倚建建筑物、构筑物和其他设施的，由市、旗区人民政府城市管理综合执法主管部门或者苏木乡镇人民政府责令停止建设、限期拆除。

第二十九条　开发建设单位未按照规划配套建设中小学校、幼儿园的，由市、旗区人民政府有关部门责令停止建设；尚可采取改正措施消除对规划实施影响的，限期改正，处建设工程造价百分之五以上百分之十以下的罚款；无法采取改正措施消除影响的，限期拆除，不能拆除的，没收实物或者违法收入，可以并处建设工程造价百分之十以下的罚款。

第三十条　有关部门及其工作人员有玩忽职守、滥用职权、徇私舞弊行为的，由本级人民政府责令限期改正，通报批评；情节严重的，对有关负责人和直接责任人依法给予政务处分；构成犯罪的，依法追究刑事责任。

第五章　附　则

第三十一条　本条例自 2021 年 3 月 1 日起施行。

数说鄂尔多斯“十三五”

人 口

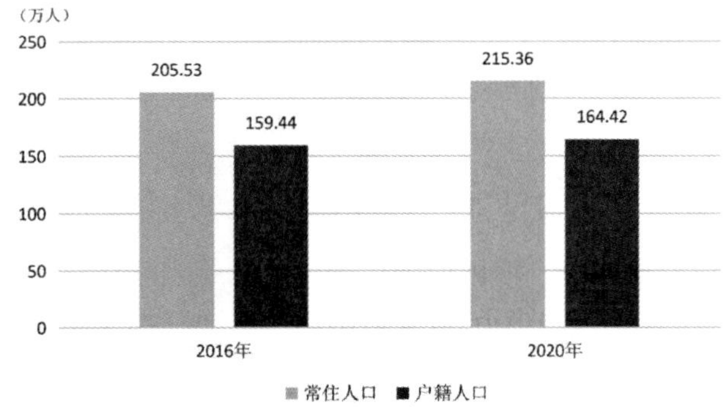

2016 年、2020 年常住人口、户籍人口

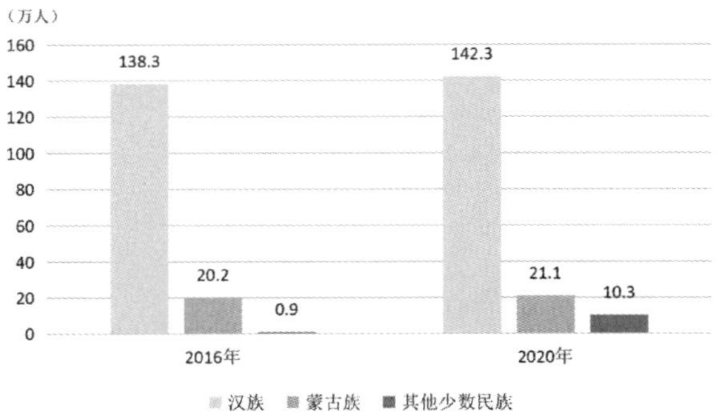

2016 年、2020 年民族人口

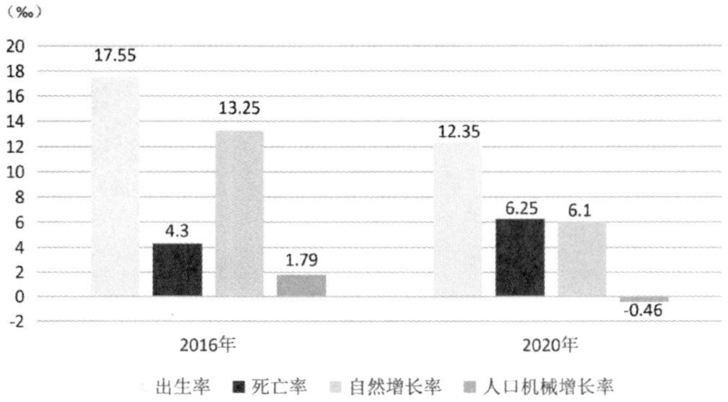

2016 年、2020 年出生率、死亡率、自然增长率、人口机械增长率

财 政

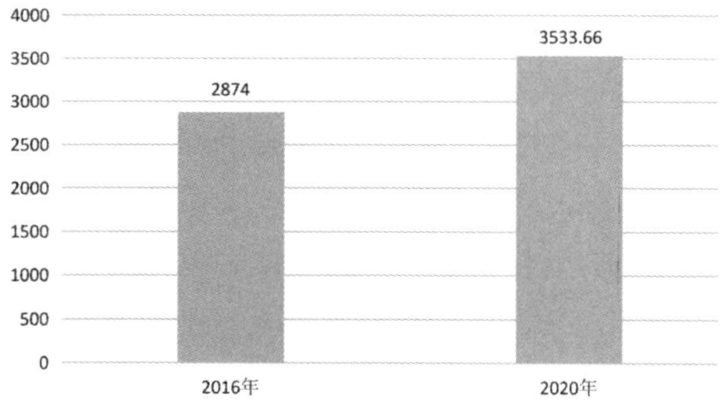

2016 年、2020 年地区生产总值

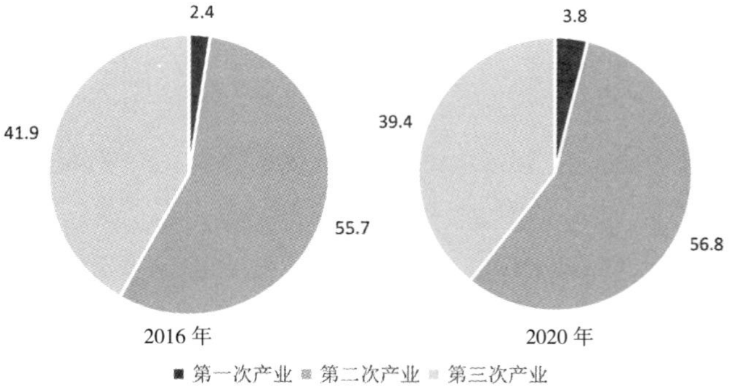

2016 年、2020 年生产总值中三次产业比例（%）

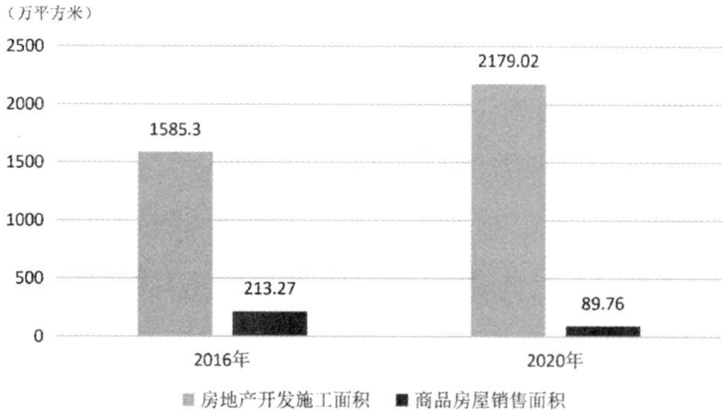

2016 年、2020 年房地产开发施工面积、商品房屋销售面积

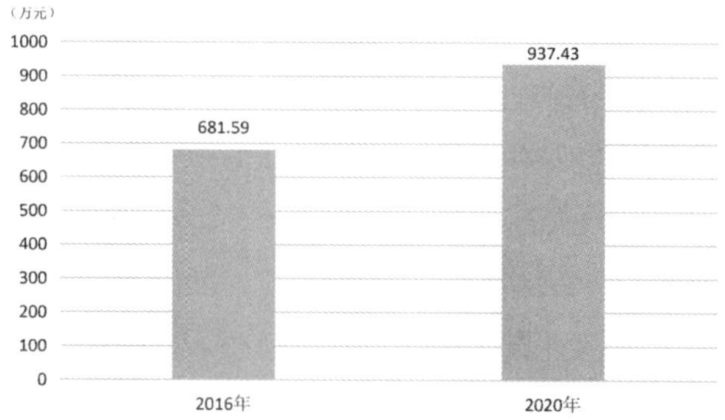

2016 年、2020 年财政总收入

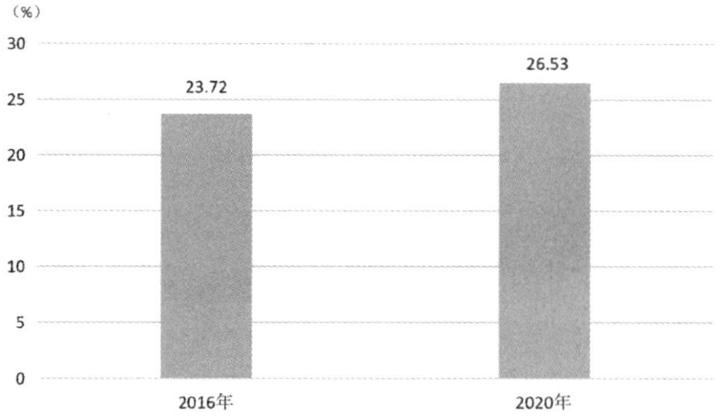

2016 年、2020 年财政收入占地区生产总值的比重（%）

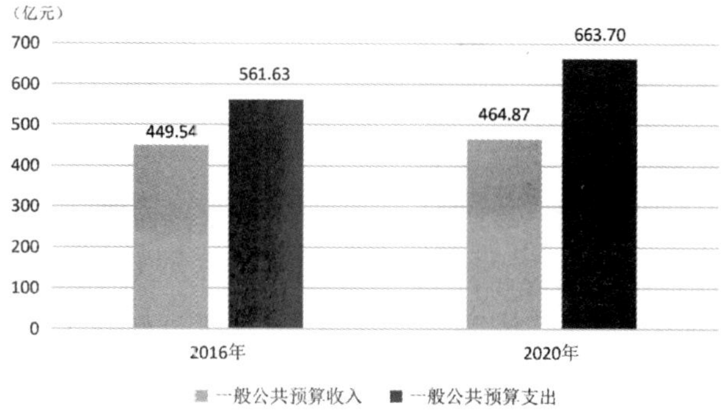

2016 年、2020 年一般公共预算收入、一般公共预算支出

农牧业

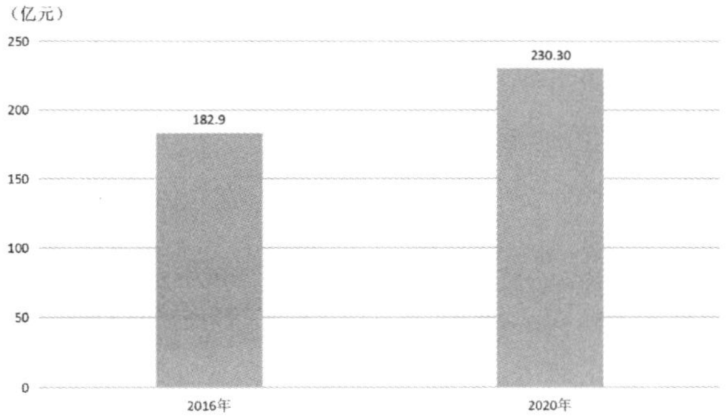

2016 年、2020 年农林牧渔及服务业总产值

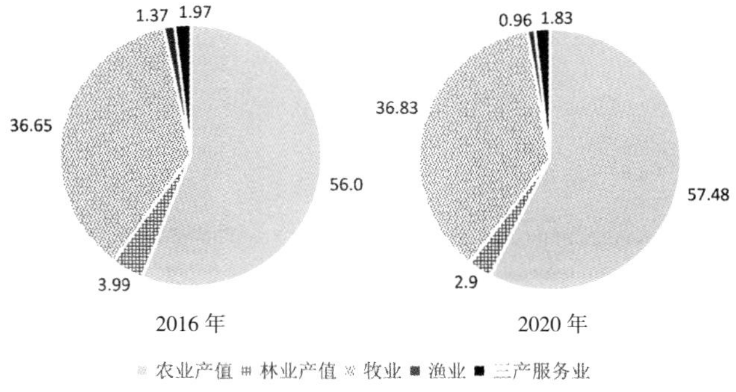

2016 年、2020 年农业总产值中农、林、牧、渔业、三产服务业比例（%）

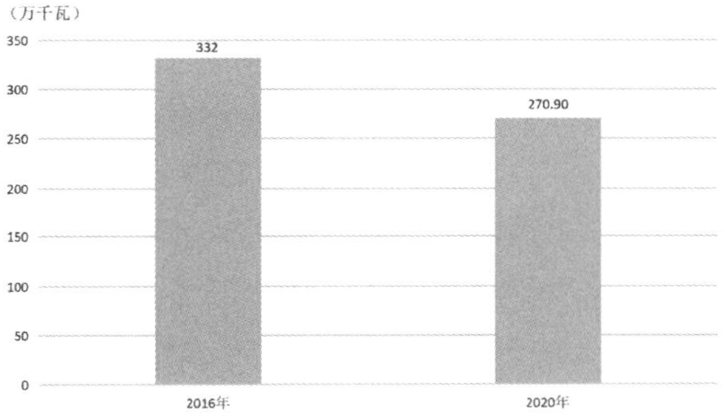

2016 年、2020 年农牧业机械总动力

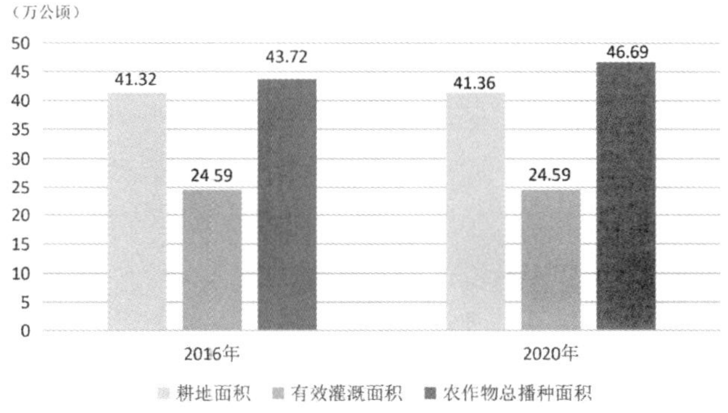

2016 年、2020 年耕地面积、有效灌溉面积、农作物总播种面积

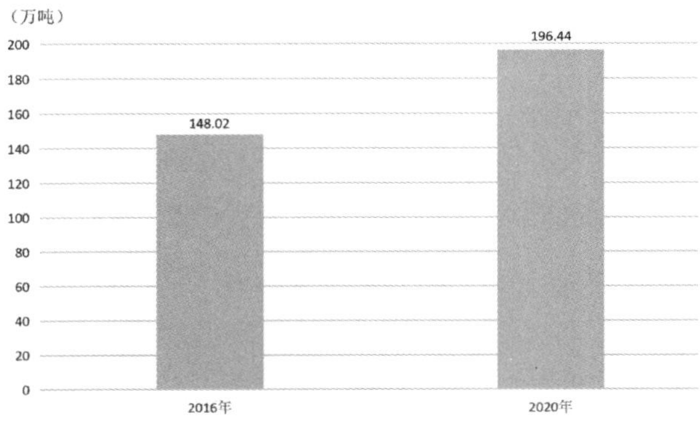

2016 年、2020 年粮食总产量

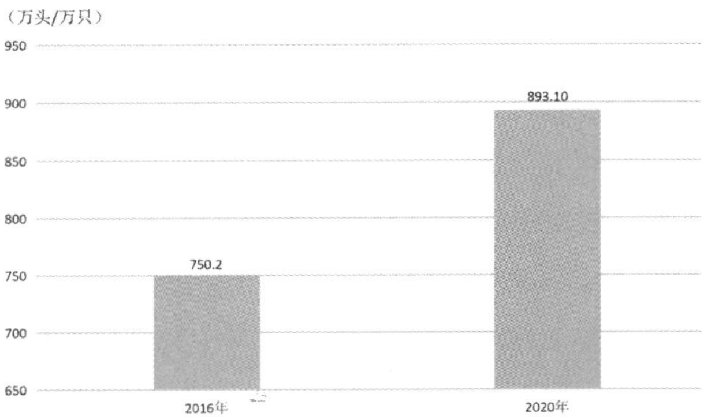

2016 年、2020 年牲畜总头数

工 业

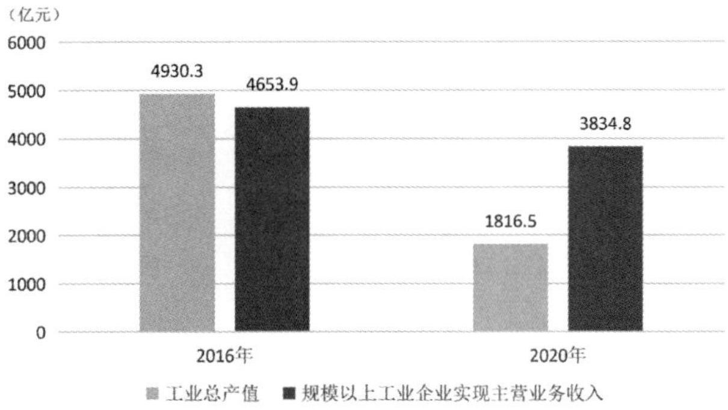

2016 年、2020 年工业总产值、规模以上工业企业实现主营业务收入

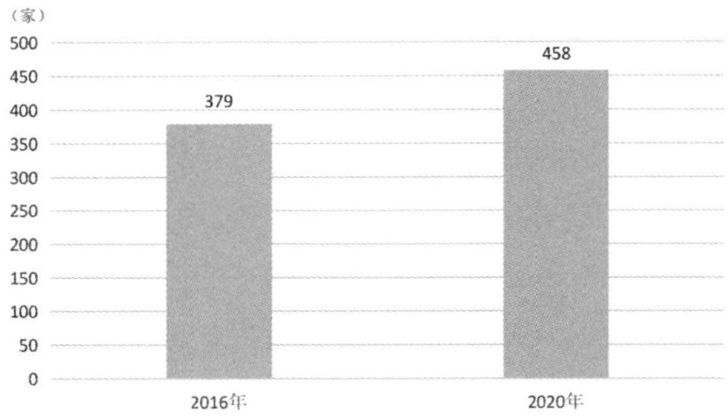

2016 年、2020 年规模以上工业企业

人民生活

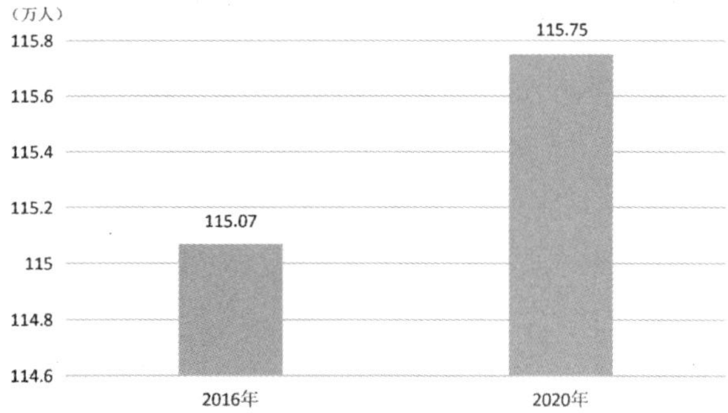

2016 年、2020 年就业人员

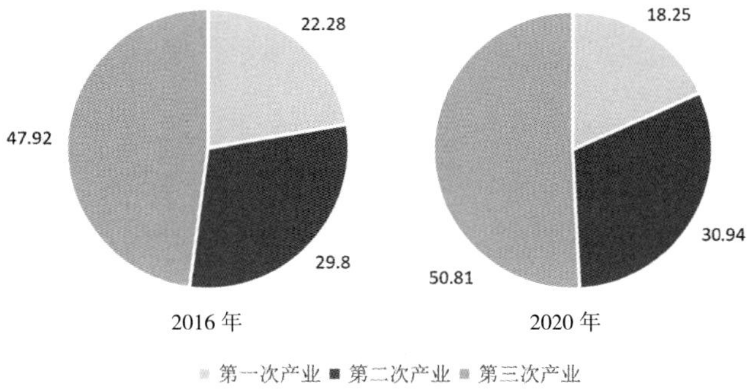

2016 年、2020 年社会就业人员中三次产业比例（%）

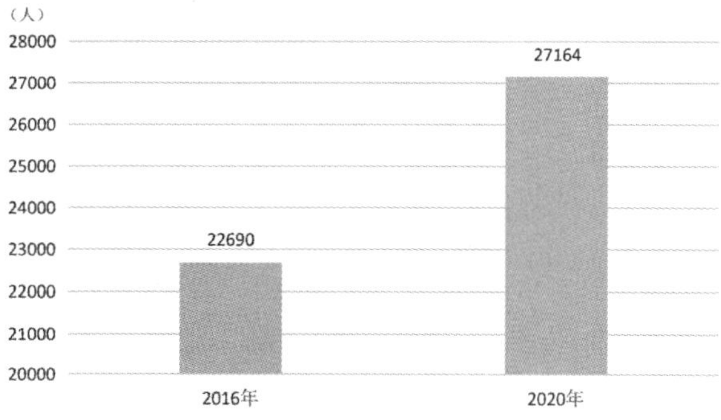

2016 年、2020 年城镇实有登记失业人员

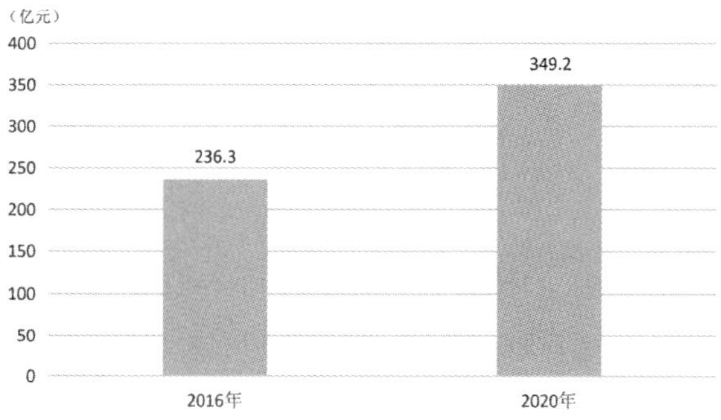

2016 年、2020 年职工工资总额

国内贸易　对外经济贸易

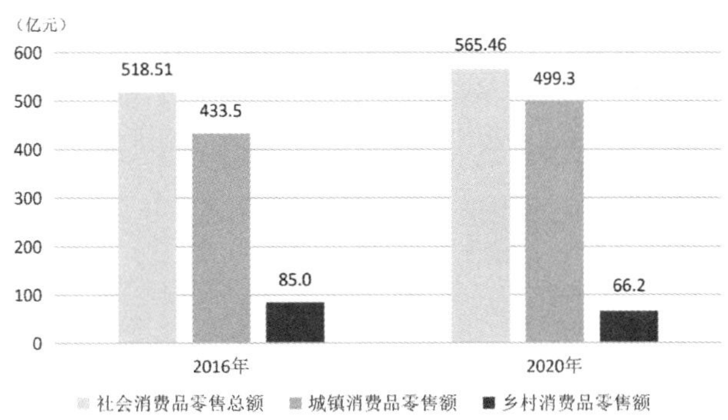

2016 年、2020 年社会消费品零售总额、城镇消费品零售额、乡村消费品零售额

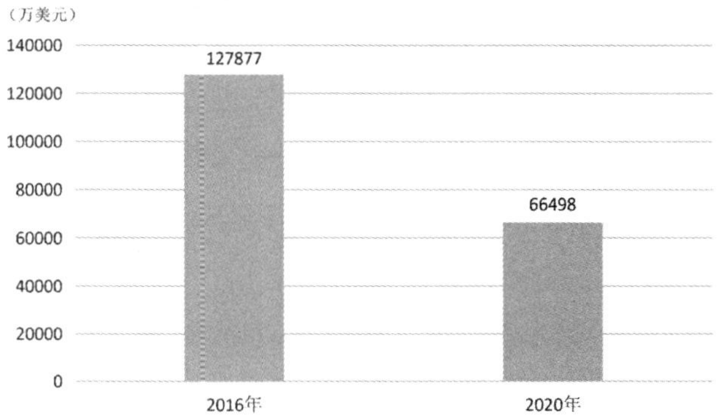

2016 年、2020 年进出口总额

旅游事业

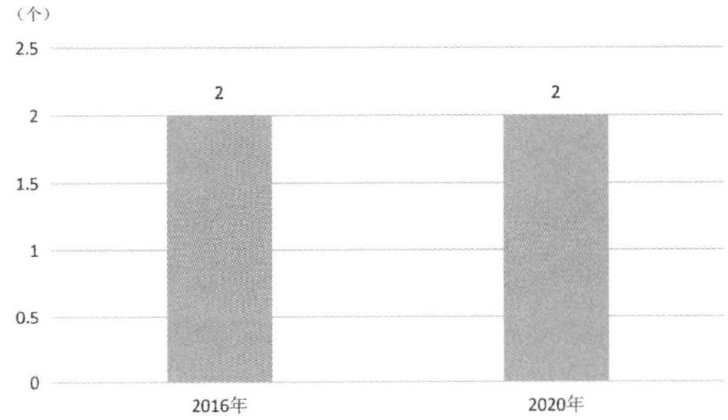

2016 年、2020 年国家 AAAAA 级旅游景区

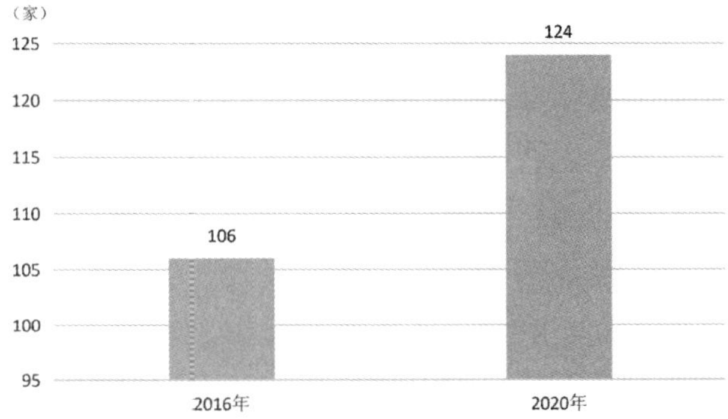

2016 年、2020 年旅行社

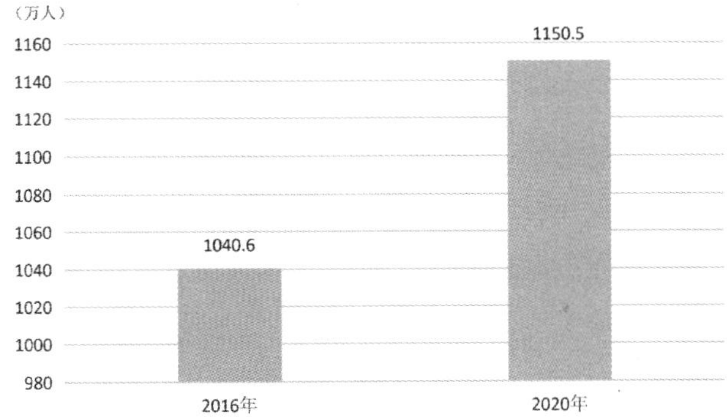

2016 年、2020 年接待旅游人数

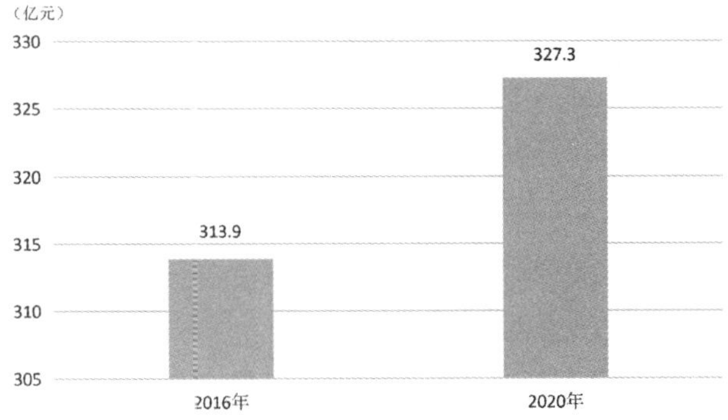

2016 年、2020 年旅游总收入

金融　保险

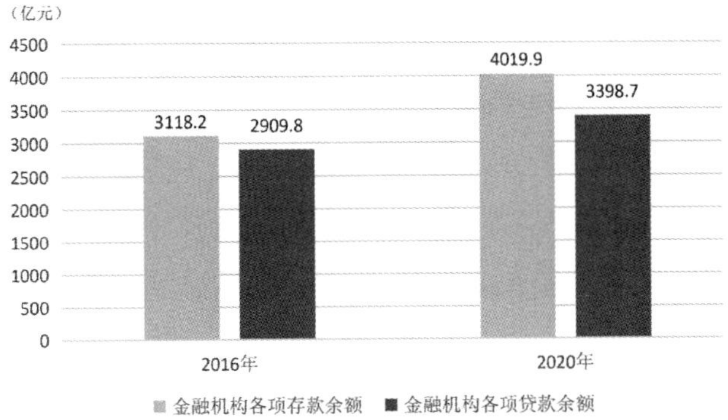

2016 年、2020 年金融机构各项存款余额、贷款余额

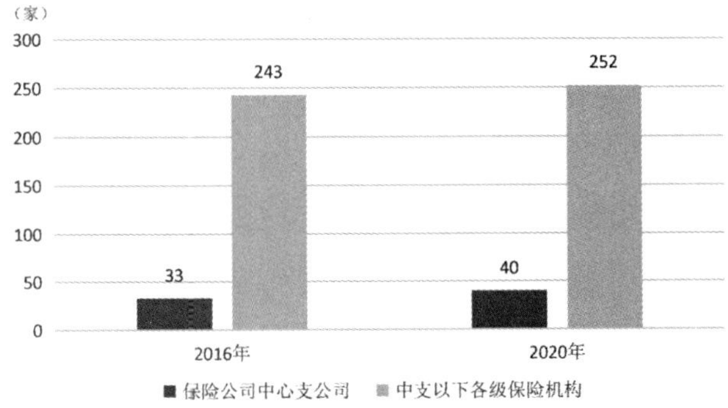

2016 年、2020 年保险公司中心支公司、中支以下各级保险机构

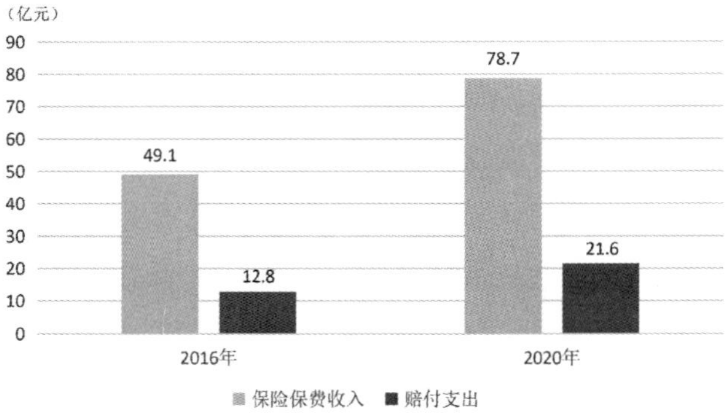

2016 年、2020 年保险保费收入、赔付支出

教育　科技　文化

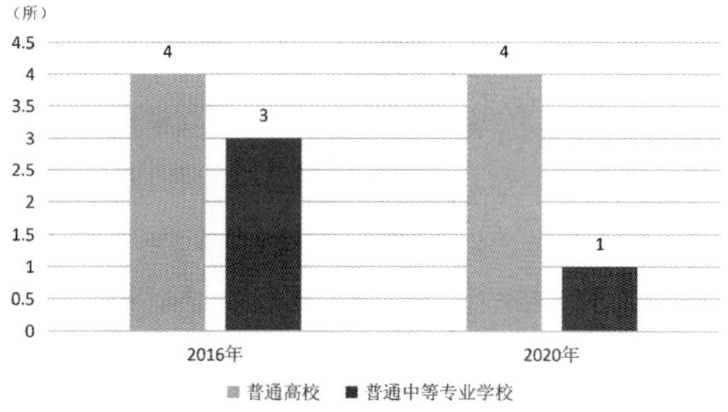

2016 年、2020 年普通高校、普通中等专业学校

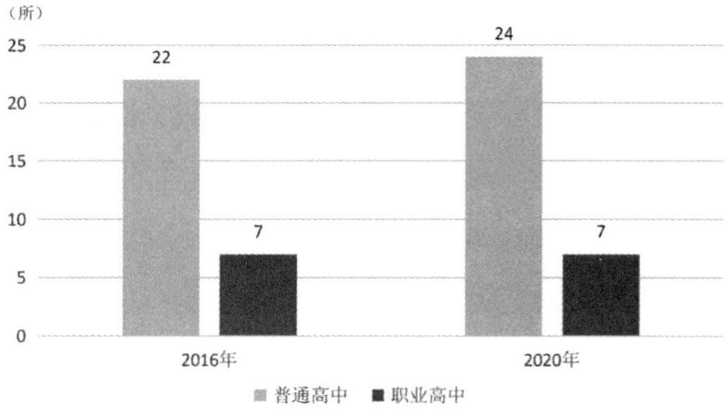

2016 年、2020 年普通高中、职业高中

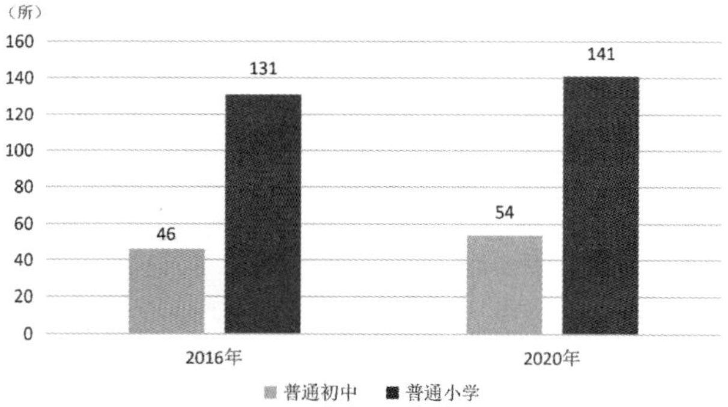

2016 年、2020 年普通初中、普通小学

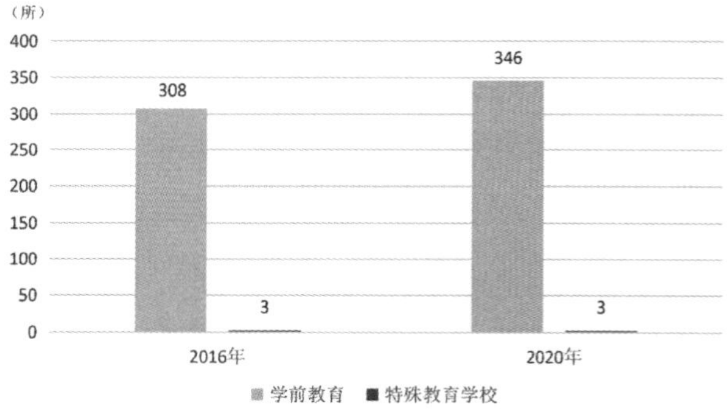

2016 年、2020 年学前教育、特殊教育学校

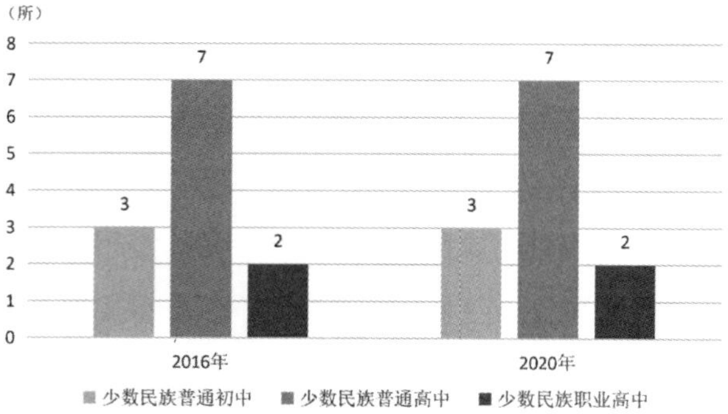

2016 年、2020 年少数民族普通初中、少数民族普通高中、少数民族职业高中

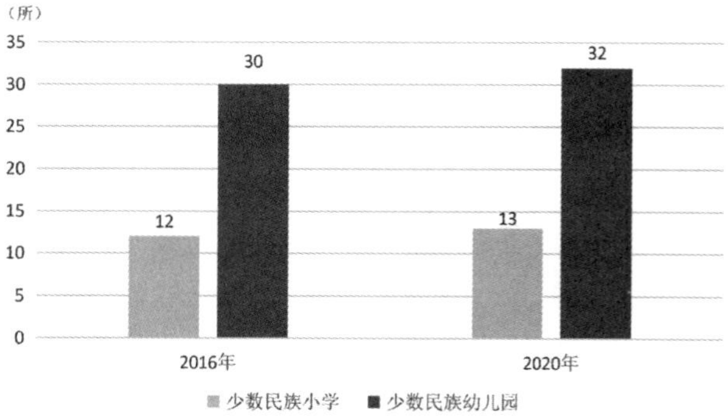

2016 年、2020 年少数民族小学、少数民族幼儿园

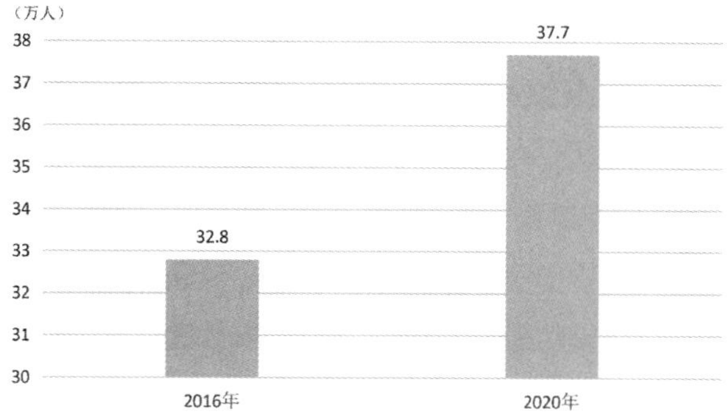

2016 年、2020 年各级各类学校（含幼儿园）在校生

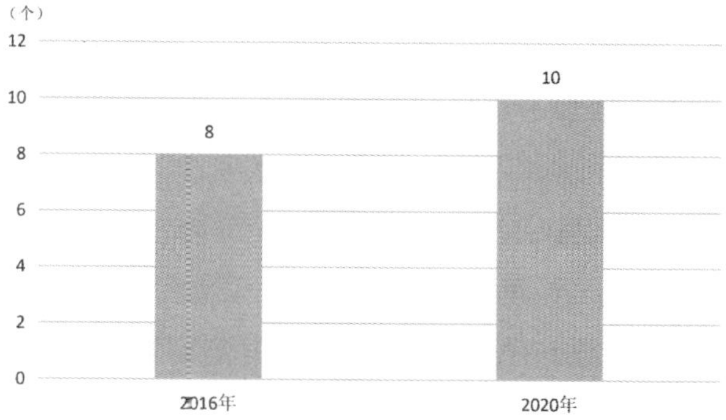

2016 年、2020 年国有独立科研机构

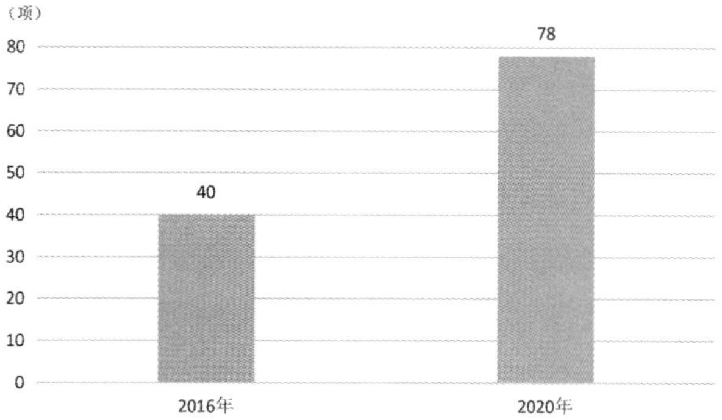

2016 年、2020 年科技成果

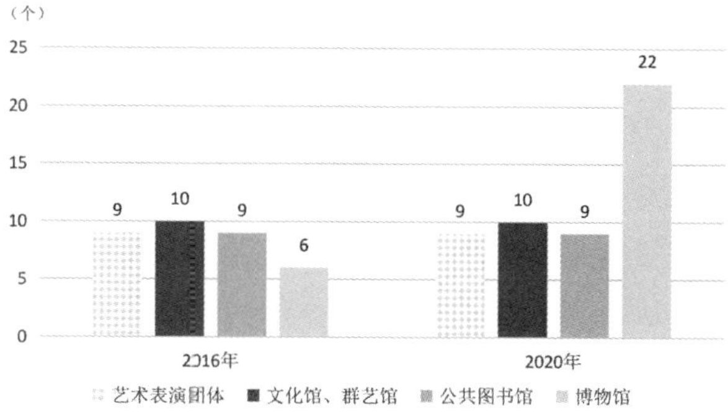

2016 年、2020 年艺术表演团体、文化馆、群艺馆、公共图书馆、博物馆

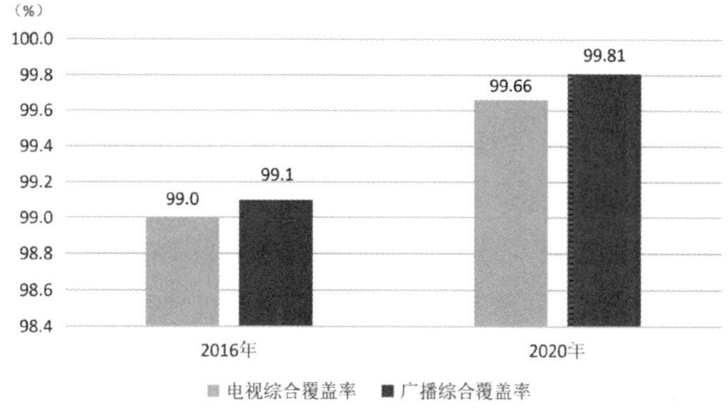

2016 年、2020 年电视综合覆盖率、广播综合覆盖率

体育　卫生健康

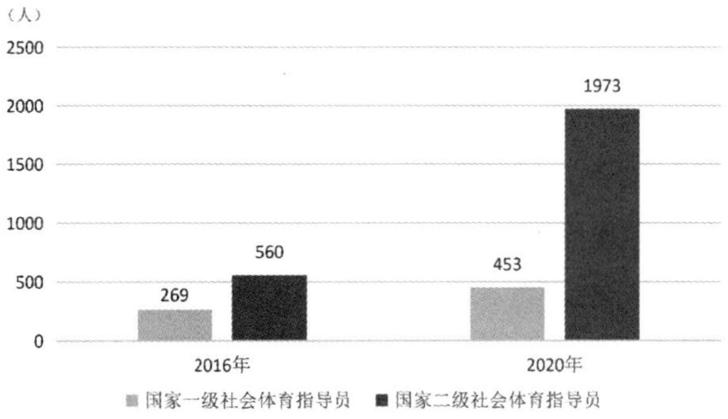

2016 年、2020 年国家一级社会体育指导员、国家二级社会体育指导员

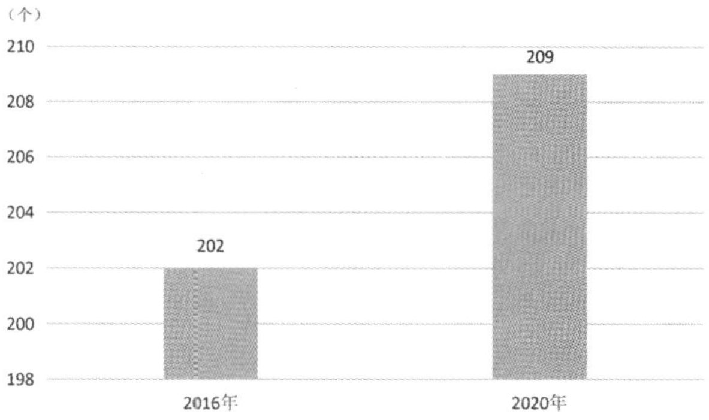

2016 年、2020 年社区全民健身点

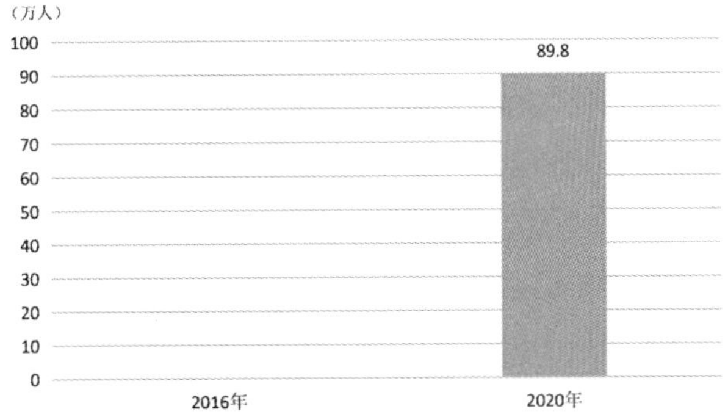

2016 年、2020 年《国家体育锻炼标准》达标人数

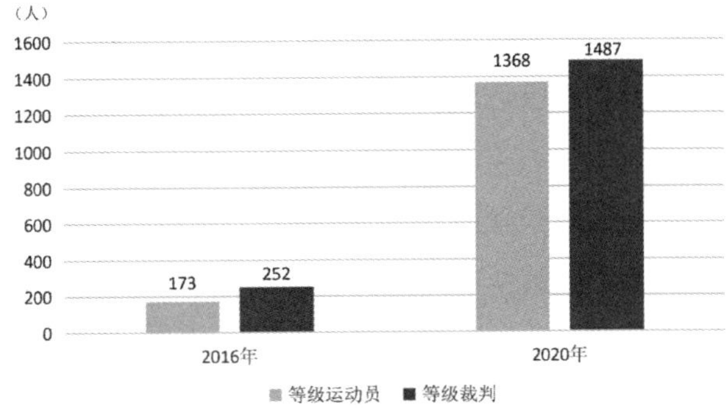

2016 年、2020 年等级运动员、等级裁判

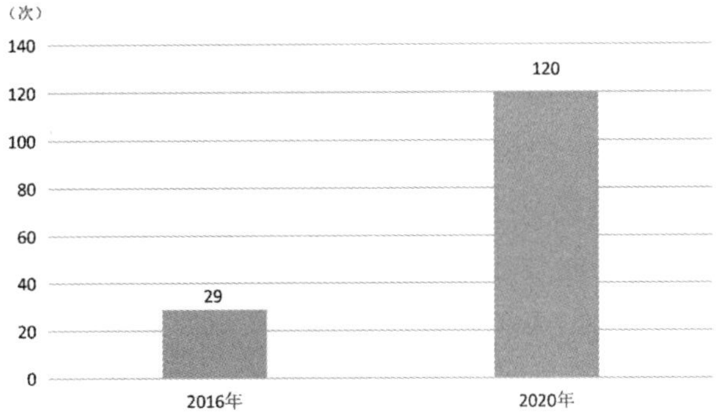

2016 年、2020 年举办运动会次数

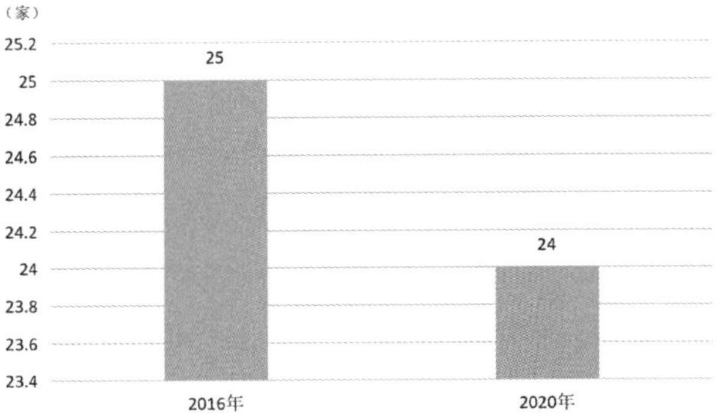

2016 年、2020 年公立医院

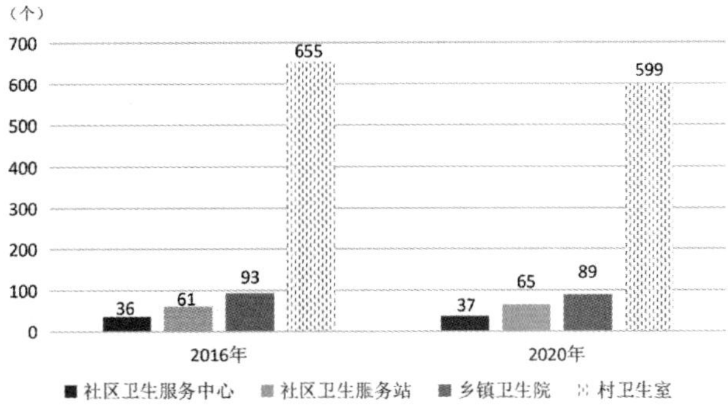

2016 年、2020 年社区卫生服务中心、社区卫生服务站、乡镇卫生院、村卫生室

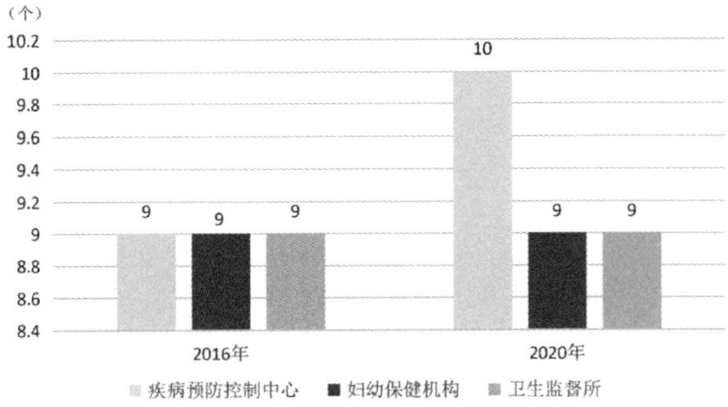

2016 年、2020 年疾病预防控制中心、妇幼保健机构、卫生监督所

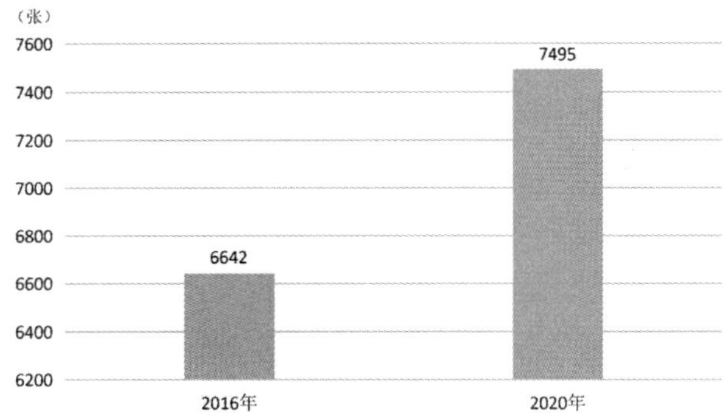

2016 年、2020 年公立医院床位

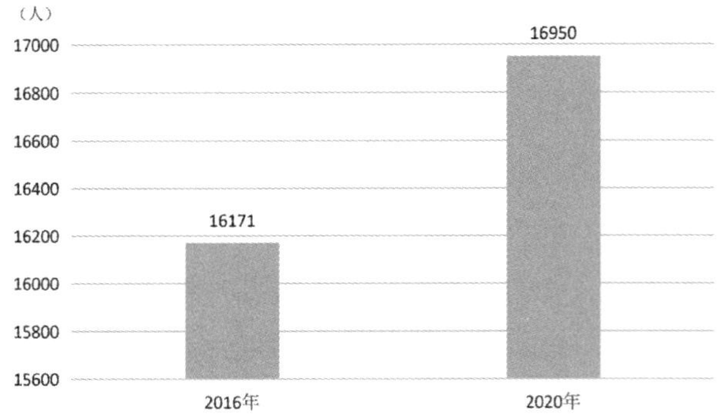

2016 年、2020 年卫生技术人员

体育 卫生健康

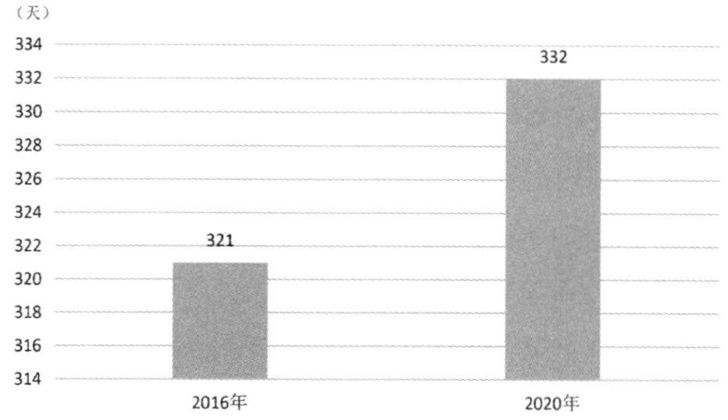

2016 年、2020 年空气质量优良天数

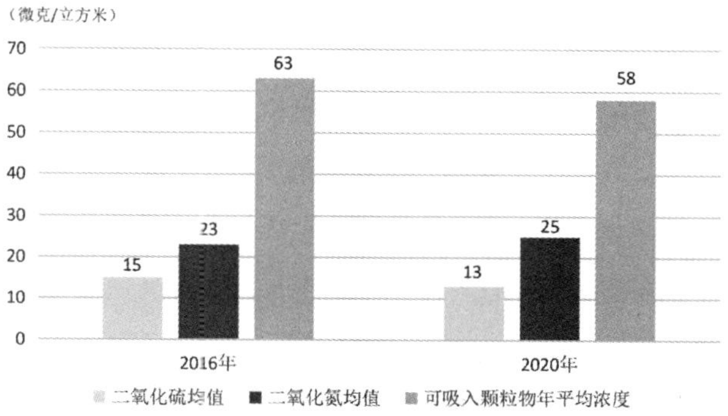

2016 年、2020 年二氧化硫均值、二氧化氮均值、可吸入颗粒物年平均浓度

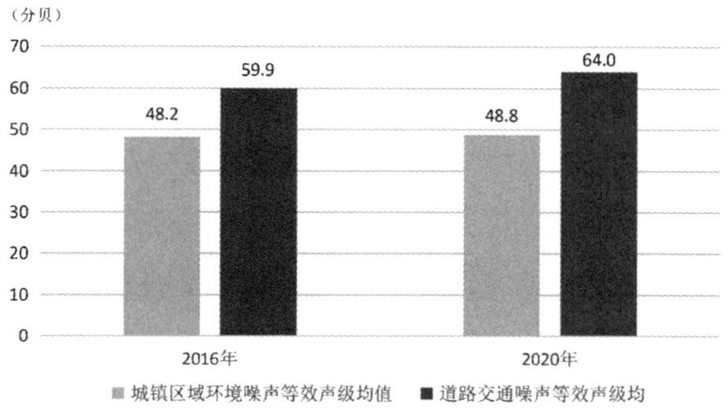

2016 年、2020 年城镇区域环境噪声等效声级均值、道路交通噪声等效声级均

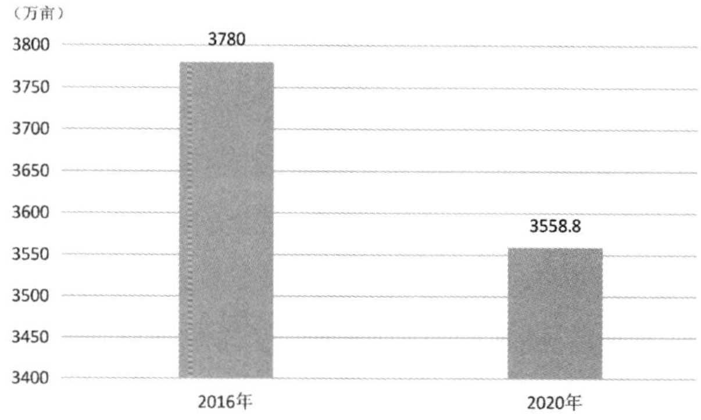

2016 年、2020 年森林总面积

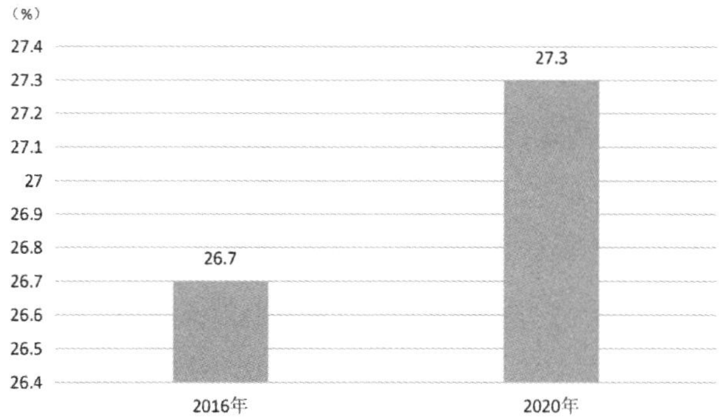

2016 年、2020 年森林覆盖率

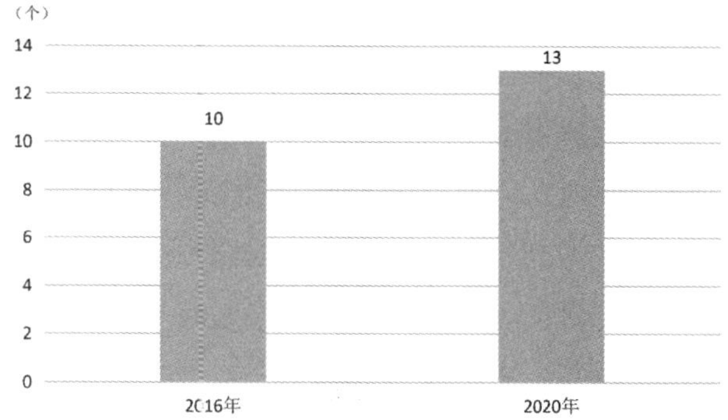

2016 年、2020 年自然保护区

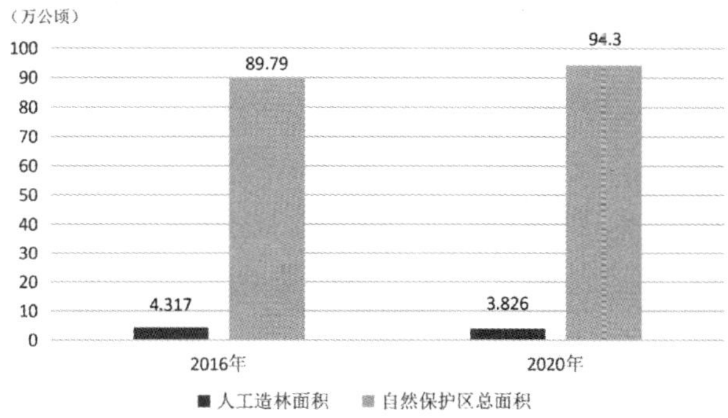

2016 年、2020 年人工造林面积、自然保护区总面积

社会保障

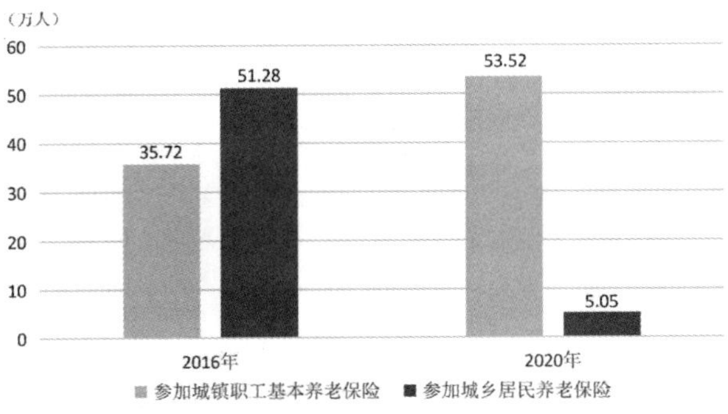

2016 年、2020 年参加城镇职工基本养老保险、参加城乡居民养老保险

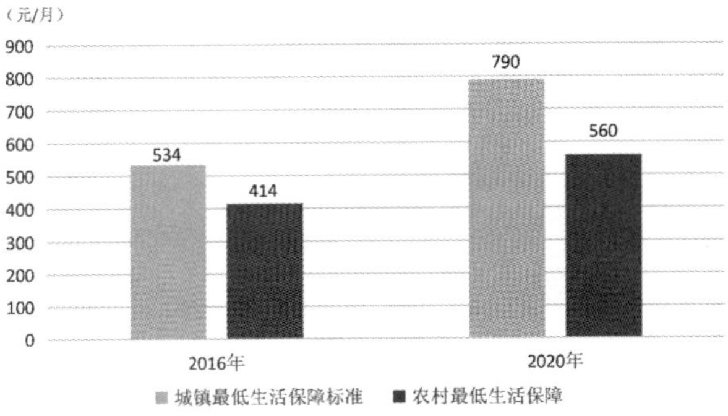

2016 年、2020 年城镇最低生活保障标准、农村最低生活保障